산업심리학

| 남승규 · 이재창 · 우석봉 · 박준호 공저 |

학지사

머리말

산업심리학은 심리학의 제반 원리나 이론을 적용하여 기업과 기관을 포함한 다양한 형태의 조직이 성장하고 지속가능한 발전을 도모할 수 있도록 조력하며, 그 조직구성원의 성공적인 삶과 행복을 누릴 수 있도록 지원할 뿐만 아니라, 그들의 고객과 소비자의 만족 및 삶의 질을 높이는 데 관심을 갖고 다양한 연구가 이루어지는 학문분야다.

세계화와 정보화를 기반으로 등장한 현대사회는 우리에게 새로운 세상을 만들어 가고 있고, 새로운 세상이 필요로 하는 인재상과 역량도 이전과는 많은 것이 달라지듯이, 산업심리학이 나아갈 방향도 변화해야 할 시점이다. 이에 저자들은 산업심리학을 새롭게 정립해 보기로 했다. 산업심리학에서 다루어 왔던 분야와 주제 그리고 앞으로 다루어야만 하는 다양한 논의들을 가급적 모두 포함하고자 하였으며, 각자의 전문성을 살려 최근의 관심과 추세를 반영·분담하여 집필을 하였다.

이 책이 인사조직, 소비자광고 그리고 산업상담과 같은 세분화된 전문지식을 핵심역량으로 갖추고 산업심리학과 관련된 다양한 원리와 지식을 종합적으로 숙지함으로써 현대사회의 다양한 해결과제에 '사람'을 중심에 둔 솔루션을 제공할 수 있는 인재와 인력을 양성하는 데 활용되기를 바란다. 또한 이 책이 21세기를 선도하는 산업심리학 전문가를 배출하는 데 도움이 되었으면 한다.

저자 일동

| 차례 |

제2부 소비자 및 광고심리

제3부 직장 건강 및 상담

제1장

산업심리학 개관

산업심리학은 심리학의 제반 원리나 이론을 산업장면, 즉 기업, 공공기관, 대학, 병원, 연구소, 쇼핑몰 등 다양한 형태의 산업현장에서 응용하고 활용하는 데 관심을 가지고 있는 학문분야다. 오늘날 산업이 고도로 발전하고, 조직 내 구성원의 행동과 심리에 대한 이해가 절실히 필요해짐에 따라 산업심리학의 중요성은 더욱 부각되고 있다. 더 나아가 산업 및 조직심리학은 우리의 생활 곳곳에 영향을 미치고 있다. 우리가 어디서, 무엇을 하며, 어떻게 살든지 간에, 또 사회의 어떤 수준에서 역할을 수행하든지 간에 우리의 생활은 산업심리학에 의해 영향을 받고 있다.

이 장에서는 산업심리학이란 어떤 학문분야인가에 대해 전반적으로 살펴보고자 한다. 구체적으로 산업심리학이란 어떤 학문인가, 산업심리학에서 다루는 구체적인 내용에는 어떤 것들이 있는가, 산업심리학은 역사적으로 어떻게 발전해 왔는가, 그리고 산업심리학에서는 산업장면에서의 종업원의 행동을 어떻게 과학적으로 연구하는가 등을 알아보고자 한다.

1. 산업심리학의 정의

학자들에 따라 산업심리학의 정의는 매우 다양하다. Guion(1965)은 산업심리학을 '인간과 일의 세계 간의 관계에 관한 과학적 연구'라고 하였고, Blum과 Naylor(1968)는 '기업이나 산업체에서 일하는 사람들의 문제에 심리학적 사실이나 원리를 적용하는 것'이라고 했으며, Schultz와 Schultz(1986)는 '심리학적 방법, 사실, 원리를 직장인들에게 적용하는 것'이라고 정의하였다. 이러한 다양한 정의를 종합해 볼 때 산업심리학은 기업을 포함한 '직업세계와 그 상황에서의 인간행동에 관한 과학적이고 체계적인 연구'라고 할 수 있다.

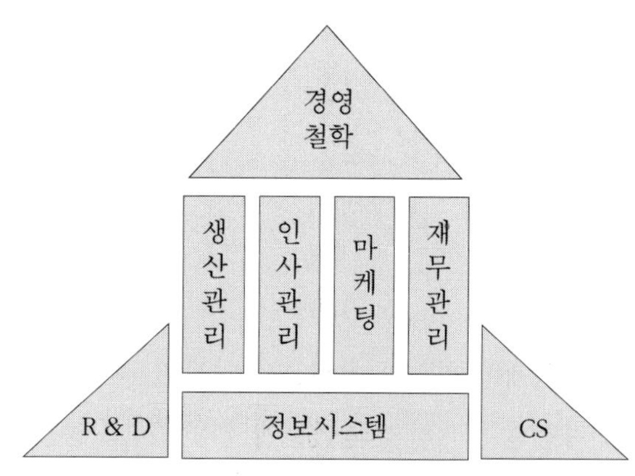

그림 1-1 기업의 기본 조직 구조 및 기능

예를 들어, 기업은 조직구조를 포함한 정보시스템을 기반으로 한다. 기업이란 조직이 만들어지면 가장 기본적으로 네 가지 분야가 필요한데, 그것이 바로 생산관리, 인사관리, 마케팅 그리고 재무관리다. 보다 효율적이고 효과적으로 제품과 서비스를 만들어 내기 위해서는 무엇보다도 생산관리라는 기능이 중요하다. 그런데 생산을 하는 데 있어서도 일을 잘하는 사람이 있고 일을 못하는 사람도 있다. 보다 일을 잘할 수 있는 사람을 선발하는 것은 기업에게 무엇보다도 중요하다. 그래서 생겨난 것이 인사관리다. 이의 목적은 보다 우수한 사원을 선발하기 위함이다. 물론 교육과 훈련을 통해서 우수한 사람을 육성할 수도 있다.

기업은 생산 주체이지만, 자신이 생산한 제품과 서비스를 소비자들에게 판매를 해야 한다. 판매를 잘하기 위하여 필요한 것이 바로 마케팅이다. 좋은 물건을 만들면 저절로 팔리기도 했던 시절도 있었지만, 수요보다 공급이 많은 오늘날의 상황에서는 생산된 제품과 서비스를 치밀한 전략과 수고 속에 판매되어야 한다. 기업이 생산한 제품과 서비스를 성공적으로 판매하게 되면 기업은 많은 돈을 벌 수 있다. 이렇게 벌어들인 돈을 보다 효율적으로 배분하고 관리하고자 하는 것이 재무관리라고 할 수 있다.

기업은 지속한 경쟁우위를 확보하기 위하여 끊임없이 연구개발을 하고 고객만족을 지향하며 확고하고 분명한 경영철학을 정립하여 이를 실천한다. 이런 과정에서 필요한 것이 흔히 말하는 조직관리다. 다양한 기능과 부서를 구성하고 있는 사람들이 최고의 능력을 발휘할 수 있도록 효율적이고 건강하게 유지하는 것이 바로 기업의 생존과 성장을 위한 핵심요소이기 때문에 전체 조직과 구성원에 대한 통합적이고 총체적인 조직관리가 필요하다.

산업심리학자들은 다양한 산업장면에서 활동하는 사람들에 초점을 맞춘다. 산업심리학이 경영학을 포함하여 다른 학문들과 구별되는 다른 점은 모든 면에서 그 중심에 돈이 아니라 사람을 둔다는 것이다. 다시 말해서, 산업장면에서 활동하는 다양한 사람이 보다 성공적으로 그리고 보다 행복하게 살아갈 수 있도록 돕고자 하는 것이다. 그래서 산업심리학을 다른 말로 인간경영(human management)이라 말할 수 있다.

산업심리학은 과학(science)과 실천(practice)이라는 두 가지 측면을 지닌다. 우선 산업심리학은 일의 세계에서 인간에 관한 폭넓은 지식을 증진시키기 위해 과학적 탐구를 하는 학문이다. 즉, 산업심리학자들은 과학적인 방법을 사용하여 인간의 행동을 설명하는 데 도움이 되는 유익한 연구결과들을 얻고, 이 결과들을 일반화하기 위해 연구를 반복적으로 수행한다. 그리고 산업심리학은 일의 세계에서 발생하는 현실적인 문제들을 해결하기 위하여 연구로부터 얻은 지식을 실제 장면에 적용하는 것이다. 따라서 산업심리학은 과학과 실천이라는 두 측면이 매우 밀접하게 관련되어 있는 학문분야라고 볼 수 있다.

산업심리학이 심리학의 이론과 원리를 산업장면에 적용시키는 영역이라고 볼 때, 우리는 심리학이 어떤 학문인가에 대해 살펴볼 필요가 있다. 여기에서는 심리학의 정의와 범위에 대해 간단히 살펴본다.

1) 심리학의 정의

20세기가 물리학의 시대였다면, 21세기는 심리학의 시대다. 사람들이 있는 모든 시간과 모든 공간에 항상 함께 존재하고 있는 학문영역을 고르라면 그것은 단연 심리학일 것이다. 심리학은 단순히 인간의 본성에 대한 연구로 그치는 것이 아니다. 인간에 관련된 모든 영역에 관심을 갖고 체계적이고 깊이 있게 연구를 진행한다. 심리학은 '인간의 행동과 심리과정에 대한 과학적 연구(Psychology is a scientific study of behavior and mental process of human being)'로 사람에 대한 학문이다. 인간의 본성을 어떻게 보느냐에 따라서 인간에 대한 관점이 달라질 수 있지만, 어느 한편에 치우친 접근방법을 취하는 것은 절대 아니다. 세상에 존재하는 여러 가지 관점을 통합하고 다양한 연구방법을 활용하여 인간에 대하여 올바르게 이해하고 사람들이 보다 바람직한 인간적인 삶을 추구할 수 있도록 구체적인 도움과 방향을 제시하는 것이 심리학의 본질이다.

우선적으로, 심리학을 독립된 학문분야로 정당화시키는 근거는 심리학이 내놓는 결론들이 과학적 증거로부터 도출된다는 점과 심리학을 현실적으로 적용할 때 과학적 방법을 통해서 도출되어 왔으며 과학적 방법으로 검증된다는 점이다. 심리학자들은 어떤 감이나 주먹구구가 아니라, 모든 현상을 믿을 수 있고 타당한 과학적 방법으로 객관적이고 엄격한 기준에 입각하여 구체적으로 살펴본다.

더불어, 심리학은 사람 자체에 대한 연구다. 심리학을 전공하는 사람들은 무엇보다도 사람에게 관심이 있다. 우리가 가질 수 있는 관심은 너무도 다양하다. 그런데 심리학은 사람들에게 관심이 있다. 도로를 질주하는 자동차도 아니고, 광활한 우주도 아니고, 자그마한 미생물도 아니다. 사람에게 관심이 있는 것이다. 그리고 사람을 제대로 올바르게 이해하기 위하여 다방면에서 여러 가지 관점을 취하면서 최선의 노력을 기울인다.

대부분의 사람은 심리학자들이 이상행동의 치료와 연구에 종사하고 있다고 생각한다. 많은 사람의 주의를 끄는 3대 주제인 '성생활' '체중감량', 그리고 '돈벌이'에 대한 것만큼 심리학자들의 관심사가 정신병리적이고 이탈적인 것이라고 생각하지만, 대부분의 심리학적 연구는 모든 사람에게 전형적인 정상적인 행동을 지향하며 그 영역 또한 매우 광범위하고 다양하다.

심리학적 연구와 이론의 가치를 인정 받아 노벨상을 수상한 심리학자가 있다는 사실을 많은 사람이 모르고 있다. '심리학자가 웬 노벨상?'이라며 의아해하는 사람도 있겠지만, 노벨상을 수상한 심리학자가 적어도 5명이 존재한다. 물론 노벨상에는 심리학상이 없기 때문에 '노벨 심리학상'을 받은 것은 아니다. 1981년에 David Hubel과 Torsten Wiesel은 시각시스템의 정보처리에 관한 연구로, Roger Sperry는 좌우 대뇌반구의 기능적 전문화에 관한 연구로 노벨 생리학상을 공동수상하였다. Herbert Simon은 1978년에 경제조직에서 이루어지는 의사결정과정에 대한 연구로, Daniel Kahneman은 2002년에 의사결정에 관한 연구로 노벨 경제학상을 수상하였다.

앞으로는 '심리학' 하면 '인간의 참된 이해를 위한 과학'이라는 말을 가장 먼저 떠올리기를 바란다. 현대 사회에서 심리학은 사람들을 제대로 이해하기 위한 핵심적인 학문분야로 세상에 널리 알려져 있고, 확실하게 자리 잡고 있다. 링컨의 '국민의, 국민에 의한, 국민을 위한 정치'라는 연설이 민주주의 정신을 가장 간결하고 적절하게 표현하는 말로 널리 알려진 것처럼, 심리학은 '사람의, 사람에 의한, 사람을 위한 학문'이라고 말할 수 있다.

2) 심리학의 범위

심리학을 '여러 얼굴을 가진 과학'이라고 말하는데, 이는 심리학이 보는 관점에 따라 여러 분야의 특성을 나타내기 때문이다. 심리학의 세부분야들은 인문과학에서 자연과학에 이르기까지 광범위하게 걸쳐 있다. 현재 미국심리학회(APA)에는 50여 개의 분과학회가 있고, 우리나라의 한국심리학회(KPA)에도 15개의 분과학회가 있다. 이렇게 각 하위 분과학회가 많이 존재한다는 것은 심리학의 영역이 그만큼 폭넓고 다양하다는 사실을 입증하는 것이다.

심리학의 범위는 크게 순수 영역과 응용 영역의 두 영역으로 구분할 수 있는데, 순수 영역이란 인간의 마음과 행동에 대한 기본적인 사실이나 법칙, 원리 등을 과학적으로 설명하는 데 일차적인 목표를 두는 영역이다. 반면, 응용 영역은 순수 영역에서 밝혀진 심리학적 사실이나 원리를 각 장면에 응용·활용하는 영역을 말한다.

(1) 순수 영역

① 생리심리학: 인간행동의 생리적 기초를 다루는 분야로, 주로 뇌의 기능과 신경계통 및 내분비계가 행동에 미치는 영향을 연구한다. 최근에는 약물과 신체 및 심리적 반응 사이의 관계를 다루는 약물심리학도 포함하여 광범위한 분야의 명칭

으로 생물심리학이란 용어도 등장하였다.

② 지각심리학: 인간이 환경으로부터 받은 정보를 해석하고 수용, 처리하는 과정을 주로 다루는 분야다.

③ 학습심리학: 학습과 기억의 원리를 다루는 분야로, 인간의 융통적인 행동에 내재해 있는 심리적 과정을 학습과 기억이라고 부른다. 학습이란 경험을 통해서 나타나는 유기체 내의 어떤 변화인데, 이 변화는 유기체의 행동에 영향을 준다. 그리고 기억이란 이 변화가 오랫동안 지속되는 것을 말한다.

④ 인지심리학: 감각기관을 통해서 현실이 인지되는 과정을 다루는 분야다. 인지는 사고이고 지식과 관계되며, 인지심리학은 지식의 습득과 활용, 그리고 지식의 구조와 과정을 다룬다.

⑤ 발달심리학: 인간이 태아 때부터 죽음에 이르는 전 생애를 걸쳐 나타나는 신체적, 심리적, 행동적 변화를 연구한다. 이 분야는 발달 단계의 어느 시기를 주로 연구하느냐에 따라 아동심리학, 청년심리학, 장년심리학, 노년심리학 등으로 세분화된다.

⑥ 성격심리학: 사람들 간의 개인차에 초점을 두는 분야로, 개인의 고유한 속성을 분류하고 독특한 행동 특징을 파악하는 데 관심을 둔다.

⑦ 사회심리학: 인간의 사회화 과정을 기초로 다른 사람과의 상호작용이 태도나 행동에 어떻게 영향을 미치는가에 관심을 갖는 분야다. 또한 집단행동에도 관심을 가져 선전과 설득, 집단 간 갈등, 편견 등에 관한 연구도 한다.

(2) 응용 영역

① 산업심리학: 산업장면이나 기업체 장면에서 발생할 수 있는 여러 가지 문제를 다루는 분야로, 크게 인사심리학, 조직심리학, 소비자 및 광고심리학, 공학심리학, 산업상담 등 다섯 영역으로 구분할 수 있다. 각 영역에 대한 자세한 설명은 다음 부분에서 다룰 것이다.

② 상담심리학: 성격이나 대인관계의 문제, 진로지도, 학업문제와 같은 경미한 문제를 가지고 있는 사람을 상담해 주는 분야다.

③ 임상심리학: 정상적으로 환경에 적응하기 어려운 심각한 정서나 행동상의 문제를 가지고 있는 사람을 진단하고 치료하는 분야다. 예를 들면, 편집증, 정신병, 범죄, 약물중독, 지능 및 정서장애 등 심각한 문제들을 다룬다.

④ 교육심리학: 교육 및 학습과 관련하여 교수방법, 교재, 학습전략의 개발 등에 심

리학적 지식을 활용하는 분야다.

⑤ 학교심리학: 학교장면에서 학생들의 적응과 학습문제, 진로결정을 위한 상담 등을 도와주는 분야다.

⑥ 환경심리학: 환경문제, 즉 소음, 오염, 과밀, 개인 공간 등과 관련하여 심리학적으로 최적의 환경설계를 하는 것과 관련된 분야다. 환경심리학은 여러 연구 영역이 결합된 것으로서, 인간과 환경과의 상호작용을 주로 연구한다.

⑦ 건강심리학: 건강을 증진시키고 유지하고 질병을 예방하고 치료하기 위해 심리학의 지식을 교육적으로, 과학적으로, 그리고 전문적으로 활용하는 분야다.

⑧ 여성심리학: 남녀 간의 우월성과 관련된 성차(sex difference), 성차에 관계없이 여성에 대한 부정적 고정관념과 그와 관련된 차별을 다루는 성차별(sexual discrimination), 성차와 성차별의 근본적 원인이 되는 세력(power) 등에 관한 내용을 다룬다.

| 표 1-1 | 심리학의 범위

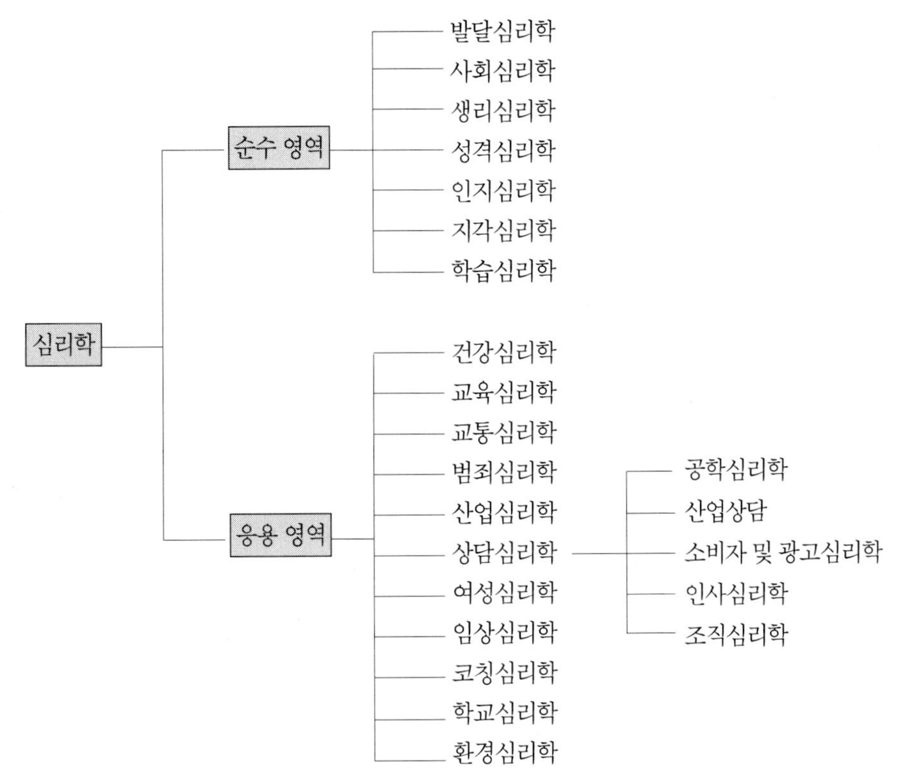

⑨ 법심리학: 재판과 관련하여 피의자의 인권문제에 대한 이해를 증진시키고 적절한 판단이 내려질 수 있도록 돕는 분야다.

2. 산업심리학의 범위

심리학의 전문분야들 중에서 산업심리학과 관련이 있는 학술분과는 국내의 경우에 산업 및 조직심리학회와 소비자광고심리학회다. 1964년에 설립된 한국산업및조직심리학회(KSIOP, www.ksiop.or.kr)는 미국심리학회(American Psychological Association)의 제14 분과학회에 해당하고, 산업 및 조직심리학회에서 같이 활동하다가 1999년에 독립한 한국소비자광고심리학회(KSCAP, www.kscap.or.kr)는 미국심리학회의 제23분과학회에 해당한다. 미국의 경우에 산업심리학회에는 약 3,400명의 일반회원과 약 1,900명의 학생회원이 가입되어 있으며, 최근에는 여성들이 차지하는 비율이 크게 늘고 있다. 산업심리학자들은 다양한 장면에서 일을 할 수 있는데, 이를 네 가지 장면으로 나누어 살펴본 조사에 따르면, 컨설팅 회사(38%), 대학(37%), 기업체(18%), 정부 및 공공기관(7%) 등의 순으로 나타났다(성균관대학교 산업심리학과, 2001).

산업심리학은 심리학적 방법, 사실, 원리를 산업장면에 응용하는 학문분야로, 인간행동에 관한 과학적 방법, 사실, 원리를 여러 조직구성원에게 적용하여 산업체의 능률과 직무만족을 향상시키고, 직장생활을 통한 삶의 질적 향상을 도모한다. 이러한 산업심리학의 세부영역은 크게 인사심리학, 조직심리학, 소비자 및 광고심리학, 공학심리학, 산업상담의 다섯 범주로 나누어 살펴볼 수 있다.

1) 인사심리학

인사심리학(personnel psychology)은 산업심리학의 역사를 고려할 때 산업심리학자들이 활동한 가장 오래되고 전통적인 분야로, 개인차(individual differences)와 관련된 모든 부분을 다룬다. 특정한 직무에 필요한 인적 기술과 재능이 무엇인가를 결정하고, 그 직무에 적합한 사람들을 선발하고, 적성에 맞게 배치하고, 직무수행을 평가하고, 직무수행을 개선하기 위한 훈련을 실시하고, 임금과 승진 등을 결정한다. 전체적으로 인사심리학은 조직수준이라기보다는 개인수준에서 이루어지는 영역이다(Muchinsky, 1993).

(1) 직무분석

직무분석(job analysis)이란 어떤 조직에 있는 특정 직무에 대한 정보를 수집, 분석, 종합하는 활동으로, 모든 인적자원 관리의 출발점이라고 할 수 있다. 어떤 특정 직무를 성공적으로 수행하기 위해 종업원이 갖추어야 할 바를 회사가 상세하게 알지 못한다면 잠재적 종업원에게서 찾고자 하는 능력과 자질을 알 수 없을 것이다. 따라서 그 직무에 필요한 구체적인 지식, 기술, 능력을 결정하기 위해 직무분석과정이 반드시 필요하다.

(2) 종업원 선발

어느 기업체든 당면한 가장 중요한 문제는 이 복잡한 환경 속에서 요구하는 여러 가지 업무를 잘 수행할 수 있는 종업원을 선발하는 것이다. 어떤 기업의 성패는 결국 얼마나 능력 있는 종업원들로 구성되었느냐에 의해 결정된다고 해도 과언이 아니다. 이러한 측면에서 종업원 선발문제는 산업심리학에서 매우 중요한 문제로 다루어지고 있다.

(3) 직무수행평가

종업원들이 직무를 얼마나 잘 수행했는가를 측정하는 것은 기업과 종업원 모두에게 매우 중요하다. 왜냐하면 이 직무수행평가 결과가 종업원의 인사결정과 자기개발에 중요한 기초 자료로 활용되기 때문이다. 예를 들어, 어떤 종업원을 승진시켜야 하는가? 보너스는 얼마나 올려야 하는가? 해고시켜야 하는가? 직무수행에서 부족한 부분에 대한 교육 및 훈련을 더 시켜야 하는가? 등이 있다. 이러한 결정들은 가능한 한 공정하고 객관적으로, 그리고 정확히 이루어져야 하는데, 이러한 측면에서 산업심리학자들의 역할이 막중하다고 할 수 있다.

(4) 교육 및 훈련

기업체에서 교육 및 훈련의 목적은 종업원의 직무수행성과를 최대화하기 위해 구체적인 기술, 능력, 자세 등을 개발하는 것이다. 일반적으로 기업체의 모든 신입사원은 입사 후 어느 정도의 교육과 훈련을 받고 있고, 경험이 없는 생산직 종업원들은 그들이 수행해야 하는 특수한 작업에 대한 교육을 받아야 하고, 경험이 있는 종업원들도 새로운 기술과 수행절차를 배워야 한다. 산업심리학자들은 이러한 기업체의 교육 및 훈련

계획을 수립하고, 수행하고, 평가해야 하는 책임을 갖고 있다.

(5) 경력개발

기업에서 종업원의 경력개발은 조직과 개인에게 매우 중요한 의미를 갖고 있다. 우선, 조직의 입장에서 볼 때 경력개발은 경력통로를 추적하고 경력의 층을 개발하는 것이다. 즉, 특정 종업원 집단이 성장할 수 있도록 지도하고, 관리자적 역량과 기술적 재능이 조직의 욕구에 부합할 수 있도록 보장하기 위해 정보를 탐색하는 것이다. 반면, 종업원의 입장에서는 개인이 자신의 주요 목표를 확인하고 이와 같은 목표를 달성하기 위해서 해야 할 일이 무엇인지를 결정하는 과정이다. 결국, 조직 차원에서의 경력개발은 조직의 욕구를 충족시킬 수 있는 개인을 찾는 것이고, 종업원 개인 차원에서의 경력개발은 각 개인의 사적인 직업경력과 그의 라이프스타일의 문제에 초점을 두는 것이다.

(6) 노사관계

이 분야에서는 고용주와 종업원 간에 또는 고용주와 노동조합 간에 발생하는 여러 가지 문제를 다룬다. 이 분야의 산업심리학자들은 노사관계에 영향을 주는 요인들, 노사관계의 과정(노사커뮤니케이션, 단체행동, 단체교섭과 협상 등), 종업원의 경영참여 문제 등 다양한 문제에 관심을 갖는다.

2) 조직심리학

조직심리학(organizational psychology)은 조직맥락이나 사회맥락에서 심리학적 연구방법과 이론을 적용하여 조직행동(Organizational Behavior: OB)을 다루는 분야로, 산업심리학 분야 중에서 가장 활발하고 폭넓은 활동이 이루어지고 있다. 조직심리학에서 다루는 주제들은 직무만족, 작업동기, 조직의사소통, 조직개발, 조직문화, 리더십 등으로 조직생활과 관련된 제반 사항과 조직효율성 향상을 위한 방안을 다룬다.

(1) 직무만족

직무만족이란 종업원들이 그들의 직무에 대해 갖고 있는 태도를 말하는데, 기업의 입장에서 종업원들이 자신의 직무에서 효율성과 만족을 느끼도록 배려하는 일은 매우 중요하다. 따라서 신중한 직무연구를 통해 무엇이 종업원들에게 좋은 작업동기 부여와 만족을 제공하는가를 결정해야 한다.

(2) 작업동기

많은 기업체의 생존은 그들 종업원들의 동기에 달려 있다고 해도 과언이 아니다. 아무리 종업원을 잘 선발하고, 교육/훈련을 효과적으로 시키고, 장비가 현대적이라고 해도 종업원들이 충분히 동기화되어 있지 않다면 기업의 효율성과 생산성은 크게 기대할 수 없을 것이다. 이런 측면에서 종업원들의 작업동기는 매우 중요하며, 따라서 이 동기를 만족시키기 위해서는 직무와 작업조건을 어떻게 고안·개선해야 하는가를 연구해야 한다.

(3) 조직의사소통

기업에서 종업원들 간의 의사소통은 우리 신체의 혈액순환에 비유될 만큼 중요하다. 신체의 혈액순환이 제대로 이루어지지 않을 때 신체에 심각한 문제가 발생할 수 있듯이, 조직 내에서 의사소통이 효율적으로 이루어지지 않을 때 종업원들은 시간을 낭비하고, 스트레스를 받고, 업무의 역할 분담이 제대로 이루어지지 않고, 사고율이 증가하고, 생산성이 감소하는 등의 문제가 야기될 것이다.

(4) 조직개발

조직개발이란 조직을 보다 효율적으로 만들기 위해 조직을 개선하고 변화시키는 것을 말한다. 따라서 이 분야에서 활동하는 산업심리학자들은 조직의 문제를 진단하고, 변화를 도입하고, 그것이 조직에 미치는 효과를 평가한다.

(5) 경영전략과 조직문화

경영전략이란 기업의 목표를 달성하기 위해서 경영이념 확립, 목표 설정 및 경영계획 수립, 전략의 실시와 평가까지를 포함하는 미래지향적 경영 프로그램이다. 조직문화란 조직과 관련된 활동, 상호작용, 감정, 신념, 가치를 공유하는 행동양식이나 사고방식으로서 경영전략, 경영체계, 인적자원, 조직구조, 조직관리, 리더십을 유기적으로 연결시키고 있다.

(6) 리더십

어떤 조직의 유용성을 결정하는 중요한 요인은 조직구성원의 리더십이다. 즉, 가장 유능한 사람이 리더의 위치에 배치되어 가장 효율적인 방법으로 영향력을 발휘할 때 어떤 조직이든 간에 그 조직은 계속적인 성장과 발전을 할 것이다. 산업심리학자들은 다양한 종류의 조직상황 속에서의 리더십에 관한 많은 연구를 수행한다.

(7) 창업과 기업가 정신

창업은 한 개인이 새로운 사업이나 업종을 선택하여 회사를 구성하는 것을 의미하며, 창업을 하기 위해서는 기업가 정신이 필요하다. 창업과 기업가 정신에는 창업의 종류와 단계, 벤처기업과 중소기업의 창업특성, 성공적인 창업모형, 창업 적성과 특성, 창업 실패의 원인과 창업 역량 분석 등의 내용이 포함된다.

(8) 국제 인적자원 관리

점차 해외경영이 확대됨에 따라 기업들은 국제 활동무대에서 필요한 지식, 기술, 경험들을 갖춘 인적자원을 개발하고 관리해야 한다. 기업의 모든 인적자원을 초국적 글로벌 차원에서 관리하는 것을 국제 인적자원 관리라고 한다. 국제 인적자원 관리에는 주재원 선발과 배치, 국제평가, 국제보상체계, 이문화 경영, 국제 노사관계, 글로벌 리더십, 국제 인적자원 개발 전략 등이 포함된다.

3) 소비자 및 광고심리학

이 분야는 기업의 내부가 아니라 기업의 외부에 있는 소비자를 대상으로 이루어진다. 소비자가 제품, 서비스, 아이디어와 같은 상품과 광고와 같은 정보를 어떻게 처리하고, 어떻게 구매결정을 내리는가 등을 다룬다. 소비자의 행동은 가치, 태도, 성격, 동기, 지각, 관여 등과 같은 심리적 요인뿐만 아니라 사회문화적인 환경적 요인과 마케팅 등의 영향을 받게 된다.

(1) 마케팅심리학

마케팅은 소비의 극대화, 소비자 만족의 극대화, 소비자 선택의 극대화, 생활의 질의 극대화라는 네 가지 목표를 달성하고자 한다(Kotler, 1986). 그러나 이런 목표를 달성하기 위해서는 많은 비용을 충당해야 하며 경제적 손실을 감수해야 한다. 이런 목표를 최대한 달성하면서 그에 따른 비용을 최소화할 수 있는 가장 근본적인 방법은 두말할 것도 없이 소비자를 제대로 아는 것이다. 마케팅에 심리학을 접목시킴으로써 보다 이상적인 마케팅을 구현하고자 하는 마케팅심리학에서는 말 그대로 소비자와 고객의 심리를 우선적으로 이해함으로써 마케팅의 효율성과 효과성을 높이고자 한다.

(2) 소비자심리학

소비자심리학은 소비자의 정보처리과정과 의사결정에 입각하여 소비자의 행동과 심리과정을 이해하고 설명할 뿐만 아니라 예측하고자 한다. 소비자는 우연적이든 의도적이든 간에 다양한 정보에 노출되었을 때 주의를 기울이고, 내용을 나름대로 지각하여 새로운 신념과 태도를 형성하거나 기존의 신념과 태도를 변화시키며, 이를 기억 속에 저장시키는 과정을 거치게 되는데, 이것을 정보처리과정(information processing)이라고 한다. 정보처리과정을 통하여 형성 혹은 변화된 신념과 태도는 제품 의사결정을 위한 대안평가에 즉각적으로 이용되기도 하고, 자신이 그 정보와 관련된 의사결정을 곧바로 하지 않는 경우에는 기억 속에 저장해 두었다가 차후에 관련 있는 의사결정을 내리거나 내적 탐색을 할 때 이용되기도 한다.

또한 소비자 의사결정(consumer decision making)은 목표지향적인 문제해결과정이다(Peter & Olson, 1993). 문제해결과정은 ① 문제인식, ② 정보탐색, ③ 선택대안 평가, ④ 구매행동, ⑤ 구매 후 행동으로 이루어진다(Hawkins, Best, & Coney, 1998). 소비자가 어떤 제품, 서비스, 아이디어의 필요성을 느끼는 것이 문제인식 단계이고, 이런 문제를 해결하기 위하여 관련된 정보를 찾는 것이 정보탐색 단계다. 이렇게 수집된 정보를 소비자가 비교하거나 평가하는 것이 선택대안 평가 단계이고, 그중에서 하나를 선택하여 구매하는 것이 구매행동 단계다. 끝으로, 구매행동 이후에 나타나는 만족이나 부조화를 처리하는 과정이 구매 후 행동 단계가 된다.

(3) 광고심리학

심리학적인 이론과 연구결과를 광고 분야에 적용시킨 것이 광고심리학(advertising psychology)이다. 광고심리학은 광고카피전략, 광고매체전략, 광고예산전략을 포함하는 광고전략과 구체적인 실현방법에 대한 심리학적 접근을 지향한다. 소비자심리학 분야에서 밝혀진 여러 연구결과를 현대에 각광받는 광고이론과 실무에 접목시키고자 한다.

4) 공학심리학

이세돌과 알파고의 시합으로 널리 알려진 인공지능과 더불어서 많이 논의되고 있는 산업심리학의 세부분야가 인간공학이라고도 불리는 공학심리학이다. 이 분야는 작업자의 안전과 생산성을 증진시키기 위해서 기계나 장비를 어떻게 설계하는 것이 바람직한가에 관심을 갖는다. 즉, 인간과 기계의 특성을 고려하여 양자의 장점을 잘 이용하고, 상대의 약점을 잘 보완하여 최고의 효율성을 증가시킬 수 있는 상황을 설정하는 것이다. 예를 들어, 인간의 여러 가지 신체적 특성에 맞춰 작업환경을 설계한다든지, 작동오류를 줄이도록 자동차의 계기판을 배치한다든지, 다양한 감각기관의 특징을 고려하여 정보를 제시한다든지 등이다. 비록 공학심리학의 연구주제는 응용적인 필요에 의해 선택되지만, 일회적인 적용을 넘어서 인간수행에 유용한 이론을 제공하고자 하는 폭넓은 목적을 지니고 있다(진영선, 곽호완, 1994).

(1) 시간-동작 분석

종업원들이 직무를 수행하는 방법을 재조형하고 작업도구를 다시 디자인하려고 했던 초기의 시도로서, Taylor(1911)와 Gilbreth(1908)가 대표적인 학자다. Taylor는 베들레헴 강철공장에서 삽질작업을 조사하여 여러 가지 삽의 하중 중 9.8kg가 가장 적합하고, 무거운 철광석에는 조그마한 삽을, 재를 푸는 데에는 큰 삽을 사용해야 한다는 사실을 발견했다. 그리고 Gilbreth는 종업원이 작업을 행하는 수행방법에 중점을 두어 작업의 모든 불필요한 동작을 제거하고자 하였다. 그래서 그는 종업원이 항상 일하기 편리한 높이의 작업대를 쓸 수 있도록 올리거나 내릴 수 있는 작업대를 설계하였다.

(2) 인간-기계시스템

작동자와 기계 사이의 전반적인 관계를 연구하는 것으로, 이 시스템은 인간이 기계 작동에 얼마나 능동적이며 지속적으로 관여하는가의 정도에 따라 매우 다양하다. 예를 들어, 비행기 디자인 과정에 있어 공학자들은 작동자와 기계 사이의 기능의 최적 할당, 작동자가 필요로 하는 정보의 종류, 요구되는 판단과 결정의 종류, 이러한 의사결정을 신속하고 안전하게 기계에 전달하는 방법 등의 문제에 참여할 수 있다.

(3) 작업공간 디자인

이 분야는 직무수행을 용이하게 하도록 장비들을 배치하거나 배열하는 것으로, 많은 연구에 의해 작업공간의 디자인에 대한 여러 가지 원칙이 발견되었다. 몇 가지 원칙의 예를 들면, 종업원의 연속적 운동에 끊임이 없도록 필요한 모든 물자, 도구, 보급품 등을 사용되는 순서대로 배치하여야 하고, 사용할 때 즉각 집어 올릴 수 있도록 도구들을 미리 배열해 놓아야 하고, 모든 부품과 도구가 쉽고 편하게 손에 닿을 수 있는 거리에 있어야 한다는 것이다.

5) 산업상담

산업상담은 기존의 인사심리학이나 조직심리학 분야에서 함께 다루었던 영역이었지만, 산업사회가 지속됨으로써 다양한 심리적 문제가 발생하게 됨에 따라서 현실적인 필요에 의하여 새롭게 부각되는 분야다. 진로상담, 직업상담, 경력상담, 기업상담, 노사관계, 직무스트레스, 탈진 등 다양한 조직구성원 간의 다양한 상담 요구와 욕구를 해소하고 구성원 자신의 만족과 웰빙뿐만 아니라 직장과 가정 간의 균형 잡힌 생활을 지향하면서 심리적 안정을 도모하는 산업심리학 분야다.

3. 산업심리학의 역사

우리가 역사를 기술할 때 일반적으로 몇 가지 시점이나 단계로 나누는데, 이러한 구분은 전체 역사를 보다 명쾌하게 파악할 수 있도록 해 준다. 산업심리학의 경우는 두 차례에 걸친 세계대전을 통해 학문이 한층 더 발전하는 계기가 되었다. 따라서 여기서는 이 두 차례에 걸친 세계대전을 기점으로 산업심리학의 역사를 살펴보고자 한다.

1) 제1차 세계대전 이전 시기

산업심리학의 역사는 20세기 초에 정식으로 시작되었다고 볼 수 있는데, 그 당시에 순수심리학에서 벗어나 응용에 관심을 둔 심리학과 산업의 효율성 증진을 위한 관심이 결합되어 산업심리학이 출현할 수 있는 토대가 마련되었다. 초창기 연구의 초점은 심리학적 개념이나 방법들을 기업이나 산업체의 문제에 적용함으로써 얻게 되는 실질적인 이득에 있었다. 이러한 태동기에 Scott와 Münsterberg가 산업심리학의 창시자로서 나타났다.

Walter Scott는 1901년에 심리학이 광고에 적용될 수 있다고 주장하여 많은 사람으로부터 관심을 받았다. 그 후 그는 광고산업의 요청에 따라 여러 편의 논문을 썼고, 이를 계기로 『광고의 이론』(1903)과 『광고심리학』(1908)이라는 책을 썼다. 『광고의 이론』이란 책은 광고를 통해 사람들에게 영향을 미치기 위한 이론을 다룬 것으로서, 심리학과 산업세계의 관계를 최초로 취급한 책으로 간주되고 있다. 그리고 『광고심리학』은 인간의 효율성을 증진시키는 데 사용되는 모방, 경쟁, 충성, 정신집중과 같은 책략을 다룬 책이다. Scott는 대중에게 산업심리학의 존재를 널리 인식시키고, 대중으로부터 산업심리학의 신임도를 높이는 데 크게 기여하였다.

Hugo Münsterberg는 독일의 심리학자로서, 전통적인 심리학적 방법들을 산업현장의 실제적인 문제들에 적용하는 데 관심을 가졌다. 이러한 그의 관심은 『심리학과 산업효율성』(1913)이란 책에 잘 나타나 있다. 이 책은 산업심리학의 분야를 더욱 광범위하게 다룬 책으로서, 종업원의 선발, 작업환경의 설계, 판매를 위한 심리학의 응용 등 세 부분으로 나누어져 있다. 일부 문헌에서는 Münsterberg가 산업심리학의 탄생에 가장 큰 기여를 했다고 평가하여 그를 '산업심리학의 아버지'라고 부르기도 한다. 그리고 20세기에 훌륭한 많은 산업심리학자의 학문적 뿌리를 그로부터 찾을 수 있다고 주장하기도 했다(Landy, 1989).

2) 제1차 세계대전 시기

제1차 세계대전은 산업심리학을 중요하고 유용한 학문분야로 부각시키는 계기가 되었다. 미군 당국은 짧은 시간 내에 수백만 명의 신병을 선발하고 분류해야 할 필요성에 직면하자, 많은 심리학자에게 지능이 낮은 사람을 가려내어 이들을 훈련계획에서 제외시킬 수 있는 지능검사를 개발해 줄 것을 요청했다. 이에 심리학자들은 여러 가지 일반지능검사를 개관하여 Army Alpha라는 지능검사를 개발하였다. 그리고 그 당시 군대 지원자 중 많은 사람(30%)이 문맹자라는 사실을 알고는 글을 읽지 못하는 사람들을 위한 지능검사인 Army Beta를 개발하였다. 이러한 노력이 성공을 거두자, 장교 지원자 선발과 조종사 훈련, 그리고 특수한 능력이 요구되는 다른 군대용 검사의 개발이 급속도로 발전하였다. 그리고 군대에서의 이러한 경험은 전후 산업심리학적 활동이 더욱 번창하는 계기가 되었다.

그리고 1917년에 산업심리학 분야에서 가장 오래된 학술잡지인 『Journal of Applied Psychology』가 출간되었다. 이 창간호에 실린 논문들은 Hall의 「심리학과 전쟁 간의 실용적 관계」, Mateer의 「전쟁에서 정신박약자의 문제」, Bingham의 「대학생의 정신능력검사」 등이었다. 이러한 논문들을 통해 그 당시 산업심리학에서 관심을 가졌던 주제가 무엇인지를 잘 알 수 있다.

3) 제1차 세계대전 후부터 제2차 세계대전 전까지

제1차 세계대전을 계기로 산업심리학이 실용적인 문제들을 해결할 수 있다는 인식이 확산되기 시작하였고, 전쟁이 끝난 후에 많은 심리학 연구기관이 설립되었다. 예를 들어, Walter Bingham은 카네기 공대에 판매기술연구소(The Bureau of Salesmanship Research)를 세웠고, James Cattell은 'Psychological Corporation'(1921)이라는 회사를 설립했으며, Viteles는 『산업심리학』(1932)이라는 제목의 책을 출간하였다.

그리고 1924년에 산업심리학의 역사상 가장 중요한 연구가 일리노이 주의 웨스턴 전기회사 호손공장에서 진행되었다. 호손공장에서 행해진 연구라서 '호손연구(Hawthorne study)'라고도 부르는 이 연구는 산업심리학이 종업원들의 선발과 배치라는 역할을 초월하여 인간관계, 사기, 동기 등의 더 복잡하고 심리학적인 문제를 취급하도록 만들었다. 이 연구의 원래 목적은 물리적 작업환경이 작업자의 능률에 어떤 영향을 미치는지를 살펴보고자 하는 것이었다. 즉, 조명의 밝기가 생산에 미치는 효과는 무엇이며, 온도와 습도가 생산량에 영향을 미치는지, 작업 중 휴식시간을 주면 어떤 효과가 생기는지 등을 알아보고자 하였다. 그러나 연구결과는 예상과는 달리 생산성은 조명이나 휴식시간 등과 아무런 관계가 없었으며, 오히려 연구가 시작되기 전보다 작업능률이 더 증가하는 경향을 보였다. 따라서 연구자들은 생산성이 이러한 물리적 요인 이외의 다른 요인들에 의해 결정된다고 가정하고 후속연구를 실시하였다. 이러한 여러 후속연구들을 통해 작업환경의 물리적 조건보다도 심리적 조건이 더 중요하다는 놀라운 사실이 밝혀졌다. 즉, 연구를 위해 선정된 작업자들은 자신은 특별하고, 특별한 대우를 받고, 예외적인 일을 할 것이라고 연구자들이 기대하고 있다고 믿었다. 따라서 이러한 사기와 동기 같은 심리적 요인이 그들의 생산성을 증가시켰던 것이다. 호손연구는 거의 40년 동안 주로 회사의 효율성을 증진시키는 데 관심을 가졌던 산업심리학에 새로운 시각을 부여하였으며, 이 연구를 계기로 인간관계론이라는 조직에 관한 새로운 관점이 나타나게 되었다.

4) 제2차 세계대전 시기

제1차 세계대전과는 달리 산업심리학자들은 종업원의 선발과 배치에 관한 문제를 체계적으로 연구했고, 다양한 기법도 상당히 개발해 놓은 상태여서 제2차 세계대전 시기에는 전쟁에 기여할 수 있는 모든 준비가 잘 되어 있었다. 이들의 주된 역할은 제1차 세계대전 때처럼 수백만 명의 신병을 검사하고 선발하여 분류하는 것이었다. 최신의 정교한 항공기, 탱크, 군함 등을 작동시키는 데는 더욱 복잡한 인간의 기술이 요구되었고, 이러한 기술을 익힐 수 있는 능력의 지원자를 가려내야 할 필요성 때문에 선발과 훈련 과정에서 많은 새로운 방법이 개발되었다. 이때 개발된 대표적인 집단검사가 Army General Classification Test(AGCT)인데, 1,200만 명의 군인들이 이 검사에 의해 군대 내의 직무에 배치되었다.

그리고 제2차 세계대전 동안 산업심리학자들은 전투비행기의 조종을 보다 쉽고 안전하게 할 수 있도록 각종 계기와 장비를 고안하는 공학심리학(다른 말로 인간공학)의 발전에 커다란 공헌을 하였다. 이들은 엔지니어들과 함께 일하면서 전투기, 잠수함, 탱크 등을 작동시키는 데 필요한 인간의 역량이나 한계성에 대한 정보를 제공하고, 그 결과 그것들의 설계에도 많은 영향을 미쳤다. 이와 같이 제2차 세계대전은 산업심리학의 기법들을 정교화하고 실제 현장에 응용하여 산업심리학이 발전하기 위한 도약대의 역할을 했다.

5) 제2차 세계대전 이후 시기

1945년 이후 산업심리학의 발달은 산업계와 기술계의 빠른 성장과 보조를 함께해 왔다. 즉, 현대 산업과 조직체의 규모가 커지고 복잡해짐에 따라 기업의 능률을 향상시키기 위해 산업심리학자들의 필요성이 더욱 요청되었다. 많은 기술 진보는 아주 새로운 직업을 낳게 되었다. 예를 들어, 컴퓨터의 출현으로 컴퓨터 프로그래머가 필요하게 되었고, 산업심리학자들은 이런 직무를 훌륭하게 수행하는 데 필요한 능력과 그러한 능력을 가진 사람의 유형, 그리고 그런 사람을 선발하고 훈련시키는 가장 좋은 방법을 찾아내야 했다.

그리고 제2차 세계대전 중에 시작된 공학심리학은 이제 독립된 전문 분야로 인식되었고, 1950년부터 1960년까지 산업체와의 공동연구를 통하여 비약적으로 발전하였다. 또한 1960년대 이후에 산업심리학자들은 조직에 대한 연구에도 많은 관심을 가졌다. 즉, 여러 가지 다른 형태의 조직 구조와 분위기, 커뮤니케이션의 패턴과 스타일, 그리고 다양한 공식적 · 비공식적 집단 등을 연구하여 그것들이 어떻게 종업원의 행동에 영향을 미치는지를 연구하였다. 결국 제2차 세계대전 이후에 접어들면서 산업심리학은 점차 세분화된 전문 영역으로 나누어졌다.

이렇게 볼 때 산업심리학은 조직생활의 모든 면에 실제적인 영향을 주고, 우리가 직업세계에서 하는 모든 일을 다루고 있다고 볼 수 있다. 지금까지 살펴본 산업심리학의 역사를 표로 나타내면 〈표 1-2〉와 같다.

| 표 1-2 | 산업심리학의 역사

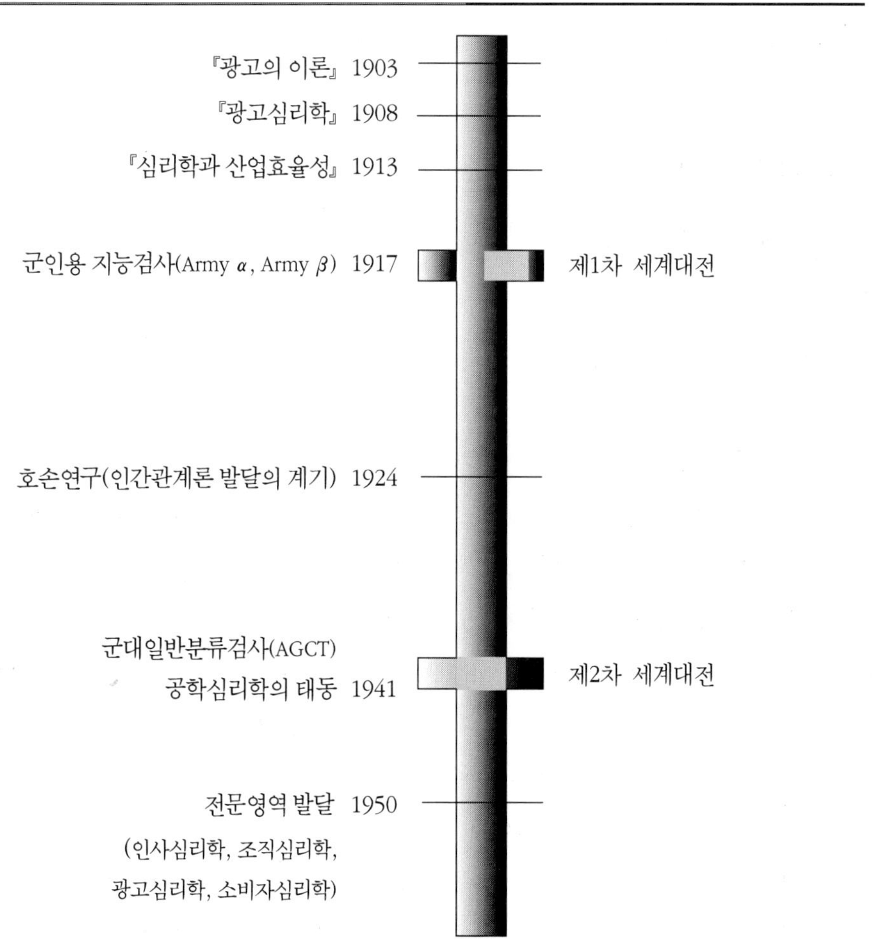

4. 산업심리학의 연구방법

산업심리학은 산업장면에서의 종업원의 행동을 이해하고, 여기서 밝혀진 원리를 실제 문제해결에 적용함에 있어 과학적인 방법을 사용한다. 과학적인 방법이란 변인과 변인 사이의 관계에 관한 가설적 명제들을 실증적으로 검증하는 방법으로서, 그 결과는 객관적이고 합리적이며, 체계적인 평가과정을 통하여 끊임없이 지식을 교정해 주는 특징을 가진다. 과학적 연구는 간단하게 DEPC를 목적으로 한다. 주어진 현상 내의 많은 변인 중에서 특정 변인에 주목하여 이 변인의 특성이나 관계가 어떤지를 먼저 기술하고(describe), 왜 그런 관계가 성립하게 되었는지를 설명하고(explain), 설명을 통해 보편타당한 지식체계를 정립함으로써 주어진 현상에 대하여 구체적으로 예언하고(predict), 더 나아가 그 현상을 보다 바람직한 방향으로 통제하는 데(control) 그 목적이 있다(Kaplan, 1964).

1) 과학적 연구의 과정

실증적 연구를 위한 모델에는 전형적인 모델과 문제해결적 모델이 있다. 이 두 모델은 어느 것이 더 옳은가의 차원에서 비교할 수 없으며, 서로 대립되는 모델이 아니라 연구의 목적에 따라 달리 선택될 수 있다.

(1) 전형적인 모델

① 문제의 정의: 연구과제에 대한 사전조사와 선행 연구자료의 분석을 통하여 연구과제를 이론적으로 정립하고 개념화한다.

② 가설 설정: 연구할 문제를 제기하고 구체적인 가설을 설정한다.

③ 연구 설계: 가설에 포함된 중요개념을 정리하고, 모든 변인과 변인 간의 관계를 정의하고, 연구자료의 수집과 가설검증을 위한 연구설계를 구체화한다.

④ 자료 수집: 설문조사, 면접, 참여관찰, 실험, 사례연구 등 연구에 적합한 방법을 활용하여 연구자료를 수집한다.

⑤ 자료 분석 및 가설 검증: 수집된 자료를 분석하여 가설을 검증한다. 이 과정에는 컴퓨터를 사용한 통계적, 그리고 기타 분석 방법이 많이 활용된다.

⑥ 결과 보고 및 논의: 가설 검증의 결과를 중심으로 연구의 결과를 정리하고, 연구의 제한점, 그리고 후속연구 방향을 제시한다.

(2) 문제해결적 모델

① 문제진단 및 기본 전제 설정: 문제의 경위와 배경, 그리고 증후를 중심으로 문제를 진단하고 문제상황과 문제해결의 기본 전제를 정리한다.
② 문제해결 전략 및 계획 수립: 문제해결의 시기와 속도, 그리고 구성원의 참여 정도 등 문제해결의 전략과 방법, 그리고 구체적인 계획을 수립한다.
③ 자료 수집: 문제해결을 위한 행동계획에 필요한 자료를 수집한다.
④ 문제해결: 조직 개편, 방침 · 제도의 개선, 교육훈련, 현장관리와 리더십 개선 등 문제해결의 구체적인 방법과 행동계획을 적용한다.
⑤ 평가 및 조정: 효과와 성과를 평가하고, 그 결과 여하에 따라서 문제해결의 전략과 방법, 그리고 행동계획을 조정해 나간다.

2) 연구방법

산업심리학의 연구방법은 심리학에서 사용하는 다양한 연구방법을 모두 활용할 수 있다. 가장 일반적으로 사용하는 연구방법에는 주로 탐색적이거나 예비연구로 많이 사용하는 관찰법과 사례연구법, 그리고 심리학의 세 가지 대표적인 연구방법인 조사법, 실험법 그리고 검사법을 들 수 있다.

(1) 관찰법

관찰법(observation method)은 행동표본을 관찰하여 연구하는 방법이다. 관찰을 통하여 주요한 현상들을 찾아낼 수 있고 그것을 설명하기 위한 가설을 생각할 수 있다. 심리학에서의 관찰은 행동의 관찰이 된다. 그러나 인간의 행동에 영향을 미치는 변인들은 너무 많아서 행동의 조건들을 명확하게 판별하고 일일이 기록하기란 거의 불가능하다. 따라서 연구자가 관찰 상황에 어느 정도 개입할 필요가 생긴다. 한 가지 방법은 관찰 상황을 정형화하여 비교적 반복적이게 하는 것이다. 그러면 다른 요인들이 우연히 작용하여 엉뚱한 관찰을 하는 일이 줄어들 것이다. 이 관찰법이 어떤 결정적인 증명은 하지 못할지라도, 인간행동의 새로운 측면을 발견하거나 좋은 가설을 얻을 수 있다. 또한 현실적으로 관찰법을 택할 수밖에 없는 경우도 있다.

관찰법의 장점은 연구장면의 자연성이 전혀 훼손되지 않은 상태에서 연구가 이루어지기 때문에 외적 타당도가 매우 높고, 한 번에 많은 변인에 대한 자료를 동시적으로 수집할 수 있고, 다른 방법에 비해 연구자의 편파가 개입될 가능성이 상대적으로 적다는 점이다. 반면, 단점은 변인에 대한 조작이나 통제가 없기 때문에 인과성 추론을 거의 할 수 없고, 변인의 측정도 실험법에 비하여 엄밀하지 않고, 연구대상의 반응이 편파적이거나 전집을 대표하고 있지 못할 수도 있고, 관찰자의 주관을 배제하기 어렵다는 점이다.

(2) 사례연구법

관찰법과 실험법이 현재중심적인 연구방법인 데 비해 사례연구법은 과거중심적인 연구방법이다. 사례연구법(case study method)은 주로 개인이 성장해 온 사례사(case history)를 바탕으로 연구가 이루어지는데, 대개의 사례사 연구는 개인이 기억해 내는 사건이나 과거에 대한 기록을 분석하고 재구성해서 이루어진다. 이런 측면에서 회고적 방법이라고도 한다. 이와 같이 사례연구법은 개인의 기억과 그것을 바탕으로 재구성하기 때문에 개인의 주관을 배제할 수 없다.

사례연구법은 개인이 가지고 있는 문제의 원인을 회고적으로 파악하는 방법이므로 그 결과를 바탕으로 실험이나 체계적 관찰을 위한 정보를 제공해 주는 장점이 있다. 그러나 개인의 주관을 배제하기 어렵다는 단점도 있다. 따라서 모든 정보를 정확하고 객관적으로 수집하며 실생활의 예를 많이 포함하는 것이 필요하다.

(3) 조사법

조사법(survey method)은 설문지 혹은 질문지를 구성하여 연구를 하는 방법이다. 사람들의 생각이나 감정을 속속들이 관찰하기는 힘들다. 이런 경우 직접 물어보는 것이 효과적일 수 있다. 그래서 연구자들은 미리 준비된 질문을 통해 자료를 수집한다. 이 방법은 제한된 시간 내에 많은 자료를 비교적 쉽게 모을 수 있다는 점에서 효과적이다. 널리 알려진 조사에는 킨제이(Kinsey)의 성행동연구, 갤럽(Gallup)의 여론조사, 에이씨 닐슨(A. C. Nilson)의 마케팅 조사 등이 있다.

이러한 조사나 검사를 통해 수집된 자료를 통해 변인들 간의 상관관계를 알 수 있다. 상관관계란 두 변인이 정적으로 혹은 부적으로 관련됨을 뜻한다. 그러나 이 방법은 상관관계는 알 수 있지만 변인들 간의 인과관계를 밝히기는 어렵다. 즉, 어느 것이 원인이고 어느 것이 결과인지를 분명히 알기가 어렵다. 예를 들면, '직무만족도와 생산성 간에는 정적 상관이 있다.'는 결과가 나왔을 때 직무만족도가 높기 때문에 생산성이 높은 것인지, 생산성이 높기 때문에 직무만족도가 높은 것인지 알 수 없다.

(4) 실험법

실험법(experimental method)이란 연구자가 조작한 조건과 그 결과 간의 관계, 즉 인과관계를 연구하는 매우 정교화된 연구방법으로, 독립변인과 종속변인 간의 인과성을 검증할 수 있다. 이때 연구자가 조건들을 만들기 위해 임의로 조작한 변인을 독립변인(independent variable)이라고 하고, 그 결과를 알아보기 위해 측정하는 변인을 종속변인(dependent variable)이라고 한다.

실험법이란 말 그대로 인위적으로 만들어 놓은 실험실에서 독립변인의 조작을 통해 행해지는 실험을 뜻한다. 이렇게 인위적인 상황에서 실험을 하는 이유는 연구자가 관심을 갖고 있는 독립변인이 종속변인에 미치는 영향을 정확히 알아보기 위해서다. 즉, 실험실 상황에서는 연구자가 원하는 대로 독립변인을 조작할 수 있고, 종속변인에 영향을 미칠 수 있는 독립변인 이외의 다른 변인들을 엄격하게 통제하는 것이 가능하다. 예를 들어, 어떤 일을 수행함에 있어서 구체적인 목표가 주어지면 애매한 목표가 주어졌을 때보다 그 일의 수행 정도가 높게 나타날 수 있다. 이 가설은 Locke의 목표설정 이론에 있는 명제인데, 이 명제를 실험을 통해 검증해 볼 수 있다. 50명의 대학생들을 우선적으로 뽑아서 그들을 한 명씩 실험실로 데리고 와서 5분 동안에 50개의 덧셈문제를 풀도록 한다. 이때 25명에게는 '5분 내에 40개의 문제를 풀어라.'라고 지시하고, 나머지 25명에게는 '5분 동안 최선을 다해서 풀어라.'라고 지시한다. 50명에 대한 실험이 모두 끝난 후 각 조건별로 문제를 푼 개수를 계산한다. 만일 전자의 지시를 받은 조건의 학생들이 후자의 지시를 받은 조건의 학생보다 문제를 더 많이 풀었다면, 본 연구의 가설은 지지되는 것이다. 이 예에서 연구자가 대학생들에게 지시해 둔 두 조건은 독립변인이 되고, 각 조건별로 문제를 푼 평균 개수는 종속변인이 된다.

일반적으로 실험법은 과외변인의 영향을 엄격히 통제할 수 있고, 피험자의 무선할당이 가능하며, 독립변인을 자유롭게 조작할 수 있고, 정확한 측정을 할 수 있다는 장점이 있다. 반면, 매우 제한된 상황에서 연구를 하기 때문에 외적 타당도가 낮고, 인위적인 환경에서 연구를 하기 때문에 독립변인의 효과가 약하게 나타나거나 실제와 다르게 나타날 수도 있으며, 어떤 현상들은 실험실에서 전혀 다룰 수 없는 경우도 있다는 단점이 있다.

(5) 검사법

흔히 심리검사법이라고 하는 검사법(test method)은 개인차를 규명하는 연구방법이다. 심리검사는 보다 정밀한 측정이 요구되는 장면에서 사용되는 것으로, 개인의 지능, 적성, 흥미, 태도, 성격 등을 측정하며, 개인차를 규명하는 것을 목적으로 한다. 검사법은 신뢰도, 타당도 및 실용성을 지닌 검사를 개발·제작하여 표준화된 절차에 따라 실시하고 해석할 때 그 결과를 수용할 수 있다.

심리검사의 기본 특성은 몇 가지 측면에서 살펴볼 수 있다. 첫째, 인간의 행동이 측정대상이 된다. 그러나 모든 가능한 행동을 측정할 수는 없다. 예를 들어, 작문능력을 측정할 경우에 쓰인 기록 모두를 검사하는 것이 가장 정확하지만 비실용적이다. 일반적으로 검사의 질은 표본의 대표성에 의하여 결정된다. 예를 들어, 운전면허시험의 경우에 필기, 코스 및 주행 시험을 보는데, 이것은 일부분만을 측정하는 것이다. 다시 말해서, 주차, 계기 이용 및 신호등 처리 등 운전과 밀접한 관련이 있는 여러 측면이 제외되고 있다. 따라서 전체를 대표하지 못하며 결국에는 운전면허시험으로서 좋은 검사가 되지 못한다고 볼 수 있다. 둘째, 심리검사는 표준화된 조건하에서 이루어진다. 예를 들어, 지시사항, 검사의 시간 제약, 검사 실시환경(조명, 좌석 배치 등)의 통제, 통계방법 등이 표준화되어 있다. 심리검사를 표준화하는 이유는 검사결과의 정확성, 타당성 및 신뢰성을 높이기 위해서다. 예를 들어, 능력검사, 특히 외국어 청취능력검사의 경우에는 조용한 환경에서 실시하는 경우와 시끄러운 환경에서 실시하는 경우에 다른 결과가 나타날 수 있다. 셋째, 심리검사에는 채점규칙이 있다. 검사결과를 해석하고 활용하기 위하여 검사에 대한 반응을 수량화하는 확립된 규칙이 필요하다. 채점규칙이 있는 이유는 검사자가 달라도 동일한 사람을 대상으로 실시할 때 동일한 반응이라면 동일한 검사점수를 얻을 수 있도록 여건을 만들기 위해서다. 이를 위해 심리검사는 규준을 정하고 채점절차를 규정해 놓고 있다.

좋은 심리검사가 되기 위해서는 몇 가지 요건을 갖추어야 한다. 첫째, 좋은 심리검사는 적합성을 지니고 있어야 한다. 심리검사가 측정하고자 하는 바를 실제 측정하는 정도로 나타내는 것으로, 원하는 바를 정확하게 측정할 수 있어야 한다. 이것을 심리검사에서 타당도(validity)란 이름으로 다루게 된다. 둘째, 좋은 심리검사는 일관성이 있어야 한다. 검사를 실시하는 사람이 달라도 동일한 인물의 검사결과는 일관되게 나와야 하고, 시간이나 장소에 상관없이 일관된 검사결과를 얻어 낼 수 있어야 한다. 이것을 심리검사에서 신뢰도(reliability)라는 이름으로 다루게 된다. 셋째, 좋은 심리검사는 현실성이 있어야 한다. 좋은 심리검사는 검사를 실시하거나 결과를 도출하는 데 들이는 시간과 처리과정에서 경제성이 있어야 하며, 시사하는 바나 적용범위가 넓어 실용성이 있어야 한다. 넷째, 좋은 심리검사는 객관성을 지니고 있어야 한다. 검사의 실시와 검사결과의 채점, 분석 및 해석이 표준화되어 객관성을 지니고 있어야 한다.

제1부

인사 및 조직심리

제2장

선발 과정과 방법

오늘날 기업의 경쟁력을 판가름하는 요소로서 가장 중요한 자원은 기업이 보유하고 있는 인적자원이다. 특히, 오늘날 기업이 처한 변화무쌍한 환경을 극복하기 위해서 기업들은 인적자원의 중요성을 인식하고 이의 개발을 강조하고 있다. Simon(1976)은 기업의 경영활동은 의사결정의 연속이며, 경영활동의 효율성은 바로 의사결정의 질(quality)에 달려 있다고 주장하였다. 이러한 의사결정의 주체는 바로 인적자원이며, 이들의 능력이 바로 의사결정의 질을 결정한다. 따라서 이 장에서는 이렇게 중요한 인적자원인 근로자를 어떻게 선발해야 할 것인지를 알아보고자 한다. 구체적으로 선발과정의 단계, 직무분석, 모집, 선발방법 등에 대해 살펴보고자 한다.

1. 선발과정의 단계

기업에서 필요로 하는 우수한 근로자를 선발하기 위해서는 적절한 선발계획이 필요하다. 일반적으로 지원서 양식을 아주 쉽게 만들 수 있고, 면접도 사전작업을 많이 하지 않고 실시할 수 있으며, 각종 검사도 손쉽게 구매하여 지원자들에게 실시할 수 있다. 그러나 사전에 철저한 노력이나 연구 없이 지원자에 대한 정보를 수집하여 특정 지원자를 채용하기로 결정한다면 심각한 문제가 발생할 수 있다. 즉, 지원자에 대한 수집된 정보가 직무수행과 관련이 없거나 여러 지원자 중에서 좋은 지원자를 확인하는 데 이러한 정보를 효과적으로 사용할 수 없을 것이다. 따라서 지원자와 이 지원자가 하게 될 직무가 잘 조화를 이루기 위해서 필요한 것이 선발과정의 개발이다. 선발과정 개발에는 회사와 지원자 간 외에도 여러 가지 많은 단계가 포함되어 있는데, 이 과정 개발에 필요한 단계들을 살펴보면 [그림 2-1]과 같다.

1) 직무분석

선발의 목적은 회사 내에서 필요로 하는 어떤 직무를 가장 잘 수행할 수 있는 사람을 확인하는 것이기 때문에 선발과정의 첫 단계는 직무에 대한 정보를 수집하는 것이다. 직무분석(job analysis)이란 어떤 조직에 있는 특정 직무에 대한 정보를 수집하는 것이다. 그 직무를 성공적으로 수행하기 위해 근로자가 갖추어야 할 바를 회사가 상세하게 알지 못한다면 잠재적 근로자에게서 찾고자 하는 능력과 자질을 알 수 없을 것이다. 따라서 그 직무에 필요한 구체적 기술과 능력을 결정하기 위해 직무분석이라는 과정이 필요하다. 그리고 이 직무분석을 통해 잠재적 근로자를 분석하는 것이 가능하게 된다.

2) 적절한 직무수행 측정치의 확인

선발과정 개발의 주요 목적은 직무에서 성공할 지원자를 찾는 것이다. 즉, 특정 직무수행에서 실제 작업자들 간의 차이를 측정할 수 있어야 한다. 이 작업자들 간의 차이를 측정하는 것은 근로자가 얼마나 많은 양의 일을 했으며 얼마나 그 일을 잘 수행했는지를 알아보면 된다. 그러나 조직 내의 수많은 요인이 이러한 직무수행에 대한 측정을 어렵게 만든다. 특히, 요즈음의 직무는 눈으로 직접 확인할 수 없는 성과를 산출하는 경우가 많기 때문에 측정에 어려움을 가지고 있다.

3) 작업자 특성의 파악

직무분석을 통해 얻은 정보와 직무수행에 필요한 자료를 수집한 후에 인사담당자는 작업자가 특정 직무를 성공적으로 수행하기 위해서 반드시 갖추어야 되는 지식, 기술, 능력 등 작업자의 특성을 파악해야 한다. 이러한 지식, 기술, 능력 등은 지원자를 평가하는 기본적 특성이다.

4) 선발도구의 개발

특정 직무수행에 필요한 작업자의 지식, 기술, 능력 등을 파악한 후 지원자에 대한 정보를 수집하기 위하여 적절한 선발도구를 개발할 필요가 있다. 이러한 선발도구에는 지원서, 추천서, 면접, 각종 검사(성격검사, 적성검사 등), 모의(simulation)에 의한 평가 등이 있다. 사용될 선발도구를 선정하는 데는 두 가지 기본 원칙이 있는데, 첫째는 선발도구가 이전에 이미 파악된 지식, 기술, 능력 등을 확인하여야 한다는 것이다. 둘째는 측정도구가 지원자들을 변별할 수 있는 능력을 갖추어야 한다는 것이다. 지원자들이 직무수행에 필요한 지식, 기술, 능력 등을 각기 다르게 가지고 있다고 보기 때문에 선발도구는 이러한 차이를 잘 측정해야 한다. 만일 어떤 측정도구에서 거의 모든 지원자가 동일한 점수를 받았다면 지원자들이 거의 동등한 능력을 갖추고 있는 것으로 보이기 때문에 선발을 하기 위한 결정은 매우 어렵게 된다.

5) 선발도구의 타당화 절차

마지막 단계는 중요하다고 생각되는 작업자의 특성이 실제로 성공적인 직무수행과 관련이 있는가를 알아보기 위해 정보를 수집하고 평가하는 타당화(validation) 단계다. 만약 그렇다고 판단되면 사용된 선발도구는 이를 사용한 조직에 유용하지만, 그렇지 않다면 파악된 작업자의 특성들은 직무수행과 관련이 없으므로 가능한 한 빨리 다른 선발과정을 개발하는 것이 바람직하다. 일반적으로 선발과정을 타당화하는 방법에는 경험적 타당화, 내용 타당화 등 여러 가지가 있다. 직무분석에서 시작하여 타당화 절차에 이르는 선발과정의 개발 단계를 거치지 않고는 선발도구의 유용성에 대해 확신할 수 없다.

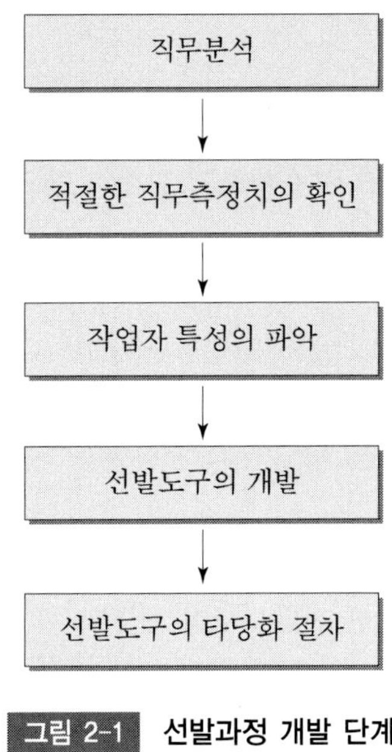

그림 2-1 선발과정 개발 단계

2. 직무분석

1) 직무분석의 정의

조직에서 직무수행에 필요한 새로운 근로자들을 모집하고, 선발하고, 배치하고, 교육시키고, 수행평가를 통하여 적정 임금을 지급하고, 유사한 직무들을 함께 묶어서 직무를 분류하기 위한 가장 기초적인 정보는 직무분석을 통해 얻어진다. 직무분석을 통하여 직무에서 어떤 활동들이 이루어지며, 직무수행에서 사용되는 도구나 장비가 무엇이고, 어떠한 환경에서 작업이 수행되고, 직무수행에 요구되는 인간적 능력들이 어떤 것인지를 알 수 있다. 직무분석은 직무를 수행하는 사람에게 직무수행과 관련되는 광범위한 정보를 제공하기 위해 실시된다.

그렇다면 직무분석의 정의는 무엇인가? Ghorpade와 Atchison(1980)은 직무분석을 '조직의 계획수립과 설계, 인적자원 관리, 기타 관리적 기능들을 수행하기 위한 기초정보를 얻기 위하여 조직 내에서 직무에 관한 정보를 수집, 분석, 종합하는 관리적 활동'이라고 정의하였다. 결국 직무분석이란 근로자가 수행하는 구체적 직무의 작업요소의 정확한 본질을 명확한 용어로 기술하는 것이다. 직무분석에는 사용되는 장비나 도구, 수행되는 작업, 안전사고와 같은 직무의 독특한 면, 요구되는 교육이나 훈련, 월급의 범위 등과 같은 종류의 정보가 포함된다.

2) 직무분석의 용도

(1) 모집 및 선발

근로자의 선발에서 그 대상자가 가지고 있는 자격, 성질 및 기능이 그 사람이 수행하게 될 직무와 완전히 일치하는 것이 바람직하다. 그런데 이와 같이 하기 위해서는 첫째, 경영에 있어서 충원을 필요로 하는 직무에 취업하는 데 필요한 자격, 성질 및 기능을 명확히 파악하고, 둘째, 그러한 요건을 충족시킬 수 있는 노동력 공급원을 찾아 모집하며, 셋째, 응모한 자 중에서 앞서 첫 번째 요건을 충족시키는 사람을 선발해야 한다. 이때 무엇보다도 중요한 직무수행에 필요한 자격, 성질, 기능 조건을 밝히는 임무를 직무분석이 담당하고 있는 것이다.

(2) 교육 및 훈련

직무분석에 의하여 직무요건(job requirements)이 결정되고 근로자들의 숙련도 분석에 의해서 현재의 숙련 수준을 이해하고 나면 그것에 기초하여 교육훈련의 필요성을 감지할 수 있다. 이때 교육의 필요시점을 파악하기 위해서는 각 직무를 수행함에 있어서 필요로 하는 지식 · 숙련 · 기능의 종류와 정도를 명확히 분석하여야 한다.

(3) 직무수행평가

합리적인 직무수행평가를 위해서도 직무분석이 갖는 의의가 매우 크다. 직무분석에 의해 나타난 직무요건과 그 같은 직무요건을 충족시킬 수 있는 업적을 실현하고, 또 다른 요건보다 어렵고 책임 있는 직무를 보다 잘 실현했을 때 그에 상응하는 직무수행점수를 배정하는 것은 당연한 일이다.

(4) 직무평가

직무평가는 직무의 상대적 가치에 따라 등위를 정하는 것으로서 직무평가의 실제에 있어서는 작성된 직무기술서의 직무요건(직무수행요건)이 직무평가의 자료가 된다. 직무분석의 결과를 인사관리의 여러 분야에 보다 적절히 활용하기 위해서는 직무가 평가된 다음 그 결과에 따라 직무가 체계적으로 분류되어야 한다.

(5) 배치 및 경력개발

선발된 사람들을 적합한 직무에 배치하고 경력개발에 관한 기초 자료로 활용할 수 있다. 직무의 특성과 근로자의 특성을 잘 결합시켜 업무의 효율성을 향상시킬 수 있을 뿐만 아니라 직무만족도도 증가시킬 수 있다.

(6) 정원관리

직무분석을 통해서 직무 자체에 대한 분석을 실시하고, 직무수행의 내용과 성과의 관계를 분석함으로써 그 직무가 조직목표 달성에 필요한가의 여부를 검토하여 직무를 확정하고 직무별로 적격자의 조건과 소요인력을 결정함으로써 정원관리의 합리성을 기할 수 있다.

(7) 임금관리

어떤 한 직무가 갖는 상대적 가치를 평가하고 합리적인 직무수행평가를 바탕으로 임금을 지급할 수 있을 때 이는 보다 객관성 있는 임금관리가 될 수 있다. 즉, 합리적 임금관리를 위한 전제조건인 직무평가를 효과적으로 실시하기 위한 직무내용과 직무수행평가를 합리적으로 실시하기 위한 평가기준 등이 직무분석을 통해서 얻어지거나 그 결과를 활용함으로써 만들어질 수 있다.

(8) 안전관리 및 작업조건의 개선

각각의 직무가 가지고 있는 위험성과 그 정도, 작업환경의 유해성과 그 정도, 노동의 종류와 그 강도, 직업병 유무 등을 파악해서 대처할 뿐 아니라 근로자에게 그에 상응하는 수준의 대우를 해 주기 위해 직무분석이 필요하다.

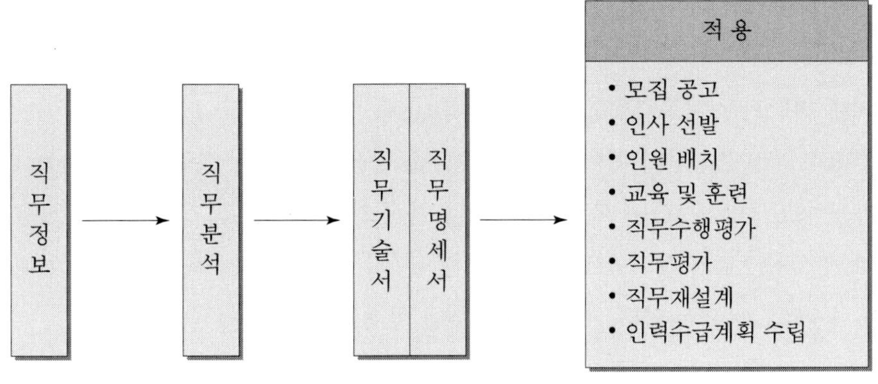

그림 2-2 직무분석의 다양한 적용

3) 직무분석의 유형

직무를 분석할 때 초점을 어디에 두느냐에 따라 과제중심적 직무분석과 작업자중심적 직무분석으로 나눌 수 있다.

(1) 과제중심적 직무분석

이 유형은 직무에서 수행하는 과제나 활동이 어떤 것인지를 파악하는 데 초점을 둔다. 과제중심적 직무분석에 의해 수행되는 모든 과제를 세부적으로 나열해 보면 어떤 직무에서는 열거되는 과제 수가 수백 개까지 될 수도 있다. 예를 들면, 과제들에는 조립한다, 수리한다, 자른다, 망치질한다, 형틀을 만든다, 압축시킨다, 구부린다 등의 형태로 표현된다. 이 유형은 과제를 중심으로 직무를 분석하므로 과제분석(task analysis)이라고도 부른다. 그러나 과제중심적 직무분석의 단점은 각 직무에서 이루어지는 과제나 활동이 서로 다르기 때문에 분석하고자 하는 직무 각각에 대해 표준화된 분석도구를 만들 수 없다는 것이다.

(2) 작업자중심적 직무분석

이 유형은 직무를 수행하는 데 요구되는 인간의 재능에 초점을 두어서 지식(K: Knowledge), 기술(S: Skill), 능력(A: Ability), 기타 특성(O: Other characteristic)과 같은 작업자의 개인적 요건들에 의해 직무를 분석한다. 예를 들면, 작업자의 건강과 육체적 힘, 수공 조작 솜씨, 눈과 손의 협응, 시·청각의 예민성, 기계적 능력, 정서적 안정도 등이 해당된다.

작업자중심적 직무분석의 대표적인 예가 McCormick, Jeanneret 및 Mecham(1972)에 의해 개발된 직위분석질문지(Position Analysis Questionnaire: PAQ)다. PAQ는 일반적인 요소들로 구성되어 있어 직업의 종류를 막론하고 모든 직업을 분석하는 데 사용 가능한 도구다. PAQ는 직무수행에 필요한 인간의 특성들을 기술하는 데 사용되는 194개의 문항으로 구성되었으며, 이 문항들은 직무수행에 관한 6개의 하위 차원들에 대해 평정하도록 되어 있다. 이 6개의 차원을 살펴보면 〈표 2-1〉과 같다.

| 표 2-1 | 직위분석질문지(PAQ)의 6가지 차원들

차 원	기술 내용	문항의 예
정보 입력	작업자가 직무를 수행하는 데 이용하는 정보를 어디에서 어떻게 얻는가?	감각적인 자극의 해석, 다양한 정보원 해석, 환경조건에 대한 자각, 다양한 감각의 사용 등
매개과정	직무수행에 필요한 논리, 의사결정, 정보처리활동, 계획 등은 무엇인가?	의사결정, 정보처리 등
작업 산출	직무활동에 필요한 육체적 활동은 무엇이며 어떤 기계, 도구, 수단 등이 필요한가?	기계/도구/장비의 사용, 기계/처리과정의 통제, 다양한 장비/장치의 사용, 일반적 신체 협응 등
대인 간 관계	직무를 수행하는 데 다른 사람들과 어떤 상호작용이 존재하는가?	판단 관련 정보교환, 일반적인 개인적 접촉에 참여, 직무와 관련된 정보 상호교환 등
직무 맥락	어떤 물리적·사회적 상황에서 직무가 수행되는가?	스트레스가 많은 환경, 위험한 직무상황 등
기타 특성	직무수행과 관련된 다른 활동, 조건, 특성 등은 무엇인가?	비전형적/일상적 스케줄에 따른 근무, 유동/일정급으로 급여 지급, 구조화/비구조화된 작업수행 등

작업자중심적 직무분석은 인간의 다양한 특성들이 각 직무에서 어느 정도나 요구되는지를 분석하기 때문에 직무에 관계없이 표준화된 분석도구를 만들기가 비교적 용이하고, 다양한 종류의 직무들에서 요구되는 인간 특성의 유사 정도를 양적으로 비교하는 것이 가능하여 폭넓게 활용되는 장점을 가지고 있다. 그러나 이 설문지로 측정된 점수를 가지고 개별 직무의 성과표준을 직접 산출하는 데에는 많은 무리가 따른다.

(3) 직무분석을 위한 정보의 출처

① 주제관련 전문가

직무분석을 할 때 직무에 관한 정보를 얻는 가장 중요한 출처는 주제관련 전문가(Subject Matter Expert: SME)다. 주제관련 전문가가 어떤 사람인지에 관한 자격요건이 정확하게 정해져 있는 것은 아니지만, 최소 요건으로서 직무에서 수행되는 모든 과제에 대하여 잘 알고 있을 정도로 충분히 오랜 시간 동안 직무에 관한 직접적이고 최근의 경험을 가지고 있어야 한다(Thompson & Thompson, 1982). 따라서 직무분석을 할 때 주제관련 전문가로서 가장 많이 이용되는 사람들은 현재 직무를 수행하고 있는 현직자나 그 직무의 상사다.

첫째, 직무정보를 얻는 데 가장 자주 사용되는 출처는 현직자(job incumbent)로서 직무에 현재 종사하고 있는 사람이다. 주제관련 전문가로서 현직자를 이용하는 것은 그들이 자신들의 직무에 관하여 상세하게 가장 잘 알고 있기 때문이다. 하지만 현직자들 중에서도 어떤 사람은 자신의 일에 관하여 잘 알고 있고 자신이 하는 일을 말로 잘 표현할 수 있지만 어떤 사람은 상대적으로 그러한 능력이 부족할 수 있다. 따라서 현직자들 중에서도 누구를 선정하는지가 직무분석 결과의 질을 좌우할 수 있다.

둘째, 또 다른 주제관련 전문가는 현직자의 상사다. 상사들은 일반적으로 해당 직무를 거쳐 승진하는 경우가 대부분이므로 현직자들이 직무에서 무엇을 하는지를 정확하게 알려 줄 수 있는 신뢰할 수 있는 출처다. 상사들이 현직자들보다 직무를 어느 정도는 보다 객관적으로 기술할 수 있지만, 현직자들과 상사들 간에는 의견 차이가 있을 수 있다. 이들 간의 대부분의 의견 차이는 직무에서 무엇을 수행하는지에 관한 것이 아니라 직무수행에서 실제로 요구되는 중요한 능력에 관한 것이다. 즉, 현직자들이 언급하는 직무에서 요구되는 중요한 능력과 상사들이 언급하는 중요한 능력들이 다를 수 있다.

② 직무분석가

현직자나 상사 이외에 직무분석가도 직무분석에 사용되는 정보의 출처가 될 수 있다. 직무분석가들은 많은 직무 간에 비교가 필요할 때 이용된다. 그들은 직무분석 방법들에 익숙하기 때문에 여러 직무에 대하여 가장 일관된 평정을 내릴 수 있다. 직무분석가의 전문성은 다양한 직무 그 자체에 관한 내용을 알고 있는 데 있는 것이 아니라 직무에서 수행되는 과제나 수행에 요구되는 능력들에서 직무들 간의 유사성과 차이점을 이해하는 능력에 있다.

③ 고객

최근에는 이들 이외에 고객이 직무분석의 중요한 출처로 대두되고 있다(May, 1996; Sanchez & Levine, 2001). 최근에 고객의 중요성이 부각되고 영리조직이나 비영리조직을 막론하고 고객만족이 강조됨에 따라 고객과의 접촉이 많은 직무(예: 창구직원, 판매원, 상담원)에서는 고객이 직무에 관한 중요한 정보를 제공하는 출처로 간주된다. 직무에 대하여 현직자나 상사로부터 얻지 못하는 귀중한 정보를 고객으로부터 얻을 수 있으므로 직무분석에 필요한 정보의 출처로서 고객을 포함하는 것이 점차 늘어나고 있는 추세다.

일반적으로 현직자들과 상사들은 직무에 관하여 가장 많은 정보를 줄 수 있는 출처인 반면, 직무분석가들은 여러 직무 간의 관계에 관하여 가장 정확한 정보를 주는 출처다. 또한 앞에서도 언급했듯이 고객은 직무에 대하여 다른 어떤 출처도 제공하지 않은 귀중한 정보를 주는 출처다. 따라서 직무를 이해하기 위한 가장 바람직한 전략은 오직 하나의 출처에 전적으로 의존하는 것이 아니라 가능한 한 자격을 갖춘 다양한 출처로부터 정보를 수집하는 것이다.

4) 직무분석의 방법

직무분석에서 직무에 관한 자료를 얻기 위해서는 여러 가지 방법이 사용될 수 있다. 이 중 대표적인 직무분석 방법에는 관찰법, 면접법, 설문조사법, 작업일지법, 결정사건법 등이 있다. 일반적으로 직무분석을 할 때는 흔히 두 가지 이상의 방법을 동시에 사용하기도 하는데, Muchinsky(1993)는 세 가지 방법을 함께 사용할 것을 권했다.

(1) 관찰법

관찰법(observation)은 직무분석에서 직무에 대한 가장 기초적인 지식을 제공한다. 직무를 수행하는 사람들을 현장에서 직접 관찰함으로써 직무활동과 내용을 파악할 수 있으며, 이때 관찰자는 작업자의 수행을 방해하지 않고 그들이 평소대로 일하는 것을 관찰하는 것이 중요하다. 관찰법이 적용되는 직무에는 자동차 생산조립라인 직무, 보험회사의 기록 직무 등 직무단위의 시작과 종료 간의 시간이 짧은 직무들이다. 효과적으로 관찰을 하기 위해서는 여러 가지 주의사항이 있다. 첫째, 관찰자가 적당한 거리를 유지해야 한다는 것이다. 즉, 정확히 관찰하기 위해서 작업자와 지나치게 접근해 있으면 그들의 정상적인 직무수행을 방해할 가능성이 있고, 너무 멀리 떨어져 있으면 정확한 관찰이 힘들다는 것이다. 둘째, 관찰자의 존재를 가능한 한 노출시키지 않는 것이 좋다. 특히, 산업현장에서 직무수행을 직접 관찰하는 경우에는 가급적이면 관찰자의 존재를 노출시키지 않는 것이 좋으며, 관찰자의 존재를 의식하지 않도록 하기 위해서 폐쇄회로나 녹화장비들이 사용될 수 있다.

관찰법은 특정 직무가 어떤 환경 속에서 어떻게 행해지는지를 직접 체험해 볼 수 있는 효과적인 방법이지만 다음과 같은 문제점을 가지고 있다. 즉, 작업자의 육체적인 활동은 관찰이 가능하지만 정신적인 활동은 관찰이 불가능하며, 직무의 시작에서 종료까지 많은 시간이 소요되는 직무에는 적용하기가 곤란하고, 직무수행자가 자신의 직무가 관찰되고 있다고 인지할 때 직무수행의 왜곡현상이 나타나 획득한 정보의 신뢰도에 문제가 있을 수 있다.

(2) 면접법

면접법(interview)은 직무분석자가 해당 직무수행자를 면접하여 직무에 관한 정보를 획득하는 것으로, 자료를 수집하기 위한 매우 중요한 방법이다. 면접자는 작업자들이 직무에서 수행하는 활동이나 직무를 수행하는 데 요구되는 기술, 경험 등을 알기 위해 질문을 한다. 면접을 하기 위해서는 우선 면접할 장소를 선정해야 한다. 실제 직무가 수행되는 현장에서 면접을 하는 것이 가장 바람직하지만 직무수행에 방해가 되지 않도록 주의를 해야 한다. 또 면접을 위해 필기도구를 준비할 필요가 있으며, 보다 철저한 면접을 위해서는 녹음기를 준비할 수도 있다. 면접을 할 때는 면접자의 자질과 기술이 필요한데, 예를 들면 대화하기 편안한 분위기 조성, 고정관념이나 편견의 배제, 대답을 유도하는 기술, 다음 질문으로 부드럽게 넘어가는 기술 등이다. 면접을 시작하기 전에 작업자들에게 면접의 목적을 명확히 알려 주어야 한다. 그렇지 않으면 그들은 지나치게 방어적인 태도를 보이거나 자신들의 직무의 중요성을 과장해서 이야기하게 되어 결과적으로 왜곡된 정보를 얻게 된다.

면접법은 관찰법에 비해 시작에서 종료까지의 기간이 긴 직무의 경우 직무수행자가 이를 요약해서 설명해 줄 수 있고, 직무수행자의 정신적 활동까지도 파악할 수 있는 장점을 가지고 있어 다양한 직무에 관한 자료를 수집하는 데 광범위하게 적용될 수 있다. 그러나 피면접자가 직무분석의 결과로 인해 자신이 피해를 입을지도 모른다고 판단하면 해당 직무에 대해 정확한 정보를 제공하지 않고, 자료의 수집에 많은 시간과 노력이 들고 수량화된 정보를 얻기가 힘든 단점이 있다.

(3) 설문조사법

설문조사법(questionnaire)은 직무수행자에게 설문지를 나누어 주어 답하게 함으로써 직무에 대한 정보를 획득하는 방법이다. 이때 설문지에는 직무분석의 대상이 되는 직무내용, 수행방법, 수행목적, 수행과정, 직무수행자가 갖추어야 하는 자격요건 등에 대한 질문이 포함된다. 즉, 설문지를 이용하여 작업자들이 직무에서 수행하는 활동들을 얼마나 자주 하는지, 그러한 활동이 얼마나 중요한지를 묻고, 직무수행에서 요구되는 지식, 기술, 능력 등이 얼마나 자주 사용되는지, 그러한 것들이 얼마나 중요한지 등에 관해 척도상에 평정하도록 한다.

설문지를 사용하여 직무에 관한 정보를 수집하려고 할 때 두 가지 방법을 고려해 볼 수 있다. 첫 번째는 분석하려고 하는 직무의 분석에만 사용할 수 있는 설문지를 직무에 대한 사전정보에 기초하여 연구자 스스로 만들어 사용하는 것이다. 예를 들어, 직무의 내용이나 성질이 서로 다른 두 개의 직무를 분석하려고 한다면 각기 다른 문항들로 구성된 두 개의 설문지를 만든다. 두 번째는 어떤 직무의 분석에든 상관없이 쓸 수 있도록 이미 개발되어 있는 표준화된 설문지를 사용하거나 표준화된 설문지를 새로 만드는 것이다. 표준화된 직무분석 설문지의 대표적인 예가 직위분석설문지(PAQ)다.

설문조사법은 많은 사람으로부터 짧은 시간 내에 정보를 얻을 수 있고, 관찰법이나 면접법과는 달리 양적인 정보를 얻을 수 있는 장점이 있다. 하지만 직무분석에 사용될 설문지를 연구자 스스로 만드는 경우에는 먼저 관찰법이나 면접법을 통해 직무에 대한 어느 정도의 사전정보를 갖추어야 할 필요가 있고, 직무수행자가 얼마나 성의를 가지고 정직하게 설문지에 응답을 해 주느냐 하는 신뢰도의 문제가 제기된다.

(4) 작업일지법

작업일지법(employee recording)은 작업자들이 정해진 양식에 따라 직접 작성한 작업일지로부터 직무에 관한 정보를 수집하는 방법이다. 이 방법은 작업자에게 작업일지를 작성하도록 요구하거나 기존에 작성되어 있는 작업일지를 입수하여 직무의 내용이나 특성을 파악한다. 대개 장기간에 걸쳐 작성된 작업일지의 경우, 쓰인 내용 그 자체에 대한 신뢰도는 상당히 높을 수 있지만 직무분석에서 원하는 정보를 충분히 획득할 수 있느냐가 문제다. 이 방법은 작업자가 의도적으로 왜곡되게 일지를 작성할 수 있다는 단점이 있으므로 작업일지에 의해 얻어진 정보가 어느 정도 정확한지에 대해 의문을 제기할 수 있다. 따라서 이 방법은 관찰하기 어려운 직무(예: 과학자, 엔지니어, 고급관리자)를 분석할 때 많이 활용된다.

(5) 결정사건법

결정사건법(critical incidents)은 직무수행자의 직무행동 가운데 성과와 관련하여 효과적인 행동과 비효과적인 행동을 구분하여 그 사례들을 수집하고, 이러한 사례로부터 직무성과에 효과적인 행동패턴을 추출하여 분류하는 방법이다. 이 방법은 직무를 성공적으로 수행하는 데 결정적인 역할을 하는 행동들을 기록하는 것이다. 연구자는 작업자에게 가장 효과적인 수행과 가장 비효과적인 수행을 유발했던 특정 사건을 떠올리도록 요청한다. 일반적으로 극단적인 행동이 일상적인 행동보다 더 쉽게 기억되고 기술되는 경향이 있다. 일단 결정적 사건이 도출되면 다음은 이러한 사건들 내에서 반영되는 수행 차원들을 결정하는 것이다.

이 방법은 직무행동과 직무수행성과 간의 관계를 직접적으로 파악할 수 있어 특정 직무의 핵심적인 요인을 결정하는 데 적합하다. 그러나 대표적으로 어떤 요인이 관련이 있는지 정확하게 확인할 수 없고, 어떤 직무에서 일어난 사건을 개인의 특질로 귀인시키는 경향이 있고, 수집된 많은 직무행동을 분류하고 평가하는 데 많은 시간과 노력이 소요되며, 여기서 얻은 제한된 정보만 가지고 해당 직무에 대한 포괄적인 정보를 얻을 수 없다는 문제점이 있다.

5) 직무분석 활동의 결과물

직무분석자는 직무에 대한 정보수집을 위한 적절한 방법의 선택과 직무분석기법을 통해 직무를 분석하고, 그 결과로 직무기술서와 직무명세서를 작성한다. 다시 말하면, 이는 직무분석활동의 결과물이 된다.

(1) 직무기술서

직무분석을 통해 작성된 직무기술서(job description)가 직무를 잘 기술하고 있는지를 판단하는 기준은 직무에 대한 묘사의 정확성과 포괄성이다. 직무기술서가 잘 작성되어 있으면 그 직무에 대해 전혀 모르는 사람일지라도 한 번 읽어 보기만 하면 머릿속에서 그 직무에서 이루어지는 활동이나 작업환경을 생생하게 그려 볼 수 있을 것이다. 따라서 잘 작성된 직무기술서는 모집을 할 때 지원자들에게 직무를 소개하는 정보의 출처로서 활용될 수도 있다. 직무기술서를 작성하는 공통된 양식은 없지만 일반적으로 직무기술서에 포함되는 정보들은 ① 직무의 명칭, 급수, 조직 내 위치, 보고체계, 임금과 같은 직무정의에 관한 정보, ② 직무의 목적이나 사명, 직무에서 산출되는 재화나 서비스에 관하여 간결하게 진술해 놓은 직무요약, ③ 직무에서 사용하는 기계, 도구, 장비, 기타 보조장비, ④ 직무에서 사용하는 원재료, 반가공품, 물질, 기타 물품, ⑤ 재료로부터 최종 산물을 만들어 내는 방식, ⑥ 감독의 형태, 작업의 양과 질에 관한 규정 등의 지침이나 통제, ⑦ 직무 목적을 달성하기 위해 작업자가 하는 과제나 활동, ⑧ 직무가 이루어지는 물리적, 심리적, 정서적 환경 등이다.

(2) 직무명세서

직무명세서(job specification)는 직무를 성공적으로 수행하는 데 필요한 인적요건들을 명시해 놓은 것이다. 직무기술서와 마찬가지로 직무명세서도 통일된 양식은 없지만 일반적으로 포함되는 정보들은 작업자에게 요구되는 지식, 기술, 능력, 적성, 성격, 흥미, 가치, 태도, 경험, 자격요건 등이다.

지식(knowledge)은 능력과 기술이 발현되는 기초로서, 직무수행을 적절하게 수행하기 위하여 개인이 소유하고 있는 사실적 혹은 절차적 정보를 말한다. 그러나 지식을 소유하고 있다고 해서 반드시 그것을 사용할 것이라고 장담할 수는 없다. 기술(skill)은 쉽고도 정확하게 직무에서 요구되는 동작을 할 수 있는 신체적 혹은 운동능력을 말한다. 능력(ability)은 직무수행에서 요구되는 인지적 능력으로서, 교육이나 경험을 통해 당장 어떤 일을 할 수 있는 준비상태를 말한다. 성격(personality)은 다른 사람이나 상황에 독특한 방식으로 반응하는 상대적으로 일관되고 안정적인 개인의 경향성을 말한다. 성격에는 동기적 요소가 포함되어 있기 때문에 지식, 기술, 능력을 가지고 있어도 개인의 성격에 따라 그것을 발휘하지 않을 수도 있다. 적성(aptitude)은 어떤 일을 하거나 배울 수 있는 잠재력이고, 흥미(interest)는 특정 활동에 대한 선호나 취미이고, 가치

(value)는 인생의 목표나 생활방식에 대한 선호이며, 태도(attitude)는 물리적 대상, 사람, 기관, 정당 등과 같은 사회적 대상에 관한 감정이나 신념이다.

| 표 2-2 | 직무기술서와 직무명세서에 포함되는 사항들

직무기술서	직무명세서
• 직무명칭	• 직무명칭
• 직무의 직종	• 직무의 직종
• 직무내용의 요약	• 요구되는 교육수준
• 수행되는 과업	• 요구되는 기술수준
• 직무수행의 방법 및 절차	• 요구되는 지식
• 사용되는 장비 및 도구	• 요구되는 정신적 · 육체적 능력
• 작업조건	• 요구되는 작업경험

3. 모집

모집활동은 인력의 선발을 전제로 하여 양질의 지원자를 확보하는 활동을 말한다. 많은 기업에서는 인력확보를 위해 인력선발 활동에 초점을 맞추면서 모집활동의 의미를 과소평가하는 경향이 있으나 이는 잘못된 시각이다. 모집활동은 장래에 조직구성원이 될 잠재적 근로자들에 대한 조직의 첫 번째 접촉이다. 많은 개인이 조직에 대한 정보를 얻고자 하며, 그들이 그 조직을 위해 일을 할 것인지의 여부를 결정하는 것은 모집을 통해 이루어진다. 계획적으로 잘 관리되고 있는 모집활동은 우수한 지원자를 유인하지만 그렇지 않은 경우에는 조직에 적합한 인재를 유인할 수 없게 된다. 즉, 우수한 지원자들이 그 조직에 대한 정보를 가지지 못할 때에는 어떠한 관심이나 지원도 없게 되므로 조직구성원으로 선발될 수 있는 기회를 가질 수 없다. 따라서 모집이란 자격을 갖춘 사람들에게 고용의 기회를 제공하고, 기업에 대해 긍정적인 인상을 심어 주며, 필요한 정보를 제공함으로써 자신이 지닌 자격요건과 비교할 수 있도록 해준다.

1) 모집의 목표

모집의 첫 번째 목표는 구직자들이 반응을 보일 만한 방식으로 그 직위에 관해 알리는 것이다. 이렇게 함으로써 모집자는 보다 많은 신청을 받아 직무요건에 가장 적합한 개인을 찾을 수 있는 기회가 더 커질 것이다. 두 번째는 자격을 갖추지 못한 지원자가 스스로 선별해서 직무에 지원하지 않을 수 있도록 그 직무에 관해 충분한 정보를 제공해야 한다. 이때 자격을 갖추지 못한 지원자가 지원하지 못하게 하는 이유는 심사절차상 소요되는 시간과 비용의 낭비를 막기 위해서다.

2) 모집노력에 영향을 주는 요인

(1) 조직의 이미지

어떤 지원자는 특정 조직에 취업기회를 추구하는 데 흥미가 없을 수 있다. 따라서 조직의 이미지가 잠재적 제한점으로 고려될 수 있다. 만일 조직의 이미지가 부정적으로 지각된다면 많은 지원자를 유인하기가 어려울 것이다. 또한 모든 지원자가 대규모의 조직에 대해 매력을 느끼는 것은 아니다.

(2) 직무 자체의 특성

만일 충원되어야 할 직무가 매력적이지 않은 것이라면 자질 있는 지원자를 모집하는 것은 어려울 것이다. 예를 들면, 단순 · 반복적이거나 지루하거나, 보수가 낮거나 승진의 기회가 적거나, 자기개발에 도움이 되지 않는 것처럼 보이는 직무의 경우에는 자질 있는 지원인력을 확보하기가 힘들 것이다.

(3) 조직내부의 정책

조직내부에서 어떤 정책을 추구하느냐에 따라 모집 결과가 달라질 수 있다. 만일 '가능한 한 내부로부터의 승진'이라는 정책을 추구한다면 조직내부의 인사에게 우선권을 줄 것이다. 그렇게 되면 일반적으로 하위직의 신입사원을 제외한 모든 다른 직위가 그 조직의 위계 내에서 채워질 것이다.

(4) 모집 비용

조직의 모집노력에는 비용이 많이 든다. 이러한 측면에서 덜 중요한 것으로 평가되는 사항들은 충분한 자원을 얻지 못하며, 이것은 궁극적으로 그 직무에 대해 최고의 지원자를 유인하려는 모집자의 노력을 제한할 수 있다.

3) 모집자원

모집활동을 전개하기 위해서는 기업이 요구하는 노동력을 제공해 주는 공급원을 파악하고 난 후 이들을 모집하기 위한 구체적인 활동이 전개되어야 한다. 이때 노동력의 공급원은 다음과 같이 나누어 볼 수 있다.

(1) 직업 미경험자

이 범주에 속하는 근로자의 가장 큰 공급원은 고등학교나 대학과 같은 일반교육기관이다. 학교에서 새로 배출되는 졸업생을 곧바로 취업시키는 데 있어서 여러 가지 곤란한 점이 있기는 하지만 이들은 아직 순수하므로 부과된 직무나 회사의 방침에 잘 순응할 것이고, 기업에서 교육훈련만 잘 시키면 유능한 근로자가 될 가능성이 충분히 있다.

(2) 직업 경험자

미경험자로는 잘 수행할 수 없는 경우에 해당된다. 직업 경험자는 직장생활에 익숙해 있으므로 일에 대한 요령이 있고 대인관계도 원만하지만 의욕이나 열정이 부족하다.

(3) 직업교육 수료자

이 범주에 속하는 근로자의 공급원은 공공 직업훈련소, 각종 기술학교 등이다. 이들은 훈련기간이 짧기 때문에 고도의 기술직은 아니지만 그에 상응하는 기능을 어느 정도 습득하고 있으므로 취업 즉시 그들의 기능을 이용할 수 있다.

(4) 취업자격증 보유자

직무 중에 일정한 자격조건을 갖추지 못하면 고용할 수 없는 부분이 있다. 이러한 자격은 국가시험이나 면허시험 등 여러 가지 종류의 것이 있으며, 보통 공공의 안전과 복지와 관계가 있는 의료나 전기, 통신, 운수 등과 관련된 직무에서 많이 요청된다.

4) 모집방법

지원자를 모집하는 방법에는 크게 내부노동시장에서 모집하는 방법과 외부노동시장에서 모집하는 방법이 있다.

(1) 내부노동시장에서 모집

내부노동시장에서 지원자를 모집하는 내부모집은 외부모집보다 간편하고, 적합한 인물을 고를 수 있으며, 추가적인 홍보활동이 필요 없고, 근로자들의 동기부여에 좋은 영향을 미칠 수 있는 장점이 있다. 내부모집을 우선하는 경우는 사내이동 및 승진의 형식으로 먼저 인원이 충원되고, 그다음의 빈자리는 외부모집을 통해 채워진다.

① 사내공모제

이 제도는 공석이 생겼을 때 사내 게시판에 지원자를 찾는다는 모집공고를 내어 요구하는 자격을 갖추었다고 생각되는 근로자면 누구라도 지원하게끔 유도하는 방법이다. 선진외국의 기업에서는 이러한 모집제도가 매우 일반화되어 있다. 예를 들면, 미국 기업의 경우 Gorlin(1982)이 2,000개 기업을 대상으로 조사한 결과에 따르면 생산직의 경우 조사기업의 75%가, 사무직의 경우 조사기업의 60%가 사내공모제도를 도입하고 있었다.

사내공모제도를 도입했을 때 예상되는 장단점을 살펴보면 장점으로는 상위직급의 경우 근로자에게 승진의 기회를 제공해 주고, 사기를 진작시켜 주며, 지원자에 대한 평가를 정확하게 할 수 있으며, 모집비용이 저렴하며, 이직률이 낮다는 점이다. 반면, 단점으로는 외부인력의 영입이 차단되어 조직이 정체될 가능성이 있으며, 조직 내 파벌이 조성될 가능성이 있으며, 지원자의 소속부서 상사와 인간관계가 훼손될 문제가 있으며, 선발과정에서 여러 번 탈락되었을 때 심리적 위축감이 고조될 수 있다.

② 내부추천제

이 제도는 내부구성원, 특히 부서장의 추천에 의해 적임자를 내부에서 확보하는 방법이다. 그러나 이 경우 부서장의 주관적인 평가로 특정 인물이 선정될 가능성이 있다는 단점이 있다.

③ 자료목록활용제

이 제도는 근로자의 다양한 측면을 평가해 놓은 자료목록(inventory)을 참고하여 적임자를 찾는 방법이다. 이때 기능목록표는 기능직에 적합하고, 관리목록표는 관리직에 적합한 자료가 된다.

(2) 외부노동시장에서 모집

① 광 고

광고는 조직에 결원이 있다는 것을 일반인에게 알리는 가장 대중적으로 사용하는 방법이다. 광고는 매체의 선택, 광고문안의 작성 및 디자인 등 여러 가지 면에서 전문성을 요구한다. 광고문안을 작성하기 전에 기업 이미지를 결정하여 직무와 기업에 대한 명확한 이미지를 지원자에게 제공하여야 하며, 또한 매체에 대한 기업의 경험을 적극 활용하여 적절한 매체를 선택하여야 한다. 모집광고에 활용될 수 있는 매체에는 신문, 라디오, 텔레비전, 인터넷, 전문잡지, 기타 광고매체 등이 있으며, 광고 메시지의 내용을 만드는 데 있어 회사의 이미지를 잘 담을 수 있고 수행될 업무의 특성이나 기업의 현황, 기타 경력 등을 알릴 수 있도록 유의해야 한다.

② 직업소개소

직업소개소는 사용자를 위한 모집과 선발기능을 대행하는 동시에 직장을 구하려는 개인에게 취업의 기회를 찾도록 도움을 주는 조직이다. 이는 크게 비영리적으로 운영되는 공공소개기관과 수수료에 의해 운영되는 사설소개소로 구분된다. 기업이 일정한 근로조건만 제시해 주면 직업소개소는 여기에 합당한 후보자를 소개하게 되어 양자간 취업에 대한 결정을 할 수가 있다. 직업소개소를 이용하면 일시에 많은 수의 근로자를 경제적인 방법으로 구할 수 있으므로 선진 각국에서는 기업이나 근로자 양측 모두가 이를 이용하는 빈도가 높다.

③ 인턴제

인턴제는 대학의 졸업예정자들을 졸업 전에 일정한 기간 동안 현업 부서에 배치하여 업무를 맡기고, 그것이 계기가 되어 학생과 기업이 취업으로 연계될 수 있는 방법을 강구하는 제도다. 인턴제를 통해 기업은 실습기간 동안 각 개인의 능력과 적성을 파악할 수 있으며, 다른 방법으로 채용된 사람들보다 이직률이 낮다. 한편, 학생들의 경우도 막연하게 생각하고 있던 해당 기업의 업무와 분위기를 미리 파악함으로써 자신의 적성에 맞는 직장을 선택할 수 있고, 입사 후 빨리 회사생활에 적응할 수 있다는 장점이 있다. 그러나 인턴 실습기간이 너무 짧아 제대로 실무를 익히기도 어렵고, 사람에 대한 올바른 평가도 어려워 단지 조기에 인적자원을 확보하는 것 이외에는 별다른 효과가 없다는 지적도 있다.

④ 교육기관

모든 수준의 교육기관은 기업에게 최근의 졸업생을 모집할 수 있는 기회를 제공한다. 어떤 직무에서 요구되는 교육수준이 고졸이거나 특정한 직업훈련 수준이거나 그 이상의 대학 학력을 요구하거나 간에 교육기관은 조직에 근로자를 공급하는 훌륭한 원천이다. 고등학교 또는 직업기술학교들은 하위직 수준의 지원자를 제공할 수 있고, 2년제와 4년제 대학 및 대학원은 경영 · 관리직 수준의 인사를 제공한다.

⑤ 자발적 지원

기업이 특별한 모집활동을 하지 않았음에도 불구하고 노동시장에서의 좋은 기업 이미지로 인해 전화, 우편, e-mail, 방문 등을 통해 자발적으로 입사를 희망하는 사람들이 있다. 이들은 자신의 이력서, 자기소개서, 기타 서류를 가지고 기업을 직접 방문하거나 우편 및 인터넷 등을 통해 취업상담을 한다. 자발적 지원자들은 나름대로 지원하는 기업에 대해 비교적 많은 정보를 갖고 있으며, 적극성을 가지고 있기 때문에 공석의 직무에 적합한 인물일 경우 모집비용을 줄일 수 있다는 장점이 있다. 우리나라의 경우도 이 방법이 점차 증가하고 있는 추세이며, 기업과 지원자 모두에게 이득이 되는 효과적인 방법이다.

⑥ 특별행사

특별행사(event)란 각종 단체에서 개최하는 채용박람회, 학교나 기업에서의 취업설명회, 중소기업중앙회가 개최하는 중소기업 채용박람회 등 특별한 행사를 통해 모집하는 방법이다.

4. 선발방법

선발(selection)이란 모집활동을 통해 획득한 지원자를 대상으로 미래에 수행할 직무에 가장 적합한 지원자를 식별하는 것이다. 더 정확하게 말한다면 특정 직무를 어떤 지원자가 가장 성공적으로 수행할 수 있는지를 살펴보는 것이다. 이러한 과정을 통해 채용 여부가 결정되기 때문에 선발은 인력확보 활동의 핵심을 이루고 있다.

1) 전기적 자료

사람들에 관한 정보를 알아내는 가장 쉬운 방법은 알고자 하는 바를 물어보는 것이다. 고용장면에서 지원자에 대한 기본 정보는 응시 원서에서 구한다. 전기적 자료(bio-data)는 지원자 개인에 관련된 것으로, 지원자의 신상에 관한 모든 것을 말한다. 예를 들어, 연령, 성별, 출생지, 거주지, 가족배경, 형제 수, 교육 정도, 결혼관계, 자녀 수, 신체적 특징, 군복무관계, 취미, 독서습관, 태도, 신념, 가치관, 여가활동 등이 포함된다. 이러한 과거와 현재의 사건들은 우리의 태도, 가치, 행동양식 등을 형성한다. 우리의 태도, 가치, 행동은 일관성을 지니고 있기 때문에 과거 경험으로부터 이러한 요인들을 평가하면 미래의 행동과 성과를 예측할 수 있다. 전기적 자료가 근로자의 선발방법으로 널리 활용되는 근거는 바로 전기적 자료가 직무수행성과와 상관관계가 높다는 사실이 발견되었기 때문이다(Tucker, Cline, & Sohsitt, 1967). 전기적 자료를 수집하는 방법에는 입사지원서, 이력서, 자기소개서 등이 있다.

(1) 입사지원서

회사 내의 어떤 직위이든 지원서를 작성하지 않고 고용된 사람은 거의 없을 것이다. 이와 같이 지원서는 모든 산업장면에서 거의 필수적으로 사용되고 있다. 지원서는 지원자가 보통 거쳐야 하는 첫 번째 단계로서, 유용한 정보를 제공할 뿐만 아니라 차후에 있을 면접 질문의 근거 자료가 된다. 이 입사지원서에 기재되는 정보에는 성명, 주소, 성별, 결혼 여부, 교육, 기존 직업 및 군경력, 부양가족과 같은 일반적인 신상자료에서부터 재정상태, 취미 등 보다 개인적인 항목들까지 포함되어 있다.

입사지원서는 선발에 유용한 지침을 제공하는 질문들로 한정되어야 한다. 몇몇 회사들은 자료의 유용성에 관계없이 지원자의 생활에 대해 가능한 한 모든 측면의 정보를 수집하고자 지나치게 긴 지원서를 사용한다. 이것은 지원자와 인사담당자 모두에게 있어 시간낭비일 뿐이다.

<입사지원서 작성법>

① 사진

사진은 반드시 기업에서 요구하는 규격에 맞는 것을 사용한다. 최근 3개월 이내에 촬영한 사진으로, 되도록이면 밝은 표정에 정장을 착용하고 찍은 것을 선택한다.

② 수험번호

수험번호 기입란은 회사에서 기재하는 곳으로 손댈 필요가 없다.

③ 인적 사항 및 연락처

성명은 대개 한글과 한자를 함께 적도록 하고 있다. 생년월일과 주민등록번호 기입란은 양식에 맞춰 기재하고, 현재 거주하는 주소 및 우편번호와 전화번호를 기입한다. 긴급 연락처는 현주소와 같은 경우에는 '상동'으로 기재하되, 전화번호를 반드시 적도록 한다.

④ 학력사항 및 자격증

보통 고등학교 졸업사항부터 기재하게 되어 있다. 대학은 입학 · 졸업사항을 같이 기재하게 하고, 대학원의 경우 재학, 수료, 학위 취득 여부를 묻는 경우가 많다. 성적은 기업마다 기재 방식이 조금씩 다를 수 있다. 어학은 구체적인 점수나 실력 정도를 나타나게 하는 경우가 많아졌다. 자격사항은 국가공인자격증뿐 아니라 일반단체나 사설기관에서 발행한 것이라도 빠짐없이 기재하도록 한다. PC 사용 능력은 사용 가능한 소프트웨어의 명칭과 활용능력을 구체적으로 기입하도록 한다.

⑤ 병역사항

군필 여부에 대해서는 군을 제대한 사람은 '군필', 면제자는 '면제'라고 기재하고, 면제자의 경우 면제사유를 간략히 밝혀야 한다. 군별 기입란에는 육군 · 공군 · 해군 · 전경 · 의경 가운데 선택 기재하고, 계급은 제대할 당시의 계급을 적는다.

⑥ 신체사항

신장, 체중, 시력 등 자신의 신체조건을 정확하게 기재한다. 과거 병력이 있는 경우에는 현재 어떤 상태인지를 함께 기재하는 것이 좋고, 치료가 끝나 이상이 없다면 '완치'라고 써넣는다.

⑦ 가족사항

가족사항 기입란에는 부모, 처자, 형제, 자매 순으로 분가 또는 출가한 가족이라도 빠짐없이 기입한다. 기재란이 부족할 경우에는 역순으로 생각하면 된다. 가족관계의 기재는 ○남○녀 중 ○째의 형식으로 적어 넣으면 된다.

⑧ 경험사항

해외연수의 경험은 연수국가와 연수내용, 기간 등을 적고 연수를 통해 어떤 것을 보고 느꼈는지에 대해 기술한다. 사회봉사활동의 경우는 응시자가 지닌 사회인으로서의 자세, 자질 등을 알아보기 위한 것이므로 그 내용과 기간을 구체적으로 기술하도록 한다. 동아리활동을 묻는 것은 지원자의 조직 적응력, 리더십, 적극성 등을 파악하기 위한 것이다. 자신이 활동한 동아리 명칭과 성격, 그리고 자신이 동아리 내에서 활동한 내용을 기재하면 된다. 경험사항 기입란은 자신을 어필할 수 있는 좋은 기회이므로 최대한 활용할 수 있도록 한다.

자료: 잡코리아, www.jobkorea.co.kr

(2) 이력서

이력서에는 개인의 특성과 지적인 측면을 알기 위해 학력을 기재하고, 그 사람이 이전에 무엇을 경험했는지를 알아보기 위해 경력을 기재하도록 되어 있다.

<이력서 작성법>

① 간단 명료하되 포인트를 맞춰 구체적으로 기술하라.

이력서를 작성하기 전에 자신이 지원한 일에 대해 어떠한 생각을 가지고 있는지, 자신의 어떤 점이 장점으로 작용할 수 있는지, 지원한 이유가 무엇인지 정확하게 파악하고 이를 표현한다.

② 과장됨 없이 솔직하게 작성하라.

③ 당신에 관한 정보와 지원 분야를 연결시켜 기술하라.

지원 분야와 관련되어 참고가 될 만한 당신의 성장배경, 성격, 장점, 단점, 교육내용을 서술한다. 연관고리를 만들어 서술하면 효과적인 자기홍보가 될 수 있다.

④ 읽게 하려면 보이게 하라.

이력서는 여러분의 상품성을 나타내는 중요한 도구가 된다. 전체적인 스타일, 글자체,

종이의 질감과 색 등 세밀한 부분의 조합은 자신의 첫인상이 되고, 짧은 순간 관심을 가지고 읽을 것인지 말 것인지를 결정하게 된다.

⑤ 자신을 표현할 수 있는 각각의 헤드라인을 만들라.

자신이 갖춘 자질과 경력을 한눈에 알아볼 수 있도록 각각의 단어나 짧은 문장을 만들어 처음 보자마자 호감을 가질 수 있게 한다.

⑥ 정성 들여 깨끗이 작성하라.

오타가 없는지, 어색한 문장은 없는지 확인해야 한다.

⑦ 연대순으로 기술하라.

학력은 보통 고등학교 졸업부터 적는 것이 일반적이다. 남자의 경우 군경력 외에 특별한 경력이 없을 때는 학력과 경력을 구분하지 않고 군경력을 학력 속에 포함시켜 연대순으로 기술한다.

⑧ 성공적으로 수행했던 업무에 대해 구체적으로 기술하라.

프로젝트에 참여한 일이 있다면 프로젝트를 하게 된 과정, 기울인 노력, 일의 수행과정, 결과에 대해 구체적으로 기술한다. 그리고 현재 지원한 분야의 일과 연관시켜 기술하면 좀 더 긍정적인 효과를 볼 수 있다.

⑨ 지원한 분야와 관련 있는 자격증을 제시하라.

당신의 능력을 증명해 줄 객관적인 자료가 필요하고, 지원한 분야와 관련 있는 자격증은 유리하게 작용할 것이다.

⑩ 연락처 및 응시부문을 이력서 우측 상단에 명기하라.

⑪ 대학 동아리활동 및 사회봉사활동을 강조하라.

각종 사회봉사활동 경험과 동아리활동을 상세히 언급하는 것도 도움이 된다.

⑫ 중점사항을 중심으로 제시하라.

지원 분야와 관련 없는 내용은 언급할 필요가 없다. 꼭 필요한 사항을 중요도에 따라 기술하고 긍정적으로 과장 없이 정확하게 기술하는 것이 좋다.

⑬ 완성되었으면 다시 한 번 검토하라.

중요도에 따라 배열되었는지, 연결이 부드러운지, 맞춤법과 띄어쓰기는 올바른지 점검한다.

자료: 잡코리아, www.jobkorea.co.kr

(3) 자기소개서

자기소개서는 최근에 널리 사용되는 방법 중의 하나로서, 일반적으로 개인의 성장 환경, 학력 및 경력 소개, 지원동기, 장래희망 등을 기재한다.

<성공적인 자기소개서 작성법>

① 기업의 속성에 맞춰 자신을 소개하라.

자기소개서를 작성하는 것은 일종의 세일즈다. '나'라는 상품을 제대로 판매하기 위해서는 지원하려는 기업의 구체적인 환경을 파악한 뒤 기업의 속성에 맞춰 자신을 소개해야 한다.

② 자기 이미지를 만들라.

한 가지의 주제에 포커스를 맞춰 자기 자신의 독특한 이미지를 부각시키는 것이 유리하다. 다른 사람과 차별화시킬 만한 시각으로 글을 풀어 나가는 것도 자신만의 이미지를 창조할 수 있다. 예를 들어, 1인칭보다는 3인칭으로 서술한다면 객관적으로 판단할 수 있어 뇌리에 남을 수 있다.

③ 헤드라인을 달라.

신문기사처럼 자신의 능력과 경력, 자질 등을 인사담당자가 한눈에 파악할 수 있도록 간략한 문장이나 재치 있는 단어를 사용하여 자기소개서 중간중간에 헤드라인을 다는 것이 효과적이다.

④ 자신이 적임자임을 강조하라.

기업은 입사 즉시 업무에 투입시킬 수 있는 인재를 수시로 뽑고 있다. 따라서 인사담당자의 눈에 띄려면 기업에서 채용하려고 하는 해당 업무에 자신이 최적의 사람임을 강조해야 한다.

⑤ 구체적인 경험을 바탕으로 작성하라.

인사담당자가 자기소개서를 읽고 '이 사람은 이러이러한 사람이구나.'라는 느낌을 효과적으로 전달 받기 위해서는 자신의 경험을 바탕으로 묘사해야 한다. 자신을 부각시킬 수 있는 에피소드, 자신의 인생에 있어서 전환점을 가져다준 계기 등을 구체적으로 작성해야 한다.

⑥ 참신한 문구로 시작하라.

첫 문장은 첫인상과 같은 효과를 발휘한다. 따라서 인사담당자가 끝까지 읽어 보고 싶다는 생각이 들 정도로 흥미를 유발시킬 수 있는 멘트나 문구로 시작해야 한다. 자신의 능력과 특성을 대변할 수 있는 광고성 멘트로 첫 문장을 시작한다면 인사담당자의 시선을 모을 수 있다.

⑦ 입사지원동기를 구체적으로 밝히라.

자신의 철학, 비전 등을 회사의 경영철학, 인재상, 비전 등과 구체적으로 비교해 입사지원동기를 밝히는 것이 좋다. 동기가 확실치 않으면 성취의욕도 적을 수밖에 없기 때문이다. 자신이 장차 추구하고 싶은 것이 무엇인지 등에 대한 자기연구가 필요하다.

⑧ 자신의 장점을 최대한 부각시키라.

인사담당자는 단점을 많이 가진 사람보다는 장점이 많은 사람을 선호한다. 자신의 단점은 솔직하되 간단하게 표현한다. 특히 자신의 장단점에 대한 질문은 면접 시에도 자주 나오는 질문이므로 평소 철저히 분석해 두어야 한다.

⑨ 경력을 강조하라.

경력이 없는 신입의 경우 지원한 분야와 관련된 수상경력 및 자격증에 대해 기술한다면 가산점을 받을 수 있다. 특히 지원한 업무와 관련된 분야의 자격증 등은 적극 강조해야 한다.

⑩ 자신의 포부와 비전을 제시하라.

기업이 자기소개서를 통해 파악하고 싶어 하는 것 중의 하나가 지원자의 발전가능성, 잠재력, 장래성 등이다. 지원하는 기업의 업종, 특성을 고려해 자신의 포부와 비전을 명확히 제시하고 입사 후 자신의 꿈을 이루기 위해 어떠한 자세로 임할 것인지 등을 구체적으로 설명하는 것이 좋다.

자료: 잡코리아, www.jobkorea.co.kr

2) 면 접

오늘날 면접을 받지 않고 고용되는 사람은 거의 없다. 어떤 다른 선발방법이 이용되든 간에 고용주들은 모두 자신이 직접 직무 후보자를 만나 보고자 한다. 면접의 일차적 목적은 지원자의 적합성을 평가하기 위해 대면기회를 갖는 것이다. 면접에서 양방향의 정보교류가 이루어져서 각자가 상대방을 평가할 수 있게 된다. 즉, 고용주는 후보자에 대한 추가정보를 얻을 뿐만 아니라 지원자들도 회사와 자신이 고려하고 있는 직무에 대해 더 잘 알 수 있다. 면접을 통해 지원자의 학업성적에 대한 정확한 해석, 지원자의 전반적인 능력, 대인관계능력, 직업경력, 경력요구 등을 파악해야 한다. 연구결과에 의하면, 사람들은 조직이 사용하는 가장 공정한 선발 절차 중의 하나가 면접이라고 평가하였다는 것이다(Bertolino & Steiner, 2007).

면접의 목적은 첫째, 지원서에 나타난 항목이 불명확할 때 이를 명료화시키며, 또한 지원서에 나와 있지 않은 정보를 수집할 수 있으며, 둘째, 기업에 관한 정보를 지원자에게 전달하고, 셋째, 지원자에게 기업을 마케팅하여 우수한 지원자가 타 기업으로 가지 않도록 유도하는 데 있다.

| 표 2-3 | 면접의 다양한 형태

면접 형태	면접 방식	장 점	단 점
개별 면접 (individual interview)	보통 2~3명의 면접위원이 지원자 1명을 상대로 질의 응답하는 방법(복수 면접위원 개별면접)과 지원자 1명을 상대로 1명의 면접위원이 개별적으로 질의 응답하는 방법(일대일 개별면접)이 있음	• 지원자에 대한 자세한 정보수집이 가능	• 지원자에게 긴장과 압박감을 줌 • 시간이 오래 걸림
집단 면접 (group interview)	면접위원 한 명 혹은 여러 명이 여러 명의 지원자를 면접하는 방식임	• 면접시간 단축 • 지원자의 심적 안정 • 지원자 간 비교평가 가능 • 지원자 간 경쟁유발	• 심층면접 불가 • 자리 순서에 따른 불이익이 있음 • 상대적으로 불리하게 평가될 수 있음
집단토론식 면접 (group-discussion interview)	최근 일반화되는 경향을 보이고 있는 면접방식으로, 5~10명의 지원자에게 한 과제를 주어 자체 토론을 하도록 하고, 면접위원들이 발언내용이나 태도를 관찰하여 평가하는 방식임	• 지원자의 리더십, 표현력, 적극성, 협조성 등 다양한 요소의 평가가 가능함	• 지원자의 신상에 대한 질문 불가능 • 소극적인 지원자 평가 불가능

프레젠테이션 면접 (presentation interview)	요즘 많이 채택되고 있는 면접방식으로, 지원자가 여러 주제 중 하나를 선택해 자신의 의견을 개진하는 방식임	• 지원자 개인의 특성이 최대한으로 발휘됨	• 지원자에게 긴장과 압박감을 줌 • 시간이 오래 걸림
무자료 면접 (blind interview)	면접위원이 지원자의 학력, 경력, 어학 능력 등의 신상 자료를 전혀 모르는 상태에서 선입견 없이 임하는 면접 방식임	• 지원자에 대한 객관적인 평가가 가능함	• 지원자에 대한 기초정보가 부족함
다차원 면접 (multiple interview)	선배 사원 3명으로 구성된 면접단이 지원자 10명을 1개조로, 회사 밖의 다양한 장소(산, 호프집, 노래방 등)에서 만난 다음 자유롭게 집단토론을 하면서 지원자를 평가하는 방식임	• 지원자의 잘 드러나지 않는 부분까지 평가가 가능함	• 시간이 오래 걸림 • 비용이 많이 듦

(1) 면접의 유형

면접의 유형에는 구조적 면접과 비구조적 면접이 있다. 구조적 면접(structured interview)은 미리 정해져 있는 면접 질문의 목록을 가지고 특정 직무의 모든 지원자에게 사용하는 것이다. 따라서 면접의 전체 절차가 표준화되어 지원자의 평가결과가 면접자의 편견에 의해 크게 좌우되지 않는다. 비록 주관적이거나 개인적 요인들이 면접자의 판단에 영향을 줄 수 있을지라도 그 문제가 그리 심각하지는 않다. 그리고 이 면접은 훈련을 받지 않았거나 경험이 없는 면접자도 어려움 없이 면접을 수행할 수 있는 이점이 있다.

비구조적 면접(unstructured interview)은 어떤 정해진 양식 없이 지원자에 대한 정보를 획득하는 방법으로서, 질문의 내용뿐 아니라 질문의 형식 및 방법도 각 면접자의 개인적인 판단에 달려 있다. 따라서 비구조적 면접의 기본적인 단점은 지원자에 대한 평가에서 일관성이 결여되어 있다는 것이다. 면접자들은 지원자의 배경, 경험, 태도 등 각기 다른 측면에 흥미를 나타낼 수 있고, 결국 지원자들의 객관적인 능력보다는 면접자들의 특성이나 편견, 선입관 등이 더 많이 반영될 수 있다.

(2) 면접결과에 영향을 주는 요인들

많은 요인이 면접의 결과에 영향을 미치는데, Schmitt(1976)는 면접에 관한 문헌들을 살펴보고 면접자의 면접결과에 영향을 미치는 여러 가지 요인을 발견하였다.

① 지원자에 대한 정보의 특성

지원자에 대한 부적 정보가 정적 정보보다 더 중요하게 영향을 미친다. 왜냐하면 면접자는 지원자를 합격시키지 않을 수 있는 요인이나 정보에 더 민감하고, 그 원인을 찾으려 하기 때문이다.

② 지원자에 대한 정보의 제시 시점

면접자가 중요한 면접 정보를 얻는 시기가 면접결과에 영향을 미친다. 면접자가 면접 초기에 제시된 정보에 의해 가장 많은 영향을 받는 것을 초두효과(primacy effect)라고 하고, 면접의 마지막에 제시된 정보에 의해 가장 많은 영향을 받는 것을 최신효과(recency effect)라고 한다. 일반적으로 부적 정보에 대한 초두효과는 지원자에 대해 호의적이지 못한 평가를 야기한다. 즉, 지원자에 대해 부적인 상태로부터 면접을 시작하게 되면 그 사람을 뽑지 않을 가능성이 높다.

③ 지원자 간의 대비효과

한 지원자에 대한 평가는 바로 앞의 지원자에 의해 영향을 받을까? 평균적인 능력의 지원자는 그보다 떨어지는 능력을 가진 지원자 뒤에 있으면 면접자로부터 더 좋게 평가되고, 뛰어난 능력을 가진 지원자 뒤에 있게 되면 더 나쁘게 평가된다.

④ 지원자의 성

면접자는 자신의 성과 같은 지원자를 더 좋아하는가? 그렇지는 않다. 면접자는 전통적인 여성 직업에 여성을 고용할 가능성이 높으며, 남성의 경우도 전통적인 남성 직업에 고용할 가능성이 높다. 즉, 지원자의 성과 직업에 있어서 전통적인 고정관념은 지원자와 면접자 간의 성의 일치 여부보다도 더 많은 영향을 미친다.

(3) 면접의 문제점

면접방법이 가지고 있는 몇 가지 문제점을 살펴보면 다음과 같다.

① 면접자 간의 일치도 결여

특히 비구조적 면접기법을 사용했을 때 동일 지원자에 대한 면접자들 간의 평가결과가 일치하지 않을 수 있다. 만일 면접자들 간에 불일치한 결과를 얻었다면 그것은 선발과정에 아무런 도움을 주지 못한다. 이러한 문제점에 대한 해결책은 면접자를 표준양식에 맞춰 질문하고 객관적인 표준용어로 평가하도록 훈련시키면 면접자 간의 일치성은 증가될 수 있다.

② 면접자의 선입관

면접자 개개인의 특성은 지원자에 대한 평가에 영향을 미친다. 예를 들면, 어떤 면접자는 어떤 특성을 가지고 있는 지원자를 싫어하고 자격과는 상관없이 그러한 사람을 부적합하다고 판단을 내리는가 하면, 어떤 지원자는 단지 자기가 좋아하는 특성을 지녔다는 이유로 그를 호의적으로 평가한다.

③ 지원자의 사회적 바람직성

지원자가 면접자의 질문에 솔직하게 대답하지 않고, 면접자가 어떤 대답을 기대한다고 미리 판단하여 그 방향으로 거짓 대답을 하는 경향이 있을 수 있다. 즉, 자기의 특성을 거짓으로 반응하여 좋은 인상을 얻고, 좋은 평가를 얻으려고 하는 것이다.

④ 면접상황이 주는 불안 · 긴장감

면접상황에 접하게 되면 지원자들은 불안감을 느끼고 긴장을 하게 된다. 예를 들면, 평소에는 조용하고 침착했던 사람이 자신을 잘 표현하지 못할 만큼 긴장할 수 있고, 그 결과 직무행동과는 전혀 관련 없는 방식으로 행동을 할 수도 있으며, 이 같은 예외적 행동이 면접자로 하여금 부적인 평가를 하게 만들 수 있다.

3) 신원조회 및 추천서

이 방법은 지원자를 알고 있는 사람들(상사, 친구, 동료, 이전의 교사 등)로부터 지원자에 대한 정보를 얻어 내는 것이다. 이것의 목적은 지원자에 대한 다른 사람들의 인상을 조사하고, 지원자가 제출한 직무경험의 특성을 확인하는 것이다. 그런데 이 방법의 문제점은 대부분의 사람들이 신원조회 및 추천서를 써 주는 데 있어 관대하게 응답하는 경향이 있다는 것이다.

일반적으로 신원조회 및 추천서에 의해 정보를 얻는 방법에는 ① 이전 고용주나 교사에게 지원자의 여러 면에 대해 '편지' 형식으로 써 달라고 요청하는 방법, ② 미리 만들어진 '질문지'를 이용하여 이전 고용주나 교사에게 상세한 정보를 제공해 달라고 요청하는 방법, ③ '전화'를 통해 지원자와 이야기를 나누는 방법, ④ 지원자를 직접 방문하는 현장조사방법 등이 있다.

4) 심리검사

심리검사는 산업장면에서 가장 흔히 사용되는 선발방법이다. 모든 개인은 자신이 어떻게 행동하고, 어떻게 사고하느냐에 대한 각각의 독특한 특성이 있으며, 이것을 개인차라고 부른다. 따라서 심리학에서는 모든 인간은 개인차가 존재한다는 것을 전제로 하고, 이러한 개개인이 가지는 차이를 측정하고, 양화할 수 있다는 것을 가정한다. 이러한 측면에서 볼 때 각 개인이 가지고 있는 특성이나 특징을 어떻게 적절히 측정해서 그 특성에 맞게 개인을 직무에 배치함으로써 개인뿐만 아니라 조직에도 동시에 도움을 줄 수 있는 만족한 결과를 가져올 수 있느냐 하는 것이 산업심리학의 주된 목적 중의 하나다.

(1) 심리검사의 유형

① 개인검사와 집단검사

검사자와 피검사자 간에 일대일로 이루어지느냐, 아니면 검사자 한 명에 피검사자 다수가 응답하느냐에 따라 개인검사와 집단검사로 분류할 수 있다. 개인검사(individual test)는 한 개인의 측정되는 행동에 대해 보다 깊은 정보를 얻을 수 있고, 집단검사(group test)는 동시에 많은 사람이 검사를 받을 수 있다는 이점이 있다.

② 속도검사와 능력검사

이 두 검사의 차이점은 검사가 완료될 때까지 할당되는 시간에 관한 것이다. 속도검사(speed test)는 일정한 시간제한이 있어서 종료 때에는 시험을 중지해야 하는 검사이고, 능력검사(power test)는 시간제한은 없고 피검사자들이 검사를 끝내기 위해 필요하다고 느끼는 만큼의 충분한 시간을 배당 받는 검사다. 일반적으로 능력검사는 속도검사보다 더 어려운 항목이 포함되며, 속도검사는 작업속도가 측정하고자 하는 행동의 중요한 부분일 때 사용된다.

③ 지필검사와 수행검사

지필검사(paper & pencil test)는 어떤 일정한 형식의 문항이라든지 질문지에 응답함으로써 검사가 완료되는 검사이고, 수행검사(performance test)는 어떤 동작이라든지 행동을 수행하는 정도를 측정하는 검사다. 예를 들면, 지능, 흥미, 성격, 적성 등은 지필검사로 실시되며, 기계능력이나 타이핑능력 등은 동작검사로 실시되는 것이 더 효과적이다.

(2) 심리검사의 내용

① 인지능력검사

다른 말로는 지능검사라고도 부르며, 수리능력이나 언어능력과 같은 인지능력을 측정하는 검사다. 이 검사는 지능이 직무수행과 관련이 있다는 믿음 때문에 오랫동안 인사선발에서 사용되어 온 검사다. 작업자가 지적이라면 생산성은 더 높을 것이고, 이직률은 줄어들 것이다. 인지능력검사가 여러 유형의 직무에서 직무수행의 타당한 예측 변인임은 그동안의 연구에서 계속적으로 밝혀졌다(Ones, Dilchert, Viswesvaran, & Salgado, 2010). 즉, 인지능력검사에서 높은 점수를 받은 사람들이 직무를 더 잘 수행하는 경향이 있다. 따라서 이 검사는 근로자 선발을 위해 대기업에서 오랫동안 사용되고 있다. 이 검사에는 수리능력과 언어능력을 평가하기 위해 설계된 기업용 인사 검사(Personnel Tests for Industry: PTI) 등이 있다.

② 기계적성검사

이 검사는 검사문항에 포함된 기계적 원리와 공간관계를 얼마나 잘 이해하고 있는지를 측정하는 검사다. 예를 들면, 벤네트 기계이해검사(Bennett Test of Mechanical Comprehension)는 기계에 대한 능력과 도구에 대한 지식을 한꺼번에 평가한다. 이러한 종류의 검사는 기계의 작동법이나 도구의 사용법에 대해 충분히 이해하는지를 판단하는 데 매우 유용하다.

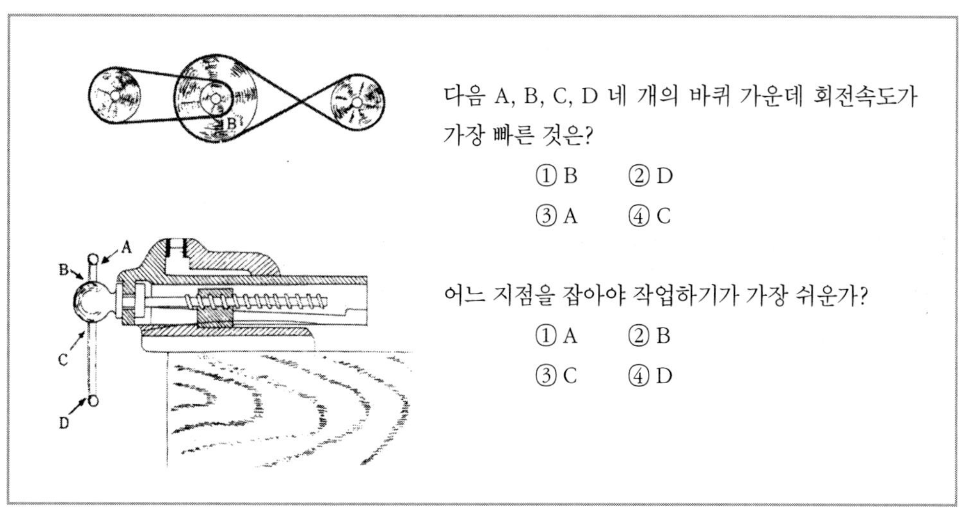

B
A
B
C
D
다음 A, B, C, D 네 개의 바퀴 가운데 회전속도가 가장 빠른 것은?
① B ② D
③ A ④ C
어느 지점을 잡아야 작업하기가 가장 쉬운가?
① A ② B
③ C ④ D

그림 2-3 벤네트 기계이해검사의 예

③ 운동능력검사

이 검사는 물체를 조작하고 도구를 사용하는 능력을 평가한다. 즉, 근육운동의 협응, 손가락의 기민함, 눈과 손의 협응 등과 같은 고도의 기술을 측정하는 검사다. 이 검사는 측정하려는 능력이 인지 요소보다는 물체의 조작이기 때문에 지필검사가 아닌 수행검사다. 사람들은 구멍에 작은 막대를 끼워 넣거나 물체를 조작하기 위해 단순한 도구를 사용하는 것과 같은 운동과제를 수행한다.

④ 흥미검사

흥미검사는 개인의 흥미, 즉 무엇에 관심이 있느냐를 측정하는 검사로서, 기업체의 인사선발보다는 직업지도와 직업상담에 더 중요한 비중을 두고 있다. 많은 고등학교에서 학생들로 하여금 그들에게 가장 잘 맞는 직업을 선택할 수 있도록 도와주기 위해 관례적으로 흥미검사를 실시한다. 이 흥미검사는 많은 일상적인 행동과 사건에 관한 문항들로 구성되며, 응답자는 그들이 좋아하는 대안을 선택하는 것이다. 일반적으로 널리 활용되고 있는 흥미검사에는 Holland(1994)의 직업흥미검사가 있다. 이 검사는 여섯 가지 흥미유형(현실형, 탐구형, 예술형, 사회형, 진취형, 사무형)을 제시하며, 각 유형은 특정 직업군과 짝지어져 있다.

⑤ 성격검사

성격검사는 개인이 가지고 있는 어떤 기질이나 성향을 측정하는 것으로서, 개인에게 습관적으로 나타날 수 있는 어떤 특징을 측정하는 것이다. 성격 특질은 특정 행동경향이 조직에서의 직무수행과 기타 행동들과 관련될 수 있기 때문에 중요하다. 예를 들면, 사회성은 다른 사람들과 상호작용을 해야 하는 영업사원에게 매우 중요한 특질일 수 있고, 지배성은 다른 사람들의 행동을 지시해야 하는 관리자에게 중요한 특질일 수 있다. 이 성격검사는 예언타당도가 불확실함에도 불구하고 실제 선발상황에서 광범위하게 사용되고 있다. 현재까지 입증된 바로는 특정 직무에서 직무수행과 관련된 것으로 알려진 특정한 성격 특질을 선택하면 수행을 더 잘 예측할 수 있다(Tett, Steele, & Beauregard, 2003).

성격측정은 인사선발에서 가장 빠르게 성장하고 있는 분야 중 하나이며, 이 중 성격의 5요인 이론('Big 5' theory of Personality)은 학문적으로 많은 지지를 받고 있다. 성격구조에 관한 이 5요인 이론은 직무수행을 예측하는 데 유용하다는 주장이 제기되었으며, 실제 5요인 이론에 대한 통합분석 결과, 직무수행 준거를 예측하는 타당도의 계수가 약 .20으로 나타났다(Hurtz & Donovan, 2000). 이 성격의 5요인을 살펴보면 〈표 2-4〉와 같다.

| 표 2-4 | 성격의 5요인

요인	내용
정서적 안정성 (emotional stability)	정서적으로 차분하고, 침착하고, 균형 잡힌 성향
외향성(extraversion)	사교적이고, 자기주장이 강하고, 적극적이고, 정열적인 성향
경험에 대한 개방성 (openness to experience)	호기심이 많고, 상상력이 풍부하고, 도전적인 성향
호감성(agreeableness)	협조적이고, 관대하고, 도움을 주고, 함께 지내기 편한 성향
성실성(conscientiousness)	책임감이 강하고, 신중하고, 계획적이고, 의지가 강한 성향

5) 평가 센터

평가 센터(assessment center)는 지원자들을 모의 직무상황에 배치하고 그들에게 여러 가지 스트레스를 제공하였을 때, 어떻게 행동하고 대처하는지를 관찰하고 평가하는 선발방법이다. 이 방법을 상황적 검사(situational testing)라고도 부르며, 시간과 비용이 많이 들기 때문에 주로 관리자나 간부의 선발에 이용된다. 평가 센터에는 다양한 활동과 과제가 포함된다. 지원자들은 여러 모의 과제뿐만 아니라, 면접을 보고, 심리검사를 치르기도 한다. 모의 과제에는 서류함 과제, 리더 없는 집단토의 과제, 역할연기 과제 등이 있다.

(1) 서류함 과제

서류함(in-basket) 과제는 각 지원자에게 실제 모든 관리자나 간부의 책상에서 볼 수 있는 서류함을 주고, 제한된 시간 내에 내용을 파악하고 제시된 문제를 풀기 위해 어떤 조치를 취해야 된다. 즉, 지원자는 전화 걸기, e-mail 보내기, 미팅주선 등의 행동을 통해 안건이나 문제를 처리하는 솜씨를 보여 주어야 한다. 그러면 몇몇 평가자는 그들이 문제를 얼마나 잘 처리하는지, 또는 문제를 해결하기 위해 얼마나 다양한 능력을 발휘하는지 등의 차원에서 지원자를 평가한다. 지원자들은 검사가 끝난 다음 평가자와 개인적인 면접을 하여 자신의 판단과 결정에 대해 설명을 한다. 이 검사는 주로 사무직이나 전문직의 직무수행을 잘 예측해 준다. 이 검사의 단점은 시간이 오래 걸리고 비용이 많이 든다는 것이다.

가상적인 서류함 과제의 예를 들어 보자. 감독자의 역할을 맡은 지원자는 20개의 항목(메모, 지시사항, 편지 등)을 2시간 내에 처리해야 한다. 그러면 평가자는 지원자들이 체계적으로 중요한 사항을 처리하는지, 부하들에게 권한을 위임하는지, 아니면 사소한 일에 집착하는지를 관찰하고 평가한다.

(2) 리더 없는 집단토의 과제

리더 없는 집단토의(leaderless group discussion) 과제는 지원자들로 구성된 집단을 형성해 주고 실제의 직무문제에 대해 토의를 하게 한다. 이때 이 문제를 이끌어 갈 리더는 정해 주지 않고 집단의 구성원이 자율적으로 리더를 정하도록 한다. 이 기법을 통해 평가자는 집단토론이 진행되는 동안 각 지원자의 행동을 관찰하여 그들이 다른 지원자와 어떻게 상호작용을 하고, 리더십과 설득력을 발휘하는지를 평가한다.

리더 없는 집단토의 과제의 예를 들어 보자. 지원자 5~6명으로 이루어진 집단은 정해진 시간 내에 회사의 이익을 증대시키라는 명령을 받은 관리자의 역할을 수행한다.

그들에게 회사의 특징과 시장상황에 관한 정보는 주었으나 집단의 리더와 목표 달성에 대한 규칙은 정해 주지 않는다. 대개 지원자들 중 한 명이 리더 역할을 수행하고, 집단 내의 다른 구성원들은 리더가 할당해 준 과제를 수행하게 된다. 또 집단에게 부가적인 압력을 주기 위해 매 25분마다 원가나 판매가의 변화를 통보하고, 때때로 문제가 해결되고 결정되는 순간에 이러한 변화된 정보를 제공한다. 그러면 집단 구성원은 이 새로운 정보를 다시 고려해야만 하고 다시 토의를 해야 한다. 이러한 상황은 지원자들에게 극심한 스트레스를 제공한다. 이러한 맥락에서 평가자들은 지원자들을 다각적으로 평가하게 되고, 과제수행을 잘하는 사람과 잘하지 못하는 사람을 구분하게 된다.

(3) 역할연기 과제

역할연기(role-play) 과제는 지원자에게 조직 내의 특정 역할을 맡은 사람처럼 행동하도록 요구한다. 이를 통해 지원자가 얼마나 잘 문제를 해결하고, 상황을 처리하는지를 평가한다. 예를 들면, 지원자로 하여금 고객 상담원의 역할을 수행하도록 하여 고객을 어떻게 다루는지를 알아볼 수 있다.

제3장 직무수행평가

어떤 조직에 속해 있든 간에 근로자들은 빈번하게, 그리고 계속적으로 직무수행에 대한 평가를 받는다. 이러한 직무수행평가를 통해 회사 측에서는 누가 유능한 사원이며, 누가 추가로 교육이 필요하며, 누가 회사의 이득과 발전에 기여하는지를 파악하게 된다.

직무수행평가(performance appraisal)는 직무와 관련된 개인이나 집단의 수행 정도를 평가하는 것이다. 이러한 평가는 우연한 관찰, 과거의 기억, 직관으로 이루어질 수도 있고, 공식적이고 합리적인 체계를 사용하여 이루어질 수도 있다. 직무수행평가에서 어떤 체계를 선택할 것인가와 같은 기술적인 문제와 대인 간의 갈등이나 저항과 같은 인간적인 문제가 어려운 문제이긴 하지만, 공식적이고 합리적인 평가 체계를 선택해야 더 정확하고 공정하고 유용하다(Kujawski & Young, 1979). 이 장에서는 직무수행평가의 목적, 직무수행측정의 유형, 직무수행 평정자, 직무수행평정의 기법, 직무수행평가 시의 판단오류 및 오류감소 방안, 직무수행평가의 피드백 등에 대해 살펴보고자 한다.

1. 직무수행평가의 목적

직무수행평가의 일반적인 목적은 개인이 직무를 얼마나 잘 수행하는지에 대한 정확한 측정치를 제공하는 것이다. 이러한 정보를 기초로 해서 근로자 개인에 영향을 미칠 여러 가지 결정이 내려진다. Barrett(1966)는 직무수행평가의 목적을 인사관리목적(봉급인상, 승진, 전근, 해고 등의 인사조치), 업무수행향상목적(직무수행에서의 약점을 확인하기 위해 평가정보를 사용), 연구목적(인사선발과 훈련절차의 타당성을 평가하는 준거로 사용) 등의 세 범주로 나누어 설명하였다. 이러한 목적에 근거하여 직무수행평가의 목적을 자세히 살펴보면 다음과 같다.

1) 인사선발기준의 타당화

근로자 선발방법의 타당성을 입증하기 위해서는 직무수행 성공 여부와 관련지어 보아야 한다. 심리검사, 지원서, 면접 등 어떤 것을 취하든 이 선발방법에 기초하여 일단 고용한 근로자의 직무수행성과에 대하여 계속해서 평가를 하지 않는다면, 그 선발방법이 타당성이 있느냐의 여부를 결정하지 못할 것이다. 직무를 성공적으로 수행하는 근로자와 성공적으로 수행하지 못하는 근로자의 직무수행을 선발 시의 점수와 비교할 수 있을 때 비로소 선발방법의 타당성을 평가할 수 있게 된다. 이와 같이 직무수행평가는 근로자 선발프로그램의 성공 여부를 결정하는 데 필수적인 조건이다.

2) 근로자 훈련 및 개발의 필요성

근로자의 직무수행을 신중히 평가함으로써 그의 구체적인 직무기술, 지식, 또는 심리적인 태도상의 장단점 등을 발견할 수 있으며, 일단 그것이 밝혀지면 필요에 따라 추가로 훈련을 통하여 이 능력을 개선할 수 있다. 만일 근로자의 회사에 대한 보답이 만족스럽지 못한 경우 회사가 그 근로자의 약점을 개선하도록 투자하는 것은 가치 있는 일이다. 예를 들면, 어떤 작업팀이나 부서가 직무수행의 어떤 측면에서 결함이 있는 것으로 나타날 수 있다. 이때 그러한 정보를 토대로 신입사원의 훈련과 기존사원들의 직무수행상 단점을 교정할 수 있도록 훈련 프로그램을 다시 고안할 수 있다. 직무수행평가는 근로자 훈련을 시행한 후에 직무수행이 얼마나 개선되었는가를 파악함으로써 훈련 프로그램의 효과를 측정하는 수단으로도 이용될 수 있다.

또한 직무수행평가는 근로자들에게 그들이 어떤 식으로 일을 하고 있는가를 알려주게 된다. 따라서 자신이 어떤 장단점을 가지고 있는지 스스로 파악하게 되고, 부족한 부분에 대해서는 개발하려는 동기가 유발된다.

3) 인사결정의 기초 자료

대부분의 사람은 자신이 남보다 또는 아주 월등히 일을 잘하므로 이에 대한 보상을 마땅히 받아야 한다고 생각한다. 사실 대학 시절에 시험을 잘 보거나 기말보고서가 다른 사람보다 우수하면 더 높은 점수를 얻게 된다. 만약 점수에 따른 보상이 주어지지 않는다면(예를 들면, 성적에 관계없이 모든 학생이 C학점을 받는다면) 열심히 공부하려는 동기나 자극이 별로 생기지 않을 것이다. 기업에서도 봉급인상, 승진 혹은 더 바람직한 자리로의 인사이동 등의 형태로 보상이 주어진다. 적극적으로 일하고 사기를 진작시키기 위해서 이러한 지위상의 변화는 선입관이나 편견에 의하지 않고 반드시 근로자의 직무수행에 대한 객관적인 평가에 기초해야 한다. 직무수행평가는 이런 인사 및 경력 결정의 기초 자료가 된다.

4) 직무설계의 자료

직무수행평가는 직무설계의 중요한 자료가 된다. 예를 들면, 특정 직무를 담당하고 있는 거의 모든 근로자의 성과가 낮을 때, 낮은 성과의 원인이 근로자의 능력 부족이 아니라 직무의 구조 및 환경의 문제일 수 있다. 이럴 경우 근로자의 교육 및 훈련을 통한 성과의 향상보다 직무 재설계를 하는 것이 더 바람직하다.

2. 직무수행평가의 영향 과정

일반적으로 근로자는 자신의 직무수행이 생산성과 우수한 성과를 달성하는 데 기여한다면, 지지적인 피드백과 바람직한 보상이 주어질 것이라고 기대한다. 따라서 공식적이고 체계적인 수행평가는 근로자의 직무동기를 향상시켜 안정되고 향상된 직무수행을 일으키지만, 그렇지 않은 수행평가는 불안정하고 저조한 수행을 일으키는 원인이 된다. 이러한 수행평가의 영향 과정을 도식적으로 표현하면 [그림 3-1]과 같다.

이와 같이 수행평가, 피드백, 보상은 하나의 연속적인 과정으로, 근로자의 직무수행의 향상 혹은 저하로 나타나기 때문에 공식적이고 체계적인 직무수행평가가 무엇보다도 중요하다.

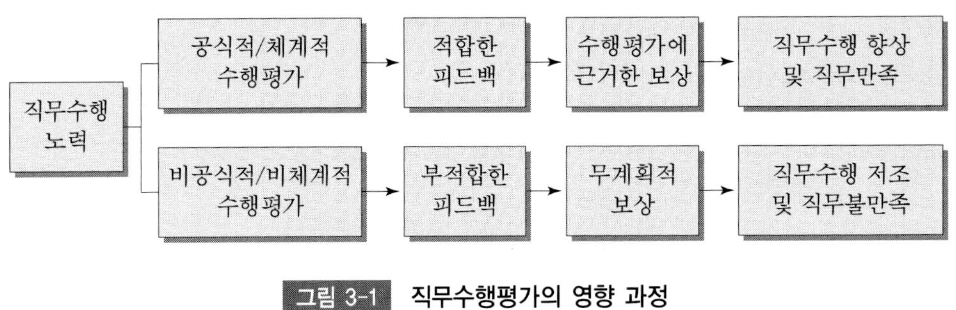

그림 3-1 직무수행평가의 영향 과정

3. 직무수행측정의 유형

각 근로자의 직무수행은 여러 가지 준거에 의해 측정될 수 있는데, 일반적으로 수행측정은 객관적 측정과 주관적 측정으로 구분해 볼 수 있다. 두 유형의 측정은 모두 유용하지만, 동일한 근로자를 두 가지 유형의 측정으로 평정한 자료를 포함한 연구들에서 두 측정이 항상 일치하지는 않았다(Sundvik & Linderman, 1998). 이는 두 측정이 직무수행의 상이한 측면을 반영할지도 모른다는 사실을 말해 준다.

1) 객관적 측정

직무수행의 객관적 측정에는 생산량, 판매액, 불량률 등과 같은 생산자료와 사고, 전직, 지각, 결근 등과 같은 인사자료가 포함된다. 객관적 자료는 한 근로자가 직무를 얼마나 잘 수행하는지의 지표로 활용된다. 예를 들면, 기계공의 직무수행은 시간당 생산한 제품의 수나 불량률을 통해 평가하고, 판매사원의 직무수행은 일정 기간 동안의 판매량을 통해 평가한다. 이런 측면에서 볼 때 객관적 측정치에 의한 평가는 비교적 쉽지만 그렇게 단순한 것만은 아니다. 왜냐하면 객관적 지표로 나타난 결과만을 가지고 각 근로자를 제대로 평가할 수 없기 때문이다. 예를 들면, 동일한 업무라도 본질이 다를 수 있고, 사무실의 환경이 영향을 줄 수 있고, 근로자의 근무연한이 다를 수 있다.

2) 주관적 측정

직무수행에 대한 주관적 측정이란 근로자가 얼마나 수행했는지를 평가자(예: 상사, 동료, 부하, 고객)가 자유롭게 판단해서 평가하도록 맡기는 것이다. 특히 비생산업무의 경우는 수량화할 수 있는 어떤 구체적인 제품을 만들지 않기 때문에 근로자의 능력이나 효율성을 질적인 측면에서 측정해야 한다. 따라서 평가자가 일정 기간 동안 근로자의 직무수행행동을 관찰하고 그 질에 대한 견해를 제시함으로써 개인의 직무수행에 대한 장점이나 능력을 평가하고 판단할 수 있다. 그러나 주관적 측정은 사람의 판단에 의존하기 때문에 평정과정과 관련하여 어떤 편파가 일어나기 쉽다. 따라서 주관적 측정이 유용하기 위해서는 효율적인 직무수행에 필수적이고 중요하다고 보이는 행동을 주의 깊게 분석해야 한다.

4. 직무수행 평정자

직무수행평가에서 근로자를 평가하는 평정자는 다양하다. 그리고 수행평가의 목적에서도 알 수 있듯이 누가 평정을 하느냐가 매우 중요하다. 그러면 평정자는 어떤 조건을 갖추어야 하는가? 평정자들은 평정기법에 대한 훈련을 받아야 하고, 피평정자와 직접적인 접촉이 있거나 그에 대한 지식이 있어야 한다.

1) 상사평가

대부분의 직무수행평가는 상사에 의한 평가다. 연구결과에 따르면, 일반 기업이나 정부기관의 평가프로그램에서 직속상사가 95% 이상을 담당하는 것으로 나타났다(Lazer & Wikstrom, 1977; Lacho, Stearns, & Villere, 1979). 그 이유는 직속상사가 각 개인의 수행을 가장 잘 알고 있으며, 각 개인을 관찰할 기회가 가장 많기 때문이다. 또한 상사는 조직의 전체 목적에 비추어 각 부하의 수행을 가장 잘 평가할 수 있다. 상사는 또한 보상과 처벌을 결정하는 데 책임이 있기 때문에 부하의 효율적인 수행을 인사조치에 결합시킬 수 있어야 한다. 그러나 직속상사는 부하의 직무태도에 대해 진실된 정보를 획득하기 어려운 점이 있다. 왜냐하면 대부분의 부하는 상사 앞에서 회사에 대한 충성심, 열성 등을 실제보다 높게 보이기를 원하기 때문이다.

2) 동료평가

동료에 의한 평가는 한 집단의 구성원이 동료의 직무수행을 평가하는 것이다. 즉, 동일 수준의 근로자들끼리 직무수행의 일반능력, 전문기술, 성격 등을 서로 평가하는 방법이다. 이 방법은 군대에서 장교를 평가할 때 가장 널리 사용할 뿐만 아니라 일반 기업에서도 근로자의 승진을 위해 잠재력을 평가하는 경우 많이 사용하고 있다.

그런데 특히 친한 사이이거나 라이벌인 동료를 평가할 때는 편견이 생길 수가 있다. 이러한 경우 동료에 대한 평가를 실제보다 더 좋거나 더 나쁘게 왜곡해서 평가할 수 있다. 또한 회사 내의 구성원들은 서로를 평가하는 것을 좋아하지 않는다. 그리고 동료는 직접 업무지시를 하지 않기 때문에 피평정자인 동료의 현재 능력 및 성과에 대해 거의 판단하기가 어렵다.

3) 부하평가

부하에 의한 평가는 부하직원으로 하여금 상사의 여러 가지 차원의 능력이나 자질을 평가하도록 하는 것이다. Mount(1984)는 다국적 기업을 대상으로 부하들로 하여금 8개의 수행 차원에서 그들의 중간관리자를 평가하게 하였다. 그 결과, 부하들의 평가는 자기평가보다 상사들의 평가와 더 높은 상관이 있었고, 상사들의 평가와 같은 수준의 평균치가 나왔다. 이로써 부하평가는 상사평가의 타당한 예언변인이라고 할 수 있다. 그러나 부하평가제도를 사용하고자 하는 모든 조직은 평가가 의도하는 목적에 신중한 주의를 기울여야 한다. 즉, 인사관리의 목적으로 사용되는 평가는 자기개발의 목적으로 사용되는 평가와는 매우 다를 수 있다(Zedeck & Cascio, 1982).

4) 자기평가

자기평가는 각 근로자가 자신의 수행을 스스로 평가하는 것이다. 자기평가는 상사, 동료, 부하에 의한 평가보다 관대화 경향이 더 많고, 편파가 더 심하고, 타인들의 판단과 덜 일치하는 경향이 있다(Harris & Schaubroeck, 1988). 그리고 자기평가는 상사평가($r=.35$)나 동료평가($r=.36$)와 상관이 높지 않은 것으로 나타났다. 그러나 자신의 수행을 평가하는 사람은 아마도 다른 사람보다 여러 차원의 직무수행에 대해 가장 잘 알고 있으며, 수행을 종합적으로 평가하기 때문에 후광효과의 영향은 덜 받을 것이다. 일반적으로 자기평가자들은 자신의 개인적 기능이나 기술적 능력을 더 강조하는 반면, 상사들은 결과와 산출을 더 중요시하는 것으로 나타났다(Zammuto, London, & Rowland, 1982). 대부분의 기업에서 자기평가의 일차적 의미는 인사결정보다는 상담과 자기개발의 목적으로 사용하는 경우가 많다.

5) 고객평가

기업의 서비스 측면이 강조되고 중요시됨에 따라 기업은 고객의 견해에 더욱 귀를 기울이게 되었다. 특히 고객과 상호작용을 많이 하는 직무의 경우 고객에 의한 평가가 많이 이루어지고 있다. 예를 들면, 금융기관의 창구직원, 가전제품의 A/S요원, 컨설팅 회사의 컨설턴트 등은 고객과 밀접한 상호작용을 하고, 따라서 고객에 의한 평가가 더욱 중요하다. 고객이 기업의 목표를 완전히 안다고 기대할 수는 없지만, 그들은 유용한 정보를 제공할 수 있다. 이러한 정보는 승진, 봉급인상 등의 인사결정에 영향을 미칠 수도 있지만, 타당화 연구나 직무성과측정의 준거가 되는 인사연구, 그리고 자기개발활동의 기초 자료로 활용될 수도 있다.

6) 다면평가

다면평가란 개인을 평가하는 데 있어 자기평가를 포함하여 많은 다른 평가자들로부터 평가를 받는 방식을 말하며, 이러한 방식을 360도 피드백 또는 다중출처 피드백(multi-source feedback)이라고도 부른다. 일반적으로 평가대상이 되는 근로자는 상사, 동료, 부하, 자신, 고객 등을 포함하여 중요한 사람들로부터 평가를 받는다. 이 다면평가제도는 최근에 직무수행을 평가하기 위한 방법으로 사용되는 경우가 증가하고 있으며(Bracken, Dalton, Jako, McCauley, & Pollman, 1997), 우리나라도 일반 기업체뿐만 아니라 정부기관에서의 도입이 점차 확산되고 있다.

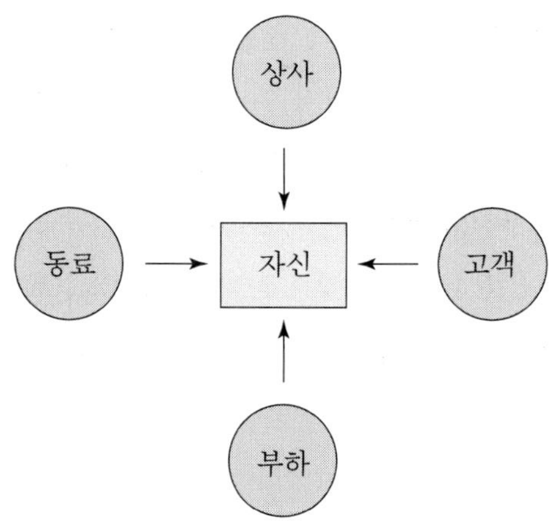

그림 3-2 360도 피드백 체계

다면평가의 주요한 장점은 여러 평가자가 서로 다른 관점을 통해 피평가자의 수행에 대해 다양하고 광범위한 관점을 제공해 주며, 한 사람의 상사가 평가했을 때 발생할 수 있는 개인적 편파를 최소화할 수 있다는 점이다. 그러나 이 다면평가는 평가자들이 지니고 있는 고유한 평정 편파의 영향을 받아 평가의 정확성이 떨어질 수도 있다. 따라서 다면평가의 결과를 인사결정의 목적으로 사용할 때는 서로 다른 평가자로부터의 평정치를 평균함으로써 개인의 직무수행 수준을 더 잘 이해할 수 있다. 한인수(2004)는 다면평가제도를 도입하고 있는 우리나라 조직의 구성원들을 면접해서 다면평가를 인사고과에 적용했을 때의 긍정적 효과와 부정적 효과를 〈표 3-1〉과 같이 제시하였다.

| 표 3-1 | 다면평가 방식에 의한 인사고과의 효과

긍정적 효과	부정적 효과
• 상사 일방과 권위주의적 조직문화의 풍토 전환 • 도덕적 문제가 있는 관리자 파악	• 상향적 평가에 대한 상사의 불쾌감 • 인사고과에 반영 시 철저한 보안유지로 개발 목적으로 활용 불가능 • 비밀유지에 대한 불안감으로 관대화 경향 • 평정척도를 엄격히 지키는 평가자로부터 평가를 받은 구성원은 상대적으로 불리 • 평가자들 간의 암묵적 담합평가 • 사적 감정에 치우친 비객관적 평가

5. 직무수행평정의 기법

최근 들어 직무수행의 내용이 복잡해짐에 따라 과거와 같은 객관적 자료(예: 생산량, 불량률)에 의거한 평가만으로 직무수행평가가 추구하는 목적을 달성할 수 없다. 따라서 직무수행을 보다 효율적으로 평가하기 위한 여러 가지 기법이 개발되어 왔다. 특히 직무수행을 주관적으로 측정하는 데는 일반적으로 판단자료가 사용된다. 이러한 판단자료는 직무수행평가에서 많이 활용되며, 거의 모든 직무에 적용할 수 있다.

1) 평정법

평정법(rating scale)은 직무수행평가에서 가장 널리 사용되는 방법으로, 개인의 여러 특성이나 요인이 평정된다. 평정자는 개인이 각 요인을 얼마만큼 가지고 있는지를 판단하는데, 보통 5점 또는 7점 척도상에서 수행이 판단된다. 일반적으로 평정되는 차원들로는 직무의 이해도, 직무의 양, 직무의 질, 직무숙달능력, 창의성, 협동성, 판단력, 동기 등이 있다.

이 기법은 타당도 측면에서 상당히 효과적이라고 할 수 있다. 직무수행평가의 목적에 따른 평가요소를 개발하여 평가하게 하면 특정 평가요소에 대한 피평가자의 수준을 판단할 수 있고, 평가결과에 대한 의미 있는 수량화가 가능하여 임금책정 등에 유용한 정보를 제공할 수 있다. 그러나 이 기법은 신뢰도 측면에서 심각한 문제를 야기할 수 있다. 즉, 평정자가 의도적으로 특정 피평정자를 높게 또는 낮게 평가할 수 있다.

2) 등위법

등위법(ranking scale)은 평정자가 개인의 업무효율성을 기준으로 근로자들의 수행수준에 따라 순위를 정하는 방법이다. 따라서 등위법에서 각 근로자들은 그 팀 내의 다른 모든 근로자와 비교된다. 이 방법이 가지고 있는 몇 가지 제한점이 있는데, 근로자의 수가 너무 많을 때는 평정자가 그들의 능력을 비교 · 판단하기가 어렵고, 근로자에 대한 평가결과가 정확하지 않으며(정보가 부족), 근로자의 능력이 비슷할 때 적용이 곤란하며, 순위 사이의 차이가 일정하지 않아 최고가 얼마나 수행 성적이 좋으며 최하가 얼마나 수행 성적이 나쁜지를 알 수가 없다는 것이다. 따라서 등위법은 근로자의 수가 적고 근로자들에 대한 상대적 위치 외에 더 자세한 정보가 필요 없는 경우에 사용해야 한다.

3) 짝진비교법

짝진비교법(paired comparison)은 부서나 팀 내의 한 근로자를 다른 모든 근로자와 짝지어서 비교 · 평가하는 것이다. 평정자가 할 일은 한 번에 두 사람을 비교하여 평정되는 차원에서 누가 더 나은지를 선택하는 것이고, 각 개인의 순위는 우수하다고 평정된 횟수를 세어서 결정된다. 비교되는 피평정자 쌍의 수는 n(n-1)/2의 공식으로 계산한다. 만일 6명의 근로자가 비교되어야 한다면 6(5)/2, 즉 15번을 비교 평가해야 한다.

이 방법의 장점은 판단과정이 단순하다는 것이다. 평정자는 모든 근로자를 한꺼번에 비교하는 대신에 한 번에 짝진 한 쌍씩만 판단하면 된다. 그리고 같은 능력을 가진 근로자들에게 같은 순위를 줄 수 있다는 것이다. 그러나 평정해야 할 근로자의 수가 많을 때는 비교할 쌍이 엄청나게 많다. 그러므로 이 방법은 소집단에 사용될 수 있고, 전체적인 효율성 면에서 단순한 순위를 정할 때만 사용하는 것이 유용하다.

4) 강제분배법

강제분배법(forced distribution)은 많은 수의 사람을 평가할 때 가장 유용한 방법으로, 미리 정해진 백분율 분포에 근로자들에 대한 평가를 배분하는 것이다. 이 방법은 근로자들의 수행이 정상분포되어 있다고 가정하고, 정해진 백분율에 따라 한정된 수의 개인을 배치하는 것이다[예: A(20%), B(30%), C(30%), D(20%)]. 이 방법의 장점은 근로자들을 모든 범주에 배분해야 하므로 관대화와 중앙집중 경향 편파를 줄일 수 있다는 것이다. 그러나 피평정자집단이 전체적으로 우수하거나 열등한 집단일 경우에는 커다란 오류를 범하게 된다. 예를 들면, 어떤 부서의 근로자들이 모두 평균 이상으로 수행을 잘한 경우에 이들 모두는 마땅히 높은 평정을 받아야 한다. 그러나 이 방법을 적용할 경우 근로자들이 평균 이상으로 잘 수행했어도 일정 비율은 '평균 이하'나 '열등'이라는 평정을 받아야 된다.

5) 강제선택법

지금까지 제시한 평정기법들의 중요한 단점은 평정자 자신이 좋은 평정을 주고 있는지 나쁜 평정을 주고 있는지에 대해 확실히 알고 있다는 점이다. 따라서 개인적인 편견이나 선호 경향이 평정에 영향을 미칠지도 모른다. 이러한 문제점을 해결할 수 있는 방법이 강제선택법(forced choice checklist)인데, 이것은 평정자로 하여금 자기가 주는 평정이 좋은 것인지 나쁜 것인지를 알지 못하게 한다. 강제선택법은 관대화 오류를 줄이고 개인들 간에 객관적인 비교 기준을 확립하기 위해서 개발된 평정방법이다(Sisson, 1948).

이 방법은 평정자에게 한 쌍의 일련의 문장을 제시하고 그중에서 평가할 근로자를 가장 잘 묘사한(또는 가장 잘못 묘사한) 문장 하나를 반드시 선택하도록 한다. 그런데 이때 각 묶음 속의 문장은 모두 똑같이 호의적인 또는 비호의적인 문장으로 구성되어 있다. 예를 들면, 평정자는 근로자를 매우 호의적으로 묘사한 다음 각 쌍의 문장 중에서 하나를 선택해야 한다(〈표 3-2〉 참조).

| 표 3-2 | 강제선택법의 예

긍정적 표현 ① 그는 부하에게 합리적이고 명확한 지시를 한다.(　　　) ② 그는 부여된 어떤 직무도 달성할 수 있다.(　　　) 부정적 표현 ① 그는 특정 부하를 편애한다.(　　　) ② 그는 말을 거칠고 함부로 한다.(　　　)

이 방법의 장점은 직무수행평가에 개입될 수 있는 개인적 편견의 영향을 배제할 수 있다는 것이다. 그러나 다른 평가방법에 비해 개발비용이 많이 들고, 근로자의 장단점에 대해 회사가 얻는 정보가 비록 유용하기는 하나, 그 정보의 양이 매우 한정되어 있다는 것이 단점이다.

6) 결정사건법

결정사건법(critical incidents)은 Flanagan(1954)에 의해 개발된 것으로, 평정자가 근로자들의 행동을 관찰하여 직무의 성공을 좌우하는 결정적인 행동들을 기록하는 것이다. 이러한 관찰을 통해 결정사건행동이라 불리는 일련의 행동들을 결정한다. 어떤 행동은 우수한 업무와 관련되어 있고, 어떤 행동은 저조한 업무와 관련되어 있다. 이 행동들은 각 근로자의 능률을 판단하는 기준으로, 즉 실제 직무수행에 근거해서 개발한 판단기준으로 사용될 수 있다. 또한 결정사건법은 실제 직무행동에 초점을 두기 때문에 근로자 개개인을 상담하는 경우에 매우 유용하다. 왜냐하면 비효율적이거나 바람직하지 못한 행동을 구체적으로 지적해서 개선할 수 있기 때문이다.

결정사건법은 실제 직무행동에 초점을 두기 때문에 직무수행평가 면담에 매우 효과적이다. 의미 있는 피드백을 통해 근로자들은 자신을 향상시키기 위해 직무행동에서 어떤 변화가 필요한지를 알 수 있게 된다. 또한 많은 수의 결정사건이 수집될 때, 직무와 일반적인 조직문제들에 대해 풍부한 정보를 제공할 수 있으며, 특히 훈련 프로그램의 목적을 수립하는 데 적합하다(Flanagan & Burns, 1955). 그러나 이 방법이 성공적이기 위해서는 결정사건행동을 작성하는 평정자의 관찰기술능력이 중요하며, 결정사건 목록을 정확하게 수집하기 위해 많은 시간과 노력이 필요하다.

7) 행동관찰척도

행동관찰척도(Behavioral Observation Scale: BOS)는 최근에 개발된 직무수행평가법으로, 결정사건법에 근거하고 있다. 이 기법은 특수한 행동적 사건들의 발생빈도를 평정하는 것으로, 평정자들은 근로자들의 행동을 관찰하여 얼마나 자주 일어나는지를 기록함으로써 여러 중요사건에 관해 근로자들을 평가한다. 이 방법은 척도 전문가에 의해 개발되며, 내용타당도가 높다는 장점이 있지만, 평정자들이 직무에 관해 관찰한 행동들을 기억하는 능력에 의해 영향을 받는다(Murphy, Martin, & Garcia, 1982).

6. 직무수행평가 시의 판단오류

직무수행을 평가할 때 평정자는 자신도 모르게 판단의 오류를 범한다. 전통적인 관점에서 볼 때 이러한 판단오류는 평정자의 어떤 체계적인 측정오류에서 유래된다. 평정자가 범하기 쉬운 오류에는 어떤 것들이 있고, 그것을 해결하기 위한 방법에는 무엇이 있는지 살펴보자.

1) 후광효과

후광효과(halo effect)는 직무수행평가에서 가장 보편화된 편파다. 후광효과는 평정자들이 피평정자의 총체적인 인상을 토대로 평가를 하는 것이다. 즉, 근로자의 단지 하나의 자질 또는 성격을 토대로 해서 그의 모든 행동측면을 판단하려는 경향을 말한다. 만일 평정자가 어떤 근로자가 평정척도의 어느 한 측면에서 매우 뛰어나다는 것을 발견하면 그의 다른 모든 측면도 높게 평가할 것이다. 전형적으로 평정자들은 한 측면의 근로자의 수행에 대해 강한 감정을 갖고 있고, 이를 토대로 그 외의 많은 요인에 대해서는 일률적으로 좋거나 나쁘다고 판단한다. 따라서 평정자는 상이한 직무수행 차원들에서 수행 수준들 간의 구별을 하지 못하게 된다.

이러한 후광효과를 줄이기 위한 방법으로 첫째는 서로 다른 평정자가 평가하면 편견과 선입견이 상쇄될 수 있을 것이라는 가정하에 둘 이상의 평정자로 하여금 근로자를 평정하게 하는 방법이며, 둘째는 평정자가 각 근로자의 모든 특성을 한꺼번에 평정하지 않고 한 번에 한 가지의 특성을 평가하는 방법이다.

2) 순서에 의한 오류

정보가 제시되는 순서는 평가에 영향을 주는데, 가장 일반적으로 관찰되는 효과가 초두효과(primacy effect)다. 이는 피평정자에 대한 최초의 정보가 후에 나타난 정보에 비해 최종평가에 더 영향을 주는 것을 말한다. 그리고 초두효과와는 반대로 마지막 정보가 앞서 나타난 정보에 비해 최종평가에 영향을 주는 최신효과(recency effect)도 있을 수 있다. Farr(1973)의 연구에 따르면 초두효과는 피평정자에 대한 정보를 관찰한 후에 전반적인 평가를 할 때 나타나고, 최신효과는 어떤 일의 발생 후에 각 항목을 평가할 때 나타난다고 보고 있다.

3) 중앙집중 경향

중앙집중 경향(central tendency)이란 평정자가 극단적으로 높거나 낮은 평정을 하지 않고, 평균치에 가까운 평정을 하려는 경향을 말한다(Landy & Trumbo, 1980). 특히, 평정자들은 친숙하지 않은 수행을 평가하라고 할 때, 보통이라는 평정을 할 수가 있다. 즉, 그들은 평정척도의 상하 극단을 사용하기를 꺼리고 모든 평정치를 척도의 대략 중간에 모으려는 경향이 있다. 이의 원인으로는 첫째, 평정자가 평가방법을 이해하지 못하였거나 평가능력이 부족하기 때문에, 둘째, 평가방법에 대해 회의적이거나 피평정자를 잘 알지 못하기 때문에, 셋째, 낮게 평가할 경우 피평정자와의 감정적 대립을 우려하기 때문이다. 이러한 판단오류는 근로자 간의 차이를 정확히 반영하지 못하게 하며, 이러한 평가결과는 회사나 근로자에게 유용한 정보를 제공하지 못한다. 즉, 인사결정을 하거나 근로자에게 피드백을 주는 데 실제적으로 아무런 도움이 되지 못한다.

집중경향 오류를 줄이는 방법의 하나는 평정자를 훈련시키는 것이다. 즉, 일반적으로 근로자 간에 능력이나 기술의 차이가 있는 것은 당연하다는 사실을 깨닫게 하고, 평가할 행동에 대한 기준과 수행성과를 결정할 수 있는 능력을 개발시킨다.

4) 관대화 경향

관대화 경향(leniency tendency)은 피평정자의 능력이나 성과를 실제보다 더 높게 평가하는 것이다. 관대화 경향이 발생하는 원인으로는 첫째, 피평정자를 나쁘게 평가하여 대립할 필요가 없고, 둘째, 자기부하를 타 부서의 근로자에 비하여 승진에 유리하게 하기 위해서이고, 셋째, 나쁜 평가가 곧 평정자 자신의 책임으로 간주될 수 있기 때문이다.

이러한 오류를 줄이기 위한 방법의 하나는 평정자에게 정상분포곡선에 따라 평정하도록 요구하는 것이다. 그러나 이 방법을 사용하면 몇몇 근로자가 능력이 있음에도 불구하고 부당하게 낮은 평가를 받게 되는 문제가 생긴다.

5) 엄격화 경향

엄격화 경향(harsh tendency)은 관대화 경향과는 정반대되는 경우로, 평정자가 피평정자의 능력 및 성과를 실제보다 의도적으로 낮게 평가하는 경우를 말한다. 이러한 경향은 첫째, 평정자의 가치관에 의해 수행성과에 대한 기대수준을 매우 높게 설정했을 때 나타나며, 둘째, 피평정자와의 갈등관계에서 일종의 처벌적 성격을 띠었을 때 나타난다.

직무수행평가에서 나타날 수 있는 세 가지 경향(중앙집중 경향, 관대화 경향, 엄격화 경향)을 그림으로 제시하면 [그림 3-3]과 같다.

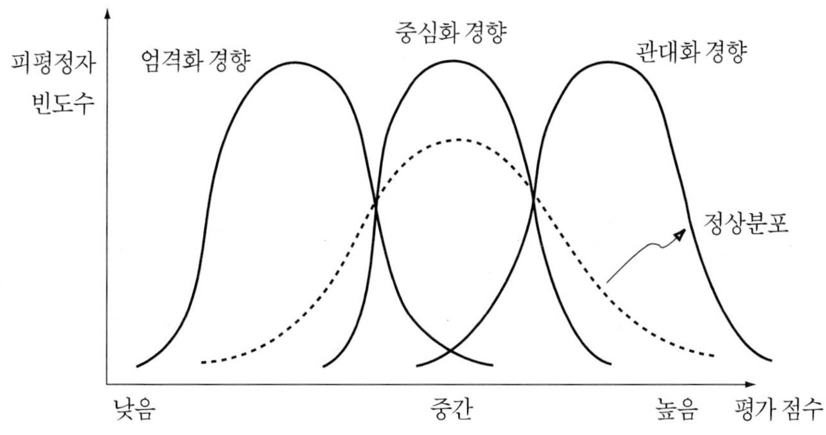

그림 3-3 결과분포상 오류의 세 가지 경향

7. 직무수행평가 오류의 감소

지금까지 직무수행평가 시 평가자가 범하기 쉬운 오류에는 어떤 것들이 있는지 살펴보았다. 그러면 이러한 평가오류를 감소시키기 위한 방안에는 어떤 것이 있는가? 이에는 다음의 두 가지 방안이 있는데, 하나는 수행평정 양식을 개선하는 평가도구의 개발이고, 다른 하나는 평정오류를 범하지 않도록 평가자를 훈련시키는 것이다.

1) 평가도구 개발

평정자의 평가오류를 줄이기 위한 한 가지 방안은 이러한 오류를 감소시키는 데 도움이 되는 평가도구를 개발하는 것이다. 보다 신뢰할 수 있고 타당한 평가도구를 개발한다면 평정자의 평가오류를 줄일 수 있을 것이다. 행동관찰척도(BOS)는 이러한 노력의 한 예다. 이 척도는 평정자가 특질보다 구체적인 행동에 초점을 맞춘다면 더 정확한 평정을 할 것이라는 생각에 기반을 둔다. 그 결과 행동은 특질보다 더 명확하기 때문에 평정을 할 때 평가자 개인의 판단이 덜 들어간다.

2) 평가자 훈련

평가오류를 줄이기 위한 또 다른 방법은 평가오류를 줄이고 평가정확성을 증가시키도록 평정자를 훈련시키는 것이다. 즉, 평정자로 하여금 사람들이 일반적으로 행하는 평가오류를 인식시켜 오류를 최소화할 수 있는 방안을 개발하도록 하는 것이다. 만약 평정자가 평가에 대해 책임의식을 느끼고, 평가양식이 직무와 관련이 있으며, 평정자가 피평정자의 행동을 기록한다면 평가의 정확성은 증가할 것이다.

일반적으로 잘 알려진 평정자 훈련에는 평정자 오류 훈련과 참조의 틀 훈련이 있다. 우선 평정자 오류 훈련(rater error training)은 평정자에게 후광 오류, 관대화 오류, 중앙집중 오류 등의 평정 오류를 인식시켜 이러한 평정 형태를 피하도록 가르치는 것이다. 그러나 평정자 오류 훈련에서 제기되는 한 가지 우려는 오류를 줄인다고 해서 반드시 평정자 훈련의 궁극적인 목표인 평정의 정확성이 높아지지는 않는다는 것이다(Hedge & Kavanagh, 1988).

이러한 문제점을 해결하기 위한 방안이 수행을 평가할 때 공통적으로 참조하는 기준(틀)을 평정자에게 제공하는 참조의 틀 훈련(frame-of-reference training)이다(Sulsky & Day, 1992). 이 훈련은 평정자에게 훌륭한, 보통의, 저조한 수행을 나타내는 사람들을 보여 주고, 그들에 대한 평정자의 평정이 얼마나 정확했는지에 관하여 피드백을 제공한다. 이 훈련의 목적은 각 수행 차원에서 어떤 수행이 효과적인지에 대한 판단이 일치되도록 하기 위해 평정자를 훈련시키는 데 있다. 이러한 유형의 훈련을 실시하였더니 평정의 정확성이 높아지고, 평정자가 훌륭한 수행에 대한 준거를 정확하게 이해하게 되었다는 연구결과들이 있다(Goman & Rentsch, 2009; Roch, 2012).

8. 직무수행평가의 피드백

직무수행평가가 근로자의 수행을 향상시키기 위한 목적으로 사용될 때에는 현재의 수행평가 결과를 근로자와 얘기하는 일이 중요하다. 이때 중요한 것은 근로자의 직무수행평가 결과를 어떻게 전달해 주느냐 하는 것이다. 피드백에 관한 많은 연구를 검토해 보면, 직무수행에 대한 객관적인 피드백은 근로자가 피드백을 받을 때 수행이 개선된다는 것을 입증한다. 직무수행평가에 대한 피드백은 정보적이고 동기고양적인 기능을 모두 가지고 있다. 우선 정보적(informative) 측면에서 피드백은 근로자에게 무엇을 해야 하고, 무엇을 하지 않아야 하는지에 관한 정보를 제공하고 과제에 대한 준거틀을 확립하는 데 도움을 준다. 그리고 동기적(motivational) 측면에서 피드백은 올바른 행동을 강화하고, 잘못된 행동을 처벌하며, 심리적 욕구(예: 인정이나 자아존중감에 대한 욕구)를 만족시키고, 노력이 헛되지 않을 것이라는 기대를 증가시킨다. 또한 목표에 도달할 수 있도록 격려하는 역할을 함으로써 업무의 효율성을 증대시킨다.

Greenberg(1986)는 직무수행평가를 개관하면서 근로자들이 자신에 대한 평가를 받아들이고, 평가가 공정하다고 지각하도록 하기 위해서는 다음과 같은 조건이 필요하다고 주장하였다. ① 평가결과를 활용하기 전에 근로자들에게 평가에 관해 말할 수 있는 기회를 준다. ② 평가면접을 하는 동안 양방적인 의사소통을 한다. ③ 평가결과에 대해 반박할 수 있는 기회를 준다. ④ 피평정자의 직무에 대해 평정자가 잘 알고 있어야 한다. ⑤ 직무수행 기준을 일관성 있게 적용한다. ⑥ 실제로 성취한 수행에 기초하여 평정한다. ⑦ 급여나 승진에 대한 제안을 객관적인 평정에 기초하도록 한다.

<효과적인 피드백의 원칙>

- 피드백이 많다고 항상 직무수행이 더 향상되는 것은 아니다.
- 직무수행 성과가 낮을 때 그 원인을 능력 부족의 탓으로 돌리는 것보다 노력 부족의 탓으로 돌리는 것이 더 효과적이다.
- 긍정적 피드백을 먼저 제시하고 그다음에 부정적 피드백을 제시하는 것이 효과적이다.
- 피드백은 개인의 수행성과뿐만 아니라 집단의 수행성과에도 영향을 준다.
- 직무수행성과에 대한 피드백의 효과가 항상 긍정적이지는 않다. 피드백이 유용한 경우는 왜 직무수행이 효율적인지 또는 비효율적인지를 설명할 수 있을 때, 그리고 직무수행을 향상시키기 위해 특별히 필요한 것들이 갖추어져 있을 때 등이다.

제4장

산업교육 및 훈련

요즈음과 같이 급속하게 변화하는 환경 속에서 기업이 성장하고 구성원이 발전하기 위해서는 끊임없는 교육과 훈련이 필요하다. 다시 말하면, 기업이나 조직이 자신들의 우위성을 확보하고, 내부의 다양한 구성원이 서로 조화롭고 발전적인 관계를 유지하고, 예측 불가능한 상황에서 기업과 구성원이 생존하기 위해서는 변화하는 환경에 능동적이고 효율적으로 대처하는 수밖에 없다.

기업은 변화 속에 존재하는 조직체다. 교육 및 훈련 활동과 관련된 변화의 요소에는 기술의 변화, 노동시장의 구조 변화, 근로자의 욕구의 변화 등을 들 수 있다. 우선, 기술의 변화는 직무구조를 변화시키고 이것은 작업자의 직무수행 자격요건의 변화를 요구한다. 따라서 성공적인 직무수행을 위해서 교육 및 훈련은 당연히 요구되는 활동이라 하겠다. 노동시장의 구조 변화 또한 기업의 교육 및 훈련 활동을 요구하고 있다. 즉, 자신의 기업에 적합한 인력을 외부에서 구하지 못할 경우 이런 필요인력을 기업 내부에서 교육 및 훈련을 통해 양성해야 한다. 그리고 근로자의 욕구의 변화로 근로자들은 한 번 배운 기술이나 기능을 가능한 한 장기적으로 직무에 적용하기를 원하고, 자신의 성장욕구를 끊임없이 개발하기를 원한다. 이러한 근로자의 욕구를 충족시켜 주기 위해서도 교육 및 훈련의 필요성은 당연히 제기된다.

1990년대 들어오면서 특히 교육과 훈련의 중요성이 부각되었는데, 그 이유는 첫째, 직업을 가지려는 의욕은 강하지만 기술도 없고 교육을 받지 못한 젊은 층의 수가 증가하고, 둘째, 기술의 체계가 갈수록 정교해짐에 따라 훈련 및 재훈련에 대한 필요성이 증가하고, 셋째, 많은 조직이 치열한 경쟁을 해야 하는 상황에서 교육 및 훈련에 대한 요구가 증가하고 있기 때문이다. 실제 많은 기업에서 산업교육 및 훈련을 위해 많은 비용을 지출한다. 예를 들면, 휴렛패커드 같은 대기업은 연간 수입의 약 5% 이상을 교육 및 훈련에 지출하고 있고, 우리나라의 경우도 경영자들이 그 중요성과 필요성을 인식하면서 교육훈련비로 상당 부분을 할당하고 있다.

1. 산업교육 및 훈련의 정의

산업교육 및 훈련이란 인력개발을 위한 중요한 수단이다. 이때 엄격한 의미에서 '교육'과 '훈련'의 정의가 다른데, '교육(education)'은 이해력과 지적 활동을 활성화시킴으로써 지식 및 기능을 습득하는 과정이고, '훈련(training)'은 주로 반복적인 연습을 통해 지식 및 기능을 습득하는 과정으로 이해할 수 있다. 그러나 많은 경우 지식 및 기능의 습득과정이 교육인지 훈련인지 정확하게 구분되지 않고 있다. 따라서 이 장에서도 교육과 훈련을 구분하지 않고 함께 쓰기로 한다.

산업교육 및 훈련은 조직구성원들의 직무지식이나 기술을 증진시키고 그들의 직무태도나 행동을 개선함으로써 개인의 자기개발과 조직의 목표달성에 모두 기여할 수 있는 일련의 공식적 절차다. 보다 구체적으로 살펴보면 교육 및 훈련은 첫째, 조직에서 어떤 의도나 목표를 갖고 필요에 의해서 공식적으로 행해지는 체계적인 활동이다. 둘째, 학습자의 학습과정을 수반하고 있다. 셋째, 교육 및 훈련의 결과는 학습자의 직무행동에서 어떤 구체적인 변화가 일어나야 한다.

이러한 정의에 근거해서 볼 때 산업교육 및 훈련의 중요한 목표는 조직의 효율성 증진이라는 조직의 목표와 조직구성원의 직무능력 향상이라는 개인의 목표 모두를 포함한다. 우선 조직의 효율성 증진이라는 측면에서 교육 및 훈련을 통해 직무태도가 개선될 수 있고, 리더십이나 의사소통 기술이 향상될 수 있고, 작업시간이 단축되어 노동비용이 감소될 수 있고, 근로자의 이직률이나 안전사고율이 줄어들어 인적자원의 관리 비용이 감소될 수 있다. 그리고 조직구성원 개개인의 측면에서도 교육 및 훈련을 통해 직무수행이 증진되어 봉급이나 승진 등의 인사결정에 매우 유리하며, 자신의 장단점을 정확히 파악하고 이해함으로써 자기개발에 도움이 될 수도 있다.

2. 산업교육 및 훈련의 과정

Parker(1976)는 산업교육 및 훈련은 [그림 4-1]과 같은 7단계를 거쳐 진행된다고 주장하였다.

(1) 1단계: 교육 및 훈련에 대한 요구분석

교육 및 훈련은 어떤 필요에 의해서 행해지는 것이므로 현 시점에서 어떤 교육 및 훈련이 요구되는지에 관한 요구분석에서 출발하게 된다. 요구분석은 크게 개인분석, 과제분석, 조직분석의 세 단계를 거치며, 이에 관해서는 다음 부분에서 자세히 다룰 것이다.

(2) 2단계: 구체적인 교육 및 훈련 목표의 수립

교육 및 훈련에 대한 요구가 무엇인지를 분석하고 나면 그에 따라서 구체적인 목표를 정해야 한다. 이때 교육 및 훈련의 목표, 즉 그 훈련을 통해서 변화시키고자 하는 행동이 무엇인지를 명확하게 기술할 수 있어야 한다. 만일 교육 및 훈련 목표가 분명한 행동이 아니고 애매하고 일반적으로 기술된 경우에는 훈련자나 피훈련자 모두 그 훈련을 통해서 무엇을 달성하려는 것인지 분명히 이해할 수 없게 되고, 그 훈련이 효과가 있었는지를 평가하는 기준도 애매하게 되므로 처음부터 훈련 자체가 어떤 한계를 갖고 출발할 수밖에 없다.

(3) 3단계: 교육 및 훈련 방법에 대한 이해

교육 및 훈련 목표가 명확히 정해지고 나면 그 목표를 달성하기 위해서 어떤 훈련 방법들을 사용할 수 있는지를 고찰하게 된다. 이를 통해 각 방법의 장단점을 분석하고 목표달성에 가장 적합한 방법을 모색하게 된다.

(4) 4단계: 교육 및 훈련 프로그램의 개발

앞에서 결정한 교육 및 훈련 방법에 따라 구체적인 훈련 프로그램을 개발하고 이것을 언제, 어디서, 누구를 대상으로, 어떻게 실시할 것인지에 관한 제반 사항들을 계획한다.

(5) 5단계: 교육 및 훈련 평가계획의 수립

교육 및 훈련 프로그램이 개발된 후, 이를 곧바로 실시하기 전에 반드시 그 프로그램의 효과가 어떻게 나타났는지를 평가하기 위한 평가계획을 먼저 수립해야 한다. 평가에 대한 구체적인 계획 없이 무턱대고 먼저 훈련을 실시하고 나서 나중에 평가를 어떻게 할 것인지를 고려하다 보면 올바른 평가를 위한 자료수집의 시점을 이미 놓쳐 버리는 경우가 종종 있기 때문이다.

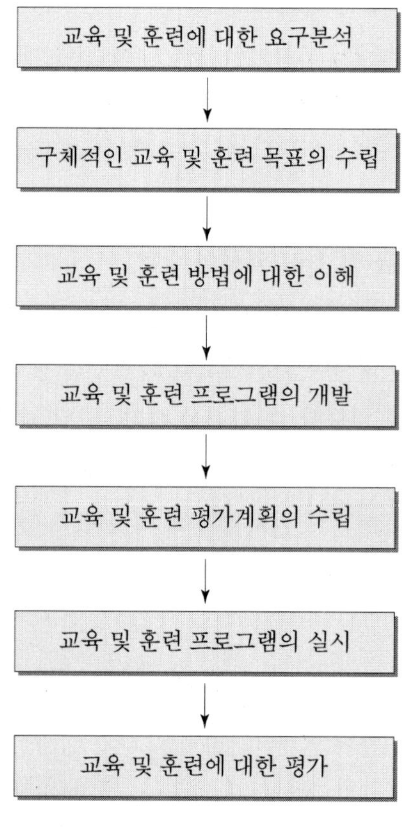

그림 4-1 산업교육 및 훈련의 과정

(6) 6단계: 교육 및 훈련 프로그램의 실시

평가계획까지 모두 마련된 후에는 앞에서 수립한 교육 및 훈련 계획과 평가계획에 따라서 훈련을 실시하게 된다.

(7) 7단계: 교육 및 훈련에 대한 평가

마지막으로 실시된 교육 및 훈련에 대해 여러 가지 관점에서 평가를 해야 하며, 이 평가결과는 다시 두 번째의 구체적인 교육 및 훈련 목표의 수립 단계에 반영되어 그 프로그램의 질을 향상시키고, 그다음 교육 및 훈련의 효과성을 증진시키는 데 활용하게 된다.

3. 교육 및 훈련에 대한 요구분석

기업에서 산업교육 및 훈련을 실시하고자 할 때는 교육훈련이 왜 필요한지에 대한 분석작업이 반드시 선행되어야 한다. 예를 들면, 현재 우리 기업이 갖고 있는 문제점은 무엇인가, 우리 기업이 추구하고 있는 목표가 과연 가치가 있는가, 설정한 목표가 달성되었는가 등에서 어떤 문제가 발생하면 즉각 체계적인 기법을 동원하여 교육 및 훈련의 필요성을 보다 과학적으로 파악해야 한다. 흔히 어떤 기업에서는 다른 많은 기업이 현재 어떤 프로그램을 실시하고 있다는 이유만으로 그와 같거나 유사한 프로그램을 무조건적으로 따라 하는 경향이 있다. 그러나 각 기업마다 기업의 목표가 다르고, 구성원의 수준도 다르고, 해당 기업이 처해 있는 환경도 다르기 때문에 유행처럼 따라 하는 교육 및 훈련 프로그램이 반드시 효과적일 것이라고 기대할 수는 없다. 따라서 산업교육 및 훈련에서는 무엇보다도 먼저 그것이 왜 필요한지, 그것이 우리 기업에서 현재 요구되는 것인지, 어떤 종류의 과제활동에서 요구되는 것인지, 누구에게 요구되는 것인지 등을 분석하는 요구분석(need analysis)이 이루어져야 한다. 이러한 요구분석이 잘 이루어져야 그러한 요구를 충족시키기 위해서 어떤 종류의 프로그램을 개발해야 하는지, 어떤 훈련기법을 사용할 것인지 등을 결정할 수가 있다. McGehee와 Thayer(1961)는 요구분석을 개인분석, 과제분석, 조직분석 등 세 단계로 체계화했으며, 그 후 이 요구분석과정은 산업장면에서 널리 활용되고 있다.

1) 개인분석

개인분석이란 조직구성원을 대상으로 그들 중 누구에게 교육 및 훈련이 필요하고, 구체적으로 그들에게 어떤 능력에 관한 교육과 훈련이 필요한지를 분석하는 것이다. 이것은 조직 전체 수준에서 거론되었던 생산성 등 경제적 지표와 관련되는 성과측정, 개인별 매출액뿐만 아니라 과제 수준에서 밝혀진 교육 및 훈련의 필요성이 개인별로 측정되는 것을 의미한다. 개인분석을 위해서는 먼저 근로자 개개인의 현재 직무수행 정도가 어떠한지를 알아야 한다. 만일 어떤 근로자의 직무수행 정도가 매우 만족할 만한 수준이라면 특별한 교육 및 훈련이 필요 없겠지만, 수행 정도가 어떤 기준 이하로 저조하다면 훈련이 필요한 것으로 판단할 수 있다. 개개인에 대한 직무수행평가가 충실하게 이루어져 있다면 이 정보를 활용해서 개인분석을 할 수 있지만, 그렇지 못한 경우에는 여러 가지 직무수행평가 기법을 적용해서 개개인의 수행 정도를 먼저 분석해야 한다.

개개의 수행 수준이 먼저 평가되고 난 후에는 그것이 과연 일정한 기준 이하인지를 살펴보아야 하고, 만일 기준 이하라고 판단되면 수행 수준을 향상시키기 위해서 어떤 종류의 지식이나 능력을 개발해야 하는지 분석해야 할 것이다. 또한 개인분석은 교육 및 훈련 프로그램을 도입하는 데 있어서 근로자 개인별로 보유하고 있는 능력, 기술, 욕구의 다양성을 고려하는 데, 즉 개인차의 문제를 극복하는 데 중요한 정보를 제공해 준다.

2) 과제분석

과제분석이란 어떤 과제활동을 분석하는 것으로, 이를 통해 구체적으로 어떤 과제에 대해서 훈련이 필요한지를 파악할 수 있다. 예를 들어, 판매직 사원들이 이미 컴퓨터를 잘 다루고 있는 상황에서는 컴퓨터 사용법에 대한 교육은 실시할 필요가 없을 것이다. 그러나 반대로 이들에게 커뮤니케이션 기술이 부족한데도 이에 대한 교육 및 훈련 요구를 제대로 파악하지 못한다면 그들의 판매실적은 상대적으로 낮게 나타날 수 있다.

Wexley와 Latham(1991)은 다음의 다섯 가지 과정을 거쳐 과제분석이 이루어진다고 주장하였다.

첫째, 교육 및 훈련의 대상이 되는 직무에 대한 직무기술서(job description)를 작성한다. 직무기술서란 해당 직무에서 행해지는 중요한 일이나 활동, 책무 등에 관해 대화체 형식으로 기술해 놓은 것으로서, 대개는 그 직무가 처해 있는 작업조건이나 환경적 요소까지 포함하게 된다. 훈련이나 교육 프로그램의 개발자는 직무기술서를 통해 우선 그 직무의 내용을 이해할 필요가 있다.

둘째, 직무기술서를 통해 직무의 윤곽을 파악한 후에는 구체적인 과제행동(task behavior)을 확인하는 절차가 필요하다. 해당 직무에서 작업자가 수행하는 여러 가지 활동 중에서 작업자가 자주 행하고, 중요하며, 직무수행을 향상시키는 데 반드시 필요한 행동들을 직접적으로 관찰 가능한 행동적 수준에서 나열해 놓은 과제항목표를 작성하는 것이 이 단계의 목표다.

셋째, 앞에서 확인된 과제행동들을 성공적으로 수행하기 위해서 작업자에게 요구되는 지식, 기술, 능력(Knowledge, Skill, Ability: KSA)에는 어떤 것들이 있는지 조사되어야 한다. 만일 조직 내에서 체계적인 직무분석이 잘 되어 있는지 조사되어 있다면 이상의 세 단계 과정은 생략할 수 있다. 왜냐하면 직무기술서, 과제항목표, KSA 목록 등은 직무분석의 결과로 얻어지는 자료들이기 때문이다. 그러나 직무분석이 전혀 되어 있지 않아서 위와 같은 정보를 얻을 수 없는 상황이라면 교육 및 훈련 부서에서 이를 분석해야 한다.

넷째, 직무의 중요한 활동내용과 그 활동들을 성공적으로 수행하기 위해서 요구되는 지식, 기술 및 능력이 확인된다면, 이에 기초해서 훈련과정의 기초를 수립하게 된다. 이때 과정목표는 훈련이 모두 끝났을 때, 피훈련자들이 습득하고 있어야 할 구체적이고 바람직한 행동들로 명확하게 서술되어야 한다(예: 소비자의 불만사항을 효과적으로 처리한다, 업무마감 후 안전점검을 철저히 한다). 과정목표의 수립은 직무분석결과 확인된 KSA에 초점을 맞추기는 하지만, 모든 KSA가 훈련의 대상이 되는 것은 물론 아니다. 왜냐하면 대다수의 근로자에게 이미 구비되어 있는 지식이나 능력은 훈련의 대상이 아니며, 또한 어떤 것은 특별한 교육 및 훈련 프로그램의 개발 없이 간단한 직무교육만으로도 성과를 얻을 수 있기 때문이다.

마지막 단계는 실제 교육 및 훈련 프로그램을 설계하는 작업이다. 앞에서 수립된 과정목표를 달성하기 위해서는 일정한 훈련 프로그램이 필요한데, 이때 우선 결정해야 할 사항은 그것을 훈련 부서에서 자체적으로 새로 개발할 것인지, 아니면 다른 기관으로부터 기존의 프로그램을 사들이거나 또는 임대해서 사용할 것인지를 결정하는 일이다. 물론 이는 과정목표를 달성할 수 있는 프로그램의 개발가능성, 비용, 기존 프로그램의 질과 같은 여러 가지 변수를 고려해서 결정할 사항이다.

3) 조직분석

조직분석이란 교육 및 훈련, 개발이 과연 필요한지, 그리고 이것이 과연 문제해결의 방편이 될 수 있는지 등을 조직이 처해 있는 환경을 포함해서 조직 전체를 대상으로 분석하는 것이다. 여기에는 조직목표에 대한 분석, 조직이 현재 보유하고 있는 자원에 대한 조사, 훈련에 관한 조직풍토나 조직문화에 대한 조사, 훈련의 경제성 조사 및 환경적 제약조건이나 외부 환경 변화에 대한 조사 등이 모두 포함된다.

조직분석을 실제로 어떤 방식으로 할 것인가에 대해서는 여러 가지 방식이 있을 수 있다. 예를 들어, 조직이 현재 보유하고 있는 인적자원 현황을 조사해 놓은 차트나 최근에 각 기업에서 개발하고 있는 전산화된 인적자원 데이터베이스 등을 이용하면 현재 그 조직구성원의 수, 연령, 각자의 기술이나 능력 수준, 단위 부서의 이직률 등과 같은 자료를 알아낼 수 있으며, 이를 통해 미래에 요구되는 인력의 분야와 수, 향후 인력수급계획, 승진 예상 인원에 대한 계획 등을 수립할 수 있다.

한편, 노동비용이나 사고율, 이직률, 결근율, 불량률, 직무만족, 동기수준, 상하 간의 의사소통 정도 등과 같은 여러 가지 조직효과성 변수에 대해서 조사기법 등을 활용한 조직진단(organizational diagnosis)을 실시해서 어떤 문제점이 있는지 살펴볼 수도 있다. 이 경우 주의해야 할 점은 조직진단 결과로 나타난 문제들이 반드시 교육 및 훈련에 의해서만 개선될 수 있는 것은 아니므로 그중에서 교육 및 훈련을 통해 문제해결이 이루어질 가능성이 있는 것을 가려내야 한다.

4. 성인교육의 특징 및 원리

일반적으로 기업체의 산업교육 및 훈련의 대상이 성인이기 때문에 성인들이 가지고 있는 특성을 분석해야 교육 및 훈련의 효과를 최대로 증진시킬 수 있다. 여기에서는 성인교육의 특징 및 원리에 대해 살펴보고자 한다.

1) 성인교육의 특징

성인교육의 특징을 알아보기 위해 우선 학교교육은 어떤 특징이 있는지 살펴보고, 성인교육과 학교교육을 비교해 보자. 현대사회의 모든 형식적 교육기관들은 원래 어린이와 청소년의 교육을 위해 세워졌고, 그것은 페다고지 모델(Pedagogical Model)에 근거해 교육을 시켰다. 이 모델은 무엇이, 언제, 어떻게 학습되어야 하는지에 관한 모든 책임과 결정을 교사에게 맡긴다. 따라서 학생들은 단지 지시에 복종하는 수혜자의 역할만 부여받고, 교사가 가르치는 내용을 전해 받을 뿐이다. 이는 학생들을 단지 의존적이고 수동적인 존재로 보는 것으로서, 학습의 준비가 타인에 의해 결정되고, 학습의 방향이 주제중심적이며, 외적인 압력이나 보상에 의해 학습이 이루어진다.

그러나 Linderman(1929)은 『성인교육의 의미(The meaning of adult education)』라는 책에서 기존의 페다고지 모델이 성인교육에는 적합하지 않을 수도 있다는 점을 지적하였다. 그는 성인은 어린이와 다르며, 그들은 '무엇을, 언제, 어떻게 배울 것인가?' 하는 학습활동의 의사결정에 적극적으로 참여할 때 가장 잘 학습할 수 있다고 주장하였다. 이러한 맥락에서 1960년대 초 유럽의 성인교육자들은 성인학습자에 대한 지식의 실체에 대해 페다고지 모델에 대응하는 명칭의 필요성을 느꼈고, 이에 따라 안드라고지(Andragogy)라는 용어를 만들었다. 일반적으로 성인들은 무엇을 위한 학습인지, 왜 하는 학습인지, 그리고 어떤 방법의 학습인지에 대해 책임감을 느낄 때 가장 학습이 잘 된다.

| 표 4-1 | 학교교육과 성인교육의 비교

학교교육	성인교육
• 페다고지 • 학교 장면 • 무엇을 전달할 것인가에 초점 • 주제중심적(subject-centered) 학습 • 일방적(one-way) 전달	• 안드라고지 • 기업체 장면 • 어떻게 전달할 것인가에 초점 • 과제중심적(task-centered) 학습 • 양방적(two-way) 전달

이 안드라고지 모델에 기초하여 학습자로서의 성인의 특징을 살펴보면 다음과 같다.

① 성인들은 무엇인가를 왜 배워야 하는지에 대해 알고자 하는 욕구를 가지고 있다

Tough(1979)는 성인은 시간과 비용을 학습에 투자하기 이전에, 그들이 학습에서 얻게 될 이익은 무엇이고 학습에 참여하지 않았을 때 입게 될 손실은 무엇인지 탐색하는데 상당한 시간과 에너지를 소비한다는 사실을 발견했다. 이러한 사실은 성인교육에 있어서 교육 및 훈련자의 일차적 과업 중의 하나가 학습자로 하여금 알고자 하는 욕구를 개발시키는 것이라는 주요한 시사점을 제공한다.

② 성인들은 자기주도적으로 학습하고자 한다

성인들은 그들의 생활의 여러 측면에서 자기주도적일 수 있음에도 불구하고, 그들이 교육이나 훈련 프로그램에 들어가기만 하면 상당히 의존적으로 되어 버린다. 이런 문제는 특히 성인학습자를 어린이처럼 취급할 때 발생한다. 따라서 교육 및 훈련자는 성인들로 하여금 그들이 의존적인 존재로서 자신을 바라보는 것으로부터 자기주도적인 학습자로 바라보도록 돕는 전략을 개발해야 한다.

③ 성인들은 많은 다양한 경험을 가지고 있다

성인들은 그들 자신이나 다른 사람에게 학습의 풍부한 자원이 되는 다양한 경험을 가지고 학습에 참여한다. 따라서 성인교육에 있어서 경험에 근거한 학습을 활용할 수 있는 방법을 사용해야 한다. 예를 들면, 학습자의 축적된 지식이나 기능을 잘 활용할 수 있는 토론법이나 현장실습과 같은 방법이 효과적이다.

④ 성인들은 과제중심적(문제중심적)으로 학습하고자 한다

어린이와 청소년들은 학교에서의 경험을 통해 주제중심적 학습 경험에 익숙해 있다. 따라서 그들은 학습을 단순히 시험을 통과하기 위해 주제를 익히는 과정으로 이해한다(예: 암기해야 할 문법규칙). 그러나 성인교육에 있어서의 학습내용은 생활과업 등으로 구성된다(예: 업무상 편지를 더 잘 쓰는 방법).

⑤ 성인들은 학습을 하려는 강한 내·외적 동기를 가지고 있다

성인학습자들은 처음에는 봉급인상이나 승진, 더 좋은 작업환경 등과 같은 외적인 요인에 의해 학습되지만, 더욱 지속적이고 효과적인 학습이 이루어지기 위해서는 자아존중, 자아실현, 성취감 등과 같은 내적인 요인이 중요하다(Wlodkowski, 1985).

2) 성인교육의 원리

앞서 제시한 성인의 특성을 토대로 성인교육의 기본 원리와 촉진 원리를 살펴보면 다음과 같다.

(1) 성인교육의 기본 원리

① 자발적 학습의 원리: 어떤 힘이나 타인의 강요가 아닌 학습자의 자발적인 의지에 따라 참여하여야 한다.

② 자기주도적 학습의 원리: 개인이 스스로 학습의 주체가 되어 자기학습의 속도나 그 결과에서 평가에 이르기까지 스스로 결정하는 교육이어야 한다.

③ 상호학습의 원리: 상호작용을 통해서 학습의 효과를 높이도록 여러 가지 집단과정을 활용할 필요성이 있다. 예를 들면, 브레인스토밍이나 집단토의법 등이 대표적인 기법이다.

④ 현실성의 원리: 이는 곧 생활 적용의 원리다. 즉, 교육의 목적이나 결과가 생활 속에 즉각적으로 활용될 수 있도록 짜이고 실시되어야 한다.

⑤ 다양성의 원리: 성인학습자들은 다양한 적성, 능력, 기능, 흥미, 욕구 등을 가지고 있고, 그들의 직무내용, 성, 연령, 학력수준 등도 다양하다. 따라서 이러한 여러 가지 요인을 고려하여 학습능률을 높이기 위해 다양한 방법을 사용해야 한다.

⑥ 능률성의 원리: 투입되는 노력, 시간, 경비에 대한 최대의 효과를 얻도록 해야 한다.

⑦ 참여교육의 원리: 교육의 계획에서부터 목적 및 내용의 선정, 교수방법의 채택 및 실시, 평가에 이르기까지 전문가와 학습자가 같이 참여할 수 있는 기회가 필요하다. 이를 통해 학습자의 요구를 분석할 수 있고, 이에 맞게 교육프로그램을 개발할 수 있다.

⑧ 유희 · 오락성의 원리: 교육의 분위기가 너무 딱딱하면 교육에 대한 주의집중도가 떨어지고, 결국 교육의 효과가 줄어들 수밖에 없다. 따라서 학습자들의 심리적 긴장을 풀어 주고, 학습에 관심을 갖고 몰입할 수 있는 다양한 원리를 사용해야 한다(심리극, 영화 등).

(2) 성인교육의 촉진 원리

① 자발적 참여(voluntary participation): 성인은 일반적으로 새로운 지식이나 기술을 발전시키려는 욕구가 있다. 이러한 욕구에 의하여 자발적인 참여를 유도하면 교육자는 많은 시간과 노력을 절감시킬 수 있으며, 교수방법에 대한 저항감도 감소된다. 뿐만 아니라 학습자에게 쉽게 접근시킬 수 있으며, 보다 적절한 자료를 선택할 수 있고, 교수기술 개발도 용이하다.

② 상호존중(mutual respect): 학습 촉진의 기본적 요소는 교육 참여자들이 독립된 존재로서 각자의 가치를 인정 받는 일이다. 성인들의 학습에서는 타인에게 도전하는 것을 자유롭게 느낄 수 있고, 타인이 자기에게 도전하는 것을 편안하게 느낄 수 있을 때 집단문화가 발전된다.

③ 협동적인 정신(collaborative spirit): 협동적인 활동은 자발적 참여와 학습자에 대한 존경을 바탕으로 이루어진다. 학교교육과 성인교육의 차이를 나타내게 하는 가장 특징적인 것이 바로 이러한 협동적 활동이다. 즉, 성인교육에서는 학습자들의 욕구를 평가하고, 목표를 산출하고, 학습방법이나 평가절차 등을 수립하는 데 협동적이다.

④ 행동과 숙고(action & reflection): 연습이나 실습은 효율적인 학습 촉진에 있어서 가장 중요한 요소다. 따라서 이러한 행동과 숙고는 성인학습에 있어서 중심체라고 할 수 있다. 이는 새로운 아이디어, 기술 등의 탐색을 의미하는 것이기 때문이다.

⑤ 비판적 사고(critical thinking): 성인학습의 목적은 어떤 의미에서 비판적인 사고를 길러 주는 것이다. 따라서 성인학습에서는 성인으로 하여금 기술이나 지식, 그리고 새로운 아이디어 등을 얻을 수 있도록 도와주어야 한다.

⑥ 자기주도적 활동(self-direct activity): 학교교육과 달리 성인학습에서는 학습자가 주도적으로 학습내용을 검토하고, 그 결과를 평가하여야 한다.

5. 산업교육 및 훈련의 방법

교육 및 훈련에 대한 요구분석을 통해 목표가 뚜렷하게 정해지고 교육 · 훈련의 내용까지 정해지고 나면, 그다음에는 구체적으로 어떤 방법을 사용할 것인지가 중요하다. Campbell(1971)은 산업훈련 분야에서 매년 새로운 기법들이 쏟아져 나오고 있으며, 이 새로운 기법은 또 다른 기법에 의해 밀려나는 순환과정이 계속된다고 주장하였다. 여기서는 교육 및 훈련의 방법을 분류해 보고, 대표적으로 어떤 방법들이 있는지 살펴보고자 한다.

1) 직장 내 훈련

직장 내 훈련(On the Job Training: OJT)은 현재 부여 받은 직무를 그대로 수행하면서 직장의 상사나 선배 동료로부터 여러 가지 교과내용을 학습하는 방법이다. 이 방법의 장점은 훈련이 추상적이지 않고 실무와 연결되어 매우 구체적이고, 교육 · 훈련 대상자와 상사/동료 간의 이해와 협동정신을 고취시키고, 대상자의 개인별 능력에 따라 훈련의 진도를 조정하기가 용이하다는 점이다. 반면, 단점은 한 번에 다수의 근로자를 교육 · 훈련시킬 수 없고, 교육 · 훈련 실시자의 능력이 부족한 경우 학습효과가 제한적이며, 기술의 변화가 빠른 기업에서는 새로운 기술을 실시자 자신들도 모르기 때문에 교육 · 훈련의 범위에 한계가 있다는 점이다. 직장 내 훈련의 대표적인 방법으로는 코칭, 직무순환 등이 있다.

(1) 코칭

코칭(coaching)은 경험과 지식에서 앞서는 사람이 그렇지 못한 사람에게 보다 나은 특정 부분의 문제를 깨닫고 개선할 수 있도록 도움을 주는 일대일의 의사소통을 통한 교육방법이다. 이 방법은 상하 간의 커뮤니케이션 능력을 향상시킬 수 있으며, 코치와 학습자의 동시 성장이 가능하며, 업무수행성과와 직접적으로 관련되어 있다는 장점을 가지고 있다. 반면, 교육의 성패가 코치의 능력에 의해 지나치게 좌우되며, 일대일 방식이므로 코치의 시간이 많이 소요되며, 코치와 학습자 간의 계약관계는 학습에 지장을 줄 수 있는 단점이 있다.

(2) 직무순환

직무순환(job rotation)은 학습자가 기업의 직무내용 전체를 이해하도록 하기 위해 일련의 직무들을 실제로 수행해 보도록 하는 교육방법이다. 이 방법의 장점은 직무를 전반적으로 이해하게 되어 부서 간의 협조적 태도가 길러지고, 실제적인 상황에서 훈련이 이루어지므로 전이효과가 높고, 전반적인 업무의 이해로 리더의 자질 향상에 기여한다는 점이다. 반면, 계속적인 직무순환으로 각 분야별로 전문가 양성에 어려움이 있고, 새로운 학습자의 등장으로 업무수행의 질이 떨어질 우려가 있다는 단점이 있다.

| 표 4-2 | 직장 내 훈련의 장·단점 비교

장점	단점
• 업무를 수행하면서 실시함으로 내용이 현실적임 • 업무와 교육훈련이 직결됨 • 특정 장소로 이동할 필요가 없음 • 상사와 동료 간의 이해와 협동정신 강화 • 비용이 적게 듦	• 상사와 환경이 훈련에 부적합할 가능성 있음 • 업무 수행에 지장을 줌 • 많은 구성원을 한꺼번에 훈련할 수 없음 • 통일된 내용과 같은 수준의 훈련이 어려움 • 상사의 능력과 전문지식이 달라 전문지식과 기능의 전수가 어려움

2) 직장 외 훈련

직장 외 훈련(Off the Job Training: Off-JT)은 교육·훈련을 전문가가 행하는 것으로서, 교육·훈련 대상자가 현재 수행하는 직무를 벗어나 오로지 교육·훈련만을 받는 방법이다. 이 방법의 장점은 교육·훈련 대상자가 오로지 교육·훈련에만 몰두할 수 있어 학습효과가 높고, 또한 전문가가 교육·훈련의 실시자가 되기 때문에 학습효과가 높고, 동시에 다수의 인원을 교육·훈련시킬 수 있다. 한편, 단점은 교육·훈련의 내용이 실무와 거리가 있을 수 있고, 교육·훈련 참여자의 개인별 능력에 따른 진도의 조정이 어렵고, 교육·훈련의 비용이 많이 든다. 직장 외 훈련의 대표적인 방법으로는 강의법, 토의법, 사례연구법, 역할연기법 등이 있다.

(1) 강의법

강의법(lecture)은 강사가 가진 지식, 정보, 기술이나 기능, 철학과 신념을 전달하면 학습자가 이해하고 납득하여 공감함으로써 강사의 견해를 받아들이도록 하는 교육행위다. 이 방법은 전통적인 교육방법 중 가장 널리 쓰이는 보편적인 방법으로서, 강의방식은 한 번에 많은 수의 인원까지도 수강할 수 있으므로 비용 면에서는 가장 경제적인 방법이라고 할 수 있다. 그러나 학습자 집단이 비교적 동질적인 경우에는 구체적인 수준의 강의까지 이루어질 수 있지만 학습자 집단이 다양한 계층으로 구성되어 있을 때는 일반적 수준의 강의만 가능하게 된다. 또한 강사로부터 청중으로의 일방향 의사소통만 이루어지므로 실제 지식의 전달 정도가 높지 않은 단점이 있으며, 연습이나 피드백 제공 기회가 거의 없기 때문에 전이효과를 기대하기 어려운 방법이다.

<강의법이 활용되는 경우>

- 강사가 강의법을 잘 알고 짧은 시간 내에 많은 양의 정보를 제공하고자 할 때
- 학습자가 강의내용을 이해할 수 있는 충분한 경험과 학습동기를 가지고 있을 때
- 학습자의 인원수가 다른 기법을 사용하기에는 너무 많을 때
- 강의실 환경이 강의에 적합할 때

(2) 토의법

토의법(discussion)은 강사와 학습자 간에 토론과정을 가지므로 교육 및 훈련 내용에 대한 명확한 이해가 요구될 때 유용하다. 특히 토의방식은 양방향 의사소통이 촉진되기 때문에 학습자가 적극적으로 훈련과정에 참여할 수 있는 기회가 제공되고, 따라서 그들의 동기수준을 높일 수 있으며, 피드백을 제공할 수 있는 기회도 있다. 그러나 이 방식은 학습자의 수가 적을 때에만 사용할 수 있으며, 이 방식의 성공은 전체 토론과정을 이끄는 강사나 훈련자의 기술이나 특성에 의해 많이 좌우된다.

또한 토의법은 학습자의 태도, 열성, 언어소통능력 등에 의해서도 그 효과가 달라질 수 있다. 전반적으로 토의방식은 지식의 증진이나 태도의 개선 등이 목표인 훈련 프로그램에 적절한 방법이다.

<토의법이 활용되는 경우>

- 강사가 토의법을 사용하여 학습자를 교육시킬 수 있는 능력이 있을 때
- 교육 및 훈련의 목적이 학습자의 사고력, 의사소통기술, 사회성 등을 향상시키는 것일 때
- 주제를 토의할 만한 충분한 시간이 있을 때
- 인원이 토의를 할 수 있는 적정 수준일 때
- 학습자의 태도를 변화시키고자 할 때
- 학습자가 토의주제에 대해 어느 정도 알고 있을 때

(3) 프로그램 학습법

프로그램 학습법(programmed learning)은 강사나 훈련자 없이 학습자 스스로 속도조절을 하면서 자율적으로 학습하는 것이다. 즉, 일련의 학습자료들을 단계적으로 제시하여 주는 것을 말하며, 이러한 과정이 기계적으로 이루어지도록 만든 장치가 '자동학습기계(automated teaching machine)'다. 프로그램 학습법은 일련의 설명문과 질문들로 구성되어 있으며, 학습자는 설명문을 읽고 각 질문에 대하여 답을 하도록 되어 있다. 그다음 장으로 넘어가면 자기가 내렸던 답의 정답 여부를 확인하게 되며, 계속해서 다른 설명문과 질문들을 다루게 된다. 이 프로그램 학습을 위해서는 먼저 학습내용들이 체계적으로 조직화된 학습교재를 개발해야 한다. 프로그램 학습법의 장점은 훈련에 소요되는 시간이 대폭 줄어든다는 점이다. 또한 각 참가자가 능동적으로 학습에 참여하여 자신의 능력에 맞게 스스로 학습속도를 조절해 나갈 수 있을 뿐만 아니라, 각 프레임에서 제시된 내용을 올바로 습득했는지의 여부가 즉각적으로 피드백되기 때문에 학습효과를 높일 수 있다. 그러나 프로그램 학습을 위한 교재의 개발에 많은 시간과 비용이 투입되어야 하고, 학습내용의 범위에 한계가 있고, 교육대상자 자신이 혼자 교육·훈련을 진행해야 하기 때문에 소외감으로 인해 이 기법에 대한 거부감이 종종 나타나는 등의 단점이 있다.

<프로그램 학습법이 활용되는 경우>

- 한곳에 학습자를 모두 집합시키지 못하고 개별학습을 시킬 때
- 학습자의 학습능력이 천차만별일 때
- 태도와 행동의 변화보다는 지식이나 정보 제공이 목적일 때
- 교육내용이 다양하지 않고 안정적일 때

(4) 사례연구법

사례연구법(case studies)은 분석력, 판단력, 협상력, 의사결정능력 등의 문제해결능력이나 직무수행능력을 체험적으로 함양시키는 것이다. 이 방법은 보통 조직 내에서 문제해결이 요구되는 특정 사례에 대한 상황진술문을 제공하고 학습자에게 해결책을 모색하도록 한 후, 그것을 평가하고 피드백을 제공하는 형태로 진행된다. 이때 제시되는 상황진술문은 기술적이거나 의사결정에 관한 것일 수도 있고, 또는 대인관계나 집

단 간 문제에 관한 것일 수도 있다. 학습자는 문제상황에 대한 자기 나름대로의 해결책을 제시하게 되는데, 이때 해결책에 관한 제안서는 개인별로 작성할 수도 있고 집단토의를 하여 집단별로 작성할 수도 있다. 사례연구법의 장점은 흥미가 있어 학습동기를 유발할 수 있고, 기업의 현실적인 문제에 대한 학습이 가능하다는 점이다. 반면, 단점은 적절한 사례를 확보하는 데 어려움이 많고, 학습의 진도를 측정하기 어렵고, 이론에 대한 체계적인 습득이 어렵다는 점이다.

<사례연구법이 활용되는 경우>

- 학습자 중심의 학습이 중시될 때
- 사례를 분석하면서 사고를 촉진하는 것이 중요할 때
- 학습자가 기본적인 이해, 분석, 토론, 평가 능력을 갖고 있을 때
- 사례연구를 수행할 충분한 시간이 있을 때

(5) 역할연기법

역할연기법(role playing)은 단순히 사례나 문제상황을 제시하여 해결책을 모색케 하는 데 그치지 않고, 학습자에게 직접 문제상황의 당사자 역할을 해 보게 함으로써 사람들 간의 상호작용을 이해하고, 역할연기 후에는 그 경험이 어떠했는지, 연기 도중에 특정한 행동을 왜 했는지, 문제에 효과적으로 대처하기 위해서는 어떤 행동이 필요하다고 보는지 등을 토의하도록 하는 방법이다. 또한 관찰자는 관찰을 통해 문제에 대한 올바른 이해와 태도의 변화를 꾀할 수 있다. 역할연기법은 원래 사이코드라마처럼 치료목적으로 개발되었으나, 산업장면에서 대인관계기술의 증진, 판매기술의 향상, 인터뷰 능력의 배양, 리더십 기술의 향상 등 여러 가지 목적으로 활용되고 있다.

Shaw(1967)는 역할연기법이 다음과 같은 점에서 학습이론에 따른 효과가 있다고 주장하였다. 첫째, 학습자의 적극적인 참여를 통해 문제상황에 대한 실험적이고 시행착오적인 학습이 가능하며, 둘째, 학습자는 다른 역할 연기자가 문제를 처리하고 해결하는 성공적인 행동을 관찰하여 모방하거나 모델링하는 효과가 있으며, 셋째, 자신의 역할행동이 문제해결에 얼마나 효과적인가에 관해 교육자 및 훈련자나 다른 역할 연기자로부터 피드백을 받을 수 있으며, 끝으로 문제상황에 대한 반복적인 역할연기행동은 실습효과가 있어서 학습자는 자연스럽게 문제해결에 대한 개념적 원리를 학습할

수 있다.

역할연기법은 참가자에게 흥미와 체험감을 주며, 연기에 나타난 문제점을 파악함으로써 교육참가자 개인이 갖고 있는 약점을 인식할 수 있고, 참가자에게 아는 것과 행동하는 것 사이의 차이를 인식시킬 수 있는 장점이 있는 반면, 기업에서 요구하는 수많은 역할 중 몇 개 정도만 연기해 볼 수밖에 없다는 단점이 있다.

<역할연기법이 활용되는 경우>

- 체험을 통한 학습이 중요할 때
- 실제 상황의 위험부담 없이 실제 상황을 경험하고자 할 때
- 인간의 감수성과 상호작용이 중요할 때
- 타인의 입장을 깊이 이해하고자 할 때

(6) 행동모방법

행동모방법(behavior modeling)은 역할연기법과 행동모델링법을 혼합한 것으로, 이것은 지식이나 정보의 제공보다는 태도와 행동을 변화시키고자 할 때 사용하는 학습법으로 반드시 모방할 대상이 있어야 한다. 즉, 어떤 모델인물이 주어진 역할을 성공적으로 수행하는 장면을 보여 준 후, 학습자에게 그 모델처럼 역할연기를 해 보도록 하고 훈련자와 다른 참가자들은 그에 대해 사회적 강화를 제공하는 방식으로 진행된다. 행동모방법은 Bandura의 사회학습이론을 적용한 것으로, 주의집중과정-파지과정-운동재생과정-동기화과정 등을 거치게 된다. 기업에서는 일반적으로 특정 상황에 대한 이상적인 행동을 비디오테이프에 담아 이를 학습자에게 보여 주고, 행동의 이유, 과정 등을 이해시키고, 이를 그대로 반복하여 연습하게 함으로써 행동의 변화를 유도한다. 행동모방법은 학습자에게 어떤 구체적인 상황에 대한 이상적인 행동을 제시해 주기 때문에 이에 대한 학습이 신속하게 이루어지며, 실제 직무수행 상황에서 시행착오를 줄여 주는 장점이 있는 반면, 기법을 개발하는 데 비용이 많이 든다는 단점이 있다.

<행동모방법이 활용되는 경우>

- 어떤 상황에서 가장 바람직하고 효율적인 행동모델이 있을 때
- 표준화된 직무수행 시 반드시 필요한 행동이 있을 때
- 교육자가 학습자의 행동을 관찰, 통제, 피드백할 수 있을 때
- 학습자가 행동모델을 받아들이려고 할 때

(7) 비즈니스 게임법

역할연기법은 학습자에게 타인의 입장을 연기하도록 하는 데 반해, 비즈니스 게임법(business game)에서는 관리자의 입장에 있는 학습자에게 관리자의 역할이라는 자신의 원래 입장에서 게임을 하게 한다. 이 방법은 근래에 들어와서 많은 기업체에서 널리 사용되고 있는데, 게임의 대부분은 회사의 중장기 사업계획, 의사결정, 마케팅 전략, 대인관계나 의사소통관리문제 등과 같이 경영관리에 대한 일반적 원리들을 다루고 있다. Coppard(1976)는 경영게임이 널리 보편화되는 이유를 다음과 같이 설명하였다. 첫째, 컴퓨터 시뮬레이션 분야의 기술적 발전이 급속히 이루어져서 조직 내의 실제 상황을 폭넓게 다루는 프로그램의 개발이 가능하고, 둘째, 조직을 각각의 세부단위로 이해하는 것보다 가능한 한 많은 변수를 종합적으로 고려한 시스템 이론적 관점이 조직을 이해하는 데 유용하고, 셋째, 의사결정 분야에 대한 과학적 접근이 많이 이루어져서 다양한 지식이 축적되고 있기 때문이다.

이 기법의 진행원리를 살펴보면 다음과 같다. 우선 피교육생들은 3~5명 정도의 여러 개 팀으로 구성하여 참가하게 되는데, 교육실시자는 이들 팀들에게 동종의 경쟁상황에 있는 서로 다른 모의기업의 책임자들로서 상대방 기업에 이길 수 있는 경영의사결정을 하도록 한다. 참가팀 각자에게 해당 기업의 경영에 대한 다양한 정보, 즉 최근 매출액, 인력 및 조직 구조, 재무구조, 판매망, 제품의 원가 등을 제공하고 경영의사결정을 하게 한다. 이렇게 하여 1차 의사결정이 이루어지면, 그 결과를 교육실시자가 컴퓨터를 동원하여 분석한 후 참가팀에게 피드백해 준다. 이 경우 참가팀들은 자기 팀의 경영실적을 알게 되고, 무엇이 잘못되었는지 등을 자체에서 분석하게 된다. 이러한 과정(경영의사결정 → 결과분석 → 결과 피드백)을 여러 번 거치면서 참가팀 구성원들은 경쟁상황에서 의사결정의 질을 높일 수 있는 능력이 향상된다.

비즈니스 게임법은 교육참가팀이 실시한 경영의사결정의 결과가 즉각 피드백되어

다른 참가팀에 비해 의사결정이 얼마나 정확했는지를 알 수 있다는 장점이 있지만, 참가팀이 게임에 이기는 것에만 관심을 기울인 나머지 실제 기업의 경쟁상황에 현실성 있게 적용하지 못하는 단점이 있다.

| 표 4-3 | 직장외 훈련의 장 · 단점 비교

장점	단점
• 동시적이고 통일된 교육실시 가능 • 전문가의 지도 아래 훈련에 전념할 수 있음 • 참여자 간의 선의의 경쟁을 통한 교육효과	• 직무수행과정에 즉시 활용하기 어려움 • 현업을 중단해야 함 • 경제적 비용 부담이 큼

3) 자기개발 훈련

자기개발 훈련(self-development training)이란 자기의 책임 하에 자신의 이해와 평가에 의해 성장과 향상 의욕을 고취시키고, 주도적으로 노력하는 것을 말한다. 따라서 자기개발이란 문제해결을 행하면서 자기 스스로 성장하는 과정이라고 할 수 있다. 즉, 교육훈련을 대상자 자신이 하는 방법으로 교과내용 및 기법을 스스로 정할 수 있다. 이 자기개발의 과정은 문제의식, 해결하고자 하는 의욕 증가, 부족한 능력의 개발, 문제해결 등의 4단계를 거쳐 이루어진다.

이 방법은 교육훈련의 전 과정을 대상자 자신이 관리하기 때문에 매우 자율적이며, 교육훈련의 진도를 마음대로 조정할 수 있다는 장점이 있는 반면, 교육훈련에 대해 우수한 실시자의 지원을 받을 수 없기 때문에 학습효과가 제한적이며, 학습의욕이 떨어질 경우 이를 개선하기 어렵다는 것 등이 단점이다.

| 표 4-4 | 자기개발 훈련의 장 · 단점 비교

장점	단점
• 전체 교육과정을 본인이 관리하기 때문에 매우 자율적임 • 교육훈련의 진도를 본인이 마음대로 조정할 수 있음	• 실시자의 지원을 받을 수 없기 때문에 학습효과가 제한적임 • 학습의욕이 떨어질 경우 이를 개선하기 어려움

6. 웹 기반의 기업교육

인터넷의 등장으로 기업교육이 사이버 공간으로 확대됨에 따라 언제, 어디서나 원하는 교육을 받을 수 있는 상황이 전개되고 있다. 이와 같이 웹 기반 교육은 시공간의 제약을 극복할 수 있고, 보다 많은 사람에게 다양한 학습 경험을 제공할 수 있기 때문에 최근 기업교육 현장에서 새로운 교육전략으로 활용되고 있다.

1) 웹 기반 기업교육의 중요성

최근의 경영환경은 전통적인 산업시대와는 근본적으로 다른 환경으로 변화하고 있으며, 이러한 정보기술의 발달은 전통적인 교육 패러다임에 대한 변화를 요구하고 있다. 즉, 전통적인 교육인 타율적인 의미의 훈련(training)에서 빠르게 변화하는 환경에 스스로 적응하고 문제를 해결해 나가는 학습(learning)으로 그 패러다임이 전환되고 있다. 과거 산업사회에서는 원리 원칙적이고 순응적인 인재를 요구했고, 경영환경의 변화가 최근에 비해 상대적으로 느렸기 때문에 시키는 대로 받는 타율적인 훈련이 중요했다.

그러나 최근의 지식정보화 사회와 디지털 사회에서는 빠르게 변화에 대응할 수 있는 민첩성과 적응력이 중요한 핵심 역량이 되고 있으며, 따라서 학습자 스스로 문제를 해결해 나가는 자기주도적 학습이 중요해지고 있다. 이러한 측면에서 웹 기반 교육은 조직 훈련을 시행하는 인기 있는 방법이고, 조직생활의 일부가 되었다. 참고로 오프라인 교육과 온라인 교육의 장 · 단점을 살펴보면 〈표 4-5〉와 같다.

| 표 4-5 | 오프라인 교육과 온라인 교육의 비교

	오프라인 교육	온라인 교육
장점	• 강사와의 대화가 용이 • 동료집단이 쉽게 형성되어 상호작용 증가 • 실험, 실기, 견학 등에 직접 참여	• 시공간의 제약 없이 강사와 대화 • 반복학습이 가능 • 개인역량별 자율 및 개별 학습
단점	• 정해진 시간과 정해진 장소에서만 학습 • 한정된 인원만 강사와 대화 • 업무 중 교육시간을 할애해야 함 • 개개인의 특성을 고려하기 어려움 • 장시간 교육으로 효율성이 떨어짐	• 의사소통의 즉각성 결여 • 실험, 실기, 견학 등에 참여하기 어려움 • 정보기술에 의존 • 컴퓨터 사용능력의 우선적 고려 • 콘텐츠 제작의 부담

2) 웹 기반 기업교육의 확산

웹 기반의 기업교육은 그동안 집합식으로 이루어진 교육의 형태가 현업에서의 이탈로 인해 발생하는 많은 문제를 해결할 수 있고, 비용면에서도 효율적이며, 학습자 주도적인 교육을 진행할 수 있다는 점에서 활발하게 진행되고 있다.

미국의 기업들은 1999년에 웹 기반의 교육에 15억 달러를 투입했으며, 2002년에는 90억 달러가 훨씬 넘어 2년 사이에 6배가 증가하였다. 우리나라도 2000년에 500여 개의 사이버 교육 사이트에 5,000개 강좌 서비스가 제공되었으며, 한국교육개발원(2000)에 의하면 2000년에 사이버 교육 시장 규모는 500억 원 규모이며, 2005년은 15조 원 이상이었다. 현재 국내의 기업들도 매우 체계적인 양질의 사이버 교육프로그램을 제공하고 있으며, 이러한 추세는 더욱 가속화될 전망이다.

현재 기업에서 실시하고 있는 웹 기반 교육은 그 활용 목적에 따라 세 가지 유형으로 구분할 수 있다. 첫 번째 유형은 인터넷을 통해 언제 어디서나 자신의 업무에 필요한 학습을 할 수 있는 가상의 학습공간 제공을 목적으로 하는 순수한 의미의 웹 기반 교육이고, 두 번째 유형은 이러한 웹 기반 교육의 주요 기능 이외에도 사내 직원들의 직무수행 향상을 위한 직무수행지원 시스템의 측면을 함께 갖춘 형태이며, 세 번째는 조직구성원 자신이 경력개발 계획을 체계적으로 수립할 수 있도록 돕는 사이버 경력개발 시스템의 측면을 포함하는 형태다.

3) 웹 기반 기업교육 프로그램의 개발 단계

웹 기반 기업교육 프로그램의 개발에는 기획, 설계, 제작의 단계가 포함된다. 그리고 이 세 단계는 상호 간에 일관성이 있어야 하고, 각 단계 안에서 체계적인 개발방법으로 진행되어야 한다.

(1) 기획 단계

기획 단계(planning stage)는 웹 기반 교육으로 하고자 하는 것이 무엇인지를 정확히 결정하고 구체적인 실행을 계획하는 단계다. 따라서 웹 기반 기업교육을 개발하기 전에 달성하고자 하는 목표가 무엇인지, 그리고 이를 어떻게 달성할 것인지에 대해 확실한 개념을 파악하는 단계라고 할 수 있다.

(2) 설계 단계

설계 단계(designing stage)는 기획 단계에서 나온 결과물을 바탕으로 학습해야 할 내용과 교수방법을 구체화하는 단계다. 웹 기반 교육은 일반적인 집합교육과는 달리 학습자의 자발적인 학습능력에 따라 교육의 효과가 좌우될 수 있기 때문에 기존의 교수설계모형과 웹 기반 교수설계모형 간에는 차이가 있다. 설계 단계는 내용 설계, 구조 설계, 프레젠테이션 설계, 인터페이스 설계, 지원체제 설계, 매체 설계, 평가 설계 등의 활동으로 나누어 개발이 진행된다.

(3) 제작 단계

제작 단계(development stage)는 설계 단계에서 나온 스토리보드에 따라 텍스트 자료를 개발하여 사용자의 피드백을 받고 사진, 그래픽, 오디오, 비디오, 애니메이션 등 멀티미디어 자료를 통합하여 웹 페이지를 구축하는 단계다.

급변하는 정보화 사회 속에서 웹 기반 교육이 구성원의 잠재력을 극대화하고 기업의 경쟁력을 높일 수 있는 교육방법으로 자리 잡기 위해서는 상호유기적으로 관련되어 있는 기획, 설계, 제작 단계와 각 단계별 세부 활동들을 체계적으로 실행해 나가야 한다. 그리고 학습자와 학습내용, 기업의 여건을 충분히 고려한 프로그램 개발이 이루어져야 할 것이다.

4) 웹 기반 교육의 효과

많은 연구에 의하면 웹 기반 교육을 비롯한 원격교육은 전통적인 강의실 교육만큼 효과적이며, 두 가지 교육을 받은 학습자의 학습 성취도에서 유의미한 차이가 없는 것으로 나타났다(Capper & Fletcher, 1996; Moore & Thompson, 1997). 그리고 웹 기반 교육의 효과를 분석한 연구들에 의하면(Daugherty & Funke, 1998; Thompson, 1996) 웹 기반의 교육이 복잡한 문제를 풀거나 정보화 기술을 습득하는 데 있어서 강의실 교육보다 더 효과적이라고 보고하였다.

한편, Hiltz(1994)는 온라인 교육의 효과를 다양한 측면에서 분석하여 다음과 같은 사실을 발견하였다. ① 학습내용의 습득은 강의실 수업과 같거나 더 우수하였다. ② 학습자들의 학습 참여도가 증가하였다. ③ 학습내용에 대한 흥미도가 증가하였다.

④ 학습자들이 복잡한 문제를 다루고 정보를 종합하는 능력이 향상되었다. 이러한 연구결과들은 웹 기반 교육이 잘 설계되어 실행된다면 강의실 교육과 유사하거나 더 효과적인 결과를 나타낼 수 있음을 시사한다. 많은 연구에 의하면, 웹 기반 교육은 배움의 정도에 있어서 강의실 훈련과 동등하거나 상황에 따라서는 더 나은 훈련 방법이라는 것이다(Sitzmann, Kraiger, Stewart, & Wisher, 2006).

7. 산업교육 및 훈련의 평가

교육 및 훈련 프로그램을 평가한다는 것은 교육 및 훈련과 관련된 모든 활동(훈련과정, 교육내용, 전이효과 등)의 효과를 알아보기 위해 여러 가지 기술적, 판단적 자료를 체계적으로 수집하고 조사하는 것을 말한다(Goldstein, 1980). 다시 말하면, 어떤 교육 및 훈련 프로그램이 성과가 있었는지 없었는지를 평가하는 과정을 의미한다.

1) 평가의 기준

다른 평가작업과 마찬가지로 교육 및 훈련 프로그램에 대해서도 평가를 하려면 평가의 준거를 설정해야 한다. Kirkpatrick(1959)은 훈련평가에 활용될 수 있는 네 가지 준거를 제시하였다.

(1) 반응 준거

반응 준거(reaction criteria)는 참가자들의 교육 및 훈련 프로그램에 대한 반응을 말한다. 다시 말하면, 참가자들이 프로그램에 대해 어떤 인상을 받았는지, 어느 정도로 호감을 보였는지, 프로그램의 내용이 유익했다고 보는지, 훈련자나 촉진자에 대해 만족했는지 등을 알아보는 것이다. 이것을 통해 참가자의 교육 및 훈련에 임하는 모티베이션의 정도를 알 수 있으며, 바로 이러한 모티베이션이 학습효과에 영향을 준다고 간주되기 때문에 참가자의 반응평가가 중요하다.

(2) 학습 준거

학습 준거(learning criteria)는 참가자들이 훈련 기간 동안 받은 교육내용이나 지식을 얼마나 습득하고 있는지의 정도를 말한다. 학습의 영역에는 인지적 영역(지식, 이해력, 분석력, 평가력 등), 감정적 영역(태도, 가치관, 주의력 등), 정신운동적 영역(추진력, 조정능력, 융통성 등) 등이 있는데, 학습효과에 대한 평가는 가능한 한 해당 학습 영역별로 실시해야 한다(Schanz, 1979). 그리고 학습효과에 대한 평가도구는 해당 학습 영역별로 상이한 도구를 사용할 수 있다.

(3) 행동 준거

행동 준거(behavior criteria)는 교육과정을 통해 습득한 지식, 태도, 기능 등의 현업 적용도를 평가하는 단계로, 아무리 학습효과가 있다고 하더라도 실제 직무수행 상황에서 이를 행동으로 옮기지 않는다면 의미 있는 효과가 있었다고 평가하기 어렵다. 따라서 교육 및 훈련을 받은 후 실제 직무행동에서 어떤 변화가 있었는지를 측정하는 것이 바람직하다. 이 기준도 대부분 자기보고식 설문의 형태로 측정될 수 있다.

(4) 결과 준거

결과 준거(result criteria)는 교육이 궁극적으로 조직에 어떤 공헌을 했는가를 평가하는 단계로, 어떤 구체적이고 가시적인 결과를 말한다. 예를 들면, 생산량이 얼마나 증가했는지, 불량률이 얼마나 감소했는지, 이직률과 사고율이 얼마나 감소했는지 등을 측정한다.

| 표 4-6 | 교육 및 훈련 프로그램 평가의 4단계

평가준거	평가 목적	측정치
반 응	• 참가자는 진행자, 프로그램, 시설 등을 좋아하는가? • 프로그램은 유용한가? • 어떤 점을 개선해야 하는가?	설문지
학 습	• 참가자는 어느 정도 지식이나 기술을 습득했는가?	필기시험 단계별 모의실험
행 동	• 참가자의 행동이 바뀌었는가? • 참가자는 직무수행 중에 배운 지식과 기술을 활용했는가?	직무수행평가
결 과	• 조직의 성과가 향상되었는가?	생산성, 사고율, 품질

이상의 네 가지 준거 중에서 어떤 준거를 선택하느냐의 문제에 있어서 어느 한 가지만을 선택하는 것은 바람직하지 못하다. 가능하면 여러 가지 준거를 모두 측정해서 교육 및 훈련의 효과를 종합적으로 평가해야 한다.

2) 교육 및 훈련 프로그램의 타당도

교육 및 훈련 프로그램에 대한 평가는 곧 프로그램이 타당도가 있는가의 문제와 관련이 있다고 볼 수 있다. 즉, 하나의 훈련 프로그램이 목표한 바를 얼마나 잘 성취했는가를 측정하는 것인데, Goldstein(1986)은 교육 및 훈련 프로그램의 타당도를 다음과 같이 네 가지로 구분하였다.

(1) 훈련타당도

훈련타당도(training validity)는 훈련에 참가한 사람들이 훈련 기간 내에 처음에 설정했던 목표나 기준을 달성했는지 여부의 정도를 말한다. 훈련 목표가 명확하게 수립되어 있지 않을 때, 훈련장비나 시설이 충분히 뒷받침되지 못할 때, 훈련에 참가하는 사람과 그렇지 않은 사람들에 대한 선발이 편파적으로 이루어졌을 때, 훈련 실시 이전의 사전자료의 수집이 충분하지 못할 때는 훈련타당도가 낮아지게 된다.

(2) 전이타당도

전이타당도(transfer validity)는 훈련에 참가한 사람들이 직무에 복귀한 후에 실제 직무수행에서 훈련효과를 보이는 정도를 말한다. 전이타당도에 영향을 주는 요인들에는 직무분석의 여부, 훈련전이를 위한 기제들이 마련되어 있는지의 여부, 조직목표 또는 수행목표의 명확성 여부, 조직 내 갈등 정도 등이 있다.

(3) 조직 내 타당도

조직 내 타당도(intraorganizational validity)는 교육 및 훈련 프로그램이 동일 조직 내의 다른 집단에 실시된 경우에도 효과를 보이는지의 정도를 말하는데, 예를 들면 관리부서원에게 유용했던 교육 및 훈련이 판매부서원들에게도 유용한가의 문제다. 조직 내 타당도는 결국 하나의 교육 및 훈련 프로그램이 조직 내에서 일반화가 가능한가의 문제로서, 만약 어떤 훈련이 특정 부서만을 대상으로 하는 경우에는 당연히 조직 내 타당도는 낮을 수밖에 없다. 이 밖에도 훈련평가가 적절하지 못했을 때, 시간에 따라 조직이 변화할 때, 시간에 따라 교육 및 훈련에서 원래 의도하지 않았던 효과가 나타날 때 조직 내 타당도는 낮아지게 된다.

(4) 조직 간 타당도

조직 간 타당도(interorganizational validity)는 하나의 교육 및 훈련 프로그램이 그것을 사용한 조직 이외의 다른 조직에서도 효과가 나타나는지의 정도를 말한다. 일반적으로 산업훈련 분야에서는 어느 한 조직에서 새로 도입한 프로그램이 있으면 그것이 다른 조직에까지 금방 퍼져서 유행하는 경향이 있는데, 이것은 커다란 잘못이다. 우선 해당 교육 및 훈련 프로그램의 조직 간 타당도가 얼마나 높게 나타나는지 검토한 후에 도입해서 사용하는 것이 바람직하다. 조직 간 타당도는 조직 간 유사성이 낮을수록, 수행과제나 직무의 유사성이 낮을수록, 그리고 조직 문화나 풍토의 차이가 클수록 낮게 나타난다.

제5장

조직이론 및 작업동기

조직심리학(organizational psychology)은 조직이 개인행동에 미치는 영향을 연구하는 분야다. 근로자의 행동은 근로자가 일하는 사회적 또는 조직적 맥락을 떠나서 이해할 수 없으므로 인사심리학보다 훨씬 더 넓은 범위의 변인을 다룬다. 인사심리학의 각 주제들은 주로 기법을 강조하고 이론은 비교적 적은 반면, 조직심리학에는 많은 이론이 있다.

한 조직은 여러 관련된 체계들로 구성된다. 즉, 조직구조, 구성원의 기술, 태도, 동기, 성격, 흥미 및 지위, 역할 등 체계들의 상호작용 결과다. 이 장에서는 역사적으로 조직이론이 어떻게 발전해 왔는지 알아보고, 다양한 작업동기 이론의 특징을 살펴보고자 한다.

1. 조직이론

조직이론(organizational theory)은 기본적으로 조직의 구조와 기능을 설명해 주며, 조직의 특성, 조직의 구조, 조직 내 사람들 간의 상호관계, 조직 내 사람과 기술 간의 상호작용 등의 주제를 다룬다. 여기서는 최초의 조직형태라고 할 수 있는 관료주의 조직이론을 살펴보고, 호손연구에서 비롯된 인간관계 조직이론을 소개하며, 마지막으로 시스템 조직이론을 살펴보고자 한다.

1) 고전적 조직이론

고전적 조직이론은 20세기 초반부터 1940년 중반에 개발된 조직 모형을 말하는 것이다. 이 중 대표적인 것이 과학적 관리법과 관료주의 이론이다. 과학적 관리법으로 대표적인 사람이 Taylor인데 그는 1911년에 『과학적 관리법(The principle of scientific management)』을 출간하였고, Ford는 컨베이어벨트시스템을 사용하여 간소화(Simplification), 표준화(Standardization), 전문화(Specialization), 즉 3S를 실천하였다.

고전적 조직형태인 관료주의(bureaucracy)는 Taylor(1911), Fayol(1916) 등을 바탕으로 Weber(1947)가 집대성하였다. 산업혁명 초기에는 경영주가 절대권한을 가지고 근로자를 학대하고, 편견을 가지고 주관적 판단에 의해 관리하고 있었기 때문에 그 시기 조직의 특징이던 불공평, 착취를 시정하기 위해 고안되었다.

이러한 불공평 조직에 대해 Weber는 합리적이고 공식적인 새로운 조직형태를 제안하여 경영자 및 근로자의 역할을 엄격히 규정하였다. 관료주의 조직은 주관적, 개인적 경로보다는 객관적이고 비개인적인 법적 경로를 통해 운영되므로 개인적 편견에 영향을 받지 않고 자신의 능력에 따라 승진이 가능하다.

(1) 관료주의 4원칙

① 노동의 분업(division of work)

우선 관료주의에서 제일 두드러지는 특징은 노동의 분업이라 할 수 있다. 노동의 분업이란 기능의 전문화라고도 하며, 이로 말미암아 조직의 행정체계 및 실제 수행되는 작업이 규정된다. 이에 따라 한 개인이 전체 작업을 총괄하기는 불가능하다.

② 권한위임(delegation of authority)

권한위임이란 수직적 차원에서의 과제, 책임, 의무 등이 하위로 이양하는 것을 말한다. 관료주의에서 권한은 오직 한 사람만 갖게 되고 다른 사람의 영역과 공유, 중복이 안 되며, 이로 인해 조직 의사소통체계의 전문화 및 세분화가 나타난다.

③ 통제범위(span of control)

관료주의에서 한 상사가 효과적으로 부하를 관리할 수 있는 통제범위는 5~7명이 적당하다. 너무 많은 인원을 통제할 경우 중간관리자에게 권한을 위임하는 것이 바람직하다.

④ 조직구조(organizational structure)

관료주의의 네 번째 특징인 조직구조란 상대적 높이나 폭을 의미하며, 폭은 없지만 높이는 낮다면 통제범위는 넓으나 권위계층은 적다는 뜻이다. 즉, 관료주의적 피라미드 구조는 한정된 통제범위 내에서 높이가 높아 여러 의사결정과정을 거쳐야 하는 조직구조를 의미한다.

(2) 관료주의의 단점

관료주의는 공사를 구분하는 조직문화의 형성, 법에 의한 직무수행의 실시 등 많은 장점을 갖고 출현했지만 인간의 가치, 욕구, 동기와 같은 인적 요소를 무시하고 있으며, 인간을 기계와 같은 부품으로 생각하기 때문에 개인의 성장이나 자아실현 기회가 주어지지 않고 근로자가 자기 문제를 스스로 결정할 능력이 없다고 보기 때문에 참여의 기회가 부족하다.

또한 관료주의 조직구조하에서는 조직의 안정성, 영속성을 추구하기 때문에 조직경직성과 조직관성(organizational inertia)이 발생하며 이로 인해 새로운 사회와 기술적 변화에 효과적으로 적응하기 어렵다. 마지막으로 관료주의 조직은 비공식조직의 출현과 같이 이론적 조직과 실제 조직 간에 불일치하는 경향이 있다.

2) 인간관계 조직이론

고전적 조직이론은 조직구성원 개인에 대한 고려 없이 전체 조직의 기능에만 초점을 두었는데, 인간관계 조직이론은 개개인 근로자들의 욕구에 초점을 맞추고 있다. 인간관계 조직이론에서는 인간의 지적, 감정적, 동기적 측면을 인정한다. McGregor(1960)는 『The Human-side of Enterprise』라는 저서에서 두 가지 관리행동 접근방식을 각각 X이론 및 Y이론이라고 하였다.

(1) McGregor의 X · Y이론

McGregor(1960)의 X · Y이론에서 X이론적 인간관은 인간은 천성적으로 일하기 싫어하기 때문에 지시와 통제에 의해 관리될 수 있다고 보는 반면, Y이론적 인간관은 인간은 수동적이지 않으며 자기발전을 향한 동기, 자발성, 책임감이 있으므로 개인목표와 조직목표를 통합해야 한다고 보고 있다. 즉, McGregor(1960)의 X이론에서 보는 인간관은 인간은 일하기 싫어한다는 인간 본성의 가정에 입각하여 금전적 보상, 복리후생 및 처벌의 위협에 의해서만 동기화될 수 있다고 본다. 그러나 상위 수준의 욕구에 관심 있는 사람들을 X이론으로 동기화시키기에는 부적절하다. 한편, Y이론적 인간관은 긍정적인 인간 본성과 성선설을 제시하고 있다. 즉, 근로자를 동기화시키기 위해서는 조직목표와 개인욕구 간의 통합이 바람직하며, 이를 위해서는 참여와 상담, 권한위임, 직무확충 등이 필요하다고 본다. 다시 말하자면, X이론은 관료주의적 인간관과 동일하게 인간 본성을 가정하고 있으며 지시와 통제에 의한 관리를 강조하고 있는 반면, Y이론에서는 현대 조직론의 인간관과 동일한 인간 본성을 가정한다.

McGregor(1960)의 X · Y이론에서는 Maslow가 주장하는 것처럼 인간에게는 자아실현 욕구가 있으며, 이를 실현시켜 인간의 잠재력을 최대로 이용하기 위해서는 X이론적 지시와 통제보다는 조직목표와 개인목표의 통합이 중요하다고 본 Y이론적 조직구조가 더욱 바람직하다고 주장한다. 즉, 개인이 조직의 목표를 달성하기 위해 자신의 노력을 다하면 자신의 목표도 아울러 달성될 수 있도록 조직과 직무설계가 되어야 한다고 본다.

이러한 개인의 목표와 조직목표가 통합될 수 있는 조직환경이 이루어지려면 모든 조직 정책결정 시에 근로자를 참여시켜야 하며, 직무에 있어서의 도전감과 책임감을 증가시키기 위한 직무확충(job enrichment)이 필요하다고 본다. 또한 조직구성원이 의사 표현, 창의력을 발휘할 수 있는 기회를 제공해야 하며, 아울러 민주적 리더십으로 조직관리가 이루어져야 한다. 그러나 McGregor(1960)의 이론은 너무 개인적 요구만 지나치게 강조한 나머지 조직적 요구를 간과하고 있으므로 조직적 요구와 개인적 요구를 조화한 체계가 바람직하다.

McGregor(1960)의 X · Y이론은 직관적 가정으로 이루어진 이론이기 때문에 경험적 연구를 수행하기 곤란하며, Y이론 방식이 근로자 만족과는 관련 있으나 수행의 증가와는 일관성이 부족한 것으로 나타나고 있다.

(2) 호손연구

Roethlisberger와 Dickson(1939)의 호손(Hawthorne)연구는 산업심리학이 인사선발, 배치 및 공학심리학을 위한 학문적 역할뿐만 아니라 조직에서의 인간관계, 사기, 직무동기 등 복잡한 조직문제를 다루게 된 계기를 이룬 연구다. 원래의 연구목적은 Taylor의 과학적 관리법에 의한 조명과 생산효율성 간의 관계 연구였으나, Roethlisberger와 Dickson은 호손연구를 통해 조명과 생산효율성 간에 관련이 없음에 매우 당혹해했다. 그러나 이 두 연구자는 조명과 생산성 간의 연관성이 나오지 않은 이유를 물리적 환경요인이 아닌 조직구성원의 동기, 비공식집단의 존재 등 인적 관련 요인들에 의해서도 생산성에 영향을 미칠 수 있음을 발견했으며, 그 결과 Roethlisberger와 Dickson은 조직에서의 인적요인 규명을 본격적으로 연구하는 시발점이 된 인간관계학파를 출범시키게 되었다.

Roethlisberger와 Dickson(1939) 등은 웨스턴 전기회사 호손공장에서 조명의 강도와 생산효율성 간의 관계를 규명하고자 회사 측에 연구에 참여할 근로자들을 선발해 달라고 요청했다. Roethlisberger와 Dickson(1939) 등의 부탁을 받은 회사 측은 연구에 참여할 근로자를 선정하여 연구에 참여시켰다. Roethlisberger와 Dickson(1939) 등이 호손공장 방문 시 가설로 세운 '조명 강도가 열악하면 오류가 증가하여 생산효율성이 저하될 것'이라는 예언은 맞지 않는다는 것을 발견하였다. 곧, Roethlisberger와 Dickson(1939) 등은 열악한 조명 조건에 무선할당된 근로자들에게 왜 그렇게 열악한 조건에서도 오류가 증가하여 일어나지 않고 조명 조건이 좋은 근로자들과 차이가 나지 않을 정도로 높은 생산성을 유지할 수 있었는지를 실험 후 실험내용을 설명하는 자리(debriefing)에서 물었다. 이에 대해 열악한 조명 조건에서 실험에 참여한 근로자들은 "조명의 강도는 우리에게 일을 하는 데는 별 문제가 안 되었다. 우리 자신이 회사측과 연구자들로부터 선택되었다는 사실이 우리가 회사로부터 유능한 근로자라고 인정 받고 있다는 증거라고 생각한다. 우리는 연구자들의 기분을 좋게 해 주려는 동기에서 조명 환경에 영향을 받지 않고 열심히 일하게 되었다."라고 대답하였다.

이러한 대답을 들은 후 Roethlisberger와 Dickson(1939) 등은 조명 강도와 같은 물리적 작업조건보다 인간의 직무동기와 같은 사회적, 심리적 조건이 더 중요하다고 결론을 내렸다. 즉, 근로자의 조직이나 직무에 대한 태도, 동정적이고 이해심 많은 감독, 조직의 근로자에 대한 인간적인 대우 및 비공식집단 등이 생산성에 더욱 영향을 미친다는 사실을 발견하고 자신들의 학파를 인간관계학파로 명명하였다.

3) 체계이론

(1) 체계이론의 의미

Katz와 Kahn(1978)의 체계이론(system theory)은 조직을 하나의 살아 있는 유기체로 간주하고 있다. 체계이론은 인간의 지적, 감정적, 동기적 측면을 강조한 인간관계 조직이론과는 달리 유기체가 생존을 위해 성장과 적응을 하는 것처럼 조직도 살아 있는 유기체로 성장하며 환경에 적응한다고 본다.

Katz와 Kahn(1978)은 개방형 체계의 열 가지 특성을 다음과 같이 제안하였다. 조직과 같은 개방형 체계는 에너지를 들여오고, 에너지를 다른 것으로 전환하며, 제품이나 서비스를 생산한다. 즉, 모든 조직은 사람과 재료를 들여오고, 제품과 서비스를 생산하며, 이러한 제품과 서비스를 고객에게 전달한다.

| 표 5-1 | 개방형 체계이론의 열 가지 특성 및 예시

조직 특성(예시)	
① 에너지 투입(인력 고용)	⑥ 정보 투입(시장 조사)
② 에너지 전환(제품 제조)	⑦ 항상성(연간 예산 균형 유지)
③ 제품 생산(제품 판매)	⑧ 전문화(전문화된 직무 창출)
④ 사건 순환(작업 교대)	⑨ 협동과 통합(근로자 감독)
⑤ 엔트로피 회피(이윤 유지)	⑩ 동일목적성(조직 운영의 다양한 방식)

(2) 시스템적 조직 특징

체계이론에서는 조직이 유기체로 성장하기 위해서는 다음의 시스템적 조직 특징을 갖추어야 한다고 제안한다.

첫째, 조직은 상호 복잡하게 연결된 시스템으로 보아야 한다. 조직을 구성하고 있는 체계들 간에는 상호의존성(interdependence)이라는 주요한 개념이 작용한다. 상호의존성이란 축구팀처럼 뛰어난 스트라이커를 보유했다고 해서 우수한 팀이 아닌 것처럼 모든 팀 구성원이 조직의 생존을 위해 유기적으로 상호 연결되어 있을 때만이 훌륭한 축구팀으로 존속할 수 있는 것처럼, 조직도 조직을 둘러싼 환경과 상호의존적 시스템으로 적응해 나가야 한다고 보고 있다. 조직을 구성하고 있는 여러 사회적 체계를 이해하지 않고는 조직을 이해할 수 없기 때문에 조직 그 자체를 둘러싸고 있는 환경도 중요한 체계라고 본다. 그래서 조직구조나 인사, 전략, 보상체계 등 조직 자체를 구성하는 폐쇄체계(closed system)뿐만 아니라 외부 환경과도 유기적으로 상호의존하고 적응하는 개방체계(open system)가 이루어져야 한다. 조직 내의 개인의 행동이나 집단활동은 조직 내의 시스템하에서 이해하려고 노력해야 하며, 이러한 체계들은 서로 독립적으로 작용하는 것이 아니라 다른 체계들에게 상호영향을 미치면서 작용하는 것이다. 예를 들어, 한국에서의 출산율 저하는 사회적 환경이지만 이러한 요인은 조직에게는 아동산업의 퇴조를 예측하게 하며, 실버산업으로 조직역량을 돌리게 할 수도 있다.

둘째, 체계적으로 유기적인 조직이 되기 위해서는 조직체계를 둘러싼 외부 환경에 대해 투입-변환-산출-재투입의 과정을 거치게 되어 있다. 이런 개방체계는 유기체와 같이 내적 안정성을 추구하면서도 조직은 지속적으로 성장하고 환경에 적응하는 역량이 있어서 생존할 수 있는 것이다. 개방체계가 생존하기 위한 또 다른 주요한 특징 중 하나는 네거티브 엔트로피(negative entropy) 개념이다. 엔트로피란 물리학에서 나온 개념으로 쓸데없는 에너지의 총량을 의미한다. 예를 들어, 일은 하지 않으면서 높은 자리에 있어 연봉은 높은 사람들의 수, 조직에 도움이 되지 않는 비효율적 정보의 유입, 시장성이 없는 제품의 출시 등이 체계에서의 필요 없는 에너지인 엔트로피로 남는 것이다. 이러한 엔트로피를 줄이고 최소화하기 위해서는 네거티브 엔트로피 체계로 바꾸어야 한다. 즉, 효용성 높은 인력의 확보, 경쟁력 있는 제품 출시, 조직 성장을 위한 혁신 프로그램 개발 등을 개방체계에서 이룩해야 한다.

개방체계에서의 또 다른 특징은 동일 목적성(equal-finality)이다. 개인, 공식 조직, 집단, 지위와 역할, 물리적 환경과 같은 개방체계 내의 모든 요소는 개방체계 내에 어디에 존재하든 그 조직이 추구하는 초월적 목표를 향해 같은 방향으로 동일한 목적의식을 가져야 한다. 또한 개방체계는 여러 하위체계로 구성되어 있기 때문에 이들 각 체계 간의 유기적 연결망이 잘 형성되어 있어야 한다. 인간이 건강하게 살아가기 위해서는 각 체계를 연결해 주는 혈관체계가 건강해야 하는 것처럼, 조직도 각 체계 간을 유기적으로 연결해 주는 조직 의사소통이 개방체계에서는 그만큼 중요하다.

2. 작업동기 이론

작업동기가 중요시되는 이유는 작업동기가 직무수행, 즉 생산성과 연관성이 높다고 생각하기 때문이다. 최선의 모집, 선발, 배치, 훈련 과정을 거쳤다 하더라도 근로자들이 최선을 다하겠다는 동기가 없고, 또한 그들이 직무로부터 아무런 의미를 찾지 못한다면 생산성의 저하를 가져올 것이다. 작업동기가 유발되면 직무만족에 이르게 할 수 있고, 직무만족은 다시 동기를 유발시킬 수 있다. 오늘날의 근로자는 생리적 욕구의 충족이나 금전적 보상만으로는 더 이상 동기화되지 않으며, 더욱 의미 있고 도전적인 일을 통해 조직과 직무에 대한 만족감을 갖게 된다. 따라서 조직의 입장에서는 이러한 변화에 잘 대응하기 위한 적절한 동기화 방안이 필요하다.

또한 직장을 갖고 있는 근로자 개인의 입장에서도 인생의 1/3 정도를 불만족스러운 직무와 지루한 일로 보낸다는 것은 직장생활의 질(Quality of Work Life: QWL)을 저하시키는 것이다. 일에 대한 불만족은 전체 생활에까지 파급되고 신체적 · 정신적 건강까지 해칠 수 있기 때문에 작업동기와 만족에 관한 연구가 도움을 줄 수 있다.

1) 작업동기의 개념

작업환경에서 작업과 관련된 행동을 유발시키고, 방향을 설정하며 유지시키는 데 영향을 미치는 조건들을 작업동기(work motivation)라고 정의 내릴 수 있다. 이러한 의미에서 작업동기의 3요소는 강도, 방향, 유지라고 볼 수 있다(Steers & Porter, 1975). 강도(intensity)란 일정한 방식으로 행동을 유발하기 위해 행동을 활성화시키며 노력을 기울이는 정도를 의미한다. 방향(direction)은 우리가 어떠한 활동에 노력을 기울일 것인지를 설정하여 여러 활동 중에서 특정 활동을 선택하는 과정이다. 마지막으로 유지(maintenance)란 자신이 선택한 활동에 대해 노력을 얼마나 지속적으로 할 것인지를 의미한다. 예를 들어, 자동차 회사의 디자인 부서에서 새로 출시할 자동차 디자인을 여성 취향에 적합한 모양으로 바꾸기로 결정하고(방향), 6개월 기간 내에 개발하기로 하고(유지), 새 디자인 개발을 위해 밤낮 가리지 않고 헌신적으로 노력했다면(강도) 작업동기화되었다고 볼 수 있다.

2) 작업동기이론의 구분

(1) 특성론과 환경론

특성론적 동기이론이란 인간은 태어날 때부터 어떤 사람은 동기가 높고, 어떤 사람은 낮아서 평생 그 동기수준을 유지한다는 이론이다. 따라서 훈련으로 동기는 육성되지 않기 때문에 동기검사를 통해서 높은 사람을 채용해야 한다는 입장이다.

한편, 환경론적 동기이론이란 환경요인이 인간의 동기를 결정한다는 이론이다. 즉, 올바른 상황만 이루어지면 인간은 쉽게 동기화된다는 입장으로 그러한 직무 특성, 인간관계, 보상, 작업조건 등 특정 직무상황과 조건을 규명하는 데 초점을 두고 있다.

(2) 내용이론과 과정이론

내용이론(content theory)은 직무행동에 영향을 주는 동기의 내용에 관심을 둔 이론으로서 Maslow의 욕구위계이론, Herzberg의 동기 · 위생 이론(2요인이론), Alderfer의 ERG이론, McClelland의 성취욕구이론 등이 포함된다.

반면, 과정이론(process theory)은 인간의 동기가 유발되는 과정에 초점을 맞춘 이론이다. Locke의 목표설정이론, Vroom의 기대 · 유인가 이론, Adams의 형평이론, Luthans와 Kreitner(1981)의 조직행동수정이론 등이 과정이론에 포함된다.

3) 욕구위계이론

Maslow(1965)의 욕구위계이론(need hierarchy theory)은 작업동기를 위한 이론이 아니었으나 후에 작업동기 이론에 적용된 이론이다. 이 이론은 동기의 원천을 욕구로 보고 욕구는 본능적인 것이며, 무의식적으로 행동에 영향을 미친다고 본다. 욕구위계이론에서는 인간은 욕구 충족을 위해 행동하며, 한 욕구가 충족된 다음에는 그 욕구는 더 이상 인간행동의 동인으로 작용하지 않는다고 본다.

(1) 욕구의 종류

욕구위계이론에서는 욕구를 다섯 가지로 범주화하는데, 이러한 욕구들은 생리적 욕구, 안전의 욕구, 사회적 욕구, 자아 존중의 욕구, 자아실현의 욕구다.

- 생리적 욕구: 식욕, 갈욕, 성욕, 수면욕 등 생존에 필수적인 기본 욕구이며, 생존을 위해 반드시 충족되어야 할 욕구다.
- 안전의 욕구: 위협과 위험으로부터 피하거나 자유로워지고 싶은 욕구다. 이 욕구는 자신을 보호하려는 욕구에서 기인하며, 화재나 해일과 같이 자연재해를 피하려는 욕구도 포함된다.
- 사회적 욕구: 타인과의 조화로운 관계를 맺으려는 사회적 욕구이며, 관계, 소속, 친교 등에 대한 욕구다.
- 자아 존중의 욕구: 자기신뢰, 유능감, 인정, 존경에 관련된 욕구다. 자신의 분야에서의 성공으로 충족되며, 이 욕구가 충족되지 않으면 열등감이나 무기력을 경험한다.
- 자아실현의 욕구: 개인의 잠재력을 완전히 실현한 욕구이며, 자기완성의 욕구다. 이 욕구는 한 번 충족되더라도 계속 충족하고픈 정상 경험(peak experience)에 의해 계속 추구된다.

(2) 욕구의 역동성

Maslow(1965)가 욕구위계이론에서 언급한 욕구의 역동성 특징으로는 우선 욕구들은 위계적으로 배열되며, 하위욕구가 충족되어야만 상위의 욕구가 나타난다. 또한 생존을 위해 생리적 욕구와 안전의 욕구와 같은 기본이 되는 욕구가 먼저 충족되어야 한다고 주장하였다. 또한 일단 충족된 욕구는 더 이상 지배적 욕구가 될 수 없다. 충족된 욕구가 더 이상 힘을 갖지 못한다는 Maslow(1965)의 주장을 조직행동에 응용하면 조직구성원들은 자신이 현재 갖고 있는 직위에 따라 각각 다른 욕구에 지배 받기 때문에 직위에 따른 차별적 관리방안이 필요하다.

(3) 이론에 대한 평가

Maslow(1965)의 욕구위계이론에서는 욕구가 무의식적으로 작용한다고 가정하고 있는데, 이는 통찰에 의한 기술이며 조작적 정의를 정확히 하지 못해 검증하기도 어렵다. 또한 성욕과 같이 일단 만족된 욕구라도 다시 지배적 욕구가 될 수 있다는 점과 동시에 여러 욕구가 공존할 수도 있다는 점을 간과하고 있다.

또한 인간의 욕구는 상위의 욕구로 진전되는 것뿐만 아니라 상위의 욕구에서 하위의 욕구로 후퇴하기도 한다. 즉, 열심히 공부하다가도 허기를 느끼면 공부를 접고 간식이나 식사를 하려는 욕구가 지배적 욕구가 된다. 그러므로 Maslow(1965)의 욕구위계이론은 Maslow 자신이 인간을 보는 철학적 직관에 의한 기술이라고 보는 편이 맞으며, 이론이라고 보기보다는 철학에 가깝다고 볼 수 있다. 요약하자면 결핍욕구와 성장욕구 간의 구분만이 존재하는 간략한 2수준 욕구위계로 수용하는 것이 타당하다.

4) ERG이론

Alderfer(1972)는 Maslow의 욕구위계이론의 단점을 보완하여 3단계 욕구위계를 제안했다. Alderfer(1972)의 욕구위계 3단계는 생존의 욕구(existence needs), 관계의 욕구(relatedness needs), 성장의 욕구(growth needs)이며, 각 욕구의 영어 첫 자를 따서 ERG 이론이라 한다.

(1) 욕구위계

생존의 욕구(existence needs)는 유기체의 생존 · 유지에 관련된 물질에 대한 욕구로 환경으로부터 얻어서 충족된다. 음식, 물, 봉급, 안전한 직무 등이 생존욕구에 포함된다. 관계의 욕구(relatedness needs)는 타인과의 상호작용에서 나타나는 욕구로 중요한 타인과 좋은 관계를 맺을 때 충족된다. 성장의 욕구(growth needs)는 개인적 발전을 위한 욕구로서 자신에게 중요한 능력, 기술 등을 개발시킬 때 충족된다.

(2) Maslow의 욕구위계이론과의 차이점

Maslow의 욕구위계이론은 5단계인 반면 Alderfer의 ERG이론은 3단계 이론으로, 이론의 각 수준 간의 차이는 〈표 5-2〉와 같다.

| 표 5-2 | Maslow의 욕구위계와 Alderfer의 ERG 욕구위계 간의 차이

<table>
<tr><th colspan="2">Maslow 이론</th><th>Alderfer 이론</th></tr>
<tr><td colspan="2">생리적 욕구</td><td rowspan="2">생존의 욕구</td></tr>
<tr><td rowspan="2">안전의 욕구</td><td>물리적</td></tr>
<tr><td>대인관계적</td><td rowspan="3">관계의 욕구</td></tr>
<tr><td colspan="2">사회적 욕구</td></tr>
<tr><td rowspan="2">자아존중의 욕구</td><td>대인관계</td></tr>
<tr><td>자기확신</td><td rowspan="2">성장의 욕구</td></tr>
<tr><td colspan="2">자아실현의 욕구</td></tr>
</table>

Alderfer의 ERG이론은 이러한 3단계의 보편적인 욕구위계는 사람에 따라 혹은 상황에 따라 달리 존재할 수도 있다고 본다. 또한 Alderfer는 상위욕구로의 진전과정뿐 아니라 좌절-퇴행(frustration-regression)과정도 있다고 보았다. 일례로 우리는 열심히 자신의 일에 몰두하다가도 갑자기 식욕을 느껴 하던 일을 덮고 야식을 먹을 때가 한두 번이 아니다.

Maslow 욕구위계이론과는 달리 Alderfer의 ERG이론에서는 인간은 하나의 욕구가 충족되어야만 다음 단계의 상위욕구로 이동하는 것은 아니라고 본다. 즉, 생리적 욕구의 충족 없이도 자아존중의 욕구로 이동할 수 있다. 예를 들면, 배고픔을 참고 공부하는 경우도 많이 있다. Alderfer는 또한 일정 시점에서 하나 이상의 욕구가 동시에 작용할 수 있다는 점을 제안하였다. 즉, 우리는 공부를 열심히 하면서도 한편으로는 맛있는 햄버거를 먹고 싶은 욕구에 사로잡힐 때가 많다.

Maslow가 인간의 욕구는 무의식적이라 측정할 수 없다고 제안한 것과는 달리, Alderfer의 ERG이론에서는 인간은 의식적으로 자신의 욕구를 인식할 수 있다고 가정하기 때문에 욕구는 측정 가능한 가설적 구성개념으로 본다.

5) 2요인이론

Herzberg(1968)의 2요인이론은 직무만족과 동기를 함께 고려한 이론이다. 즉, 만족은 동기에 영향을 미치며 다시 동기는 수행에 영향을 미친다는 순행적 직무동기이론으로 간주하고 있다. 이 이론은 중요 사건기법을 사용하여 불만족요인과 만족요인이 있음을 밝혔다.

(1) 2요인의 개념

Herzberg(1968)는 직무와 관련된 동기를 크게 위생요인과 동기요인의 두 가지 범주로 나눌 수 있다고 보았다. 위생요인(hygiene factor)은 유지요인, 불만족요인이라고도 하며, 직무불만족을 초래하는 요인으로 주로 직무 외적인 환경요인이 대부분이다. 반면, 동기요인(motivator factor)은 만족요인이라고도 하며, 직무만족에 직접적인 영향을 미치는 요인을 의미한다.

Herzberg는 불만족요인과 만족요인은 별개의 차원을 이룬 2요인이라고 보았다. 다시 말해서, 불만족의 반대는 '만족'이 아니라고 본 것이다. 불만족의 다른 극단은 만족이 아닌 '불만족이 거의 없다'라고 보았다. 또한 '불만족이 거의 없다'에서 '약간 만족한다'가 시작된다고 Herzberg는 보았다. 불만족(위생)의 반대 극단에 만족(동기)이 있다는 불만족-만족 연속선상의 1요인이 아니라 불만족과 만족은 서로 별개의 연속선을 갖고 있는 서로 다른 차원의 2요인이라는 것이다. 그러므로 불만족요인이 충족되더라도 직무만족은 이루어지지 않으며, 직무만족을 이루기 위해서는 우선 직무불만족요인을 충족한 다음 만족요인을 충족시킬 때만 이룰 수 있다고 보았다.

(2) 만족(동기)요인과 불만족(위생)요인

불만족(위생)요인은 Maslow의 욕구위계 중 생리적, 안전, 사회적 욕구에 해당되는 요인들이 대부분을 차지한다. 회사정책, 관리, 감독, 봉급, 대인관계, 작업조건들이 위생요인에 포함되며, 이 요인들이 충족된다고 해서 직무만족이 되지는 않는다. 즉, 위생요인은 위생의 의미대로 인간이나 조직이 건강을 확보하기 위해서는 최소한의 위생상태를 유지해야 하는 요인을 의미한다. 그러나 인간이나 조직이나 위생상태가 좋다고 해서 반드시 건강해지는 것은 아니며, 건강을 유지하기 위해선 적절한 식이요법과 운동(만족요인)이 수반되어야만 건강한 신체와 조직을 갖게 된다.

이러한 위생요인에 문제가 발생하면 인간은 병이 나며, 조직 또한 노사분규와 같은 심각한 노사갈등이 일어나기도 한다. 그러므로 위생요인을 잘 유지하면서 조직건강과 조직구성원의 직무만족을 가져오기 위해서는 만족(동기)요인의 충족이 필수적이다. 즉, 만족(동기)요인은 직무만족을 결정짓는 요인으로, 주로 직무 자체 또는 직무수행을 통해서 얻을 수 있는 요인들이다. 이러한 동기요인에는 성취, 인정, 작업 자체, 책임, 승진 등이 포함된다. 이처럼 조직구성원은 상사의 감독유형과 같은 불만족(위생)요인의 충족에 따라 직무만족을 하는 것이 아니라 상사의 감독에 대한 만족은 필수조건이며, 직무만족을 충분조건으로 이루기 위해서는 일을 통한 성취감, 상사로부터의 인정, 직무 자체에 대한 만족감, 일을 통한 승진이나 앞으로 자기발전 가능성이 있어야 한다고 보고 있다.

(3) 2요인이론에 대한 평가

Herzberg의 2요인이론에 있어서 위생요인에 포함된 연봉이나 봉급요인의 경우 연봉 인상이 자신의 업적에 대한 인정을 의미하며, 이러한 인정을 통해 개인은 성취감도 맛볼 수 있으며, 이러한 성취감을 통해 직무만족을 얻을 수 있으므로 봉급이나 연봉을 위생요인으로 볼 수 없으며, 봉급의 경우 엄격히 두 요인으로 구분하기 어렵다는 의견이 제시되고 있다. 또한 만족요인은 보통 개인내적 요인이며, 불만족요인은 환경요인이 많기 때문에 객관적인 것이 아니라 자신의 경험 후 추론일 가능성도 있다.

그러나 Herzberg의 2요인이론으로 인해 종래 처벌, 보상, 시간 단축, 참여, 감수성 훈련, 상담 등의 동기화 방안은 제한적인 효과밖에 거두지 못하며 동기요인을 통한 대책이 필요성을 인식시켰다고 볼 수 있다. 즉, 직무확충(job enrichment)을 통한 직무특성이론 혹은 직무재설계방안은 직접적으로 2요인이론의 영향을 받아서 동기요인의 활성화를 위한 실무적 기법으로 대두될 수 있었다.

6) 성취동기이론

McClelland(1961)는 작업수행의지가 성취욕구 강도에 의해서 설명된다고 가정하며, 성취동기란 일을 수행함에 있어 장애를 극복하여 탁월한 업적을 이루려는 욕구라고 정의하고 있다. 성취욕구는 주제통각검사(Thematic Apperception Test: TAT)로 측정할 수 있다.

(1) 성취욕구가 높은 사람들의 특성

McClelland(1961)는 성취욕구가 높은 사람들의 특성은 우선 중간 정도의 난이도 과제를 선택하며, 중간 정도의 모험 이행 경향을 보이며, 성취 정도를 알 수 있는 수행결과에 대한 피드백을 중요시한다. 또한 성취욕구가 높은 사람들은 성취로 인한 외적 보상보다는 성취 자체와 과정을 중시하며, 정력적이고 혁신적인 활동을 즐긴다고 했다. 높은 성취욕구를 가진 사람은 책임감 및 자신감 등의 개인특성이 있으며, 성취동기는 학습된다고 보기 때문에 훈련과 개발을 통해 성취동기 육성이 가능하다고 보고 있다.

(2) 성취동기 육성방안

성취동기 육성방안의 기본 개념을 살펴보면 다음과 같다. 우선 성취동기를 육성하고자 하는 사람들에게 성취동기 육성훈련을 통해 성취동기가 높아질 수 있다는 확신을 심어 주어야 하며, 성취동기를 높이려는 사람들이 성취동기 육성을 통해 현실세계에서 실제로 원하는 욕구를 충족시킬 수 있다고 믿을 때 성취동기 육성훈련은 효과적이다.

또한 성취동기 육성방안은 주제통각검사의 채점방식을 학습시켜 성취동기와 연관된 개념들을 명확히 하게 하며, 새롭게 육성된 성취동기를 이 동기와 연관된 직무활동들과 실제 연결될 수 있도록 한다. 그다음 단계에서는 경영사례연구법을 이용하여 기업 활동에서 경험하는 여러 조직 활동에 새로이 육성된 성취동기를 적용하여 보도록 한다. 이러한 성취동기를 통해 긍정적 자기상(self image)을 갖도록 하며, 이러한 자기상을 통해 앞으로의 활동에도 자신감을 가지고 성공할 수 있다는 사고를 갖게 한다. 또한 새로이 육성된 성취동기와 관련 있는 구체적인 행동목표를 설정하고 달성하려 해야 하며, 아울러 목표달성에 대한 피드백을 기록하고 확인하도록 해야 한다.

그리고 새로이 육성된 성취동기를 유지하기 위해서는 개인은 타인으로부터 인정을 받고 스스로 자신의 장래를 성공적으로 실천할 수 있다는 자신감을 가져야 하며, 모든 일의 중심에는 자기가 있고 문제해결자도 자신이라는 비지시적 상담기법을 터득해야 한다. McClelland, Atkinson, Clark, 그리고 Lowell(1953)은 성취동기와 국가의 경제발전과의 상관 연구에서 유의한 순위 상관이 나옴으로써 성취욕구는 국가의 경제발전과 관련이 되어 있음을 입증했다.

7) 형평이론

Adams(1965)의 형평이론(equity theory)에서 동기는 타인과 비교하여 자신이 얼마나 형평성 있는 대우를 받는가에 대한 자신의 지각에 영향을 받는다고 본다. 즉, 타인의 투입 대비 성과와 비교해서 자신의 투입과 성과가 형평하다고 지각하면 만족하게 되는 반면, 불형평하다고 지각하면 불만을 가져오고 형평을 회복하려고 동기화된다고 본다.

(1) 형평의 개념

이 이론에서는 개인이 자신의 투입에 대한 성과의 비율을 먼저 산정하고 자신의 비율을 타인의 투입에 대한 성과의 비율과 비교한다고 주장한다. 이를 공식으로 나타낸 것이 〈공식 5-1〉이다.

〈공식 5-1〉 지각된 형평관계

$$\frac{Op}{Ip} = \frac{Oa}{Ia} \quad \text{(지각된 형평이 중요)}$$

$\frac{Op}{Ip}$는 자신의 투입(input: 노력, 지능, 경험, 교육수준, 근무연한, 자격, 건강 등)에 대비한 성과(outcome: 만족, 봉급, 보너스, 승진, 지위의 상징, 장기근속 보상 등)이며, $\frac{Oa}{Ia}$는 비교 가능한 타인의 투입 대비 성과의 비율이다. 여기서 비교 가능한 타인이란 직접 교환관계를 갖는 사람이거나 자신과 유사한 처지에 있는 다른 사람 혹은 다른 직무에 종사하는 경우의 자신이거나 다른 사회적 역할을 할 수 있는 자신일 수도 있다.

Adams(1965)는 개인을 자신들의 투입과 성과 모두를 공통적인 척도단위로 수량화할 수 있다고 보았다. 예를 들어, 개인이 자신의 일을 수행하는 데 들어간 모든 투입요소의 합이 10이라고 가정하고 같은 방식으로 전체 성과의 합이 10이라고 가정하면 개인의 비율은 10 : 10이 된다. 그런 후 개인은 자신의 비율을 비교 가능한 타인이 직무에 투입한 전체 요소의 합과 직무로부터 얻은 성과 간의 비율과 비교하게 된다. 한 개인이 타인의 투입과 성과를 10 : 10으로 평가했다고 가정하면 개인이 지각하는 비율과 타인의 비율이 같으므로 이때 형평을 나타나게 된다. 만약 타인의 비율이 20 : 20이어도 형평을 지각하게 되는데, 이는 타인이 자신보다 직무에 20만큼의 투입을 통해 20을 획득했기 때문에 똑같이 형평성을 느끼게 된다.

(2) 불형평의 개념과 회복방안

불형평의 개념에는 크게 과소지급 불형평과 과다지급 불형평으로 분류할 수 있다. 과소지급 불형평(underpayment inequity)이란 개인이 자신의 투입과 성과 간의 비율이 비교대상이 되는 타인의 비율보다 낮다고 지각하는 데서 유래되는 불공정한 느낌을 말한다. 예를 들어, 개인의 비율은 10 : 10이었지만 타인의 비율은 10 : 15일 때 과소지급 불형평이 일어난다.

반면, 과다지급 불형평(overpayment inequity)은 개인이 자신의 투입과 성과 간의 비율이 비교대상이 되는 타인의 비율보다 높다고 지각하는 데서 유래되는 불공정한 느낌을 말한다. 예를 들어, 개인의 비율은 10 : 15이었지만 타인의 비율은 10 : 10일 때 과다지급 불형평이 일어난다.

이러한 불형평 회복방안 역시 크게 행동적 방식에 의한 불형평 회복방안과 인지적 방식에 의한 불형평 회복방안으로 분류할 수 있다.

① 행동적 방식에 의한 불형평 회복방안

행동적 방식에 의한 불형평 회복방안은 투입의 변경, 성과의 변경, 타인에게 투입이나 성과를 변화하도록 압력 행사, 이직 등이 있다.

첫 번째 방안은 투입의 변경이다. 이 방안은 개인이 자신이 불형평하다고 느꼈다면 자신의 투입을 변화시키려고 하는 전략을 의미하며, 자신이 직무에 들이는 노력 정도를 조절하게 된다. 예를 들어, 과소지급 불형평의 경우 두 가지로 나타날 수 있다. 과소지급 시간급의 경우 자신의 투입을 줄이려고 할 것이다. 즉, 노력을 줄이게 되어 생산량과 질이 둘 다 줄 것이다. 그러나 과소지급 능률급의 경우 보수의 손실을 보완하기 위해 생산량은 늘리겠지만 질은 낮아지게 된다.

두 번째 방안은 성과의 변경이다. 개인이 불충분한 혹은 과도한 보수를 받고 있다고 느끼게 될 때 임금인상이나 스스로 임금삭감을 요구하는 것처럼 자신의 성과를 변경하는 것이다. 과소지급 불형평의 경우 불형평 지각으로 야기된 긴장을 해소하기 위해 자신의 보수(성과)를 인상하려고 적극적인 조치를 취하는 반면, 과다지급 불형평의 경우에는 성과의 변경보다는 자신의 투입변경전략, 즉 자신의 노력을 증가시키는 방향으로 나타나게 된다.

세 번째 방안은 타인의 투입과 성과를 변경시키는 방안이다. 한 개인이 자신보다는 불형평을 초래한 타인의 투입과 성과를 변화시키도록 압력을 행사하는 방법이다. 비교 가능한 타인이 자신보다 더 많은 보수를 받은 과소지급 불형평의 경우 그 타인이 더 많은 노력을 하라고 요구하거나(투입의 증가), 보수를 스스로 삭감하라고 압력을 기울일 수 있다. 하지만 타인의 성과를 변경시키는 것은 실무적으로는 실현되기가 비교적 어려운 전략이다.

마지막 방안으로 이직을 들 수 있다. 이직의 경우 개인은 앞서 언급한 세 가지 불형평 회복방안이 실효를 거두지 못할 경우, 그리고 이러한 불형평이 지속된다고 느끼게 되면 언제나 이 조직을 떠나야겠다는 이직의도를 갖게 되며, 더 바람직한 대안적 조직으로 옮길 가능성이 높다고 지각하면 실제 이직하게 된다.

② 인지적 방식에 의한 불형평 회복방안

인지적 방식에 의한 불형평 회복방안은 자신의 투입과 성과의 왜곡, 타인의 투입과 성과의 왜곡, 비교대상의 변경 등이 있다.

첫 번째 방안은 자신의 투입과 성과를 왜곡하는 것이다. 이 방안은 개인이 자신이 불형평하다고 느꼈다면 자신의 투입과 성과를 인지적으로 왜곡하는 것이다. 예를 들어, "그래, 나는 직무에 들이는 노력이 별로 없었지."라는 식으로 자신의 투입이나 성과를 인지적으로 왜곡하는 것이다.

두 번째 방안은 타인의 투입과 성과를 왜곡하는 것이다. 개인이 불충분한 보수를 받고 있다고 느끼게 될 때 타인의 투입과 성과를 인지적으로 왜곡하는 것이다. 예를 들어, "그래, 저 친구는 나보다 더 많은 노력을 기울였지. 더 빨리 승진할 만해."라는 식으로 타인의 투입이나 성과를 인지적으로 왜곡하여 지각하는 것이다.

세 번째 방안은 비교대상을 변경하는 것이다. 한 개인이 자신에게 불형평을 초래시킨 타인을 비교대상에서 제외시키고 새로운 비교대상을 찾는 것이다. 예를 들어, "그래, 김 대리는 나보다 월등한 역량을 가졌는데 내가 비교대상으로 삼았구나. 그래, 나의 비교대상은 박 대리로 하는 게 좋겠어."라는 식으로 비교대상을 변경하게 된다.

(3) 형평이론에 대한 평가

형평이론의 예언은 대체로 지지되나 조직장면에서의 적용은 아직 다소 미흡하며, 형평 회복방안을 결정하는 과정에 대한 설명도 부족하다. 또한 투입과 성과를 정확히 양화하기 곤란하기 때문에 불형평의 정도를 측정하는 데도 어려움이 따른다. 그러나 형평이론은 조직공정성 중 절차공정성의 이론적 배경이 되는 원리를 제공하고 있을 뿐 아니라 한 개인이 불형평이나 불공정성으로부터 생긴 감정을 어떻게 해소하는지를 동기적 관점에서 제시해 준 이론이라 할 수 있다.

8) 기대 · 유인가 이론

Vroom(1964) 및 Porter와 Lawler(1968)의 기대 · 유인가 이론(expectancy valence theory)은 직무수행을 하려는 동기적 힘이란 개인이 미래 성과에 대해서 갖고 있는 기대와 그 성과들 각각의 가치를 곱한 값의 총계와 함수관계를 이룬다고 본다. 자신이 바라는 것을 얻을 확률이 큰 쪽으로, 즉 여러 대안들 중 가장 이익이 되는 쪽으로 행동한다고 주장하여 합리적인 인간을 가정한다. 이처럼 기대이론은 인지이론에 기반을 두며 개인은 자신이 원하는 보상을 획득하는 데 노력을 기울이는 합리적 의사결정자로 본다.

(1) 기대 · 유인가 이론의 구성개념

기대 · 유인가 이론의 구성개념으로는 노력-수행 기대(기대), 수행-성과 기대(도구성), 유인가가 있다.

〈공식 5-2〉

$$힘=기대\times\sum(도구성\times유인가)$$

우선, 기대(expectancy)란 어떤 활동이 어떤 결과를 초래하리라고 개인이 믿고 있는 정도이며, 0~1까지의 값을 지닌 확률 개념이라 할 수 있다.

첫 번째, 노력(effort)-수행(performance) 기대, 즉 E → P 기대란 개인이 노력함으로써 바라는 수준의 수행을 이룰 수 있을 것인지에 대한 기대다. 예를 들어, 자동차판매원이 노력을 하면 판매대수를 늘릴 수 있을 것인지에 관한 기대를 말한다.

두 번째, 수행(performance)-성과(outcome) 기대, 다시 말해 P → O 기대는 도구성(instrumentality) 개념이 함축된 기대로서 바라는 수준만큼 수행했을 때 바라는 성과를 얻을 수 있을지에 대한 기대다. 자동차판매원이 판매대수를 신장했다면 보너스를 받을 수 있을 것인지에 대한 기대다. E → P 기대와 P → O 기대는 각각 0~1의 값을 가진다.

마지막으로, 유인가(valence)란 특정 성과나 결과에 대해서 개인이 부여하고 있는 매력의 강도나 선호도 혹은 가치를 말한다. 유인가는 -1~+1 혹은 계산적으로 10배를 곱한 -10~+10 사이의 값을 가지며, 성과에 대해 개인이 느끼는 감정으로서 성과로부터 느끼는 매력의 강도나 만족도로 정의될 수 있다. 예를 들어, 승진과 성과에 따른 보너스라는 성과가 있다면 김 대리는 과장 승진을 위해 열심히 하는 반면, 박 대리는 승진에는 별 관심 없고 보너스를 더 받을 욕심으로 열심히 일한다고 보면 김 대리의 경우 승진에 대한 유인가는 8이고 보너스는 5인 데 반해 박 대리는 승진에 대한 유인가는 5

이고 보너스는 8이라고 가정할 수 있다.

(2) Nadler와 Lawler(1977)의 공식과 모형

Nadler와 Lawler(1977)의 공식은 〈공식 5-3〉에 제시되어 있으며, 기대 · 유인가 모형은 [그림 5-1]에 제시되었다.

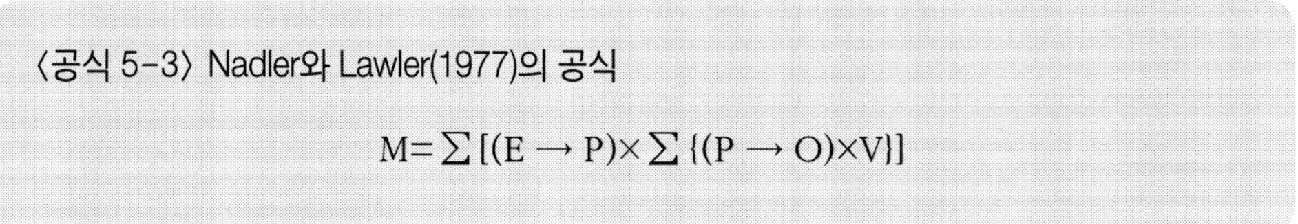

〈공식 5-3〉 Nadler와 Lawler(1977)의 공식

$$M=\sum[(E \rightarrow P)\times \sum\{(P \rightarrow O)\times V\}]$$

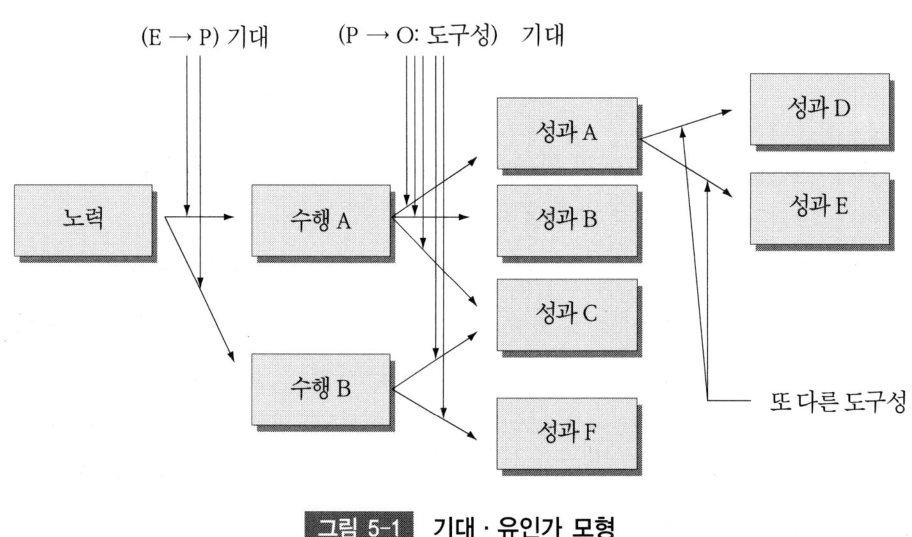

그림 5-1 기대 · 유인가 모형

〈공식 5-3〉과 [그림 5-1]에서 개인이 일정한 방식으로 직무를 수행하고자 하는 동기(M)란 그 방식으로 직무를 수행하려는 시도가 성공할 확률에 대한 기대(E → P)와 일정한 수준의 직무수행이 어떤 성과를 가져올 것이라는 기대(P → O), 그리고 직무성과에 따라서 얻게 될 성과들이 지니고 있는 매력강도 수준인 유인가(V)라는 세 요인을 곱한 값에 의해서 결정된다. 예를 들어, 자동차 영업사원 김 대리가 자신이 열심히 노력을 하면 기존의 월 10대의 판매대수에서 새로 회사에서 부여한 판매대수(수행 A) 13대를 팔 수 있는지에 관한 기대값이 0.60이라 한다면, 직무를 수행하려는 시도가 성공할 확률에 대한 기대(E → P)는 0.6이라 할 수 있다. 그리고 판매대수(수행 A)를 높임으

로써 얻게 되는 성과에 대한 가능성을 각각 급여인상(성과 A: 0.5), 회사에서 야간대학원 학비지원(성과 B: 0.4), 승진(성과 C: 0.7)이라면 개인이 바라는 수준만큼 수행했을 때 바라는 성과를 얻을 수 있을지에 대한 기대인 P → O 기대는 각각 P → O 기대(A)는 0.5, P → O 기대(B)는 0.4, P → O 기대(C)는 0.7이라 할 수 있다. 또한 영업사원 김 대리는 급여인상(성과 A)에 대해 갖는 매력 정도를 6, 회사에서 야간대학원 학비지원(성과 B)에 대한 매력 정도를 5, 승진(성과 C)에 대한 매력도를 8이라고 본다면 유인가 A는 6, 유인가 B는 5, 유인가 C는 8이라고 할 수 있다.

Nadler와 Lawler의 공식인 M=∑[(E → P)×∑{[(P → O)×V}]에 기존의 자동차 판매대수보다 노력을 기울임으로써 더 많은 자동차를 팔려고 노력하는 김 대리의 수행 A의 사례에 적용시키면 다음과 같은 동기 점수가 계산된다. 우선, 김 대리의 수행 A에 대한 노력-수행(E → P) 기대는 0.6이다. ∑{(P → O)×V}에 대한 계산은 0.5×6+0.4×5+0.7×8=10.6이 된다. 여기서 (E → P) 기대인 0.6과 ∑{(P → O)×V}의 값인 10.6을 곱하면 6.36의 동기적 힘이 계산된다. 즉, 김 대리가 더 많은 자동차를 판매하려는 수행 A의 동기적 힘은 6.36이라고 볼 수 있다.

이와 마찬가지로, 만약 김 대리가 자동차 판매뿐만 아니라 또 다른 영업 마케팅 지역을 확대하려는 시도를 수행 B로 가정한다면 수행 B에 대해서도 수행 A와 같이 M=∑[(E → P)×∑{(P → O)×V}] 공식을 적용시키면 된다.

이 모형에 따르면, 전체적인 동기적 힘의 점수가 높은 사람이 더 많은 노력을 기울일 것이며, 수행-성과(P → O) 기대와 유인가(V)가 동일하다면 노력-수행(E → P) 기대값이 높아야 동기가 커진다고 볼 수 있다.

또한 이 모형에 따르면, 한 개인이 직무를 수행함으로써 얻게 되는 수행 간의 관계성인 수행-성과(P → O) 기대가 확실히 존재한다고 기대하는 정도에 따라 동기의 힘은 달라진다. 즉, 도구성 개념으로서 개인은 자신이 수행한 만큼 자신이 바라는 성과를 얻게 된다고 믿는 조직공정성 정도와 합리적 조직의 보상체계가 개인 동기를 부여하는 데 중요한 역할을 하게 된다.

마지막으로 개인이 자신이 받을 수 있다고 보는 성과에 대한 매력 정도인 유인가가 동기적 힘을 높이는 데 매우 중요한 역할을 한다. 아무리 많은 성과나 보상이 주어진다고 해도 그러한 성과나 보상이 자신에게 매력적이지 못할 경우 그다지 노력하려고 하지 않기 때문이다. 그러므로 조직의 관점에서 개인의 동기적 힘을 높이기 위해서는 각 개인에게 매력적이고도 적합한 인센티브나 보상이 무엇인지를 찾아내서 제시하여야 하며, 객관적인 업적평가체계가 구축되어 이러한 노력을 통해 인센티브나 보상(성과)을 획득할 수 있는 합리적인 조직운영체계가 설립되어야 한다.

(3) 기대 · 유인가 이론에 대한 평가

기대 · 유인가 이론에 대한 실증적 연구결과, 대체로 이론의 예언을 지지하고 있으며, 인기 있고 유망한 동기이론이라고 볼 수 있다. 그러나 합리적 의사결정자로서 인간을 가정하는데, 이에 대해 견해를 달리하는 인간이 합리적 의사결정자가 아닌 휴리스틱 의사결정을 하거나 감성적 의사결정을 한다는 이론들이 있다.

또한 기대 · 유인가 공식과 같이 합리적 의사결정과정을 실제로 개인이 사용하는가에 대한 의문이 있다. 앞서 설명한 예처럼, 성과가 A, B, C 세 개의 경우에도 일일이 계산을 해야 하는데, 과연 우리가 얼마나 일상생활 속에서 이러한 꼼꼼한 계산하에 기대 · 유인가 동기를 갖고 행동하는가에 대한 회의적 시각이 존재한다. 이러한 이론의 제한점이 있음에도 불구하고 기대 · 유인가 이론은 인간이 인지적으로 합리적 의사결정을 한다는 기본 개념을 제시한 이론으로서 개인의 직업선택 행동이나 소비자구매 행동유형을 설명할 수 있는 의사결정이론으로서 그 의의를 둘 수 있다.

9) 목표설정이론

Locke(1968)의 목표설정이론(goal setting theory)은 작업 상황에서의 일차적 동기는 특정 목표를 성취하려는 욕망으로 설명될 수 있다고 본다. 목표설정이론도 기대 · 유인가 이론과 마찬가지로 인간이 합리적 행동을 한다고 가정하며, 그중 개인이 의식적으로 얻으려는 상태인 목표가 조직구성원의 동기와 행동에 영향을 미친다고 보는 이론이다.

(1) 목표의 기능

목표는 장래의 어떤 시점에서 도달하고자 하는 상태로 정의되며, 목표의 기능은 다음과 같다. 우선 동기의 기능과 같이 목표는 행동의 방향을 결정짓는다. 즉, 한 개인이 노력을 기울여야 할 힘의 정도와 지향성을 갖게 한다. 또한 목표는 조직이나 개인 업적 평가의 기준이 된다. 개인이 더 달성하기 어려운 목표를 달성했을 때 그러한 목표달성은 개인 업적의 기준점을 제공한다. 또한 우리는 목표달성을 위한 적절한 전략을 강구한다. 한 개인이 매우 어려운 최종 목표(digital goal)를 달성하기 위해서 단 한 번에 시도하는 대신 여러 단계별 목표(proximal goal)를 설정하고, 이에 대한 성취를 통해 최종 목표를 달성할 수 있는 전략을 세운다. 마치 에베레스트를 등정하기 위해서 베이스캠프를 설치하고 산 중간중간마다 캠프를 적절한 위치에 세움으로써 몇 번의 시도 끝에 에베레스트를 등정하는 산악인과 같이 우리는 이와 같은 최종 목표달성을 위한 단계별 전략을 세운다.

목표는 개인이 오랫동안 노력을 지속하게 한다. 동기의 기능과 마찬가지로, 더 어려운 목표를 달성하기 위해서는 더 오랜 시간 동안 더 많은 노력을 기울여야 하며 많은 역경이 있어도 이를 극복하고 나가는 지속성 개념을 내포하고 있다.

(2) 목표설정의 효과

Locke 등(2000)은 목표설정이 직무수행을 효과적으로 향상시키기 위해서는 다음과 같은 요인이 필요하다고 주장하였다.

첫째, 목표는 구체적이어야 한다. 목표가 없을 때보다 있을 때, 그리고 최선을 다하라는 식의 애매하거나 추상적 목표보다는 양적인 형태로 제시된 구체적 목표를 제시할 때 그 효과가 높다. 한국 올림픽 대표팀이 매번 훌륭한 성적을 내는 것은 '열심히 하면 금메달을 딸 수 있을 거야.'라는 식의 추상적 목표를 세우기보다는 적어도 각 종목별로 한국의 경쟁상대는 누구인지를 정확히 파악한 다음 이에 맞는 구체적 목표(예: 금메달 15개, 은메달 17개, 동메달 23개)를 설정했을 때 더 좋은 결과가 나타나게 된다.

둘째, 목표는 어려워야 한다. 쉬운 목표보다는 어려운 목표일 때 목표에 대해 더욱 몰입하게 되므로 과제에 대한 흥미와 동기, 수행이 높아진다. 일반적으로 사람들은 자신이 달성할 수 있다고 보는 목표보다 난이도가 높은 목표에 대해 더 몰입하려 하며, 그러한 목표달성을 통해서 성취감과 또 다른 도전의식을 갖게 된다.

셋째, 목표를 수용해야 한다. 자신의 설정된 목표를 자신의 목표로 삼는 목표수용(goal acceptance)을 전제로 할 때 목표설정의 효과성이 나타난다. 개인은 목표가 무엇인지에 대한 자각과 함께 그러한 목표달성을 자신이 기꺼이 하겠다는 목표의 수용이 이루어져야 한다. 만약 너무 목표가 쉽거나 혹은 자신이 달성할 수 없는 목표라고 느낄 때, 개인은 그러한 목표가 자신의 목표라고 받아들이지 않으며 그러한 목표는 실제 효과를 발휘할 수 없게 된다.

넷째, 목표수행에 대해 피드백을 해야 한다. 목표수행에 대한 피드백을 통해 자신이 어느 정도 목표에 근접했는지에 대한 정보를 획득할 수 있으며, 얼마나 더 노력을 기울여야 하는지에 대한 강도와 얼마나 더 계속 시도해야 하는지에 대한 지속성을 갖게 된다. 특히 집단목표 설정의 경우 이러한 피드백은 집단구성원이 얼마나 더 협조를 해야 그 집단이 설정한 목표를 달성할 수 있는지에 대한 중요한 지침이 된다.

다섯째, 목표를 공개적으로 설정할 때 더 효과적이다. 개인이 어려운 목표를 자신만이 사적으로 설정했을 때보다는 공개적으로 설정했을 때 더 높은 목표몰입 행동이 나타난다. 예를 들면, 김 과장이 "올해부터는 담뱃값도 올랐으니 금연해야지."하고 혼자 금연목표를 설정하기보다는 공개적으로 가족과 회사 직원에게 "저 지금부터 금연할 거예요."라고 목표를 공개적으로 선언할 때 금연에 성공할 가능성이 더 높다.

(3) 목표설정이론에 대한 평가

목표설정이론은 가장 많이 연구된 동기이론으로, 거의 동기이론의 예언을 지지하고 있다. 실무적 경영기법인 목표관리(MBO)에도 적용되었다. 즉, 목표설정이론은 인간을 매우 합리적 행동자로 규정하고 목표설정과 수용, 목표달성과 피드백을 통해 효과가 있다고 하지만 이러한 인지적 모형이 일반적인 사람들에게도 대부분 적용된다는 측면에서 일반화 가능성이 높은 이론이다.

그러나 목표형성, 목표수용, 목표몰입과정 등에 관한 설명이 부족하며 목표의 상대적 중요도도 가정되지 않고 있다. 특히 목표설정이론이 타당성을 더욱 확보하기 위해서는 목표달성을 위한 수행자의 능력 정도, 목표에 따른 보상 정도, 실무 경영진의 목표에 대한 지원 정도, 개인목표의 수용성 과정에 대한 보다 정교한 연구가 필요하다.

10) 성취귀인이론

Weiner(1982)의 성취귀인이론(attribution theory of achievement)에 따르면, 개인은 성취활동의 결과에 대한 귀인에 따라서 성공에 대한 기대(성공지각 확률)와 감정(성취 결과 경험하게 되는 정서)이 달라지며, 이에 따라 성취동기와 행동도 달라진다고 본다.

(1) 성취귀인이론의 차원

초기 성취귀인이론에서 제시한 차원은 〈표 5-3〉과 같이 안정 · 불안정 차원과 내 · 외 인과성 차원이었다.

| 표 5-3 | 성취귀인이론의 인과귀인 모델

인과성 차원 / 안정성 차원	내적	외적
안정	능력	과제난이도
불안정	노력	운

첫 번째 차원인 안정 · 불안정 차원이란 성취활동의 결과가 비교적 일관되게 나타나는 차원으로, 안정적 차원에는 개인이 과제 달성을 위해 자신이 갖고 있는 능력 정도와 부여된 과제의 어려운 정도를 나타내는 과제난이도가 있다. 반면, 노력이나 운은 성취활동의 결과가 일관되게 나타나지 않는 불안정 차원에 속하는 요인들이다. 예를 들어, 자신이 노력을 하면 성공할 수 있겠지만 이는 꾸준한 노력이나 운이 따라야만 하므로 불안정요인이며, 능력이나 과제난이도는 보다 일관되고 안정적으로 자신에게 부여된 과제를 성공적으로 성취할 수 있도록 해 주는 요인이기 때문에 안정적 차원이라 할 수 있다.

성취귀인이론의 두 번째 차원인 내 · 외 인과성 차원은 능력이나 노력과 같이 성취활동의 결과를 자신의 통제로 힘에 의해 결정되었다고 보는 요인인 내적 인과성 차원과 과제난이도와 운 같이 자신의 성취활동이 주로 외부 환경적 요인이나 힘에 의해 결정되는 외적 인과성 차원으로 나눈다. 극단적으로 능력은 안정적이면서도 내적 인과성 차원의 요인인 반면, 운은 불안정하면서도 외적 인과성 차원의 요인인 것이다.

Weiner(1972, 1980)는 후에 이 두 차원 이외에도 성취귀인이론에 통제가능성 차원을 추가했다. 통제가능성 차원이나 노력과 같이 개인적으로 통제가 가능하여 성취활동을 가능하게 해 주는 요인(통제가능성 요인)과 감기몸살, 재난 등과 같이 개인이 통제할 수 없는 요인들이 작용하여 성취활동에 영향을 미치는 요인(통제 불가능 요인)으로 자신의 차원을 확장시켰다.

(2) 성취귀인동기 성향

성취귀인동기가 높은 사람은 일반적으로 자신이 이룩한 성공에 대해 능력이나 노력 요인과 같이 내적으로 귀인할 가능성이 높게 나타난다. 즉, 자신의 성공에 대해서는 자신의 능력이 높거나 노력에 의해서 이루어졌다고 내적 귀인하기 때문에 그러한 사람들은 유능감과 자부심을 경험하는 반면, 자신의 실패에 대해서는 노력이나 운과 같은 불안정요인에 귀인하려는 경향이 높다. 그러므로 실패를 했다 하더라도 이번에는 노력이 좀 부족했다고 귀인하거나 운이 없다고 보기 때문에 자신이 실패한 과제에 대해 강한 재도전 정신을 갖게 되며, 결국 성공할 가능성도 높다.

반면, 성취귀인동기가 낮은 사람은 자신이 이룩한 성공에 대해 과제난이도나 운과 같이 외적 귀인할 가능성이 높다. 즉, 자신의 성공에 대해서는 이번에 자신이 수행한 과제가 비교적 용이해서(과제난이도) 혹은 운이 좋아서 이루어졌다고 외적 귀인하기 때문에 그러한 사람들은 유능감과 자부심 대신 직무 스트레스에 취약하게 되거나 심지어는 죄책감을 느끼는 반면, 자신의 실패에 대해서는 능력귀인(안정 요인)하려는 성향이 높은 편이다. 다시 말해, 자신의 능력이 없어서 실패했다고 보기 때문에 실패한 과제를 재도전해 보려고 하기보다는 체념하는 경향이 높다.

따라서 성취동기가 낮은 사람의 성취동기를 육성하려면 그의 인지적 성향을 변화시켜야 한다. 즉, 성공한 과제는 자신의 능력이나 노력에 의해 이루어졌다는 내적 귀인 훈련과 자기효능감(self-efficacy)을 갖도록 해 주어야 하며, 실패했을 경우에는 노력에 의해서 다시 성공할 수 있다는 믿음을 키워 주는 자기효능감 육성 프로그램을 활용할 필요가 있다.

(3) 성취귀인이론에 대한 평가

성취귀인이론은 실험연구에 의해서는 비교적 일관된 연구결과가 많이 제시되고 있으나 상대적으로 조직장면에 적용된 사례는 적은 편이어서 실제 조직장면에 응용할 수 있는 프로그램 개발이 필요하다. 또 다른 단점으로는 귀인요인을 안정 · 불안정 차원과 내 · 외 인과성 차원의 요인으로만 지나치게 단순화하였다는 점이다. 과제 성공과 실패에 대한 귀인요인을 능력, 노력, 과제 난이도, 운 요인으로 단순화하여 이론의 타당성은 확보했지만, 이론의 일반화 가능성에 많은 제약을 갖고 있다. 일반적으로 사람들은 자신이 행한 행동원인에 대해 자각하지는 않는다. 즉, 자신이 수행한 수많은 활동에 대해서 내가 능력이 있어서 혹은 없어서 또는 이번에는 노력을 많이 했거나 적게 해서 성공이나 실패했다고 귀인하지 않는다. 이보다 우리는 일반적으로 예외적으로 성공이나 실패를 했거나 부적인 비생산적 행동에 관해서만 귀인하는 경향이 있다.

제6장

직무와 조직에 대한 태도

산업심리학자들이 수행하는 중요한 연구 중 하나는 구성원들의 직무 및 조직에 대한 태도다. 구체적으로 직무 및 조직에 대한 태도를 측정하고, 그러한 태도를 향상시키기 위한 방법을 강구한다. 이 장에서는 직무만족, 직무관여와 직무수행, 직업몰입 등의 직무태도에 대해 알아보고, 조직몰입, 조직동일시, 조직시민행동, 조직공정성, 조직 내 갈등, 권한위임, 조직 의사소통 등의 조직태도에 대해서도 살펴볼 것이다.

1. 직무태도

직무태도이론이 조직심리학에서 중요시된 배경으로는 인간은 일과 직무를 통해서 행복을 추구할 수 있으며 직무수행과도 깊은 관계가 있기 때문이다. 또한 직무불만족이 있을 경우 결근, 이직 등 비생산적 조직행동에도 많은 영향을 미칠 수 있다. 또한 호손(Hawthorne)연구를 통해서도 근로자들이 경제적, 구조적 요인보다는 대인관계 요인과 태도 요인을 중시한다는 점을 알 수 있다.

1) 직무만족

(1) 직무만족의 개념

직무만족(job satisfaction)은 직무를 평가하거나 직무를 통해 얻은 경험을 평가해서 얻게 되는 유쾌하거나 긍정적인 정서로 정의할 수 있다(Locke, 1976). 직무 이외의 직장 친교활동과 같은 '직장생활을 통한 만족'과 구별되는 개념이며, 직장생활을 통한 만족은 작업동기에는 별 영향을 미치지 못한다.

직무만족은 크게 전반적 직무만족과 단면별 직무만족으로 나눌 수 있다. 전반적 직무만족(global job satisfaction)이란 직무에 대한 일반적인 감정으로서 수많은 감정이나 태도를 총괄하는 만족을 의미한다. 그러나 직무와 관련된 많은 측면이 있어서 전반적 만족수준이 같다고 하더라도 각 개인의 단면별 만족수준은 다를 수 있다. 즉, 단면별 직무만족(job facet satisfaction)은 통계적인 요인분석적 접근이나 개념적 접근에 의해서 대체로 5~20개 정도의 단면별 직무만족 요인을 의미한다. 예를 들어, 직무 그 자체에 대한 만족, 동료에 대한 만족, 임금에 대한 만족, 승진에 대한 만족 등이 단면별 직무만족 요인들이다. 각 단면적 만족의 중요성에 따라 가중치를 부여해야 한다는 주장은 그리 효과적이지 못한데, 이는 만족 강도와 중요성 간의 상관에 있어서 만족이나 불만족의 강도가 큰 단면은 그만큼 중요성이 크다는 것을 의미하고, 중립적인 감정은 중요성이 떨어짐을 의미하기 때문이다.

일반적으로 직무만족 요인은 직무를 통해 경험하게 되는 긍정적 정서와 적극적이고 열정적인 성격 차이와 같은 직무상 정서경험 요인, 급여수준, 작업조건, 근무시간과 같은 객관적 직무상황이 상호작용하여 자신의 직무에 대한 보수의 적절성, 직무스트레스 수준, 개인과 직무부합도(person-jop fit)와 같은 직무상황에 대해 평가하게 되는 요인, 그리고 이러한 평가의 기초 위에 이루어지는 직무만족 요인 등이 있다.

(2) 직무만족의 측정

특수 목적에 맞도록 제작된 맞춤 척도(tailor-made scale)와 범상황적인 표준화 척도가 있는데, 표준화 척도를 살펴보면 다음과 같다.

① 전반적 직무만족 지표

직무만족 지표(Job Satisfaction Index: JSI) 척도는 미 육군에 의해 직무만족을 더욱 직접적이고 간편하게 측정하기 위해 1951년에 Brayfield와 Rothe(1965)에 의해 개발되었다. 따라서 각 문항은 직무와 관련된 구체적인 내용들을 포함하고 있지 않은 전반적 직무만족을 측정하고 있으며 Thurstone의 척도기법을 통해 개발되었다. 이 척도는 직무의 유형에 관계없이 현재 개인이 자신의 직무에 얼마나 만족하고 있는지를 측정할 수 있다. 직무만족 지표는 5점 리커트 척도로 구성되어 있으며, 대표적인 문항들은 다음과 같다.

<전반적 직무만족 지표 문항>

- 나는 내가 하는 일을 즐긴다.
- 나는 내가 하는 일이 재미있다.
- 나는 여가시간보다 일하는 시간이 더 즐겁다.
- 나는 내가 하는 일에 자주 싫증을 느낀다. (R)
- 나는 마지못해 출근하는 경우가 많다. (R)

(R문항은 평정시 역으로 계산해야 하는 문항임)

② 직무기술 지표

직무기술 지표(Job Descriptive Index: JDI)는 Smith, Kendall 및 Hulin(1969)이 개발한 척도로서 5개의 직무단면인 직무 자체(work), 감독(supervision), 임금(pay), 승진 기회(promotion opportunities) 및 동료 작업자(co-worker)에 대한 만족도를 측정한다. 단면별 만족점수와 전체 만족점수를 낼 수 있으며, 15분 내에 완료 가능하다. 피조사자들은 각 문항이 자신의 직무를 잘 기술하고 있는지 아닌지에 관해 '그렇다(Y), 아니다(N), 모르겠다(?)'로 반응하도록 제작되었다. JDI는 조직 연구자들이 매우 빈번하게 사용해오고 있으며, 많은 연구를 통해 타당도가 있음이 입증되었다.

③ 미네소타 직무만족 질문지

미네소타 직무만족 질문지(Minnesota Satisfaction Questionnaire: MSQ)는 Weiss, Dawis, England 및 Lofquist(1966)가 개발하였으며, 100문항으로 이루어진 원형과 20

문항으로 이루어진 단축형의 두 가지 형태가 있다. 이 두 가지 형태 모두 직무만족의 20개 단면을 측정하는 문항으로 구성되어 있다. MSQ의 20개 단면은 〈표 6-1〉에 제시되어 있으며, 각 문항은 하나의 단면을 기술하는 서술문으로 이루어져 있다. MSQ의 신뢰도와 타당도는 상당히 높은 것으로 밝혀졌지만, 일부 연구자는 어떻게 문항을 내적 문항과 외적 문항으로 구분했는지에 대해 의문을 제기하기도 했다(Schriesheim et al., 1993).

| 표 6-1 | MSQ의 20개 단면과 문항들

① 활동(항상 바쁘게 보낼 수 있는 것)	⑪ 능력 활용(나의 능력을 활용하는 일을 할 수 있는 기회)
② 독립성(직무에서 혼자 일하는 기회)	⑫ 회사 정책과 시행(회사의 정책이 실행되는 방식)
③ 다양성(때때로 다른 일을 수행하는 기회)	⑬ 보상(임금과 수행하는 일의 양)
④ 사회적 지위(공동체의 일원이 될 수 있는 기회)	⑭ 승진(현 직무에서의 승진 기회)
⑤ 관리감독(상사가 부하를 다루는 방식)	⑮ 책임(자신의 판단을 사용하는 재량)
⑥ 관리감독(의사결정에서 내 상사의 역량)	⑯ 창의성(자신만의 직무수행 방식을 시도할 수 있는 기회)
⑦ 도덕적 가치(양심에 거스르지 않는 일을 할 수 있는 것)	⑰ 작업 조건(만족스런 작업 조건들)
⑧ 안전(직무가 안정된 일자리를 제공하는 것)	⑱ 동료 작업자(동료들이 서로 교류하는 방식)
⑨ 사회봉사(다른 사람을 위해 일할 수 있는 기회)	⑲ 인정(훌륭한 직무수행에 대한 칭찬)
⑩ 권위(사람들에게 무엇을 하라고 말하는 기회)	⑳ 성취(직무로부터 얻는 성취감)

④ 안면 직무만족척도

Kunin(1955)의 안면 직무만족척도(Faces Job Satisfaction Scale: FJSS)는 전체적 직무만족을 측정하는 단일문항 척도다. 각기 얼굴 표정이 다른 6개의 얼굴 그림을 제시하여 자신의 직무에 대하여 느끼고 있는 바를 가장 잘 나타내는 얼굴 그림을 선택하게 한다.

(3) 직무만족이론

직무만족을 설명하는 이론은 많이 있으나 대표적 이론을 소개하면 직무만족을 개인 내 비교과정으로 보는 이론과 개인 간 비교과정으로 보는 이론, 그리고 마지막으로 대립과정으로 설명하는 이론이 있다.

① 개인 내 비교과정 이론(Intrapersonal Comparison Process Theory)

개인의 기준과 직무를 통해서 개인이 실제로 받은 성과 간의 차이에 의해서 만족이 결정된다는 성과차이이론(discrepancy theory)이다. 여기서 기준은 개인의 욕구(porter, 1962)나 가치(Locke, 1969)에 의해서 결정된다. 즉, 개인이 받기를 원하는 성과 또는 받아야 한다고 느끼는 성과와 실제 성과 간의 차이에 의해 만족이 결정된다고 본다.

② 개인 간 비교과정 이론(Interpersonal Comparison Process Theory)

사람들은 자신의 직무만족감을 평가하기 위해 타인과 비교한다는 사회비교과정에 기반을 둔다. 즉, 대인 간 맥락 속에서 직무만족 여부를 결정한다고 본다. 자신과 유사한 직무를 가진 사람을 관찰하여 그가 얼마나 만족하는지를 추론함으로써 자신에 대한 지각과 비교하여 만족 정도를 결정한다. 이와 유사하게 형평이론(equity theory)에서는 타인의 투입, 성과와 자신의 투입, 성과의 형평지각에 의해서 만족이 결정된다고 본다.

③ 대립과정 이론(Opponent Process Theory)

개인이 동일한 직무에 종사하더라도 시간이 지남에 따라 직무에 대해서 대체로 중립적인 감정을 지니게 된다고 본다. 직무만족도 생리적인 근원을 가진다고 보고, 처음에는 직무에 대해 흥미롭고 재미있어 하지만 시간이 경과함에 따라 직무에 대한 만족이 중립적 감정을 지니게 되는 동질정체(homeostasis)과정으로 직무만족을 설명하고 있다. 즉, 한 개인은 직무 종사 초기에는 비교적 직무에 흥미를 크게 느끼게 되는데, 만족도 일종의 정서반응이므로 극단적 정서에 대해서 중립 수준으로 되돌리려는 대립적인 생리적 반응이 생긴다고 본다. 이에 따라 직무만족도가 중립 수준으로 떨어지게 된다. 따라서 사람들은 흔히들 직무권태(job boredom)에 의해서 시간이 흐름에 따라 직무의 자극적 효과의 감소로 생각했었으나, Landy(1978)의 주장이 옳다면 자극의 정도는 동일한데 대립과정이 점차 강해지기 때문으로 직무권태가 온다고 볼 수 있다. 하지만 대립과정 이론은 시간이 흐름에 따라 점점 만족하거나 불만족하는 경우 혹은 일정 상태가 그대로 유지되는 경우는 설명하지 못한다.

(4) 직무만족 관련 변인들

① 직무수행

직무만족과 직무수행이 관련이 있다는 생각은 분명한 것처럼 보인다. 그러나 Judge, Thoresen, Bono와 Patton(2001)이 312개의 연구를 대상으로 통합분석을 실시한 결과, 전반적인 직무만족과 직무수행 간의 평균 상관은 .20으로 낮게 나타났다. 이와 같이 평균 상관이 낮게 나타난 원인의 일부는 많은 연구에서 사용한 직무수행의 측정치와 관련이 있을 것이다. 대부분의 연구는 수행에 대한 측정치로 상사평가에 의존하고 있다. 상사들은 평가 시에 빈번히 오류를 범하며, 이로 인해 수행 평정에 있어 부정확성이 발생하고, 이는 통계치에 대한 오류로 이어진다. 만일 좀 더 정확한 수행 측정치들을 사용한다면 직무만족과 수행 간의 관계가 더 강하게 나타날 가능성이 높다.

② 결근과 이직

자신의 직무에 대해 불만족하는 사람들은 자신의 직무에 대해 만족하는 사람들보다 결근할 가능성이 더 높을 것이다. 이러한 문제에 대한 통합분석결과에 의하면, 직무만족과 결근 간의 상관은 일관되지 않으며, 상관이 있다고 해도 매우 낮은 것으로 나타났다(Bowling & Hammond, 2008). 직무만족과 결근 간에 상관이 낮은 것에 대한 가능한 이유는 근로자가 결근을 하는 사유가 여러 가지일 수 있기 때문이다. 따라서 만약 결근의 사유를 고려한다면 직무만족과 결근의 관계는 더 강하게 나타날 것이다(Kohler & Mathieu, 1993).

또한 직무만족과 이직 간의 관계에서 많은 연구가 불만족하는 구성원은 만족하는 구성원보다 직장을 그만둘 가능성이 높음을 보여 주고 있다. 대부분의 이직 연구는 예측적 연구로서 어느 한 시점에서 구성원의 만족을 측정하고, 시간이 지난 후에 누가 그만뒀는지를 기록한다. 이러한 예측적 특성을 통해 직무불만족이 구성원을 이직하게 만드는 하나의 요인이라는 결과를 도출할 수 있다.

③ 건강과 삶의 만족

직무만족과 건강 관련 변인들이 상관이 있다는 연구결과가 있다. Bowling과 Hammond(2008)는 불만족한 구성원이 만족한 구성원보다 수면장애, 복통 등과 같은 신체적 증상을 더 많이 호소한다고 주장하였다. 그리고 한 개인이 자신의 삶에 얼마나 만족하는지를 나타내는 삶의 만족에 직무만족이 얼마나 영향을 미치는가에 관한 여러 연구에서 두 변인 간에 상관이 있음이 나타났다.

2) 직무관여

(1) 직무관여의 개념

직무관여(job involvement)란 개인의 직무에 대한 자아관여와 애착으로 정의된다. 즉, 직무관여는 한 직무에 심리적으로 일체감을 가지고 있는 인지적 상태라고 볼 수 있다(Hackett, Lapierre, & Hausdorf, 2001). 그러므로 직무에 관여된 개인은 자신의 정체성을 직무를 통해 반영하고 있으며 자신의 생활에서 일이 차지하는 중요도가 매우 높은 사람이라고 볼 수 있다. 다시 말하자면, 직무 자체가 개인 정체성의 중요한 한 부분이기 때문에 직무에 관여된 개인은 자신의 직무에 완벽을 기하려고 하든지, 직무를 위해서 개인시간을 희생하거나 회사 업무가 가장 우선되고 중요한 부분을 차지하게 된다. 다음에 직무관여의 대표적 문항들의 예가 제시되어 있다.

<직무관여 문항>

- 나는 맡은 업무에 관해서는 완벽을 기하려고 한다.
- 나는 회사의 업무를 위해서라면 개인시간도 기꺼이 희생하는 편이다.
- 나는 맡은 일을 마무리하기 위해 야근, 휴일근무도 기꺼이 하는 편이다.
- 나는 회사업무를 항상 우선적으로 생각한다.

Brown(1996)은 사람들은 자신의 일에서 자신의 존재 의미를 찾고 일에 깊게 관여될 수도 있지만 어떤 사람들은 일로부터 정신적, 정서적으로 멀어질 수 있거나 일로부터의 개체성 상실감을 맛볼 수 있다고 보았고, 이를 직무소외(job alienation)라고 했다. 개인의 전체 삶의 질은 직무에 대한 관여나 소외 정도에 의해서 영향을 받을 수 있다.

(2) 직무관여 관련 변인들

Brown(1996)은 직무관여를 조사한 연구들에 대한 통합분석을 실시하여 직무관여가 직무만족과는 평균 .45의 상관, 이직과는 -.13, 성실성과는 .53, 직무수행과는 평균 .09의 상관을 보고했다. 이러한 결과는 직무관여가 직무에 대한 태도나 개인의 성격특성과는 매우 강하게 관련되어 있지만 직무를 얼마나 잘 수행하고 있는지는 상대적으로 덜 관련되어 있음을 시사한다. 직무관여를 보이는 사람들은 직무에 대해 감정적 관여가 되지 않고서는 조직 목표나 성과를 개인의 자기개념으로 통합할 수 없기 때문에 조직수행이나 조직몰입과 같은 조직효과성 역시 높아지게 된다고 했다. Van Knippenberg와 Van Shie(2000)의 연구에서 한 개인의 직무는 개인을 집단이나 조직의 관점으로 확장시켜 주는 역할을 하기 때문에 직무에 관여된 사람들은 조직을 위해 더 많은 노력을 하려고 하며, 기꺼이 자신을 희생하고도 직무를 완수하려 하기 때문에 조직수행에도 영향을 미치게 된다고 보았다(Dutton, Dukerich, & Harquail, 1994). 즉, 개인이 조직에서 수행하고 있는 직무 자체는 조직과 개인을 연결하는 중요한 부분이기 때문에 개인은 조직을 자신의 정체성으로 형성할 수 있는 하나의 방식으로 직무관여가 일어나게 된다고 보았다(김원형, 2002).

3) 직업몰입

(1) 직업몰입의 개념

Reilly와 Orsak(1981)은 직업몰입(career commitment)을 개인이 자신의 직업(career)에 대한 감정적 몰입을 하는 것이라 정의했다. 전문직일 경우, 직업과 조직에 대해 이중 몰입을 할 수 있다고 보았다. 직업몰입과 조직몰입 둘 다 정서에 의해 유사하게 결합되어 있어 관련이 있지만 변별적인 개념으로 보았다. 또한 직업몰입은 직업이 아닌 자신이 실제 수행하고 있는 일인 직무에 대해 관여되어 있는 상태인 직무관여와도 다른 개념이다. Reilly와 Orsak(1981)의 직업몰입의 대표적 문항들은 다음과 같다.

<직업몰입 문항>

- 나는 현재 직업을 포기할 수 없을 정도로 너무 좋아하고 있다.
- 만약 현재 가지고 있는 직업 이외에 보수가 같은 다른 전문직을 가질 수 있다면 나는 그 직업을 택할 것이다.(R)
- 모든 것을 다시 시작할 수 있다면 나는 이 직업을 선택하지 않을 것이다.(R)
- 나는 분명히 현재 종사하고 있는 직업을 내 천직으로 생각한다.
- 나는 이 직업을 가진 것이 후회스럽다.(R)

(R문항은 평정 시 역으로 계산해야 하는 문항임)

(2) 직업몰입과 경력 단계

직업몰입을 보는 또 다른 관점은 연령과 재직기간에 따른 서로 다른 경력(career) 시점과 관련되어 있다. 종종 커리어는 문맥에 따라 직업 혹은 경력으로 표현된다. 경력단계 모델에서는 재직기간과 연령으로 경력 단계를 결정할 수 있으며, 일반적으로 탐색 단계, 확립 단계, 유지 단계, 이직 단계로 구분된다. 우선, 탐색 단계는 재직기간이 2년 미만일 경우이며, 연령은 30세 이하로 본다. 확립 단계는 재직기간이 2년 이상 10년까지로 보고 있으며, 연령은 31~38세까지다. 유지 단계는 재직기간이 10년 이상 20년까지의 단계이며, 연령은 39~44세까지다. 마지막으로 이직 단계는 20년 이상 장기 고용 기간이며, 연령은 45세 이상을 기준으로 삼고 있다.

Wanous(1976)의 경력단계이론에서는 입사 전 몰입 단계, 입사 초기 단계, 확립 단계, 유지 단계, 이직 단계로 구분하고 있다. Wanous의 경력단계이론에서 첫 번째 단계인 입사 전 몰입 단계는 입사지원자들이 거쳐야 하는 첫 단계이며, 이 기간 동안 근로자의 장래와 지위에 대한 기대가 조직애착에 영향을 미치게 된다. 다음 단계는 입사 초기 단계로서 작업집단, 감독, 임금과 같은 요인들은 근로자가 조직에 대한 책임감을 증가시킴으로써 초기 단계에서 몰입을 증진시키게 된다고 본다. 초기 단계에서 신입사원의 몰입수준은 급격하게 증가하기보다는 서서히 안정적으로 증가하며, 첫 몇 달이 직업몰입에 결정적 시기이며, 이 시기에 몰입을 하지 못하면 이직 가능성이 높다고 볼 수 있다. 즉, 입사 후 이직하는 시기는 첫 6~12개월까지가 많다. 확립 단계에서 임금과 흥미로운 과제, 자율성과 책임감 정도에 따라 직업몰입이 증가된다. 유지 단계에서는 정해진 직업에 정착하여 직업몰입 수준을 유지하고자 한다. 이직 단계에서는 직무-이탈행동(job-detachment behavior)이 나타나며, 은퇴를 생각하게 됨에 따라 일반적으로 직업몰입이 약해진다.

2. 조직태도

1) 조직몰입

(1) 조직몰입의 개념

조직몰입(Organizational Commitment: OC)이란 조직에 대한 개인의 정서적, 감정적 애착이라고 정의하고 있다(Kelman, 1958). Mowday, Steers 및 Porter(1979)는 조직몰입을 한 개인이 특정 조직에 관여 또는 애착을 갖거나 그 조직과 동일시하려는 상대적 강도로 정의하고 있다. 또한 가장 많이 사용하고 있는 조직몰입질문지(Organizational Commitment Questionnaire: OCQ; Mowday, Steers, & Porter, 1979)에서도 조직몰입을 조직가치의 수용과 내면화, 조직을 대신해 노력을 기울이는 정도, 개인이 조직 멤버십을 유지하려는 욕구로 정의하고 있다. 이러한 조직몰입은 태도라고 보는 관점과 행동적 성분이라고 보는 두 관점이 존재한다.

첫째는 태도적 조직몰입(attitudinal organizational commitment)이다. Mowday, Steers 및 Porter(1979)에 의하면, 조직원들이 조직과의 관계에 대해 생각하는 과정에 초점을 맞추며, 한 개인이 자신의 가치나 목표가 조직의 가치나 목표와 일치하는 정도로 보고 있다(즉, 태도적 조직몰입 접근은 주로 조직몰입 발달에 기여하는 선행조건의 규명이나 조직몰입으로 인한 행동적 결과에 초점을 맞추고 있다). 다시 말해, 태도적 조직몰입은 한 개인이 특정 조직에 고착되는 과정이나 그들이 어떻게 이런 문제에 대처하는지에 초점을 맞추고 있다.

둘째는 행동적 조직몰입(behavioral organizational commitment)이다. 행동적 조직몰입의 접근방식에서는 일단 표출된 행동이 반복될 수 있는 조건(자의적 조직 선택, 선택한 조직 입사를 취소할 수 없는 정도, 자신이 조직에 대해 느끼는 감정적 애착을 명확히 공언한 정도)이나 이러한 조직몰입 행동이 태도 변화에 미치는 효과에 초점을 맞추고 있다.

태도적 조직몰입과 행동적 조직몰입 과정에 대한 도식적 표현은 [그림 6-1]과 같다. 그림에 나타난 바와 같이, 태도적 조직몰입 과정에서 조직몰입으로 인한 행동적 결과는 조직몰입의 안정 혹은 변화에 영향을 미치는 조건에 영향을 미치는 반면, 행동적 조직몰입 과정에 있어선 조직몰입 행동으로부터 나타난 태도나 심리적 조직몰입 상태는 장래에 그런 행동을 다시 일으킬 가능성에 영향을 미친다고 본다.

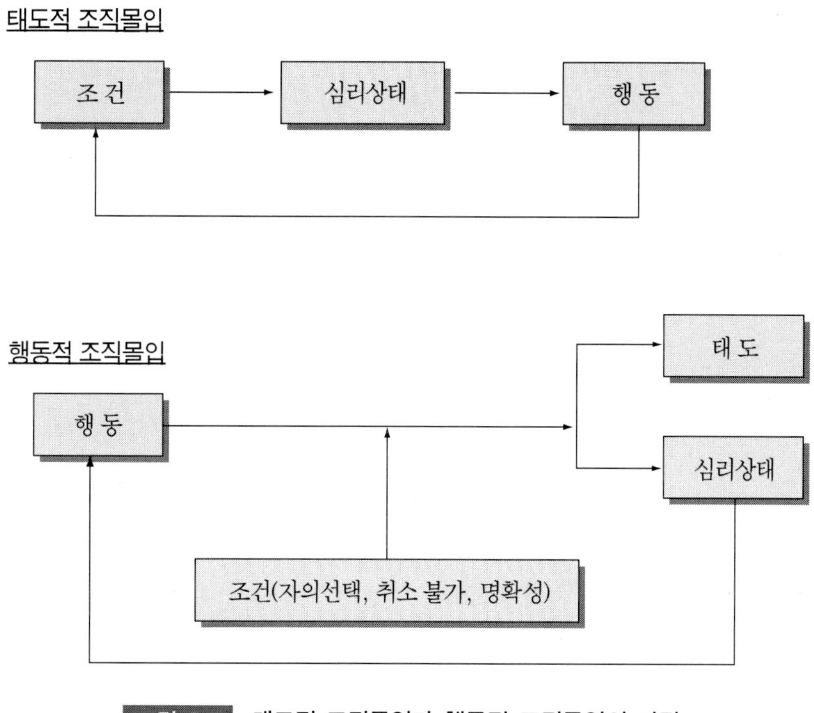

그림 6-1 태도적 조직몰입과 행동적 조직몰입의 과정

(2) 조직몰입의 3요인

조직몰입 개념이 단일 개념인가에 대해선 많은 논란이 있어 왔지만(Allen & Meyer, 1996), 일반적으로 조직몰입 개념은 다차원 개념으로 인식되고 있다. 이러한 조직몰입의 다차원 개념 모형 중 많이 인식되고 보편화된 모형은 Meyer와 Allen(1991)의 조직몰입 3요인 모형이라 할 수 있다.

Meyer와 Allen(1991, 1996, 1997)이 제시한 조직몰입의 3요인은 근로자의 조직에 대한 정서적 애착과 일체감을 나타내는 정서적 몰입(Affective Commitment: AC), 근로자가 한 조직을 위해 계속 재직하거나 충성을 해야 한다는 규범적 몰입(Normative Commitment: NC), 근로자가 자신의 조직을 떠나면 손해라는 계속적 몰입(Continuance Commitment: CC)이 있다.

① 정서적 몰입

정서적 몰입이란 조직을 감정적 애착이나 조직에 대한 정서적 유대감의 관점에서 조직몰입을 바라보는 것이다. 더 구체적으로 말하자면, 사람들은 자신이 속한 조직이 좋아서 정서적 애착을 형성하게 되며, 개인은 조직을 대신해 조직목표 달성을 위해 감정적으로, 그리고 행동적으로 조직에 몰입되게 된다는 것이다. 정서적 몰입에 대한 또 다른 정의를 살펴보면 Kanter(1968)는 조직에 대한 개인의 정서적 · 감정적 애착이라고 정의하고 있으며, Buchanan(1974)은 도구적 가치를 떠나 순수하게 조직 자체나 목적과 가치에 대한 정서적 애착과 열정으로 정의하고 있다.

조직몰입을 측정하는 데 가장 많이 사용되고 있는 Mowday, Steers 및 Porter(1979)의 조직몰입질문지(OCQ)로 원래 15문항으로 구성되어 있으나 연구에 따라 축소형을 사용한다. 또한 Meyer와 Allen(1984, 1991)이 개발한 정서적 몰입 질문지의 문항이 다음에 제시되어 있다.

<Meyer와 Allen의 정서적 몰입 문항>

- 나는 이 조직의 문제를 나의 문제인 것으로 느낀다.
- 나는 이 조직에 대하여 한 가족 같은 느낌을 갖고 있다.
- 나는 이 조직에 대하여 애착을 느끼고 있다.
- 나는 이 조직에 대하여 여러 가지 많은 개인적 의미를 갖고 있다.
- 나는 이 조직에 대하여 강한 소속감을 갖고 있다.

Chen과 Francisco(2003), Hackett, Bycio 및 Hausdorf(1994)와 Randall, Fedor 및 Longenecker(1990)의 연구에서는 Meyer와 Allen(1991)의 정서적 몰입척도와 OCQ와의 상관이 .80 이상의 상관을 나타내고 있기 때문에 조직몰입질문지로서 정서적 몰입을 측정해도 무방하다고 제시하였다. 그러나 Meyer와 Allen(1991)은 조직몰입질문지에는 행동 의도가 들어 있기 때문에 행동의도를 뺀 자신들의 정서적 몰입문항을 권장하고 있다.

정서적 몰입은 근로자의 조직에 대한 감정적 애착 및 조직 멤버십을 유지하려는 욕구나 관여된 상태로 볼 수 있기 때문에 정서적 몰입이 강한 사람은 그들이 조직을 원하기 때문에 계속 재직한다고 볼 수 있다.

② 규범적 몰입

조직몰입을 조직 재직에 대한 의무라고 보는 관점이다. Meyer와 Allen(1991)은 한 조직에 대한 규범적 몰입 혹은 평생몰입(life-time commitment)은 한 개인이 재직 기간에 따른 지위상승이나 회사가 그에게 주는 만족이나 보상과는 상관없이 그 회사에 계속 재직하는 것이 옳다고 믿거나 도덕적인 규범 때문에 나타나게 된다고 보았다. 이러한 몰입에 대한 규범적 관점은 Fishbein과 Ajzen(1974) 모형의 주관적 규범(subjective norm)이나 Triandis(1982) 모형의 개인적 규범(personal norm) 같은 개인의 내재화된 도덕적 의무나 규범이 조직행동을 보다 잘 예언할 것으로 보고 있다. Meyer, Stanley, Herscovitch 및 Topolynytsky(2001)는 조직의 재직의무감은 조직 입사 전 개인에게 영향을 미치는 사회적 규범이 내재화한 데에서 비롯된다고 보았다. 즉, 규범적 몰입은 입사 전 개인이 선험적으로 경험한 가정교육이나 문화적 사회화 과정을 통해 형성되거나 입사 후 조직의 가치, 기대를 조직구성원에게 전달하는 조직사회화나 기업문화 경험을 통해서 규범적 몰입이 이루어질 수 있다는 것이다(Chen & Francisco, 2003). 예를 들어, 한 국가나 조직에만 충성을 하는 것이 중요하다고 교육 받아 온 세대들은 조직에 대한 강한 규범적 몰입을 하는 경향이 많다.

규범적 몰입 문항에는 Allen과 Meyer(1990), Hackett, Bycio 및 Hausdorf(1994)의 규범적 몰입 문항과 조직규범성 문항을 함축시킨 문항이 있으며, 그 대표적 문항들은 다음과 같다.

<Meyer와 Allen의 규범적 몰입 문항>

- 나는 내가 몸담고 있는 이 조직에 남아야 할 의무감을 느낀다.
- 비록 이익이 될지라도 지금 몸담고 있는 이 조직을 떠나는 것은 옳지 않다.
- 이 조직을 떠난다면 죄책감을 느낄 것이다.
- 지금 내가 몸담고 있는 이 조직은 내가 충성을 바칠 곳이다.
- 지금 몸담고 있는 이 조직의 사람들에 대한 의무감 때문이라도 이 조직을 떠나지 않을 것이다.

규범적 몰입은 개인과 조직 간의 상호적 규범이나 교환 개념을 내재화하는 정도에 따라 개인은 그에게 더 좋은 직업 선택의 대안이 있을 때조차도 한 조직에 재직해야 한다는 의무감으로 작용하게 된다. 규범적 몰입은 자신이 속한 조직에 대한 강한 충성심과 규범적 재직 의무를 보이는 조직 한정적 개념인 반면, 정서적 몰입은 상대적으로 조직 보편적 개념에 가깝다고 볼 수 있다. 즉, 한 개인은 자신의 조직에 대한 규범적 몰입을 보이지 않고도 정서적 몰입을 보일 수 있다. 그러므로 상대적으로 낮은 규범적 몰입을 보이는 개인도 높은 정서적 몰입을 보일 수 있는데, 이는 그 자신이 한 조직에 대한 재직 의무감에 대한 강한 규범이 형성됨이 없이도 그 조직이 경력개발에 유리한 수단을 제공해 주거나 제반 조직과 직무와 관련된 여건이 좋다면 정서적 몰입이 이루어질 수 있기 때문이다. 또한 정서적 몰입이 일반적으로 문화권에 의해 영향을 덜 받는 보편적 개념인 반면, 상대적으로 규범적 몰입은 문화적 영향을 더 받는다. Chen과 Francisco(2003)는 한국과 같은 유교문화권하의 조직들에서는 집합주의적 규범적 문화가 한 개인의 규범적 몰입에 영향을 미칠 수 있으며, 이러한 규범적 몰입은 정서적 몰입과는 독립적으로 조직효율성에 영향을 미칠 수 있는 주요한 조직행동 개념으로 볼 수 있다고 했다.

③ 계속적 몰입

계속적 몰입은 조직 이직과 연관된 비용의 관점에서 몰입을 보는 것이다. Becker(1960)의 부수적 보수(side-bet)이론에서 유래된 계속적 몰입은 조직과 개인 간의 정서적 측면보다는 계산적이거나 교환적 측면을 고려하였다(Chen & Francisco, 2003). 여기서 개인이 계속적 몰입을 하려는 계산적 사고와 교환의 대상이 되는 것은 개인이 조직으로부터 필요로 하는 개인적 이익과 관심사들이다. 이러한 몰입의 관점을 측정하는 데 가장 많이 사용된 척도는 Allen과 Meyer(1991)가 개발한 계속적 몰입척도다. Meyer와 Allen(1984, 1991), Meyer와 Allen 및 Gellatly(1990)의 계속적 몰입 문항을 소개하면 다음과 같다.

<Meyer와 Allen의 계속적 몰입 문항>

- 내가 원한다 해도 지금의 직장을 지금 그만두기는 힘들다.
- 내가 지금 직장을 그만둘 경우 내 인생의 너무나 많은 것을 잃게 될 것이다.
- 내가 몸담고 있는 이 조직을 지금 그만둔다면 가장 큰 문제 중 하나는 달리 갈 직장이 없다는 것이다.

- 내가 이 조직을 못 떠나는 것은 이 조직에서 누리는 혜택을 다른 조직에서는 얻을 수 없기 때문이다.
- 내가 이 직장에 계속 다니는 이유 중 하나는 다른 생활방편이 될 수 있는 대안이 없기 때문이다.

이 척도는 대안 선택의 부재로 인한 계속적 몰입을 측정하는 척도인 CC:Lo Alt 척도와 이직에 따른 개인적 손실을 측정하는 CC:Hi Sac 척도로 구성되어 있다. 그래서 Allen과 Meyer(1991)는 계속적 몰입을 이직과 연관된 비용(손실) 지각이나 다른 대안의 부재로부터 생길 수 있는 조직 재직행위의 영속성으로 정의하고 있다. 즉, 개인은 조직 재직생활에 수반되는 부수적 보수나 이익(봉급, 연금, 퇴직금, 지위)을 축적하기 위해서나 조직 이직에 따른 손실을 피하기 위하여 혹은 다른 직업 선택의 대안이 없기 때문에 계속적으로 조직생활에 몰입하게 된다는 것이다(Meyer, Stanley, Herscovitch, & Topolynytsky, 2001). 결국, 계속적 몰입은 개인 자신이 조직을 필요로 하기 때문에 재직한다고 보는 것이다.

(3) 조직몰입 관련 변인들

조직몰입은 다른 직무 및 조직태도 변인과 깊은 연관성을 맺고 있다. Cooper-Hakim과 Viswesvaran(2005)은 몰입과 다양한 변인 간의 관계를 살펴본 약 1,000개의 연구에 대한 통합분석을 실시하였다. 〈표 6-2〉는 몰입의 세 가지 구성요소와 여러 변인 간의 관계를 요약한 것이다.

| 표 6-2 | 조직몰입과 다양한 변인 간의 평균 상관

변 인	정서적 몰입	계속적 몰입	규범적 몰입
직무만족	.50	.09	.29
직무수행	.22	-.09	.06
이직의도	-.48	-.15	-.29
이 직	-.17	-.20	-.13

① 직무만족

우선 정서적, 계속적, 규범적 몰입과 직무만족과의 연관성을 살펴보면, 직무만족 개념이 자신이 맡은 직무에 대해서 일반적으로 느끼는 감정적 평가이기 때문에 조직에 대해서도 유사한 정서적 반응을 반영하는 정서적 몰입에 영향을 미치게 된다고 본다(Allen & Meyer, 1996; Chen & Stockdale, 2003). 또한 직무만족은 조직에 대한 만족과 경영진에 대한 만족까지 확장할 수 있기 때문에 규범적 몰입까지도 형성할 수 있다(Meyer, 1997). 또한 Meyer, Stanley, Herscovitch 및 Topolynytsky(2001)는 임금에 대한 만족, 동료 만족, 복리후생 만족과 같은 직무단면 만족은 직무를 통해서 갖게 되는 긍정적 경험을 바탕으로 정서적, 규범적 몰입에 영향을 미치지만 계속적 몰입에는 약한 부정적 영향을 미치거나 별 관련성이 없다고 했다.

② 공정성 지각

근로자들이 조직에서 자신들을 공정하게 대우한다고 지각하는 조직공정성이 있다고 보면 조직에 대한 정서적 몰입행동을 하게 된다(Meyer & Smith, 2000). 즉, 조직보상에 대한 형평성 지각은 조직에 대한 태도에 영향을 미치며, 조직태도는 다시 조직몰입과 연결된다. 조직공정성의 요소인 분배공정성과 절차공정성 모두 정서적 몰입에 영향을 미친다는 연구들(Tang & Sarsfield-Baldwin, 1996; Roberts, Coulson, & Chonko, 1999)이 있는 반면, 임금만족, 직무만족과 같은 개인성과 변인에 보다 유의한 연관성을 보이고 있는 분배공정성보다는 조직신뢰성과 같은 조직태도 변인과 관련이 있는 절차공정성이 정서적 몰입을 더 잘 예언한다는 연구들도 있다(Folger & Konovsky, 1989; Sweeney & McFarlin, 1993). 한편, Dublinsky와 Levy(1989)의 연구에서는 분배공정성이 정서적 몰입에 직접적 영향을 미치는 반면 절차적 공정성은 조직몰입과는 유의한 연관성이 없다고 했다.

③ 직무관여

Kirby와 Richard(2000)는 정서적 몰입은 직무관여와 정적 연관성을 지니고 있다고 했으며, Hackett, Lapierre 및 Hausdorf(2001)는 또한 공분산 구조분석을 통해 정서적 몰입과 직무관여가 직접적인 영향을 미침을 검증했다. Meyer 등(2001)은 통합분석연구를 통해 정서적, 규범적 몰입이 직무관여를 설명하고 있으나 계속적 몰입과는 연관성이 없다고 했다. Cohen(1993) 역시 직무관여와 정서적, 규범적 몰입과는 관련이 있으나 계속적 몰입과 유의한 관련성은 보이지 않는다고 했다.

④ 직무수행

정서적 몰입과 직무수행 간의 관계를 연구한 연구들(Chen & Francisco, 2003; Morrison, 1997)에서는 정서적 몰입이 개인 수행이나 집단 수행에 주는 직접적 영향을 검증하였으며, 이러한 정적 연관성은 조직에 몰입한 구성원이 조직을 위한 직무수행을 위해 노력을 배가하기 때문에 정서적 몰입과 직무수행 간에는 일관된 정적 관계가 존재한다고 주장했다.

⑤ 이직의도

Meyer(1997)는 일반적으로 정서적 몰입은 근로자와 조직 간의 관계를 나타내며, 근로자가 조직에 계속 재직하겠다고 결정하는 것에 영향을 미친다고 주장했다. 조직에 몰입하는 근로자들은 몰입하지 않는 근로자들보다 조직에 남아 있을 가능성이 더 크며, 이직의도도 그만큼 낮다고 볼 수 있다. 조직몰입 3요인과 이직의도 간의 관계를 분석한 Chen과 Stockdale(2003)은 정서적, 규범적, 계속적 몰입 모두 이직의도를 잘 예언해 주고 있다고 했다. 하지만 개인주의가 발달한 서구보다는 집합주의가 발달한 동양권에서 규범적 몰입이 이직의도에 더 많은 영향을 미친다고 했다. 그러나 Tett와 Meyer(1993), Somers(1995)의 연구에서는 정서적 몰입만이 이직행동에 영향을 미친다고 했으며, Mathieu와 Zajac(1990)은 정서적 몰입이 태도요소를 포함하고 있기 때문에 추론행위이론(Ajzen & Fishbein, 1980)에서 제시한 것처럼 이직의도를 보다 잘 설명할 수 있다고 했다. Summers와 Hendrix(1991) 역시 임금형평성과 직무만족은 조직몰입에 영향을 미치며, 정서적 몰입은 다시 이직의도를 감소시킨다는 인과구조모형을 검증했다. 그러나 Reily와 Charles(1991)의 연구에서는 정서적 몰입과는 다르게 '손실'이나 '이익'을 계산적으로 고려하는 계속적 몰입의 경우 개인은 오히려 이직할 가능성이 높으며, 정서적 몰입과는 질적으로 다른 이직의도를 나타낸다고 제시했다. Allen과 Meyer(1996)는 감정적 몰입과 규범적 몰입은 일관되게 이직의도를 예언할 수 있는 반면, 계속적 몰입은 영향력이 다소 약하다고 했다. 그러나 Meyer 등(2001)의 통합연구에서는 정서적, 규범적, 계속적 몰입 모두 이직의도와는 부적 관계를 지닌 것으로 보고했다.

2) 조직동일시

(1) 조직동일시의 개념

조직동일시(organizational identification)는 근로자의 회사에 대한 소속감과 조직에 대한 의미 부여, 조직과 자신과의 관련성 설정, 조직효율성의 추구 등 조직 영역 전반에 걸쳐 영향을 주고 있고, 한 개인의 조직행동을 결정하는 중요한 동인 개념 중 하나로 간주되며, 지난 30여 년 동안 지속적으로 관심을 끈 조직행동 연구주제 중 하나였다(Smidts, Pruyn, & Van Riel, 2001). 특히 최근 들어 조직의 통폐합이나 인수와 합병, 조직재구조화와 구조 조정, 개인주의 문화의 확산 등으로 인해 조직의 충성심이 감소하며, 조직정체감 쇠퇴현상이 나타나곤 하는데, 각 조직은 이런 조직정체감 쇠퇴현상을 감소시키고자 조직동일시를 강화시킬 수 있는 경영능력개발에 대한 관심을 기울이고 있다(Van Knippenberg & Van Shie, 2000).

조직에 소속되어 있는 개인은 자신과 조직을 분리될 수 없는 하나라는 동일성(oneness)을 지각하고 있으며, 그가 속한 조직의 장단점, 조직의 성공과 실패를 공유함으로써 조직과 자신을 공동 운명체로 인식하게 되는데, 이러한 개념을 조직동일시라 한다(Tolman, 1943; Mael & Ashforth, 1988, 1992).

이러한 조직동일시에 대한 개념은 Tajfel(1981, 1982)과 Turner(1982)가 발전시킨 사회정체성이론(social identity theory)으로 체계적으로 설명할 수 있다. 사회정체성이론에 의하면, 한 개인의 자기개념에는 한 개인에 특정될 수 있는 개인적 속성(심리적 특성, 개인적 성향과 능력)을 포괄하고 있는 개인정체성(personal identity)과 자기가 속한 집단 분류, 사회적 범주에 의해 자기를 정의하는 사회정체성(social identity)을 가지고 있다고 본다. 사람들은 자신과 타인을 조직 멤버십, 종교, 성, 연령과 같은 다양한 사회적 범주에 의해 분류하려는 경향이 있으며, 개인은 각 범주 내의 구성원이 가지고 있는 원형적 특성들을 단서로 자기 정의를 내리게 된다(Tajfel & Turner, 1986).

(2) 조직동일시의 기능

조직동일시의 기능을 구체적으로 살펴보면 첫째, 조직동일시는 조직구성원 간의 상호작용이나 응집력이 없이도 형성된다. Turner(1984)는 심리적 집단이란 사회적 동일시를 같이 공유하거나 사회적 범주에 의해 자기 자신의 멤버십과 정체성을 정의한 사람들의 집합체라고 정의했다. 애국심이나 스포츠팀 지원행동은 구성원 간의 특별한 관계없이도 개인의 정체성을 사회적 정체성으로 통합할 수 있는 심리적 실체를 지닌 집단을 형성했기 때문이다. 최소집단(minimal group) 이론에서와 같이 한 개인을 무작위로 한 집단에 할당하는 것 자체만으로도 사회적 동일시가 형성될 수 있으며, 자신의 자유의지로 선택한 조직이 아닐 경우에도 조직동일시는 이루어진다. 비록 조직구성원은 자신의 자존심을 고양할 수 있는 조직에 동일시하려는 경향이 있지만, 조직이 심각한 손실과 고통을 받을 경우에도 조직구성원의 조직동일시는 지속되고(Brown & Abrams, 1986), 상당히 손해를 보는 경우(Tajfel, 1982)나 심지어는 집단의 실패가 예상될 경우(Gammon, 1986)에도 조직동일시는 지속된다. 즉, 조직동일시는 구성원 간의 실제적인 상호작용 없이도 형성될 수 있는 인지적 · 지각적 개념으로 정의될 수 있다(Mael & Ashforth, 1988).

둘째, 조직동일시는 조직과 개인에게 순기능 역할을 한다. 조직동일시는 개인에게 자연발생적으로 생김으로써 조직을 확장된 자기정체성으로 간주하게 된다. 즉, 확장된 자기로 조직을 간주함으로써 조직성취에 대해서도 대리적으로 자기성취감으로 맛볼 수 있으며, 자신의 성공이 곧 조직의 성공이라는 동일성 지각은 지속적으로 구성원의 조직에 대한 공헌감을 갖도록 해 준다(Dutton, Dukerich, & Harquail, 1994). 또한 조직에 동일시한 구성원은 조직의 원형적 특성을 자기개념으로 귀인시키는 자기고정관념(self stereotyping)을 개발하게 된다. 이러한 자기고정관념 정도에 따라 구성원은 자기 자신을 조직의 전형적 화신으로 지각하며, 자신의 독특한 특성이 소멸되는 몰개인화(depersonalization)가 나타나기도한다(Van Knippenberg & Van Shie, 2000).

또한 조직동일시는 영원히 존재하는 실재를 의미하는 것은 아니다. 조직동일시는 자신과 조직과의 관계 변화, 지위의 변화, 조직 간 비교 등으로 인해 변화할 수 있는 정체성 변화 개념으로 인식해야 한다. 이러한 조직동일시 개념에 대한 연구들을 통해 조직동일시는 조직장면에서 한 개인이 자기 자신을 조직의 공통된 특성이나 장단점, 성공과 실패를 자신의 것으로 지각함으로써 조직과의 공동 운명을 공유하고 조직과 자신이 심리적으로 상호 어우러져 있는 동일성 지각으로 정의할 수 있다.

(3) 조직동일시의 측정

이렇듯 조직동일시 개념이 조직과 조직구성원 둘 다에 유익한 중요한 변수임에도 불구하고, 조직동일시는 조직몰입(organizational commitment), 조직내재화(organizational internalization) 등 유관 개념 간의 혼동 및 조직동일시 측정 질문지들 간의 오용으로 인해서 조직동일시의 순수한 효과를 해석하기 어렵게 하고 있다(Milleretal, 2000).

이렇듯 조직동일시 연구의 일관성을 유지할 수 없었던 가장 큰 문제점은 조직내재화와 조직몰입 개념 간의 혼동에 기인한 바가 크다. 조직동일시는 조직의 가치와 자신의 가치가 일치되는 정도로서 정의하고 있는 조직내재화와도 구별된다. 조직동일시를 한 사람은 조직가치와 자신의 가치가 일치하지 않아도 조직의 구성원으로서 자기정의를 내릴 수 있으며, 조직내재화는 조직의 가치를 자기 자신의 독특한 정체성으로 통합하는 것인 반면 조직동일시는 조직의 원형적 특성에 몰개성화하기 위해 자신의 독특성을 억압하는 과정이라 볼 수 있다. 즉, 조직동일시는 사회적 범주에 의한 자기정의(I am)인 반면 내재화는 자신의 가치와 조직의 가치와의 통합 정도(I believe)를 나타내는 지침이라고 볼 수 있다(Mael & Tetrick, 1992; Martin & Siehl, 1983).

조직동일시를 측정하는 척도는 Mael(1988), Mael과 Ashforth(1992), 김원형(2002)의 조직동일시 문항을 사용하며, 그 대표적 측정 문항은 다음과 같다.

<Mael과 Ashforth(1992)의 조직동일시 문항>

- 회사에 대한 칭찬을 외부 사람에게서 들으면 개인적 칭찬을 받는 느낌이 든다.
- 대중매체에서 회사를 비난하는 보도를 하면 자신에 대한 비난을 하는 것 같아 당혹스럽다.
- 외부 사람이 회사를 비난하면 개인적 모욕을 받는 것처럼 느낀다.
- 회사가 잘되는 것이 내가 잘되는 것이라고 생각한다.
- 회사에 대해 말할 때 항상 '우리' 회사라는 표현을 쓰는 편이다.

김원형(2002)과 Bullis와 Bach(1989)는 조직동일시는 감정적, 인지적 성분이 강하며, 조직몰입 행동은 행동적 성분이 강하다고 보았다. 또한 조직동일시는 자신이 속해 있는 특정 조직에만 국한된 심리적 구성개념, 즉 자신이 속한 조직에만 한정된 구성개념인 반면 정서적 몰입은 보편적 개념이라는 것이다. 한 조직구성원이 자신의 조직과의 공동 운명을 지각함이 없이도 조직에 대해 몰입 태도를 보일 수 있다(Mael & Ashforth, 1989).

그러므로 조직동일시를 하지 않고도 개인은 높은 조직몰입을 나타낼 수도 있는데,

이는 그 개인이 조직과의 공동 운명에 대한 지각 없이도 그 조직은 자신의 경력에 편리한 수단을 제공해 줄 것으로 볼 경우에는 조직몰입을 더 나타낼 것이기 때문이다. 그리고 몰입을 할 수 있는 제반 여건이 더 좋다면, 또는 다른 조직이 더 만족스러운 지위나 매력적인 경력을 제시한다면, 그 개인은 다른 조직에 동일시하지 않고도 다른 조직으로 전직할 수 있는 개연성이 충분히 있다. 그러나 한 조직과 자신을 공동 운명체로 동일시하는 사람은 자신의 조직을 떠나는 것이 필연적으로 심리적 상실감을 수반하게 된다(Levinson, 1970).

(4) 조직동일시 관련 변인들

① 조직 의사소통

조직동일시와 관련성이 있는 다른 직무 및 조직태도 변수를 살펴보면, 우선 조직동일시는 조직 의사소통에 의해 영향을 받는다. 일반적으로 조직의 중요 정책이나 경영 의사결정 사항을 모든 조직구성원이 공유함으로써 조직원으로 하여금 현재 조직의 상황을 인지시키는 조직 의사소통은 조직동일시에 중요한 영향을 미치는 것으로 인식되어 왔다(Dutton, Dukerich, & Harquail, 1994).

② 조직공정성

조직공정성이 조직동일시에 미치는 영향을 검증한 연구들(Lind, 1995; Lind, Greenberg, Scott, & Welchans, 2000)에서는 근로자들이 조직에서 공정하게 대우한다고 지각하면 자신의 자존심을 증진시켜 주는 조직에 대해 사회적 정체성이 형성되어 조직동일시가 일어나게 된다고 했다. 즉, 근로자들이 조직으로부터 공정한 대우를 받고 있다는 경험을 통해 조직의 사회적 수용이라는 메시지를 전달받게 되며 이로 인해 개인의 사회적 정체성은 고양되며, 결국 조직동일시를 형성하게 된다(Koper et al., 1993).

③ 자기개념

Van Knippenberg와 Van Shie(2000)는 조직동일시는 조직이나 집단의 특성을 자신에게 귀인시키는 자기고정관념을 형성시키기 때문에 직무도 자기개념으로 조직동일시에 통합될 수 있다고 하였다. 사람들은 자기개념과 연관된 태도 대상에 대해 긍정적으로 평가하는 경향이 있기 때문에 직무에 대해서도 긍정적 태도를 형성하게 되면, 즉 직무만족을 느끼게 되면 이로 인해 조직동일시도 높아진다는 것이다.

④ 역할갈등과 역할모호성

Welsh와 Lavan(1981)의 연구에서는 역할갈등과 역할모호성이 조직동일시와 조직몰입에 부적 연관성을 나타냄을 입증하였다. 일반적으로 역할갈등을 경험한 개인은 상충된 역할에 대한 책임감이 감소하게 되며, 이러한 책임감의 감소는 다시 역할관여의 감소를 가져옴으로써 조직동일시에 부적으로 작용하게 된다는 것이다(Morris & Sherman, 1981; Salancik, 1977). 역할모호성 역시 구성원 자신이 조직의 요구에 부응할 수 있는 능력에 대한 불확실성을 가져오거나 조직의 역할과 개인구성원의 역할 간의 혼동을 일으킴으로써 종국적으로는 조직동일시에 부적인 연관성을 갖게 된다고 본다(Miller & Jablin, 1991). 특히, Saks와 Ashforth(2000)의 연구에서는 신입사원의 경우 역할갈등과 역할모호성은 직무스트레스의 출처로 작용하여 조직사회화 적응을 방해하고 조직동일시를 약화시킨다고 하였다.

⑤ 직무관여

조직동일시와 개인의 직무에 대한 자아관여와 애착으로 정의되는 직무관여 간의 관계를 검증한 연구들(Efraty & Sirgy, 1990; Efraty, Sirgy, & Claiborne, 1991)에서는 직무관여를 보이는 사람들은 조직과 동일시하려는 동기가 활성화되며, 이는 개인이 직무에 대해 감정적 관여가 되지 않고서는 조직목표나 성과를 개인의 자기개념으로 통합할 수 없기 때문이라고 설명하였다.

3) 조직시민행동

급변하는 환경 변화에 능동적으로 대처하고 그러한 경쟁 환경에서 조직이 생존하기 위해서는 조직구성원의 자발성과 역할 외 행동들이 중요한 변인으로 인식되면서 조직시민행동(Organizational Citizenship Behavior: OCB)이 조직행동연구에 중요한 개념으로 제시되었다. 또한 조직시민행동과 유사한 개념인 친사회적 조직행동(prosocial organizational behavior), 조직에서 부가한 역할 외 행동(extra-role behavior) 등도 나타나기 시작했다(Morrison, 1994).

(1) 조직시민행동의 개념

Organ(1988)에 의하면 조직시민행동이란 조직이 공식적으로 규정한 직무행동도 아니며 그 행동이 조직으로부터의 공식적인 보상체계와 관련성도 없지만 조직구성원이 조직의 효율성 증진을 위해 자발적으로 행한 자유재량행동이라고 정의했다. 이러한 조직시민행동의 개념의 특징으로는 첫째, '동료에게 도움주기' '시간 엄수' '근무시간을 낭비하지 않기' '자발적으로 일하기'와 같이 조직 규정에는 포함되어 있지 않지만 조직의 입장에서 조직구성원이 행동해 주었으면 하고 바라는 행동들이 포함되어 있다(Bateman & Organ, 1983; Smith, Organ, & Near, 1983). 두 번째 특징으로는 '상사나 회사 험담하기' '하찮은 일로 불평불만하기' '동료와 논쟁하기' '동료 약점 잡기'와 같은 조직시민적이지 못한 행동들을 자제시키거나 억제하는 행동들에 초점을 맞추고 있다(Organ, 1990). 마지막으로, 조직시민행동은 조직의 공식적인 보상/처벌체계를 고려에 두고 하는 행동은 아니라는 것이다(Katz & Kahn, 1978). 조직시민행동이 공식적 보상/처벌체계에 영향을 덜 받는 이유로 우선 상사나 조직의 입장에서는 주관적으로 조직시민행동을 행하고 있음을 인식하고는 있지만 조직시민행동을 객관적으로 측정하기 어렵기 때문에 보상/처벌체계와 연관성이 약할 수밖에 없다. 또한 자신의 일을 하는 대신에 한참 뒤처진 동료 일을 도와주는 것과 같은 조직시민행동은 개인 자신의 직무수행에 타격을 줌으로써 보상체계에 오히려 악영향을 줄 수도 있기 때문이다. 마지막으로, 조직시민행동이 조직에 의해 공식적으로 규정한 행동이 아니기 때문에 조직구성원이 조직시민행동을 하지 않는다고 해서 처벌할 수는 없기 때문이다.

반면에 친사회적 조직행동(prosocial organizational behavior)이란 개인이나 집단, 조직의 안녕과 복지를 증진시키기 위해 조직구성원이 자신의 조직역할과 상호 연관된 타인이나 집단, 조직을 대상으로 행해지는 행동이라고 정의하고 있으며(Brief & Motowildo, 1986), 조직시민행동보다는 보다 포괄적이고 광의의 의미를 지니고 있다(Morrison, 1994).

Brief와 Motowildo(1986)는 친사회적 조직행동이 조직시민행동과 구별되는 두 가지 특징을 제시하였다. 첫째, 친사회적 조직행동은 조직에 순기능적 측면과 역기능적 측면을 동시에 내포하고 있다는 것이다. 예를 들어, 외부에 자신의 조직을 호의적으로 언급하는 것은 순기능적인 반면, 동료의 업무상 실패를 드러나지 않도록 눈감아 주는 행동은 역기능적인 친사회적 조직행동이라고 볼 수 있다. 둘째, 조직시민행동이 조직이 규정하지 않은 역할 외 행동(extra-role behavior)인 반면, 친사회적 조직행동은 역할 외 행동이거나 조직이 규정한 역할 내 행동(intra-role behavior)일 수도 있다. 역할 내 친사회적 조직행동은 경험이 많은 조직구성원으로 하여금 신입사원의 조직사회화를 촉진시키기 위해 멘토십을 발휘하도록 조직이 부가한 책무일 수 있다. 역할 외 친사회적 조직행동은 자발적 이타행동과 같이 조직시민행동과 유사한 순기능적 측면을 지니고 있지만 개인의 목표달성이나 승진을 위해 조직에게 손해를 끼치는 동료를 도와주는 행동과 같은 역기능적 측면을 갖고 있다.

(2) 조직시민행동 5요인

1980년대 들어 조직시민행동연구가 활기를 띠면서 연구의 주 관심은 조직시민행동의 구성요인을 밝히는 것이었다. Smith, Organ 및 Near(1983)는 조직시민행동의 다차원성을 밝히기 위해 16문항의 질문지로 요인분석한 결과, 해석 가능한 2요인을 밝혔다. 첫 번째 요인으로 명명된 일반화된 보편적 응종(generalized compliance)은 조직에 전반적으로 도움을 주는 행동들로 성실 행동(conscientiousness)으로 언급되기도 한다(Organ, 1988). 두 번째 요인은 이타행동(altruism)으로 조직구성원에 대해 도움을 주는 행동들로 정의될 수 있다. 이타행동의 대상이 특정 조직구성원이라는 점에서 조직을 대상으로 도움행동을 하게 되는 성실행동과는 구별되는 요인이다. 또한 이타행동은 조직구성원 간의 우정이나 상호성에 기인해 나타나는 행동인 반면, 성실행동은 '조직을 위해 좋은 근로자가 되려면 어떻게 행동해야 하는가' 하는 규범적 기준을 근거로 행동하게 된다.

Williams, Podsakoff 및 Huber(1986)는 Smith, Organ 및 Near(1983)의 질문지를 다시 사용하여 요인분석한 결과, 이타행동, 구성원을 대상으로 하지 않는 성실성, 출근과 시간엄수로 해석할 수 있는 3요인을 분석했다. 또한 Konovsky와 Pugh(1990)는 조직시민행동의 주요 요인을 개인적 근면성, 주도성, 타인의 능력 고양, 조직에 대한 열정적 지지 등 4요인이라고 했다.

이러한 조직시민행동의 차원을 규명한 연구들이 계속되었지만, 조직시민행동의 요인을 보다 명확히 제시한 연구는 Organ(1988)의 조직시민행동 5요인 연구라고 볼 수 있다(Allen & Rush, 1998; Deluga, 1995a, 1995b, 1998; MacKenzie, Podsakoff, & Fetter, 1991; Morrison, 1994). Organ(1988)이 30문항을 사용하여 밝힌 5요인은 이타행동, 성실행동, 예의행동, 시민도덕행동, 스포츠맨 정신이다. 조직시민행동 5요인은 [그림 6-2]와 같다.

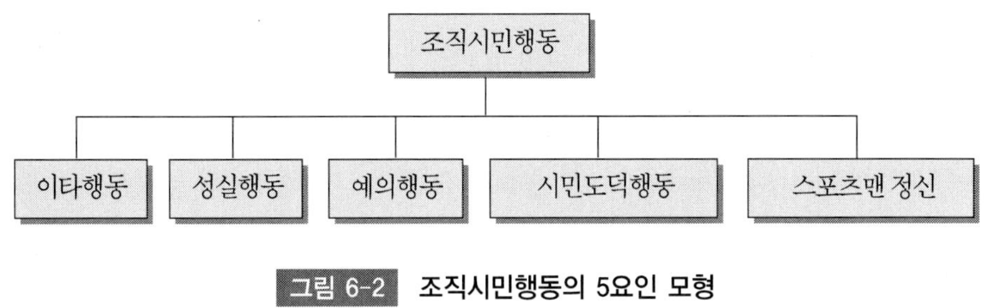

그림 6-2 **조직시민행동의 5요인 모형**

① 이타행동

이타행동(altruism)은 조직의 과제나 조직에서 발생한 문제를 지니고 있는 특정 조직구성원을 도와주는 임의적 행동으로 정의 내리며(Organ, 1988), Graham(1991)은 이웃정신(neighborliness)으로, Puffer(1987)는 친사회적 행동으로 부르기도 했다. 이러한 이타행동은 대부분 조직구성원을 대상으로 가장 많이 일어나고 있지만, 조직구성원에게만 한정된 행동은 아니며 고객, 판매자와 공급자에게도 도움을 주는 행동을 모두 이타행동이라고 한다. 이러한 이타행동의 예는 과중한 업무에 시달리는 동료 도와주기, 결근한 동료의 급한 일을 대신해 주기, 컴퓨터 신참자에게 더 나은 컴퓨터 소프트웨어 사용법 알려 주기 등이다. 이타행동은 MacKenzie, Podsakoff 및 Fetter(1991)의 문항과 Morrison(1994)의 연구에서 문항으로 주로 구성되어 있으며, 그 대표적 문항들은 다음과 같다.

<이타행동 문항>

- 나는 동료직원이 결근이나 조퇴를 하면 그를 대신하여 일을 도와주는 편이다.
- 나는 비교적 일이 많은 동료를 기꺼이 도와주려고 하는 편이다.
- 나는 항상 회사 동료를 도와줄 마음이 있다.
- 신입사원이 들어오면 자신의 일이 아니더라도 회사에 쉽게 적응하도록 도와준다.
- 나는 상사의 일도 기꺼이 도와주는 편이다.

조직구성원의 이타행동을 통해 조직의 기존 인력만으로도 조직의 유지 기능을 활성화시킬 수 있을 뿐 아니라 대외적으로는 고객의 회사 충성도를 가져오게 하며, 판매자와 공급자의 회사에 대한 몰입을 증가시킴으로써 조직효율성에 기여하게 된다(Organ, 1988).

② 성실행동

Organ(1988)이 조직시민행동의 두 번째 요인으로 제시한 성실행동(conscientiousness)은 조직에서 구성원에게 요구하는 최소 수준 이상의 역할을 수행하는 행동으로 정의되며, 일반화된 응종(generalized compliance; Graham, 1986)이라고 언급되기도 했다. 자신이 갑자기 몸살이 났거나, 갑작스러운 기상이변으로 출근이 불가능한 상황에서도 정상 출근을 한다든지, 갑작스러운 경영환경 변화 속에서도 고객의 신뢰를 저버리지 않기 위해서 고품질의 제품을 적기에 인도하려고 노력하는 행동들이 조직에서 성실행동의 좋은 예다. 성실행동은 Smith, Organ 및 Near(1983)의 연구 문항과 Bateman과 Organ(1983)의 문항을 사용하며, 그 대표적 문항들은 다음과 같다.

<성실행동 문항>

- 나는 보수 이상 회사를 위해 열심히 일한다고 생각한다.
- 나는 근무시간을 헛되이 보내지 않고 열심히 일을 하는 편이다.
- 나는 회사에서 부여한 임무를 제시간에 끝마치는 편이다.
- 나는 결근할 경우 업무에 차질이 없게 미리 연락하는 편이다.
- 나는 정해진 업무시간이나 회사와의 약속을 잘 지키려고 한다.

이타행동이 도움행동의 대상을 특정 구성원이나 고객과 같이 특정 개인으로 하고 있는 반면, 성실행동은 특정 개인을 대상으로 하기보다는 직무상 부수적으로 해야 할 일에 초점을 둔다. 또한 성실행동은 회사에서 특정 직무에 대해서만 성실한 행동을 보이는 표적행동이기보다는 '조직구성원으로서 어떻게 행동해야 하는가' 하는 규범적 행동의 의미를 내포하고 있다.

③ 예의행동

예의행동(courtesy)이란 사전정보의 제시, 정보 공유, 상담과 브리핑해 주기와 같이 조직구성원의 의사결정에 영향을 미칠 수 있는 조직구성원 간의 정보 공유 행동이나 조직구성원과 문제 발생 소지가 있을 경우 사전에 예방할 수 있도록 하는 행동을 의미한다. 예의행동의 예는 현장에서 발생할 수도 있는 문제를 해결하기 위해 갑작스레 본사를 방문하기보다는 현장 담당자가 먼저 본사에 전화를 걸어 담당 임원에게 대략적인 문제에 대해 알려 준 다음, 문제해결을 위한 준비를 하게 하고 방문하는 행동이나 조직구성원과 갈등을 일으킬 수 있는 문제에 대해 사전조정을 하는 행동 등이다. 예의행동은 MacKenzie, Podsakoff 및 Fetter(1991b)의 연구에서 문항을 주로 사용하며, 대표적 문항들은 다음과 같다.

<예의행동 문항>

- 나는 회사에서 행동을 하기 전에 동료에게 미칠 영향을 생각한다.
- 나는 동료들이 필요로 하는 정보를 기꺼이 제공하려 한다.
- 동료들의 권리를 침해하지 않으려고 하는 편이다.

이타행동은 이미 발생한 문제에 대해 사후 도움을 주는 행동인 반면, 예의행동은 조직에서 발생할 가능성이 있는 문제를 사전에 예방하는 행동이거나 문제 악화를 완화시키기 위해 점진적으로 문제를 해결하려는 행동이다(Schnake, 1991).

④ 시민도덕행동

시민도덕행동(civic virtue)은 조직에서 주관하는 활동이나 행사에 적극적으로 참여하는 행동을 의미한다(Organ, 1988). Graham(1986)은 Organ(1988)의 정의와 유사하게 조직생활에 책임감을 가지고 참여하는 행동이라고 정의했다. 이러한 시민도덕행동은 어떠한 조직정책이 채택되어야 하며 지지해야 하는지 등과 같은 조직 내 정책이나 정치 사안에 대해서도 관심을 갖거나 관여하는 행동까지를 포함하고 있다. 회의에 참석하기, 회사 E-mail 읽기, 건설적인 제안하기, 조직투표활동에 참여하기, 본연의 직책 이외에 조직에서 구성한 위원회의 위원으로 참석하여 토론이나 보고서 작성하기 등의 행동은 조직을 위해 부수적인 노력과 시간을 투자해야 하는 조직시민행동의 예다. 시민도덕행동은 Bateman과 Organ(1983)의 연구와 Niehoff와 Moorman(1993)의 연구 문항 등을 사용하며, 시민도덕행동의 대표적 문항들을 소개하면 다음과 같다.

<시민도덕행동 문항>

- 회사의 이미지 향상에 도움이 되는 행사에 자발적으로 참석하는 편이다.
- 회사의 발전을 위해 본인 스스로도 뒤지지 않으려고 노력한다.
- 회사에 도움이 되는 제안을 많이 하는 편이다.
- 회사를 위해 중요하다고 생각되는 모임에 능동적으로 참석한다.
- 나는 회사의 간행물이나 게시물 등 전달사항을 잘 인식하는 편이다.

⑤ 스포츠맨 정신

스포츠맨 정신(sportsmanship)은 가급적 조직에 대한 불만을 삼가고 사소한 불평을 조직에 공식화하지 않으며, 개인적으로 감내할 수 있는 조직 내 애로사항을 과대 포장하지 않는 등 조직이나 구성원에게 비난행동보다는 스포츠맨다운 모습을 보이는 행동이다. 스포츠맨 정신은 Bateman과 Organ(1983)의 연구와 MacKenzie, Podsakoff 및 Fetter(1991b)의 연구 문항 등을 사용하며, 그 대표적 문항들은 다음과 같다.

<스포츠맨 정신 문항>

- 나는 회사의 긍정적인 측면보다는 부정적인 측면에 더 관심을 표명한다.(R)
- 나는 회사생활 중 일어나는 자신의 불평이나 애로를 과장하는 경향이 있다.(R)
- 나는 업무상 발생한 사소한 문제들에 대해 자주 불평을 하는 편이다.(R)
- 나는 종종 회사를 그만두겠다고 말하는 편이다.(R)
- 나는 우리 직장은 장점보다는 단점이나 부정적인 측면이 더 많다고 생각한다.(R)

(R문항은 평정 시 역으로 계산해야 하는 문항임)

이러한 스포츠맨 정신은 조직구성원으로 하여금 자신의 불평을 인내가능한 범위까지 표면화시키지 않게 자제시키는 기능을 함으로써 고충처리과정에 소비할 수도 있는 시간과 갈등해결 노력을 보다 조직에 도움이 되는 조직활동과 생산성으로 전환할 수 있다는 점에서 조직효율성을 증가시킬 수 있다.

4) 조직공정성

(1) 조직공정성의 개념

조직공정성(organizational justice)은 조직구성원이 조직으로부터 받는 성과나 결과에 대한 공정성을 말하는 분배공정성(distributive justice)과 조직구성원이 받는 성과를 결정하는 절차에 대한 공정성으로 정의되는 절차공정성(procedural justice)으로 구분된다(Greenberg, 1996).

절차공정성에는 두 가지 요소가 있는데, 첫 번째 요소는 보상의 공정한 분배에 대한 공식적 절차공정성(formal procedure justice)이 존재하는가에 대한 것이다. 예를 들어, 보상분배절차는 의사결정과정에 근로자들의 발언효과를 증가시키도록 설계되었는지, 혹은 의사결정에 있어서의 편파나 오류를 감소시키도록 설계되었는지에 대한 것이다. 두 번째 요소는 상호작용 공정성(interaction justice)이다. 상호작용 공정성은 그러한 공식적 절차를 실행함에 있어서나 공식적 절차를 설명함에 있어 근로자들이 공정한 대우를 받았는지에 대한 공정성을 의미한다. 즉, 공식적 절차가 수행되는 동안에 근로자를 대우하는 방식에 대한 공정성 지각을 의미한다. 다음은 분배공정성과 절차공정성(공식적/상호작용)의 대표적 문항들이다.

<분배공정성 문항>

- 내가 잘 처리한 업적에 비해 내가 받은 보상은 공정했다고 생각한다.
- 내가 쌓아 온 조직에서의 경험만큼 공정한 보상을 받고 있다.
- 내가 회사를 위해 노력한 정도에 상응하는 보상을 받고 있다.

<공식적 절차공정성 문항>

- 우리 회사는 승진이나 업적평가에 대한 의사결정 전에 필요한 정보를 수집하는 절차가 정해져 있다.
- 우리 회사는 최종 결정을 하기 전에 그 결정에 이견이 있으면 제시하는 절차가 있다.
- 우리 회사는 의사결정의 내용과 그 진행과정을 사원들에게 피드백 해 주는 절차가 있다.

<상호작용 절차공정성 문항>

- 내 업무와 관련된 결정을 할 때 상사는 나의 견해를 고려해 준다.
- 내 업무와 관련된 결정을 할 때 상사는 자신의 개인적 편견을 보이지 않는다.
- 내 업무와 관련된 결정을 할 때 상사는 나를 존중해 준다.

조직공정성이 조직동일시와 조직몰입에 미치는 영향을 검증한 연구들(Lind, 1995)에서는 근로자들이 조직에서 공정하게 대우한다고 지각하면 조직의 사회적 수용이라는 메시지를 전달 받게 되며, 자신의 자존심을 증진시켜 주는 조직에 대해 사회적 정체성이 형성되어 조직동일시나 조직몰입이 일어나게 된다고 하였다.

Robbinson, Summers, Miller 및 Hendrix(2000)는 근로자들은 절차공정성으로 인해 자신에게 분배된 성과가 비록 호의적이지 않다 하더라도 절차공정성 그 자체에 가치를 부여하고 있다는 비도구적 절차공정성 모형을 제시했다. 근로자들이 공정한 개인적 대우를 받고 있다고 느끼게 하는 절차공정성의 비도구적 가치 자체가 보다 강력하고도 독립적인 영향력을 가지게 된다는 것이다. 이러한 절차공정성의 비도구적 측면으로 인해 조직구성원은 개인의 조직에 대한 통제감과 개인적 자부심과 긍지를 갖게 되며, 그로 인해 조직가치에 내재화하거나 조직에 동일시하게 된다고 보고 있다(Summers, Miller, & Hendrix, 2000).

공식적 절차공정성과는 별개로 상호작용 공정성을 분석한 연구들(Cohen-Charash & Spector, 2001; Masterson et al., 2000)에서는 상호작용 공정성이 자신을 공정하게 대우해 주는 상사와의 대인 간 관계에 의해 결정되기 때문에 상호작용 공정성은 조직보다는 직속 상사에 먼저 긍정적 태도를 형성하게 된다고 했다. 그러므로 근로자는 상호작용 공정성이 있다고 믿게 되면 공식적 절차 그 자체보다는 그러한 절차를 실행하는 상사를 공정성의 출처로 지각하게 되어 상사에 대한 신뢰를 형성하게 된다(Cronpanzo & Prehar, 1999). 즉, 상호작용 공정성은 절차공정성의 한 요소이지만 상사에 대한 긍정적 태도가 형성되면 상호작용 공정성 그 자체가 절차공정성으로 지각하게 되며, 조직몰입에 영향을 미치게 된다(Bies & Moag, 1986).

(2) 조직공정성 관련 변인들

조직공정성이 다른 조직 결과 변인 간의 관련성을 살펴보면 우선 근로자들이 조직에서 공정하게 대우한다고 지각하면 자신의 자존심을 증진시켜 주는 조직에 대해 사회적 정체성이 형성되어 조직동일시가 일어나거나(Lind, 1995; Lind, Greenberg, Scott, & Welchans, 2000), 조직에 대한 몰입행동과 조직시민행동을 하게 된다(Meyer & Smith, 2000).

① 조직몰입

조직공정성의 성분인 분배공정성과 절차공정성 모두 조직몰입에 영향을 미친다는 연구들(Tang & Sarsfield-Baldwin, 1996)이 있는 반면, 분배공정성보다는 절차공정성이 조직몰입을 더 잘 예언한다는 연구들도 있다(Folger & Konovsky, 1989; Sweeney & McFarlin, 1993). 즉, 절차공정성은 조직몰입, 조직신뢰성과 같은 조직태도 변수와 관련이 있는 반면에 분배공정성은 임금 만족, 직무만족과 같은 개인 성과 변수에 보다 유의한 연관성을 보인다는 것이다. 이러한 결과는 조직구성원이 조직은 성과 그 자체로 조직구성원을 통제하기보다는 의사결정과정을 통해 조직구성원을 통제한다고 보기 때문에 구성원이 조직 내부의 절차공정성이 있다고 지각할 경우에 조직몰입을 보다 강하게 나타낸다(Meyer & Smith, 2000). 또한 Robbinson 등(2000)은 근로자들은 절차공정성으로 인해 자신에게 분배된 성과가 비록 호의적이지 않다 하더라도 절차공정성 그 자체에 가치를 부여하고 있다는 비도구적 절차공정성 모형을 제시했다. 근로자들이 공정한 개인적 대우를 받고 있다고 느끼게 하는 절차공정성의 비도구적 가치 자체가 조직몰입에 보다 강력하고도 독립적인 영향력을 가지게 된다고 제시했다. 이러한 절차공정성의 비도구적 측면으로 인해 조직구성원은 개인의 조직에 대한 통제감과 개인적 자부심과 긍지를 갖게 되며, 그로 인해 조직 가치에 내재화하거나 동일시하게 된다고 보고 있다(Robbinson et al., 2000).

② 직무만족

일반적으로 분배공정성이 개인욕구 충족에 부합되는 역할 때문에 임금 만족(Martin & Bennet, 1996), 복리후생 만족(Tremblay, Sire, & Pelchat, 1998) 등 개인 직무만족에도 영향을 미치고 있다.

③ 조직시민행동

Christopher(1994)는 조직에 대한 공정성이 있다고 지각하게 되면 절차공정성과 분배공정성 모두 조직시민행동과 유의한 관련성이 있음을 제시했다. 실무에서의 절차공정성과 분배공정성 간의 일치성과 일관된 조직공정성의 실행이 조직몰입에 영향을 미친다고 했다. Iverson과 Roy(1994)의 연구에서도 조직보상에 대한 형평성 지각은 태도적 몰입을 가져오며, 태도적 몰입은 다시 행동적 몰입과 연결된다고 했다. 즉, 자신들이 공정하게 대우 받고 있다고 지각한 구성원은 직무에 만족하고 조직에 동일시하며, 그 결과 조직에 몰입하고 종국적으로는 조직시민행동도 일어난다는 것이다.

5) 조직 내 갈등

(1) 조직 내 갈등의 개념

인간은 조직 내 다양한 사회적 관계 속에서 갈등의 상황에 직면하게 되며, 갈등이 지나치면 개인이나 조직은 파멸에 처할 위기까지 갈 수 있으므로 갈등은 관리해야 할 필요가 있다. 이러한 조직 갈등의 정의는 다양하게 설명되고 있다. Robbins(1989)는 '한 개인이나 집단 또는 조직이 그 목표를 달성하는 과정에서 다른 사회단위가 의도적으로 방해되는 상태'라고 정의하였다. Rahim(1992)은 '개인, 팀, 조직 등 사이에 혹은 그들의 내에 있는 불일치, 부조화로 입증된 상호작용적인 과정'이라고 정의하고 있다. 또한 Litterer(1970)는 '둘 이상의 개인이나 집단이 다른 사람 또는 집단의 행동이나 그들과의 상호작용으로부터 상대적인 손실을 지각함으로써 대립이나 다툼이 일어나는 행동의 한 형태'로 파악하였고, Reitz(1981)는 '관련 개인이나 집단이 함께 일하는 데 애로를 겪는 형태로 정상적인 활동이 방해되거나 파괴되는 상태'로 규정하였다.

조직 내 갈등과 협동 척도는 관리자들이 조직이나 팀 내 타인들과 협동 또는 경쟁하는 정도와 다른 관리자들의 목표와 자신의 목표를 통합하려고 노력하는 정도를 측정한다. 이 척도에 포함된 항목들은 공동체의식이나 이익 공유의식, 협동이나 혁신을 저해하는 기득권의 이익갈등의 부재, 경쟁과 협동 간의 균형, 조직목표가 최우선시되는 경향 등을 Rahim(1992)이 7점 리커트 척도로 측정했으며, 조직 내 갈등 문항은 다음과 같다.

<조직 내 갈등 문항>

- 우리 조직구성원은 공동체의식과 이익 및 목표를 공유하고 있다는 느낌을 강하게 갖는다.(R)
- 우리 조직에서는 기득권이나 복잡한 이익관계 때문에 중요한 협동이나 혁신이 잘 이루어지지 않는다.
- 조직구성원 사이에 갈등은 거의 없다.(R)
- 조직구성원은 협동보다는 경쟁을 더 많이 한다.
- 조직구성원은 개인적 발전보다는 조직의 목표를 달성하는 데 더 관심이 있다.(R)

(R문항은 평정 시 역으로 계산해야 하는 문항임)

(2) 조직 내 갈등의 원인과 기능

Schmidt와 Kochan(1972)은 조직 갈등의 원천을 조직 목표의 비양립성, 상호의존성, 조직자원의 공유라고 하였다. 조직 내에서 상사와 부하 간의 갈등의 원천으로 태도와 의견의 차이, 기본 가치관의 차이, 성격차이, 오해를 야기하는 커뮤니케이션, 지식의 차이, 상대방에 대한 악의, 상황에 대한 서로 다른 견해, 특정한 지위나 권력을 획득하거나 인정을 받으려는 경쟁 등을 말하고 있다. 이러한 조직 내 갈등은 적당할 경우 오히려 도움이 되기도 한다. 예를 들어, 조직 갈등은 조직문제를 새로이 발견하고 해결함으로써 새로운 아이디어를 탐색하도록 자극을 주기도 한다. 또한 조직구성원이 분발의 필요성을 느껴 구성원의 동기부여를 촉진시키는 기능을 하기도 한다. 즉, 조직 갈등을 이해하고 갈등원인에 대한 효율적인 관리를 통하여 조직구성원의 이직을 감소시켜 조직의 유효성을 제고하는 순기능적 측면도 있다. 이러한 조직갈등을 유익한 조직갈등이라 한다. 하지만 많은 경우 조직갈등은 조직에 있어 역기능적인 결과를 가져오는 경우가 많다.

6) 권한위임

현재 많은 기업이 가지고 있는 공통 관심사 중 하나는 조직의 인적자원을 잘 관리하는 것이며, 인적자원의 개발과 관리는 조직의 목표달성이나 성과를 증진시키고, 또한 고객만족도 향상시킨다고 인식되고 있다. 경영환경의 다양한 변화에 적절하게 대응하는 조직구성원의 역량이 기업을 성공으로 이끄는 핵심요소로 부각되면서 기업들은 어떻게 하면 조직구성원이 업무를 의미 있는 것으로 인식하고, 자율적으로 조직에 헌신하는가에 관심을 가지게 되면서 권한위임(empowerment) 개념이 더욱 중요하게 인식되고 있다. ´

(1) 권한위임의 개념

권한위임의 개념은 사전적으로 풀이하면 '무엇을 할 수 있게 해 주다(enable), 할 권리를 주다(authorize), 그런 능력을 주다(allow)'의 의미다. 권한위임에는 권리나 자원, 힘, 능력 등을 보장한다는 다양한 의미가 포함되어 있다. 권한위임은 산업심리학, 경영학, 정치학에서 시작하여 1980년대 중반부터 기업의 혁신과 도약을 도모하는 수단으로 중요시되었으나(박원우, 1995, 1997), 권한위임의 개념의 다양성으로 인해 한동안 일관된 개념 정리는 이루어지지 못하였다.

이러한 권한위임에 대한 개념적 혼동을 정리해 준 연구는 Conger와 Kanungo(1987)의 권한위임 개념에 대한 연구다. Conger와 Kanungo(1987)는 권한위임에 대한 적절한 정의, 권한위임에 대한 범위 및 연구모형을 제시해 줌으로써 권한위임에 대한 후속연구가 일관된 방향으로 이루어질 수 있는 토대를 마련해 주었다. Conger와 Kanungo(1987)는 권한위임을 관계적 개념(relational construct)과 동기적 개념(motivational construct)으로 구성하였다.

관계적 개념의 권한위임이란 조직구성원이 지각하고 있는 권한이나 영향력 혹은 통제력으로 정의하고 있으며, 조직구성원이 자기가 속한 팀이나 조직에 대해 종속적 역할로 자신을 지각하는지 혹은 상호의존적 역할로 지각하는지 정도에 따라 권한, 영향력 혹은 통제력이 결정된다고 했다. 관계적 개념의 권한위임은 권한을 부여하거나 이양하는 과정, 권한을 합법적 방법으로 배분하는 과정으로 볼 수 있다. 그러나 Conger와 Kanungo(1987)는 이와 같은 단순한 권한이양이나 권한의 합법적 배분만으로 자동적으로 조직구성원의 심리적 권한위임(psychological empowerment)을 가져오는 것이 아니라는 점을 강조하면서 권한위임의 또 다른 개념인 동기적 개념의 권한위임을 제안했다. 동기적 개념의 권한위임이란 단순한 권한 배분 및 이양, 목표설정과 목표관리(MBO), 품질관리분임조 활동(QCC)과 같은 참여적 경영기법을 추구하는 관계적 개념의 권한위임 과정만으로 권한위임이 완성되는 것은 아니며, 조직구성원 간의 자기효능감(self-efficacy)을 증대시키는 과정으로 개인 수준의 동기적 권한위임인 심리적 권한위임을 강조하였다.

개인 수준의 심리적 권한위임은 조직구성원에게 자기효능감을 심어 줌으로써 무력감을 해소시켜 주는 과정이며, 조직구성원이 자신의 직무를 수행할 수 있다는 자기효능감을 가짐으로써 형성될 수 있다고 본다(권상순, 2001). Bandura(1986)가 제안한 자기효능감이란 인간, 환경, 행동 모두가 역학적으로 상호영향을 미친다는 사회학습이론에서 나온 개념으로서, 특정 성과를 달성하기 위해 필요한 행동을 성공적으로 수행할 수 있는 자신감이 자신에게 있는지에 대한 믿음, 혹은 판단으로 정의하고 있다(Bandura & Schunk, 1981). 조직성과와 관련하여 자기효능감은 성과에 영향을 미치고, 다시 성과는 자기효능감을 증진시키는 연속적 순환관계를 형성하게 된다(Lindsley et al., 1995).

Spreitzer(1995)는 심리적 권한위임을 4개의 인지적 차원으로 구성되어 있는 내적 과업동기(intrinsic task motivation)로 정의하였다. 이 네 가지 인지적 차원은 첫째, 업무에 대한 내재적인 개인의 신념, 기대, 행동 적합성을 나타내는 의미성(meaning) 차원, 둘째, 업무수행을 기술적으로 수행할 수 있는 능력에 대한 개인의 신념인 역량(competence) 차원, 셋째, 업무를 수행하기 위한 구체적인 행동을 언제 어떻게 계획하고 수행해야 하는지에 대한 선택이나 결정과 관련된 자기결정성(self-determination) 차원, 넷째, 업무에 있어 개인이 전략적, 관리적, 운영적 결과에 영향을 미칠 수 있는 영향력(impact) 차원이다. 권한위임의 네 가지 차원은 내적 직무동기와 직무만족을 증대시키는 심리적 과정에 작용한다고 볼 수 있다.

(2) 권한위임 조직

Henkel, Repp-Begin 및 Vogt(1994)는 권한위임된 조직을 참여적 의사결정을 하는 조직으로 정의하였다. 권한위임된 조직의 구성원은 공통의 임무와 미션에 대한 책임감을 느끼며, 상호적 가치관에 대한 믿음을 가지고 있다. 권한위임된 조직에서는 정보를 공유하고, 정보에 대한 접근기회를 개방하며, 경영자와 조직구성원이 높은 수준의 신뢰를 형성함으로써 팀워크가 나타나고, 조직구성원이 육성된다. 권한위임된 조직은 인적자원을 가치 있게 여기며, 조직구성원을 교육시키고 훈련시키며, 조직구성원에게 이익을 주고, 조직구성원의 장점을 인식하는 데 시간과 노력을 할애한다. 이러한 권한위임된 조직의 구조는 수직적이고 집중화된 구조이기보다는 수평적이고 분권화된 구조다. 조직은 권한위임을 통해서 창의적 문제해결을 할 수 있으며, 내적 · 외적 환경변화에 좀 더 효과적으로 대처하고, 예측할 수 있는 향상된 능력을 가지게 된다.

조직 내에서 권한을 위임하고 유지하기 위해서는 조직구성원은 변화과정에 몰입하여야 하며, 기본적인 권한위임 원리에 충실하여야 한다. 조직은 권한위임 준비성을 측정함으로써 권한위임을 지지해 줄 수 있는 특성과 저해하는 특성이 조직에 얼마나 존재하는지를 알 수 있다. 조직 권한위임에 대한 척도는 다음과 같다.

<조직 권한위임 문항>

- 우리 조직의 의사결정 권한은 모든 직급에 효율적으로 퍼져 있다.
- 낮은 직급의 사람들에게도 조직의사결정의 권한을 많이 부여해야 한다.
- 특정 직급의 조직구성원만이 의사결정의 권한을 가질 수 있다.(R)
- 조직은 의사결정이 어떤 영향을 미칠지에 대한 책임을 가지고 있다.

(R문항은 평정 시 역으로 계산해야 하는 문항임)

(3) 권한위임 관련 변인들

① 직무만족

다양한 직무 차원에 대한 감정적 평가로 정의되는 직무만족은 외재적 직무만족과 내재적 직무만족으로 구분할 수 있다. 외재적 직무만족은 조직의 동료들이나 상사로부터 주어지는 보상, 승진, 직업안정성 등 외재적 보상으로부터 얻을 수 있는 직무만족을 의미하며, 이는 주로 하부 욕구의 충족과 연관되어 있다. 일반적으로 외재적 보상은 직무 성과 이외에 다른 요인을 고려하여 결정되기 때문에 직무수행 성과와 외재적 보상의 연결은 불완전하다고 할 수 있다(김기영 외, 2003).

반면, 내재적 직무만족은 직무 자체에 대한 만족이라고 간주되고 있으며, Spreitzer(1995)가 권한위임을 내적 과업동기(intrinsic task motivation)로 정의 내린 것처럼, 심리적 권한위임은 직무에 대한 성취감이나 도전감, 조직으로부터의 인정, 책임감, 발전 기회, 내재적 보상을 경험하는 내재적 직무만족에 직접적 영향을 준다고 볼 수 있다(유기현, 1983). Heskett 등(1994)은 조직에 있어서 낮은 권한위임 수준은 조직구성원의 직무불만족과 연관되어 질 낮은 직무수행이 나타날 가능성이 높다고 보았다. 전재균(2001)의 호텔조직연구에서는 권한위임이 직무만족에 긍정적인 영향을 미치는 것으로 입증되었고, 이직의도에는 부정적인 영향을 미치는 것으로 나타났다. 또한 Hartline과 Farell(1996)은 권한위임된 조직구성원은 자신의 조직행동에 대한 의사결정 권한을 갖고 직무를 수행하기 때문에 자신의 직무에 대해 긍정적 정서를 갖는 직무만족이 높아지게 된다고 보았다.

② 이직가능성

Spector(1996), 전재균과 이철우(2001)는 일반적으로 권한위임을 많이 부여 받은 조직구성원은 직무에 대한 의미성이 높고, 자기결정성을 가지게 되며, 영향력 또한 행사할 수 있기 때문에 조직참여도가 높아 권한위임이 낮은 조직구성원보다 이직할 가능성이 적다고 했으며, Koberg 등(1999)의 연구에서도 권한위임이 많다고 지각한 조직구성원의 경우에 조직을 이직할 가능성이 적은 것으로 나타났다.

7) 조직 의사소통

조직 의사소통(organizational communication)에는 조직 의사소통의 질(정확성, 세밀함 등), 정보의 양과 종합성, 조직 의사소통의 시기적절성, 조직체제에 대한 이해성 등 많은 의사소통의 적절성 과정이 포함된다(House & Rizzo, 1972). House와 Rizzo(1972)의 연구에 따르면, 전반적 조직 의사소통의 적절성은 다른 조직변수들과 정적 혹은 부적 상관관계를 가진다고 했다. 조직 의사소통의 적절성과 부적 영향을 미친 변수들을 살펴보면, 우선 조직모순과 조직 내부의 불일치, 조직정보의 왜곡, 조직 지시 위반 등의 변수들이 있다. 반면, 조직 의사소통의 적절성과 정적 인과관계를 나타낸 변수들은 조직 의사결정의 시기적절성, 조직의 공식화 정도, 개인적인 발전의 강조, 조직목표에 대한 공유와 명료함, 계획의 적절성, 수평적인 조직 의사소통의 개방성, 시행착오에 대한 조직의 관대함, 작업흐름의 조정, 권한위임의 적절성 등으로 나타났다. 이러한 조직 의사소통의 적절성은 7점 리커트 척도로 측정되며, 문항은 다음과 같다.

<조직 의사소통 적절성 문항>

- 우리 조직에서는 필요에 따라 적절한 정보가 제공된다.
- 우리 조직에서는 조직 의사소통이 정확하게 이루어진다.
- 내가 속한 위치의 사람들은 회사의 정책에 대해 잘 이해한다.
- 우리 조직에서는 조직 의사소통이 신속하고 시기적절하다.
- 우리 조직에서는 조직 의사소통의 통로가 매우 잘 이루어져 있다.

반면, 조직 의사소통의 특성을 결정하는 요인들로는 우선 조직에서 의사소통되는 양이 있으며, 조직 의사소통의 방향이 있다. 조직 의사소통의 방향 중 상의하달(downward) 의사소통은 조직 의사소통이 경영층으로부터 시작되어 일반 조직구성원까지 전달되는 정도를 의미하며, 상의하달 의사소통은 크게 경영층에서부터 일반 조직구성원에게까지 조직정보를 공유하는 정도와 조직구성원들이 경영층으로부터의 의사소통을 받아들이는 정도로 구성된다(Golembiewski & Munzenrider, 1974). 반면, 하의상달(upward) 의사소통은 조직구성원으로부터 경영층으로의 조직 의사소통의 타당성, 정확한 의사소통을 위한 책임 여부, 하의상달 의사소통을 왜곡하는 정도, 하의상달 의사소통의 정확성, 보충적인 의사소통의 필요성 등으로 측정할 수 있다. 수평적 혹은 옆으로의(sideways) 의사소통은 상사가 부하의 문제에 대해 알고 있는 지식의 타당성, 상사가 인식하고 있는 것에 대한 부하가 느끼는 정확성 등으로 구성되어 있다. 이러한 조직 의사소통의 특성은 Likert(1967)가 개발한 조직 의사소통 특성 척도로 진단할 수 있으며, 문항들은 다음과 같다.

<조직 의사소통 특성 문항>

- 조직의 목표달성을 위해 상호작용하고 의사소통하는 양은 적절하다.
- 상사는 부하들과 정보를 공유하고자 노력한다.
- 아래에서 위로의 조직 의사소통이 타당하며 적절하다.
- 정확한 의사소통을 위해서 부하들이 느끼는 책임의식은 강하다.
- 아래에서 위로의 의사소통의 경우 정보는 정확하게 전달된다.
- 옆으로의 의사소통의 타당성과 정확성은 있는 편이다.
- 상사는 부하들이 직면한 문제점들을 잘 이해하고 있다.
- 상사와 부하들은 서로에 대해 정확한 인식을 하고 있다.

8) 심리적 계약

심리적 계약(psychological contract)이란 조직구성원과 조직 사이에 존재하는 상호 간의 의무에 대한 지각으로 정의할 수 있다. 이것은 양자 간의 공식적인 문서에 의한 계약이 아니라 상호 기여를 바탕으로 한 암묵적 관계다. 조직구성원은 조직에 대한 의무뿐만 아니라 조직이 조직구성원에 대한 의무에 대해서도 교환 조건으로 인식하고 있다. 즉, 조직구성원의 조직에 대한 헌신이나 노력에 대한 대가로 조직은 조직구성원에게 직업 안정성과 보수를 주어야 한다는 암묵적 계약을 갖고 있다.

Rousseau(1990)는 심리적 계약을 크게 거래적 계약과 관계적 계약으로 분류하였다. 거래적 계약(transactional contract)은 외적 보상과 보수에 관한 계약으로서 연봉을 협상할 때처럼 구체적인 의무사항을 포함하고 있다. 반면, 관계적 계약(relational contract)은 조직과의 관계에 중점을 두며 보다 암묵적인 상호의무를 포함한다. 일반적으로 거래적 계약에서는 자신의 이해관계를 우선하는 반면, 관계적 계약에서는 어느 한쪽의 일방적 이해득실보다는 두 관계를 모두 고려한 초월적 이해관계를 우선시한다. 관계적 계약이 장기적이고 내적인 보상과 조직몰입과 조직시민행동과 같은 가치에 중점을 두는 반면, 거래적 계약은 주로 단기적이며, 재정적 자원들을 서로 교환하는 데 가치를 둔다.

Rousseau와 Schalk(2000)는 암묵적 교환 개념으로서 심리적 계약은 다양한 국가와 사회, 조직에 대해서도 조직 간 타당도와 일반화 가능성이 있다고 했다. 즉, 한국과 같은 유교 문화권에서는 거래적 계약보다는 관계적 계약을 선호하는 반면, 합리적 가치에 기반을 둔 미국이나 유럽의 경우에는 거래적 계약에 더 익숙하다고 볼 수 있다. 심리적 계약에 대한 가장 심각한 위반 중의 하나인 조직구조조정이나 해고 역시 각 문화권별로 심리적 계약 위반지각에 차이가 난다고 볼 수 있다. 즉, 평생직장에 기반을 둔 일본문화권에서는 조직으로부터의 해고통지를 심각한 관계적 계약을 위반한 것으로 받아들이는 반면, 서구 문화권에서는 관계적 계약의 위반보다는 거래적 계약위반으로 생각하는 경향이 많다.

제7장

리더십

지식 기반 정보화 사회에서 기업조직이 수직적 조직에서 수평적 조직으로, 권력의 원천이 지위와 명령에서 전문성으로 변화하고 있다. 또한 개개 구성원의 욕구가 다양해지고 개인의 가치가 존중되는 사회로 변함에 따라 조직 운영은 한층 더 복잡해진다. 이에 따라 조직의 리더는 훨씬 더 다양한 변인을 과학적으로 분석하여 조직을 운영해야 한다. 또한 사회계층의 구조가 유연해지고, 리더가 신분이 아닌 역할로 기능하게 되고, 조직의 분산화가 빠르게 일어남에 따라 모든 조직의 구성원에게 리더십은 필수적인 것이 되었다. 이 장에서는 리더십의 의미와 중요성, 다양한 리더십 이론을 체계적으로 살펴보고자 한다.

1. 리더십의 개념

1) 리더십의 의미

리더십(leadership)은 하나의 정의를 내릴 수 없을 정도로 정의가 다양하다. 즉, 리더십의 개념은 각 제도나 조직에서 사용하는 절차에 따라 집단과정, 성격, 응종, 영향력 행사, 설득의 한 형태, 힘의 관계, 목표달성의 수단, 상호작용 효과, 역할 등으로 간주한다. 최근의 리더십의 정의로는 상호영향력 관계, 차별적 세력, 목표성취에 대한 영향력, 역할분화, 보강, 리더행동 귀인, 변화 대행인 등으로 정의하기도 한다.

리더십의 개념은 리더십 발휘 과정에서 어디에 초점을 두느냐에 따라 다르다. 주요 학자들의 리더십에 대한 정의를 살펴보면 〈표 7-1〉과 같다. 이러한 주요 학자들의 리더십의 정의를 종합하면, 리더십이란 집단의 공동목표를 달성하기 위해 리더가 구성원에 영향력을 행사해 변화를 유도하는 과정이라고 할 수 있다.

| 표 7-1 | 다양한 리더십의 정의

중요한 측면	내 용
집단과정으로서의 리더십	리더는 집단구성원의 필요와 욕구에 의해 영향을 받으며, 원하는 방향으로 집단구성원의 에너지를 집중시키는 역할을 하며(Bernard, 1927), 집단을 통합하는 중심인물이다(Redle, 1942). 즉, 리더는 집단과정과 집단구조의 중심이다.
성격으로서의 리더십	리더는 바람직한 성격특성을 많이 가진 사람이다(Bingham, 1927).
부하의 응종을 유도하는 기법으로서의 리더십	리더십은 부하들로 하여금 리더가 바라는 방식대로 행동하게 하는 응종기법이다(Bennis, 1959).
영향력 행사로서의 리더십	리더십은 부하들의 행동을 변화시키기 위해 영향력을 행사하는 것이다(Bass, 1960).
목표지향적 행위로서의 리더십	리더십이란 집단행동의 방향을 설정해 주는 개인의 행위다(Hemphill, 1949).
설득의 한 형태로서의 리더십	리더십이란 무엇을 해야 하는가를 결정하는 능력이며, 타인들에게 그것을 설득시키는 능력이다(Eisenhower, 1968).

세력 관계로서의 리더십	리더십이란 보상세력, 강압적 세력, 합법적 세력, 전문적 세력, 친밀 세력을 가지고 타인들에게 최대한의 힘을 발휘하는 과정이다(French & Raven, 1958).
목표성취 수단으로서의 리더십	리더십이란 조직목표 달성을 위해 조직을 동기화시키고 조정하는 역동적인 힘이다(Davis, 1942).
상호작용 효과로서의 리더십	리더십은 집단행동의 원인이기보다는 집단행동의 상호작용 결과다(Anderson, 1940).
역할로서의 리더십	리더십은 집단 상호작용 과정에서 발생하는 역할이자 지위다(Gibb, 1954).
구조주도화로서의 리더십	리더십이란 역할구조를 유지하고 발전시키는 과정이다(Smith, 1935).
구성요소들의 조합으로서 리더십	리더십이란 대인 간 영향력과 목표달성을 위한 집단적 노력을 결합시킨 것이다(Barrow, 1977).

(1) 리더십과 헤드십

집단 내에서 내부적으로 선출된 리더가 부하들의 따름(followership)을 바탕으로 영향력을 행사하는 상호작용과정을 리더십이라고 한다. 반면, 외부에 의해 임명된 지도자의 경우 이를 헤드십(head-ship)이라 한다. 리더십과는 달리 헤드십은 자신을 임명한 임명권자와 부하에 대한 이중적 책임과 의무를 가지게 되며, 기존의 지침만 충실히 따름으로써 지휘방법상의 융통성이 결여되기 쉽다. 또한 부하들로부터 지휘통솔능력을 진정으로 인정 받지 못할 가능성이 높다.

(2) 리더의 세력

French와 Raven(1960)은 일반적으로 리더가 가지는 세력(power)을 보상적 세력, 강압적 세력, 합법적 세력, 전문적 세력, 참조적 세력으로 분류했다. 보상적 세력(reward power)은 리더가 부하들이 바람직한 행동을 했을 때 보상을 줄 수 있는 세력을 말하며, 승진, 휴가, 보너스, 역할재설정 등이 있다. 강압적 세력(coercive power)은 부하들이 바람직하지 않은 행동을 했을 때 처벌을 줄 수 있는 권한을 말한다. 강압적 세력의 예는 임금 삭감, 승진 보류, 견책, 해고 등이 있다. 합법적 세력(legitimate power)이란 조직의 공식적 권력구조에 의해 주어진 권한을 의미하며, 부하들은 상사의 지시나 명령에 복종할 의무를 규정 받는다. 전문적 세력(expert power)은 리더가 그 분야의 전문적 지식을 갖추고 있는 정도에 의해 전문적 권한이 결정되며, 특히 리더가 갖고 있는 지식, 정보, 경험, 역량 등으로부터 나온다. 마지막으로 참조적 세력(referent power, attraction power)은 부하들이 리더의 생각과 목표를 동일시하거나, 존경하고 매력을 느껴 리더를 참조하고픈 데에서 파생된 권한을 말하며, 어떤 의미에서는 진정한 리더십이라 할 수 있으며, 헤드십에서는 얻기 어려운 권한이다.

Yukl과 Taber(1983)에 의하면, 가장 효율적인 리더는 전문적 세력과 참조적 세력을 주로 사용하며, 이러한 권한들은 부하의 만족이나 수행과는 정적 상관을 나타내고 있었다. 반면, 강압적 세력과 합법적 세력은 부하의 만족이나 수행과는 부적 상관을 보이고 있었으며, 보상적 세력에 대해서는 일관된 연구결과가 나타나지 않고 있다.

| 표 7-2 | 리더의 세력 유형

세력 유형	내 용	방 법
보상적 세력 (reward power)	보상을 제공할 수 있는 역량에 근거한 세력	순종하는 것에 대해 보상을 제공한다.
강압적 세력 (coercive power)	처벌을 줄 수 있는 역량에 근거한 세력	순종하지 않는 것에 대해 처벌을 가한다.
합법적 세력 (legitimate power)	공식 지위나 권한에 근거한 세력	높은 지위를 획득한다.
전문적 세력 (expert power)	전문성에 근거한 세력	정보를 제공한다.
참조적 세력 (referent power)	존경이나 호감에 근거한 세력	부하들이 자신을 좋아하게 만든다.

2) 리더십 이론과 유형

리더십 이론들은 리더십 출현과 관련된 요인이나 리더십 특성 혹은 리더십의 결과에 관련된 요인들을 설명하기 위해 제시되었다. 또한 리더십 모델이나 이론은 사회과학의 일반 명제와 가설이 현실세계에서 잘 부합되는 이론인지에 대해 실증적 검증을 기초해서 성립될 때 더욱 가치가 있다. 이와 같이 리더십 이론이 진단, 훈련, 개발을 위해 유용한 것이라면 그 리더십 이론은 현업 응용적 이론이어야 한다. 즉, 기업이나 조직의 실무 관리자들이 받아들이거나 사용해야 하는 개념이나 가정에 기초해 있어야 한다(Glaser & Strauss, 1967). 그러나 지나치게 현업 지향적 이론은 엄격함이 부족하며, 표준화된 측정을 사용할 수 있는 기회나 보편성을 상실케 된다. 여기에 리더십 이론의 딜레마가 있다. 그러므로 리더십 이론은 과학적 탐구를 바탕으로 현실에 잘 적용될 수 있는 과학과 실천 두 측면 모두를 지녀야 한다.

리더십 이론은 크게는 특성이론, 리더행동이론, 상황이론으로 분류하며, 이를 보다 세분하면 리더특성이론, 리더행동이론, 상호작용이론, 상황이론, 최근 이론으로 분류할 수 있다.

2. 특성이론

1) Greatman 이론

Carlye(1941)는 리더란 대중을 사로잡을 수 있는 독특한 자질을 부여 받은 위대한 인물이라고 정의하였다. Greatman 이론에서 리더를 위대한 인물로 정의함으로써 연구 방향은 역사를 빛낸 인물들의 역량, 세력, 상황 등에 초점을 맞추었다. Jennings(1960)는 역사적 인물에 대한 실증적 조사를 실시하여 Greatman 이론의 타당성을 검증하기도 했다. Greatman 이론은 케네디 대통령, 맥아더 장군, 마틴 루터 킹 목사와 같은 변혁형 리더를 연구대상으로 하는 변혁형 리더십(transformation leadership)에 영향을 주었다.

2) 리더특성이론

리더가 자신과 부하를 구별하는 우월한 자질을 부여 받았다면 이런 자질을 규명할 필요가 있다. 일반 사람과는 다르게 리더가 특정 성격과 자질을 갖추었다는 가정이 리더십의 특성이론이다(Stogdill, 1948). 즉, 리더특성이론에서는 리더의 효율성과 관련된 리더의 개인적 특성(신체 특성, 지능, 자질 및 성격 특성)에 초점을 둔다. 특성이론에서는 먼저 어떤 주관적 판단과 같은 외적 준거에 따라 효율적 및 비효율적 리더를 확인하고, 각 리더의 인구통계학적 변인 및 성격 변인들을 측정한 다음, 두 유형의 리더 간에 구별되는 특성을 찾아내는 방법을 사용한다.

1930년대와 1940년대의 연구로부터 시작된 초기 연구들에서는 리더의 특성이 성공적인 리더십을 보장해 주지는 못한다는 다소 회의적인 결과들이 많이 제시되었으며, 근 50여 년의 연구결과들을 종합해 보면 유능한 혹은 무능한 리더를 구분해 주는 특성은 없는 것으로 보인다. 그러나 리더특성이론은 리더로 타고나는 사람이 있다는 통념과 상식적인 호소력이 있는 이론이기 때문에 새로운 연구방법의 개발로 리더의 특성이 리더행동과 효율성에 영향을 미친다는 연구가 서서히 나타나고 있다.

(1) 리더십 특성

초기 연구들은 리더의 성격과 지능에 초점을 맞춘 반면, 최근의 특성이론 연구에서는 부하들에 대한 동기부여와 리더십 기술에 대해 많은 연구가 이루어지고 있다. Bird(1940)는 79가지의 리더 특성을 종합하여 분석한 결과, 리더는 여러 자질에서 리더가 아닌 사람과 매우 다른 특성이 있는 것으로 밝혀졌으며 성격특성도 다른 것으로 나타났다. Levinson(1980)이 최고 경영자의 특성을 연구한 결과, 다음과 같은 20가지 요인이 나타났다. 리더십 특성의 20요인은 여러 자료를 일관된 틀로 조직 · 통합하는 능력, 지능, 모호함에 대한 인내력, 판단력, 권위, 활동력, 성취욕구, 감수성, 조직몰입, 성숙도, 상호의존성, 좋은 인상, 육체적 · 정신적 활력, 적응력, 유머감각, 비전 제시, 불확실성에 대한 인내, 끈기, 시간감각, 확고한 가치관, 사회적 책임감 등이다. 또한 리더의 성공과 관련되는 것으로 생각되는 개인의 특성은 높은 에너지 수준, 스트레스에 대한 인내, 정서적 성숙, 성실감, 자신감 등이 있다.

(2) 리더의 욕구 유형

리더의 효과성과 관련된 또 다른 차원으로 욕구를 들 수 있다. McClelland 등은 권력(power) 욕구, 성취(achievement) 욕구, 친애(affiliation) 욕구 등 세 가지 욕구가 있음을 제시했다. 권력욕구가 높은 사람들은 타인들과 일을 수행할 때 영향력을 행사하고 싶어 하며, 권한이 높은 지위를 획득하고자 한다. 성취욕구가 높은 사람들은 도전적 목표를 달성하거나 어려운 일을 성취하고 싶어 하며, 중간 정도의 난이도 이상의 위험이 따르는 일을 받아들이고 자신의 일을 통해서 성공하고자 한다. 친애욕구가 높은 사람들은 사회적 활동을 좋아하고, 타인과 긴밀하고 우호적인 관계를 맺고 싶어 한다. 일반적으로 큰 조직에서 리더로 성장하는 사람들은 권력과 성취에 대한 욕구는 높지만 친애욕구는 낮다고 볼 수 있다.

(3) 리더십 기술

리더의 특성이론과 관련된 또 다른 개념은 리더가 지니고 있는 기술이다. 리더가 지니고 있는 기술의 종류는 크게 전문적 기술(technical skill), 대인 간 기술(interpersonal skill), 개념적 기술(conceptual skill)로 분류된다. 전문적 기술이란 절차 및 장비, 시장과 고객 등과 같이 직무수행과 관련된 직접적 지식을 의미한다. 대인 간 기술이란 대인 및 집단과정에 대한 이해를 바탕으로 타인과 협조적 관계를 유지하고 타인을 설득할 수 있는 능력을 말한다. 마지막으로 개념적 기술이란 여러 복잡한 일을 분석하고 문제를 발견하며, 미래를 예측하면서 변화 방향을 모색하는 능력을 의미한다. 일반적으로 조직에서 초기에는 전문적 기술이 필요하며 중간 과정에서는 대인 간 기술이, 그리고 최고 경영진으로 올라갈수록 개념적 기술이 필요하다고 볼 수 있다.

리더의 특성이론에서 주요 연구 주제는 어떤 특성이 리더와 리더가 아닌 사람과 다른가, 이런 차이가 어느 정도 나는가다. 이에 대한 보다 명확한 연구가 앞으로 더 필요하다. 최근 카리스마 리더십과 같은 특성이론이 재조명되고 있는데, 이는 조직이나 소집단에서 리더 개인의 성격특성이 리더십의 중요 요인이라는 사실이 밝혀졌으며, 리더가 처한 상황 또는 직위에 따라 성공적 리더의 특성이 드러나기 때문이다.

3. 리더행동이론

리더행동이론(behavioral style theory)은 성공적인 리더와 성공하지 못한 리더 혹은 효율적 리더와 비효율적 리더는 행동에서 차이가 난다는 것을 전제로 하며, 효율적 리더는 훈련을 통해서도 성공적 리더로 될 수 있다는 가능성을 제시한 이론이다(Stogdill, 1974).

1) 민주적, 전제적, 자유방임적 리더십

민주적 리더십은 구성원 스스로 행동 방향을 결정하며 수행이 이루어지도록 리더가 부하-상사 간의 자유로운 상호교류를 증진시키고, 객관적 근거에 의한 칭찬과 보상을 주는 리더십을 의미한다. 반면, 전제적 리더십은 리더가 모든 정책을 결정하고 부하는 리더의 지시하에 수행하고, 부하와 상사 간의 상호교류도 지시에 따르게 되며, 리더의 주관적 견해에 따라 보상이 이루어진다. 자유방임적 리더십은 리더로서 부하에게 영향을 미치는 실제적 행동이 거의 없으며 집단은 자체적으로 돌아가고 리더는 명목뿐이다.

일반적으로 조직구성원의 만족과 사기는 민주적 리더십에서 높은 경향을 보이며, 생산성은 전제적 리더십에서 가장 높았으며, 자유방임적 리더십의 경우에는 구성원의 만족과 생산성 모두에서 가장 좋지 않은 결과를 보인 것으로 나타났다. 그러나 리더십의 효율성은 집단의 상황적 특성 및 부하들의 욕구, 성격에 따라 달라질 수 있다. 예를 들어, 집단이 위기상황이거나 긴장상태일 경우에는 강력하고 권위적인 전제적 리더십을 선호하는 반면, 비공식적이고 사교적 집단일 경우에는 전제적 리더십보다는 민주적 리더십을 선호하는 것으로 나타났다.

(1) 전제적 리더십이 수행과 만족에 미치는 영향

일반적으로 전제적 리더십은 경영목표가 즉각적인 생산성 향상과 문제해결일 경우에 유용하며, 민주적 리더십은 팀 역량 개발과 팀원들의 동기화를 촉진시킬 때 효과적인 것으로 나타났다. 어느 상황에서 전제적 리더십이 생산성을 향상시키는가에 대해서 일반적으로 다음과 같이 요약할 수 있다. 첫째, 일반 감독보다는 밀착지시적(close) 감독을 요구하며 업적과 생산성을 고무시키는 기업 및 조직에서 전제적 리더십의 효과는 크다. 둘째, 매우 구조화된 의사소통 네트워크를 가진 조직에서 업적의 스피드와 정확도를 요구할 때 전제적 리더십이 민주적 리더십보다 더 많은 수행을 가져오게 한다. 단, 부하와 상사 간의 의사소통이 전제적 조직에서는 원활하지 못하기 때문에 전제적 리더십을 사용하려면 조직 의사소통 활성화와 완벽한 전산망을 우선 갖추어야 한다. 마지막으로, 전제적 리더는 자신이 무슨 일을 해야 하는지를 명확히 알아야 하며, 필요한 자원을 통제할 수 있는 능력을 소유해야 한다. 또한 정확한 경영정보를 소유해야 전제적 리더십은 성공할 수 있다.

어느 상황에서 전제적 리더십을 사용하지 말아야 하는가에 대해서도 다음과 같이 요약할 수 있다. 우선 처벌적이고 규율적인 리더행동이 전제적 리더십에 포함되어 있기 때문에 대부분의 리더는 부하들의 형편없는 업적이나 잘못된 행동에 대해서 가급적 처벌적 리더행동을 보인다. 그러나 처벌적 리더행동은 리더의 역할모호성만을 증가시켜 실제 처벌이 생산성 향상에 도움을 주지 못하는 경우가 많다(Keller & Szilagyi,

1976). 즉, 처벌적 리더십과 밀접한 지시적 감독은 생산성의 저하뿐만 아니라 집단 조화에도 악영향을 미치며, 부하들의 분노심을 자극할 수 있다. 그래서 IBM사의 경우를 보면, 부가된 업무에 실패할 경우 처벌을 보류하는 대신, 업적 달성이 초과할 경우 수당을 더 지급함으로써 더 많은 생산성을 촉진시키는 경영전략을 사용하고 있다(French, 1957).

(2) 민주적 리더십이 수행과 만족에 미치는 영향

민주적 리더십을 발휘하는 리더의 특성은 다음과 같다. 민주적 리더십이 효과를 발휘하기 위해서는 부하들에 대한 감정이입, 민주적 의사결정, 정보의 공유를 도모하며 적절한 권한행사 및 권한위임을 조절하여야 한다. 민주적 리더십은 하의상달적 의사소통을 추구해야 하고, 부하들에 대한 냉소적 태도 및 조작적 태도를 나타내지 않아야 한다. 경영의사결정에 있어 부하들의 참여를 유도함으로써 보다 정확한 정보의 공유와 직무수행능력의 질적 향상을 꾀하려는 노력 등을 실행하여야 한다.

또한 민주적 리더십을 통해 얻을 수 있는 효과는 생산성의 증가와 낮은 이직률 및 낮은 업무태만율을 가져올 수 있으며, 목표관리에 의한 목표달성률을 제고할 수 있다. 민주적 리더십하의 부하들은 조직에 대한 만족도가 높고 직무를 통한 육체적 피로는 상대적으로 낮으며 정신적 스트레스가 감소하기도 한다(Caplan, 1975).

2) 리더배려행동과 구조주도행동

1950년대 오하이오 주립대 연구를 기초로 한 것으로 이들의 공헌은 첫째, 리더십의 2차원을 확인한 것이고, 둘째, 리더십을 측정하는 질문지를 개발한 것이다. 리더십의 2차원은 배려적(consideration) 리더십과 구조주도적(initiating structure) 리더십이다.

배려적 리더십이란 상사와 부하 간의 상호신뢰, 존중, 다정함 등을 나타내는 행동들이 포함된다. 즉, 부하들의 의사결정과정에의 참여, 하의상달 의사소통 경로의 개설, 상사와 부하 간의 개인적 인간관계 형성, 정당한 대우 등을 내포하는 리더십을 말한다. 반면, 구조주도적 리더십이란 조직의 목표달성을 위해 리더와 부하의 역할을 명확히 구조화하는 리더십을 의미한다. 또한 리더는 집단활동 및 리더-부하관계를 조직화하고 규정하며 리더가 부하의 할 일을 계획, 배정, 집행시키는 리더십이다.

리더배려행동과 구조주도행동의 2차원은 독립적인 별개의 차원으로 간주되지만 리더 행동 자체가 실무율적 행동을 의미하는 것은 아니다. 즉, 배려적 리더행동이라도 어느 정도는 구조주도적 행동을 하며, 구조주도적 리더 역시 배려적 리더행동을 하지 않는다는 의미는 아니다. 이 두 차원의 분류는 정도의 차이와 행동 빈도에 의해 결정된다는 의미다. 일반적으로 배려행동이 강한 리더는 부하의 동기, 만족, 사기를 증가시키며, 구조주도행동이 강한 리더는 생산성을 증가시키는 경향이 있다. 따라서 가장 바람직한 리더유형은 두 가지 경향이 모두 높은 리더라 할 수 있다.

(1) 배려적 리더십과 구조주도적 리더십의 측정

배려적 리더십과 구조주도적 리더십 척도는 리더가 여러 상황에서 어떻게 행동하는지에 관해서 부하가 100문항으로 구성된 질문지로 판단하게 한 리더행동기술 질문지(Leader Behavior Description Questionnaire: LBDQ; Stogdill, 1963)와 48문항으로 구성한 감독 행동기술 질문지(Supervisory Behavior Description Questionnaire: SBDQ; Fleishman, 1953)가 있으며, LBDQ보다는 덜 효율적이지만 이상적 리더십과 감독방법에 관해서 리더 자신이 반응하게 한 리더의견 질문지(Leader Opinion Questionnaire: LOQ; Fleishman, 1953) 등이 있다. LBDQ 측정 문항의 예를 제시하면 다음과 같다.

<리더행동기술 질문지(LBDQ) 측정 문항>

배려적 리더십 문항

- 집단의 원기를 불러일으키는 말을 한다.
- 집단구성원에게 그들에게 기대되는 것이 무엇인지 알게 한다.
- 구성원의 작업 시 완전한 자유를 허락한다.
- 집단과 항상 가깝게 지낸다.
- 리더와 진심에서 우러나오는 관계를 유지한다.

구조주도적 리더십 문항

- 집단의 대변인처럼 행동한다.
- 집단구성원은 표준화된 규칙과 규제를 따른다.
- 집단구성원과 상의하지 않는다.
- 집단의 작업량을 높인다.

(2) 배려적 리더십과 구조주도적 리더십의 효과

많은 연구에서 리더행동이 부하에게 미치는 효과를 알아보기 위해 LBDQ를 사용하였다. Fleishman과 Harris(1962)는 상사들의 평균 LBDQ 점수가 그들 부서의 불만빈도 및 이직률과 상관이 있다는 사실을 발견하였다. 즉, 배려행동에서 낮은 점수를 받고 구조주도적 행동에서는 높은 점수를 받은 상사 밑에서 일하는 부하들은 배려행동에서 높은 점수를 받고 구조주도적 행동에서는 낮은 점수를 받은 상사 밑에서 일하는 부하들보다 불만이 많고 이직률이 높았다. 게다가 배려행동에서 가장 낮은 점수를 받은 상사 밑에서 일하는 부하들은 가장 높은 점수를 받은 상사 밑에서 일하는 부하들보다 4배나 많은 이직률을 나타냈다.

3) 미시간대학의 리더행동연구

미시간대학을 중심으로 한 리더십 행동연구에서는 과제지향적(task oriented) 행동, 관계지향적(relationship oriented) 행동, 참여적(participative) 행동으로 리더행동을 구분하였다. 과제지향적 리더십이란 구조주도적 리더십과 유사하게 과제중심적인 행동을 보이며 목표를 설정하고 부하들이 업무 달성을 하도록 일정, 계획 등을 통해 관리하는 리더십이다. 관계지향적 리더십은 배려적 리더십과 같이 부하와의 인간관계 형성과 개인적인 상담과 상호신뢰를 기반으로 하는 리더십이다. 참여적 리더십은 의사결정과정에 부하들을 참여시키며 이로 인해 부하들이 의사결정에 관여하도록 하는 리더십을 말한다. 참여적 리더십은 미시간대학 연구에서 새로 제시한 리더십이라고 볼 수 있다.

(1) 과제지향과 관계지향적 리더십의 효과

상사와 부하 간의 사회적, 심리적 거리가 큰 과제지향적 리더일 경우 부하들 간의 응집력은 강화되는 반면, 관계지향적 리더는 일반적으로 부하들의 직무만족을 향상시킨다. 과제지향적 리더십과 관계지향적 리더십이 수행에 미치는 효과는 현재 혼합된 결과가 나오고 있으며, 결과적으로 두 유형 간의 적절한 균형이 최적이라는 평가가 일반적인 견해다.

일반적으로 관계지향적 리더십하에서 많은 창의적 아이디어를 내는 경향이 있으며(Pandy, 1976), 조직효율성 및 업적 증가에 직접적 영향을 미치고, 부하들의 조직몰입과 대인 간 관계효율성을 증진시킨다. 특히, 관계지향적 리더십의 부하들에 대한 지원, 개방적 커뮤니케이션, 상호 이해, 자율성 등으로 인해 직무만족으로 연결되며, 부하들의 회사에 대한 지지적 태도와 충성심을 증가시키고, 책임감을 더 갖도록 함으로써 종국적으로 인간관계지향적 리더가 생산성을 증가시킬 수 있다고 보고 있다. 이외에 부수적 효과로는 조직 스스로 조직의 단점이나 잘못된 점을 교정하거나 단속할 수 있으며, 부하들의 잘못된 행동이나 비행에 관심을 가짐으로써 조직으로부터의 처벌을 미연에 방지할 수도 있다(Near & Miceli, 1986).

반면, 과제지향적 리더십은 조직이 생산성 증가에 대한 압력을 가할 때, 생산성은 실제 증가하며 성취지향적 부하를 양성할 수 있다. 끝으로 과제지향적 리더십은 정교화된 업무계획을 갖고 직무관련 문제해결에 대한 새로운 아이디어를 창출할 때도 생산성이 증가된다.

(2) 참여적 리더십과 지시적 리더십의 효과

지시적 리더십은 업무가 단순하고 단조로운 경우, 그리고 분명한 목표수준과 결과가 제시될 경우 생산성에 영향을 미치며, 집단응집력도 강화시켜 줄 뿐만 아니라 부하에 대한 설득력을 높일 수 있다. 즉, 지시적 리더십은 문제해결집단의 유능한 리더가 존재할 경우, 오류나 실수에 대한 회피경향성이 높은 조직이나 집단일 경우, 위기상황의 조직이나 생존 위협을 받는 조직일 경우, 이사, 임원 등 최고 경영층들이 선호할 경우에 지시적 리더십은 그 효과를 발휘할 수 있다.

반면, 참여적 리더십은 제조업에서 부하들의 경영의사결정 참여는 높은 생산성 향상 및 낮은 이직률과 직결되며, 집단목표관리(MBGO) 시 상당한 경영이익의 증가를 가져온다.

(3) 과제-관계지향 복합 리더십

Patchen(1962)에 의하면, 과제지향뿐만 아니라 관계지향을 하는 복합 리더십이 높은 생산성 향상, 부하의 효율성을 제고할 수 있다고 했다. 즉, 과제와 관계지향복합 리더십은 부하와의 인관관계 유지 및 부하에 대한 보상 제공을 통해 최상의 생산성을 나타낸다는 것이다. 인간관계형 리더는 부하만족만을 증가시키는 반면, 인간관계지향적이면서도 과제지향적 리더는 생산성이 가장 높게 나타나고, 부하들의 생산성도 과제와 관계지향 리더십을 모두 지닌 상사에게서 높게 나타났다(Daniel, 1985).

Misumi(1985)는 그의 PM이론에서 과제지향적(production)이면서도 인간관계유지형

(Maintenance)인 PM유형의 리더가 P 혹은 M 리더십 하나만을 사용한 리더보다도 생산성에서 보다 나은 업적을 가져온다고 주장하였다. 예를 들어, 부하들의 상사에 대한 평가를 미쓰비시 조선에서 일하는 2257명의 근로자를 대상으로 실시한 결과, PM리더는 17.5, M리더는 16.4, P리더는 15.3, 평균 이하의 PM유형은 14.5로 나타났다. 즉, PM리더가 M리더나 P리더보다 업적이 확실히 높았다(〈표 7-3〉 참조).

| 표 7-3 | PM 유형별 조직 성공/실패 비율

유형	백분율	
	성공	실패
PM 리더십	52	6
P 리더십	26	17
M 리더십	16	30
평균 이하의 P와 M 리더십	6	47

4. 상호작용 이론

1) 교환이론

Bass(1960)는 리더십이란 리더의 이해관계와 집단구성원의 동기와 이해행동을 교환하려는 시도라고 보았다. 조직구성원의 동기는 보상을 받을 수 있거나 처벌을 받을 것이라는 구성원의 기대가 변화함에 따라 증가될 것이라고 가정했다. 리더가 부하들에게 제공한 보상에 대한 교환으로서 집단구성원의 행동은 수행이나 노력을 증가시키는 방향으로 변화하게 될 것이다. 리더들은 집단구성원의 행동에 보상을 주거나 처벌을 함으로써, 그리고 집단구성원의 행동을 보강하려는 노력을 통해서 자신의 지위를 획득하려고 한다. 집단의 효율성은 조직구성원에게 보강을 줄 수 있는 리더의 능력에 의해서 평가될 수 있기 때문에 리더는 한 집단에게 기대되는 보상을 줄 수 있을 때 가치가 있다.

Greene(1976)는 리더와 부하 간의 교환은 부하들의 노력과 동기에 따른 리더의 보상의 형태를 나타낸다고 했다. 리더와 부하들 간의 상호작용은 상호보상을 주는 사회적 교환이 가능하기 때문에 지속된다고 보았다.

2) 수직적 양자관계이론

수직적 양자관계(Vertical-Dyadic Linkage: VDL)이론이란 상사와 부하 간의 수직적 상호작용 관계에 대한 리더십 이론을 말한다. 이 이론은 리더와 전체 부하집단 간의 관계에 초점을 맞추기보다는 리더와 각 개인 부하 간의 관계를 다루고 있다(Greene, 1976). 이 이론은 리더와 부하가 상호영향을 준다는 개념에서 시작했기 때문에 리더-부하 교환(Leader Member Exchange: LME)이론이라고도 한다. 수직적 양자관계이론 혹은 리더-부하 교환이론은 상사가 부하 개개인이 가지고 있는 역량과 기술 정도, 그리고 리더가 부하들을 신임하는 정도, 마지막으로 부하 개개인이 자신의 맡은 바 업무를 책임지려는 동기 수준에 따라 부하들을 각기 다르게 대우한다고 가정한다.

리더는 부하 각각에 대해 서로 다르게 행동한다는 개념은 모든 집단구성원에게 동일한 방식으로 행동한다는 기존 이론의 틀과는 상반되는 것이다. 즉, 리더는 부하들을 내집단(in-group) 또는 외집단(out-group)으로 분류하며, 리더는 이 두 집단에 대해 서로 다르게 행동한다는 것이다. 리더는 내집단으로 분류된 부하들에게는 공식적 업무 이외에도 팀의 성공을 위해 막중한 업무를 부수적으로 맡기며, 더 많은 관심을 쏟고 지원도 아끼지 않는다. 반면, 외집단으로 분류된 부하들에게는 공식적 관계만을 유지하며, 리더 역시 공식적 권한만으로 외집단 부하들을 관리하려 한다. 리더는 내집단 구성원에게 더 많은 관심과 보상을 주게 되며, 그 결과 내집단 구성원은 일을 더 잘 수행하게 되며 외집단 구성원보다 더 만족을 한다(Greene, 1976). 일반적으로 내집단 부하들은 자신의 상사를 위해서 부하 개인이 할 수 있는 최대한의 역량을 발휘하며, 상사가 만족할 만한 수행을 성취하고 공동 목표에 몰입하게 되며, 자신에게 지원과 관심을 보여 준 상사에 대한 교환 개념으로 상사에 대해 충성행동을 보인다. 단순히 직장상사로서가 아니라 서로 정서적으로 좋아하게 되며, 리더와 부하 각자가 갖고 있는 전문적 역량에 대해 인정하고 존경하게 된다.

그러나 이와는 대조적으로 외집단으로 분류된 부하들은 상사에 대한 섭섭함을 넘어 분노를 표출하기도 하며, 자신이 이 팀에서 무슨 역할을 하는지에 대한 정체성을 상실할 가능성이 높아지며, 상사가 자신의 역량을 인정해 주지 못한 데 따른 열등감과 이등의식에 사로잡힐 수 있다. 그러므로 일반적으로 효과적인 리더는 자신이 좋아하는 내집단 부하들뿐만 아니라 자신이 맡고 있는 다수의 부하와 특별한 교환관계를 유지하기도 하며, 거꾸로 모든 부하와 상호신뢰, 지원, 존경과 충성심을 발전시키면서 동시에 내집단이라고 생각한 부하들에게 권한위임과 더 많은 역할부여를 통해서 수직적 양자관계를 유지할 수도 있다. 합리적 리더십을 표방하는 미국에서 수직적 양자관계이론 혹은 리더-부하 교환이론이 출현하여 인기 있는 리더십 이론으로 각광을 받은 적이 있다는 점은 아이러니하다.

Gerstner와 Day(1997)의 통합연구 결과에 따르면, 상사와의 관계가 좋은 부하들이 그렇지 않은 부하들보다 업무수행을 더 잘하고, 직무만족도가 더 높고, 조직에 더 몰입하고, 직무로 인한 스트레스를 더 적게 받았다. 이 연구의 시사점은 상사와 부하 간의 좋은 관계는 구성원과 조직에게 유익하기 때문에 중요하다는 것이다. 수직적 양자관계이론이 기여한 점은 각 상사-부하의 쌍 내의 인간적 관계의 중요성에 주목했다는 점이다. 이 이론은 상사와 부하 간의 관계에 유의하도록 하였고, 상사들이 모든 부하에게 똑같은 방식으로만 행동하지 않는다는 점을 이해하는 데 도움을 주었다.

5. 상황이론

특성이론과는 상반되게 상황이론(situation theory)에서 리더십은 상황적 요구에 의한 것이다. 즉, 상황적 요인이 누가 리더로서 출현할 것인지를 결정하게 해 주며 리더는 상황에 따른 산물이라고 보는 관점이다. 상황 리더십 이론에서 리더의 출현은 시간, 장소, 환경, 개인 간의 상호작용의 결과라고 본다. 상황이론은 모든 상황에 일관되게 효율적인 특성이나 행동양식이 있는 것이 아니라 리더가 처해 있는 상황에 따라 효율적인 리더가 되기도 하고 비효율적인 리더가 되기도 한다. 상황이론에서는 리더십을 역동적 과정으로 보며, 리더의 효율성은 리더의 특성, 행동양식 및 상황의 조합에 좌우된다고 본다. 그러나 상황을 구성하는 요인에 관한 견해는 학자에 따라 다르다.

이처럼 상황적 리더십이란 한 개인으로서 리더의 특성과 동기에 초점을 맞추고 리더를 따르는 부하들의 동기와 특성과 더불어 리더와 부하가 속해 있는 상황적 맥락을 연구하는 것이다. 다시 말해, 상황적 리더십 이론에서는 리더행동을 진공상태의 행동으로 구성되지는 않는다고 보고 있다. 개인뿐만 아니라 상황에 대한 것도 포함시켜야 한다고 보는 것이다. 그러므로 리더십에 대한 적절한 연구는 리더 개인에 대한 연구뿐만 아니라 상황에 대한 연구도 포함되어야 한다고 본다.

1) Fiedler의 상황연계성이론

Fiedler(1967)의 상황연계성이론(contingency theory)은 리더의 특성과 리더가 처한 상황에 따라 리더 효율성이 달라진다고 보았다.

(1) 리더의 특성

리더의 특성은 리더의 경험 중 가장 일하기 힘이 들었거나 싫어하는 부하나 구성원(Least Preferred Coworker: LPC)에 대해 〈표 7-4〉와 같은 형용사로 이루어진 8점 형용사 양극 척도로 측정할 수 있다. 자신의 경험 중에서 가장 같이 일하기 싫은 부하를 연상하거나 현재 있다고 가정하고 LPC 문항에 대해 평정하게 된다. LPC 문항은 총 18문항으로 호의적으로 평정할수록 높은 점수를 받는데, LPC 득점이 64점 이상 높은 리더는 일보다는 인간관계적인 리더다. 따라서 LPC 득점이 높은 리더를 관계지향적(relation oriented) 리더라 할 수 있다. 반면, 57점 이하의 낮은 LPC 점수를 받은 리더는 과제지향적(task oriented) 리더로 볼 수 있다. 즉, 매우 높은 수행을 보이는 리더는 낮은 LPC 점수를 보이는 반면 관계지향적 리더는 높은 LPC 점수를 나타낸다.

| 표 7-4 | LPC 척도

① 유쾌하다	8	7	6	5	4	3	2	1	불쾌하다
② 친절하다	8	7	6	5	4	3	2	1	불친절하다
③ 거부한다	1	2	3	4	5	6	7	8	수용한다
④ 도움을 준다	8	7	6	5	4	3	2	1	좌절시킨다
⑤ 냉담하다	1	2	3	4	5	6	7	8	따뜻하게 대한다
⑥ 긴장한다	1	2	3	4	5	6	7	8	긴장을 푼다
⑦ 거리감이 있다	1	2	3	4	5	6	7	8	거리감이 없다
⑧ 차갑다	1	2	3	4	5	6	7	8	따뜻하다
⑨ 협조적이다	8	7	6	5	4	3	2	1	비협조적이다
⑩ 지원한다	8	7	6	5	4	3	2	1	적대한다
⑪ 따분하다	1	2	3	4	5	6	7	8	흥미롭다
⑫ 싸운다	1	2	3	4	5	6	7	8	사이좋게 지낸다
⑬ 신뢰할 수 있다	8	7	6	5	4	3	2	1	신뢰할 수 없다
⑭ 능력이 있다	8	7	6	5	4	3	2	1	능력이 없다
⑮ 우울하다	1	2	3	4	5	6	7	8	즐겁다
⑯ 개방적이다	8	7	6	5	4	3	2	1	폐쇄적이다
⑰ 사려 깊다	8	7	6	5	4	3	2	1	사려 깊지 못하다
⑱ 마음에 맞는다	8	7	6	5	4	3	2	1	마음에 맞지 않는다

(2) 상황요인

상황이 리더에게 유리한 정도, 즉 상황호의도로 구분하였는데, 리더의 상황통제력을 기준으로 하였다. 상황통제력에 가장 중요한 요인으로 리더와 부하관계, 과제의 구조화, 리더의 직위상 권한 세 요인을 제시하고 있다.

① 리더와 부하관계

부하들이 리더에게 충성하고 존경하는 친밀한 관계 정도를 나타낸다. 리더와 부하들 간의 관계에 대한 측정 문항은 총 8문항으로, '매우 그렇지 않다(1점)' '보통(3점)' '매우 그렇다(5점)'으로 구성된 5점 리커트형 척도이며 문항들은 다음과 같이 구성되어 있다.

<리더와 부하관계 문항>

- 상사(리더)는 부하들과 원만히 일을 할 수 있다.
- 나(리더)의 부하들을 의지할 수 있고 신뢰할 수 있다.
- 나(리더)와 부하들 간에는 친밀한 분위기가 감돈다.
- 일을 완수하기 위해 부하들은 나(리더)를 지원해 준다.
- 부하들은 항상 나(리더)에게 협조한다.
- 리더(나)의 부하들은 일을 완수하기 위해 서로 협조한다.
- 리더(나)와 부하 간의 관계가 좋다.

리더와 부하 간의 측정 점수가 30점 이상일 경우에는 좋은 리더와 부하 간의 관계라 하며, 20점 이하일 경우에는 리더와 부하 간의 관계가 좋지 않다고 평정한다.

② 과제의 구조화

과제 완수에 필요한 절차의 명료화 정도를 의미하는 것으로, 과업목표가 구체적인 정도, 해야 할 일이나 역할의 명료화 정도를 의미한다.

과제의 구조화 정도에 대한 측정 문항은 총 10문항으로, '좀처럼 없다(0점)' '때로는(1점)' '자주(2점)'으로 구성된 3점 리커트형 척도이며 문항들은 다음과 같이 구성되어 있다.

<과제의 구조화 문항>

- 최종적인 제품 서비스에 대한 청사진, 구조, 모델(모형) 혹은 구체적인 기술이 있다.
- 최종적인 제품 서비스 또는 일의 진행방법에 대해서 설명이나 조언을 해 주는 사람이 있다.
- 수행해야 할 업무과정을 구체적으로 나타내는 단계적인 절차나 업무운영기준이 있다.
- 과제 혹은 일을 부분적 혹은 단계적으로 구분할 수 있는 구체적인 방법이 있다.
- 과제나 일을 진행하는 데 있어서 다른 방법보다 좋다고 명확히 인식된 방법이 있다.
- 과제 혹은 일을 완수했을 때, 혹은 올바른 해결방안을 찾았을 때 일의 완수와 올바른 해결방안이라는 것을 확신할 수 있는 방법이 있다.
- 과제나 일에 대한 최상의 해결책, 성과지표, 직무기술서 등이 있다.
- 일반적으로 공유하고 있는 제품이나 서비스의 기준이 있다.
- 과제 혹은 일은 보통 양적 기준으로 평가할 수 있다.
- 리더나 집단은 현재의 과제나 일이 수행된 정도를 앞으로의 업적 개선의 참고로 삼고 있다.

과제의 구조화 정도는 측정 점수가 15점 이상일 경우에는 과제의 구조화 정도가 높다고 하며, 7점 이하일 경우에는 과제의 구조화 정도가 낮다고 평정한다.

③ 리더의 직위상 권한

리더가 부하에 대해서 지니는 합법적인 권위 및 보상, 제재 정도를 나타낸다. 리더의 직위상 권한 정도에 대한 측정 문항은 총 5문항으로, '전혀 아니다(0점)' '때로는 또는 부분적으로(1점)' '항상(2점)'으로 구성된 3점 리커트형 척도이며 문항들은 다음과 같다.

<리더의 직위상 권한 문항>

- 리더는 직접 혹은 간접적으로 부하의 상벌을 행사할 수 있다.
- 리더는 직접 또는 추천을 통해서 부하의 승진, 강등, 직무전환, 채용, 해고 등에 영향력을 행사할 수 있다.

- 리더는 부하에게 과제나 일을 할당할 수 있으며, 부하 지도에 필요한 지식과 역량을 갖추고 있다.
- 부하의 업적을 평가하는 것은 리더의 역할이다.
- 리더는 조직에서 공식적 지위에 따른 권한을 부여 받고 있다.

리더의 직위상 권한 정도는 측정 점수가 10점 이상일 경우에는 리더의 권한이 많다고 하며, 6점 이하일 경우에는 권한이 적다고 평정한다.

세 요인을 조합하면 '2×2×2=8'의 경우가 생기며, 이에 따라 상황호의도를 구분한다. Fiedler(1967)는 부하와 리더관계가 가장 중요하다고 보았으며, 측정 점수도 가장 많이 배분했다.

(3) 리더특성과 상황요인과의 조합

리더특성과 상황요인과의 조합은 [그림 7-1]과 같다. [그림 7-1]에서 보는 바와 같이, 낮은 LPC 리더, 즉 과제지향적 리더는 호의적인 상황, 즉 상황 1, 2, 3과 매우 비호의적인 상황(상황 8)에서 더 효율적인 것으로 나타났다. 반면, 높은 LPC 리더, 즉 관계지향적 리더는 보통의 호의적인 상황(상황 4, 5, 6)에서는 효율적인 것으로 나타났다. 관계지향적 리더가 보통 정도의 호의적인 상황에서 상황통제력을 행사하기 위해서는 여러 요인을 잘 구별해야 한다. 상황 4의 경우 리더와 부하 간의 관계는 좋지만 과제구조화 정도와 리더의 직위상 권한은 약하다. 즉, 상황 4의 경우 어떤 요인은 좋지만 다른 요인은 부정적인 상황이다. 관계지향적 리더는 이러한 역학관계를 잘 구별할 수 있기 때문에 이런 상황에서 효율적이게 된다. 한편, 관계지향적 리더는 극단적 상황에서 더욱 효율적인데, 이는 과제 수행에만 전력을 다하면 되는 상황에서 인지적으로 다소 단순한 과제지향적 리더가 더 효율적이게 된다.

만일 리더의 특성이 관계지향적인데, 상황은 상황 3이라면 상황과 리더특성은 조화롭지 못하다. 이때 리더는 자신에게 유리한 상황인 상황 4로 상황을 통제하기 위해서 상황 3의 리더의 직위상의 권한이 강한 것을 약한 상황으로 전환시키는 노력을 통해 자신에게 호의적인 상황으로 전환할 수 있다.

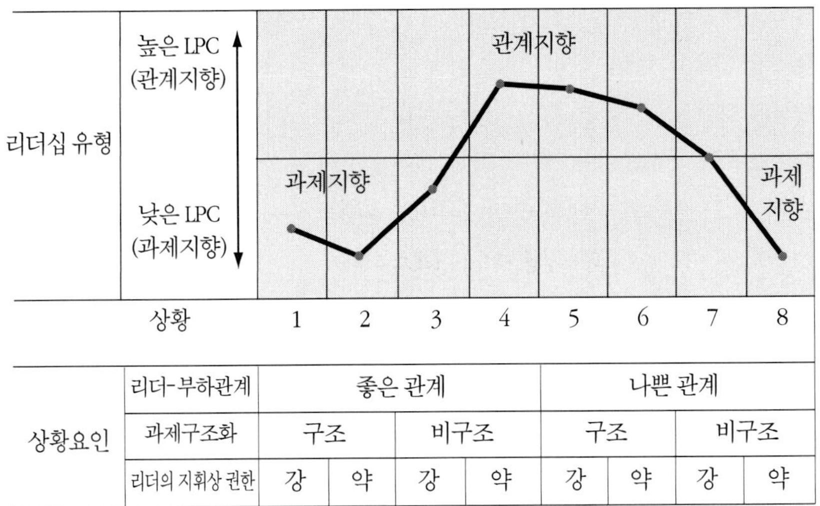

그림 7-1 리더특성과 상황요인의 조합

(4) 상황연계성 리더십 이론의 평가

상황연계성 리더십 이론이 지닌 몇 가지 문제점 중 우선 들 수 있는 것이 LPC 척도의 타당도 문제다. LPC 척도만으로 관계지향적 리더십과 과제지향적 리더십을 분류할 수 있는가에 대한 의문이다. 또한 상황을 2분법으로 분류하여 8가지 상황을 만들고 있으며, 상황 측정 점수는 높은 점수와 낮은 점수로 분류하고 있다. 즉, 좋은 리더와 부하관계는 30점 이상으로, 낮은 리더와 부하관계는 20점 이하로 분류하고 있다. 중간 점수에 해당하는 21~29점까지를 어떻게 해석할 것인지에 대한 명확한 제시가 있어야 한다.

Fiedler(1967)는 리더와 부하관계가 가장 중요하다고 보았으며, 측정 점수도 가장 많이 배분했다. 그러나 부하와 리더와의 관계는 관계지향적 리더십과 중복되는 공변 개념이다. LPC 점수가 높은 리더가 상사와 부하 간의 관계도 좋은 점수가 나올 것이라고 생각할 수 있다. 상황호의도와 리더유형 간의 관계는 실험실 연구에서는 비교적 잘 지지되고 있지만 현장연구에서는 완전히 지지되지 않고 있다. 그러나 그 어떤 상황 리더십 이론보다도 가장 타당도가 높은 이론이라는 것이 일반적인 견해다.

2) 인지적 자원이론

Fiedler와 Garcia(1988)의 인지적 자원(cognitive resource) 리더십 이론은 Fiedler의 상황조건별 리더십 이론을 수정 · 보완한 이론이다. 상황조건별 이론의 LPC와 리더와 부하관계, 과제의 구조화, 리더의 직위상 권한 정도에 따른 상황은 그대로 도입되었으며, 새로이 지능과 같은 리더의 인지적 자원과 리더의 경험, 직무스트레스, 집단구성원의 지원, 지적 과제를 요구하는 상황 등이 분류변수로 추가되었다. 즉, 인지적 자원의 개념은 Least Preferred Score(LPC) 점수에 따른 지시적(과제지향적) 리더십 유형과 리더와 부하관계, 과제의 구조화, 리더의 직위상 권한 정도에 따른 상황호의도 조건하에서 지능이나 경험과 같은 리더가 지닌 인지적 자원이 어떠한 상황에서 효율적으로 발휘될 수 있는가를 규명한 이론이라고 할 수 있다.

Fiedler와 Garcia(1988)의 인지적 자원 리더십 모형의 특징은 다음과 같다. 우선 리더가 직무스트레스를 비교적 덜 받고, 지적 과제를 요구하는 상황에서 집단 구성원의 지지를 받는다면, 매우 유능하고 똑똑한 지적 자원이 풍부한 리더는 인간관계적 리더십보다는 지시적 리더십을 발휘할 때 더욱 효율성이 있다. 그러나 리더에게 과제 부하가 많거나 직무스트레스를 많이 받는 상황에서는 지시적 리더는 자신의 인지적 자원보다는 자신의 직무 경험을 활용할 때 효율성이 나타난다. 둘째, 관계지향적 리더는 집단의 지지를 받아야 하며 지적 능력을 요구하는 과제를 수행할 경우 부하들의 인지적 자원을 활용해야 효율성을 나타낸다. 요약하면 지시적 리더십은 직무스트레스를 비교적 덜 받고, 지적 과제를 요구하는 상황에서 리더의 인지적 자원이 그 빛을 발하며, 직무스트레스를 받는 상황이라면 지시적 리더는 자신의 경험을 바탕으로 문제를 해결해야 한다. 반면, 관계지향적 리더는 지적 능력을 요구하는 과제일 경우 똑똑한 부하를 보유하여 부하들의 인지적 자원(지능이나 역량)을 활용해야 한다.

3) 경로목표이론

경로목표이론(path-goal theory)은 리더행동이 부하의 업적과 만족에 어떻게 영향을 미치는지를 설명하기 위해 개발되었다. Evans(1970)의 초기 연구를 시초로 House (1971)는 상황변인을 포함시킨 좀 더 정교화된 이론을 정립하였다. 경로목표이론은 직무만족, 동기, 리더십을 통합한 포괄적 이론으로서 '목표'란 부하들이 바라는 성과를 말하며, '경로'는 목표를 달성하기 위해서 제시되어야 하는 행동을 의미한다. 즉, 리더는 부하들이 목표를 달성할 수 있도록 경로를 마련해 주어야 부하들의 만족과 동기가 높아진다고 가정한다.

House(1971)에 따르면, 리더의 동기적 기능은 목표달성을 위해 부하들에게 개인적 보상을 증가시키거나, 보상을 받을 수 있는 통로를 명확히 해 줌으로써, 또는 장애물이나 함정을 감소시켜 주는 것이다. 또한 리더는 이러한 보상을 부하들이 쉽게 받을 수 있는 방법을 알려 주거나 그러한 통로를 통해 부하가 개인적으로 만족을 할 수 있는 기회를 증가시켜 줌으로써 리더의 기능을 해야 한다고 보았다. House와 Dessler(1974)에 따르면, 리더는 부하들이 보기에 어느 정도 즉각적인 만족의 출처라고 보거나, 장래의 만족을 위한 도구적 행동이라고 여기는 리더행동을 해야 한다고 했다.

경로목표이론에서 매개변인들은 리더행동이 어떻게 부하들의 만족과 노력에 영향을 미치는지를 설명해 준다. 이러한 매개변인들은 기대이론(Vroom, 1964)으로 나온 변인들이다. 기대이론과는 다소 다른 변인들도 있지만, 대부분의 변인은 특정 시점에서 얼마나 그 직무에 노력을 들여야 하는가에 대한 결정을 내리게 해 주는 합리적 선택과정에 의해 부하들의 작업동기를 설명해 줄 수 있다고 보고 있다. 따라서 근본적인 리더행동의 효과는 이러한 부하들의 지각과 신념을 수정시키는 것이다.

(1) 리더행동 유형

경로목표이론에서 네 가지 리더행동 유형, 즉 지원적 리더, 지시적 리더, 참여적 리더, 성취지향적 리더를 제시하고 있으며, 효과적인 리더란 각 상황에 맞게 적절히 구사할 수 있는 리더를 의미한다. 먼저 지원적 리더는 부하의 요구에 배려를 보이며, 부하들의 복지에 관심을 나타내고, 부서에서의 원만한 풍토를 조성한다. 즉, 배려적 리더십과 유사하게 부하들의 복지에 관심을 보이며 인간적 지지를 보내야 한다. 지시적 리더일 경우 부하들이 어떻게 행동하길 기대하는가를 알려 주고, 부하들에게 특정 지침을 주고, 규칙과 절차를 따르도록 부하들에게 요구하고, 작업의 시간 관리와 조정을 한다. 즉, 구조주도형 리더와 유사하게 지시적 리더는 부하에게 과제수행에 관한 구체적 기준이나 수행기대치를 제공해 주어야 한다. 참여적 리더는 부하들과 상담을 하며, 부하들의 의견과 제안을 고려하여야 한다. 즉, 부하들로부터 의견을 구하고 의사결정과정에 참여시킨다. 마지막으로, 성취지향적 리더일 경우 도전적 목표를 설정하고, 수행개선을 추구하며, 성취욕구의 중요성을 강조하고, 부하들이 높은 기준을 획득할 수 있다는 자신감을 보여 주어야 한다.

(2) 상황요인

경로목표이론에서는 부하의 특성과 환경적 특성 등의 요인과 네 가지 리더행동 유형 간의 상황연계성에 따라 리더의 효율성이 결정된다고 본다. 부하의 특성이란 부하가 자신의 능력을 어떻게 지각하고 있는가와 부하의 내외통제를 의미한다. 여기서 부하의 내외통제는 부하들이 내적 통제자로서 직무수행상의 성공은 자신의 행동(능력이나 노력)에 의한 것이며, 따라서 자신의 통제하에 있다고 믿는 정도를 의미한다. 반면, 환경적 특성은 리더와 부하 간에 수행해야 할 과제의 특성을 의미한다.

(3) 과제특성과 상황별 리더 효율성

① 지시적 리더

자신이 능력이 높다고 지각한 부하들은 지시적 리더를 수용하지 않을 것이다. 또한 과제가 구조화되고 부하들이 매우 유용할 경우에도 지시적 리더는 부하의 노력에 별 효과를 낼 수 없을 것이다. 이러한 상황에 있어서 만약 부하들이 밀접 감독과 지시를 불필요한 리더 통제라고 자각한다면 부하들의 만족은 상당히 떨어지게 된다. 또한 과제가 지루하며 단순하거나 위험할 경우에도 지시적 리더에 대해 부하들은 혐오감을 가지게 된다. 그러나 과제가 비구조화되고 복잡하며, 부하들의 경험이 부족할 때, 또 작업지침에 대한 규칙이나 절차가 공식화되지 못할 때, 지시적 리더는 부하의 만족과 노력에 더 많은 효과를 나타낸다. 또한 부하들이 리더가 자신에게 무엇을 바라는지 모를 때나 어떻게 해야 할지 모를 때, 부하들의 역할모호성이 생길 때도 지시적 리더는 부하들의 역할모호성을 감소시키고 리더는 부하의 기대와 노력을 증가시킬 수 있다. 또한 지시적 리더는 새로운 보상이나 더 많은 보상이 있음을 부하들이 알게 함으로써 부하의 노력을 증가시킬 수 있다.

② 지원적 리더

지원적 리더는 과제가 따분하거나 위험할 경우 부하들의 자신감을 증가시킬 수 있으며, 불쾌한 작업측면을 최소화해 줌으로써 부하들의 노력과 만족을 증가시킬 수 있다고 보고 있다. 한편, 과제가 재미있고 즐거운 것이고 부하들이 그 과제에 대해 자신감이 있다면, 지원적 리더는 별 효과를 내지 못한다.

③ 참여적 리더

참여적 리더는 과제가 구조화되지 않았을 때, 역할명확성을 증가시킴으로써 부하의 업적과 만족을 증가시킨다. 그러나 과제가 구조화되었을 때 이런 참여적 리더십은 별 효과를 미치지 못할 것이다. 그러나 일반적으로 참여적 리더는 직무의 내적 유인가와 내적 보상을 증가시킴으로써 부하들은 높은 성취와 자율요구에 대한 만족감을 보이게 된다.

④ 성취지향적 리더

성취지향적 리더는 과제가 비구조화되었을 때, 즉 과제가 복잡하거나 반복적이지 않을 때 부하들의 자신감을 증가시키거나 도전적 과제나 목표를 성공적으로 성취할 수 있다. 그러나 과제가 단순하고 반복적일 경우 성취지향적 리더의 행동은 별 효과를 내지 못한다.

4) 상황 리더십 이론

Hersey와 Blanchard(1982)는 원래 '리더십 생활주기이론'이란 이름으로 이론을 만들었다가 후에 상황 리더십(situational leadership) 이론으로 개명하였다. 이 이론은 한 상황적 매개변인이 관계형 리더와 과제형 리더행동에 미치는 영향을 살펴본 것이다. 상황 리더십에서 리더의 과제행동이란 한 리더가 각 부하가 언제, 어디서, 어떻게 과제를 달성해야 하는지에 관해 설명을 해 줌으로써 부하의 역할을 조직화하고 정의해 주는 것을 말한다. 반면, 관계행동이란 리더가 부하와 개방적 의사소통통로를 만들고 사회정서적 지원을 제공함으로써 부하들과의 개인관계를 유지하려는 리더행동을 말한다.

부하성숙도(follow maturity)는 리더행동유형과 리더 효율성을 조정해 주는 상황 매개변인이자 조절변인으로서, 부하성숙도는 직무성숙도와 심리적 성숙도 두 성분으로 구성되어 있다. 부하성숙도 측정 문항은 3점 보통을 생략한 4점 리커트 척도(1점 약간, 2점 어느 정도, 3점 상당히, 4점 대단히)로 구성되어 있다. 높은 성숙도를 지닌 부하들은 한 과제를 수행할 수 있는 능력과 자신감을 모두 가지고 있으며, 더 많은 책임감을 갖고 있고, 성취 가능한 목표에 대해서 더 높은 목표를 설정한다고 보고 있다. 매우 낮은 성숙도를 지닌 부하들은 능력과 자기 자신감이 모두 부족하다고 보고 있다. 이 이론의 인과관계모형은 [그림 7-2]와 같다.

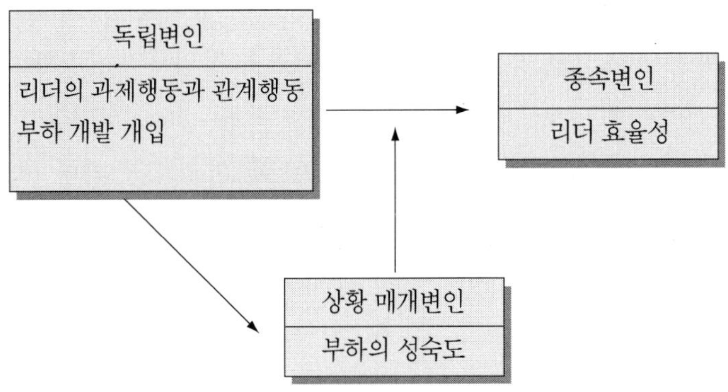

그림 7-2 리더행동과 리더 효율성 간의 인과관계모형

(1) 성숙도 수준에 따른 리더십 유형

상황적 리더십에서 리더십 유형은 성숙도 수준이 서로 다른 부하들에게 취해야 할 최적의 리더십 유형을 결정해야 하며, 리더십 유형은 리더가 부하에게 발휘하는 영향력을 기초로 분류하게 된다. 부하의 성숙도 수준에 따른 리더행동에 대한 기술은 [그림 7-3]에 제시되어 있다.

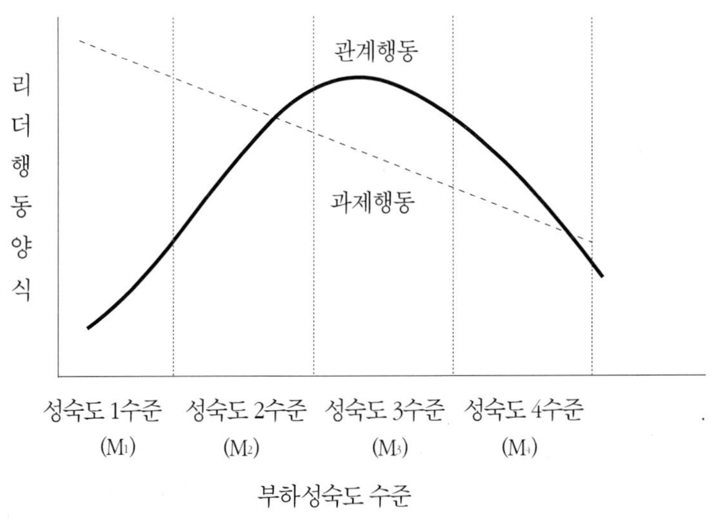

그림 7-3 리더행동과 부하성숙도 수준에 따른 리더 효과성

- 성숙도 1수준(M1): 부하가 과제와 관련되어 매우 성숙되지 못했을 경우다. 리더는 과제행동에 초점을 맞추게 되며, 부하역할을 정의하거나 목표, 기준, 절차를 설정함에 있어 매우 지시적이게 된다. 이를 지시형(telling) 리더십이라 한다.
- 성숙도 2수준(M2): 부하가 중간 정도의 성숙도를 가지게 될 때다. 리더는 매우 지시적으로 활동하게 되며, 의사결정을 함에 있어 부하와 상담을 하게 되고, 칭찬과 주의를 기울이게 된다. 즉, 과제행동과 관계행동 둘 다 나타나게 된다. 이를 판매형(selling) 리더십이라 한다.
- 성숙도 3수준(M3): 부하의 성숙도가 더욱 높아지게 되면 관계행동은 많아지는 반면 과제행동은 줄어들게 된다. 이를 참여형(participating) 리더십이라 한다.
- 성숙도 4수준(M4): 부하가 매우 성숙되어 있을 때, 리더는 부하에게 어떻게 행해야 하는지에 대해 책임을 위임해 주어야 하며, 상당한 자율성도 보장해 주어야 한다. 성숙한 부하는 리더의 지나친 지시 없이도 일을 할 수 있는 능력을 가지고 있는데, 이는 리더의 지지적 행동 없이도 일을 할 수 있다는 자신감을 갖고 있기 때문이다. 이를 위임형(delegating) 리더십이라 한다.

상황 리더십 이론에 따르면, 부하성숙도 수준에 따라 최적의 리더행동 수준을 결정해야 한다고 보고 있다. 부하성숙도가 최저 수준(M1)에서 중간 수준(M2)까지로 증가하면 리더는 좀 더 관계행동을 더 많이 사용하고, 과제행동은 덜 사용하게 된다. 부하성숙도가 중간 수준 이상(M3)으로까지 증가하게 되면, 과제행동도 감소시키면서 관계행동도 감소시키게 된다.

Hersey와 Blanchard(1982)에 따르면, 리더는 부하개발개입 기법을 통해서 부하의 성숙도 수준을 변화시켜 주어야 한다고 보았다. 단순한 부하개발개입 기법은 지시량을 줄여 주고, 특정 과제에 더 많은 책임감을 위임해 주는 것이다. 이 경우 부하가 정적으로 반응한다면, 리더는 그 반응을 보장해 주기 위해 칭찬과 정서적 지원을 제시해 주어야 한다.

(2) 상황적 리더십 이론의 평가

Hersey와 Blanchard의 상황적 리더십 이론은 리더의 과제행동과 관계행동만을 부하성숙도 수준에 따라 설명하고 있으며, 이 이론에서 제기된 부하성숙도를 정확히 측정하지 못하였다. 또한 부하성숙도 범위가 너무 광범위하게 정의되어 있고, 개념적으로도 애매한 측면이 많다(Barrow, 1977). 즉, 부하성숙도 변인은 다양한 성분을 지닌 복합상황 변인인 것이며, 이러한 서로 다른 직무성숙도와 심리적 성숙도를 결합하거나 가중치를 두는 데 있어서 너무 설명이 없다는 점이다. 예를 들어, 직무성숙도는 높지만 심리적 성숙도는 낮은 경우를 직무성숙도는 낮지만 심리적 성숙도는 낮은 경우와 동등하게 볼 것인가에 대한 문제이기도 하다. 이런 결함을 보완하고자 Hersey와 Blanchard(1969)는 첫 부하성숙도 1수준과 2수준은 능력가중치를 가지며, 부하성숙도 3수준과 4수준은 동기가중치를 부여한다고 제시한 바 있다. 그러나 이런 가정은 만약 부하가 동기가 있지만 기술이 없는 경우가 기술은 있지만 동기가 약한 경우보다 덜 성숙하다는 결론을 내리게 함으로써 의심이 많이 가는 가정인 것이다. 다시 말해, 이러한 가정은 성숙에 대한 서로 다른 직무성숙도와 심리적 성숙도를 단일변인으로 다루기보다는 각각의 개별적 조절(moderator) 변인으로 다룬다면 가정의 혼돈을 피할 수 있을 것이다.

이 이론은 부하성숙도 이상 중요한 상황변인들은 간과하고 있지만 이러한 결함이 있음에도 불구하고, 상황적 리더십 이론은 유연하고도 수용적인 리더행동에 초점을 맞춘 점에서 기여한 바가 있다고 볼 수 있다. 즉, 리더는 부하들을 서로 다르게 다루어야 하며, 상황이 변화하는 것과 마찬가지로 부하들을 상황 변화에 맞게 다루어야 한다는 점이다. 더군다나 리더는 부하들의 기술과 자신감을 형성할 기회를 부여해 주고 '문제부하'를 끝까지 문제부하로 남겨서는 안 된다고 가정하고 있다.

5) 규범적 의사결정모형

Vroom과 Yetton의 규범적 의사결정모형(1973)은 리더의 의사결정문제를 중점적으로 다루며, 리더가 각 상황에 적합한 모범적 행동을 제시한 규범적(normative) 이론이다. Vroom과 Yetton(1973)은 각 특정 상황에 적합한 의사결정절차를 상술화하려고 하였다.

(1) 규범적 의사결정모형의 특징

규범적 의사결정모형은 리더의 의사결정행동이 어떻게 의사결정의 질에 영향을 미치며, 그 의사결정에 대한 부하의 수용에도 어떠한 영향을 미치는가를 제시한 이론이다. 즉, 의사결정의 질과 수용을 공동적으로 집단수행에 영향을 미치는 매개변인으로 본 것이다.

여기서 의사결정의 질(decision quality)은 집단수행에 영향을 미치는 의사결정의 객관적 측면을 말한다. 높은 질의 의사결정이란 최상의 대안을 선택하는 것이다. 조직구성원의 의사결정 참여가 의사결정의 질에 미치는 효과는 적절한 정보의 배분, 리더와 부하 간의 문제해결 전문성에 의해 결정된다고 한다.

의사결정의 수용(decision acceptance)이란 부하가 한 의사결정의 실행에 효율적으로 개입된 정도를 말한다. 즉, 어떤 경우에 부하는 그 의사결정이 자신에게 이득이 되거나, 리더가 부하에게 의사결정을 수용하라는 영향력을 행사하기 때문에 그 의사결정을 실행하는 데 매우 동기화되어 있을 수 있다. 그러나 만약 그런 의사결정을 리더 혼자서 하거나 자동화된 방식으로 이루어진다면, 부하는 그 의사결정을 수용하지 않을 수도 있다. 규범적 의사결정이론의 기본 가정은 부하의 의사결정 참여는 의사결정 수용을 증가시키게 되며, 부하가 영향력을 가지면 가질수록 부하들은 그 의사결정 실행에 더 동기화될 것이라는 것이다.

이 이론에서는 만약 부하들이 적절한 정보를 가지고 있고, 기꺼이 좋은 의사결정을 내리기 위해 리더와 협력하려 한다면, 부하들의 의사결정과정에 참여하는 것이 더 수준 높은 의사결정을 내릴 수 있게 한다고 보고 있다. 그러나 의사결정의 질을 높이기 위한 조직구성원의 협력은 다시 조직구성원이 리더의 과제목표를 공유하는 정도에 따라, 그리고 상호 신뢰관계를 가지는 정도에 따라 달라진다고 보고 있다. 또한 부하가 리더와 함께 목표를 공유할 경우, 상담형 리더, 집단의사결정 리더 혹은 공동의사결정 리더가 의사결정의 질을 높인다고 보고 있다.

(2) 리더유형

리더가 부하들을 의사결정과정에 어느 정도 참여시키는지에 따라 다음의 5유형으로 구분한다.

① 전제적 리더 I(Autoratic leader I: AI)

리더는 상황에서 정보를 사용하여 리더 자신이 의사결정을 내리거나 문제를 해결한다.

② 전제적 리더 II(Autoratic leader II: AII)

리더는 부하로부터 정보를 수집하여 단독으로 결정한다. 다만 전제적 리더 I과는 달리 전제적 리더 II는 필요한 정보를 부하들로부터 얻은 후 리더 자신이 문제해결을 한다. 리더는 어떤 문제가 발생하여 부하로부터 정보를 얻는다는 것을 말할 수 있고, 말하지 않을 수도 있다. 즉, 부하의 역할은 대안적 해결책을 제시하거나 평가하기보다는 필요한 정보를 리더에게 제시하는 것이다.

③ 상담형 리더 I(Consultative leader I: CI)

상담형 리더 I은 부하 개개인과 협의하여 의견을 청취한 후 단독으로 결정하며, 부하를 집단으로 모이게 하지는 않는다.

④ 상담형 리더 II(Consultative leader II: CII)

상담형 리더 II는 모든 부하집단과 협의하여 집단으로부터 의견을 청취한 후 리더가 단독으로 의사결정한다. 회사에서 부서원 전원 팀 회의가 좋은 예가 될 것이다.

⑤ 집단의사결정형 리더(Group decision leader II: GII)

집단의사결정형 리더는 한 집단으로서 부하들과 문제를 공유하며, 함께 대안을 제시하고 평가하며 합의에 따르도록 시도한다. 리더의 역할은 의장과 같은 것이어서 리더의 대안을 채택하고 집단에게 리더로서의 영향력을 행사하지 않는다. 리더는 전체 집단이 지지한 어떤 대안이라도 받아들이려고 하며, 기꺼이 실행하고자 한다.

(3) 의사결정나무

Vroom과 Yetton(1973)이 제시한 의사결정나무(decision tree)는 [그림 7-4]와 같다. 리더가 의사결정 시 참조해야 할 준거로는 의사결정의 질, 부하와 리더가 가지고 있는 적절한 정보의 가능성, 의사결정문제가 비구조화되고 창의성을 요구하는 정도, 부하들의 결정사항에 대한 수용, 부하가 전제적 의사결정을 수용할 가능성, 부하에게 참여를 허용해 주면 협력할 가능성, 부하들이 선호하는 대안에 대해 부하들과의 불일치의 가능성 등이다.

Vroom과 Yetton의 규범적 의사결정이론에서는 의사결정절차의 효율성은 다음과 같은 상황에 의존하게 된다. 의사결정의 질적 수준이 중요하며, 리더가 없는 정보를 부하들이 갖고 있을 때 전제적 의사결정(AI, AII)을 사용하지 않는 것이 좋다고 본다. 즉, 리더가 모든 관련된 적절한 정보 없이는 높은 수준의 의사결정을 내릴 수 없기 때문이다. 의사결정의 질이 중요하고, 부하들이 과제목표에 대한 리더의 관심사에 공감하지 못할 경우, 집단의사결정(GII)은 부적절한데, 이는 중요한 의사결정을 내리는 과정에 별 정보가 없거나 의사결정에 비협조적인 사람까지 참여시킴으로써 오히려 부하들에게 너무 많은 영향을 부여하기 때문이다.

그러나 의사결정의 질이 중요하고, 의사결정문제가 비구조화되어 있고, 리더가 전문성도 없고 필요한 정보를 갖고 있지 않다면 의사결정은 관련된 정보를 갖고 있는 사람들 간의 상호작용을 통해서 이루어져야 한다. 의사결정 수용이 증가하고, 부하들이 전제적 의사결정을 수용할 가능성이 없다면, AI과 AII의 전제적 의사결정은 적절치 못한데, 이는 의사결정이 효율적으로 실행될 수 없기 때문이다. 또한 부하들이 중요한 문제에 대한 최상의 해결책에 대해 서로 불일치하게 된다면, AI과 AII 전제적 의사결정과 상담형 의사결정 CI은 부적절한데, 이는 이러한 절차들이 부하들 간이나 상사와 부

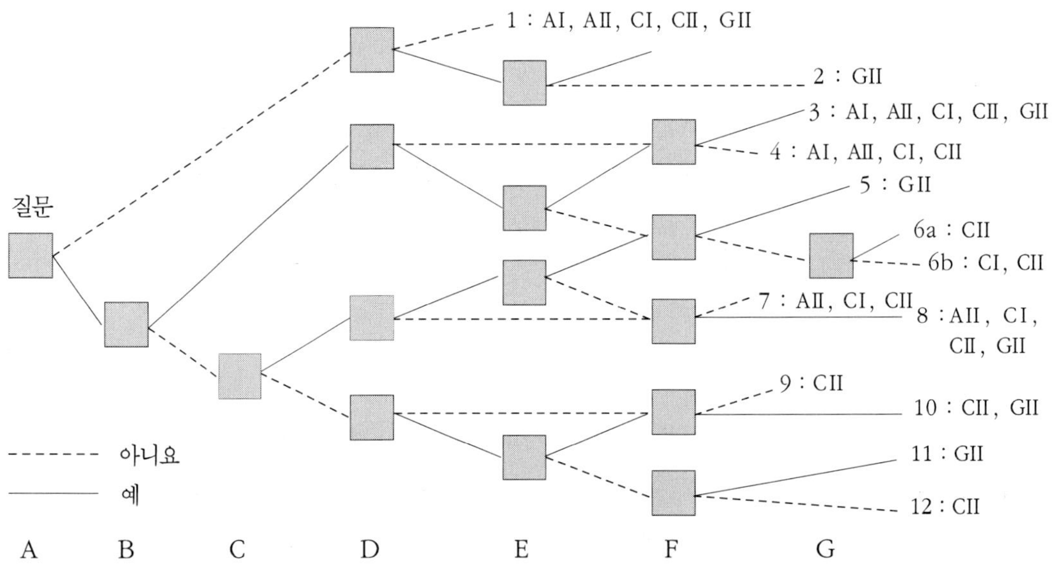

A. 그 문제가 의사결정의 질을 요구하고 있는가?
B. 합리적이고 우수한 의사결정을 위해 리더는 충분한 정보를 가지고 있는가?
C. 해결해야 할 문제가 구조화되어 있는가?
D. 의사결정의 결과에 대한 부하들의 수용 여부가 그 의사결정의 효과적인 실천에 중요한 역할을 하는가?
E. 만약에 리더 혼자서 단독으로 의사결정을 한다면, 그 결정이 부하들에 의해 수용되리라고 확신할 수 있는가?
F. 이 같은 문제해결을 통해 달성될 수 있는 조직목표가 무엇이라는 것을 부하들도 알고 있는가?(부하들이 조직목표 달성을 우선적으로 생각하는 입장에서 문제를 해결하려고 하는가?)
G. 무엇이 보다 나은 해결책인가에 대하여 부하들 간에 갈등이나 의견의 불일치가 있을 가능성이 있는가?

그림 7-4 규범적 의사결정 모형

하 간의 토론이나 협상을 통해서 그런 차이를 해결할 수 있는 기회를 제시해 주지 못하기 때문이다.

의사결정의 질은 중요하지 않지만, 의사결정에 대한 부하들의 수용이 결정적일 경우 그리고 전제적 결정으로부터 나온 결정이 받아들여지지 않을 가능성이 높은 경우, 가장 최적의 절차는 집단의사결정 GII로서 이는 부하들의 의사결정 수용을 최대화할 수 있다. 의사결정 수용은 중요하지만, 전제적 의사결정을 받아들이지 않을 경우, 그리고 부하들이 리더의 과제목표를 공유할 경우에도 부하들에게 동등한 의사결정 참여 자격을 주는 집단의사결정 GII가 적절한데, 이는 의사결정의 질을 저해하지 않고도 부하들의 의사결정에 대한 수용을 최대화할 수 있기 때문이다.

6. 최근 리더십 이론

1) 변혁형 리더십

변혁형 리더십(transformational leadership) 이론에서는 리더와 부하 간의 교환 또는 특성과 상황과의 연계 이상의 리더십 개념이 있다고 본다. 즉, Burns(1978)는 리더와 부하 간의 교환적 관계를 나타내는 교류적(transactional) 리더십과 부하들을 변화시키는 변혁형 리더십이 있다고 제시했다.

(1) 교류적 리더십과 변혁형 리더십

교류적 리더십은 통로목표 리더십과 유사하게 부하들의 수행결과에 따라 상황별로 보상하는 리더십을 의미하며, Bass(1998)는 거래적 리더십이 상사의 정적 보상행동, 승진과 부하성장에 대한 제언 및 자문, 상황연계적 보상 실시, 상사-부하 간의 전진적 교환관계, 예외관리(management by exception) 요인으로 구성되어 있다고 하였다. 교류적 리더십은 상사가 부하가 잘 수행한 업무처리 건별로 금전적 보상 등 외적 보상과 교환하는 미국 기업의 경우 상사와 직무만족 간의 상관이 높게 나타났으며, 업적별 처벌과 만족 간의 관계도 마찬가지로 나타났다. 즉, 상황별 강화는 미국과 같은 개인 업적을 강조하는 국가들에서 더 높은 상관관계를 가지는 것으로 나타났다.

교류적 리더십과는 달리 변혁형 리더십(Bass, 1985)은 부하들에게 비전을 제시하고,

배려적 인간관계를 형성하며, 부하에게 지적 자극을 주고, 부하들이 리더와 동일시하고, 부하에게 영감까지 주는 리더십을 말한다. 변혁형 리더십은 문제해결을 할 수 있는 목표달성형 리더로서 부하들에게 경영혁신을 고무시키고 경쟁적 피드백을 주며, 조직에 대한 자긍심을 고양시키는 리더십을 의미한다. 변혁형 리더십은 어느 정도의 모험이행이 바람직하다고 여겨지는 조직이나 개인적 목표달성이 고무되는 풍토에서는 민주적 리더십이나 전제적 리더십보다 더 많은 매출액, 신제품개발, 생산비절감, 조직혁신 등의 결과를 보인다.

또한 변혁형 리더는 부하들에게 조직, 집단의 이익을 위해서 자신의 이해를 초월하며 순간의 요구보다는 장기적인 자기개발을 인식하도록 교육시킨다. Bass(1985)는 변혁형 리더는 부하들에게 정확한 비전을 제시하고, 권한도 위임해(empower) 주는 리더라고 하였다 .

Bass(1985)는 변혁형 리더십을 요인분석한 결과, 이상화된 영향력, 부하에게 감흥을 주는 영감적 동기부여, 지적 자극, 개인적 배려 요인이 있다고 했으며, 이를 측정하는 리더십 척도로 다중요인 리더십 설문지를 개발했다.

| 표 7-5 | 변혁형 리더십의 4요인

요인	내용
이상화된 영향력 (idealized influence)	리더는 부하들의 역할모델로서 부하들의 신뢰와 존경을 받아야 하며, 부하들은 리더 동일시(leader identification)를 통해서 리더와 같이 되려고 하며, 리더가 자신들이 따라야 할 지도자로서 역량을 갖추었다고 믿는다.
영감적 동기부여 (inspirational motivation)	리더는 부하들에게 일의 의미와 자신감을 심어 주고 끝없는 도전정신을 갖도록 북돋아 주어야 하며, 부하들이 현재보다는 미래지향적 비전을 가질 수 있도록 해야 한다.
지적 자극 (intellectual stimulation)	리더는 부하들이 전혀 생각하지 못한 여러 새로운 방안이나 지식을 제공해 주어야 하며, 부하들 역시 창의적 사고와 새로운 문제해결을 이룰 수 있도록 의사결정과정에 참여시키고, 부하들로 하여금 조직학습행동을 실천할 수 있도록 자극을 주어야 한다.
개인적 배려 (individual consideration)	리더는 인간관계적 리더와 같이 부하 개개인의 성장과 발전에 관심을 가져야 하며, 부하들의 욕구와 동기의 개인차를 인정하고 이에 맞는 개인적 배려를 통해서 높은 역량을 갖춘 부하로 육성해야 한다.

(2) 변혁형 리더십의 효과

변혁형 리더십에 관한 연구에 의하면, 변혁형 리더십은 부하 특성 변인들과 상관이 높은 것으로 나타났다. 즉, 자신의 상사를 변혁형이라고 지각하는 부하들은 직무만족, 직무수행, 조직시민행동, 조직몰입, 공정성 지각 등에서 높은 수준을 나타내는 경향이 있다. 그리고 변혁형 리더십 요인은 상황연계성 보강에 기초한 거래적 리더십보다 리더 효율성 및 부하 만족에 더 많이 영향을 미치는 것으로 보고되고 있다. 또한 변혁형 리더는 부하들이 마음속으로부터, 그리고 자신이 동일시하기를 원하는 역할모델이며, 리더십의 원형(archytype)이라고 볼 수 있다. 그러므로 리더는 부하를 단순히 보상이나 칭찬을 하기보다는 그 이상의 높은 실행성에 대한 기대를 부하에게 개발시켜 주어야 한다. 리더는 기술적 유능성, 조직화 기술 그 이상의 역량을 갖추고 있어야 하며 부하들의 역량개발과 팀 빌더이어야 한다.

2) 카리스마 리더십

House(1977), Manz와 Sims(1991)는 카리스마 리더(charisma leader)는 부하들이 리더가 천부적 재능을 갖고 태어난 사람으로 믿게 하며, 부하들의 맹신적 존경과 신뢰, 부하들의 무조건적 수용과 복종을 가져오는 리더를 의미한다고 하였다. 일반적으로 카리스마 리더가 지니고 있는 주요 특성들은 매력적인 비전 제시, 인상관리, 부하들과 함께 높은 목표 설정, 부하들에 대한 신뢰 등이 있다.

(1) 카리스마 리더의 특성

① 매력적인 비전 제시

카리스마 리더는 그 비전이 현실적으로 실현 가능한가와는 별도로 자신들을 우상화시키고 미화시키기 위해서 매력적인 비전이나 청사진을 부하들에게 제시한다. 부하들은 그러한 비전을 통해 카리스마 리더에게 몰입하며, 순종하고 충성한다.

② 인상관리

카리스마 리더는 부하들이 자신에게 신뢰와 존경을 갖도록 인상관리(impression management)를 한다. 예를 들어, 부정적 카리스마 리더인 히틀러는 독일 국민에게 강력한 리더라는 인상을 주고자 일자 콧수염을 길렀으며, 나치를 신비한 이미지로 부각시키고자 불교에서 나온 卍(만)의 상징과 유사한 나치 당기를 제작하기도 했다. 한국의 박정희 대통령은 군사독재적 이미지보다는 국민을 생각하는 서민적 대통령이라는 이미지를 심어 주고자 봄철 모내기 시즌이면 농부들과 함께 모자를 쓰고 막걸리를 같이 먹는 장면을 매스컴을 통해 자주 접하도록 했으며, 그의 카리스마 리더십은 우리도 한번 잘살아 보자는 비전 아래 강력한 경제개발 5개년 계획을 추진하였다.

③ 부하들과 함께 높은 목표 설정

카리스마 리더는 부하들에게 현실적으로 매우 달성하기 어려운 목표를 제시하고, 부하들이 그러한 목표를 수용할 수 있도록 독려하며, 그러한 목표가 달성될 수 있도록 수시로 부하들과 의견을 공유한다. 또한 목표달성이 이루어졌을 때에도 부하들과 함께 그러한 목표달성에 대해 함께 자축하며 논공행상을 하는 영웅적 특성을 갖고 있다.

④ 부하들에 대한 신뢰

카리스마 리더는 부하들에게 전폭적인 신뢰를 보냄으로써 부하들이 자신감을 갖고 일을 추진하도록 격려한다.

(2) 카리스마 리더십의 효과

Howell과 Dorfman(1988)에 의하면, 카리스마 리더는 부하들의 직무만족이나 상사에 대한 만족에 상당한 영향력을 미치고 있으며 기업이나 국가가 위기에 닥치거나 난관에 봉착했을 때 효과적인 리더십이지만, 불확실성이 낮거나 안정적 환경하에서는 그다지 효과가 높지 않다. 또한 대의를 위한 카리스마 리더는 부하들이나 국민들에게 진정한 영웅으로 존경을 받지만 자신의 안위와 영달을 위해 카리스마 리더가 된 경우는 그 영향력이 상당히 감소한다.

예를 들어, 크라이슬러사의 아이아코카 회장은 크라이슬러 자동차가 위기에 처했을 때 자동차회사를 위기에서 구한다는 명목하에 카리스마 리더십을 발휘해서 같은 계열의 우주산업을 매각한 자금으로 크라이슬러 자동차를 회생시켰지만 결과적으로 자동차회사를 살렸다는 자신의 업적을 부각시키기 위해 첨단우주산업을 그 대가로 희생시켰다는 직원들의 비난 때문에 결코 좋은 평가를 받지 못하고 물러나고 말았다. 반면 40대 기수론을 갖고 개척정신이라는 비전하에 미국의 대통령으로 당선된 케네디 대통령은 참모들과의 파트너십을 통해 새로운 미국정신을 국민들에게 심어 주는 데 성공했다. 또한 스탈린, 나폴레옹, 히틀러와 같은 부정적 카리스마 리더는 주류로부터의 소외감과 열등감에 대한 과보상적 행동을 영웅의식으로 나타내는 경우가 많다. 예를 들어, 프랑스의 나폴레옹은 작은 키에 대한 열등감과 프랑스 변방 코르시카 섬 출신이라는 열등감을 극복하고자 강력한 카리스마 리더로 자신을 부각시키고자 노력했다.

일반적으로 카리스마 리더십 연구는 리더 개인의 성격특성을 파악하는 데 주안점을 두는 반면, 변혁형 리더십 연구는 조직이나 집단, 부하들이 성장하고 발전하는 과정에 영향을 미치는 요인이 무엇인지를 규명하는 데 초점을 둔다.

3) 셀프 리더십

Sims와 Lorenzi(1992)는 Bandura(1986)의 자기조절이론을 받아들여 셀프 리더십(self-leadership), 초월적 혹은 초리더십(super leadership)을 제시했다. 셀프 리더십은 진정한 리더란 부하들의 역량을 개발하여 부하들로 하여금 자율적으로 업무를 추진하게 하고 스스로 자기조절능력을 갖게 만드는 것이라고 하였다. 셀프 리더십의 또 다른 명칭인 초월적 리더십에서 초월(super)의 의미는 '강한 리더'라는 의미보다는 부하들로 하여금 스스로 역량을 개발하고 업무 추진을 하게 만들어 상사는 부하들에 대한 업무 관리를 초월한다는 의미다. 셀프 리더십은 부하들을 효율적인 자율집단(automated, self managed team)으로 만들기 위해 노력하며, 부하들이 스스로 역량을 갖출 수 있도록 부하개발에 관심을 가진다.

일반적인 셀프 리더십의 특징은 자기목표 설정, 자기관찰, 자기강화, 자기처벌, 자기효능감 등이다. 셀프 리더십의 자기목표 설정(self-set goal)이란 리더는 부하들과 자기관리 경영팀이 자율적으로 단기목표와 장기목표를 설정하고 현재와 목표수준 간의 차이를 분석하여 자기목표를 수정할 수 있는 역량을 갖추도록 하는 것을 말한다. 셀프 리더십의 자기관찰(self-observation)은 리더는 부하들과 자율팀이 자신이 수행한 결과나 성과를 스스로 피드백할 수 있도록 하여 현재의 상태와 바람직한 미래의 상태 간의 차이를 인식하도록 하는 것을 의미한다.

자기강화(self-reinforcement)적 특성이란 초월적 리더는 부하들과 자기관리 경영팀이 상사나 경영층에 의한 보상이나 강화와는 별개로 스스로 수행한 결과에 대해서 내적 보상을 주는 자기보상(self-reward)과 일 그 자체에 재미와 만족을 얻는 내적 동기(intrinsic motivation)를 갖도록 해야 함을 뜻한다. 또한 리더는 부하들과 자기관리 경영팀이 자신이 자율적으로 설정한 목표에 도달하지 못한 데 대한 상사나 경영층에 의한 질책이나 처벌과 별개로 스스로 자기비판(self-criticism)과 자기처벌(self-punishment)을 통해 새로운 도전정신을 갖게 한다. 마지막으로 초월적 리더는 부하들로 하여금 할 수 있다는 정신과 자신감을 부여해 주는 자기효능감(self-efficacy)을 갖도록 해 주어야 하며, 이를 위해 부하들의 역량개발이 필요하다.

셀프 리더십에서 리더의 역할이란 효율적인 부하들이나 팀을 만들기 위해서 부하들이 자기지시적 · 자기통제적 역량을 갖도록 지속적으로 추진하며, 부하의 자기개발에 각별한 관심을 가짐으로써 역량 있는 부하로 육성하는 것이다.

4) 진정성 리더십

진정성 리더십(Authentic Leadership)은 가장 최근에 다루어지고 있는 리더십 분야라고 할 수 있다. 진정성 리더십 이론은 리더의 진심 어린 생각과 행동에 관심을 두고 있다. Walumbwa, Avolio, Gardner, Wernsing과 Peterson(2008)은 진정성 리더십이란 리더 자신과 부하의 긍정적인 자기개발을 촉진하기 위해 리더의 자아 인식, 내면화된 도덕적 시각, 균형 잡힌 정보처리, 관계적 투명성을 조성하여 구성원의 긍정심리자본과 윤리적 풍토를 촉진하는 리더의 행동양식이라고 주장하였다.

Walumbwa 등(2008)은 진정성 리더십에 대해 논한 선행연구들(Gardner, Avolio, Luthans et al., 2005; Ilies, Morgeson, & Nahrgang, 2005; Luthans & Avolio, 2003)을 개괄하여 진정성 리더십의 구성요소를 제안하였다. 이 네 가지 구성요소를 살펴보면 〈표 7-6〉과 같다.

| 표 7-6 | 진정성 리더십의 네 가지 구성요소

구성요소	내 용
자아 인식 (self-awareness)	자신의 강점과 약점을 포함한 자기 자신을 이해하고, 다른 사람에게 미치게 될 영향을 이해하는 과정
내면화된 도덕적 시각 (internalized moral perspective)	자신의 내면적 도덕기준과 가치에 따라 생각하고 행동
균형 잡힌 정보처리 (balanced processing)	어떠한 편향 없이 자신과 관련된 정보들을 객관적으로 처리하는 과정
관계적 투명성 (relational transparency)	타인에게 긍정적인 측면과 부정적인 측면 모두를 포함하는 자신의 자아를 보여주는 행동

Gardner, Cogliser, Davis 및 Dickens(2011)는 2010년까지 이루어진 진정성 리더십에 대한 연구들에 대한 문헌고찰을 실시하였다. 문헌고찰 결과를 살펴보면, 초기에는 주로 이론적 논의가 이루어졌던 것과 달리 최근에 이르러서는 실증적인 연구가 많이 이루어졌음을 알 수 있다. 선행연구들을 살펴보면, 직무탈진(Wong & Cummings, 2009b)과 직무열의(Giallonardo, Wong, & Iwasiw, 2010; Walumbwa, Wang, Wang, Schaubroeck, & Avolio, 2010)와 같은 직무와 관련된 정서뿐만 아니라 직무수행(Walumbwa et al., 2008; Wong & Cummings, 2009b), 직무만족(Giallonardo et al., 2010; Jensen & Luthans, 2006), 조직시민행동(Walumbwa et al., 2008; Walumbwa et al., 2010) 등 직접적인 수행이나 수행에 긍정적인 영향을 미치는 변인들을 증가시킨다는 것을 알 수 있다. 리더에 대한 신뢰(Clapp-Smith, Vegolgesang, & Avey, 2009; Wong & Cummings, 2009b; Wong, Laschinger, & Cummings, 2010), 리더에 대한 만족(Walumbwa et al., 2008)과 같은 리더에 대한 태도의 변화도 나타났음을 알 수 있다.

5) 글로벌 리더십

일반적으로 처음 해외에 주재원으로 선발된 사람들은 해외 주재 생활의 두려움, 문화충격에 대한 오리엔테이션 부족, 사회적 고립감, 가족과 친구들과 떨어져 있다는 두려움, 본사로부터 버림 받았다는 배신감도 경험하게 된다. 그리고 자신에게 필요한 영향력과 현지에서의 기술적 지원이 모자람을 느끼게 되며, 이에 육체적 진통을 경험하게 된다. 또한 본국 귀임에 따른 제반 문제들도 엄습하게 된다.

이러한 해외 주재 생활의 부적응 원인은 회사의 적절한 해외부임자 선발 실패와 함께 해외부임자 훈련 부족도 주요 원인이 되고 있으며, 이는 선발, 훈련, 해외부임 준비 과정과 해외부임 실패율을 상관해 본 결과 .63으로 상당히 직접적인 요인이라 할 수 있다. 즉, 해외부임 예정자들을 사전에 잘 훈련시켰으면 그만큼 현지에서의 적응이 잘 될 수 있다는 의미가 된다.

또 하나의 실패 원인으로는 주재원이 현지에서 잘못된 리더십 스타일을 오용하기 때문이다. 예를 들어, 파푸아뉴기니에서 프로젝트를 추진 중인 호주 기업의 리더는 말레이시아 근로자의 역량을 과소평가한 나머지 호주 본사의 민주적 리더십을 사용하는 대신에 권위주의적, 이성적, 경제적 리더십을 사용하였는데, 이는 전통적인 말레이시아 리더십인 인간관계형 리더십과 권위주의 리더십을 혼합한 것과는 다소 상반된 리더십 형태였다. 즉, 호주 기업의 리더들은 말레이시아의 문화를 권위주의 리더십으로만 인식한 나머지 경제적 이득만을 추구하려고 현지인들을 착취하였다. 이는 말레이시아 문화의 또 다른 특성인 인간관계지향적 문화방식을 너무 간과한 것이다. 그 결과 현지인들의 노사분규로 프로젝트는 타격을 받았으며 결국 포기하였다(Ronen, 1986).

Rhinesmith(1994)는 변화하는 세계에서 글로벌 리더를 육성하기 위해서는 6가지 역량이 필요하다고 주장했으며, 이 역량들을 살펴보면 다음과 같다. 첫째, 글로벌 경영관리역량은 자본, 기술, 공급자, 설비, 시장 기회 및 인적자원을 세계 각국에서 조달하기 위해 정보를 세계적 차원에서 수집하는 역량과 이들 정보를 조직의 경쟁 우위 확보와 이윤 증대를 위해 활용하는 역량과 지식을 말한다. 둘째, 사업환경다양성 인식역량은 개인과 조직의 효과성에 영향을 미치는 복잡하고 다양한 관계를 글로벌 차원에서 인식하고 분석하며 직관적으로 관리하는 개념화 역량이다. 셋째, 탄력적 조직적응역량은 여러 가지 사업, 기능, 업무과제에 대한 의사결정을 집권화하거나 분권화하여 글로벌 차원에서 잘 조정되고 빠른 의사결정과 실행이 이루어지도록 환경 변화에 유연하고 탄력적인 태스크포스팀을 구성하고 해체하는 역량을 말한다. 넷째, 이문화팀 관리역량은 기능적 기술, 경험 수준, 문화적 배경이 다양한 팀을 이문화 민감성과 자기문화 인식을 함께 가지고 관리하는 감수성 역량을 의미한다. 다섯째, 불확실성에 대한 관리역량은 계속적인 환경 변화와 불확실성을 관리하는 역량을 의미하며, 이는 불확실성에 대한 인내와 관리를 통해서 조직은 환경 변화에 적절하게 대처할 수 있는 역량이다. 마지막으로, 학습조직 조성역량은 새로운 지식과 문화적 관점을 탐색하고 글로벌 차원의 피드백을 탐색하여 개인학습과 조직학습을 제고하는 역량을 의미한다.

제2부

소비자 및 광고심리

제8장

소비자심리 분석

심리학(psychology)은 "인간의 행동과 심리과정을 과학적으로 연구하는 학문이다."라고 정의한다. 여기서 행동(behavior)은 경험적으로 관찰될 수 있도록 사람들이 외적으로 드러내 보이는 현상이고, 심리과정(mental process)은 행동이 나오기까지 내면에서 이루어지는 과정을 말한다. 행동은 외적으로 드러나기 때문에 사람들은 그것이 무엇인가를 이해하는 데 크게 어려움이 없다. 그러나 사람들은 그 행동이 나오기까지 인간의 내면에서 이루어진 심리과정, 즉 마음을 제대로 이해하는 것은 결코 쉬운 일이 아니다. 사람들이 "내 마음 나도 몰라."라는 말을 흔히 사용하는 것을 보아도 알 수 있다. 대부분의 사람이 자신뿐만 아니라 다른 사람들의 심리에 대하여 잘 알고 있다고 자신만만해하면서 아는 체하지만, 실제로 사람들을 올바르게 파악하는 것은 매우 어려우면서도 전문적인 일이다. 더욱이, 사람들이 드러내는 행동과 심리과정의 '이유'를 밝히는 것은 더더욱 힘든 일이다. 어렵고 힘든 일이지만, 사람들의 실체를 알기 위해 전문적인 노력을 하는 학문분야가 심리학이고, '인간의 참된 이해'를 목적으로 한다. 링컨의 "국민의, 국민에 의한, 국민을 위한 정치"라는 연설이 민주주의 정신을 가장 간결하고 적절하게 표현하는 말로 널리 알려진 것처럼, 심리학은 사람의, 사람에 의한, 사람을 위한 학문이라고 말 할 수 있다.

1. 소비자심리학

소비자연구에 심리학적 접근을 취하는 분야가 소비자심리학(consumer psychology)이다. 1990년대 초반까지 학문적 관점에서 취해 온 소비자심리학에 대한 전통적인 견해는 소비자심리학을 산업심리학의 특수한 분야로 간주하였다(Jacoby, Hoyer, & Brief, 1992). 그러나 1958년에 Katzell이 지적한 것처럼, 소비자심리학과 산업심리학은 연구대상에서 차이가 있다. 산업심리학은 작업자와 재화나 서비스의 생산자처럼 조직 내부에 있는 사람들의 행동에 중점을 두고 있지만, 소비자심리학은 그런 재화나 서비스의 구매자와 사용자처럼 조직 외부에 있는 사람들, 즉 소비자의 행동에 초점을 두고 있다. 산업심리학과 마찬가지로, 소비자심리학은 심리학의 응용분야이고, 모태를 심리학에 두고 있지만, 산업심리학과 동반자의 입장에서 하나의 고유영역을 확립해 나가고 있다.

미국의 경우 소비자심리학자들과 관련 학자들의 모임인 소비자심리학회가 1960년에 미국심리학회(American Psychological Association) 산하 23번째 학회로 설립되었고, 학술지『Journal of Consumer Psychology』가 발행되었다. 국내의 경우 고려대학교 성영신 교수, 아주대학교 김완석 교수, 이화여자대학교 양윤 교수, 중앙대학교 김재휘 교수, 대전대학교 남승규 교수, 광주대학교 김철민 교수, 남서울대학교 유승엽 교수를 핵심 발기인으로 하여 1999년에 고려대학교 성영신 교수를 초대 회장으로 한국심리학회 산하 11번째 학회로 '한국소비자광고심리학회'가 설립되었고, 이화여자대학교 양윤 교수를 초대 편집위원장으로 학술지『한국심리학회지: 소비자광고』가 발행되었다.

소비자심리학과 관련된 저서들을 살펴보면, 소비자심리학보다는 광고심리학과 관련된 저서들이 먼저 출판되었다. 미국의 경우에 심리학자인 Walter D. Scott가 심리학도 광고에 적용될 수 있다는 것을 보여 주면서 광고산업계의 지원을 1903년에 저술한『광고이론(The theory of advertising)』과 1908년에 저술한『광고심리학(The psychology of advertising)』을 들 수 있다.『광고이론』은 광고를 통해 사람들에게 영향을 미치기 위한 이론들을 다루었고,『광고심리학』은 광고의 효율성을 증진시키기 위하여 모방, 경쟁, 충성, 정신집중과 같은 심리학적 책략들을 다루었다. 그다음에는 1930년에 뉴욕대학교의 심리학 교수인 Benson과 마케팅 교수인 Lucas가 공동으로 저술한『광고를 위한 심리학(Psychology for advertising)』이 있다. 국내의 경우에는 1991년에 성균관대학교 이창우 교수, 대구대학교 김상기 교수, 그리고 호서대학교 곽원섭 교수가 공동 저술한『광고심리학』과 2000년에 발간한 아주대학교 김완석 교수의『광고심리학』이 있다.

소비자심리학에 초점을 맞추어 발행된 저서는 1999년에 대전대학교 남승규 교수가 저술한『소비자심리학』이 처음이며, 그 후 2004년에 아주대학교 김완석 교수와 선문대학교 이성수 교수가 공동 번역한『소비자행동의 심리학(The social psychology of consumer behaviour)』, 2008년에 이화여자대학교 양윤 교수가 저술한『소비자심리학』이 있다. 그리고 2009년에 대전대학교 남승규 교수가 저술한『소비자분석』이 있다.

소비자심리학은 심리학의 종합적인 응용분야다. 소비자심리학의 학문적 핵심을 이루고 있는 분야는 심리학이지만, 경영학, 광고학, 소비자학, 문화인류학, 법학 등의 여러 학문분야와 상호 교류하면서 확립되었다. 특히, 심리학 분야의 경우에 사회심리학과 인지심리학의 영향을 가장 많이 받았다. 태도, 의사소통, 설득 등과 같은 개념은 사회심리학에서 나온 것이고, 기억, 정보처리과정, 의사결정 등과 같은 개념은 인지심리학에서 나온 것이다. 이런 학문적 특성을 지닌 소비자심리학은 제품, 서비스, 시간, 아이디어의 획득, 사용, 처분 등에 관한 의사결정과 행동의 저변에 깔려 있는 역동성을 포함하여 소비자와 관련된 모든 영역을 연구한다.

『사람만이 희망이다』라는 책 제목처럼, 우주의 중심이 태양이듯, 세상사의 중심에는 소비자가 있다. 고도의 전문성이 요구되는 지식정보화 사회에서 세상의 중심인 소비자에 대한 가장 치밀하고 본질적인 연구를 할 수 있는 학문분야가 소비자심리학이다. 왜냐하면 소비자의 외현적인 행동뿐만 아니라 소비자의 내면에서 이루어지는 심리까지를 망라하여 소비자를 제대로 이해하기 위해서 사람에 대해 가장 잘 알고 있는 심리학의 연구방법을 적용한 학문분야가 바로 소비자심리학이기 때문이다. 소비자에 대한 연구는 경영학, 소비자학, 광고학, 신문방송학, 가정학, 의류학 등 다양한 학문분야에서 다루어지기는 하지만, 소비자심리학은 사람에 초점을 둔 심리학적 지식과 원리를 소비자와 접목시킴으로써 소비자에 대한 이해를 위한 다른 학문분야들의 이론적 토대를 제공해 주고 있다.

2. 심리적 구성개념

소비자의 행동과 심리과정에 영향을 미치는 요인들은 매우 다양하다. 소비자를 이해하기 위해서는 크게 정보처리과정과 의사결정과정으로 대별되는 기본과정과 심리적 영향요인과 환경적 영향요인으로 대별되는 영향요인에 대한 이해가 선행되어야 한다. 소비자심리분석을 위하여 고려해야 할 심리적 구성개념은 [그림 8-1]처럼 정리해 볼 수 있다.

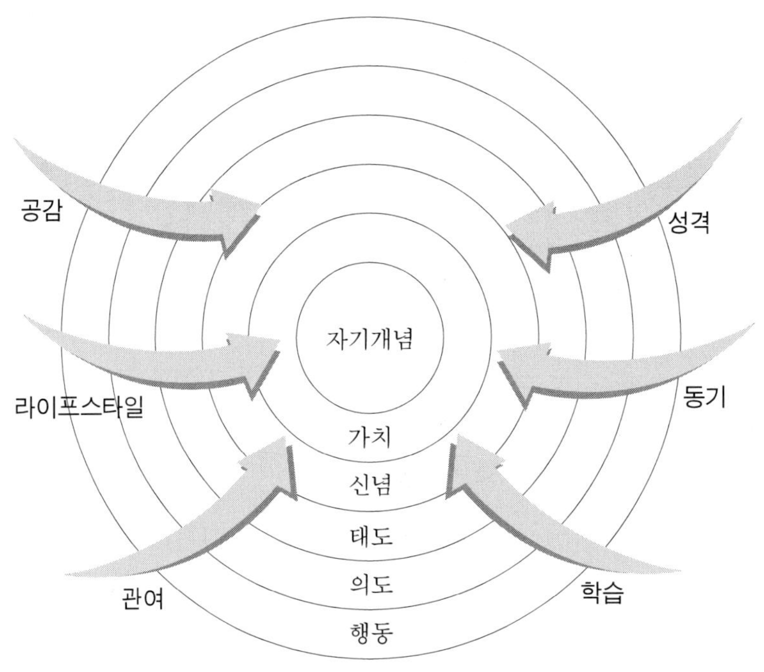

그림 8-1 소비자심리 분석을 위하여 고려해야 할 심리적 구성개념

1) 자기개념

자기개념(self-concept)은 개인이 자기 자신을 참조하는 사고와 감정의 전체성으로, 자신이 누구이고 어떤 신체적 특성과 심리적 특성을 지닌 존재인가를 총괄하는 자기이미지다. 소비자는 자기개념과 일치하는 방식으로 행동하며, 소비자들이 자신

의 자기개념에 상응하는 상품이나 상점을 선택하는 경향성을 이미지 일치 가설(image congruence hypothesis)이라 한다(Onkvisit & Shaw, 1987). 소비자들이 특정 제품을 구매하는 이유는 그것의 기능상의 이점 때문이 아니라 그것의 상징적 가치 때문이다. 제품이 상징적 의미를 지니기 위해서는 가시성, 가변성, 개성의 특성을 지녀야 한다(Holman, 1981). 가시성은 제품을 구매하고, 소비하고, 처분하는 것이 명백하게 타인들에게 보여질 수 있어야 한다는 것이고, 가변성은 그것을 소유할 수 있는 시간이나 재정상의 자원이 사람들마다 달라야 한다는 것이며, 개성은 그것의 일반적인 사용자들을 나타낼 수 있는 고정관념적인 이미지가 있어야 한다는 것이다. 이처럼, 소비자의 구매행동은 자기개념과 같은 심리적 요인의 영향을 받아서 사람마다 다를 수 있을 뿐만 아니라 제품이나 상황에 따라 다양한 형태를 보일 수 있다.

2) 가 치

가치(value)는 개인적으로나 사회적으로 선호되는 안정적인 상위신념이다. 가치는 다양한 분야에서 여러 가지 방식으로 사용되어 왔는데, 소비자 연구에서도 매우 중요한 개념이다. 가치는 태도와 행동에 중심적인 역할을 하며 소비자 동기의 기초로 작용한다. 특히, 유사한 가치를 지닌 사람들은 유사한 선택준거와 최종행동을 보이며, 가치는 제품군이나 브랜드 간의 선택에도 영향을 미칠 수 있다.

소비자가 특정 제품이나 서비스를 구매하는 이유는 그런 제품과 서비스가 자신의 가치와 관련된 목적을 달성하도록 도움을 준다고 믿기 때문이다. 가치는 개인의 소비활동에 매우 중요한 역할을 하며, 소비자 행동을 일으키는 원인으로 작용하기 때문에 대부분의 소비자 연구는 가치의 확인 및 측정과 궁극적으로 관련된다고 할 수 있다. 예를 들어, 가치라는 개념은 문화와 같은 환경적 영향요인, 제품, 광고, 가격과 같은 마케팅 영향요인, 태도, 자기개념, 생활양식 등과 같은 심리적 영향요인, 그리고 구매의도 및 구매행동 모두와 관련되어 논의되어 왔다.

그러나 소비자 연구에서 가치라는 개념이 중요함에도 불구하고, 실제적인 연구에는 폭넓게 응용되지 못하였다. 가장 큰 이유 중의 하나는 소비자 연구에 활용할 수 없도록 가치를 개념적으로 제대로 정립하지 못하였기 때문이다. 그런 문제점을 인식하고, Vinson, Scott 및 Lamont(1977)는 가치를 안전이나 행복과 같은 광범위한 문화적 가치, 편리한 쇼핑이나 신속한 서비스와 같은 소비-구체적 가치, 그리고 사용용이성이나 내

구성과 같은 제품-구체적 가치로 구별하여 사용할 것을 제안하였다.

가치는 흔히 문화와 관련지어 사용된다. Hofstede(1991)는 가치를 문화의 핵심으로 보며, 어떤 한 상태보다 다른 상태를 선호하는 포괄적인 경향성이라 정의하고 선 대 악, 정상 대 비정상의 형태로 이분화하여 가치를 다룬다. Hawkins, Best 및 Coney(1998)는 소비자 행동과 관련된 문화적 가치를 타인지향 가치, 환경지향 가치, 자기지향 가치로 구분하기도 하였다.

개인 수준에서 가치를 체계적으로 연구한 사람은 Rokeach(1973)다. 그는 개인의 가치를 어떤 특정한 행동양식이나 존재의 목적상태가 다른 행동양식들이나 목적상태들보다 선호되는 지속적인 신념으로 정의한다. 그리고 가치를 수단가치(instrumental value)와 목적가치(terminal value)로 구분하였다. 수단가치는 독립심, 유능성, 책임감과 같이 목적가치에 도달하기 위하여 개인이 선호하는 행동양식이고, 목적가치는 가정의 안녕, 자유, 행복과 같이 개인이 살아가면서 도달하려고 노력하는 존재의 목적상태다. 이런 가치개념을 소비자 연구에 접목시킨 것이 Gutman(1982)의 수단-목적 연쇄모형(means-end chains model)이다. 그는 추상성 수준에 입각하여 속성, 결과, 가치가 연결될 수 있다고 보고, 구체적인 속성부터 목적가치까지 연쇄적으로 달성되는 과정을 설명하였다. 소비자는 제품속성으로부터 달성될 수 있는 결과를 추론하거나 연상하게 되고, 다시 이런 결과를 통하여 달성될 수 있는 가치를 추론하거나 연상하는 식으로 연쇄적인 과정을 거치게 된다. 그러나 소비자에게 영향을 미치기 위해서는 제품속성에 초점을 맞출 것이 아니라 가치에 초점을 맞추어야 할 것이다. 다시 말하자면, 최종적인 종착점이 제품속성이 아니라 목적가치라면, 결국 목표가 되는 가치에 중점을 두어야 한다. 실제로 광고를 살펴보면, 제품에 초점을 맞춘 광고도 있지만, 핵심주제로 가치를 활용하고 있다. Pollay(1984)는 인쇄광고에 주로 사용되는 가치들을 연구하였는데, 실용성, 가족, 새로움, 건강, 지혜와 같은 가치들이 주로 광고물의 중심주제로 사용됨을 확인하였다.

가치가 구매의도와 구매행동에 영향을 미친다는 것은 여러 연구자에 의하여 실증적으로 검증되었다. 가치는 태도와 행동에 중심적인 역할을 하며 소비자 동기의 기초로 작용하고(Munson, 1985; Pitts & Woodside, 1983), 유사한 가치를 지닌 사람들은 유사한 선택준거와 최종행동을 보이며 제품군이나 브랜드 간의 선택에 영향을 미칠 수 있다(Howard, 1989). 가치가 행동에 영향을 미치는 이유를 Feather(1990)는 기대-가치 모형에 입각하여 설명하였다. 그는 개인이 지니고 있는 기대란 특정한 상황에서 어떤 행위가 성공적인 성과를 얻을 수 있다는 주관적인 생각인데, 가치가 이런 기대에 영향을 미치고 유인가라는 것도 개인적인 가치를 반영하기 때문에 행동의도와 행동에 영향을 미친다고 보았다.

3) 태 도

일반적으로 태도(attitude)는 어떤 대상에 대해 일관성 있게 호의적이거나 비호의적으로 반응하려는 학습된 사전성향(predisposition)으로 정의하여 사용된다. 태도를 어떤 대상에 대해 전반적이고 지속적으로 갖게 되는 긍정적이거나 부정적인 느낌으로 보는데, 대체로 이론의 여지가 없다. 태도는 넓은 의미에서 어떤 대상의 각 속성별 신념의 총체인 인지적 측면, 그 대상에 대해 전반적으로 갖는 긍정적 · 부정적 감정인 정서적 측면, 그리고 그 대상에 대한 행동성향인 행동적 측면의 세 가지 하위차원으로 구성되는 것으로 개념화하기도 하지만, 좋아함, 싫어함과 같은 정서적 요소만으로 개념화하여 사용되기도 한다. 개념적 정의에 상관없이 소비자의 구매행동은 소비자의 태도가 어떠한가에 의하여 영향을 받게 된다.

태도는 구매행동에 직접적인 영향을 미치는 심리적 요인들 중의 하나로 어떤 특별한 실체에 대한 호오도 정도를 평가하여 표현되는 심리적 경향성(Eagly & Chaiken, 1998)으로 개인의 내적 상태이며, 일정 기간 동안 지속된다. 태도를 어떤 실체에 대해 전반적이고 지속적으로 갖게 되는 긍정적이거나 부정적인 심리적 경향성으로 보는데, 대체로 이론의 여지가 없으며, 구매의도와 관련하여 매우 중요한 개념이다. 예를 들어, 태도와 행동 간의 관계를 설명하는 태도이론들 중에 합리적 행위이론(theory of reasoned action)이 있다(Ajzen & Fishbein, 1980). 이 이론에 의하면, 태도는 특정 행동에 참여하려는 의도에 영향을 미치고, 그 의도가 실제 행동에 영향을 미친다. 이 이론을 소비장면에 적용할 때, 다양한 제품 · 서비스 · 아이디어에 대한 소비자의 태도가 특정 상품의 구매의도를 일으키며, 이것이 실제 구매행동까지 이어질 수 있다는 것이다.

태도에 대한 연구는 태도의 구조, 측정, 형성 및 변화, 그리고 태도와 행동 간의 관계 등과 관련하여 다양한 영역에서 진행되었다. 태도와 관련된 자세한 내용을 얻고자 한다면, Eagly와 Chaiken(1993)의 『The Psychology of Attitudes』와 같은 태도 관련 서적이나 논문을 참고하기 바란다. 여기서는 태도 개념의 중요성, 태도의 구성요소 및 태도의 기능에 중점을 두어 설명하였다.

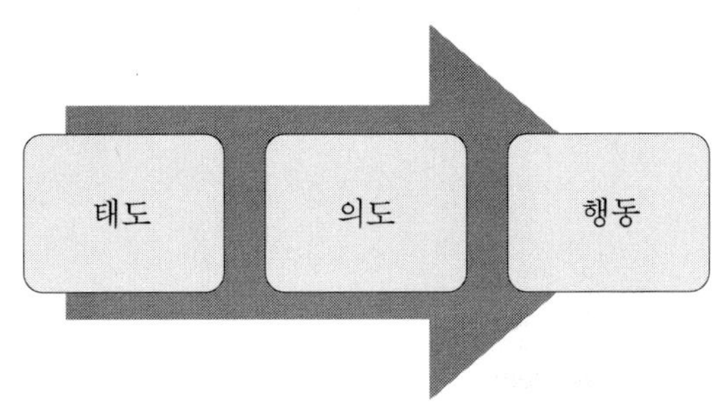

그림 8-2 태도-의도-행동 간의 관계

(1) 태도 개념의 중요성

소비자를 이해하는 데 태도 개념이 중요한 이유는 태도의 선택성 때문이다. 태도는 정보처리과정과 의사결정과정에서 선택적으로 영향을 발휘한다. 태도는 자신의 태도와 일치하는 마케팅 자극과 정보에 호의적이도록 정보처리과정을 편향시킨다. 이런 가정의 논리적 근거는 사람들은 자신에게 이의를 제기하는 정보로부터 자신의 태도를 방어하기 위하여 동기화된다는 것이다. 이런 동기는 사람들을 친태도적 정보에 호의적이게 만들며, 자신의 태도와 일치하는 정보에 호의적인 태도의 선택성은 노출, 주의, 지각, 판단, 그리고 기억 등을 포함한 정보처리과정의 모든 단계에서 발생하게 된다. 이런 현상을 일치성효과(congeniality effects)라 한다. 또한 평가가 선택적이라는 것은 보편적인 일이다. 일반적으로 사람들은 자신의 태도와 일치하지 않는 정보를 좋아하지 않고, 그런 정보는 비교적 납득할 수 없으며 타당하지 않다고 생각하며, 그런 정보를 거부하기 위하여 노력한다.

(2) 태도의 구성요소

태도를 개념화하려는 기본적인 관점은 태도를 세 가지 하위차원으로 구성되었다고 보는 세 요소 태도모형(tricomponent attitude model)이다. 세 요소 태도모형에 의하면, 태도는 어떤 대상의 각 속성별 신념의 총체인 인지적 요소, 그 대상에 대해 전반적으로 갖는 긍정적이거나 부정적 감정인 정서적 요소, 그리고 그 대상에 대한 행동성향인 행동적 요소로 구성되어 있다. 그러나 최근에 태도를 세 가지 요소로 구성되었다고 보는 전통적인 관점은 특정한 제품, 상표, 상점에 대한 호감이나 비호감인 정서적 요소만을 포함시켜 단일차원으로 간주하는 경향으로 변화하고 있다(Wilkie, 1990).

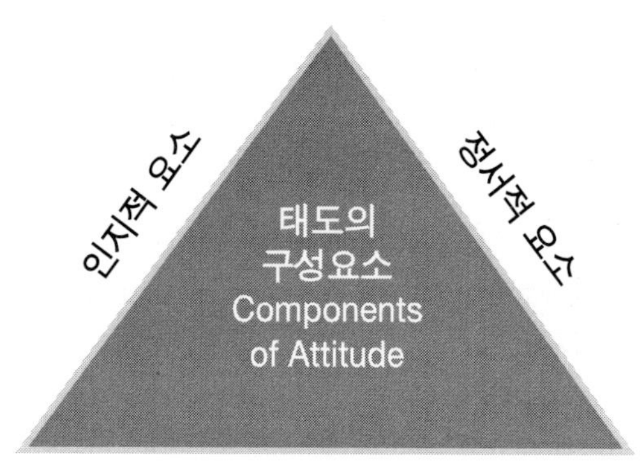

그림 8-3 태도의 구성요소

① 인지적 요소

인지적 요소(cognitive component)는 태도대상과의 직접적인 경험과 다양한 출처로부터 획득한 관련 정보 등의 결합에 의해 얻어지는 지식과 지각을 포함한다. 이러한 지식과 지각은 신념의 형태를 취하며, 이 신념은 태도대상이 다양한 속성을 갖고 있고, 특정한 행동이 특정한 결과를 가져올 것이라는 소비자의 믿음을 나타낸다. 즉, 신념의 총체가 태도대상에 대한 태도의 인지적 요소다. 다속성 태도모형(multiattribute attitude model)에 의하면, 태도대상은 여러 속성을 가지고 있으며, 대상에 대한 태도는 그 대상이 각 속성을 갖고 있는가에 대한 신념과 그 속성에 대한 평가에 의해 결정된다고 본다. 이때 속성에 대한 평가는 Ajzen과 Fishbein(1980)의 다속성 태도모형에서는 속성에 대한 가중치이고, Bass와 Talarzyk(1972)의 만족도-중요도 모형에서는 속성의 중요도로서 역할을 하게 된다. 이렇게 얻어진 신념과 평가의 두 값은 곱한 다음에 합산되어 태도를 결정하게 된다. 그러나 모든 속성이 태도를 형성하는 데 사용되는 것은 아니다. 소비자는 여러 속성 중에서 자신에게 보다 중요하다고 생각하는 일부의 현저한 속성(salient attribute)만 고려하며, 일반적으로 5~9개의 속성만을 고려하게 된다.

② 정서적 요소

태도의 정서적 요소(affective component)는 어떤 특별한 제품이나 상표에 대한 소비자의 감정이나 느낌으로 구성된다. 이런 감정과 느낌은 특성상 평가적인 것으로 태도대상에 대한 개인의 직접적이거나 전반적인 평가를 반영한다. 결국 태도의 정서적 요소는 개인이 특정한 태도대상을 호의적이거나 비호의적인 것으로 혹은 좋아하거나 싫어하는 것으로 평가하는 정도를 의미한다. 이런 정서적 경험은 감정상태로 표명되며, 이런 감정상태는 정적 경험이나 부적 경험을 증진시키거나 확대할 수 있으며, 이후에 마음속에 담아 두는 것과 개인이 어떻게 행동할 것인가에 영향을 미치게 된다. 태도대상에 대한 정서적 반응은 태도대상의 각 속성에 대한 소비자 자신의 신념에 근거를 두는데, 간혹 태도대상에 관한 신념 자체 외에도 개인적 또는 상황적 요인으로부터 영향을 받을 수 있다. 예를 들어, 여유로운 쇼핑을 즐기고자 하는데, 매장이 심하게 붐빌 때 소비자는 매장의 구체적인 속성들과 상관없이 부정적인 정서를 경험할 수 있다.

③ 행동적 요소

행동적 요소(conative component)는 개인이 태도대상과 관련하여 특정한 방식으로 행동할 가능성 또는 경향성을 말한다. 이런 행동적 요소는 행동의도와 실제 행동을 포함한다. 일반적으로 제품, 상표, 상점 등에 대하여 접근행동을 보이는 소비자는 정적 태도를 지니고 있으며, 회피행동을 보이는 소비자는 자신의 부적 태도를 표현한다. 소비자 연구에서 행동적 요소는 흔히 소비자의 구매의도를 표현한다. 그래서 구매의도 척도는 소비자가 어떤 제품을 구매하거나 어떤 방식으로 행동할 가능성(likelihood)을 평가한다.

(3) 태도의 기능

왜 사람들이 태도를 지니게 되는가에 대한 의문은 태도의 기능적인 측면에서 그 답을 구할 수 있다. 태도는 사람들이 자신의 환경에 적응할 수 있도록 하는 기능적 역할을 한다. 하버드(Harvard) 학파와 미시간(Michigan) 학파로 대별되는 여러 연구자들(Katz, 1960; Katz, Sarnoff, & McClintock, 1956; Smith, 1947; Smith, Bruner, & White, 1956)에 의해 제안된 태도의 기능을 정리하여 Eagly와 Chaiken(1998)은 대상-평가 기능, 효용성 기능 그리고 기타 중요 기능으로 구분하였다. 그들은 대상-평가 기능(object-appraisal function)을 태도의 가장 보편적인 기능으로 보는데, 이것은 태도가 사람들이 자신의 목표나 관심사에 의하여 자극을 평가할 수 있도록 한다는 것이다. 이런 기능으로 인해 태도는 사람들이 환경 내의 대상들을 분류할 수 있고, 이런 대상들과 관련하여 사용할 수 있는 적절한 반응경향성을 보일 수 있도록 해 준다. 그리고 이런 대상-평가 기능은 지식기능과 도구적 기능으로 구분된다. 효용성 기능(utilitarian function)은 다음에 세부적으로 설명할 도구적 기능과 유사하지만, 협의의 이해관계에 중점을 둔 것이다. 금전이나 기회를 잡을 기회와 같이 구체적인 보상과 처벌에 의한 기능을 말한다. 끝으로, 태도의 부가적인 기능인 기타 중요 기능으로 가치표현 기능, 사회적 조정 기능 그리고 자아방어 기능을 제안하였다. 이제 태도의 기능을 세부적으로 살펴보자.

① 지식 기능

태도의 지식 기능(knowledge function)은 인지이론에 근간을 둔 것으로, 태도가 사람들의 경험을 조직화하고 단순화하는 역할을 한다는 것이다. 이런 기능으로 태도는 정보적 환경을 구성하는 자극들을 범주화하기 위한 도식을 제공한다. 따라서 태도는 세상을 이해하는 데 도움을 줄 참조틀(frame of reference)로 작용하여 세상에 의미를 부여하도록 돕는다. 예를 들어, 원하지 않는 제품을 방문판매를 통하여 마지못해 구매한 경험이 있다면, 세일즈맨에 대하여 "말이 많고, 심지어 시끄럽고 끝내는 뭔가를 팔고 간다. 따라서 아예 만나지 않는 것이 낫다."라는 지식을 갖게 해 줌으로써 이후에 세일즈맨을 대하는 방식에 도움을 받을 수 있다.

② 도구적 기능

태도의 도구적 기능(instrumental function)은 사람들이 보상과 연합된 자극에 대해서는 호의적인 태도를 발전시키지만, 처벌과 연합된 자극에 대해서는 비호의적인 태도를 발전시킨다는 학습이론에 근간을 둔 것이다. 태도의 도구적 기능은 태도가 사람들이 자신의 환경 내에서 보상을 최대화하고 처벌을 최소화할 수 있도록 한다는 점에서는 효용성 기능과 동일하다. 그러나 도구적 기능은 협의의 자기 이해관계뿐만 아니라 보다 추상적인 혜택들을 포함한다. 자부심, 자존심 및 다른 유형의 자기보상을 얻는다든지, 죄책감, 불안 및 다른 유형의 자기처벌에서 벗어나는 것을 포함한 모든 성과의 표상을 말한다. 예를 들어, 두통약의 효용은 빠른 진통효과와 안전성인데, 특정 브랜드가 이런 효용을 지니고 있다면 그 브랜드에 대한 구매행동이 나타나게 될 것이다.

③ 가치표현 기능

태도의 가치표현 기능(value-expressive function)은 태도가 개인의 중심적 가치와 자기개념의 핵심적 측면을 표현하도록 유도한다. 실제로 태도의 표현은 개인으로 하여금 자기개념을 규정하도록 도울 수 있다. 가치표현 기능은 소비자로 하여금 자신의 가치 또는 자기개념을 표현해 주는 제품을 구매하게 한다. 현대의 그랜저는 "세계를 이끌어 갈 사람이 있다. 세계를 이끌어 갈 차가 있다."라는 문안과 함께 경제계의 최고경영자를 표적대상으로 하는 광고전략을 구사하였다.

④ 사회적 조정 기능

사회적 조정 기능(social adjustive function)은 태도가 다른 사람들과의 관계를 매개한다는 것이다. 태도는 사회적 관계를 촉진, 유지, 방해할 수 있다. 타인을 즐겁게 하거나 참조집단의 규범이나 가치와 일치하는 태도를 표현하는 것은 바람직한 관계가 시작되는 것을 촉진하고 그런 관계가 유지되도록 하는 반면에, 수용할 수 없는 태도를 표현하는 것은 그런 관계를 위협하게 되고 그런 관계의 단절을 재촉할 수 있다.

⑤ 자아방어 기능

태도의 자아방어 기능(ego-defense function)은 태도가 사람들로 하여금 불안과 내적이거나 외적인 위협에서 벗어나 자아와 자기이미지를 보호해 준다. 태도의 자아방어 기능은 일종의 방어기제(defense mechanism)로 작용하여 갈등적인 정서에 대처할 수 있도록 해 주며, 자기개념을 방어해 준다. 예를 들어, 상류층에 속하고자 하는 소비자는 자신의 자기이미지를 보호하기 위하여 품질에 상관없이 고가품이나 유명브랜드를 고집스럽게 구매할 수 있다. AIDS나 폐암과 같은 건강상의 위협에 무관심한 사람은 회피나 부정 기제를 반영하는 것일 수 있다.

(4) 태도의 활용

소비자의 구매행동을 유발하는 구매의도는 다양한 이유로 나타날 수 있다. 기업의 마케팅 노력과 같은 외적 요인뿐만 아니라 동기와 같은 내적 요인에 의해서도 문제인식이 일어날 수 있다. 따라서 구매의도를 유발하는 다양한 요인에 대하여 관심을 가져야 할 것이며, 표적시장의 소비자들이 자신의 문제를 자사의 제품을 통하여 해결할 수 있다는 것을 인식하도록 해야 한다. 특히 소비자가 문제를 인식하도록 영향을 미쳐야 한다. 소비자가 문제를 인식하도록 이끌 수 있는 통제 가능한 방법은 바람직한 목표상태와 현재의 실제상태 간의 차이의 크기와 중요도에 영향을 미치는 것이다. 다시 말하면, 바람직한 목표상태를 변화시키거나 현재의 실제상태에 대한 지각을 변화시킴으로써 차이의 크기와 중요도에 영향을 미치도록 노력해야 한다. 이때 소비자의 심리적인 요인이 고려되어야 할 것이다. 충족되지 않은 독특한 욕구를 자극시키는 제품과 그 제품이 제공할 수 있는 혜택을 연결시켜 광고하는 것은 소비자의 바람직한 목표상태에 영향을 미칠 수 있다. 예를 들어, "카페인이 없습니다. 색소도 없습니다. 로열티도 없습니다."라는 광고문안을 사용한 칠성사이다의 경우처럼, 건강과 애국심이란 충족되지 못한 욕구와 이런 욕구를 충족시킬 수 있는 제품의 혜택을 연결하는 경고형 헤드라인은 해당 제품이나 서비스를 이용하지 않으면 안 될 것 같은 불안감이나 압박감을 유도하여 문제인식을 유발할 수 있다. 또한 "몸이 작년 다르고 올해 다르지 않습니까?"라는 광고문안을 사용한 그랑페롤 광고처럼, 의문부호를 포함하는 형태의 질문형 헤드라인은 소비자의 주의뿐만 아니라 관심을 유도할 수 있다. 특히, 문제제기가 쉬운 의약품, 보험상품, 의료기관 등에 적용하면 효과적일 수 있다.

소비자의 태도는 경험이나 외부적인 요인에 의해 변화할 수 있다. 태도가 행동의 선행변인이라는 점은 소비자의 행동을 원하는 방향으로 변화시키기 위해서는 소비자의 태도 변화가 선행되어야 함을 시사한다. 태도 변화는 태도를 구성하는 인지적 요소, 정서적 요소 및 행동적 요소에 영향을 미침으로써 얻어질 수 있다(Hawkins, Best, Coney, 1998).

소비자의 태도는 다양한 방법으로 변화시킬 수 있다. 소비자의 인지적 요소를 변화시킬 때 유용한 네 가지 기본전략은 ① 신념을 변화시켜라, ② 중요도를 바꾸어라, ③ 신념을 추가해라, ④ 이상점을 변화시켜라 등이다. 자사의 이미지가 소비자에게 환경보호에 대해 관심이 없는 기업으로 여겨진다면, 이런 신념을 변화시키기 위한 환경보호와 관련된 사실과 업적을 알려야 한다. 소비자에게 우수하게 평가되는 속성은 강화시키고 열등하게 평가되는 속성은 약화시킴으로써 핵심속성의 중요도를 우수속성으로 이행시킬 필요가 있다. 또한 최근에 소주업계에서 여성을 모델로 내세워 "부드럽습니다!"라는 광고를 하는 것처럼, 소비자에게 완전히 새로운 속성을 제시하여 태도를 변화시킬 수 있다. 소형포장, 환경오염과 무관한 제조방식과 처리, 재활용품의 사용 등을 통하여 이상적인 브랜드에 대한 지각을 변화시켜 태도 변화를 유도할 수 있다.

소비자의 신념이나 행동에 직접적으로 영향을 미치지 않고, 브랜드에 대한 소비자의 호감에 영향을 미칠 수 있다. 브랜드에 대한 호감을 성공적으로 증가시킬 수 있다면, 정적 신념을 증가시킬 수 있고, 나아가 구매행동을 이끌 수 있다. 태도의 정서적 요소에 직접적으로 영향을 미치기 위하여 사용할 수 있는 접근방법에는 고전적 조건형성, 광고에 대한 태도, 단순노출 등이 있다. 이미 논의한 것처럼, 고전적 조건형성은 음악과 같이 표적대상이 좋아하는 자극과 브랜드명을 일관되게 짝지음으로써 음악과 연합된 정적 정서를 상표로 전이시키는 것이다. 광고에 대한 태도, 즉 광고에 대한 호감이 브랜드를 좋아할 경향성을 증가시킬 수 있다. 따라서 광고 자체를 소비자에게 호감가게 만들어서 브랜드에 대한 태도를 변화시킬 수 있다. 또한 소비자에게 단순히 브랜드를 여러 번 반복해서 제시하는 것은 소비자의 브랜드에 대한 태도를 보다 정적이게 만들 수 있다. 따라서 제품·서비스·아이디어가 소비자들에게 친숙해지도록 반복하여 제시할 필요가 있다.

행동이 인지나 정서의 개발에 선행될 수 있다. 예를 들어, 소비자는 다이어트용 청량음료의 맛을 싫어하고, 인공감미료가 건강에 좋지 않다고 생각할 수 있다. 그런데 친구가 권하는 바람에 그 음료를 마시게 되었다. 그 음료를 마셔 봄으로써 맛에 대한 지각이 변화할 수 있고, 호감을 이끌 수 있으며, 인지적 요소를 변화시킬 수 있다. 이와 같이 제품 시행(product trial)의 결과로 형성된 태도는 강하게 유지되는 경향이 있다(Smith & Swinyard, 1988). 따라서 견본품을 증정하거나 직접적인 시음이나 시승과 같은 다양한 방법을 통하여 제품시행을 늘려야 할 것이다.

4) 동 기

동기(motivation)는 어떤 행동의 원인이 되는 것으로, 그 행동의 방향과 강도를 결정하고, 그 행동의 지속성을 유지시켜 주는 내적인 구성개념으로 정의된다. 다시 말해서, 동기란 어떤 행동이 나타나게 되는 이유이고, 나타난 행동이 특정한 방향과 강도를 지니도록 만들며, 그 행동이 일관성을 유지하도록 하는 것이다. 이때 행동은 '마지못해서' 하는 타의적인 것이 아니라 '기꺼이' 하는 자의적인 것이어야 한다. 소비장면에서 나타나는 소비자행동은 그 저변에 깔려 있는 동기가 무엇인가에 따라서 달라진다. 따라서 소비자의 동기를 파악하는 것은 소비자행동을 이해하는 데 매우 중요한 필요조건이다.

구매행동은 재정 상태와 같은 소비자의 능력(ability), 쇼핑과 같은 기회(opportunity), 그리고 구매를 하려는 동기(motivation)의 함수로 나타날 수 있다. 동기에 대한 이론적 접근은 내용이론과 과정이론으로 구분할 수 있다. 이것에 대한 자세한 내용은 한덕웅(2004)의 『인간의 동기심리』를 참고하기 바란다. 여기서는 Maslow의 욕구위계이론, McGuire의 심리적 동기 그리고 Lewin의 장이론에 대해서 살펴볼 것이다.

(1) Maslow의 욕구위계이론

Maslow(1970)의 욕구위계이론(need-hierarchy theory)은 세 가지 기본가정을 전제로 이루어져 있다. 첫 번째 가정은 결핍원리다. 인간은 특수한 형태의 충족되지 못한 욕구들을 만족시키기 위하여 동기화되어 있다고 가정한다. 이 욕구들 가운데 개인별로 충분히 충족되지 못한 욕구들이 긴장을 유발한다. 긴장이 유발되면 인간은 긴장을 감소시킴으로써 내적 평형상태를 회복하고자 행동하게 된다. 그러나 일단 그 욕구가 충족되면 이 욕구는 더 이상 동기로서 힘을 발휘하지 못하게 된다. 두 번째 가정은 위계원리다. 비록 사람에 따라서 차이가 있지만, 대부분의 사람이 추구하는 욕구들은 몇 개의 공통된 범주로 나눌 수 있다. 이 보편적인 공통된 욕구들은 충족되어야 할 심리적 발달수준에 따라서 순서대로 위계적 형태로 계열화되어 있다고 주장한다. 그러므로 낮은 수준의 욕구가 충족되면 한 번에 한 계층씩 상승하여 바로 이웃한 상위 위계의 욕구를 충족시키기 위하여 동기화된다고 주장한다. 인간이 충족시키고자 추구하는 욕구들은 ① 생리적 욕구, ② 안전 욕구, ③ 사회적 욕구(애정 및 소속감 욕구), ④ 존경 욕구, ⑤ 인지적 욕구, ⑥ 심미적 욕구, ⑦ 자기실현 욕구로 분류된다. 세 번째 가정은 전진원리다. 욕구충족은 하위욕구의 충족부터 충족되고, 상위요구가 충족되는 식으로 하위욕구부터 상위욕구까지 순차적으로 앞으로 진행되어 나간다는 것이다.

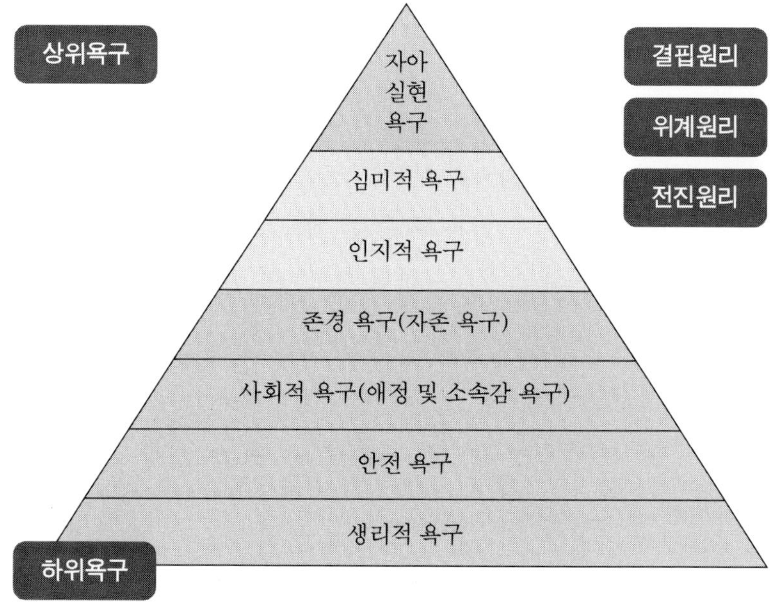

그림 8-4 Maslow의 욕구위계이론

이 이론의 핵심인 결핍원리와 위계원리를 소비자와 연결시켜 보면 앞으로 취해야 할 방향이 정해진다. 그 방향의 핵심은 이미 충족된 욕구에 매달리지 말아야 하며, 상위욕구를 자극해 주어야 한다는 것이다. 예를 들어, 음료의 경우에 기본적인 효익은 갈증해소다. 그러나 이미 소비자가 추구하는 갈증과 같은 생리적 욕구가 충족되었다면 음료의 기본적인 기능이 생리적 욕구의 충족이지만, 그 위의 상위욕구를 자극해야만 된다는 것이다. 게토레이의 경우에 처음에는 갈증해소 음료로 포지셔닝을 했지만, 요즈음은 성공한 한국 모델을 기용하여 존경 욕구나 자기실현 욕구 같은 상위욕구를 자극해 주고 있는데 매우 바람직한 전략이라 할 수 있다.

(2) McGuire의 심리적 동기

McGuire(1976)의 심리적 동기(psychological motive)는 하나의 이론이라기보다는 여러 심리적 욕구를 인지 대 정서, 능동 대 수동, 보존 대 성장, 내적 대 외적을 포함한 4가지 기준에 입각하여 16가지로 구분한 분류체계다. 이 중에서 소비자와 관련하여 많이 이용되는 몇 가지만을 소개할 것이다.

일관성 욕구(need for consistency)는 개인의 태도, 행동, 의견, 자기이미지, 타인의 입장 등을 포함하는 모든 측면이 서로 일관성을 유지하려 하는 것이다. 만약에 어떤 제품을 고급품으로 포지셔닝하고자 한다면, 이런 일관성 욕구를 고려하여 제품 디자인도 우아하게 하고, 포장도 화려하게 하고, 유통도 제한을 두어 소수만이 소유할 수 있게 하고, 가격도 고가로 매기고, 광고도 세련되게 할 필요가 있다.

범주화 욕구(need to categorize)는 사람들이 정보와 경험을 관리할 수 있는 수준에서 의미 있게 범주화하고 조직화하려 한다는 것이다. 이런 범주화 욕구는 소비자가 접하는 수많은 정보를 처리할 수 있게 해 준다. 예를 들어, 2,000만 원 이상인 자동차와 2,000만 원 미만의 자동차는 가격 수준에 기초하여 범주화되면 다른 의미를 지닐 수 있다. 흔히 사용되는 290원, 2,900원, 29,000원 식의 단수가격은 300원, 3,000원, 30,000원으로 범주화되는 것을 피하기 위한 것이다.

신기성 욕구(need for novelty)는 사람들이 새로운 것이나 색다른 것을 추구하는 욕구로, 이 욕구 때문에 나타나는 결과가 흔히 말하는 다양성-추구 행동, 상표전환(brand switching), 충동구매 등이다. 사람들이 너무 빠른 변화에는 당황하며 안정을 바라고, 너무 변화가 없으면 지루해하면서 변화를 원하는 것처럼, 이 욕구는 시간이 경과함에 따라 변할 수 있으며 비선형적인 특성을 보인다. 예를 들어, 여행업계에서는 신기성 욕구의 비선형성을 고려하여 휴가여행 시장을 변화가 많은 모험휴가(adventure vacation)와 변화가 적은 휴양휴가(relaxing vacation)로 구분하여 판촉을 한다(Bellow & Etzel, 1985).

성취욕구(need for achievement)가 높은 사람은 중간 정도의 위험, 자신의 수행에 대한 피드백 받기, 개인적인 책임을 선호하는 경향이 있다. 공학, 재정, 그리고 생산부서에 종사하는 사람들보다 판매나 마케팅부서에 종사하는 사람들의 성취동기가 더 높다. 성취동기가 높은 사람들은 혁신적인 재화나 서비스, 특별한 휴가, 중간 정도의 위험을 지닌 금융 상품들에 특히 수용적이다.

친화욕구(need for affiliation)는 사랑과 수용 및 가족, 동료, 스포츠팀 등과 같은 중요집단의 소속감을 특히 중요시한다. 대부분의 10대는 정체성을 확립하기 위하여 노력하고 동료집단의 판단, 가치, 관심 등에 의하여 많은 영향을 받는 생활에 놓여 있기 때문에 친화욕구의 중요한 표적대상이 된다. 섹스어필을 포함하여 로맨틱한 사랑도 친화욕구와 관련되어 있기 때문에 젊은이를 대상으로 하는 잡지에 이런 유형의 광고가 많이 게재된다.

(3) Lewin의 장이론

Lewin의 장이론(field theory)에 의하면, 동기적 힘은 방향에 있어서 정적이거나 부적일 수 있다. 목표대상을 향하여 나아가도록 하는 힘과 그것으로부터 멀어지도록 하는 힘이 있다. 동기강도가 거의 동등할 때 갈등에 빠질 수 있다. 이런 갈등은 여러 형태를 취한다. 첫째, 접근-접근 갈등(approach-approach conflict)은 주말에 신나는 도시로 여행을 갈 것인가 아니면 조용한 야외로 나갈 것인가 결정하는 것처럼, 동등하게 바람직한 두 개의 대안 중에서 하나를 결정해야 할 때 경험하는 갈등상태다. 둘째, 회피-회피 갈등(avoidance-avoidance conflict)은 접근-접근 갈등과 반대되는 것으로, 사용하다 고장이 난 진공청소기를 수리해서 쓸 것인가 아니면 신제품을 구입할 것인가처럼, 둘 다 비용이 든다는 점에서 동등하게 바람직하지 않은 두 개의 대안 중에서 하나를 선택할 때 경험하는 갈등상태다. 끝으로, 접근-회피 갈등(approach-avoidance conflict)은 꿈에 그리던 주택이나 자동차를 소유하는 정적 측면과 엄청난 양의 돈을 지불해야 한다는 부적 측면이 존재하는 것처럼, 정적 측면과 부적 측면 사이에서 선택을 해야 하는 상황에서 일어나는 갈등이다.

소비자와 관련하여 장이론을 통해 얻을 수 있는 시사점은 잠재고객을 실제고객으로 유도하기 위해서는 판매의 '접근' 측면을 강조하고 '회피' 측면을 감소시킬 수 있는 방법을 모색해야 한다는 것이다. 현실적으로 취할 수 있는 방법은 가격의 인하나 할인과 같은 방법을 모색하고 강화시키면서 무이자신용거래, 무상부품교환 등과 같은 미끼정보로 인한 잘못된 구매결정으로 생길 수 있는 지각된 위험을 최소화해야 할 것이다.

5) 학 습

학습(learning)은 개인의 반복적인 연습이나 훈련 혹은 직·간접적인 경험에 의해 이루어진 비교적 지속적인 행동의 변화로 정의된다. 이런 정의는 다음과 같이 4가지 특성을 지닌다. 첫째, 학습이란 행동의 변화를 말한다. 여기서 행동의 변화란 행동잠재력의 변화까지 포함하기 때문에 성격, 태도, 동기, 의도의 변화까지를 포함하는 것이다. 둘째, 학습은 지속적인 변화이기 때문에 일시적인 행동상의 변화는 학습이 아니다. 셋째, 학습은 당사자의 경험이나 연습에 의한 것이어야지 신체적 발육과정에서 나타난 성숙이나 행동 변화 등은 포함하지 않는다. 끝으로, 학습은 행동의 변화이기 때문에 학습 전의 행동과 학습 후의 행동을 비교함으로써 학습의 양과 질을 추론할 수 있다. 이런 특성을 지니는 학습의 결과에 따라서 소비자의 구매행동은 직·간접적인 영향을 받게 된다.

학습에 대한 접근방법은 행동적 접근방법, 인지적 접근방법, 그리고 사회적 접근방법이 있다. 학습이론에 대하여 자세히 알고자 한다면, 학습심리학과 관련 있는 서적과 논문을 참고하기 바란다. 여기서는 고전적 조건형성의 기본원리와 조작적 조건형성의 강화라는 개념, 그리고 모델링에 대해서만 설명하고자 한다.

(1) 고전적 조건형성의 기본원리

고전적 조건형성의 핵심은 조건자극과 무조건자극 간의 연합관계를 형성하는 것이다. 고전적 조건형성이 일어나기 위해서는 무조건 반응을 일으키는 US, 무조건자극(unconditioned stimulus), 생득적이고 선천적인 지속반응인 UR, 무조건 반응(unconditioned response), 무조건자극과 반복하여 짝지어져 무조건자극의 역할을 하는 중립자극인 CS, 조건자극(conditioned stimulus), 그리고 무조건 반응과 유사하나 조건자극에 의하여 나타나는 반응인 CR, 조건반응(conditioned response)의 관계를 활용하는 것이다. 다시 말하면, 원래는 아무런 반응도 일으키지 않는 중립적인 자극인 조건자극(예: 종소리, 제품, 브랜드, 기업)과 생득적 반응을 유발시키는 무조건자극(예: 음식, 인기연예인, 멋진 풍경, 좋아하는 음악)을 짝지어서 반복적으로 제시하다 보면 무조건자극과 조건자극 간의 연합관계가 생겨나게 된다. 이 결과로 무조건자극에 의해서만 나타나던 반응이 조건자극에 의해서도 나타나게 될 때 이것을 조건형성 되었다고 한다. 고전적 조건형성을 효과적으로 확립시키기 위해서는 조건자극이 무조건자극보다 시간상으로 선행하여야 하고, 조건자극의 출현이 무조건자극의 출현을 예견할 수 있어야 한다.

그 원리를 Pavlov의 실험과 Gorn의 연구를 비교하여 간단히 묘사하면 다음과 같다.

• Povlov의 실험		• Gorn의 연구(1982)	
음식(US)	☞ 타액분비(UR)	음악(US)	☞ 선호도(UR)
종소리(CS)+음식(US)	☞ 타액분비(?)	볼펜(CS)+음악(US)	☞ 선호도(?)
종소리(CS)	☞ 타액분비(CR)	볼펜(CS)	☞ 선호도(CR)

그림 8-5 Pavlov의 실험과 Gorn의 연구 비교

(2) 강 화

어떤 행동의 발생 확률을 증가시키거나 감소시키기 위하여 이루어지는 사상을 강화(reinforcement)라 하고, 이런 강화에 사용되는 자극을 강화물(reinforcer)이라고 한다. 강화는 그 특성상 정적강화, 부적강화, 정적처벌 및 부적처벌로 구분된다. 정적강화는 흔히 보상(reward)이라 하는 것으로 강화가 제공되었을 때 특정한 반응의 가능성을 증가시키는 특성을 지니며, 소비장면에서 정적강화물은 제품의 우수한 성능이나 브랜드의 명성과 같은 것이다. 부적강화는 제거되었을 때 특정한 반응의 가능성을 증가시키는 것으로, 부적강화물은 제품의 불량률, 갑작스런 죽음에 대한 대비책을 세워 주는 생명보험, 아픔을 없애 주는 진통제 등과 같은 것이다. 정적처벌은 제공되었을 때 특정한 반응의 가능성을 감소시키는 것으로, 제품의 잦은 고장이나 점원의 불친절 등과 같은 것이다. 부적처벌은 제거되었을 때 특정한 반응의 가능성을 감소시키는 것이다. 부가서비스나 점원의 친절과 같은 것이 여기에 해당한다.

(3) 모델링

다른 사람들의 행동을 관찰하여 그 행동을 모방하는 과정을 모델링(modeling)이라

한다. 모델링은 관찰자에게 몇 가지 효과를 지니고 있다. 모델이 어떤 행위로 인하여 보상받는 것을 봄으로써 새로운 반응을 습득할 수 있다. 따라서 행동의 습득은 타인의 대리적 경험을 통하여 이루어진 강화를 말하는 대리강화(vicarious reinforcement)를 통해서 이루어진다. 반대로, 모델이 어떤 행위로 인하여 처벌을 받는다면 그러한 행동이 줄어드는 반응제지(response inhibition)를 보이게 될 것이다. 이처럼 사람들은 다른 사람들의 행동을 관찰하고, 그 행동의 결과에 따라 이후에 자신이 취할 행동을 결정하게 된다. 예를 들어, 어떤 연예인이 특정 제품을 즐겨 사용하는데, 많은 사람이 그 연예인에 대해서 호감을 갖고 있다면 그 연예인을 모방하여 그가 즐겨 사용하는 제품을 따라 사용할 수 있다. TV나 영화에 특정 제품이 그대로 노출되는 경향이 있다. 출연자가 착용을 하거나 사용하든지, 배경에 놓여져 지나치는 화면에 나타나든지 여러 형태로 소비자의 모델링을 유도한다. 이와 같이 TV나 영화에 흔히 협찬이란 이름으로 의도적으로 특정 제품을 끼워 넣거나 브랜드명을 사용하는 것을 PPL, 제품배치(product placement)를 통한 간접광고라 한다.

6) 성 격

성격(personality)은 환경에 대한 적응이나 일상생활에서 비교적 일관되고 독특하게 나타나는 개인의 행동양식이나 사고방식의 총체적 특징이라 정의된다. 성격은 개인의 환경에 대한 적응을 결정짓는 특징적인 행동방식과 사고양식으로 유사한 상황에 걸친 개인의 특징적인 반응경향성으로 독특성, 연결성, 불변성 그리고 총체성의 특성을 지닌다. 독특성이란 성격은 개인마다 차이가 있다는 것이며, 연결성은 모든 성격특성은 각 특성뿐만 아니라 상황과 상호보완적으로 연결되어 있기 때문에 상황마다 성격특성에 따른 행동이 달라질 수 있다는 것이다. 불변성은 성격이란 학습이나 환경에 의해 변화하기도 하지만 고정적인 것으로 본다는 것이며, 총체성은 성격이란 타인과 구별되는 특징적인 모든 품성의 총체다. 따라서 하나의 특정한 경우에 근거한 성격의 단일 측정으로부터 개인의 행동을 정확하게 예측하리라고 기대하기 어렵다.

소비자들은 성격상의 차이에 따라서 다른 구매의도와 구매행동을 보일 수 있다. 소비자 영역에서 성격에 대한 연구는 독단성, 불안대응방식, 자기감시, 혁신성, 물질주의 등의 주제로 이루어졌다. 독단성(dogmatism)은 친숙하지 않거나 자신의 확립된 신념에 반대되는 정보에 대하여 개인이 보이는 엄격성 정도를 말한다. 이런 독단성은 신제품에 대한 구매행동에 영향을 미친다. 예를 들어, 매우 독단적인 개인은 친숙하지 않는 것에 방어적으로 접근하고 불편하게 여기기 때문에 이미 알고 있는 전통적인 대안을 선호한다. 따라서 혁신적인 신제품이 출시되더라도 자신에게 친숙하지 않고 자신의 기존의 신념과 일치하지 않는 한 구매의도나 구매행동은 나타나지 않는다. 그러나 독단적이지 않은 성격의 소유자는 혁신적인 대안을 선호하고, 신제품에 대한 구매의도나 구매행동도 상대적으로 왕성하다. 또한 매우 독단적인 소비자는 제품이나 서비스에 권위적인 소구방식을 사용하는 광고를 더 많이 수용하는 데 반하여, 덜 독단적인 소비자는 사실적인 차이나 제품혜택을 강조하는 메시지를 더 많이 수용할 가능성이 있다. 이런 이유로 독단적인 소비자를 표적대상으로 할 경우에는 유명인사나 전문가를 모델로 기용하여 혁신적인 제품에 주저하는 잠재적인 소비자들을 실제 고객으로 유도할 수 있다.

불안감을 극복하는 방식에 따라 성격을 분류한 CAD척도를 이용한 연구결과(Cohen, 1967; Noerager, 1979; Woodside & Andress, 1975)에 의하면, 순응형(compliant) 성격의 개인은 타인과 원만한 관계를 이루려는 방식으로 행동하고 사고하는 사람으로 사랑받고 인정 받기를 바라는 경향이 강하다. 따라서 다른 사람들이 즐겨 사용하는 유명상표를 선호한다. 공격형(aggressive) 성격의 개인은 타인에 대항하는 방식으로 행동하고 사고하는 사람으로 남들보다 뛰어나려 하고 칭찬을 들으려는 경향이 강하다. 이들은 과시적이거나 개성이 강한 제품을 선호할 가능성이 높다. 고립형(detached) 성격의 개인은 타인들로부터 멀리 떨어져 있고자 하는 사람으로 독립적이고 자기충족적이며 자유스러워지려는 경향이 강하다. 따라서 다른 사람들이 선호하지 않거나 즐겨 찾지 않는 제품이나 서비스를 선호할 가능성이 높다. 이런 이탈적 성격은 자기의존적 성격과 유사한데, 자기의존적 성격이 강한 소비자는 상표충성도를 보이지 않고, 다른 상표를 구매할 가능성이 더 많았다.

자기감시(self-monitoring)는 본래 사회활동과 대인관계에서 개인이 타인에게 비치는 자신의 이미지와 인상을 어느 정도까지 통제할 수 있는가에 관하여 Snyder(1974)가 제안한 심리적 구성개념이다. 자기감시가 높은 사람은 자신의 표현행동이 타인들에게 어떻게 받아들여질 것인가에 민감하며 상황단서를 주로 사용하는 반면에, 자기감시가 낮은 사람은 자신의 표현행동이 사회적으로 적절한가에 별로 주의를 기울이지 않으며 내적단서를 주로 사용하는 특성이 있다. 이런 개념을 Snyder와 DeBono(1985)는 소비자에 적용하여 자기감시가 높은 소비자는 자신의 행동이 사회적으로나 상황적으로 적합한가를 고려하기 때문에 이미지 지향적인 광고에 더 호의적인 반응을 보이며, 자기감시나 낮은 소비자는 자신의 행동을 자신의 내재된 태도, 가치 또는 다른 평가적 기준에 맞추어 해석하기 때문에 제품의 질을 강조하는 광고에 더 호의적인 반응을 보인다는 것을 밝혔다. 또한 Snyder(1989)는 자기감시가 높은 소비자는 이미지 지향적인 광고, 매력적인 모델의 보증, 그리고 매력적인 스타일의 자동차를 호의적으로 평가하는데, 자기감시가 낮은 소비자는 제품 지향적인 광고, 전문가의 보증, 덜 매력적인 스타일의 자동차를 호의적이게 평가한다는 것을 확인하였다.

물질주의(materialism)는 성격과 같은 특성으로 소유물을 지닌 사람은 이차적인 것이고 소유물이 개인의 정체성과 삶에 본질적인 것이라고 간주하는 경향성을 말한다(Belk, 1985). 물질주의적인 사람들은 소유물을 획득하고 과시하는 데 가치를 두고, 자기중심적이고 이기적이며, 소유물만 생각하는 생활양식을 추구하고, 많은 것을 소유하였다고 해서 개인적인 만족이 더 크지 않은 특징을 지니고 있다(Richins & Dawson, 1992). 이런 물질주의는 수단적 물질주의와 목적적 물질주의로 구분된다. 수단적 물질주의는 스키를 타기 위하여 스키장비를 구하는 것처럼, 무엇인가를 하기 위하여 대상을 획득하는 것이다. 목적적 물질주의는 예술품을 수집하는 것이 다른 목적을 위한 것이 아니라 소유 자체를 즐기기 위함인 것처럼, 대상물 자체를 소유하기 위하여 대상물을 획득하는 것이다. 대부분의 광고는 이런 두 가지 물질주의를 주제로 사용하는데, 미국의 경우에는 수단적 물질주의가 가장 일반적이고, 일본의 경우에는 목적적 물질주의가 지배적이다(Hirschman & LaBarbera, 1990).

7) 관 여

관여(involvement)는 주어진 상황에서 특정 대상에 대한 개인의 지각된 중요성(perceived importance) 혹은 주어진 상황에서 특정 대상에 대한 개인의 지각된 관련성(perceived relevance)으로 정의된다. 관여는 1965년에 Krugman에 의하여 소개된 이래로 많은 연구가 되었다. 소비자의 관여 정도에 따라서 정보처리과정과 의사결정과정 및 태도형성과정을 포함한 다양한 소비자의 행동에서 상당히 차이가 나타날 수 있다.

Petty와 Cacioppo(1981)의 정교화가능성모형(elaboration likelihood model)에 따르면, 설득이 일어나는 과정은 관여 수준에 따라서 두 가지 경로로 나뉜다. 자기에게 중요한 문제, 즉 고관여 문제나 상황의 경우에는 설득메시지의 '내용'을 깊이 생각하는 '정교화' 과정을 거쳐 그 내용이 좋으면 받아들이고 좋지 않으면 받아들이지 않는 중심경로처리(central route processing), 즉 이성적 처리를 한다. 그러나 비교적 자기에게 덜 중요한 문제, 즉 저관여 문제나 상황의 경우에는 설득메시지의 내용을 깊이 생각하는 정교화과정을 거치지 않고 광고모델의 매력이나 당시의 분위기, 광고의 제작기법과 같은 주변 단서에 따라 메시지의 수용 여부를 결정하는 주변경로처리(peripheral route processing), 즉 감성적 처리를 한다.

관여의 결정요인에는 개인요인, 제품요인 및 상황요인이 있다. 첫째, 개인에 따라 관여 정도가 다를 수 있다. 동일한 제품에 대해서도 개인마다 그 중요도나 관련성이 다르기 때문에 관여 정도가 달라진다. 일반적으로 소비자는 자신의 중요한 욕구와 가치를 충족시키는 제품 · 서비스 · 아이디어에 높게 관여된다. 개인적 중요성이나 관련성에 의한 관여는 지속적으로 나타나기 때문에 지속적 관여(enduring involvement)라 한다. 둘째, 제품에 따라 관여 정도가 다를 수 있는데, 이를 제품관여(product involvement)라 한다. 소비자는 제품과 관련해서 지각된 위험을 높은 수준으로 느끼게 될 때 그 제품에 보다 높게 관여된다. 지각된 위험(perceived risk)이란 제품의 구매 · 사용에 의하여 초래될 수 있는 예기치 않은 결과에 대한 불안감을 말한다. 지각된 위험은 신체적 위험(physical risk), 성능적 위험(performance risk), 심리적 위험(psychological risk), 사회적 위험(social risk), 재무적 위험(financial risk), 시간손실 위험(time loss risk)을 포함하여 크게 여섯 가지로 나눌 수 있다. 끝으로, 상황에 따라 관여 정도가 다를 수 있다. 상황적 요인으로 어떤 대상에 대하여 일시적으로 발생하는 관여이기 때문에 이를 상황관여(situational involvement)라 한다.

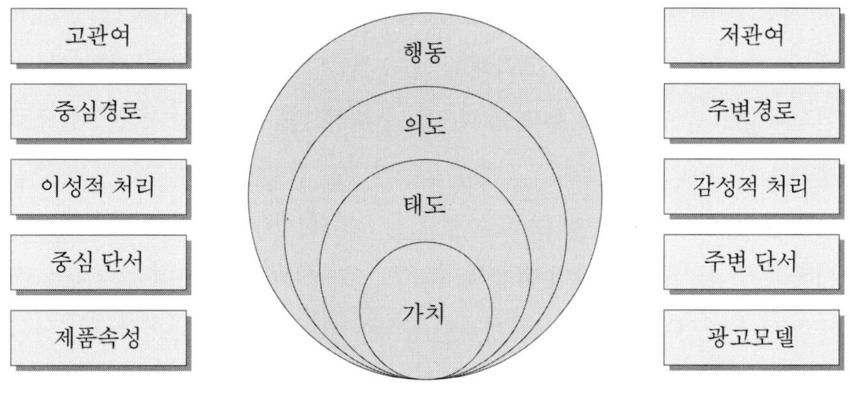

그림 8-6 정교화가능성모형

관여를 측정하는 비교적 널리 알려진 방법은 Lauren와 Kalferer(1985)의 방법과 Zaichkowsky(1985, 1994)의 개인관여항목표(personal involvement inventory)가 있다. 전자의 방법은 관여를 ① 제품의 중요성 및 부정적 결과의 중요성, ② 잘못된 선택을 할 확률, ③ 쾌락적 가치, ④ 상징적 · 징후적 가치를 포함하는 4가지 차원으로 측정하는데, 그 방식은 리커트 척도를 사용한다. 후자의 방법은 ① 중요하지 않은-중요한, ② 지루한-흥미로운, ③ 관련 없는-관련 있는, ④ 흥미 없는-흥미 있는, ⑤ 아무것도 아닌-매우 의미 있는, ⑥ 매력 없는-매력적인, ⑦ 평범한-황홀하게 하는, ⑧ 가치 없는-가치 있는, ⑨ 원하지 않는-원하는, ⑩ 필요 없는-필요한 등을 포함하여 원래 총 20개의 문항으로 구성되어 있었는데, 최근에 광고에 적용하면서 10개의 문항으로 줄여서 사용하는 의미미분척도다.

8) 라이프스타일

사람들이 살아가는 방식을 라이프스타일(life style)이라 한다. 보다 구체적으로 말하자면, 사람들이 자신의 시간을 어떻게 소비하는가, 주위 환경에 특별히 중요하게 고려하는 것은 무엇인가, 그리고 자신과 주위 세계에 대한 생각은 무엇인가 등 소비자가 어떤 활동을 즐기며, 무엇에 관심이 있으며, 어떤 의견을 지니고 있는가를 포괄하는 것이다. 이런 생활양식은 동기, 사전학습, 사회계층, 인구통계학적 특성 등의 함수로 나타나며, 소비자 개인의 가치를 반영하기도 한다. 소비자의 구매행동은 사람들이 취하는 라이프스타일에 따라서 매우 다르게 나타날 수 있다.

소비자의 삶 전반에 대한 깊은 이해 없이는 변화무쌍한 소비자의 욕구를 경쟁사보다 한 발 먼저 알아채기 힘들다. 이제 소비자의 '사는 방식(way of buying)'만이 아니라 '사는 방식(way of living)'까지도 고려해야 하는 것이다(남승규, 2009). 예전에는 소비자들이 어떻게 정보를 수집하고 어떤 방식으로 구매의사를 결정하는지 연구함으로써 고객의 행동을 예측하려고 하였다. 그러나 오늘날에는 특정 소비자 그룹이 무엇을 하는데 시간을 쓰고, 무엇에 관심을 갖고, 무엇을 중요하게 생각하는지, 전반적인 인생관이나 가치관이 무엇인지 알아야만 하는데, 특히 실제 구매의사결정에 있어 중요한 역할을 하는 것이 무엇인지를 밝히는 체계적인 분석이 요구된다. 이것이 바로 개인의 소비행동 및 가치관, 태도, 행동에서의 특성을 포괄적으로 파악할 수 있는 라이프스타일에 대한 연구의 필요성이다.

무엇보다도 인구통계변수만으로는 충분히 설명할 수 없는 다양하고 복잡한 소비행동의 차이를 제대로 이해하기 위해서는 소비자 개개의 삶 전반에 걸쳐 드러나는 차이를 면밀히 분석할 필요가 있는데, 이러한 소비자에 대한 질적인 이해와 심층적인 분석이 라이프스타일 연구를 통해서 가능하게 되었다.

라이프스타일에 의한 시장세분화는 사람들이 시간과 돈을 쓰는 방식에 근거한 세분화인데, 라이프스타일에는 소비자의 가치관과 동기, 사회계층, 인구통계특성 등 여러 변수가 복합적으로 작용하므로 소비자를 라이프스타일 유형에 근거하여 세분화하면 소비자의 행동과 행동의 이유를 통합적으로 이해할 수 있다. 오늘날 시장세분화보다 더 중요한 것은 시장을 관통하고 있는 핵심차원(core dimension)이 무엇인가를 발견하는 것이다.

제9장

마케팅 성공 전략

오늘날의 마케팅은 지난 시절의 마케팅과는 위상이 확연히 달라졌다. 이제 마케팅은 성공적인 경제활동과 경영활동을 완성해 나가는 데 있어서 지엽적인 역할을 하는 것이 아니라 중추적인 역할을 하고 있으며, 경제활동과 경영활동의 지류가 아니라 본류가 되어 가고 있다. 실제적으로, 마케팅은 경영을 구성하는 여러 기능의 하나의 범주를 뛰어넘어 고객만족경영(customer satisfaction management)이라는 경영차원으로 확장되었다. 마케팅의 고객중심 관점에서 경영 전체를 바라보는 시각은 이미 경영의 주류로 확립되었다.

마케팅은 소비의 극대화, 소비자만족의 극대화, 소비자 선택의 극대화, 그리고 생활의 질의 극대화라는 네 가지 목표를 달성하고자 한다(Kotler, 1986). 그러나 이런 목표를 달성하기 위해서는 많은 마케팅 비용을 충당해야만 하며, 목적을 달성하지 못하는 경우에는 경제적 손실을 감수해야만 한다. 이런 네 가지 목표를 순조롭게 달성하면서 비용을 최소화할 수 있는 가장 근본적인 마케팅 성공 전략의 시작은 두말할 것도 없이 깐깐한 소비자를 제대로 아는 것이다.

1. 마케팅의 정의

마케팅은 고객의 변화에 적합하도록 끊임없이 변화를 모색한다. 현대 마케팅 환경의 혁명적인 변화는 마케팅에 대한 정의의 변화에서도 쉽게 확인할 수 있다. 미국마케팅협회(American Marketing Association: AMA)에 의한 마케팅에 대한 정의는 1985년 "마케팅은 개인과 조직의 목적을 충족시켜 주는 교환을 창출하기 위하여 아이디어, 재화 및 서비스의 개념화, 가격, 촉진, 유통을 계획하고 실행하는 과정이다."에서 2004년 "마케팅은 고객들에게 가치를 창출하고, 커뮤니케이션하고, 전달하기 위한, 그리고 조직과 조직의 주주들에게 이득이 되는 방식으로 고객관계를 관리하기 위한 조직적인 기능이며 과정들의 집합이다."로 새롭게 정립되었다.

그리고 다시 2007년에 미국마케팅협회는 마케팅의 정의를 재수정하였는데, "마케팅은 고객들, 협력자들, 그리고 더 나아가 사회에 가치 있는 것을 만들고, 알리고, 전달하고, 교환하기 위한 활동, 일련의 제도 및 과정들이다."가 그것이다.

Marketing is
the activity, set of institutions, and processes
for creating, communicating, delivering
and exchanging offerings
that have value for customers, clients,
partners, and society at large.
American Marketing Association(2007)

마케팅은 고객들, 협력자들, 그리고 더 나아가 사회에
가치 있는 것을 만들고, 알리고, 전달하고, 교환하기 위한 활동,
일련의 제도 및 과정들이다.

그림 9-1 마케팅의 정의

2. 경영철학과 마케팅지향성

사업자는 그만의 경영철학과 고객을 향한 마케팅지향성을 갖추고 소비자에게 접근한다. 이런 경영철학과 마케팅지향성은 기업이 처한 환경의 변화에 따라 영향을 받기 때문에 생존과 성장을 위해서는 효과적으로 변신을 꾀해야 한다. 기업환경의 변화는 크게 고객(customer), 경쟁(competition), 그리고 기술 · 인구 · 경제 · 사회 · 문화 · 정치 · 자연을 포함한 환경의 변화(changes)로 간단히 3C로 표현할 수 있다. 고객의 변화는 고객 분석을 통하여, 경쟁의 변화는 경쟁분석을 통하여, 환경의 변화는 거시환경분석, 산업분석, 그리고 자사분석을 통하여 적극적인 대처가 이루어져 이윤 · 효용의 최대화를 추구해야 한다. 소비자심리학은 이 중에서 고객 분석에 초점을 둔다. 고객의 취향이 바뀌고, 경쟁관계가 변화하고, 거시환경마저도 달라지기 때문에 이윤과 효용의 극대화를 위해서 끊임없이 개선과 혁신을 도모해 왔다. 이런 시의적절한 마케팅지향성을 흔히 마케팅개념(marketing concept)이라고 하는데, 시대적 흐름에 따라 여러 모습을 취하여 왔다(남승규, 2009; Kotler, 2000).

1) 생산 · 제품 지향개념

1900년대의 생산지향개념(production concept)이란 소비자들은 널리 이용할 수 있고 값싼 제품을 선호할 것이라는 입장을 취하는 것이다. 따라서 생산효율성을 높이고, 비용을 낮추며, 대량유통에 중점을 둔다. 이런 지향성은 제품에 대한 수요가 공급을 초과하는 상황, 즉 '만들면 팔리는 시대'에 적용가능한 지향성이다. 소비자는 각 제품의 장점이 무엇인가보다는 그 제품을 우선적으로 획득하는 데 더 큰 관심을 가지기 때문에 기업은 무엇보다도 생산성을 증가시킬 수 있는 방법을 찾는 데 중점을 두게 된다. 생산지향경영의 대표적인 예는 '공급은 스스로 수요를 낳는다.'는 세이의 법칙(Say's Law)이다.

제품지향개념(product concept)이란 소비자들은 품질이 우수하거나, 성능이 뛰어나거나, 혁신적인 특성을 지닌 제품에 호의적일 것이라는 입장을 취하는 것이다. 따라서 보다 우수한 제품을 만들고, 시간경과에 따라서 그것을 개선하는 것에 초점을 맞춘다. 산업혁명을 통하여 대량생산이 이루어짐에 따라 생산비가 절감되고 생산량이 증대됨에 따라 제품의 수요나 공급이 대등한 상황에 놓이게 되었고, 소비자는 가장 우수한 품질이나 효용을 제공하는 제품을 선호하게 되었다. 이런 상황에서 기업은 보다 나은 고품질의 제품을 생산하고 계속 개선하는 데 주력하게 되었다. 이런 제품지향경영은 지나치게 품질만 개선시키는 '보다 나은 쥐덫(better mousetrap)' 오류를 낳을 수 있고, 기업으로 하여금 소비자의 본원적 욕구가 무엇인가보다는 구체화된 욕구와 관련된 제품 그 자체에 집착하는 마케팅근시(marketing myopia)를 초래할 수 있다. 마케팅근시란 기업이 자사가 관장하는 제품시장의 영역을 너무 좁게 규정함으로써 경쟁자의 범위를 파악하지 못하는 오류를 범하는 것으로, 제품지향개념에 입각하여 본원적 욕구보다는 구체적 욕구와 관련된 제품 그 자체에만 집착할 때 초래될 수 있다. 예를 들어, 햄버거 생산회사의 경우에 경쟁사가 배고픔을 해결해 주는 음식산업 전반임에도 불구하고 다른 햄버거 생산회사만을 경쟁대상으로 삼는 우를 범할 수 있다.

2) 판매지향개념

1930년대에 대량생산체계가 완비됨에 따라서 공급 과잉상태에 놓이게 되고, 설상가상으로 대공황의 여파로 인하여 제품은 구매되는 것이 아니라 판매되는 것이라는 입장으로 변화되었는데, 이를 판매지향개념(selling concept)이라 한다. 소비자는 그대로 두면 제품의 존재를 알지 못할 뿐만 아니라 알고 있더라도 타성적인 구매를 하거나 구매저항을 보이기도 한다. 따라서 '판매 없이는 기업도 없다(No Sales, No Business).'는 사고로 소비자로 하여금 경쟁사의 제품보다는 자사제품을, 그리고 더 많은 양을 구매하도록 설득하여야 하며, 이를 위해 이용가능한 모든 효과적인 판매활동과 촉진도구를 활용한다. 따라서 적극적인 판매와 소비자촉진에 열을 올린다. 오늘날 보험상품이나 서적과 같은 비탐색품은 이런 판매지향개념에 입각한 것이라고 볼 수 있다.

판매지향개념은 시장이 원하는 제품을 만드는 것이 아니라 자신들이 만든 제품을 판매한다는 데 문제가 있다. 이런 구매자중심이기보다는 판매자중심의 시장개념에 따라 활동하는 기업은 판매 자체가 목적일 뿐 소비자의 욕구나 만족 여부에는 관심이 소홀하기 때문에 장기적인 측면에서 바람직하지 않다. 국내에서 판매지향개념이 도입되기 시작한 시기는 경제개발 5개년 계획이 자리를 잡기 시작한 1970년대 초반으로 볼 수 있으며, 상당수의 국내기업이 아직 이 단계에 머물러 있다고 볼 수 있다. 그 이유는 국내의 시장구조 자체가 경쟁을 제한하는 독과점적 요소가 많아 기업들이 소비자의 욕구나 만족이 자사의 판매에는 큰 영향을 주지 않을 것이라고 생각하기 때문이다.

3) 마케팅지향개념

마케팅지향개념(marketing concept)은 1952년 제너럴 일렉트릭(General Electric, GE)사의 연례보고서에 처음으로 등장하였고, 이를 기반으로 소비자가 중심이 되는 시대가 열리기 시작하였다. 소비자 욕구의 다양화 및 이질화, 공급과잉, 경쟁, 대량 생산 제품에 대한 구매저항의 심화, 그리고 교육 · 소득 수준의 증대로 인하여 기업이 자기 마음대로 생산한 제품이 아니라 고객이 원하는 제품을 생산 · 판매해야만 이익을 실현시킬 수 있으며, 제품을 생산하기 전에 고객의 선호나 가치에 대한 이해를 먼저 해야만 한다. '소비자는 왕이다'라는 슬로건(유나이티드 항공사의 'You're the Boss'처럼)하에 제품의 생산, 전달 및 최종적인 소비와 관련된 전반적 활동을 통해서 소비자의 필요와 욕구를 만족시키는 데 초점을 둔다.

마케팅지향개념은 목표시장, 통합적 마케팅, 수익성, 그리고 고객욕구에 근거한다. 우선적으로 자신들의 목표시장(target market)을 주의 깊게 선택하고 재단된 마케팅 프로그램을 준비할 때 최선의 성과를 낼 수 있다. 예를 들어, 에스티로더 화장품은 1992년에 아프리카계 미국인이라는 단일한 시장을 115개의 목표시장으로 세분하여 기초화장품을 선보임으로써 45%의 판매신장을 이끌어 낼 수 있었다. 통합적 마케팅(integrated marketing)은 우선적으로 다양한 마케팅 기능—판촉, 광고, 고객서비스, 제품관리, 마케팅연구 등—이 함께 작업되어야 한다. 더불어 마케팅부서만이 아니라 조직의 모든 부서의 통합된 노력이 필요하다. 마케팅의 궁극적인 목적은 조직의 생존과 성장을 유지하도록 조직의 목표를 달성하는 것이다. 특히, 주요한 목표가 바로 최상의 이익을 내는 수익성(profitability)인데, 이것은 고객의 욕구와 만족을 통해서만이 가능하다.

성공적인 마케팅을 위해서 가장 중요한 것은 고객욕구를 제대로 아는 것이다. 고객을 만족시키고 감동시키려는 노력은 마케팅에서 필수적인 것이다. 예를 들어, GE사는 '고객이 만족하기 전에는 우리는 만족하지 않습니다.'를 기본철학으로 한다. 국내에서 마케팅개념이 도입되기 시작한 것은 경쟁이 본격화된 1980년으로 볼 수 있다. 현재 국내로 진출한 다국적기업의 자회사들이나 합작회사 등에서 주로 실행되고 있는데, LG의 '고객의 자리', SK의 '고객이 OK할 때까지', KIA의 '고객 속으로'가 그 예에 해당한다.

그러나 고객욕구(customer needs)를 정확하게 이해하는 것은 간단한 일이 아니다. 인간의 기본적인 필수요건인 욕구가 그런 욕구를 충족시킬 수 있는 구체적인 대상에 지향될 때 소망(wants)이 되고, 이런 소망이 지불할 수 있는 능력에 의하여 뒷받침될 때 수요(demands)가 된다. 적어도 고객은 다섯 가지의 욕구—표현된 욕구, 실제 욕구, 표현되지 않은 욕구, 기쁘게 만드는 욕구, 숨겨진 욕구—를 갖고 있다. 예를 들어, 값싼 자동차를 원하는 고객을 생각해 보자. '값싼 자동차를 원하는 것'은 표현된 욕구다. '차량 가격이 싼 것이 아니라 유지비가 적게 드는 자동차'는 실제 욕구다. '판매상으로부터 좋은 서비스를 기대하는 것'은 표현되지 않은 욕구다. '선물을 주는 판매상을 좋아하는 것'은 기쁘게 만드는 욕구다. '친구들에게 현명한 소비자로 보여지기를 원하는 것'은 숨겨진 욕구다. 표현된 욕구만 찾고 그것을 충족시키는 것은 반응적 마케팅(responsive marketing)이고, 고객이 앞으로 원할 수 있는 욕구가 무엇인가를 찾는 것은 예측적 마케팅(predictive marketing)이고, 고객이 요청하지는 않지만 열광적으로 반응하게 될 솔루션을 찾아서 만들어 내는 것은 창의적 마케팅(creative marketing)이다.

4) 사회적 마케팅지향개념

1970년대에 자원의 부족, 과잉인구, 교통문제, 환경오염, 소비자피해 등은 경제 · 사회 전반에 걸친 주요 관심사로 부각되었다. 특히 소비자보호운동과 환경보호주의는 기업의 사회적 책임을 묻게 되었고, 기업은 소비자 생활의 질을 향상시키기 위하여 기업의 이익뿐만 아니라 소비자의 욕구충족 및 고객 · 조직 · 사회 전체의 이익과 복지도 함께 고려한 마케팅관리활동을 해야 했다. 이에 등장한 것이 바로 사회적 마케팅지향개념(societal marketing concept)이다. 따라서 사회적 마케팅지향개념은 자신들의 마케팅에 있어서 사회적인 측면과 윤리적인 측면을 고려하게 된다. 크리넥스의 판매이익금의 일부를 나무를 심는 데 사용하는 유한킴벌리의 '우리강산 푸르게 푸르게' 캠페인처럼, 자연환경 문제를 고려해서 공해를 줄이는 제품생산과 기업의 공해방지시설 설치 등을 강조하는 마케팅활동인 그린마케팅(green marketing)이 여기에 해당한다. 국내에서도 사회적 마케팅지향개념의 필요성이 대두되고 있다. 1989년 삼양라면의 공업용 우지사건이나 1991년 두산전자의 페놀유출사건 등은 소비자나 사회 전반의 민감한 반발을 일으켰고, 제품판매 및 기업성장에도 막강한 영향을 미쳤다.

5) 계몽적 마케팅지향개념

현대의 마케팅은 전체 마케팅시스템이 장기적으로 최선의 성과를 얻을 수 있도록 지원을 해야 한다는 입장이 계몽적 마케팅지향개념(enlightened marketing concept)이다. 이런 관점에 따라 현대의 마케팅은 ① 소비자중심 마케팅, ② 혁신적 마케팅, ③ 가치 마케팅, ④ 사명의식 마케팅, ⑤ 사회적 마케팅의 다섯 가지 원칙이 준수되어야 한다. 판매자가 아니라 구매자인 소비자중심이 되어야 하고, '고객의 창출은 혁신과 마케팅뿐이다.'라는 Peter Drucker의 말처럼 항상 혁신적 사고와 행동방식을 취하고, 소비자에게 높은 부가가치를 제공할 수 있어야 하며, 기업뿐만 아니라 소비자, 사회, 국가, 세계의 이익과 복지를 담당하는 사명의식과 사회적 책임의식을 고취해야 한다.

강물의 물줄기가 지형에 따라서 변화하듯이, 마케팅도 시장의 변화에 맞추어 끊임없이 새로운 관점과 실무를 도입하고 갖추어 지속적으로 혁신해 나가야 한다(Gamble, Tapp, Marsella, & Stone, 2005). 무엇보다도 시장지향적인 마케팅은 다음과 같은 4가지 원칙을 따라야 한다. 첫째, 고객에게 만족과 감동을 줄 수 있는 가치 있는 제품과 서비스를 제공할 것을 강조하는 고객 만족(Customer Satisfaction: CS)이다. 둘째, 경쟁사와 차별적인 경쟁우위를 개발해야 할 것을 강조하는 지속적 경쟁우위(Sustainable Competitive Advantages: SCA)다. 셋째, 마케팅활동을 마케팅부서에서만 전적으로 수행하는 것이 아니라 모든 구성원과 모든 하위조직이 마케팅사고를 생활화하고 마케팅을 중심으로 통합된 노력을 보여야 한다는 전사적 마케팅(Total Marketing: TM)이다. 끝으로, 주어진 환경의 테두리 내에서 전략을 적용하고 수정해야 한다는 수동적인 인식에서 벗어나 전략이 환경에 영향을 미치거나 환경 변화를 유도할 수 있어야 한다는 전략적 마케팅(Strategic Marketing: SM)이 되어야 한다. 지금까지 살펴본 마케팅지향성을 정리하면 〈표 9-1〉과 같다.

최근에 부분적이고 단편적으로 이루어지는 마케팅을 종합적으로 포괄하여 총체적 마케팅(holistic marketing)이 제안되었다(Kotler & Keller, 2006). 총체적 마케팅은 전통적인 마케팅을 넘어서 보다 완전하고 응집력 있는 접근방법을 가져야 할 필요성을 인식하고서 마케팅에 있어서 중요한 모든 것을 함께 고려하여 보다 광의적이고 통합적인 관점을 취하고 있다. 이것은 네 가지 구성요소로 이루어지는데, 내부 마케팅, 관계 마케팅, 통합 마케팅, 그리고 업적 마케팅이다.

첫째, 내부 마케팅(internal marketing)은 조직 내의 모든 사람이 적합한 마케팅원리를 충분히 이해하고, 수용하며, 실행하는 것을 말한다. 이것은 고객들에게 잘하고 시장에서 효과적으로 일을 할 수 있는 고용인들을 선발하고, 훈련시키고, 동기를 형성시키는 것도 포함한다. 둘째, 관계 마케팅(relationship marketing)은 신뢰를 얻고 사업을 지속하기 위하여 마케팅 활동들의 성공에 직접적으로나 간접적으로 영향을 미치는 모든 사람들이나 조직들과 상호 간에 만족스러운 장기적이고 지속적인 관계를 확립하는 것을 목적으로 한다.

셋째, 통합 마케팅(integrated marketing)은 여러 가지 다양한 마케팅 활동들은 가치를 창출하고, 커뮤니케이션하고, 전달되도록 사용되어야만 하고, 부분의 합보다 전체가 더 클 수 있도록 결합효과를 극대화하기 위하여 모든 마케팅활동이 협력을 해야만 한다는 것이다. 다시 말하면, 어떤 하나의 마케팅 활동의 설계와 실행은 다른 모든 활동을 마음속에 염두에 두어야 한다. 끝으로, 업적 마케팅(performance marketing)은 브랜드자산, 고객자산, 마케팅활동과 프로그램에 따른 재정상의 수익 등을 평가하는 것뿐만 아니라 법률적, 윤리적, 사회적, 환경적 맥락에서 그것들을 널리 알리는 것을 말한다. 마케팅 활동들에 대한 투자가 단기적이거나 장기적으로 재정상의 효과를 내고 있는가를 평가하기 위하여 다양한 연구와 분석이 이루어지고 있다.

| 표 9-1 | 마케팅지향성

마케팅지향성	기본목적	핵심부서	주요개념
생산지향개념	생산 증가	생산부서	Say's Law
제품지향개념	양질의 제품	연구개발부서	Marketing Myopia
판매지향개념	구매 설득	판매부서	No Sales, No Business
고객지향개념	고객만족	조사부서	A consumer is a king
사회지향개념	환경(사회)	기획부서	Green Marketing
계몽지향개념	혁신과 가치	통합부서	CS, SCA, TM, SM

3. 소비자와 마케팅전략

대부분의 기업은 자원, 기술, 경영능력이 한정되어 있기 때문에 모든 소비자의 끊임없이 변화하는 다양한 욕구를 모두 충족시킬 수 없다. 따라서 어느 기업이든 자사의 능력을 고려하여 적절한 수의 세분시장을 구분하고, 자사의 모든 능력을 집중할 목표시장을 선택한 다음에 그 목표시장에 가장 적합한 마케팅전략과 방법을 사용해야 한다. 이런 과정을 간단히 STP(Segmentation-Targeting-Positioning) 마케팅전략이라 한다.

1) 시장세분화

시장세분화(market segmentation)란 하나의 시장 내의 고객이나 잠재고객을 여러 개의 고객집단으로 나누는 과정을 말한다. 이때 기준으로 삼는 것은 기업의 마케팅믹스에 대하여 유사한 반응을 보이는가 여부다. 다시 말해서, 시장세분화는 세분시장 상호간에는 이질성이 극대화되어야 하고, 세분시장 내에서는 동질성이 극대화되도록 비슷한 성향을 가진 사람들을 다른 성향을 가진 사람들의 집단과 분리하여 하나의 집단으로 묶는 과정이다. 이런 시장세분화 과정은 소비자행동에 대한 이해가 선행되지 않고서는 제대로 이루어질 수 없다.

시장세분화를 할 때 주의해야 할 사항은 시장을 어떻게 정의하는가에 따라서 크게 달라질 수 있다는 점이다. 시장세분화를 위한 절대적 기준은 존재하지 않지만, 시장을 상품의 특성에 맞추어 정의하는가, 아니면 소비자의 특성에 맞추어 정의하는가에 따라서 그 결과는 엄청날 수 있다. 가장 좋은 기준은 구매행동을 할 때 소비자가 보여 주는 의사결정과정을 이해하고 그에 따라 세분화하는 것이지만, 일반적으로 유사한 선호도, 소망, 가치, 구매력, 지리적 위치, 구매태도, 구매습관 등을 기준으로 삼는다.

시장세분화를 위해서는 측정가능성, 접근가능성, 실체성, 차별성 그리고 행동가능성을 검토해야 한다. 첫째, 측정가능성은 세분시장의 규모와 구매력이 측정될 수 있는 정도, 즉 수량화할 수 있는가를 의미한다. 상류층과 부유층은 매우 다른 개념임에도 불구하고, 상류층 세분시장을 부유층으로 대신하는 시장세분화는 적절한 것이 되지 못한다. 둘째, 접근가능성은 세분시장에 마케팅믹스의 도달 정도와 영업가능성을 의

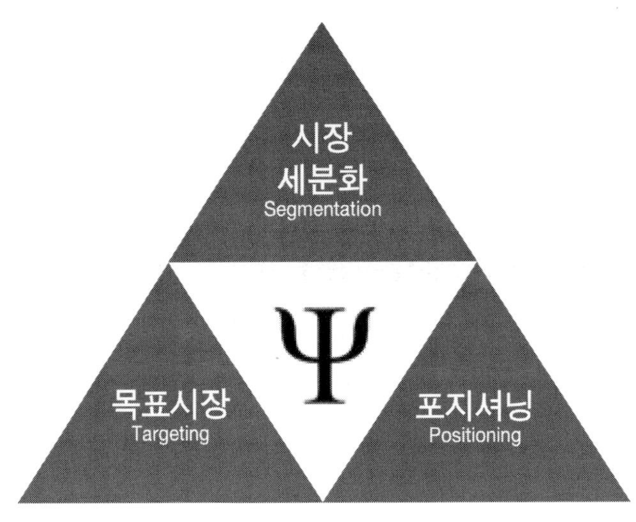

그림 9-2 마케팅전략

미한다. 멋있게 보이기 위해 담배를 피우는 10대 흡연자 시장은 '멋'이란 것이 너무 추상적인 개념이기 때문에 부적절한 세분화다. 셋째, 실체성은 이익 발생가능성을 의미한다. 발 크기가 180cm 이상의 여성용 제화시장은 일반적인 여자의 발 크기를 고려할 때 이런 조건에 들어맞지 않는다. 넷째, 차별성은 세분시장이 개념적으로 독특하고 마케팅믹스에 다르게 반응하는가의 여부에 관한 것이다. 기혼여성과 미혼여성이 향수에 대하여 유사한 반응을 보인다면, 개별적인 세분시장을 구분할 필요가 없다. 끝으로, 행동가능성은 영업활동이 가능한 효과적인 프로그램이 존재하는가에 관련된다. 활용할 수 있는 영업사원이 감당할 수 있는 능력 이상으로 시장을 세분화하는 것은 이런 행동가능성 조건에 들어맞지 않는다.

2) 목표시장선정

목표시장선정(selection of target market)이란 여러 개의 세분시장 중 그 기업이 소비자의 욕구를 가장 잘 충족시킬 수 있고 경쟁력을 가질 수 있는 세분시장을 결정하는 과정을 말한다. 다시 말해서, 세분시장의 매력도를 평가하여 효과적으로 대응할 수 있는 세분시장을 선택하는 것이다. 단일한 하나의 세분시장에 집중할 수도 있고, 전문성에 비추어 몇 개를 선택할 수도 있고, 제품이나 시장별로 특화하여 시장을 선택할 수도 있다. 목표시장을 선정하기 위한 시장매력도의 평가과정에 관련된 요인으로는 첫째, 시장규모와 시장성장률을 포함한 세분시장요인, 둘째, 현재의 경쟁자와 잠재적 경쟁자를 포함한 경쟁요인, 끝으로, 기업목표, 자원, 마케팅믹스를 포함한 자사와의 적합성을 들 수 있다.

목표시장을 선정할 때 유념해야 할 사항은 때때로 비윤리적인 목표시장이 공개적인 논쟁을 일으킬 수 있다는 점이다. 아동들이나 나약한 소수빈민층들을 불공정하게 이용하거나 잠재적으로 유해한 제품들을 판매하는 것은 윤리적 소비자들에 의한 비판과 비난을 피할 수 없을 뿐만 아니라 기업의 생존과 성장에도 지대한 영향을 미칠 수 있다.

3) 포지셔닝

포지셔닝(positioning)이란 소비자의 마음속에서 자사의 브랜드가 경쟁브랜드와 비교하여 상대적으로 경쟁우위를 확보할 수 있는 독특한 위치를 구축하도록 하기 위한 마케팅노력을 말한다. 소비자의 마음을 사로잡으려면 그 누구보다도 남달라야 한다. 적어도 고객에 중심을 둔 조직이란 고객이 무엇에 가치를 두고 있는가를 연구하고 그들이 기대하는 것 이상을 제공할 수 있도록 준비를 해야 한다(Crego & Schiffrin, 1995). 고객에게는 기본적인 것, 고객이 기대하는 것, 고객이 바라고 있는 것, 그리고 예상하지 못한 것을 제공해야 한다. 예를 들어, 레스토랑의 경우에 기본적인 것은 음식이 먹음직스럽고 제 때 나오는 것이다. 고객이 기대하는 것은 멋진 도자기와 식기류 그리고 정돈된 식탁보와 냅킨, 꽃, 끊이지 않는 서비스, 그리고 잘 준비된 음식이다. 더 나아가 고객이 바라고 있는 것은 레스토랑이 유쾌하면서도 조용하고, 매우 높은 수준의 음식이 제공되는 것이다. 예상하지 못한 것은 코스 사이에 과즙을 갈은 빙과를 제공해 주고 마지막 코스가 제공된 후에 산뜻한 디저트가 제공되는 것이다. 소비자의 마음을 사로잡으려면 그 누구보다도 남달라야 한다.

포지셔닝을 위하여 자사가 제공하는 것을 경쟁사가 제공하는 것과는 구별되도록 일단의 의미 있는 차이를 설계하는 것을 차별화(differentiation)라고 한다. 차별화는 다양한 방법으로 진행할 수 있는데, 크게 제품, 서비스, 사람, 유통구조, 그리고 이미지를 통하여 이루어진다. 포지셔닝을 널리 알리는 데 크게 공헌한 Al Ries와 Jack Trout는 포지셔닝을 기존의 제품을 가지고 창의적인 활용을 하는 것이라고 보았다. 그러나 제품 자체에 하는 것이 아니라 고객의 마음속에 그 제품을 자리매김하는 것이라고 제안하였다.

4. 소비자와 마케팅믹스

전통적인 마케팅믹스(marketing mix)는 Jerome McCarty와 Philip Kotler에 의하여 널리 알려지게 된 가격, 제품, 유통, 촉진으로 구성된 4P다. 최근에는 4P인 마케팅믹스에 마케팅유효성을 결정하는 데 그 중요도가 커진 정치(politics)와 공중관계(public relation)를 포함시켜 6P라고도 한다. 이런 전통적인 마케팅믹스는 시장점유율(market share)에 초점을 두고 고객을 '획득'하는 것에만 관심을 둔다. 고객을 획득하는 것을 넘어서 '고객을 유지하고, 성장시켜서' 고객점유율(customer share)을 높이려면, 4C에 관심을 가져야 한다. 고객가치(customer value)를 높이고, 비용(cost)을 낮추고, 편의성(convenience)을 높이고, 보다 커뮤니케이션(communication)을 잘해야 한다(Peppers & Rogers, 2004).

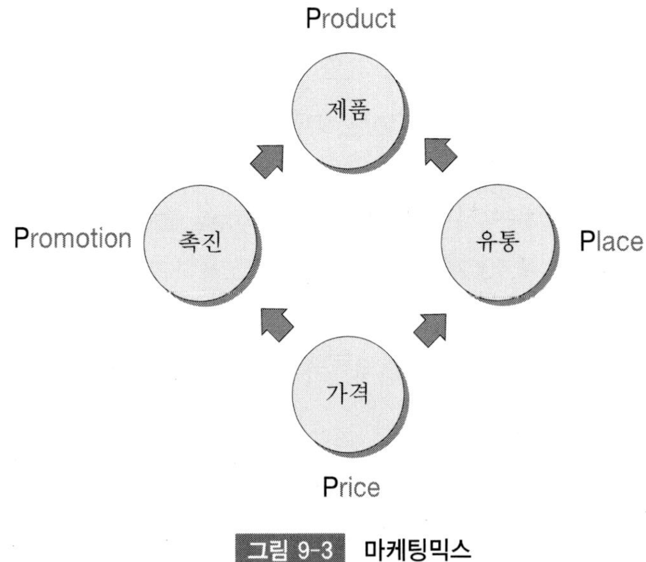

그림 9-3 마케팅믹스

1) 제품

제품(product)은 재화와 서비스의 물리적이거나 기능적인 특성 그 자체를 의미하는 것이 아니라, 기업이 소비자에게 제시하는 제품은 제품개념에 무엇을 포함시키는가에 따라 핵심제품, 유형제품, 확장제품을 포함한 세 가지 차원으로 분류된다. 첫째, 핵심제품(core product) 차원은 아름다워지려는 소망처럼 소비자가 원하는 추구이익(sought benefit)을 말한다. 둘째, 유형제품(tangible product) 차원은 추구이익을 속성으로 형상화한 것으로 아름다워지려는 소망을 형상화한 화장품이 여기에 속한다. 끝으로, 확장제품(augmented product) 차원은 추구이익을 속성으로 형상화한 것에 부가적인 서비스를 제공하는 것으로 화장기술을 교육하는 것이 여기에 속한다. 따라서 제품을 개발할 때에는 소비자가 추구하는 가장 근본적인 추구이익을 고려한 후, 세부적인 추구이익을 만족시킬 수 있는 제품을 개발하여야 한다. 산업의 경쟁이 치열해질수록 생산기술은 급속하게 이전되어 기업 간의 기술적 차이는 별로 나타나지 않는다. 그러므로 기업은 제품의 물리적인 기능만을 강조하기보다는 소비자가 제품에 대해서 원하는 추구이익을 잘 파악하여 그것을 소비자에게 제공하는 것이 필요하다.

제품의 세 가지 차원을 고려할 때 몇 가지 시사점을 얻을 수 있다. 첫째, 제품을 항상 넓은 의미로 정의하여야 한다. 물리적인 제품을 판다기보다는 제품 이면에 있는 기본적인 소비자의 욕구를 찾아내야 하며, 제품 자체의 특성이 아닌 추구이익을 판매한다는 점에 유의하여 핵심적인 추구이익을 형상화시켜야 한다. 둘째, 경쟁이 치열해지고 문제해결 지향적인 제품개념에 따라서 소비자가 추구하는 이익에 적합한 제품의 개발과 판매에 많은 비중을 두어야 한다. 셋째, 경쟁사의 제품과 유형제품상에 차이가 없다고 해도 다른 방법을 통해 차별화하여 소비자에게 제시하여야 한다. 예를 들어, 프랑스 화장품 로레알(Loreal)은 다양한 유명모델을 기용하면서도 '난 소중하니까(Because you are worth)'라는 일관된 슬로건을 앞세워 차별화를 시도하고, 화장품의 대명사 샤넬(Chanel)은 '잠자리에서 무엇을 입느냐'는 질문에 '샤넬 No 5.'라는 거침없는 대답을 한 마릴린 몬로의 상징성에 힘입어 토탈패션을 지향함으로써 10년 연속 고객만족도 1위를 구가하고 있다. 끝으로, 개발부서와 마케팅부서 간의 협력 체제를 강화해야 한다. 제품개발에 소비자 정보를 충분히 반영하여 신제품은 제품의 기능 그 자체만이 아니라 소비자의 욕구를 충족시켜 주는 개념에서 출발해야 한다.

제품에 대한 의사결정은 기업이나 사업부 수준에서 다루어지는 제품믹스에 관한 의사결정과 물리적 특성이나 사용상의 용도 또는 유통경로가 비슷한 제품라인에 관한 의사결정 그리고 각각의 단일제품에 관한 전략을 수립하는 상표에 관한 의사결정이 있다. 제품믹스(product mix)란 한 기업이 가지고 있는 모든 제품의 수를 전부 합한 것을 말한다. 이런 제품믹스는 제품라인(product line)들이 모여 구성된다. 제품라인이란 한 기업이 보유한 제품믹스 중에서 물리적 특성이나 사용상의 용도 또는 유통경로가 비슷해 마케팅전략을 적용시킬 수 있는 제품의 집합을 말한다. 제품구색(product assortment)이라고도 하는 제품믹스는 넓이, 길이, 깊이의 3차원을 지닌다. 제품믹스의 넓이(breadth)란 기업이 가지고 있는 전체 제품라인의 수(예: TV, 오디오, 냉장고를 만드는 회사의 제품믹스의 넓이는 3이 된다)를 말하고, 제품믹스의 길이(length)란 제품믹스 내에 있는 전체 제품의 수(예: TV가 2종류이고, 오디오가 3종류이고, 냉장고가 1종류이면 제품믹스의 길이는 6이 된다)를 뜻하며, 제품믹스의 깊이(depth)란 제품라인 내에 있는 한 제품이 창출해 낼 수 있는 품목의 수(예: 특정 브랜드의 TV가 18 · 24 · 30인치 3종류가 있으면 제품믹스의 깊이는 3이 된다)를 말한다.

제품은 구매자의 유형에 따라 구분할 수 있다. 최종적인 소비의 목표가 일반 소비자에게 목표를 두는 제품인 소비재와 다른 제품의 제조나 판매에 직 · 간접적으로 사용하기 위하여 기업에서 구매하는 산업재로 분류된다. 소비재(consumer product)는 다시 편의품, 선매품, 전문품으로 분류될 수 있고, 산업재(industrial product)는 다시 장치재, 부속치장품, 구성품, 원재료, 산업소모품으로 분류할 수 있다.

(1) 소비재

① 편의품

편의품(convenience goods)의 특성을 정리하면 다음과 같다.

- 소비자가 빈번하게 최소한의 쇼핑노력을 들여서 구입하는 제품을 의미하며, 제품분류에 있어서 소비자가 제품을 잘못 구입했을 때 느낄 수 있는 제품에 대한 위험이 제일 낮기 때문에 제품정보에 들이는 노력이 적다.
- 요즈음 GS25, 7-Eleven, Buy The Way 같은 편의점(convenience store), CVS에서 판매하는 품목들(예: 맥주, 담배, 음료, 빵, 계란)이 편의품의 범주에 포함된다.
- 소비자들은 한 번 결정한 편의품 상표에 대해서 강한 브랜드충성도를 가지고 있다. 따라서 치열한 마케팅 전쟁이 일어난다.
- 편의품과 관련하여 가장 중요한 마케팅변수는 유통이라고 볼 수 있다. 즉, 접근

하기 쉬운 곳에 있는 제품이 가장 잘 팔리게 된다. 따라서 입지조건을 고려해야 한다.

- 편의품은 구매상황에 따라서 필수품과 같은 고정재(static item), 껌과 립스틱 같은 충동재(impulse item), 의약품과 같은 긴급재(emergency item)로 다시 나눌 수 있다.

② 선매품

선매품(shopping goods)의 특성을 정리하면 다음과 같다.

- 소비자가 경쟁적인 제품을 여러 점포에서 가격, 질, 스타일, 색상 등에 대해서 많은 비교를 하고 난 후에 구입하는 제품으로, 전형적으로 편의품보다 비싼 의류, 가구, 보석, 전기용품, 제화 등이 포함된다.
- 선매품은 제품 간의 품질차이가 많은 제품속성 기준의 선매품(attribute based shopping goods)과 제품의 질과 스타일에 크게 차이가 없는 가격 기준의 선매품(price based shopping goods)으로 구분할 수 있다.
- 선매품 마케팅의 중요한 변수로는 제품의 색깔, 크기, 사양, 디자인 등과 같은 제품의 기능 및 이미지, 지식이 풍부하고 설득력 있는 판매원, 명성이 높은 소매점의 확보, 적절한 정보를 제공하고 이미지를 높이는 광고, 부가적으로 제공되는 서비스 등 다양하다.

③ 전문품

전문품(special goods)에 대한 특성을 정리하면 다음과 같다.

- 구매하기 이전에 그 제품에 대한 정보를 완벽하게 알고 있는 상태에서 구입하게 되는 제품이다.
- 제품의 특성상 경쟁제품이 있지만 제품의 전문성이나 독특한 성격 때문에 소비자가 매우 높은 브랜드충성도를 가지게 된다.
- 제품의 구입을 위해서 많은 노력을 기울이기 때문에 제한적인 전속적 유통경로를 사용하며, 경쟁제품보다 더 높은 가격을 지불하더라도 꼭 원하는 제품을 구입하기를 원하기 때문에 보통 고가격 정책을 사용한다.

④ 소비재 분류상의 주의점

소비재를 편의품, 선매품, 그리고 전문품으로 분류하는 것은 소비자의 입장을 고려하지 않고 제품 자체만을 고려한 것이므로 이를 기준으로 마케팅전략을 수립할 때는 문제가 발생할 수 있다. 제품의 분류는 제품의 추구이익과 사용상황에 따라 달라지기 때문에 추구이익과 사용상황이 고려되어 구분된 세분시장에 의한 제품만이 마케팅전략 수립에 도움을 주게 된다. 예를 들어, 담배는 본인의 선호에 따른 기호품이라면 선매품이며 전속적 유통경로를 활용하게 되지만, 없어서는 안 될 필수품이라면 편의품 중의 고정재에 해당하고, 개방적 유통경로를 사용하는 것이 바람직하다.

(2) 산업재

소비재의 전문품에 해당하며 흔히 설비라고 하는 장치재(installation), 소비재의 편의품에 해당하는 산업소모품(industrial supplies), 소비재의 선매품에 해당하는 부속치장품(accessory equipment), 구성품(component parts and materials), 원재료(raw material)로 구성된 산업재는 소비재와 다음과 같은 차이가 있다.

- 산업재는 소비재와는 달리 근본적으로 기술적인 특성을 더 가지고 있다.
- 산업재는 대부분 사양서에 의해서 구입된다.
- 산업재는 동일한 제품이라고 하더라도 구입회사에 따라 사용되는 목적이 다양하다.
- 산업재는 즉시 사용하기 위해 구매되는 경우가 거의 없다.
- 산업재의 제품형태는 반제품과 원재료다.
- 판매 후에 제품에 대한 서비스가 무엇보다도 중요하다.
- 구매자가 완전한 공장을 운영할 수 있도록 보장하는 것이 구매와 관련된 매우 중요한 사항이다.
- 산업재의 포장은 판촉목적이 아니라 제품 그 자체를 보호하려는 성격을 가진다.
- 산업재에서는 제품이 즉각적으로 운반되는 것이 중요하다.
- 산업재는 소비자의 구매량이 증가하고 자체 생산이 수지가 맞는다고 판단되면 직접 생산하는 경향이 있다.

(3) 브랜드

현대 마케팅의 핵심은 브랜드라 해도 과언이 아니다. 왜냐하면 소비자들이 직접적으로 체험하는 것은 브랜드이기 때문이다. 사람들에게 이름이 있듯이, 모든 상품은 브랜드를 갖고 있다. 소비자들은 브랜드를 통해서 시장에 참여한다. 브랜드(brand)란 특정 판매업자의 제품이나 서비스를 다른 판매업자들로부터 식별하고 차별화시키기 위하여 사용되는 명칭, 말, 상징, 기호, 디자인, 로고와 이것들의 결합체다. 기본적으로 브랜드는 4가지 차원을 지니는데, 언어적 차원은 브랜드명(brand name)으로 브랜드 중에 말로 발음되고 나타낼 수 있는 문자, 단어, 숫자 부분을 말한다. 시각적 차원은 브랜드표시(brand mark)로 브랜드 중에 상징, 디자인, 독특한 색상이나 문자와 같이 인식은 되지만 말로는 표현할 수 없는 부분이다. 법률적 차원은 등록상표(trade mark)로 해당 브랜드의 독점적 사용이 법적으로 보장되어 보호 받을 수 있는 브랜드라는 의미로 'registered mark'라고 하거나 Ⓡ이라 표시한다.

자산적 차원은 브랜드자산으로 브랜드의 명성 자체가 기업의 자산으로 작용하여 상품 및 기업의 위상을 정립하는 데 영향을 미친다. 브랜드자산(brand equity)은 어떤 제품이나 서비스가 특정한 브랜드를 가졌기 때문에 발생된 바람직한 마케팅적 효과(예: 높은 시장점유율과 브랜드충성도)로 브랜드의 가치를 돈으로 환산한 것을 말한다. 이런 브랜드자산은 소비자가 기억 속에 친숙하고, 호의적이고, 강력하면서 독특한 상표연상을 가지고 있을 때 발생한다(Keller, 1993).

영국의 세계적인 브랜드 컨설팅 그룹인 인터브랜드의 2016년 평가에 의하면, 1위는 5% 상승한 애플로 1,781억1천9백만 달러, 2위는 11% 상승한 구글로 1,332억5천2백만 달러, 3위는 7% 하락한 코카콜라로 731억2백만 달러, 4위는 8% 상승한 마이크로소프트로 727억9천5백만 달러, 5위는 9% 상승한 도요타자동차로 535억8천만 달러, 6위는 19% 하락한 아이비엠으로 525억 달러, 7위는 14% 상승한 삼성으로 518억8백만 달러, 8위는 33% 상승한 아마존으로 503억3천8백만 달러, 9위는 18% 상승한 메르세데스-벤츠로 434억9천만 달러, 10위는 2% 상승한 제너럴 일렉트릭으로 431억3천만 달러다. 100위 안에 들어간 우리나라 기업은 7위를 차지한 삼성과 35위의 현대자동차, 69위를 차지한 기아자동차 3개다. 현대자동차의 브랜드가치는 11% 상승한 125억4천7백만 달러이고, 기아자동차의 브랜드가치는 12% 상승한 63억2천6백만 달러다. 브랜드자산에 기초하여 브랜드확장전략(brand extension strategy)을 도입할 수 있는데, 이는 기존의 성공적인 브랜드명을 다른 제품군의 신제품에 이용하는 브랜드전략으로, 비용절감과 신제품 출시 초기의 높은 소비자 인지도 확보라는 이점이 있다. 이런 브랜드확장전략은 원래의 브랜드와 확장된 브랜드 간의 기능적 적합성(유사성)뿐만 아니라 상징적 적합성에 기초하여 이루어질 수 있다. 예를 들어, 기능적 이미지가 강한 시계브랜드인 타이멕스(Timex)나 대중적 이미지를 강조한 스와치(Swatch)는 계산기, 건전지, 일상용품 등과의 실용성이 강조된 제품에 확장할 때 효과적인 반면에, 고급예물시계로 명성이 높은 롤렉스(Rolex)나 아폴로 11호의 달 착륙으로 유명해진 오메가(Omega)는 팔찌, 반지, 보석류 등과 같은 권위가 강조된 제품에 확장하는 것이 보다 유용할 것이다.

(4) 포장

제품의 물리적 특성이 표준화됨에 따라 효율적인 제품정보나 제품이미지를 제공하는 포장의 중요성이 증대되고 있다. 포장(package)은 색상, 디자인, 형태, 크기, 소재, 레이블 등의 여러 구성요소를 잘 조합하여 브랜드이미지를 제공한다. 예를 들어, 제일제당의 기능성 음료인 컨디션은 음료로서는 고가격임에도 불구하고, 숙취 제거라는 기능적 속성뿐만 아니라 고급스런 포장으로 순조로운 시장개척을 할 수 있었다. 포장(packaging)은 개별포장(packing), 외장(outer packing), 내장(inner packing)으로 구분된다. 개별포장은 다시 일차포장과 이차포장으로 구분된다. 일차포장(primary packing)은 기능적 효용을 담당하는 것으로, 전통적으로 강조되어 온 포장의 효용으로 제품이 유통될 때 제품의 파손이나 오손을 방지하여 제품을 보관 · 유지시키고, 운송이나 진열, 소비자가 들고 다닐 때 편리하게 하는 것을 말한다. 이차포장(secondary packing)은 판촉적 효용을 담당하는 것으로, 포장에 브랜드를 알리면서 제품의 성격을 잘 나타내 주고, 판매에 도움이 되는 정보를 담고 있는 것을 말한다. 외장은 운반을 용이하게 해 주기 때문에 운송포장(shipping package)이라고도 한다. 안경을 필요로 하는 시력이 나쁜 많은 사람도 쇼핑을 할 때 안경을 쓰지 않는 경우가 많기 때문에 포장은 가능한 한 인식하고, 확인하고, 읽기 쉽게 만들어야 한다. 이것은 포장에 정보를 많이 제공하는 것보다 적게 하는 것이 보다 더 바람직하다는 것을 시사해 준다. 실제로, 지나치게 많은 정보는 인지과부하(cognitive overload)를 이끌 수 있다. 그러나 정보를 제공하지 않는다면, 소비자가 원할 때조차 정보를 사용할 수 없을 수 있다.

2) 가격

가격(price)은 여러 입장에서 정의될 수 있으며, 여러 이름으로 사용된다. 가격은 소비자의 입장에서는 특정 제품 · 서비스 · 아이디어를 구매함으로써 얻게 되는 효용에 부여된 시장에서의 교환가치이고, 경제적인 측면에서는 사회 전체의 경제활동을 위한 자원의 효율적인 배분수단이고, 기업의 입장에서는 이익의 원천으로 총수익과 총이익에 영향을 미치는 것이다.

가격은 다른 마케팅믹스에 비하여 경쟁에 가장 민감하게 반응하기 때문에 시장에서 가장 강력한 경쟁도구가 될 수 있으며, 한 번 결정된 가격은 소비자에게 항상 일정하게 제시되는 것만은 아니며 전략적 필요에 따라 적절하게 인상되거나 인하될 수 있다. 가격인하(discount)는 현금할인, 수량할인, 기능할인, 계절할인으로 구분할 수 있다. 현금할인은 대금지불을 현금으로 할 때 가격의 일정률만큼을 할인해 주는 것이고, 수량할인은 제품을 일정량 이상 구입하는 경우에 가격을 할인해 주는 것이다. 기능할인은 거래할인 혹은 업자 간 할인으로 불리는 방법으로, 판매 · 보관 · 장부정리 등과 같은 중간상의 기능을 수행하는 판매업자에게 제조업자가 가격을 할인해 주는 것을 말하며,

| 표 9-2 | 가격의 여러 이름

• Assessment	(회비) – 사회단체 가입
• Charge	(봉사료) – 서비스
• Commission	(수수료) – 판매원, 중개인
• Fare	(차비) – 교통시설 이용–비행기, 기차, 택시, 버스
• Fee	(진찰비) – 병원, 치과에서 진료를 받는 대가
• Income tax	(소득세) – 소득을 올릴 권리를 부여 받는 대가
• Interest	(이자) – 대출에 대한 대가
• Premium	(보험료) – 자동차 보험, 생명보험
• Price	(가격) – 일반적으로 사용되는 물건의 값
• Rate	(요금) – 공공시설 이용–엑스포공원, 유료 공공화장실
• Rent	(임대료) – 자동차, 상가 또는 식당가
• Retainer	(변호의뢰비) – 고문변호사
• Salary	(급여) – 사무직 종사자의 노동
• Toll	(통행료) – 고속도로
• Tuition	(수업료) – 학교, 학원
• Wage	(임금) – 생산직 종사자의 노동

계절할인은 주로 비수기에 구매를 자극하여 자사제품의 판매증대를 목적으로 특정 시기를 기하여 가격을 할인해 주는 것을 말한다.

소비자의 가격지각은 상표품질에 대한 지각에 직접적인 영향을 미칠 뿐만 아니라 구매행동을 결정하기도 한다. 따라서 기업들은 표적소비자 집단의 가격지각을 토대로 가격전략을 수립해야 한다. 소비자의 가격지각과 관련된 가격이 관습가격과 단수가격이다. 관습가격(customary price)은 사회에서 소비자들이 관습적으로 그러하다고 인정하는 가격으로서, 기업이 자발적으로 가격을 결정하는 것이 아니라 일반적인 사회관행에 의해 용인된 가격을 따르게 되는 경우를 말한다. 관습가격은 대부분 껌이나 아이스크림 같은 저가의 제품에서 나타난다. 단수가격(odd price)은 천 단위, 만 단위로 정확히 끝나는 가격보다 그 수준에서 약간 모자란 금액만큼 끝나면 더 저렴하다고 생각하는 경향이 있다. 이런 경향성에서 부응하여 책정된 가격이 단수가격이다. 이런 단수가격은 소비자에게 제품가격이 가능한 한 최하로 결정되었다는 인상을 주어 판매량을 증가시킬 수 있으며, 실제로 가격 차이는 얼마 나지 않지만 심리적으로는 상당히 저렴하다는 인상을 심어 줄 수 있다.

가격과 품질 간에도 밀접한 관련이 있다. 일반적으로 소비자는 제품의 품질을 가늠할 충분한 정보를 갖고 있지 못할 때 가격을 품질의 지표로 사용하는 경향이 있다. 가격이 높을수록 품질이 더 좋은 것으로 지각한다. 이와 같은 가격-품질 연상심리(price-quality associationism)는 일반적으로 가격이 높은 제품이 품질이 더 좋았다는 과거의 경험에서 비롯된다. 특히, 가격정보의 원천을 진실되고 신뢰할 수 있는 것으로 지각하거나 가격과 품질에서 상당한 차이가 있을 때, 가격이 높은 제품을 더 좋은 제품으로 추론하는 경향이 있다. 그러나 제품특성에 대한 충분한 정보를 갖고 있거나 제품 사용경험을 가진 소비자는 가격으로부터 품질을 추론하는 성향이 낮으며 여러 제품속성(예: 브랜드명, 성능, 포장상태, 제조국)을 함께 고려하여 제품품질을 평가한다. 또한 소금이나 가솔린처럼 제품이 표준화되어 있거나 미미한 가격 차를 보이는 제품들에 대해서는 가격이 높을수록 품질이 좋을 것이라는 추론을 하지 않는다.

일반적으로 최종가격을 결정할 때 수용가능가격대와 기대가격대를 고려해야 한다. 수용가능가격대(acceptable price range)는 다시 참조가격, 최저수용가능가격대, 유보가격으로 분류된다. 참조가격(reference price)은 기준가격(standard price)이라고도 하는데, 한 제품의 구매에 대해 지불하고자 기대하는 가격으로 소비자들이 브랜드 대안의 가격을 비교하는 데 이용되는 준거틀이나 기준의 역할을 한다. 최저수용가능가격대(lower end of acceptable price range)는 그 이하의 가격으로 판매되는 제품은 품질이 의심스러운 것으로 판단되는 가격대를 말한다. 유보가격(reservation price)은 최고수용가격으로 소비자가 지불할 수 있다고 생각하는 최고의 가격을 말한다. 기대가격대(expected price range)는 소비자가 시장에서 발견할 수 있을 것이라고 기대하는 가격의 범위를 말하며, 일반적으로 기대가격대는 수용가능가격대보다 폭이 넓다.

제품의 실제가격과 소비자의 참조가격이 정확하게 일치하는 경우가 매우 드물기 때문에 소비자는 실제가격과 참조가격 간의 차이에 직면할 때 두 가지 방식으로 반응을 보일 수 있다. 첫째, 실제가격과 참조가격 간의 차이가 크지 않고 실제가격이 소비자의 수용가능 가격대 내에 속하면 동화효과(assimilation effect)가 발생한다. 이런 경우에 소비자는 자신의 참조가격을 실제가격 근처로 이동시켜 자신의 기준을 수정한다. 둘째, 실제가격과 참조가격 간의 차이가 크고 수용가능가격대를 벗어나면 대비효과(contrast effect)가 나타난다. 이때 소비자는 자신의 기준을 수정하지 않고 수용가능가격대를 벗어난 제품을 고려대상에서 제외시킨다.

3) 유통

유통(place) 혹은 유통경로(channel of distribution)는 특정 제품이나 서비스가 소비 또는 사용될 수 있도록 하는 과정과 관련되는 일체의 상호의존적인 조직으로, 제품이나 서비스를 생산자로부터 소비자에게 전달하는 수단을 제공한다. 이런 유통구조는 기본적으로 다섯 가지 기능을 담당한다. 첫째, 교환의 촉진기능을 한다. 시장에서 거래의 수를 감소시키고 거래를 활성화하여 교환과정을 촉진시킨다. 둘째, 거래의 표준화기능을 한다. 제품, 가격, 구입단위, 지불조건 등을 표준화하여 거래를 표준화시킨다. 셋째, 제품구색기능을 한다. 여러 생산자의 제품이 집결되기 때문에 제품구색의 불일치를 완화시켜 준다. 넷째, 연결기능을 한다. 최종 소비자에게 생산자와 판매자를 연결시켜 준다. 끝으로, 고객서비스 기능을 한다. 배달, 설치, 사용방법 교육 등 고객서비스 활동을 해 준다.

유통분야에서 핵심적인 역할을 담당하는 매장(shop)은 소비자와의 접점이 일어나는 곳이기 때문에 브랜드 차별화를 위한 첨병이라고 할 수 있다. 매장은 단순히 물건을 파는 곳이 아니라 고객의 눈과 마음을 즐겁게 만들어 주어야 하는 곳이다. 일반적으로 소비자는 제품이나 서비스를 주문하고 그것을 제공받기까지 기다리는 시간이 가능하면 짧기를 원하고, 보유하고 있는 제품의 구색이 다양하기를 원한다. 더불어, 점포의 수가 많고 지역적으로 고루 분포되어 있어서 입지적으로 편리하기를 원하고, 구매할 수 있는 제품의 최소단위가 적기를 원한다.

제품구매에 관한 의사결정이 상점을 방문하기 전에 이루어지느냐 혹은 상점 내에서 이루어지느냐에 따라 소비자에 접근하는 방법이 달라질 수 있다. 커피, 우유 및 유아용식품같이 사용 후 즉시 구매하는 제품은 상점 방문 전에 구매결정이 이루어지므로 광고나 직접우편(direct mail), DM에 의해 제품소구를 하는 것이 효과적이다. 반면에 스낵류나 캔디류는 사전에 구매계획을 하지 않은 채 상점 내에서 충동적으로 구매가 이루어지므로 구매시점에서 다양한 판촉, 구매시점 광고, 진열, 포장디자인, 판매원의 노력에 의해 구매를 유도할 것이다.

소비자들이 상점을 방문할 때 영향을 미치는 동기는 제품구매동기(buying motive) 이외에도, 특정 역할을 수행하거나, 기분전환을 추구하거나, 욕구불만을 해소하거나, 새로운 경향을 학습하거나, 감각적인 자극을 위한 개인적 동기(personal motive)와 사회적 경험, 동료집단과의 일체감, 자신의 지위나 권위의 추구, 가격흥정의 즐거움과 같은 사회적 동기(social motive)에 의하여 상점을 찾을 수 있다.

동일 상권 내에서 둘 이상의 경쟁상점이 존재할 때 소비자가 어떤 상점을 선택할 것인가는 상점이미지에 의해 결정된다. 상점이미지(store image)는 소비자에 의해 인식된 상점의 전반적 인상을 말한다. 상점이미지의 객관적 속성은 상품구색, 가격, 신용정책, 매장의 크기 등과 같이 관찰가능한 기능적 속성을 말하고, 주관적 속성은 쾌적한 분위기, 매장 내에서의 편안함과 같은 추상적 속성을 말한다. 상점이미지의 객관적 속성은 경쟁자에 의하여 쉽게 모방될 수 있기 때문에 객관적 속성을 토대로 형성된 호의적인 상점이미지는 지속적인 경쟁우위를 확보하는 것이 어렵다. 따라서 경쟁자가 손쉽게 모방하기 어려운 주관적 속성을 이용한 차별화에 더 많은 노력을 기울임으로써 소비자의 상점선택에 보다 큰 영향을 미칠 수 있다.

상점이미지는 소비자의 구매행동에 영향을 미칠 수 있는데, 소비자는 자신의 자기이미지(self-image)와 일치하거나 어울리는 상점이미지를 가진 상점을 선택하는 경향이 있다. 특히 상징적 상점이미지가 중요한데, 상징적 상점이미지(symbolic store image)란 '전통적' 혹은 '현대적'이라고 표현하는 경우처럼 소비자가 특정 상점에 대하여 가지고 있는 고정관념적인 개성적 이미지를 말한다. 따라서 장기적인 경쟁력을 갖기 위해서는 상점이미지를 소비자, 특히 단골 우량고객의 라이프스타일이나 성격 차원을 파악하여 그것에 걸맞은 상점이미지를 구축하는 접근방법이 필요하다.

예를 들어, 에스티로더 화장품의 경우를 살펴보자. 고급 화장품 브랜드로 세계적인 명성을 떨치고 있는 '에스티로더'를 프랑스 브랜드로 오인하고 있는 사람들이 많은데, 실제로는 Josephine Esther Mentzer라는 사람이 만들어 낸 미국 브랜드다. 1908년에 헝가리 이민자의 딸로 태어난 그녀는 뉴욕 퀸즈에서 철물점을 경영하던 아버지 밑에서 성장했다. 피부과 전문의였던 삼촌의 영향으로 화장품에 흥미를 갖기 시작한 그녀는 삼촌이 얼굴이나 손에 바르는 크림을 조합하는 모습을 유심히 지켜본 뒤 손수 크림을 만들어 학교 친구들에게 팔았다. 1930년에 오스트리아 출신의 Joseph Lauder와 결혼한 그녀는 결혼한 후에도 계속 동네 미용실이나 고급 리조트의 손님을 상대로 스킨크림을 만들어 팔다가 1946년에 Estee Lauder Inc.를 설립했다. Estee는 Esther의 불어식 표기다. 당시 다른 화장품 회사들은 약품류와 일용잡화도 파는 드럭스토어가 회전율이 좋기 때문에 납품을 했지만, Lauder 부부는 그럴 만한 인력을 확보하지 못했고 상품의 품격도 높일 겸 고급 백화점을 공략하여 뉴욕 5번가에 있는 Saks 5th Avenue 백화점과의 계약을 성사시켜 발매 2주 만에 크림은 동이 났고 주문이 줄을 이었다. '에스티로더'는 백화점 매장에서만 제품을 팔았는데, 매장에는 전문 판매원이 항상 배치되어 있어 화장법에 대한 상담을 해 주고 무료 샘플을 나눠 주었다. 이러한 '에스티로더'의 획기적인 판매 전략은 곧 타사들로도 확산되었다. 소비자의 최종 브랜드선택은 상점 내에서 이루어지는 경우가 빈번하기 때문에 소비자의 상점선택행동에 매우 중요한 정보를 제공할 수 있다. 상점선택(store choice)은 고객흡인력을 높여 주는 상점 매력도에 의해 결정된다. 상점매력도(store attraction)는 상점이미지에 기본을 두고 있으며, 구체적 평가기준에는 입지, 상품구색, 가격, 광고 및 판촉, 판매원, 서비스 등을 들 수 있다. 상점선택은 결정론적인 것이 아니라 확률론적인 것이다. Luce의 선택공리(choice axiom)에 이론적 근거를 둔 확률적 상점선택 모형(probabilistic store choice model)은 특정 상점의 효용 또는 매력도가 다른 경쟁상점보다 높을수록 그 상점이 선택될 확률이 높다고 가정한다. 즉, 소비자가 어떤 상점을 선택할 확률은 그가 고려하는 상점대안들의 개별효용을 총합한 것에 대한 특정 상점이 지니는 효용의 비율에 의해 결정된다. 확률적 상점선택 모형 중에서 Huff 모형은 상점매력도는 상점의 매장 면적과 상점까지 가는 데 걸리는 시간인 거리에 의해 좌우된다고 가정하였고, Stanley와 Sewall 모형은 Huff 모형에 상점이미지 변수를 추가하여 상점선택행동의 예측력을 개선하였다.

4) 촉진

마케팅 커뮤니케이션이라고도 하는 촉진(promotion)은 기업의 제품이나 서비스를 소비자들이 구매하도록 유도할 목적으로 해당 제품이나 서비스의 장단점에 대하여 실제 혹은 잠재고객을 대상으로 정보를 제공하거나 설득하는 마케팅노력의 일체를 말한다. 다시 말해서, 다양한 방법을 통해서 자사제품이나 기업 그 자체를 알리는 활동을 말한다. 소비자에게 만족을 줄 수 있는 방향으로 제품 및 서비스를 개발하고, 가격을 결정하며, 목표고객이 손쉽게 구입할 수 있도록 하는 것은 시장에서 성공하기 위한 기본요건이지만, 성공 자체를 보장하지는 않는다. 성공가능성을 향상시키기 위하여 기존 · 잠재 고객에게 자사의 제품 및 서비스나 기업 그 자체에 대해서 효과적이고 효율적으로 알릴 수 있어야 하는데, 이것을 촉진이 담당하게 된다.

이런 촉진수단은 매우 다양하나 일반적으로 광고, 판매촉진, 인적판매, 공중관계의 네 가지 요소로 구분될 수 있다. 광고(advertising)란 확인된 광고주가 목표집단에게 정보를 제공하거나 설득하기 위하여 제품이나 서비스에 관해 유료로 대중매체를 이용하는 과정이다. 판매촉진(sales promotion)은 간단히 판촉이라고도 하는데, 특정 제품이나 서비스의 판매를 증가시키기 위해서 단기간에 소비자 또는 중간상을 대상으로 벌이는 다양한 촉진활동을 말한다. 견본이나 경품을 제공하거나, 할인권을 주거나, 상품전시회를 개최하는 것들이 여기에 속한다. 인적판매(personal sales)란 판매원이 고객을 직접 만나 대화를 통해 자사의 상품을 구매하도록 권유하는 활동을 말한다. 공중관계(public relations)인 PR은 비인적 매체로 하여금 제품, 서비스, 기업 등을 뉴스나 논설의 형태로 다루게 함으로써 수요를 자극하는 것을 의미한다.

(1) 광고

우리나라의 일반 소비자들은 매일 수백 개의 광고에 노출되지만 그중 대부분은 소비자들의 주의를 끌지 못하며, 소비자들이 주의를 기울인 경우에도 그 메시지의 내용을 오래 기억하는 경우는 드물다. 따라서 광고는 창의성 있는 광고메시지를 개발하고, 효과적인 매체를 선택하여 소비자들이 광고에 노출되고, 주의를 기울이며, 메시지를 이해하고 기억할 수 있도록 실행되어야 한다. 그리고 무엇보다도 이런 노력의 결과로 소비자들이 실제 구매행동에 참여하도록 충분한 공감과 설득이 이루어져야 진정한 광고의 소명을 다하는 것이다.

(2) 판매촉진

판매촉진은 가격할인, 사은품, 쿠폰, 경품, 이벤트, 견본 등을 활용하여 소비자에게 직접적인 유인(incentive)을 제공함으로써 단기적인 매출이나 이익을 늘리려는 동기부여 방법, 즉 촉진활동을 말한다.

(3) 인적판매

인적판매는 판매원과 고객 사이의 직접적인 접촉을 통한 촉진을 말한다. 다른 촉진방법과는 달리 쌍방 커뮤니케이션에 의존하기 때문에 소비자의 상황에 대한 몰입도가 높은 편이며, 판매원은 상황에 따라 질문이나 세부사항에 관하여 메시지를 융통성 있게 바꾸는 것이 가능하다. 최근에는 셀프서비스형 판매와 전화를 통한 텔레마케팅(telemarketing)이나 홈쇼핑, 그리고 통신과 인터넷을 통한 사이버마케팅(cybermarketing)이 많이 늘어나면서 소매점에서 인적판매의 비중이 줄어들고 있기는 하지만, 보험상품, 자동차, 주택 등의 상품은 아직도 상당 부분을 인적판매에 의존하고 있다.

(4) 공중관계

PR로 널리 알려진 공중관계는 비용을 지불하지 않고 이루어진 회사, 제품, 혹은 상표에 관한 커뮤니케이션을 말한다. 예를 들어, 신문이나 잡지 혹은 방송의 뉴스 등에서 기사화되어 기업이나 상품에 관한 정보를 전달하는 것을 말한다. PR을 통해 전달되는 정보는 소비자에게 높은 신뢰성을 줄 수 있지만, 기업으로서는 통제하기가 어렵다는 단점이 있다. PR을 통해 전달되는 정보는 긍정적인 경우도 있지만, 부정적인 경우도 있다. 부정적인 정보는 확산 속도가 빨라서 기업에 큰 타격을 줄 수 있으며, 추락된 이미지를 회복하기 위해서는 상당한 노력과 기간이 요구된다.

5. 서비스

현대사회를 말할 때 '정보화 사회'라는 말과 더불어 '서비스 사회(service society)'라는 말을 흔히 쓴다. 이것은 대부분의 국가의 경제 분야에서 서비스가 차지하는 중요도가 커지기 때문이다. 미국의 경우에 1984년에 이미 경제의 66%가 서비스에 의존하고 있으며, 유럽공동체(European Economic Community: EEC) 국가들의 경우도 평균 58%가 서비스에 의존하고 있다. 미국의 경우에도 서비스 분야에서 일하는 사람들이 1900년대에는 30%이었는데, 1970년대에는 64%였다가 1995년에는 77%로 증가하였다. 우리나라의 경우도 국민총생산(GNP)에서 서비스가 차지하는 비율이 1974년에 50%를 넘어서 1991년에는 64%에 이르고 있다. 경제적 측면뿐만 아니라 고용의 50% 이상이 이미 서비스분야에서 창출되고 있다.

1) 현대 서비스 분야의 특성

현대 서비스 분야는 독특한 다섯 가지 특성을 지니고 있다. 첫째, 신종 서비스업이 등장하고 있다. 이동통신, 인터넷, 다이어트 전문산업, PC게임방, 비디오방, 각종 전화서비스, 택배 등 기존에 없었던 새로운 서비스업이 속속 나타나고 있다. 둘째, 기존의 서비스 기업이 기존의 본원적인 서비스 이외에도 보조 서비스를 제공하여 기업 전체의 서비스 활동이 증가하고 있다. 호텔의 경우에 객실의 이용이 주요 서비스이었지만, 클럽이나 레저시설을 운영하고 콘서트와 같은 이벤트를 기획함으로써 부가적인 서비스를 제공하고 있다. 셋째, 기존 서비스업이 고급화, 전문화, 다양화되고 있다. 개별용달이란 이삿짐센터는 포장이사로 변화하였고, 기존의 택시에 모범택시나 호출택시와 같이 고급화된 서비스가 나타나고 있다. 넷째, 전통적인 제조기업이 서비스기업으로 바뀌거나 서비스업을 추가하여 확장하고 있다. 삼성의 경우에 영화제작사업에 참여하여 〈쉬리〉를 제작하였고, 국내개봉 당시 영화사상 최고의 흥행을 올린 바 있다. 끝으로, 제조업에서 제품을 판매하면서 부수적인 서비스를 점차 증가시키고 있다. 컴퓨터의 하드웨어를 판매하던 컴퓨터 관련 기업은 무료교육이나 범용 소프트웨어를 제공할 뿐만 아니라 무료 업그레이드까지 서비스를 확장하고 있다.

2) 서비스 패러독스

서비스 패러독스(service paradox)란 과거에 비해 경제적인 부를 누리며 풍요롭고 더 많은 자유재량시간을 가지면서 더 많은 서비스를 원하고 제공함에도 불구하고, 서비스가 악화된 것으로 체감하게 되는 현상을 말한다. 서비스 패러독스가 발생하게 된 원인은 크게 다섯 가지로 나눌 수 있다. 첫째, 표준화, 기계 및 시스템 기술을 이용하여 노동력을 절약하고 균일한 서비스를 대량으로 생산하므로 종업원의 자유재량이나 서비스의 기본인 인간적 서비스가 결여되면서 풍요로운 서비스 경제 가운데 서비스의 빈곤이라는 인식을 낳게 하였다. 둘째, 생산성 증대나 품질의 일관성을 가져왔으나 차별화를 추구하여야 하는 서비스에서도 획일적인 서비스를 제공함으로써 서비스의 균일성을 추구하다 서비스의 핵심인 개별성을 상실하게 되었다. 셋째, 효율성만 강조하다 보니 인간을 기계의 부속품처럼 취급함으로써 제조업의 발전과정에서 나타났던 인권의 무시가 다시 나타났고, 서비스가 지니는 종업원과 고객 간의 상호작용에 내재하는 인간미가 상실되었고, 이것은 즉각적으로 서비스의 품질에 반영되었다. 넷째, 기술의 복잡화에 따라 소비자나 종업원이 기술의 진보를 따라가지 못하게 되었고, 수리가 손쉽게 이루어지던 시대에서 어렵게 수리되는 시대로 변화되었다. 끝으로, 종업원 확보의 악순환으로 전체적인 서비스 질의 저하가 나타났다.

이와 같이, 악화된 서비스를 개선하기 위해서는 서비스가 기본적으로 'SERVICE'라는 단어의 철자들을 따라서 다음과 같이 7가지 특성을 갖추어야 한다. 첫째, S = Sincerity, Speed, Smile로, 서비스는 성의 있고, 신속하며, 웃는 얼굴로 제공되어야 한다. 둘째, Energy로, 서비스는 활기찬 힘이 넘쳐야 한다. 셋째, Revolution으로서, 서비스는 신선하고 혁신적이어야 한다. 넷째, Value로서, 서비스는 고객에게 가치 있는 것이어야 한다. 다섯째, Impression으로서, 서비스는 감명을 주어야 한다. 여섯째, Communication으로, 서비스는 상호 간의 커뮤니케이션이 이루어져야 한다. 귀를 기울여라. 끝으로, Entertainment, 즉 서비스는 고객을 환대한다는 느낌을 주어야 한다.

제10장

광고기획과 광고효과*의 관리

광고는 기예(技藝)다. 효과적인 광고는 수직사고와 수평사고, 즉 논리적 사고와 창의적 아이디어가 절묘하게 조화된 결과물이다. 전략이 없는 크리에이티브는 아트(art)에 지나지 않으며, 크리에이티브가 전략으로 뒷받침될 때 비로소 우리는 광고라는 명칭을 부여할 수 있다. 전략적 적절성이 결여된 독창성은 뿌리가 잘려 나가 곧 시들어 버리는 꽃과도 같다. 전략적 적절성을 토대로 독창적 아이디어에 생기를 불어넣는 과정이 바로 광고기획이다.

광고기획과 심리학은 상향식(bottom-up)이 아닌 하향식(top-down) 관계다. 특정의 심리학 이론에서 광고목표나 광고전략이 결코 도출되지는 않는다. 광고목표나 광고전략의 효과적인 집행을 위해 심리학적 지식과 이론은 도움을 주는 관계다. 광고와 관련된 심리학의 이론에 맞추어 광고현상을 이해하는 것이 아니라 광고현상을 심리학적으로 이해하고, 또 광고효과를 높이기 위해 실질적으로 심리학이 어떻게 적용되는지를

---

* 이 장의 내용은 우석봉(2015)의 『실전 광고기획 에센스』에서 발췌하여 정리하였다.

이해하는 것이 광고실제와 부합한다.

광고효과의 결정 주체는 누구인가? 광고효과를 결정하는 주체는 소비자, 더 정확히 말하면 표적청중이다. 광고기획자이든, 광고제작자이든 광고효과는 궁극적으로 소비자에 의해 결정되는 것이란 점을 누구보다 잘 안다. 하지만 광고효과의 주체가 누구인지 '안다'는 것만으로 충분치 않다. 주체가 누구인가보다는 주체와 광고 간의 상호작용 기제를 알아야 한다. 이 기제는 전적으로 심리학적 영역에 속한다. 심리적인 반응의 결과가 비로소 광고효과라는 출력물로 구현된다. 이런 과정은 광고기획 과정을 거쳐 제작된 광고물이 표적청중의 머릿속을 거치면서 애초에 광고기획자가 얻고자 의도한 효과를 가져다주지 않을 수도 있다는 것을 암시한다. 표적청중의 심리학적 기제를 제대로 알고 광고제작물의 개발에 임하는 것과 그렇지 않은 것 간에는 실로 엄청난 차이가 있음을 알아야 한다.

이 장에서는 먼저 광고기획과정에 대해 알아볼 것이다. 다음으로, 제작된 광고의 효과를 결정하는 데 관여하는 소비자의 심리학적 기제와 광고효과의 측정에 대해 살펴보기로 한다.

1. 광고기획과정

광고는 마케팅 목표 및 전략과 불가분의 관계인 것처럼, 지금부터 알아보게 될 광고기획 역시 마케팅전략과 유기적 관계를 가진 계획입안 과정이다. 광고기획의 과정은 [그림 10-1]과 같다. 광고기획의 각 단계에 대해 구체적으로 알아보자.

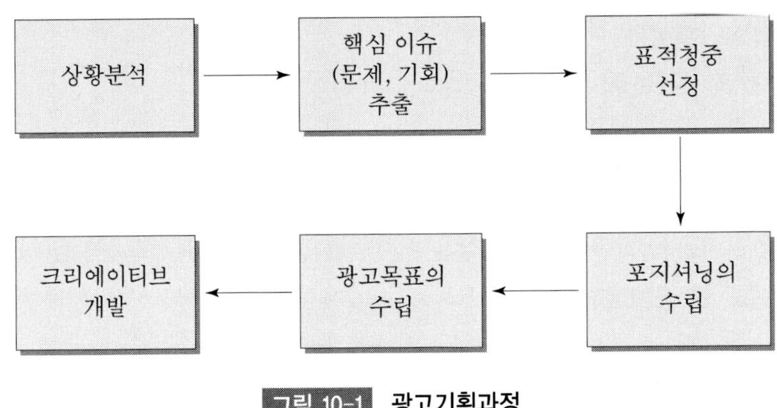

그림 10-1 광고기획과정

1) 상황분석

광고를 기획하려면 먼저 그것이 속한 상품이나 서비스의 시장, 경쟁자, 소비자 등 다양한 요인을 들여다봐야 한다. 상황분석은 자사 상품 또는 서비스의 현재 위치는 어떠하며 어떻게 하면 성공할 수 있는가에 대한 답을 얻기 위한 논리적이면서 동시에 통찰을 요하는 작업이다. 상황분석을 제대로 해야만 우리의 문제나 기회가 무엇인지 확인할 수 있으며, 이를 토대로 광고목표를 수립하여 광고의 역할도 구체화할 수 있다.

(1) 분석틀

상황분석을 위한 '틀'은 다양하지만 보편적으로는 자사, 경쟁자, 그리고 소비자 영역으로 구분하여 진행한다([그림 10-2] 참조). 자사 상품과 경쟁 제품의 역사, 성장, 판매량, 시장 점유율, 경쟁적 위치, 공급시장, 유통체계, 집행한 광고와 매체 프로그램, 기업역량, 강점과 약점, 그리고 소비자에 대한 다양한 정보와 자사 및 경쟁브랜드에 대한 소비자 인식 및 평가 등의 분석이 포함된다. 기업의 통제 밖에 있는 요인, 예컨대 기업이나 제품을 둘러싸고 있는 정치, 경제, 사회, 기술 혹은 다른 환경요소에 대한 분석도 포함될 수 있다. 실로 방대한 작업이다. 그럼에도 불구하고 광고를 기획하려면 이 과정을 거치는 것은 필수이다.

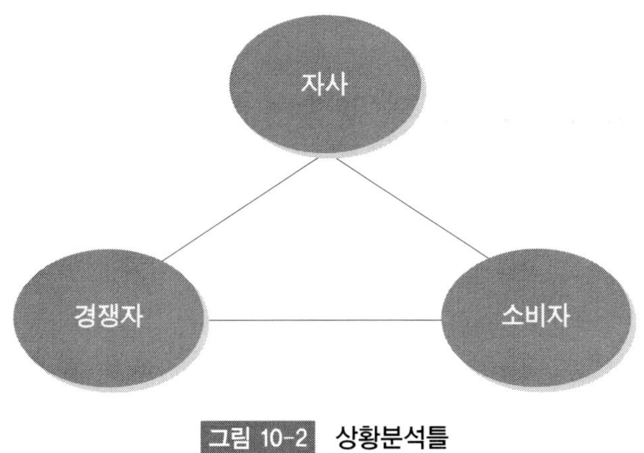

그림 10-2 상황분석틀

(2) 상황분석 방법

상황분석을 효과적으로 하려면 상황분석에 들어가기 전에 광고할 상품이나 서비스에 대한 의문이나 가설을 미리 정리해 보아야 한다. 의문이란 중요한 사항에 대해 질문을 던져 보는 것이다. 가설은 어떤 의문에 대한 잠정적인 답(tentative answer)을 하는 것이다. 의문이나 가설은 방대한 자료를 선별하거나 이해하는 데 있어 일종의 가이드 역할을 한다.

의문이나 가설을 효율적으로 정리하는 방법은 두 가지다. 한 가지 방법은 4P(product, place, price, promotion)를 이용하는 것이다. 이 방법은 광고기획을 해야 할 상품이나 서비스의 마케팅 목표나 전략이 수립되지 않았거나 또는 광고의 목표나 해결해야 할 과제가 구체화되지 않았을 때 유용하다. 예컨대, 4P에서 '제품'의 경우 "우리 제품의 시장성과는 어떠한가? 우리 제품의 질은 경쟁 브랜드에 비해 얼마나 경쟁력이 있는가? 우리 제품의 문제는 무엇인가? 우리 제품의 강점이 소비자에게 제대로 인식되고 있는가?" 등과 같은 의문을 가질 수 있다. 같은 방식으로 나머지 3P, 즉 가격, 유통, 광고를 중심으로 한 촉진활동 영역별로도 의문이나 가설을 던질 수 있다. 이렇게 4P를 중심으로 의문이나 가설을 정리할 때 얻는 이점은 첫째, 영역별로 빠진 것 없이 방대한 자료를 정리할 수 있으며, 둘째, 영역별로 집중하게 되므로 의문이나 가설이 더욱 구체화될 수 있다.

다른 한 가지 방법은 '과제'를 중심으로 정리하는 것이다. 과제중심으로 의문이나 가설을 정리하는 방법은 사전에 광고를 기획해야 할 상품이나 서비스의 마케팅 목표나 전략이 구체화되었거나 또는 광고가 성취하고자 하는 것, 그리고 광고를 통해 해결하려는 것이 구체적일 때다. 예컨대, '우리 녹차 음료는 18세에서 25세의 여성을 핵심 마케팅 표적으로 출시 1년 후에 전체 녹차음료 시장에서 8%의 시장점유율을 달성한다.'라는 마케팅 목표와 전략이 수립되었을 경우에는 이를 달성하기 위한 마케팅 과제를 중심으로 의문과 가설을 집중할 수 있다. 이때 한 가지 명심해야 할 것은 '소비자중심 분석'이다. 모든 분석의 중심에는 소비자가 있어야만 한다. 광고효과의 열쇠는 소비자가 쥐고 있다.

(3) 상황분석 자료 유형

상황분석에 사용되는 자료에는 어떤 것들이 있으며, 이들 자료의 특징과 활용은 무엇인지 알아보자.

① 브랜드 연상

- 브랜드 연상(brand association)은 소비자가 특정 브랜드를 생각할 때 그 브랜드에 대해 떠오르는 모든 유형의 지식이다. 브랜드는 정도의 차이는 있으나 특정 제품 속성이나 특징과 결합되어 있다. 만약 이러한 결합이 소비자 욕구와 들어맞는다면 소비자 구매를 유도하는 강력한 작용을 한다.

브랜드는 구체적인 제품 속성이나 특징 이외에도 추상적인 속성이나 특징과 결합될 수 있다. 추상적 속성이라 함은 품질, 기술력, 서비스 등과 같이 구체적인 속성이 응축된 포괄적 차원의 속성을 말한다. 가격연상은 두 가지 점을 시사한다. 첫째, 특정 브랜드 가격은 절대적이기보다는 상대적이라는 점이다. 자사 브랜드가 프리미엄 가격대에 속한다면 이코노미나 슈퍼 프리미엄에 속하는 브랜드도 존재한다. 둘째, 가격은 단순한 화폐가치만을 의미하는 것이 아니다. 가격은 제품의 질이나 브랜드 명성과 같은 관련 요소의 강력한 상징이다.

소비자는 특정 브랜드 구매 시 얻는 기회뿐만 아니라 위험(risk)도 지각한다. 어떤 브랜드라도 구매 시에는 어느 정도의 위험을 수반하기 마련이다. 이러한 위험의 유형은 다르다. 첫째, 기능적 위험은 신뢰도에 관한 것이다. 즉, 제품이 제 기능을 발휘하는가에 관한 것이다. 둘째, 심리적 위험은 제품의 질이나 성능이 기대에 미치지 못하게 될 때 느끼는 실망감이나 속았다는 느낌이다. 셋째, 사회적 위험은 브랜드를 사용할 때 다른 사람에게서 배척 당하거나 어리석게 보일 수 있다는 느낌과 관계 있다. 넷째, 재정적 위험은 가치 없는 브랜드 구매로 돈을 낭비했다는 인식에서 비롯되는 위험이다. 위험의 정도는 소비자의 주관적 인식에 의해 결정된다. 대부분의 경우에 구체적이든 또는 추상적이든 간에 어떤 속성이나 특징, 그리고 위험지각은 편익과 결부되기 마련이다. 예컨대, 간의 쿠퍼스 세포에 작용하는 성분은 요구르트 쿠퍼스의 제품 특징이며 그로 인한 소비자 편익은 '간의 건강유지'가 될 수도 있고, 간의 건강으로 인한 '일의 성취'가 될 수도 있다. 100% 프랑스산 포도씨라는 어떤 브랜드의 제품 특징은 '더욱 맛있는 요리'라는 편익이나 '주부로서의 자부심'을 편익으로 제공할 수도 있다. 편익은 구체적인 제품 속성에서 출발하며 위계를 이룬다.

브랜드가 특정 유명 인사나 전문가와 연계되는 것은 바로 이러한 목적을 달성하는 데 매우 효과적일 수 있다. 유명 인사나 전문가는 전문성, 신뢰, 앞서감, 최고 또는 세련됨 등 그 나름의 독특한 연상망을 가진다. 유명 인사나 전문가가 지닌 이러한 연상이 브랜드와 결합하면서 브랜드로 전이되는 것이다. 유명 인사나 전문가도 유형화할 수 있다. 어떤 인물은 브랜드의 기능이나 성능을 보증하는 역할을 한다. 한편, 어떤 인물은 기능이나 성능보다는 브랜드의 상징성을 전달하는 역할을 한다. 우리는 브랜드를 사람처럼 지각할 수 있다. 소나타가 사람이라면 어떤 사람일까? SM5는 어떤 사람일까? 그러면 K5는 어떤 사람일까? 브랜드를 사람과 연계할 때 우리는 개성(personality)과 라이프스타일을 손쉽게 떠올리는 경향이 있다. 우리는 자신의 개성이나 라이프스타일과 유사한 사람에게 호감을 보이는 경향이 있다. 브랜드 개성은 광고 제작물의 톤이나 무드의 방향을 설정하는 데 유용한 지침이 되며, 라이프스타일은 프로모션이나 이벤트 또는 PPL(Product Placement) 등의 운영에 유용하게 이용된다.

② 소비자의 선택과정 파악

소비자가 자사 제품이나 브랜드를 어떻게 선택하는지 면밀하게 파악하고 이해해야 한다. 소비자 구매의사결정에 대한 전통적인 관점은 구매의사결정이 선형적으로 이루어지며 체계적인 정보처리과정을 토대로 한다는 것이다. 전통 모형은 대부분의 소비자는 예측가능한 단계에 따라 구매의사결정을 하는 것으로 가정한다. 단계란, 욕구인식–정보탐색–대안의 평가–구매결정–구매 후 평가다. 각 단계는 다음과 같다.

- 욕구인식: 불균형에서 초래되어 무언가 결핍된 것을 소비자가 인지하는 것이다. 결핍은 심각성이나 중요도에 따라 변한다. 만약 광고가 이 단계를 목표로 한다면 소비자의 특정 욕구를 활성화하거나 자극하는 데 초점을 맞춘다.
- 정보탐색: 우연적인 것일 수도 있고, 의도적인 것일 수도 있다. 저관여 제품인 경우에는 소비자는 정보탐색에 많은 시간을 할애하지 않는다. 인지욕구가 강한 소비자는 정보탐색을 더 많이 하겠지만 충동구매 성향의 소비자는 그렇지 않다.
- 대안의 평가: 소비자가 여러 제품이나 브랜드의 특징을 비교하고 대안의 수를 줄여 간다. 어떤 기준을 정하고 그 기준을 중심으로 대안을 집중 비교한다.
- 구매결정: 두 부분에 대한 결정으로 구성된다. 처음에 브랜드를 선택하고 어디서 구매할지를 결정한다. 물론 백화점이나 대형 할인매장과 같은 구매장소를 먼저 결정하기도 한다. 충동구매의 경우가 그렇다.
- 구매 후 평가: 구매를 하고 난 뒤에 구매결정에 대해 재평가한다. 구입한 제품이나 브랜드는 내가 기대했던 것인가? 성능은 만족스러운가? 만약 기대에 미치지

않거나 만족하지 않는다면 소비자는 심리적으로 불편함을 느낄 것이며, 이는 재구매에도 영향을 미친다.

③ 욕구 또는 원망

욕구(needs)는 음식이나 주거와 같이 생존에 필요한 기본요소이지만 원망(wants)은 반드시 필요하다기보다는 소유하면 기분 좋아지는 인간의 욕망이다. 이들 중에 어느 한 가지를 만족시켜도 광고의 기회가 된다.

인간은 다양한 욕구에 의해 움직인다. 기본적인 생존을 위한 생리적 욕구로부터 타인으로부터 친화와 권력욕, 그리고 인정 받고 자신의 존재를 확인하고 자기인식을 얻고자 하는 욕구에 이르기까지 여러 유형의 욕구가 작용한다. Maslow는 다섯 가지의 욕구로 구성된 욕구의 위계를 제안했다. 생리적 욕구는 배고픔, 목마름과 같은 인간의 생존에 필수인 기본적인 욕구다. 안전 욕구는 신체를 안전하게 보존하려는 욕구로 위험으로부터 회피, 안전한 환경에서 지내려는 욕구다. 사회적 욕구는 사회적 관계를 맺고 유지하려는 욕구로 가족이나 친지, 그리고 그 밖의 타인과의 애정, 사랑, 소속이 사회적 욕구에 속한다. 자존 욕구는 자신의 이상과 목표를 성취하고 타인으로부터 인정받고자 하는 욕구다. 위계의 최상위에 있는 자기실현 욕구는 자신의 존재를 확인하고 자기에 대한 인식을 획득하려는 욕구다.

④ 집단별 선호

세분 집단마다 그들이 선호하는 제품 유형이나 브랜드도 다르다. 사회계층은 기본적으로는 상중하로 구분하지만 좀 더 세분화할 수 있는데, 예컨대, 하-하층(비숙련 노동자), 하-상층(숙련된 작업자), 중-하층(화이트칼라 봉급자), 중-상층(전문인과 비즈니스맨), 그리고 상층(부유층) 등으로 나눌 수 있다.

비록 소득 수준이 같다고 하더라도 사회계층에 따라 행동 특성은 다를 수 있다. 사회계층 간의 구매행동은 어떤 형태로든 차이를 보일 가능성이 크다. 그러므로 사회계층을 중심으로 상황을 들여다보는 것이 유용하다. 가구 소득에 따라 특정 제품이나 서비스의 구매능력과 구매가능성은 크게 달라질 수 있기 때문이다. 주로 가전이나 자동차와 같은 내구재는 물론 펀드나 보험 같은 금융상품의 소비는 가구 소득의 영향을 받는 경향이 크다.

가구 소득 이외에 가처분 소득도 고려해야 한다. 가처분 소득(disposable income)은 식비나 주거비 같은 기본 필수 항목에 지출하고 남는 금액을 말한다. 이는 오락이나 여행, 휴가, 그리고 사치품이나 유명 의류 또는 액세서리와 같은 값비싼 제품을 구입하는 데 사용될 수 있다. 소득은 같지만 가처분 소득이 많고 적음은 가구마다 다를 수 있으며, 이는 특정 제품의 구매에 명백히 영향을 미칠 것이다.

과거 대부분의 시장세분화는 인구통계변수를 중심으로 이루어졌다. 하지만 인구통계 변수만으로 점차 분화되고 복잡해져 가는 소비자를 이해하기에는 한계가 있다는 것을 깨닫게 되었다. 이를 더 깊이 있게 이해할 필요성이 대두되었다. 라이프스타일은 인구통계 자료를 보완하는 도구로 사용되기 시작했다. 행위, 관심, 취미, 의견, 욕구, 가치, 태도, 그리고 성격 등 수많은 변수가 포함된다. 라이프스타일 연구는 사람들이 시간과 에너지, 그리고 돈을 어떻게 운용하는지를 알려고 하는 것이다. 즉, 사람들의 행위, 관심, 그리고 의견을 측정하고자 한다.

⑤ 준거집단, 시장추이 그리고 경쟁자

준거집단(reference group)은 정보를 구하려는 사람에게 영향을 미치는 사람들이다. 이들은 특히 다른 사람이 정보를 필요로 할 때 매우 중요한 역할을 한다. 시장에서 성장률이 증가 중인가? 감소 중인가? 정체인가? 등을 따져라. 어떤 조건에서도 이익은 발생할 수 있지만 각각의 경우에 따라 취할 마케팅 행위는 다르다. 그러므로 시장에서 성장 추이가 어떤지 알아야 한다. 경쟁사는 환경요인 중에서 자사의 사업을 교묘하게 방해하는 유일한 대상이다. 지지부진하거나 시장성장이 불확실한 시장을 목표로 할 때는 특히 경쟁자를 주의 깊게 분석해야 한다. 만약 경쟁자와 동일한 소비자층을 겨냥한다면, 경쟁자는 자사의 판매를 잠식해야만 성공할 수 있다. 그렇기 때문에 경쟁자를 잘 알면 알수록 그만큼 유리하다.

그 밖에 광고할 제품에 관련되는 기술 및 경제 환경, 법 · 규제 환경, 사회 · 문화 환경 등에 대해서도 자료를 수집하고 시사점을 도출해야 한다.

2) 핵심 이슈 추출

상황분석의 목적은 마케팅 목표와 전략하에서 광고의 역할을 구체화하기 위한 핵심 문제와 기회를 찾아내는 것이다. 상황분석이 완료되면 다음으로 해야 할 일은 상황분석 결과를 토대로 광고할 상품이나 서비스의 핵심 이슈를 추출하는 것이다.

광고의 역할을 규정하기 위해 상황분석의 결과를 체계적으로 정리하는 유용한 틀이 바로 SWOT 분석이다. SWOT는 자사 제품이나 서비스의 강점(Strength)과 약점(Weakness) 그리고 기회(Opportunity)와 위협요인(Threat)을 나타낸다. 이들 간의 차이는 다음과 같다.

- 강점과 약점, 즉 S와 W는 기업 내부요인이거나 기업이 직접 통제할 수 있는 것이다.
- 기회와 위협, 즉 O와 T는 기업 외적요인이며 기업의 통제 밖에 있는 것으로 주로 외부환경요인과 관련된다.

SWOT는 상황분석 결과를 일목요연하게 정리하는 틀임에도 불구하고, 이를 좀 더 효과적으로 사용하려면 두 가지 점을 고려해야 한다. 첫째, 강점(S)과 약점(W)은 핵심 경쟁자 대비 '상대적 관점'에서 정리해야 한다. 상대적 관점은 소비자 인식(perception)을 토대로 한 것이어야 한다. 상대적 관점의 의미를 좀 더 분명히 해 보자. 상대적 강·약점의 기준은 객관적 실체가 아니라 소비자 인식이다. 마케팅이나 광고에서는 소비자 인식이 곧 실체라는 사실을 잊지 말아야 한다. 일반적으로 광고주는 자사의 강·약점에 대해 상대적 관점이나 소비자 인식 현상을 좀처럼 수용하지 않는 경향이 있다. 하지만 광고기획자는 이 문제를 반드시 해결해야만 한다. 둘째, 기회(O)와 위협(T)의 경우에는 광고할 상품이나 서비스에 '실질적인' 영향을 미치는 핵심요인 중심으로 정리해야 한다. 어떤 상품이나 서비스이든 간에 영향을 미치는 환경적인 기회와 위협요인은 매우 다양할 뿐만 아니라 영향력에서도 많은 차이가 있다. 하지만 SWOT 분석에서는 기회와 위협요인을 모두 고려할 수는 없으며 핵심적인, 즉 실질적으로 영향력이 큰 요인을 기회와 위협요인으로 다루어야 한다.

(1) SWOT를 문제와 기회로 압축하기

SWOT 분석은 광고할 상품이나 서비스의 '핵심 이슈'를 추출하기 위한 것이다. SWOT 분석의 궁극적인 목적은 광고할 상품이나 서비스의 강점과 약점, 기회와 위협요인 그 자체를 분류하기 위한 것이 아니다. SWOT 분석은 광고할 상품이나 서비스의 핵심 이슈, 즉 광고에 관련된 결정적인 해결요소 또는 활용요소를 들여다봄으로써

'그래서 자사 상품이나 서비스가 당면한 핵심 이슈는 무엇인가?'를 발견하기 위한 것이다.

SWOT 분석결과에서 핵심 이슈를 추출하는 한 가지 유용한 방법은 바로 강 · 약점 그리고 기회와 위협요인을 핵심 '문제(problem)'와 '기회(opportunity)'의 두 요소로 압축하는 것이다. SWOT 분석에서 약점과 위협요인은 문제로, 그리고 강점과 기회는 기회로 재정리할 수 있다. 문제와 기회로 압축하는 과정에서 다음 사항을 염두에 두어야 한다. 문제는 곧 기회일 수 있다. 문제와 기회는 동전의 양면일 때가 있다. 문제와 기회를 상호 관련이 없는 독립적인 것으로 해석해서는 안 된다. 문제는 곧 기회일 수도 있다는 관점을 가지는 것이 필요하다.

문제를 구체화하는 과정에서 흔히 저지르는 실수 중의 하나가 증상과 원인을 혼동하는 것이다. 중요한 것은 문제의 증상이 아니라 원인이다. 문제와 기회는 중요도가 같을 수는 없다. 추출한 문제와 기회에 대해 우선순위를 매겨 보면 문제 중에서 가장 시급히 해결해야 할 것이 무엇이며, 기회 중에서는 가장 활용가치가 높아서 우선적으로 이용하거나 강화해야 할 것이 무엇인지 더욱 명확해진다. 우선순위를 어디까지로 해야 하는지는 물론 정해진 것은 아니다. 어떤 경우에는 우선순위가 확연하게 드러날 수도 있지만 우선순위가 우열을 가리기 힘든 경우도 있다. 하지만 문제와 기회의 우선순위를 따져 보는 과정 자체가 중요하다.

3) 포지셔닝의 수립

광고기획 과정에서 포지셔닝은 하나의 중요한 전환점이다. 상황분석과 SWOT를 통한 핵심 문제와 기회의 추출이 광고가 궁극적으로 해결해야만 되는 핵심 이슈를 추출하는 단계라면, 포지셔닝은 본격적인 광고 전략수립 단계로 돌입하는 전환점이다.

포지셔닝이란 표적청중의 마음속에 자사의 상품이나 서비스를 경쟁자와는 상대적으로 차별되는 인식을 심어 주려는 '과정'이다. 정의에서 알 수 있듯이, 포지셔닝은 선행 단계인 상황분석과 핵심 이슈를 토대로 광고전략을 마무리하는 과정이다. 포지셔닝 전략을 수립하려면 '표적청중' '경쟁자' '표적청중을 움직일 그 무엇, 그리고 브랜드 개성'이 구체화되어야만 한다. 포지셔닝이란 전략요소에 체계적으로 답하는 과정에서 수립되는 것이다. 포지셔닝을 수립하려면 [그림 10-3]의 요소에 대해 답해야 한다. 이제부터 이들 각 요소를 구체적으로 살펴보자.

그림 10-3 포지셔닝 수립 구성요소

(1) 표적청중의 결정

시장세분화는 한정된 기업의 자원으로 커버하기에는 너무 크고 또 이질적인 시장을 기업이 관리가능한 더 작은 시장으로 분할하는 행위다. 특정 상품이나 서비스의 마케팅을 위해 기업이 투입할 수 있는 가용자원은 언제나 제한적이기 때문에 가장 효과적이며 효율성이 높은 특정 시장을 선정하고 여기에 자원을 집중해야 한다. 이를 위해 기업은 통상 시장을 전략적으로 세분화한다.

마케팅계획의 수립과정에서 시장세분화를 통해 선정한 특정 시장을 표적시장(target market)이라 한다. 한편, 표적청중(target audience)은 표적시장보다는 좁은 것으로 전반적인 마케팅 행위가 아니라 광고의 목표를 달성하기 위한 대상으로 선정된 소비자 또는 고객 집단을 의미한다. 시장을 세분화하는 기준은 사용패턴, 인구통계, 사이코그래픽/라이프스타일, 편익, 행동으로 구분할 수 있다.

표적청중은 어떻게 선정해야 할까? 우리의 문제는 무엇인가? 이 문제는 결국 누구를 통해 해결해야 하는가? 만약, SWOT에서 추출한 핵심 문제가 '자사 제품의 성능을 믿지 않는다.'이면 누가 그러한 인식을 가지는가? 이러한 인식은 수정가능한가? 어떻게 하면 될까?를 중심으로 표적청중에 대해 고심하게 된다. 기회도 마찬가지다. 핵심 기회가 '브랜드의 전문가적 이미지'라면 누가 이러한 이미지를 가지는지, 이들에게서 이러한 이미지가 구매에서 어떤 역할을 하는지에 대해 생각해 보게 된다. 누구를 통해 문제를 해결해야 하며, 누구를 통해 기회를 활용해야 하는지를 통해 표적청중을 선정해야 한다.

표적청중을 정의하는 전통적인 방법은 주로 성, 연령, 소득 등과 같은 인구통계변수를 이용한다. 하지만 현대와 같은 환경에서는 더 이상 인구통계변수로 표적청중을 정의하는 것은 효과적이지 않다. 만약 우리의 표적청중이 25~34세 남성이라고 한다면, 이들의 사회경제적 배경은 물론 이들의 심리적 특성도 파악해야 한다. 심리적 특성은 비록 인구통계학적으로 동일한 경우라도 큰 차이를 보인다.

<표적청중 프로필 작성법>

① 가능한 한 구체적으로 질문을 하라. 표적청중을 구체적으로 알수록 효과적인 크리에이티브의 개발이 가능하다. 그들은 누구인가? 무엇을 하며, 어떤 가치를 추구하는가? 무엇이 이들을 행복하게 하는 것일까? 등의 질문을 해 보라.

② 표적청중과 우리 제품의 연결고리를 찾아라. 자사 제품, 표적청중의 행동, 습관 그리고 태도를 파악하라. 제품이 이들의 생활에서 어떤 역할을 하는지 고심해 보라. 스타벅스는 자사 브랜드의 역할을 '제3의 장소'로 정의하였다. 스타벅스는 소비자의 일상에서 집, 직장, 그다음의 역할을 하는 공간인 것이다.

③ 표적청중의 입장이 되어 그들의 태도와 습관을 생각하라. 표적청중과 표적청중을 분석하는 광고기획자의 사회, 경제, 문화적 배경은 다를 수 있다. 그러나 많은 기획자는 주로 자신의 주변에서 제품을 구매하는 소비자를 대상으로 표적청중의 생활을 유추하려 한다. 이는 실수다. '표적청중의 눈'으로 들여다보라.

④ 기업의 틀에 박힌 이유가 아니라 표적청중이 자사 제품을 선택해야만 하는 진정한 이유를 파악하라. 왜 소비자가 경쟁 제품이 아닌 자사 제품을 선택하는지를 구체적으로 파악하라. 많은 기업이 소비자가 아닌 기업의 입장에서 이성적 이유만을 중심으로 구매동기를 파악하려는 경향이 있다. 이는 경계해야 할 점이다. 실제 소비자가 제품을 선택하는 이유 중 상당 부분은 이성적인 것이 아니다. 오히려 감성적인 이유 때문에 제품을 구입하는 경우가 더 많다.

⑤ 표적청중의 태도와 행동의 일치성을 점검하라. 만약 표적청중의 태도와 행동이 불일치한다면 표적청중을 정확하게 정의할 수 없다. 어떤 부분에서 태도와 행동이 일치하지 않으며, 그 이유는 무엇인지 점검하라.

(2) 욕구와 편익의 결정

경쟁의 틀과 경쟁자, 그리고 표적청중을 규정했다면 다음으로는 표적청중의 마음속에 무엇을 심어 줄 것인지를 결정해야 한다. 이를 위한 효과적인 방법 중의 하나는 표적청중의 욕구를 이해하는 것이다. 표적청중의 욕구를 제대로 파악하는 것은 성공적인 포지셔닝의 핵심 요소라 할 수 있다.

욕구란 일종의 '긴장 상태(tension state)'다. 그것이 생리적이든 또는 심리 · 사회적이든 뭔가 균형이 깨져 원상복구가 필요한 긴장 상태인 것이다. 따라서 소비자가 어떠한 긴장 상태에 있는지 알 수 있다면 전략우위에 한 걸음 다가선 것이나 다름없다.

앞서 살펴보았듯이, 욕구위계이론(need hierarchy theory)은 인간의 욕구를 다섯 가지로 분류한다. 소비자 욕구 유형을 탐색할 때 광고기획자가 염두에 두어야 하는 것은 '상대적 관점과 경쟁적 차별우위'다. 경쟁자가 가지지 못한 것이면서 소비자가 원하는 그 무엇을 탐색한다는 명확한 지침을 가지고 탐색에 임해야 한다.

욕구와 편익은 동전의 양면이다. 욕구가 긴장 상태라면, 편익은 이러한 긴장 상태를 균형 상태로 복원하는 역할을 하기 때문이다. 편익은 경쟁자 대신에 '왜 우리 제품을 구입해야만 하는가?'에 대한 답이다. 편익은 '제품편익' '고객편익' 그리고 '정서적 편익'의 세 가지로 구분할 수 있다. 편익의 유형은 포지셔닝의 범주라고도 할 수 있다.

① 제품편익

제품 자체의 기능과 관련된 것이다. 제품이 차별적으로 가지는 특성이나 성능, 장점 같은 것이 제품편익이라 할 수 있다. 예컨대, 리치(Reach) 칫솔은 '독특한 디자인과 기능(칫솔 머리가 작고 안쪽으로 꺾여 있다.)'으로 다른 제품이 놓치는 부분을 깨끗하게 해 준다는 특성을 가지는데, 바로 이런 것이 제품편익이다.

② 고객편익

고객이 특정 제품에 대해 가지는 기대와 관련된다. 즉, 제품편익에 대해 궁극적으로 고객이 원하고 바라는 기능이다. 고객편익은 제품 자체의 특징이라기보다는 그러한 제품의 특징에서 고객이 무엇을 얻을 수 있는가에 초점을 맞춘 것이다. 앞서 리치 칫솔의 예로 돌아가 보자. '칫솔 머리가 작고 안쪽으로 꺾여 있다.'는 점(제품편익)은 궁극적으로 고객에게 '더욱 깨끗하고 건강한 치아'라는 고객편익을 제공한다. 이처럼 고객편익은 제품편익을 소비자 입장에서 해석한 것이라 볼 수 있다.

③ 정서적 편익

정서적 편익은 제품 특성이나 편익보다는 소비자가 특정 제품을 사용함으로써 가지게 되는 느낌이나 믿음 등에 기초한다. 다른 편익에 비해 정서적 편익을 형성하기는 어렵지만 일단 형성된 정서적 편익은 매우 강력한 힘을 발휘한다. 리치 칫솔에서 정서적 편익은 '다른 제품보다 치아 청결과 건강유지를 위한 최고의 제품'이라는 '확신'이다.

세 가지 유형의 편익이 광고에 어떻게 사용되는지 예를 보자. 중년의 소비자에게 초점을 맞춘 한 골다공증 치료제의 인쇄광고를 집행하였다. 중년의 골다공증 환자는 뼈가 쉽게 부러지기 때문에 일상의 작은 일마저 두려워한다는 것을 파악하였다. 또한 중년의 환자는 단지 뼈가 쉽게 부러지는 것만을 걱정하는 것이 아니라 나이가 들면서 건강도 나빠지고 회복도 더디다는 점에 대해서도 두려움을 느낀다는 점을 파악하였다. 이 제품은 '뼈를 재건하고, 강하게 하여(제품편익)' '고객이 하고 싶은 것, 좋아하는 것을 할 수 있으며(고객편익)', 나아가 '건강에 대한 두려움을 극복할 수 있다는 확신(정서적 편익)'을 광고를 통해 지속적으로 소비자에게 심어 주었다.

편익에 토대해 널리 사용되는 포지셔닝의 유형은 다음과 같다.

- 제품편익 포지셔닝
- 사용자 포지셔닝
- 제품범주 포지셔닝
- 경쟁자 포지셔닝
- 제품사용 포지셔닝
- 품질, 가치 포지셔닝
- 문화, 이슈 포지셔닝

(3) 브랜드 개성

포지셔닝 수립의 마지막 요소인 브랜드 개성(brand personality)은 포지셔닝 수립에서 브랜드 이미지를 구축하는 중심 요소이기 때문에 반드시 포지셔닝에 포함되어야 하는 중요한 요소다.

브랜드 개성이란 인간의 성격특질을 브랜드에 부여하여 특정 브랜드를 마치 사람인

양 표현한 것이다. 브랜드 개성은 특정 브랜드의 체질, 기질, 그리고 정신을 나타낸다. 브랜드 개성은 포지셔닝에서 두 가지 역할을 한다. 첫째, 자사 제품을 동일한 제품 특성과 이점을 갖는 경쟁 제품과 차별화시킨다. 우리가 잘 아는 코카콜라와 펩시를 예로 들어 보자. 이 두 브랜드는 콜라라는 제품 특징에서 별반 차이 없는 종류의 제품을 판매하지만 각 브랜드의 개성은 그 어떤 다른 브랜드보다 큰 차이를 가진다. 둘째, 소비자가 특정 브랜드를 선택하는 이유를 제공하는 역할을 한다. 소비자가 좋아할 만한 브랜드 개성을 만듦으로써 표적 소비자에게 좀 더 매력적으로 다가가게 된다.

4) 광고목표의 수립

상황분석을 통해 핵심 이슈인 문제와 기회를 발견하고 이를 토대로 포지셔닝 작업을 했다면, 다음으로 할 일은 구체적인 광고목표를 수립하는 것이다. 광고목표란 광고를 통해 어떤 문제를 해결할 것이며, 어떤 기회를 이용하여 무엇을 성취하고자 하는가에 대한 구체적인 지침이다. 광고목표는 다음과 같은 중요한 전략적 의사결정을 위한 지침의 역할을 한다.

광고목표는 다음과 같이 정의할 수 있다. '광고목표란 마케팅목표를 달성하기 위해 표적청중을 대상으로 정해진 기간에 정해진 수준까지 달성해야 하는 구체적인 커뮤니케이션 과업이다.'

광고목표란 것이 필요한가? 광고목표를 정의할 때 얻게 되는 이점을 살펴보면 그 필요성을 알게 될 것이다. 광고기획이나 제작을 담당한 팀원이 무엇을 위해 노력하고 있는지 분명히 이해할 때 팀원 모두는 그 일을 더 잘 수행할 수 있다. 목표에 대한 공감이 형성되면 모든 일은 더 효과적이고 신속하게 이루어진다. 광고는 마케팅의 수단 중에서 가장 무형(intangible)의 것에 속한다. 보이지 않는 수단을 다룰수록 목표를 구체적으로 명확하게 정의하는 것은 무엇보다 중요하다. 과거에는 카피라이터가 마케팅 리서치나 어카운트 플래너 같은 다른 전문가들의 도움을 받지 않고 자신의 통찰에 의존해서 카피를 혼자 생각해 낼 수 있었다. 하지만 소비자와 시장은 과거에 비해 점차 복잡하고 이해하기 어려워지고 있으며 커뮤니케이션 환경도 예외가 아니다. 이제 광고는 분야별 전문가들로 구성된 팀의 통합된 능력이 없으면 기획하기 어려운 지경에 이르고 있다. 이는 분명한 트렌드다. 따라서 광고의 목표를 명확하게 하지 않으면 이해의 초점은 흐려지고 팀원의 기여도는 감소될 수밖에 없다. 목표란 성취해야 할 것에 대한 서로의 견해 차이를 해소하고 의견을 통합시키는 도구다. 목표는 팀원의 주의를 중요하고 관련성 있는 사항에만 집중시키는 역할을 한다. 목표는 쓸데없는 수고를 덜어 줄 뿐만 아니라 특정 광고가 의도했던 방향에서 이탈했는지 여부를 알 수 있게 도와준다. 명확한 광고목표는 오히려 창의적인 크리에이터를 보호해 주는 장치다. 아울러, 광고목표가 있어야 객관적인 광고효과의 측정이 가능하다.

5) 크리에이티브 개발

광고 전략이나 목표가 잘 수립되었다 하여도 이를 적절히 '표현'하지 못한다면 아무런 소용이 없을 것이다. 표적청중은 전략을 보는 것이 아니라 표현물을 보는 것이다. 광고목표의 수립에 이르는 것이 '전략적 통찰'의 과정이라면, 크리에이티브의 개발은 '창의적 통찰'의 과정이다. 창의적 통찰의 과정은 누구도 쉽게 생각해 내지 못하는 독창적인 아이디어의 영역으로 들어가는 과정이다.

우리 주위는 광고로 넘쳐 난다. 최근 들어서는 매체가 다양화되면서 광고는 과거에 비해 양적으로도 엄청나게 증가하였다. 광고의 양적 팽창은 극심한 광고혼잡(voice cluttering)이란 현상을 초래하였다. 광고혼잡으로 한정된 소비자의 주의를 차지하기 위해 수많은 광고가 치열하게 경합을 벌이는 상황이 벌어진 것이다.

광고기획자는 창의적 광고란 무엇인가에 대해 누구보다도 명확히 이해해야 한다. 광고기획자는 광고목표라는 가이드에 따라 광고 크리에이티브, 즉 광고제작물에 대해 정확히 판단해야 하기 때문이다. 그러면 창의적인 광고란 무엇일까? Jef Richards는 "전략이 결여된 크리에이티브는 아트(art)에 지나지 않으며, 전략적으로 뒷받침된 크리에이티브를 비로소 광고라 부를 수 있다."고 하였다. Jef Richards의 견해는 창의적인 광고의 실체를 잘 말해 준다.

창의적 광고는 구체적인 목표달성의 관점에서 보아야 한다. 즉, 창의적 광고란 광고목표와 같은 실질적인 목표달성을 위한 문제해결 능력을 지녀야 한다. 문제해결 능력이란 기존의 아이디어를 새로운 관점이나 방식으로 재배열하는 능력이라고 할 수 있다. 예술가가 창작활동을 하는 것과는 엄연히 다르다. 창의적인 광고란 독특하고 새로운 아이디어가 광고목표 달성에 기여하는 광고다.

(1) 창의적 광고

창의적인 광고의 중요한 요소 중의 하나는 '독창성(originality)'이다. 독창적인 아이디어란 이전에는 결코 생각하지 못했던 새롭고 참신한 기대를 뛰어넘는 것이다. 광고기획자나 제작자는 '진부한 표현(cliche)'이란 말을 자주 쓴다. 이전부터 많이 보아 왔기 때문에 익숙해서 더 이상 참신하거나 새로울 것이 없는 것을 가리키는 말이다.

'진부한 표현'이란 말에서 광고 독창성의 흥미로운 심리학적 메커니즘을 간파할 수 있다. 우리는 어떤 대상이나 사상에 대해 고정관념을 가지고 있다. 고정된 관념과 믿음을 가진다. 우리의 사고라는 것은 이전의 빈번한 학습에 의해 서로 결합(association)된다. 어떤 개념을 생각하면 그 개념과 결합된 다른 개념이 거의 자동적으로 떠오르는 것은 바로 우리 사고의 연합작용 때문이다. 따라서 고정관념은 고정된 연합경로로 이어져 있는 견해나 신념이다. 마치 이미 파인 고랑을 따라 물이 흐르는 것과 유사하다. 물은 고랑을 역류하지 않으며 좀처럼 고랑을 벗어난 길로 흐르지도 않는다. 그러면 독창적인 아이디어란 어떤 심리작용에 의해 만들어질까? 독창적인 아이디어는 고정관념으로부터 벗어난 것이어서 누구나 쉽게 미루어 짐작하거나 기대할 수 있는 것이 아니다.

독창성은 광고를 창의적인 것으로 만드는 매우 중요한 조건이지만 독창성은 창의적 광고의 필요조건이지 필요충분조건은 아니다. 독창성과 함께 두 번째 조건인 전략적 적합성(relevance)을 갖추었을 때 비로소 '창의적 광고'라는 타이틀을 부여할 수 있다. 아무리 크리에이티브 아이디어가 기발하고 신선하다 하더라도 그것이 광고가 성취하고자 하는 목표에 부합하지 않는다면 창의적인 광고라 할 수 없다.

(2) 크리에이티브 콘셉트

표현이 새롭고 이전에 보지 못한 것이며 다른 광고에서도 시도하지 않은 것이라면 우리는 이것을 독창적인 표현이라 한다. 이처럼 '어떻게 표현할 것인가?'에 대한 빅 아이디어가 바로 크리에이티브 콘셉트(creative concept)다.

크리에이티브 콘셉트는 표적청중에게 전달하고자 하는 광고의 핵심 주장을 표현하는 빅 아이디어다. 크리에이티브 콘셉트는 비주얼과 같은 시각요소, 카피나 슬로건과 같은 언어요소 또는 두 요소 모두를 통해 구현된다. 크리에이티브 콘셉트는 광고의 핵심 주장을 경쟁광고와 차별되는 독특한 것으로 만들며, 표적청중의 주의를 끌고 오래도록 기억에 남게 만드는 빅 아이디어다.

크리에이티브 콘셉트는 구체적으로 어떤 조건을 갖추어야 할까? 크리에이티브 콘셉트는 표적청중의 주의를 끌 수 있어야 한다. 표적청중의 주의를 끌려면 크리에이티브 콘셉트에는 표적소비자가 해결하기 원하는 문제나 얻고자 하는 편익이 명확하게 녹아 있어야 한다. 크리에이티브 콘셉트는 자사 제품을 경쟁사 제품과 차별화할 수 있어야 한다. 크리에이티브 콘셉트가 아무리 새롭고 독특한 것이라 하더라도 경쟁 제품과 차별화하지 못한다면 크리에이티브 콘셉트로서 제 역할을 하기 어렵다. 크리에이티브 콘셉트는 광고에서 제품, 즉 브랜드를 '주인공'으로 부각하는 것이어야 한다.

(3) 크리에이티브 콘셉트 개발법

① 제품을 핵심 비주얼로 부각하기

제품을 핵심 비주얼로 부각하면서 브랜드 이미지를 확립하거나 강화한다. 제품의 구체적인 편익은 헤드라인이나 카피 또는 멘트를 통해 전달될 수 있다. 제품을 중심 비주얼로 부각할 때 헤드라인이나 카피 혹은 멘트와 같은 언어요소는 소비자 주의를 끌 수 있는 독창적인 것이어야 한다. 언어메시지를 아예 생략할 수도 있다.

② 편익에 초점 맞추기

편익을 직접적으로 묘사하는 것에서 출발하여 창의적인 도약을 모색한다. 독창적인 카피나 멘트를 통해 편익을 직접적으로 묘사할 수도 있지만 카피나 멘트 없이 은유나 직유 등 수사적 기법을 적용해 비주얼만으로도 편익을 함축적으로 전달할 수 있다.

③ 자사 제품을 사용할 때와 사용하지 않을 때의 비교에 초점 맞추기

자사의 제품을 사용하지 않았을 때의 바람직하지 않은 결과에 초점을 맞추어서 크리에이티브 콘셉트를 개발하는 방법이다. 물론 자사 제품을 사용했을 때 얻게 되는 긍정적인 결과에 초점을 맞출 수도 있지만 그보다는 바람직하지 않은 결과에 초점을 맞추게 되면 표적청중의 주의를 끄는 힘이 더 강하다.

④ 비교나 비유에 초점 맞추기

자사 제품을 경쟁자와 비교하거나 또는 자사 제품을 다른 사물에 빗대어 은유적으로 표현하는 것에 초점을 맞추어 크리에이티브 콘셉트를 개발한다. 비유는 자사 제품의 편익을 잘 알려진 사물에 빗대어 표현하는 것이다. 비유에 초점을 맞추어 크리에이티브 콘셉트를 개발할 때 비유의 정도(degree)를 고려해야 한다. '역 U자'의 포물선을 생각하면 된다. 비유의 정도가 너무 낮으면 표적청중의 주의를 유지하면서 호기심을 끄는 힘이 떨어지며, 그렇다고 비유 정도가 너무 높으면 크리에이티브 콘셉트에 대한 이해가 제대로 되지 않아 오히려 부정적인 반응이 나오거나 의도하지 않은 식으로 해석을 하게 되는 부정적인 결과를 얻을 수 있다.

⑤ 간접 비유에 초점 맞추기

언뜻 보기에 편익과 무관한 사물에 초점을 맞추어 크리에이티브 콘셉트를 개발하는 것이다. 허쉬 초콜릿은 '세월이 지나도 변하지 않는 맛'을 세월이 지나면서 점차 대머리로 변하는 비주얼에 빗댄 광고를 집행한 적이 있다. 대머리는 초콜릿과는 분명 직접적인 관계가 있지 않다. 하지만 간접 비유를 유발하는 비주얼은 표적청중의 주의를 끌고 호기심을 유발하는 힘이 강하다.

⑥ 유명인사, 보증인, 캐릭터에 초점 맞추기

크리에이티브 콘셉트를 개발하는 방법 중의 하나는 인물이나 캐릭터를 이용하는 것이다. 대부분의 광고는 유명 연예인을 모델로 사용하지만 일반인이나 전문가 또는 캐릭터도 있다. 유명인사는 일차적으로 표적청중의 주의를 끄는 효과가 있지만 제품의 핵심 주장을 강화하거나 뒷받침하는 효과가 있기 때문에 크리에이티브 콘셉트로서 중요한 기능을 수행한다. 유명 연예인은 독특하고 차별적인 이미지나 연상을 가지기 때문에 차별적인 이미지나 연상이 제품이나 편익과 맞물리면 크리에이티브 콘셉트로서 강력한 효과를 발휘한다.

⑦ 과장법에 초점 맞추기

핵심 주장이나 편익은 과장법을 통해 보다 명료해질 수 있다. 과장법을 사용하면 표적 청중의 주의를 끌고, 광고에 대한 기억을 증진시킬 뿐만 아니라 경쟁자와 효과적으로 차별하는 부수적인 효과도 가진다.

⑧ 사례나 생활 단면에 초점 맞추기

자사 제품을 사용함으로써 얻게 된 긍정적 경험이나 사례를 통해 크리에이티브 콘셉트를 개발한다. 롤렉스는 화산활동을 연구하는 교수가 혹독한 환경에서도 제품을 신뢰할 수 있다는 사례를 이용했다. 사례는 전문인이 보증함으로써 메시지에 대한 신뢰를 더욱 높인다. '생활 단면(slice of life)'은 일종의 '문제와 해결' 접근으로 일상생활에서 일어나는 문제가 자사 제품을 사용하면 어떻게 해결되는지에 초점을 맞추는 것이다. 라이프스타일 광고는 '생활 단면' 접근과 달리 문제와 해결을 제시하는 것이 아니라 제품을 일상의 모습과 결합하는 것이다.

⑨ 제품시연에 초점 맞추기

제품시연(demonstration)은 주로 인공적인 상황을 통해 자사 제품이 어떻게 작동하는지, 그로 인한 편익이 무엇인지를 구체적으로 보여 주는 것이다.

2. 광고효과의 관리

광고효과를 결정하는 주체는 표적청중이다. 하지만 광고효과의 주체가 누구인지 '안다'는 것만으로 충분치 않다. 주체와 광고 간의 상호작용 메커니즘을 알아야 한다. 이 메커니즘은 심리학적 영역에 속한다. 심리학적 메커니즘에 대한 이해는 정해진 광고목표와 광고전략이 제 효과를 발휘하는 데 도움을 주는 중요한 요소다. 광고효과의 핵심적인 심리기제를 알아보자.

1) 주의

목표가 무엇이든 어떤 광고라도 효과를 거두려면 표적청중이 광고에 주의를 기울여야만 한다. 주의는 광고효과를 거두기 위해 반드시 통과해야 하는 첫 번째 관문이다. 광고기획자는 '노출'과 '주의'를 구분해야 한다. 노출(exposure)이란 광고물이 우리의 감각기관에 떨어지는 것이다. 우리가 길을 걸어갈 때 수많은 옥외광고는 시각기관에 들어온다. 하지만 광고에 노출이 되었다고 그 광고를 반드시 알아차리는 것은 아니다. 수많은 광고물 중에서 표적청중이 알아차리는 광고는 얼마 되지 않는다.

이는 노출이 아니라 '주의' 때문이다. 그러면 주의란 무엇일까? 심리학자는 주의(attention)란 여러 환경자극 중에서 특정 자극에 우리의 정신 에너지를 할당하는 과정으로 정의한다. 왜 특정 광고만이 표적청중의 주의를 끌고, 표적청중이 주의를 기울이게 만드는 것일까?

광고자극 요인은 크기, 위치, 컬러 등과 같은 광고물 자체의 물리적인 특징이다. 광고물의 물리적인 자극요인은 욕구나 동기와 같은 표적청중의 내적 요인과 비교적 무관하게 표적청중의 주의를 끄는 데 영향을 미친다. 광고물의 크기는 표적청중이 주의를 기울일 확률에 영향을 미치는 요소다. 일반적으로 작은 광고에 비해 큰 광고가 소비자의 주의를 끌 확률이 높다. 크기는 고정관념으로부터 일탈효과에도 작용한다. 신문광고의 경우, 소비자는 전면이나 5단과 같은 특정 사이즈의 광고에 익숙해 있다. 이럴 때 A4나 세로형 등의 변형 사이즈의 광고는 크기에 관계없이 소비자의 주의를 끌 확률을 높인다. 흑백광고에 비해 컬러광고가 소비자의 주의를 끌 확률이 높다. 또한 컬러광고는 흑백광고에 비해 광고에 오랫동안 주목하도록 유지하는 효과가 있다. 하지만 현대와 같이 대부분의 광고가 컬러일 때는 오히려 흑백광고가 소비자 주의를 끄는 데 효과적이다. 이는 대비효과(contrast effect) 때문이다. 완전한 자극에 비해 불완전한 자극은 우리의 주의를 끄는 효과가 크다. 광고에서 브랜드명이나 슬로건, 또는 헤드라인이 불완전하면 이들은 우리의 주의를 끌고 호기심을 자극하기 때문에 주의를 오랫동안 유지하는 효과가 있다.

광고에 주의를 기울이는 데는 광고물의 물리적 자극요인뿐만 아니라 기대나 동기와 같은 소비자의 내적요인도 영향을 미친다. 우리는 우리가 보고자 기대하는 것을 보는 경향이 있다. 광고에 대해서도 우리는 기대를 가지는 경향이 있다. 광고는 대체로 이러저러해야 한다거나 혹은 특정 제품의 광고는 이러저러하다는 식의 고정관념에서 비롯되는 기대를 가진다. 그런데 이러한 기대와 불일치하는 광고는 오히려 소비자의 주의를 끌게 된다. 특정 시점에서 유발되는 소비자의 동기를 의도적으로 이용하여 광고에 대한 주의를 끌 수도 있다.

2) 광고의 지각적 해석

광고가 표적청중의 주의를 끌었다고 하여 제 임무를 완수했다고 볼 수 없다. 광고가 의도한 효과를 발휘하려면 표적청중은 주의를 기울이는 것에서 나아가 광고기획자가 의도한 대로 메시지를 받아들여 주어야 한다. 이러한 과정을 '지각적 해석(perceptual interpretation)'이라 한다.

광고에 대한 지각적 해석은 표적청중이 광고를 그들의 기존 신념이나 지식체계에 비추어 해석하는 과정이다. 광고에 대한 지각적 해석에는 과거의 경험이나 학습, 기대, 그리고 동기와 같은 다양한 소비자 내적 요인이 영향을 미친다(특히 현대에서 광고에 대한 지각적 해석에 심대한 영향을 미치는 것은 두말할 필요 없이 브랜드다).

지각적 해석에 영향을 미치는 요인 중의 하나는 광고 브랜드에 대한 표적청중의 '경험'이다. 지각적 해석에서 광고 브랜드에 대한 표적청중의 사전경험은 광고효과에 심대한 영향을 미친다. 브랜드는 카메라의 렌즈와 같은 역할을 한다. 렌즈의 컬러나 종류에 따라 피사체가 객관적 실체대로 보이지 않는 것과 같이, 광고 브랜드에 대한 사전경험에 따라 광고 메시지에 대한 해석은 영향을 받는다. 소비자는 광고를 있는 그대로 보는 것이 아니라 보이는 대로 본다. 지각에 미치는 요인은 다음과 같다.

• 브랜드에 대한 기존 인식의 영향

가역성 도형은 왜 객관적으로는 별반 차이가 없는 제품이나 서비스라도 다르게 인식될 수 있는지를 말해 준다. 이처럼 우리가 브랜드와 같은 어떤 대상을 인식할 때 사용하는 도형이나 배경을 지각 갖춤새(perceptual set)라고 한다. 우리가 광고를 볼 때에도 지각 갖춤새가 작용한다. 지각 갖춤새에 따라 소비자가 광고를 바라보는 인식은 달라진다.

• 브랜드에 대한 첫인상

어떤 대상에 대한 첫인상은 그 대상에 관한 후속 정보에 주의를 기울이고 해석하는 데 지대한 영향을 미친다. 광고제작자가 광고할 브랜드에 대한 표적청중의 첫인상을 이해함으로써 광고효과에 미묘한 영향을 미치는 요소를 사전에 점검하고 통제할 수 있다.

기대도 광고에 대한 지각적 해석에 영향을 미치는 요인이다. 우리는 '보리라 기대하는 것을 보는' 경향이 있다. 소비자 역시 그들이 기대한 대로 광고를 해석하는 경향이 있다. 기대가 지각적 해석에 영향을 미치는 것은 사물이나 사상에 대한 소비자의 고정관념(stereotypes) 때문이다. 고정관념은 소비자의 기대를 형성하며 광고의 지각적 해석에 영향을 미친다. 따라서 광고제작자가 광고에 도입하는 요소들에 대한 소비자 기대가 무엇이며, 어떤 영향을 미치는지 이해한다면 광고효과를 배가할 수 있다.

3) 광고내용의 저장과 활용

광고효과는 궁극적으로 광고에 대한 지각적 해석의 결과가 광고주가 목표로 한 내·외적 행동으로 번역될 때 비로소 달성된다. 표적소비자가 광고를 지각한 결과로 어떤 내·외적 행동을 하려면 지각한 광고의 내용은 어떤 형태로 우리 머릿속에 저장되어야 하며, 특정 시점에서 저장된 내용이 인출되어야 한다. 입력된 정보가 우리 머릿속에 유지되는 것을 기억이라 한다.

심리학자는 인간의 기억이 단기기억과 장기기억으로 구분될 수 있다고 가정한다. 단기기억은 입력되는 정보를 잠시 붙들어 두는 역할을 한다. 여기서 정보가 소실될 수도 있고 장기기억 체계로 넘어갈 수도 있다. 광고가 소기의 목표를 달성하려면 단기기억에만 머물러서는 안 된다. 광고정보는 장기기억으로 넘어가 보존되어야 하며, 필요할 때 인출되어야 한다. 단기기억의 정보를 장기기억으로 보내려면 어떤 정신적인 작업이 필요한데, 이는 주로 시연(rehearsal)에 의한다. 시연의 방법에는 유지시연(maintenance rehearsal)과 정교화 시연(elaborative rehearsal)이 있다. 유지시연이란 입력된 정보를 장기기억으로 넘기기 위해 연속적으로 반복하는 정신활동이다. 정교화 시연은 입력된 정보를 이미 장기기억에 저장되어 있는 경험, 가치, 태도, 신념 등과 관련시키는 정신작업이다.

장기기억에 저장된 광고는 평가나 구매 등과 같은 특정 시점에 회상될 수 있어야 효과를 발휘할 수 있다. 하지만 어떤 광고가 장기기억에 있다고 하여 항상 회상이 보장되는 것은 아니다. 심리학자들이 장기기억에 보존된 정보를 끄집어내는 데 실패하는 것은 주로 간섭 때문이라 본다. 간섭은 정보가 서로 인출을 방해하고 억제하는 현상인데, 간섭은 순행간섭(proactive interference)과 역행간섭(retroactive interference)으로 구분된다. 순행간섭은 먼저 저장된 정보가 새로 저장된 정보에 방해를 일으키는 것이다. 역행간섭은 새로 습득한 정보가 기존 정보의 인출을 방해하는 현상으로, 최근에 본 광고가 그 전에 본 광고를 기억해 내는 데 방해를 일으킨다.

브랜드 지식이 우리 머릿속에 어떤 형태로 저장되며 어떻게 끄집어내어지는가 하는 것은 광고효과에서 중요한 역할을 한다. 왜 어떤 제품의 구입 시에 특정 광고가 다른 광고보다 먼저 떠오르는가? 왜 어떤 광고를 생각하면 그 광고의 다양한 내용 중에서 특정 내용이 먼저 떠오르는가? '활성화 확산(spreading activation)' 모형은 점화효과(priming effects)에 의해 확인이 되는데, 점화란 사전정보를 이용함으로써 자극의 탐지나 확인능력이 촉진되는 것을 말한다. 점화는 브랜드 지식이나 광고내용의 활성화를 촉진할 뿐만 아니라 광고를 해석하는 데도 영향을 미친다.

4) 관여도

동기와 관련된 중요한 개념이 바로 관여(involvement)다. 관여는 어떤 대상에 대한 개인적인 관련성이나 중요도다. 관여도는 정도(degree)에서 차이가 있으며, 관여의 정도 차이는 의사결정 유형에 영향을 미친다. 높은 강도의 동기는 고관여 의사결정을, 그리고 낮은 강도의 동기는 저관여 의사결정행동을 낳는다. 개인적으로 중요한 의사결정을 고관여 의사결정이라 한다. 잘못된 결정을 하더라도 개인적으로 크나큰 손실을 입을 가능성이 희박해서 그다지 중요하지 않은 의사결정을 저관여 의사결정이라 한다. 관여의 유형에 따라 소비자가 광고에 기울이는 주의나 광고내용을 처리하는 과정도 영향을 받는다.

저관여 상태에서 의사결정의 결과 자체는 그다지 중요하지도 않으며 동기의 강도도 낮다. 제품에 대해 심각하게 고민하지도 않으며 의사결정을 하기 위해 많은 노력을 기울이지도 않는다. 따라서 저관여를 고려한 광고전략은 고관여와는 당연히 달라져야 한다. 저관여 시에 소비자는 광고에 대해 수동적이며 충분한 주의를 기울이지 않기 때문에 우선 소비자의 주의를 끌 수 있어야 하며 쉽게 기억할 수 있도록 해야 한다. 소비자는 의도적으로 학습하지 않기 때문에 광고의 반복은 매우 중요하다.

고관여의 경우는 상황이 달라진다. 소비자는 어떤 제품을 사야 만족할 만한 결과를 얻을 것인지 고민한다. 따라서 많은 시간과 노력을 투입한다. 의사결정의 결과는 중요하다. 이 경우 소비자가 원하는 것은 의사결정에 도움을 주는 제품 정보다. 광고표현의 기교는 그다지 중요하지 않다. 광고모델도 문제를 해결하는 데 도움이 되지 않는다. 주의를 끈다 하더라도 유용한 정보를 찾지 못한다면 소비자가 그 광고에서 얻을 수 있는 것도 없다. 의사결정에 도움이 되지 않는다면 광고효과를 기대하기 어렵다.

3. 광고효과의 측정

광고기획을 제대로 하고 창의적인 광고물을 제작하여 광고를 집행했다고 해서 모든 일이 끝난 것은 아니다. 집행한 광고가 도대체 무엇을, 얼마만큼 달성했는지 평가해야 한다. 즉, 광고효과를 측정해야 한다. 광고효과를 평가하기 위해 어떤 측정기법을 이용할 것인지 결정하려면 먼저 무엇을 측정할 것인지를 결정해야 한다. 광고효과의 측정기법은 광고에 대한 소비자의 어떤 반응을 측정하고자 하는가에 따라 달라진다.

1) 인지 측정

인지 차원의 측정은 '얼마나 많은 소비자가 보았는가?'와 '광고를 본 소비자가 무엇을 기억하는가?'를 알고자 하는 것이다. '매체청중 측정'과 '구독률 측정'은 전자, 그리고 '회상 측정'과 '인식 측정'은 후자를 측정하려는 것이다.

매체청중 측정(media audience measurement)은 매체 프로그램의 효과 측정을 통해 광고효과를 '추정'하는 것이다. 신문이나 잡지 또는 TV나 버스, 지하철과 같이 매체유형에 따라 차이가 있지만 공통적인 측정 기준은 '얼마나 많은 소비자가 특정 매체에 노출되었는가?'다. 구독률 측정은 재인(recognition) 측정이라고도 하는데, 주로 인쇄광고의 사후 효과측정을 위한 것이다. 구독률 측정은 노출이 아니라 얼마나 많은 소비자가 특정 인쇄광고를 실제 '읽었는가'를 측정하는 것이다.

회상(recall) 측정은 구독률 측정과 마찬가지로 효과위계의 인지 수준에서 광고의 효과를 측정하는 것이다. 회상은 기억 속에 저장된 지식을 탐색하는 과정을 통해 끄집어내는 것이며, 재인은 내외적으로 주어진 자극을 기억 속의 지식과 대조하는 정신과정이다. 회상의 특성상 재인과 달리 왜곡이나 헷갈림과 같은 문제가 발생할 소지가 거의 없다는 점에서 회상 측정은 재인 측정에 비해 엄격하다. 인식(awareness) 측정은 어떤 브랜드의 특정 단일 광고가 아니라 지금까지 실시해 온 누적 광고효과를 알고자 하는 것이다. 우리나라의 경우 광고대행사나 조사회사에서 실시하는 광고효과 측정은 앞서 살펴본 재인이나 회상 어느 하나에 초점을 맞추기보다는 대부분 특정 브랜드의 누적 광고효과 측정, 즉 인지 측정에 관심을 둔다. 인식 측정은 특정 브랜드의 누적 광고효과를 측정하려는 것이기 때문에 추적조사(tracking study)의 일환으로 사용된다.

2) 정서 측정

정서 측정의 대표적인 측정치는 태도(attitude)다. 태도를 단일 차원으로 볼 것인가,

아니면 다차원으로 볼 것인가에 따라 견해 차가 있지만 광고효과에서는 주로 태도를 단일 차원으로 다룬다. 어떤 대상에 대해 일관되게 좋다거나 또는 싫다거나 하는 식으로 반응하는 학습된 성향 또는 준비태세를 태도라 한다. 태도는 행동의 가치 있는 예측 변인으로 볼 수 있다. 만약 소비자가 특정 광고에 대해 긍정적인 태도를 가진다면 그 광고의 브랜드에 대해서도 긍정적으로 반응할 가능성이 증가할 것으로 예상된다.

태도 측정은 좋다거나 싫다와 같은 정서의 유형뿐만 아니라 정서의 강도(intensity)를 측정하기 때문에 의견 측정에 비해 더 정교한 정서 측정법이다. 태도 측정을 위해 다양한 척도가 사용되는데, 태도 평가척도는 특정 대상에 대해 느끼는 정서의 강도를 파악하는 도구로서 리커트척도와 자기평정척도 그리고 의미변별척도가 주로 사용된다.

리커트척도(Likert scale)는 특정 광고에 대한 의견 진술문을 5점 척도상에 평가하도록 하여 태도를 측정한다. 광고에 대한 의견진술문의 선정은 자사 광고나 특정 경쟁사 광고를 중심으로 핵심적으로 알아보고자 하는 측면을 사전에 선정하여 사용할 수도 있으며, 조사회사 등에서 개발한 표준화된 광고효과 측정항목을 사용할 수도 있다. 자기평정척도(self-rating scale)는 본래 리커트척도와 달리 대상을 하나의 문항으로 직접 측정하는 것이다. 의미변별척도(semantic differential scale)는 리커트척도나 자기평정척도와 달리 척도의 양극이 서로 반대되는 형용사로 이루어진 척도다.

3) 행동 측정

행동 측정은 광고의 결과로 소비자가 어떤 행위반응을 할 것인지 알고자 하는 것이다. 행위반응의 측정은 실제 구매에 초점을 맞출 수도 있고, 매장 방문하기, 전화로 문의하기, 제품 설명책자 문의하기 등과 같이 구매에 선행하는 행위에 초점을 맞추기도 한다. 문의(inquiry) 측정은 주로 인쇄광고의 광고 사후평가를 위한 것이다. 신문이나 잡지에서 '제품설명 책자를 원하시면 하단의 요청서를 오려서 보내세요.'와 같은 문구가 있는 광고를 본 적이 있는가? 바로 이 같은 광고에 대한 문의 수를 광고효과의 평가지표로 본다. 문의가 구매로 직접 연결된다는 보장은 없지만 잠정적인 판매추정치로 사용된다.

극장 테스트(theater test)는 주로 TV광고의 사전조사를 위한 것으로, 측정이 이루어지는 장소가 극장이기 때문에 붙여진 이름이다. 이와 유사한 형태의 사전조사로 백화점이나 대형 할인점 근처에 설치한 간이 테스트 시설이나 조사회사에 20명 내지 30명 정도의 피면접자를 동시에 수용하여 조사를 실시하는 '갱 서베이(gang survey)'가 있다.

제11장

통합 브랜드 커뮤니케이션*

현대 마케팅 커뮤니케이션에서 핵심적인 역할을 하는 것은 '브랜드'와 '통합 마케팅 커뮤니케이션'이다. 오늘날 소비자는 유사성의 시대에 살고 있다. 시장은 엇비슷한 제품으로 넘쳐 나고 급격한 기술발전으로 새로운 기능이나 성능을 지닌 제품이 봇물 터지듯 쏟아지고 있다. 하지만 이런 제품들도 이제 더 이상 특정 기업의 소유물이라 할 수 없다. 혁신제품을 출시하더라도 그 이점을 온전히 누리기도 전에 경쟁사는 유사 제품, 아니 오히려 그보다 더 경쟁력 있는 제품을 출시해 버린다.

자사 제품을 경쟁자와 차별화하는 기회가 점차 줄어드는 상황에서도 시장 환경은 차별화만이 기업의 유일한 생존전략이라고 몰아붙이고 있다. 소비자는 제품 간의 차별성에 둔감해지고 있으며, 앞다투어 실행되는 가격촉진 활동은 브랜드 전략가나 관리자를 난처하게 만들고 있다. 이런 상황에서도 기업은 감소하는 수익성 압박으로부터의 탈출과 경쟁적 차별화 달성을 모두 쟁취해야 생존할 수 있다. 이런 난제를 해결

* 이 장의 내용은 우석봉(2014)의 『IMC 광고기획의 원리와 응용』, 우석봉(2016)의 『브랜드 심리학』에서 발췌하여 정리하였다.

할 수 있는 열쇠는 바로 '브랜드'다. 과거, 브랜드가 심벌이나 로고 또는 패키지 디자인과 같은 전술요소로 간주되었던 제품중심의 마케팅 패러다임은 퇴물이 되었다. 이제는 브랜드가 중심축이 되는 브랜드 마케팅 패러다임으로 변화하였다.

브랜드 패러다임과 함께 '통합 마케팅 커뮤니케이션(Integrated Marketing Communication: IMC)' 패러다임은 현대 마케팅 커뮤니케이션을 이끄는 또 다른 한 축이다. 현대에서 소비자나 고객과의 성공적인 커뮤니케이션은 더 이상 전통적인 대중매체 광고 또는 광고와 세일즈 프로모션 등의 단순 조합으로 달성될 수 없다. 커뮤니케이션 비용을 어떻게 하면 효율적으로 사용할 것인가에 대한 욕구에서 출발한 통합 마케팅 커뮤니케이션은 비용 효율성의 차원을 넘어 강력한 브랜드 구축을 위한 기업의 마케팅 커뮤니케이션의 중심축으로 진화하였다. 현대에서 '브랜드'와 '통합 마케팅 커뮤니케이션'은 더 이상 독립적인 것이 아니다. 이 장에서는 '통합적인 브랜드 커뮤니케이션'에 대해 알아본다. 먼저, 브랜드의 실체에 대해 살펴보고, 다음으로 통합적 브랜드 커뮤니케이션에 대해 알아본다.

1. 브랜드의 실체와 기능

브랜드란 무엇인가? 미국마케팅협회(American Marketing Association: AMA)에서는 브랜드를 특정 상품이나 서비스를 식별하고 경쟁 상품이나 서비스와 차별화하기 위해 사용하는 이름, 용어, 상징, 디자인 또는 이들의 조합으로 정의한다.

하지만 이 정의는 현대의 브랜드 기능을 포괄하기에는 한계가 있다. 브랜드는 소비자가 기업이나 상품 또는 서비스에 대해 직간접으로 경험한 것과 알고 있는 것을 주관적으로 해석한 지각적 결과물이다. 브랜드는 상품이나 서비스에 대한 유형, 무형의 속성들의 혼합물이며, 특정한 의미를 나타내는 상징이자 신호다. 브랜드는 제품에 대한 경험과 정보에 대한 소비자의 주관적인 해석의 결과물이다. 가격도 같고 제품의 속성이나 특징에서 차이가 없는데도 어떤 브랜드가 다른 브랜드에 비해 더 많이 팔리는 이유는 브랜드가 소비자에게 제공하는 브랜드 의미(brand meaning) 때문이다. 브랜드 의미는 상품이나 서비스에 대해 소비자가 보고, 듣고, 읽고, 그리고 경험한 모든 것의 총합이다. 현대의 소비자는 제품이 아니라 '브랜드 의미'를 구입한다.

브랜드 의미는 기업이 전적으로 통제하고 관리하는 것이 아니다. 기업은 특정의 브랜드 의미를 추구할 수는 있지만 궁극적으로 기업이 수행하는 다양한 브랜드 행위를 해석하는 주체는 소비자다. 따라서 브랜드 구축의 기본원리는 상품이나 서비스를 소비자에게 의미 있는 무언가로 변환하는 것이다. 이제 브랜드의 실체와 기능을 구체적으로 알아보자.

1) 브랜드 자산

1980년대 들어 마케터들은 브랜드 의미가 제공하는 부가가치를 브랜드 자산(brand equity)이라는 용어로 표현하기 시작했다. 브랜드명이 상품이나 서비스에 어떤 가치를 부가한다는 점을 마케터들은 잘 알고 있었다. 하지만 1980년대 후반에 들어서 브랜드명이 지니는 가치가 기업의 실제 자산가치에서 어떤 역할을 하는지 이해하기 시작했다. 브랜드의 가치를 산출할 때 무형의 가치 역시 고려해야 한다는 인식이 확산되었다. 이를 계기로 브랜드 자산이라는 용어가 탄생하였다. 이후로 업계와 학계에서는 브랜드 자산에 대해 다양한 정의를 소개하였다.

(1) 업계의 정의

- 브랜드 자산은 상품이나 서비스가 브랜드와 결합됨으로써 얻게 되는 부가적인 현금흐름
- 브랜드 자산은 브랜드가 있을 때와 브랜드가 없을 때의 가치 차이
- 브랜드 자산이란 브랜드 구축의 성공적인 프로그램과 활동의 결과로 상품이나 서비스에서 발생하는 측정 가능한 재무적 가치

(2) 학계의 정의

- 브랜드 자산이란 브랜드가 제품에 부여하는 부가가치. 브랜드는 기능적 목적을 넘어 제품의 가치를 강화하는 이름, 상징, 디자인 또는 표시
- 브랜드 자산은 브랜드 이미지의 총가치. 브랜드 이미지는 지각된 것으로, 브랜드에 대한 연상과 전반적인 브랜드에 대한 태도
- 브랜드 자산은 소비자가 브랜드명과 결합하는 학습된 속성신념과 총체적인 평가신념
- 브랜드 자산이란 브랜드가 지니는 연상과 가치의 묶음

업계와 학계 간의 정의의 공통점은 브랜드 자산을 재무적이든 또는 소비자 지각현상이든 제품에 대한 부가가치로 본다는 것이다. 또 한 가지 사실은 브랜드 자산은 소비자 관점에서 이해해야 한다는 것이다. 브랜드자산은 기업이 아니라 소비자의 지각적 가치에 의해 결정된다. 그리고 그 결과로 수익 등과 같은 재무적 성과가 창출된다.

2) 브랜드의 기능

(1) 소비자에 대한 브랜드 기능

브랜드는 소비자에 대해 구매위험의 감소와 탐색비용의 절감, 그리고 상징, 약속으로서의 기능을 한다. 구입 후에 기대했던 제품의 수행 결과를 얻지 못하는 '기능적 위험'을 느낄 수 있다. '재정적인 위험'은 지불한 가격만큼의 가치를 보장 받지 못할 수 있다고 느낄 때 발생한다. 재정적인 위험과 관련된 요인들은 '시간적 손실에 대한 위험'과도 관련된다.

사회적 위험은 어떤 브랜드를 사용할 때 주위 사람으로부터 바람직하지 않은 평판을 얻을지 모른다는 염려에서 초래된다.

'심리적 위험'은 어떤 브랜드를 사용함으로써 개인의 자기이미지(self-image)가 손상될 수 있다는 염려에서 초래된다. 강력한 브랜드는 구매와 관련해 소비자가 느끼는 다양한 위험을 감소할 뿐만 아니라 구매에 소요되는 탐색비용을 줄이는 기능도 한다. 강력한 브랜드는 소비자가 어떤 상품이나 서비스를 구매할 때 유발될 수 있는 다양한 위험을 차단하기 때문에 소비자는 심리적으로 더욱 편안하게 구매할 수 있으며, 그로 인해 자신의 구매를 확신하고, 제품을 사용하면서 더욱 만족하게 된다. 이는 브랜드를 다시 구매하고 브랜드에 충성할 확률을 선순환적으로 높임으로써 브랜드의 매출과 수익창출에 기여한다.

(2) 기업에 대한 브랜드 기능

브랜드는 기업에 가격 프리미엄의 이점을 가져다준다. 브랜드를 잘 관리하여 자사 브랜드에 대한 인지도와 긍정적인 연상과 태도, 그리고 브랜드 충성도가 형성되면 경쟁자에 비해 높은 가격을 책정하더라도 소비자가 그 가격을 수용할 가능성은 증가한다. 유통 우위를 점하는 데도 브랜드는 중요한 기능을 한다. 점주는 소비자가 선호하고 많이 찾는 브랜드를 취급하려고 한다. 그렇게 하는 것이 매출증대뿐만 아니라 매장을 방문하는 고객을 만족시키는 데 도움이 되기 때문이다.

신제품의 성공확률을 높인다는 점에서도 브랜드는 기업에 대해 가치 있는 기능을 한다. 브랜드가 소비자에 대해 차별적인 기대와 약속을 제공하면 신제품에 대해서도 유사한 기대를 하여 구매확률이 올라간다. 강력한 브랜드는 부정적 이슈를 완화하는 기능도 한다. 브랜드는 언제든지 부정적인 이슈에 휘말릴 수 있다. 브랜드에 대해 믿음이 공고하고 호의적인 태도가 있다면 바람직하지 않은 이슈가 발생하더라도 고객의 부정적인 반응이 완화될 가능성이 커진다.

3) 브랜드 지식 네트워크

브랜드 자산이 브랜드에 가치를 부가하는 그 무엇이라면 그것은 어떻게 브랜드에 대한 소비자의 지각에 반영될까? 브랜드 자산은 소비자의 기억 속에서 브랜드에 연결된 다양한 생각(연상)을 촉발하는 브랜드 인지에서 비롯된다. 그리고 시간이 지남에 따라 브랜드에 대한 지각된 혜택, 그리고 브랜드 충성행동을 통해 브랜드에 대한 긍정적인 태도가 구축되고 강력한 정서적 연상으로 발전한다.

심리학자들은 우리의 머릿속에 들어 있는 모든 것을 지식(knowledge)이라 부른다. 브랜드의 경우, 개인의 직접경험뿐만 아니라 간접경험을 통한 다양한 내용이 브랜드 지식을 구성한다. Collins와 Loftus라는 심리학자는 인간의 지식의 구조화에 대해 한 모형을 제시했다. 이들에 따르면, 지식은 그물망과 같은 네트워크로 구성된다. 네트워크는 노드(node)와 링크(link)로 구성된다. 노드는 특정 브랜드나 브랜드의 속성 또는 브랜드의 편익 등과 같은 지식의 매듭이며, 링크는 이 매듭들을 서로 이어 주는 연결이다.

네트워크에서 지식의 노드들이 링크에 의해 연결되는 강도(strength)는 다르다. 학습, 즉 과거의 사용 빈도나 경험의 정도가 다르기 때문이다. 네트워크상에서 특정 지식의 노드들이 서로 얼마나 빈번히 연결되었는가, 얼마나 자주 사용되었는가에 따라 연결강도는 달라진다. 여기서 브랜드의 작동원리에 대한 매우 중요한 두 가지 질문을 할 수 있다.

- 제품의 구입이나 사용 상황과 같은 특정 시점에서 왜 어떤 브랜드가 다른 브랜드보다 먼저 떠오르는가?
- 특정 브랜드를 생각하면 그 브랜드에 관한 많은 지식 중에서 왜 특정 지식이 먼저

떠오르는가?

지식의 네트워크 모형은 지식전달과정을 활성화 확산(spreading activation)으로 설명한다. 점화효과(priming effects)는 활성화 확산모형의 타당성을 잘 입증해 주는 매우 흥미 있는 현상이다(점화란 사전정보에 의해 자극의 탐지나 확인능력이 촉진되는 것이다). 점화는 특정 브랜드 지식의 회상 촉진뿐만 아니라 브랜드 행위의 해석에도 영향을 미친다. 특히 어떤 브랜드 속성이 다양하게 해석될 수 있을 때 특정한 방향으로 해석되도록 촉진하는 데 영향을 미친다. 흥미로운 점은 하나의 정보가 여러 가지로 해석가능할 때에도 소비자는 해석가능한 모든 측면에 주의를 기울이기보다는 한 가지 측면에 주의를 기울인다.

특정 측면만을 활성화되는 것은 무엇 때문인가? 맥락점화(contextual priming)가 중요한 역할을 한다. 맥락이란 특정 브랜드 정보를 처리할 때 소비자의 머릿속에 활성화되는 다른 지식을 가리킨다. 광고를 보기 직전에 읽은 기사(맥락)가 광고의 메시지를 특정 방식으로 해석하도록 활성화한다. 맥락점화효과는 인접한 다른 광고에 의해서도 발생한다. 맥락점화는 광고 브랜드에 대한 평가에도 영향을 미친다. 만약 먼저 본 광고가 특정 정보를 활성화하며, 활성화된 정보가 긍정적 측면을 부각하면 광고 브랜드에 대한 태도는 긍정적이며, 활성화된 정보가 부정적 측면을 부각하면 광고 브랜드에 대한 태도는 부정적이다.

맥락점화효과는 인접한 기사나 광고에 의해서만 일어나는 것이 아니다. 매체(medium) 그 자체가 맥락점화를 유발할 수 있다. 매체의 맥락점화효과는 매체 자체가 활성화하는 지식에 의해 유발된다. KTX는 빠르다는 것을, 체중계는 다이어트나 비만을 활성화한다. 브랜드는 통상 브랜드 고유의 어떤 콘셉트를 가진다. 매체가 활성화하는 정보가 브랜드 콘셉트와 일치한다면 시너지 효과를 얻을 수 있다.

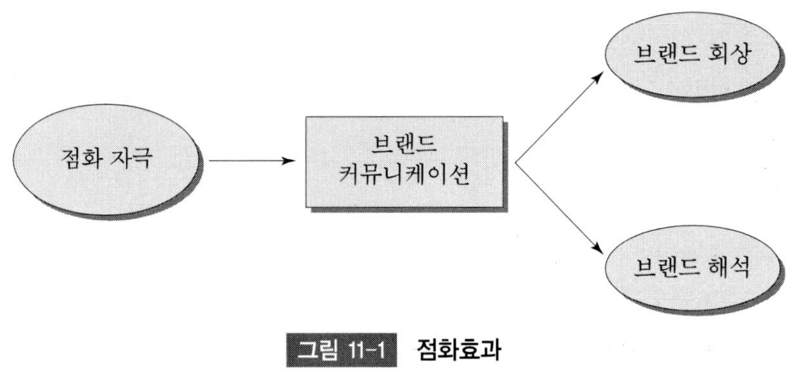

그림 11-1 점화효과

4) 브랜드 연상

브랜드 활성화에서 브랜드 네임의 회상 못지않게 중요한 것은 브랜드 연상(brand association)이다. 구매 시에 특정 브랜드가 회상되면 그 브랜드에 관련된 많은 지식이 자동적으로 함께 떠오른다. 특정 브랜드를 생각할 때 그 브랜드에 대해 떠오르는 모든 지식을 브랜드 연상이라 한다.

활성화 확산과 점화효과는 브랜드 연상의 심리학적 기제와 과정이다. 브랜드 연상은 특정 브랜드 네임이나 로고의 회상과 불가분의 관계이기 때문에 브랜드 활성화에서 차지하는 역할 역시 매우 크다. 소비자가 음료를 구입하기 위해 편의점에 들어가서 냉장고에 진열된 특정 브랜드를 바라보거나 또는 의류를 구입하기 위해 백화점을 방문해 의류 코너의 브랜드 로고를 보는 순간 소비자 머릿속에는 브랜드에 대한 광고내용이나 느낌, 그리고 그 밖의 다양한 지식이 떠오른다. 브랜드 연상에는 제품속성, 추상적인 속성, 소비자 편익, 가격 사용 상황, 사용자 이미지, 고객 유형, 유명인사, 전문가, 그리고 라이프스타일 등의 다양한 지식이 포함된다.

브랜드 연상의 특징은 무엇일까? 첫째, 연상지식은 동시에 떠오르지 않는다. 반드시 순차적으로 떠오른다. 이는 브랜드와 각 연상이 연결되는 강도가 다르기 때문이다. 하나의 브랜드라도 연상은 먼저 떠오르기 위해 서로 경합하는 것이다. 연결 강도의 차이는 경험과 반복의 차이에서 온다. 둘째, 연상에 소요되는 시간은 같지 않다. 연상 순서와 응답률은 같지만 반응 시간이 다를 수 있다. 예컨대, 리바이스와 캘빈 클라인 브랜드에서 '남성적'이라는 연상은 같은 비율로 응답되었다. 하지만 연상에 소요된 반응시간은 두 브랜드 간에 차이가 있다. 리바이스가 캘빈 클라인에 비해 '남성적'이라는 내용을 떠올리는 데 걸린 시간이 더 짧다. 이 결과가 시사하는 것은 비록 순서나 응답률은 같지만 '남성적'이라는 연상에 대한 강도는 캘빈 클라인에 비해 리바이스가 더 강하다는 것이다. 음료나 스낵 등과 같이 브랜드 결정이 빨리 이루어지는 제품의 경우에 브랜드의 특정 연상이 얼마나 빨리 떠오르는가는 매우 중요하다.

2. 브랜드 포지셔닝

브랜드 포지션은 표적청중의 마음속에 브랜드가 심어 주고자 하는 핵심 특징, 편익,

또는 이미지이며, 표적청중의 기억 속에 자리 잡은 어떤 상품이나 서비스 유목의 경쟁자와 비교되는 상대적인 브랜드 의미다.

현대의 브랜드 관리자는 자사 브랜드의 다양한 커뮤니케이션 행위 간의 조화에서 머무를 수는 없다. 경쟁 브랜드와는 '다른' 그 무엇이 있어야만 한다. 경쟁 브랜드와 차별적인 그 무엇, 즉 경쟁 브랜드가 할 수 없거나 하지 않는 약속이나, 경쟁 브랜드가 제공하지 않는 편익을 가지지 못하면 아무리 자사 브랜드 행위가 조화를 이루어도 브랜드는 더 이상 시장에서 존재할 이유가 없다. 경쟁 브랜드와는 다른 그 무엇, 절대적이 아니라 경쟁 브랜드와 상대적으로 차별적인 그 무엇을 표적소비자의 마음속에 심어주는 과정을 '브랜드 포지셔닝(brand positioning)'이라 한다.

성공적인 브랜드 포지셔닝은 브랜드 관리자가 포지셔닝 전략에 따라 집행하는 다양한 브랜드 행위와 이에 대한 표적소비자의 심리학적 과정 간 상호작용에 의해 달성된다. 성공적 브랜드 포지셔닝에 관여하는 핵심 심리기제와 과정에 대해 알아보자.

1) 제품범주 원형

어떤 대상은 그 대상이 속한 유목의 중심에 있지만 어떤 대상은 중심에서 멀어져 있다. 어떤 한 유목에서 중심부에 자리 잡고 있어서 그 유목을 가장 잘 대표하는 대상을 원형(prototype)이라 한다. 원형은 해당 유목의 가장 전형적인 대상이다. 심리학 연구에 따르면, 원형에 가까운 대상을 훨씬 잘 기억한다. 나아가, 원형은 동일 유목에 해당하는 다른 항목을 학습할 때 기준 역할도 한다. 성공적 브랜드 포지셔닝의 첫 단계는 바로 자사 브랜드를 해당 제품유목의 원형으로 인식시키는 것이다.

원형 브랜드가 되려면 시장진입 순서가 중요하다. 특정 제품유목에 최초로 진입한 브랜드는 원형의 이점을 누릴 가능성이 크다. 하지만 후발 브랜드라고 해서 원형이 되지 말라는 법은 없다. 방법 중 한 가지는 바로 유목을 분화하는 것이다. 그리고 분화한 유목에서 원형이 되는 것이다. '1위가 될 수 없다면 자신만의 영역에서 1위가 되어라.'는 조언도 결국 유목을 분화하여 거기에서 리더가 되라는 것이다. 브랜드가 넘쳐 날수록 자신만의 유목을 개척하고 그 유목에서 원형이 되는 것은 브랜드 포지션을 정립하는 데 매우 중요하다.

2) 차별적 개념으로 분화

원형이 되는 것은 중요하지만 그것이 필요충분조건은 아니다. 원형 브랜드가 된다는 것 자체가 성공적인 포지셔닝의 완성은 아니다. 소비자 마음속에 진정으로 차별적이고 경쟁력 있는 브랜드가 되려면 다른 브랜드와는 차별되는 그 브랜드만의 무언가가 소비자 마음속에 심어져야 한다. 브랜드 포지셔닝은 궁극적으로 한 브랜드가 제품유목이라는 개념의 공통적 사례가 되기보다 '차별적' 사례가 되는 것을 핵심으로 한다. 그렇게 되기 위해서는 제품유목이라는 개념에 속한 다른 사례, 즉 여타 브랜드와는 차별적인 속성을 가져야 한다.

브랜드 포지셔닝의 기능은 소비자가 브랜드를 생각할 때 브랜드의 여러 가지 속성 중에서 특정 속성의 현출성을 높이는 것이다. 현출성은 특정 시점에서 특정 대상이 마음속에 떠오를 확률이다. 현출성을 높이는 데 영향을 미치는 요인은 독특성(distinctiveness)과 반복(repetition)이다. 독특성이란 어떤 항목이 다른 항목과 어느 정도로 쉽게 구별되는가다. Schmidt(1991)는 독특성의 한 유형으로 '일차적 독특성'이라는 개념을 제안하였다. 일차적 독특성이란 어떤 항목의 독특성은 절대적이 아니라 인접맥락에 의해 상대적으로 결정된다. 이 원리는 브랜드 포지셔닝에도 적용된다. 자동차의 경우에 '안전성'은 독특한 속성이라 할 수 없다. 하지만 다른 브랜드가 모두 주행성능을 주장한다면 안전성은 독특한 속성으로 소비자 기억 속에 자리 잡는다. 여기서 우리는 브랜드 포지셔닝의 중요한 본질을 다시 확인할 수 있다. 브랜드 포지셔닝은 절대적이기보다는 경쟁 브랜드와의 맥락에서 이루어지는 '상대적'인 것이다. 반복 역시 속성에 대한 현출성을 높이는 훌륭한 수단 중의 하나다. 반복은 일관성으로 완결된다. 차별적 속성에 대해 일관성을 기하려면 제품, 가격, 유통 그리고 광고, 세일즈 프로모션, PR 등의 프로모션(흔히 4P라고 하는)과 같이 다양한 브랜드 행위 간의 조화가 무엇보다 중요하다.

3) 브랜드 포지셔닝 요소

포지셔닝은 '과정'이다. 브랜드 포지셔닝은 전략적 질문에 체계적으로 답하는 과정을 통해 개발된다. 브랜드 포지셔닝을 위한 핵심 질문은 다음과 같다.

- 브랜드의 표적집단은 누구인가? 표적집단은 브랜드 메시지의 초점이 되는 특정 고객 또는 잠재고객이다. 표적집단은 성이나 연령 또는 소득과 같은 인구통계적 특성과 함께 행동적, 심리적 특성으로 구체적으로 규정되어야 한다.
- 브랜드의 핵심 경쟁자는 누구인가? 이는 경쟁의 장(field of competition)에 대한 명확한 규정을 요구한다. 경쟁의 장은 어디에서 누구와 싸울 것인가에 대한 것이다. 포지셔닝은 '경쟁자에 대한 상대적인 인식의 싸움'이다. 'A라는 피자'는 피자 카테고리에서 경쟁할 수도 있고, 간식 먹거리 카테고리에서 경쟁할 수도 있다. 녹차음료는 생수와 경쟁할 수도 있고, 건강음료와 경쟁할 수도 있다. 경쟁의 장을 어떻게 정하느냐에 따라 경쟁자에 대한 규정과 후속전략 역시 달라진다.
- 브랜드는 언제, 어떤 상황이나 경우에 사용되는가? 우리 제품은 특별한 순간을 축하하기 위한 브랜드인가? 타인과 유대를 이어 주는 자리에 함께하는 브랜드인가? 아니면 나만의 세계에 몰입하고 싶을 때 함께하는 브랜드인가? 비록 제품유형이 같더라도 브랜드에 따라 사용상황은 얼마든지 다를 수 있다.
- 무엇을 위한 브랜드인가? 우리 브랜드는 소비자에게 무엇을, 어떤 차별적 편익을 약속하는가? 폭스바겐은 '신뢰'를 약속한다. 버진(Virgin)은 '독창적 아이디어'를, 그리고 바디숍은 '환경 친화'를 약속한다. 차별적 편익은 기능적인 것에서부터 심리 · 사회적인 것에 이르기까지 다양하다.
- 브랜드의 차별적인 개성(personality)은 무엇인가? 우리 브랜드가 사람이라면 어떤 성격을 소유한 사람에 비유될 수 있는가?

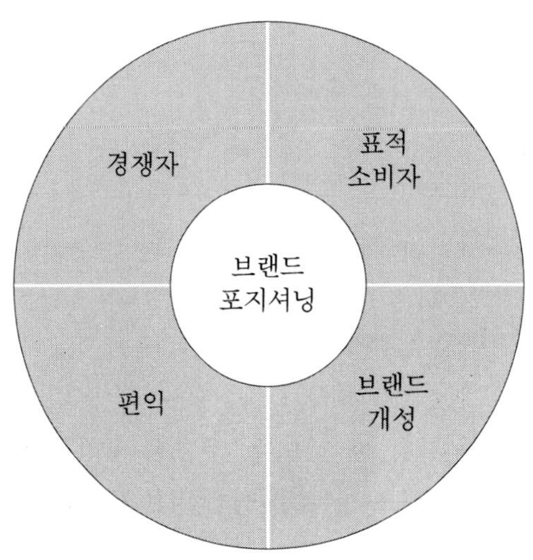

그림 11-2 **포지셔닝 요소**

3. 통합 마케팅 커뮤니케이션

통합 마케팅 커뮤니케이션(Integrated Marketing Communication: IMC)은 1980년대에 미국 비즈니스 실무에서 시작되었으며, Don Schultz에 의해 촉진되고 그 후로 학계에서 주요 연구주제로 다루기 시작하였다.

1980년대에 들어 광고환경과 시장이나 경쟁상황 등의 변화로 많은 기업은 마케팅 커뮤니케이션에 대해 폭넓은 관점을 취하기 시작했고, 촉진도구들을 더욱 전략적으로 통합할 필요성을 깨닫기 시작했다. 판매촉진, 직접 마케팅, 그리고 PR과 같은 대중 미디어 광고 이외의 촉진도구들이 빠른 성장을 하여 마케팅 커뮤니케이션의 지배적인 형태였던 대중 미디어 광고의 역할이 도전 받게 되었다.

기업들은 고객과 커뮤니케이션하는 다양한 촉진활동을 통합하는 마케팅 커뮤니케이션 방법에 눈을 돌리기 시작하였으며, 브랜드 패러다임의 정착으로 통합 마케팅 커뮤니케이션은 브랜드 구축을 위한 필수 용어가 되었다.

1) 통합 마케팅 커뮤니케이션의 실체

IMC는 관점에 따라 다양하게 정의된다. 거칠게 요약하자면, IMC란 '커뮤니케이션 목적을 달성하기 위해 제품이나 서비스 또는 기업 브랜드를 위한 모든 유형의 촉진 메시지를 기획하고 실행하는 과정'이다. IMC를 명확하게 이해하려면 IMC의 정의가 시대와 학자에 따라 어떻게 발전 · 제안되었는지 살펴보는 것이 도움이 된다.

(1) 기업중심 접근

1980년대 들어 마케터들이 통합 마케팅 커뮤니케이션의 개념을 받아들이기 시작하면서 광고에만 의존하기보다는 다양한 촉진수단의 통합을 요구하기 시작했다. 기업중심의 정의는 커뮤니케이션 효과의 극대화를 성취하기 위해 모든 형태의 촉진도구를 사용하는 과정에 초점을 둔다. '하나의 목소리(one-voice)'를 내기 위한 마케팅 커뮤니케이션 도구의 결합과 통합에 초점을 두지만 기업의 전체적인 전략적 관점이 결여되어 있다. '통합'은 다양한 마케팅과 촉진도구를 개별적으로 다루었던 전통적인 방법의 향상을 의미하지만 다양한 촉진믹스를 함께 묶음으로써 하나의 모습과 하나의 목소리에 초점을 두는 기업중심의 접근이라는 비판을 받았다.

(2) 고객중심 접근

하나의 모습, 하나의 목소리를 위해 단지 다양한 마케팅과 커뮤니케이션 프로그램의 도구들을 조정하는 것 이상의 뭔가가 필요하다는 점을 깨닫기 시작했다. IMC는 고객과 이해당사자와 커뮤니케이션하고, 그들과의 관계를 구축하는 가장 적절하며 효과적인 방법을 확인하는 데 도움을 주는 비즈니스 과정으로 인식되기 시작했다. Don Schultz는 IMC를 전략적 비즈니스 과정으로 규정하면서 '소비자, 고객, 잠재고객, 그리고 기타 내부, 외부의 이해당사자에 대한 조직화되고 측정 가능한 설득 커뮤니케이션 프로그램을 계획하고, 개발, 실행하는 전략적 비즈니스의 과정이며, 그 목표는 단기적인 재정 수익과 장기적인 브랜드 가치 모두를 발생시키는 것'으로 IMC를 정의하였다. 기업중심의 접근과 구별되는 점은 기업의 표적소비자에 대한 깊이 있는 이해에 기초한 커뮤니케이션 활동에 초점을 맞춘다는 것이다.

(3) 수평기능 접근

'고객관계'에 초점을 둔다. 수평기능 접근에서는 '브랜드 가치를 창출하는 고객관계의 관리과정'이 핵심이다. '과정'이란 고객과 이해당사자에게 보내는 모든 메시지를 전략적으로 통제하거나 영향을 미침으로써, 그리고 고객 데이터 주도적이며 합목적성 대화를 고무함으로써 고객과 이해당사자로부터 이익을 발생하는 관계를 창출하고 발전시키는 수평기능적인 과정이다. 수평기능 과정에서는 특정 브랜드에 관여하는 모든 기능과 부서는 표적청중에게 보내는 모든 메시지를 계획하고 통합하기 위해 협동해야 한다. 누가 브랜드의 장기적인 이익창출에 기여하는지를 정확하게 파악해야 한다. 표적청중과의 모든 접촉은 일관되어야 한다. 표적청중은 기업과 상호작용하기를 원한다.

이상에서 살펴본 세 가지 접근이 시사하는 IMC의 핵심은 다음과 같다.

- 고객 또는 유망고객이 주인공: 마케팅 커뮤니케이션 과정은 현재 고객이나 유망 잠재 고객에서 출발하여야 한다. 이들을 토대로 브랜드 커뮤니케이터는 최적의 메시지와 미디어를 결정해야 한다. 고객보다는 기업의 입장을 우선하는 접근은 지양해야 한다.

- 소비자 접점에 제한을 두지 않음: IMC 실무자는 브랜드 메시지를 전달하는 경로에 더 이상 고정관념을 가져서는 안 된다. '모든 것이 접점'이라는 사고로 접근해야 한다. 고객이나 잠재고객을 에워싸서 IMC 관리자의 목표는 지향하는 브랜드 전략을 지원하기 위해 모든 브랜드 경험이 함께 작동하는지 감시하는 것이다.
- 통일된 목소리: 통합 마케팅 커뮤니케이션의 기본 취지는 '하나의 목소리'다. 메시지와 미디어를 조화시키는 것은 강력하고 통일된 브랜드 이미지를 얻고 소비자를 움직이는 데 매우 중요하다.
- 내 · 외부의 통합: 기업 내부적으로 통합되지 않으면 외적인 통합도 할 수 없다. 수평 기능 조직은 통일된 브랜드 비전을 공유하고, 공유하는 통일된 브랜드 비전은 통합된 브랜드 지각을 촉진한다.
- 시너지: 전략적 일관성과 통합이 시너지를 가져오며, 시너지는 응집된 브랜드 지각을 창출하기 위해 모든 메시지가 함께 작동할 때 발생한다. 고객과의 모든 접점에서 브랜드는 동일한 메시지를 전해야 한다.
- 관계의 구축: 성공적인 마케팅 커뮤니케이션이란 브랜드와 고객 간에 관계를 잘 구축하는 것이다. 관계란 지속적인 연결이다.

2) 브랜드와 통합커뮤니케이션

통합 커뮤니케이션은 브랜드 자산 구축에 어떤 기여를 하는 것인가? 브랜드 자산의 관리에서 통합 커뮤니케이션은 어떤 역할을 하는가?

브랜드 자산의 구축과 관리는 현대 모든 기업의 주된 관심사다. Keller(1993)는 "브랜드 자산의 구축은 브랜드 아이덴티티를 지속적으로 정교화하는 노력을 요하며, 이를 위해서는 브랜드 아이덴티티를 전체 커뮤니케이션 프로그램에 통합할 필요가 있다."라고 하였다. 브랜드 자산의 효과적인 구축 여부는 브랜드 아이덴티티가 전반적인 마케팅 프로그램에 얼마나 잘 통합되는가에 의존한다는 것이다. 특히, 최근 들어서는 가격이나 유통과 같은 요소보다는 촉진 커뮤니케이션의 중요성이 점차 커지고 있다. 이런 추세는 앞에서도 여러 차례 강조했듯이 제품이나 가격 등에서 '브랜드 동위'가 전개되기 때문이다.

통합 커뮤니케이션이 브랜드 자산의 구축에 어떻게 기여하는지 구체적으로 살펴보자. Schultz, Tannenbaum과 Lauterborn(1993)은 통합 커뮤니케이션을 '소비자 접점'

중심으로 개념화해야 한다고 주장한다. 접점은 소비자가 브랜드에 대해 가지게 되는 모든 형태의 경험이다. 결국, 브랜드 커뮤니케이션이란 브랜드 관리자가 설계하고 집행하는 브랜드 접점의 관리를 통해 브랜드 자산을 구축하는 과정이자 행위다.

이와 관련해 통합 커뮤니케이션이 브랜드 자산의 구축에서 어떤 역할을 하는지를 제시한 '브랜드 자산의 접점모형'을 살펴보자. 먼저 모형을 구성하는 요소 중 하나인 '브랜드 아이덴티티 접점'이란 개념에 주목할 필요가 있다. 브랜드 아이덴티티 접점은 브랜드 전략가와 브랜드 전략을 실제 집행하는 실무자 간에 이루어지는 브랜드 메시지에 대한 이해 공유와 원활한 의사소통이 이루어지는 상호작용이다. 브랜드 전략가와 브랜드 전략을 현장에서 실행하는 실무자(여기에는 PR 회사나 광고대행사도 포함된다) 간에 명확한 브랜드 아이덴티티 메시지가 공유되지 않으면 통합 커뮤니케이션을 통해 브랜드를 구축하는 데 문제가 발생한다. 즉, 브랜드 아이덴티티 접점은 통합 브랜드 커뮤니케이션을 실행할 때 브랜드 전략가와 현장 실무자 간에 발생할 수 있는 브랜드 메시지의 비일관성을 조율하는 역할을 한다.

'브랜드 자산 접점' 역시 중요한데, 브랜드 자산 접점은 브랜드 전략을 집행하는 실무자와 소비자 간에 이루어지는 브랜드 메시지의 일관된 전달과 수용이 이루어지는 상호작용이다. 브랜드 아이덴티티 접점과 마찬가지로 브랜드 자산 접점에서 실무자(기업)와 소비자 간에 일관된 메시지의 공유가 이루어지지 않으면 브랜드 자산의 구축에도 문제가 발생할 수 있다. 브랜드 자산 접점은 통합 커뮤니케이션을 실행할 때 발생할 수 있는 브랜드 메시지의 비일관성을 조율하는 역할을 한다.

브랜드 아이덴티티, 통합 커뮤니케이션, 그리고 브랜드 자산으로 이어지는 '접점'모형이 시사하는 것은 무엇일까? 효과적으로 통합 브랜드 커뮤니케이션을 실행하고 브

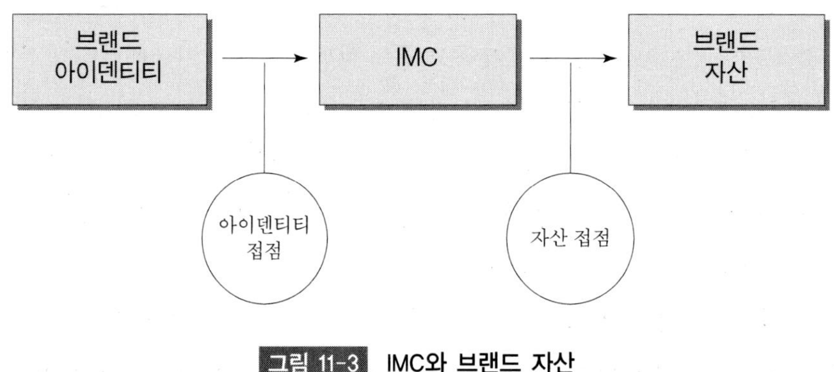

그림 11-3 IMC와 브랜드 자산

랜드 자산을 관리하려면 첫째, 명확한 브랜드 아이덴티티가 먼저 정리되어야 하며, 둘째, 이를 중심으로 하여 브랜드 관리자 이외에 내 · 외부의 모든 실무자가 일관된 지침을 가지고 개별 활동이 아니라 통합된 커뮤니케이션을 통해 브랜드 메시지를 소비자에게 전달해야 한다.

3) 통합 브랜드 커뮤니케이션 효과의 기제

통합 브랜드 커뮤니케이션(Integrated Brand Communication: IBC)은 단일집약의 브랜드 메시지를 다양한 마케팅 커뮤니케이션 도구와 미디어를 통해 표적청중에게 전달함으로써 커뮤니케이션 시너지효과를 높이려는 것이다. 시너지 효과에 대한 연구들에서는 미디어 출처, 즉 청중이 메시지에 노출되는 접점의 증가가 시너지 효과를 가져오는 주요인이라고 본다. TV와 라디오의 두 개 미디어를 이용한 시너지 효과 연구에 의하면, 동일한 메시지로 TV에 메시지 노출을 반복하는 것보다는 TV와 라디오에 메시지를 노출하는 것이 브랜드 인지도를 형성하는 데 더욱 효과적이었다. 시너지 효과란 하나의 미디어를 통한 메시지를 반복하는 효과와 두 가지 이상의 미디어를 이용한 효과 간의 차이로서 통합 브랜드 커뮤니케이션을 집행하는 가장 큰 이유다.

커뮤니케이션의 시너지 효과는 비단 여러 미디어를 사용하는 것에서만 비롯되는 것은 아니다. 단일 표적청중이 아닌 복수의 표적청중을 대상으로 할 때, 또는 단일 표적청중이라도 복수 미디어를 사용할 경우에 메시지 일관성 유지 문제가 불거질 수 있다. 하나의 브랜드 메시지를 사용할 것인지, 또는 복수의 메시지를 사용할 것인지는 통합 브랜드 커뮤니케이션을 집행하면서 맞닥뜨리는 고민 중의 하나다. 앞서 강조했듯이, 통합 브랜드 커뮤니케이션 효과의 핵심은 시너지에 있다. 시너지 효과를 극대화하기 위해서는 전략적으로 결정된 브랜드의 콘셉트나 포지셔닝을 중심으로 접점별 메시지의 일관성과 통합성을 유지하는 것이 무엇보다 중요하다. '하나' 또는 '복수'에 관한 의사결정은 단지 메시지의 양적인 수가 아니라 질적 종류의 다양성에 기초한 것이다. 만약 접점 미디어별로 모두 다른 메시지를 집행하더라도 그것들이 하나의 포지셔닝 주제하에 묶인다면 이는 복수가 아니라 하나의 단일 메시지다. 단일집약 제안(Single-Minded Proposition: SMP)도 바로 이 점에 기초한 메시지 전략들이다. 주로 어디까지 메시지의 일관성을 유지하느냐가 이슈가 된다. 핵심 주장은 동일하나 미디어별로 크리에이티브 표현이 다른 경우도 있을 것이고, 미디어별로 메시지 주장 자체가 다른 경우도 있다.

Harkins와 Petty(1981)는 대학생을 대상으로 흥미로운 실험을 하였다. 학생들은 졸업시험을 통과해야 졸업을 할 수 있다는 학교 측의 메시지를 받았다. 그리고 학생들에게는 학교의 메시지 주장에 찬성하는 세 가지 이유를 발표하게 하고, 이를 비디오로 녹화한 다음에 실험참여자에게 보여 주고는 졸업시험에 어느 정도 찬성하는지 측정하였다. 비디오는 메시지를 전달하는 미디어가 된다. 실험집단은 두 집단으로 구성되었다. 한 집단은 졸업시험에 찬성하는 세 가지의 주장을 비디오로 보았다. 이 집단은 미디어 노출 집단인 셈이다. 다른 한 집단은 비디오를 보지는 않고 세 가지의 찬성 주장 메시지가 있다는 사실을 통보 받았다. 이 집단은 미디어에 노출되지 않은 집단이다. 그런데 흥미롭게도 비디오를 보지 않았지만 졸업시험에 찬성하는 세 가지 주장이 있다는 사실을 알고 있는 집단에서도 찬성 비율이 높았다. 이 집단은 비디오를 시청하지 않고 단순히 세 가지 주장이 있다는 것만 인지하였는데 비디오 노출의 유무에 관계없이 세 가지 주장이 있다는 것을 알고 있는 집단에서도 졸업시험에 찬성하는 비율이 높게 나온 것이다. 비디오를 통한 세 번의 메시지 노출 역시 시너지 효과를 일으키지만 비디오를 통하지 않고 세 개의 조금씩 다른, 하지만 하나의 결론을 이야기하는 것 역시 시너지 효과에 영향을 미친다는 것이다. 메시지의 주장은 동일하나 주장을 지지하는 이유가 조금씩 다른 메시지가 여러 미디어를 통해 노출되었을 때 정보를 처리하려는 동기가 강화된다는 점을 나타내는 것이다. 주장하는 사람의 수, 즉 미디어 출처의 숫자는 물론 메시지 내용의 유형(졸업시험 찬성에 대한 세 가지의 주장) 변수가 결합할 때 설득의 강도가 더 강화되며, 이는 미디어 수만 늘린 것에 비해 더 강력한 시너지 효과를 일으킨다는 것을 시사한다.

시너지효과를 유발하기 위한 메시지 조작 방법은 크게 두 가지로 구별할 수 있다. 한 가지는 핵심 메시지의 주장은 동일하나 메시지 주장을 지지하는 내용이 다른 것이며, 다른 한 가지는 메시지 주장은 역시 동일하지만 내용 자체보다는 주장의 순서와 문체의 틀을 변경하는 것과 같은 형태의 변화를 주는 것이다. 두 가지 방법 모두 동일한 내용을 반복하는 것에 비해 여러 미디어를 통해 노출할 때 더 효과적이다.

정교화 가능성 모형(elaboration likelihood model)을 적용하면, 두 가지 이상의 미디어가 전달하는 각기 다른 메시지를 받아들인 수용자는 복합 미디어 자체를 새로운 정보출처로 느껴 단일 미디어를 통해 동일한 메시지를 받아들인 수용자에 비해 활성화된 인지적 반응을 보인다. 그리고 이것이 오히려 수신자의 정보를 처리하려는 동기를 높여 정보가 중심경로를 통해 처리될 가능성을 증가시키고, 그 결과로 브랜드 신뢰도와 메시지 신뢰도에서 더 효과적이다. 나아가 메시지의 이질성이 추가되면 여러 미디어를 통한 노출에서 비롯되는 정보의 독립성이 정보 유용성을 올려 수신자의 인지능력을 자극하고 정보처리 활동을 강화시키고, 나아가 핵심 메시지를 더욱 정교하게 처리하도록 유도함으로써 시너지 효과를 발생시킨다고 할 수 있다.

최적의 미디어와 메시지 조합을 찾는 가장 기본적인 방법은 특정 미디어의 특성과 미디어가 제공하는 맥락과 일치하는 메시지를 찾는 것이다. 미디어 특성이나 맥락별로 가장 적합한 메시지의 조건을 알아보고 가장 효과적인 미디어와 메시지 간의 시너지를 확인하는 것이다. 미디어와 메시지 조합의 가장 중요한 요인은 정보의 유형과 양이다. 예를 들어, 신문, 잡지와 같은 인쇄광고는 TV광고보다 더 정보적이며 많은 정보를 전달할 수 있다. TV광고는 청중인 소비자가 통제하기 어렵다. 빠르게 전개되는 TV 특성으로 인해 소비자는 많은 정보를 제한된 시간에 처리할 수 없다. 반면, 인쇄광고는 독자가 광고에 포함된 정보에 따라 광고를 보는 시간을 조정하기도 하고, 광고를 볼지 말지 선택하기도 한다. 인쇄 미디어는 광고가 정보를 처리하려는 노력이나 광고에 투입하는 인지적인 노력이 소비자 통제하에 있다. 그렇기 때문에 인쇄광고에서 정보의 양이 많고 적음은 TV광고보다 크게 문제가 되지 않는다.

잡지 광고는 1~2초 정도의 주의시간이 평균적인데, 주의를 끄는 첫 번째 요소가 비주얼이며 이와 같은 그래픽 요소를 먼저 본 다음, 텍스트를 보게 되는 경향이 높다. 웹 광고는 역동적인 이미지와 소리를 사용하여 제품의 정보를 전달한다. 웹 광고는 다음 페이지로의 클릭을 유도하는 목적을 지니고 있으므로 충분히 소비자의 주의를 끌어야 한다. 주의를 끌 수 있다면 전통적인 미디어인 TV나 신문, 잡지에 비해 단위면적당 적은 정보의 양으로도 소비자 주의를 높일 수 있다. 옥외 광고 역시 많은 양의 정보는 소비자의 주의를 끄는 데 도움을 주지 못한다. 옥외 광고는 매우 짧은 순간 노출되므로 메시지가 순간적으로 커뮤니케이션 될 수 있어야 한다. 간단한 브랜드 요소, 예를 들어 제품 사진이나 브랜드 아이덴티티 등은 광고를 쉽게 지각하는 데 도움을 준다. 이처럼 노출상황 및 미디어 특성에 따라 각각의 광고미디어는 서로 다른 특징이 있기 때문에 각 미디어의 특성에 적합한 메시지를 구성하고 복합 미디어를 활용하여 광고 효과에 시너지를 줄 수 있는 전략을 세워야 한다.

메시지 간, 그리고 미디어와 메시지 간의 시너지는 물론 다양한 마케팅 커뮤니케이션 도구 간의 조합에 의한 시너지도 무엇보다 중요하다. 광고의 영향력은 과거에 비해 감소하였다고는 하나 여전히 상품이나 서비스의 마케팅 성과에 영향을 미치는 중요한 IMC 도구다. 전통적인 광고의 형태에 제한을 두지 않는다면 광고의 중요성이나 영향이 감소하였다고도 볼 수 없다. 마케팅 커뮤니케이션 도구들의 특징과 장단점을 고려하여 도구들을 통합해야 한다.

(1) 수용 틈

우리는 어떤 공간이나 시간대에 있을 때 다른 것에 비해 특정의 생각이나 행동을 더 많이 하는 경향이 있다. 수용 틈(aperture)은 특정 공간이나 시간에 소비자가 자사의 브랜드 메시지를 받아들일 동기가 높게 부여된 상태, 즉 브랜드 메시지를 받아들일 수용도가 높은 상태다. 자사 브랜드의 메시지를 받아들일 확률이 가장 높은 특정 시간이나 공간에서의 마음 상태다. 수용 틈의 접근에서는 바로 이러한 시공간을 찾아서 적절한 브랜드 메시지를 제시하는 것이다. IMC에서 소비자 접점의 발견은 자사 브랜드의 메시지에 대한 수용 확률이 가장 높은 시간과 공간에 대한 소비자 통찰을 통해 얻을 수 있다. 수용 틈에 대한 시각을 가지게 되면 전통적 미디어만을 통합 커뮤니케이션 전달 도구로 생각할 필요가 없다.

시공간의 조합 이외에 '매체가 유발하는 수용 틈'도 생각해야 한다. 매체의 수용 틈은 우리가 특정 매체(또는 비어클)를 접할 때의 생각의 틀이 모두 같지 않다는 것과 관련이 있다. 시사잡지를 볼 때와 영화나 연예정보잡지를 볼 때 우리 마음의 수용 틈은 같지 않다. 시사잡지를 볼 때는 정치나 사회 문제 등에 대해 좀 더 비판적으로 볼 '준비'가 되어 있지만 영화나 오락에 관한 매체를 볼 때는 조금 느슨한 마음으로 재밋거리에 대해 생각할 '준비'가 되어 있다. 아침 출근 때 사람들로 북적이는 지하철을 탄다면 자신이나 아니면 다른 사람의 머리 냄새나 체취에 대해 생각할 가능성이 더 많다. 이런 경우, 만약 지하철 내부에 샴푸광고가 있다면 '부드러운 머릿결'과 '좋은 향' 중에서 어떤 속성이나 편익을 강조하는 광고가 더 눈길을 끌겠는가? 아마 '향'일 것이다. 준비된 마음의 상태에 맞는 메시지가 더 수월하게 수용될 것이다. 수용 틈을 이용해 우리는 브랜드의 포지셔닝이나 브랜드의 핵심 편익을 더욱 통합된 형태로 구성할 수 있다.

(2) 브랜드와 접점 동화

점화란 사전정보 또는 자극에 후속하거나 인접한 자극의 탐지나 확인능력이 촉진되는 것이다. 점화는 특정 브랜드의 회상을 촉진할 뿐만 아니라 브랜드 행위를 해석하는

데도 영향을 미치며, 매체 그 자체가 맥락점화를 유발할 수 있다는 것도 알아보았다.

매체의 점화효과는 매체 자체가 활성화하는 지식에 의해 유발되는 것이다. 어떤 자극에 대한 해석이나 평가가 점화 맥락에 흡수되는 현상을 '동화(assimilation)'라 한다. 소비자 접점과 브랜드 메시지에 대해 동화현상을 적용해 보자. 소비자가 어떤 매체에서 구체적인 메시지가 없는 단지 브랜드 로고나 심벌만 있는 광고를 보았다고 하자. 소비자는 이 광고를 보고 브랜드를 어떤 식으로 해석할까? 이 경우, 소비자는 광고매체가 활성화하는 내용을 사용할 가능성이 매우 높다. 광고매체가 활성화하는 내용을 토대로 하여 브랜드가 전하고자 하는 메시지를 추론한다. 브랜드의 연상이나 의미가 광고매체가 활성화하는 내용에 동화되기 때문이다. 동화효과는 브랜드가 전달하고자 하는 특정 메시지를 중심으로 하여 그러한 메시지와 연상이 중복되는 미디어, 특히 소비자가 기대하지 못한 독창적인 미디어 아이디어를 고안하는 데 유용하다.

(3) 병목

통합 브랜드 커뮤니케이션을 효과적으로 전개하기 위한 세 번째 기제는 바로 구매의사결정과정을 면밀하게 들여다보고 어느 단계에서 문제가 발생하며, 누가 또는 어떤 매개체가 그러한 문제를 일으키는지 찾아내는 것이다.

문제가 발생하는 단계를 병목(bottleneck)이라 한다. 제품의 유형에 따라 과정의 단순함과 복잡함, 그리고 진행단계 상의 차이는 있지만 구매결정과정은 통상 인지-탐색-선호-선택-사용의 단계를 밟는다. 어떤 경우는 이런 단계를 별 문제 없이 무난히 통과해 구매에 이르기도 하지만 대부분은 어떤 단계에서 병목이 발생한다. 새로운 브랜드의 경우, 최대의 병목지점은 '브랜드를 모른다.'는 인지 단계일 것이며, 엇비슷한 경쟁 브랜드가 많은 경우는 수용 또는 탐색의 단계가 주요 병목지점일 수 있다. 브랜드 인지 단계가 병목지점일 때에는 주 영향인은 광고나 퍼블리시티일 수 있고, 수용의 단계가 병목지점인 경우에는 오프라인뿐만 아니라 온라인에서 이루어지는 주위 사람의 구전이 주 영향인으로 작용할 수 있다. 통합 브랜드 커뮤니케이션이 효과적으로 집행되려면 병목지점과 영향인을 찾아내어 이를 해소하는 방안을 강구하여야 한다. 앞서 이야기한 두 가지의 기제('수용 틈'과 '접점 동화')와 세 번째 기제와의 차이는, 세 번째 기제는 첫째, 복수의 표적집단을 대상으로 통합 브랜드 커뮤니케이션 전략을 입안하거나, 둘째, 하나의 표적집단에 대해 복수의 커뮤니케이션 전략을 입안하는 데 유용한 도구가 된다.

복수의 표적집단에 대해 통합 브랜드 커뮤니케이션 전략을 적용한 예를 보자. 어떤 소비자가 중형 승용차를 구입하려 한다고 하자. 승용차의 구매과정은 인지-고려-고려군 형성-대리점 방문-시험주행-선택결정-사용의 단계를 거친다(단계의 확인은 소비자 또는 대리점 영업사원의 조사를 통해 알아낼 수 있다). 우리의 브랜드는 X라 하자. 따라서 승용차 브랜드 X의 통합 커뮤니케이션을 수립하는 것이다. 브랜드 X의 구매에 심각한 문제를 일으키는 병목지점과 영향인을 탐색하였더니 하나는 '고려' 단계이며, 이 단계에서 소비자의 아내가 주 영향인이고, 또 하나의 병목은 '대리점 방문'이며, 이 단계에서는 영업사원이 주 영향인이다. 다음으로는 영향인이 어떤 병목을 일으키는지 규명해야 한다. 1차 병목에서 아내는 브랜드에 대해 부정적인 평판으로 영향을 미치고, 대리점 방문 단계에서는 영업사원이 소비자 욕구와 무관한 기업의 일방적인 세일즈 메시지로 부정적인 영향을 미친다고 하자. 이 경우 브랜드 X가 구매라는 성공적인 목표지점에 도달하려면 핵심 표적인 남자 소비자 외에 소비자의 부인, 그리고 대리점의 영업사원 모두를 커뮤니케이션 표적으로 설정해야 한다. 다음으로는 각 병목지점의 영향인에게 메시지를 전달하는 수단(광고나 사내보 등)을 강구하고 수단별로 병목을 해소하는 맞춤 메시지를 강구하면 된다.

만약 영향인이 존재하지 않지만 여러 곳에서 병목이 발생할 때는 복수표적이 아니라 단일표적을 중심으로 병목구간과 병목요인을 고려한 통합 커뮤니케이션을 수립하면 된다. '병목' 접근은 하나의 집단이 아니라 여러 집단을 동시에 고려하여 통합 브랜드 커뮤니케이션을 수립하기에 유용한 틀을 제공한다는 이점이 있다. 특히 이 접근은 소비자나 외주처와 같은 외부고객뿐만 아니라 사내직원이나 주주 등 다양한 영향집단을 고려하는 시각을 제공하는 이점이 있다. 인터넷과 이동통신 기술의 발달로 소비자의 구매결정 과정에는 다양한 병목이 발생할 가능성이 높은 상황에서 더욱 가치를 발휘할 수 있는 접근이다.

4) 브랜드 커뮤니케이션 믹스

통합 브랜드 커뮤니케이션에서는 다양한 마케팅 커뮤니케이션 기능의 믹스를 다룬다. 커뮤니케이션 믹스란 마케팅 프로그램의 부분으로서 주어진 시간에 사용할 커뮤니케이션 도구들을 선정하는 작업이다. 브랜드 커뮤니케이션 믹스를 결정하는 과제에서는 어떤 마케팅 커뮤니케이션 기능을 사용할 것인지뿐만 아니라 각 기능에 얼마의 예산을 배정할 것인지에 대한 결정도 이루어져야 한다. 이제부터 마케팅 커뮤니케이션 도구들의 믹스에 대해 알아본다.

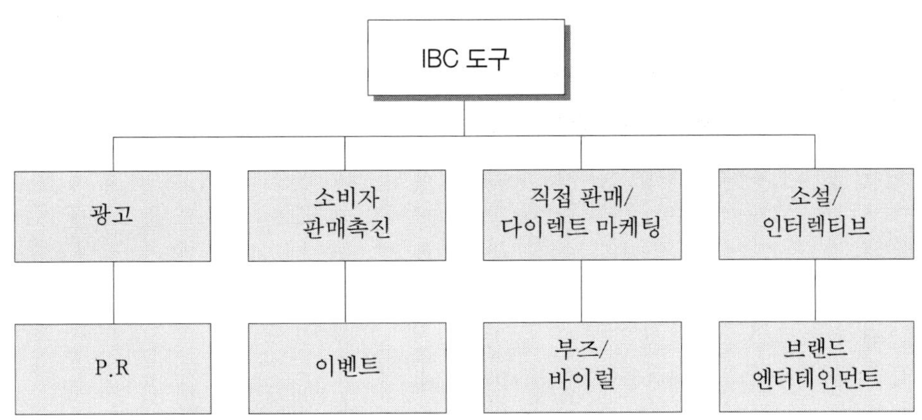

그림 11-4 통합 브랜드 커뮤니케이션(IBC) 믹스 도구

(1) 광고

마케팅 커뮤니케이션 도구들 중에서 광고는 돈이 많이 드는 커뮤니케이션 행위다. 광고란 명시된 광고주와 구매자를 연결하고, 제품이나 서비스에 대한 정보를 제공하며, 고객의 욕구와 원망의 관점에서 제품 특징을 해석하기 위해 청중에 도달하는 매스 미디어와 상호작용 미디어를 사용하는 유료의 설득 커뮤니케이션이다.

광고는 어떻게 효과를 발휘하는 걸까? 광고의 기능 중에서 가장 중요한 기능은 폭넓은 소비자에게 브랜드를 널리 알리는 것이다. 소비자가 새로운 브랜드에 대해 알게 하고, 브랜드의 특징이나 편익에 대한 정보를 제공한다. 그리고 긍정적인 브랜드 이미지 창출을 촉진한다. 효과적인 광고는 유망 고객이 광고제품이나 브랜드를 구매하도록 하는 데 영향을 미친다. 세 번째 기능은 소비자가 브랜드를 지속적으로 떠올리게 하고, 나아가 경쟁 브랜드로부터 도드라지게 만드는 것이다. 네 번째 기능은 브랜드의 부가가치를 창출하는 것이다. 자사 브랜드에 대한 소비자의 인식에 변화를 주거나 강화함으로써 브랜드 가치를 높일 수 있다. 또한 광고는 자사 브랜드에 대한 소비자의 지각된 품질에도 영향을 미친다.

(2) 소비자 판매촉진

판매촉진은 다른 촉진도구와 같이 전반적인 광고와 통합 마케팅 커뮤니케이션에 시너지를 제공한다. 전통적인 광고와 비교할 때 판매촉진에서는 소비자 행동유발 효과를 기대할 수 있다. 적절하게 사용한다면 판매촉진은 즉각적인 소비자 수요를 자극하는 데 매우 효과적이다. 정의에 의하면, 판매촉진이란 소비자와 유통점주 등 이해당사자들에게 더 큰 브랜드 가치 지각을 창출하는 유인기법을 사용하는 마케팅 커뮤니케이션 활동이다. 다음과 같은 목적을 성취하고자 할 때 도움이 된다.

- 경쟁자로부터 자사의 고객을 지키고자 할 때
- 새로운 브랜드를 도입할 때
- 기존의 브랜드로 새로운 시장에 진입할 때
- 자사 브랜드를 경험한 적이 없는 고객에게 시험구매를 촉진할 때
- 구입을 중단한 고객이 자사 브랜드를 재구입하게 할 때
- 자사 브랜드를 계속 구입하는 고객을 보상으로 강화하고자 할 때
- 자사 브랜드의 반복구입을 고무하고 브랜드 충성을 강화하고자 할 때
- 자사 브랜드 이미지를 강화하고자 할 때
- 광고 열독률을 높이고자 할 때
- 고객 데이터베이스를 축적하고 강화하고자 할 때

(3) 샘플링

샘플링은 표적소비자에게 특정 상품이나 서비스를 사용할 기회를 제공하는 것이다. 견본품에 만족한다면 구매로 연결될 것이라는 가정에서 진행된다. 샘플링은 실제 제품이나 시험용의 제품을 표적소비자에게 제공하는 다양한 방법을 포함한다. 광고에 견본품 교환 쿠폰을 삽입하는 것, 병원이나 약국 또는 대학가나 사무실 밀집지역 등과 같은 특정한 장소나 지역에서 샘플링하는 것, 이메일을 통한 샘플링 등이 있다. 샘플링의 효과를 극대화하려면 첫째, 다수의 소비자에게 무작위로 배포하기보다는 표적소비자를 정밀하게 설정하여 이들을 대상으로 샘플링해야 한다. 독창적인 샘플링 방법을 고안해야 한다. 샘플링의 투자수익을 예측해야 한다. 샘플링은 새로운 제품이나 브랜드가 확실한 경쟁우위나 차별 이점을 가질 때 사용하는 것이 바람직하다.

(4) 쿠폰

쿠폰은 가격할인이나 금전적인 절약을 통해 상품이나 서비스를 구매할 수 있는 보상을 제공하는 판매촉진도구다. 쿠폰은 가격할인 교환권으로, 특정 매장에서만 교환 가능한 것과 회사가 발행하여 어느 매장에서든 교환되는 두 가지 종류로 구분할 수 있다. 쿠폰은 제공방법에 따라 구매시점에서 제공하는 쿠폰과 우편이나 미디어를 통해 제공하는 것, 그리고 패키지 내에 삽입하는 쿠폰과 패키지 외부에 부착하는 쿠폰처럼 포장을 이용하거나 온라인을 통해 제공하는 것으로 구분할 수 있다. 쿠폰은 기존 고객의 반복구매를 유도하기에 효과적이며, 브랜드 전환이 빈번히 이루어지는 제품군의 경우에도 구매를 유도하는 효과를 줄 수 있다.

(5) 프리미엄

프리미엄은 제품구매나 매장을 방문하게 만들기 등 특정한 행위를 유발하기 위해 무료 선물이나 증정품의 보상을 제공하는 소비자 판매촉진 행위다. 프리미엄은 제품에 가치를 부가하는 기능을 통해 효과를 발휘한다. 예컨대, 시리얼을 구입했을 때 시리얼을 먹을 수 있는 유리그릇을 제공하거나, 보험 상담 시 건강검진 쿠폰을 증정할 수 있다. 프리미엄의 제공 방법은 구매 시 증정, 우편이나 온라인을 통한 증정, 패키지를 이용한 증정, 그리고 자기부담 증정으로 구분할 수 있다.

(6) 스윕스와 콘테스트

스윕스와 콘테스트는 실행에서는 차이가 있지만 소비자에게 경품(현금, 상품, 여행권 등) 획득의 기회를 제공한다는 공통점을 가진다. 스윕스의 경우, 우승자는 순전히 운에 의해 결정이 된다. 경품에 참여하기 위해서는 프리미엄과 달리 제품을 구매해야 하거나 구매를 입증할 필요도 없다. 다른 판매촉진과 비교해 스윕스는 비교적 비용도 많이 들지 않고 실행하기도 간단하며 다양한 마케팅 목적을 달성하는 데 이용될 수 있다. 스윕스는 단독으로 사용하기보다는 다른 판매촉진도구와 함께 사용하면 시너지를 얻을 수 있다. 예컨대, 소셜 미디어나 광고, 그리고 POP와 함께 사용하면 단독으로 실행할 때보다 더 큰 효과를 거둘 수 있다. 콘테스트에서는 콘테스트에 참여한 소비자는 경품을 제공하는 기업이 정한 일정한 규칙을 따라야 한다. 때에 따라서는 구매 입증이 필요하기도 하다. 참여자 입장에서는 스윕스와는 달리 어떤 기술이나 노력이 필요하다. 콘테스트 참여율은 스윕스보다는 낮지만 소비자가 브랜드와 상호작용 할 수 있는 기회를 제공하기에 매우 효과적인 판매촉진도구다.

(7) 협동 판매촉진

협동 판매촉진(Tie-in)은 2개 이상의 복수 브랜드 간의 판매촉진을 동시에 실행하는 것이다. 협동 판매촉진은 한 기업의 여러 브랜드끼리 실행되기도 하고, 다른 기업의 브랜드와 공동으로 실행하기도 한다. 다른 기업의 브랜드와 협동 판매촉진을 실행할 때에는 브랜드 간의 '보완성'을 면밀하게 검토해야 한다. 보완성은 소비자의 사용행동에 초점을 맞추어야 한다.

(8) 기타 도구

① 엠피알

피알은 기업과 다양한 공중 간에 호의를 조성하기 위한 조직적인 행위다. 피알은 고용인, 공급자, 주주, 정부, 공중, 노조, 시민단체, 그리고 소비자 등 기업의 경영에 영향을 미칠 수 있는 다양한 집단을 대상으로 한다. 피알의 대상은 기업과 관련되는 '모든' 공중이 되는 것이다. 엠피알(Marketing Public Relations: MPR)은 포괄적인 피알의 범위를 좁혀 특정 제품이나 브랜드의 마케팅에 초점을 맞춘 것이다. 피알과 비교해 청중의 범위도 다르다. 일반 피알에 비해 엠피알의 청중은 특정 제품이나 브랜드의 마케팅 표적소비자가 된다. 엠피알은 IMC에서 점차 중요한 역할을 하고 있다. 소비자가 광고와 피알을 바라보는 시각은 다르다. 광고는 기업이 직접적으로 소비자에게 영향을 미치려는 의도가 있다고 보는 반면에, 엠피알은 제삼자에 의한 편향되지 않은 메시지로 받아들이기 때문이다.

② 부즈, 바이럴 마케팅

자사 브랜드에 대한 호의적인 구전이 발생하기를 수동적으로 기다리기보다는 주도적으로 발생시키는 것이 대단히 중요하다. 이렇게 주도적으로 구전을 창출하는 것을 '부즈 창출'이라고 한다. 부즈 창출이란 자사 제품이나 브랜드에 대해 호의적으로 이야기하도록 고무하고, 나아가 이를 자신의 사회 관계망에 포함된 다른 사람에게도 퍼뜨리도록 하는 체계적이며 조직적인 노력이다. 바이럴 마케팅은 브랜드 인지도를 높이거나 또는 다른 마케팅 커뮤니케이션 목적을 위해 사회 관계망을 통해 마치 바이러스가 확산되는 것과 유사한 과정으로 구전이 확산되게 하는 기법이다. 게릴라 마케팅,

디퓨전 마케팅, 그리고 스트리트 마케팅은 긍정적인 구전을 확산하는 주도적인 노력이라는 점에서 부즈 창출이나 바이럴 마케팅과 유사한 개념이다. 주의를 끌면서 기억에 남는 메시지는 브랜드에 대한 구전을 촉진하는 효과가 더욱 크다. 일반적으로 주의를 끌면서 기억에 남는 메시지는 흥미를 유발하는 힘이 강하다. 특히 강한 정서를 유발하는 메시지의 확산 속도가 훨씬 빠르다. 사회적 이슈도 정서를 유발하는 힘이 강하다. 사회적 이슈가 소비자와 관련된 것일 경우에는 또래집단에서 더 빨리 확산되는 경향이 있다.

③ 후원 마케팅

후원 마케팅(sponsorship marketing)은 기업 이미지의 향상과 같은 기업의 목적 또는 판매 증대와 브랜드 자산 강화와 같은 마케팅 목적을 성취하기 위해 이벤트나 대의명분에 투자를 하는 마케팅 커뮤니케이션 행위다. 최근 들어, 기업의 사회적 역할이 중시되면서 후원 마케팅이 활성화되고 있고 IMC의 중요한 마케팅 커뮤니케이션 믹스로 다루어지고 있다. 명분 마케팅(cause-related marketing)은 피알, 판매촉진, 기업 자선사업 등의 다양한 IMC 믹스가 포함되는 판매촉진 활동이다. 명분 후원은 환경보호나 국민 건강증진 등 사회가 관심을 가지는 이슈를 지원하는 것으로, 주로 기업과 비영리 조직 간에 서로의 이익을 달성하기 위해 연대하는 활동이다. 기업은 브랜드 이미지나 판매를 향상하고, 비영리 조직은 기업의 후원금으로 기금을 확보할 수 있다.

④ 브랜드 엔터테인먼트

브랜드 엔터테인먼트(branded entertainment)는 독특하고 주목을 끄는 방식으로 소비자에게 인상을 남기고 소비자와 관계를 맺으려는 노력의 일환으로, 주요 목적은 브랜드를 주연으로 만드는 엔터테인먼트 물(TV 쇼, 드라마, 단편 영화, 영화, 또는 비디오 게임 등)을 개발하거나 지원하는 브랜드 구축 커뮤니케이션 행위다. 브랜드를 주인공으로 엔터테인먼트를 직접 제작함으로써 계획된 표적청중에게 브랜드 전략에 입각한 정교하게 만든 스토리로 자사 브랜드를 최대한 돋보이게 할 수 있다. 브랜드 엔터테인먼트는 제삼자에 의해 제작된 엔터테인먼트 물에 자사의 브랜드를 끼워 넣는 것과는 다르다.

⑤ 간접광고

간접광고(PPL)는 영화나 드라마 또는 쇼 등 엔터테인먼트 물에 자사의 제품을 노출시키는 간접 광고행위로, 어떤 목적하에서 브랜드를 노출하거나 촉진하기 위해 일정한 비용을 지불하고 진행된다. 영화나 TV에서 표현되는 브랜드의 현출성이나 노출 강도에 따라 온셋 배치(on-set placement)와 크리에이티브 배치(creative placement)로 구분할 수 있다. 온셋 배치는 의도적인 연출을 통해 어떠한 단서를 제공하는 소품으로 브랜드를 등장시키거나, 연기자의 멘트 또는 실제 사용으로 제품을 노출시키는 것을 말한다. 반면, 크리에이티브 배치는 의도적으로 두드러지게 제품이나 브랜드를 노출시키는 것이 아니라, 화면을 구성하는 자연스러운 요소로서 비교적 짧은 시간 동안 노출시키는 것이다. 브랜드 엔터테인먼트에서는 드라마나 영화 등 엔터테인먼트 물을 브랜드 마케터가 직접 제작한다. 따라서 브랜드가 주인공이다. 하지만 PPL에서는 브랜드가 드라마나 영화 줄거리의 부수적 요소의 역할을 할 뿐이다.

제3부

직장 건강 및 상담

제12장

직장 스트레스 관리

산업심리학적 관점에서 임직원에 대한 스트레스 관리는 매우 중요하다. 사회가 급격하게 변화하고 복잡해질수록 일상생활 이외에 직장에서 경험하는 스트레스가 많아지고 이로 인해 심리적, 신체적 건강에 대한 부정적 영향을 더 많이 받기 때문이다. 구체적으로, 스트레스로 인해 집중력이나 판단력의 저하, 정서적 불안정, 근육 긴장이나 피로감 등을 경험하게 되며 이는 직장 내에서 업무와 대인관계의 문제를 발생시키게 된다. 스트레스는 피하려 한다고 해서 사라지는 것이 아니라 지속적으로 만날 수밖에 없으므로 이를 무시하고 외면하기보다 잘 이해하고 대처하며 관리하는 것이 중요하다.

이 장에서는 먼저 스트레스의 개념, 이론, 원인 등 전반적인 개관을 한 다음에 스트레스로 인한 심리적 또는 생리적 반응과 스트레스를 조절하는 요인, 스트레스와 건강 간의 관계, 스트레스에 대한 대처 및 관리 방법들을 알아보겠다.

1. 스트레스의 개념

스트레스는 각 분야와 연구자에 따라 그 정의가 달라서 현재까지 모두가 동의하는 일치된 개념은 없는 상태다. 하지만 스트레스를 바라보는 관점에 따라 그 개념을 세 가지로 정리할 수 있다. 첫째, 스트레스를 외부 자극으로 보는 관점(Holmes & Rahe, 1967)으로, 하루 앞으로 다가온 업무 보고서 제출 마감, 직장 동료와의 갈등 등이 해당된다. 둘째, 스트레스를 자극에 대한 반응으로 보는 관점(Selye, 1956, 1976, 1982)으로, 임원들 앞에서 업무 보고를 앞두고 긴장되어 땀을 흘리거나 두통을 경험하는 것이다. 셋째, 외부 자극과 사람이 서로 상호작용하는 관점(Lazarus & Folkamn, 1984)으로, 사람이 자극을 평가하고 해석하는 방식에 따라 스트레스를 받거나 전혀 받지 않을 수도 있다고 제안한다. 새로운 업무를 맡게 되는 상황에서 A는 자신이 제대로 해낼 수 있을지 불안해하면서 상당한 스트레스라고 지각하지만 B는 그 업무를 도전적이라고 해석하여 더 적극적으로 받아들일 수 있다. 이와 같이 스트레스를 어떤 관점에서 보느냐에 따라 그 정의와 개념이 달라질 수 있으며 스트레스를 연구할 때 관점에 따라 중요시 여기는 내용이 달라진다. 다음에서는 세 가지 관점에 따른 스트레스 이론을 먼저 알아보고, 이어서 특히 직장에서 경험하는 스트레스에 대해 요구와 통제가 상호작용하는 관점으로 바라보는 이론을 살펴보도록 하겠다.

2. 스트레스를 설명하는 이론

스트레스에 대한 이론을 소개할 때 일반적인 스트레스에 대한 이론과 직무 스트레스에 대한 이론으로 나누어 보려고 한다. 먼저 일반적인 스트레스 이론의 경우 스트레스를 자극의 관점에서 연구한 Holmes와 Rahe의 이론, 스트레스를 반응의 관점에서 연구한 Selye의 이론, 자극과 사람 간의 상호작용 관점에서 연구한 Lazarus의 이론을 소개한 후 직무 스트레스에 관련된 이론인 Karasek의 요구-통제 모형을 살펴보겠다.

1) Holmes와 Rahe의 이론

Holmes와 Rahe는 스트레스를 사회적 재적응에 필요한 압력이나 에너지의 총량이라고 하였다(Holmes & Rahe, 1967). 일상생활에서 경험하는 여러 가지 사건들이 바로 외적 자극이며 스트레스로 작용한다고 하였다. 그리고 일상생활에서 발생하는 긍정적 또는 부정적 변화는 사람들이 사회적 재적응(social readjustment)을 하기 위한 압력으로 작용하며 이러한 변화에 적응하려는 에너지의 양을 '스트레스 지수'라고 하였다. 이 이론에서는 사람들이 인생에서 경험한 사건과 그에 따른 생활변화 단위를 수치화하여 사회재적응평정척도(Social Readjustment Rating Scale: SRRS)를 만들었다(〈표 12-1〉 참조). 이 척도는 생활사건 가운데 '결혼'에 필요한 재적응 노력의 양을 50이라는 중간 수치로 기준을 설정하고, 재적응할 때 필요하다고 생각되는 점수를 각 사건에 대해 추정하게 하여 스트레스가 가장 많은 생활사건부터 적은 순서까지 43개 목록으로 구성되어 있다.

가장 스트레스가 많은 생활사건은 '배우자 사망'으로 100점이고, 그 다음이 '이혼'으로 73점이며 '경미한 법률 위반'이 가장 낮은 11점이다. 지난 1년 동안 경험한 사건들을 모두 표시한 후 생활변화 수치를 모두 합한 총점이 바로 스트레스 지수다. 스트레스 지수는 총합이 150점 미만이면 다음 해에 질병이 발생할 확률이 약 30%, 150~299점은 약 50%, 300점 이상은 약 80%로 지수가 높아질수록 질병의 발생 확률이 증가하였다. 한편, 총합이 300~400점이면 질병의 개수가 1.9개, 500점 이상이면 2.1개로 나타나 생활사건을 많이 경험할수록 질병을 더 많이 경험하였다.

| 표 12-1 | 사회재적응평정척도

생활사건	생활변화 단위	생활사건	생활변화 단위
배우자 사망	100	아들과 딸이 집을 나감	29
이혼	73	친척과의 불화	29
교도소 복역	63	탁월한 개인적 사업	28
가족의 사망	63	남편이나 아내의 취직 및 퇴직	26
자신의 부상 및 질병	53	학교 입학 및 졸업	26
결혼	50	생활조건들의 변화	26

직장 해고	47	개인적 습관 교정	24
퇴직	45	상사와의 불화	23
가족의 건강상태 변화	44	작업조건의 변화	20
임신	40	이사 및 거주지 변화	20
성생활 문제	39	여가방법의 변화	19
경제사정의 변화	39	수면습관의 변화	16
친구의 사망	37	식사습관의 변화	15
직장 내의 직무 변화	36	휴가	13
배우자와 언쟁 및 불화	35	크리스마스 맞이	12
대부금채권의 회수 불능	30	경미한 법률 위반	11
직장에서의 책임 변화	29		

2) Selye의 이론

Selye의 이론은 스트레스가 생리적 반응에 미치는 효과를 연구하였고 스트레스 반응을 질병의 발생과 연결시켜 사람들이 스트레스의 중요성에 관심을 갖도록 만들었다. Selye도 초기에는 스트레스를 자극으로 간주하여 스트레스를 일으키는 외부 환경에 관심을 가졌지만 이후에 유기체가 만들어 내는 반응을 스트레스(stress)라고 하였고 자극을 스트레스원(stressor)이라고 명명하였다. 이를 근거로 하여 스트레스원이 각각 다르더라도 유사한 신체 반응이 나타나므로 스트레스를 특정하게 나타나지 않는 일반화된 반응이라고 개념화하였다. 즉, 다양한 자극들로 인해 스트레스 반응이 나타나지만 그 반응은 항상 비슷하거나 동일하다고 가정하여 일반적응증후군(General Adaptation Syndrome: GAS) 이론을 제안하였다(Selye, 1956, 1976, 1982). 일반적응증후군은 스트레스원으로부터 스스로를 방어하려는 일반화된 시도를 의미하기도 하며 경고 반응, 저항, 소진의 세 단계로 구성된다.

구체적으로 살펴보면 첫 번째는 경고 반응(alarm reaction) 단계이며 교감신경계를 통해 스트레스원에 대한 방어가 이루어지며 투쟁-도피(fight-flight) 반응을 준비한다. 심장박동과 혈압 상승, 호흡 증가, 위장기관의 활동 저하, 스트레스 호르몬인 아드레날린(에피네프린)의 방출 등이 나타난다. 이러한 신체 반응은 단기적으로는 적응적일 수 있지만 스트레스에 장기적으로 노출된다면 이는 부적응적 반응이 될 수 있다.

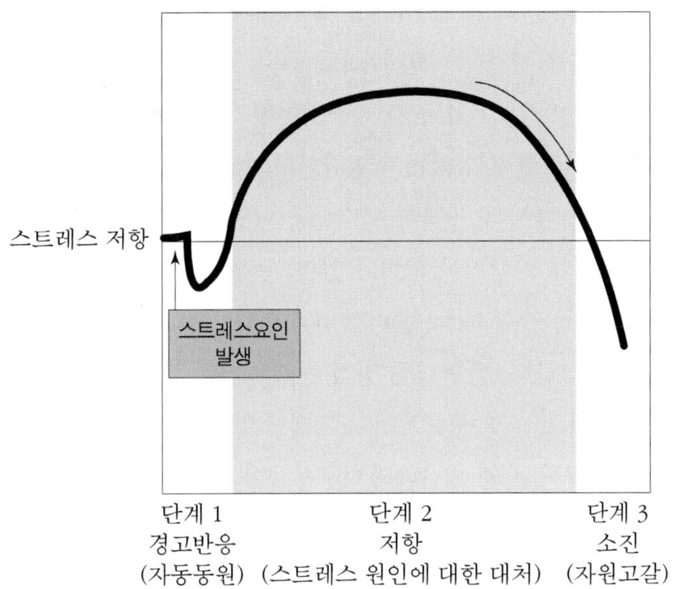

그림 12-1 일반적응증후군의 단계

두 번째는 저항(resistance) 단계로 스트레스원에 적응하기 시작하는데, 외면적으로 문제가 없는 것처럼 보이지만 신체 내부는 생리적으로 정상이 아니다. 지속적인 스트레스는 신경과 호르몬의 변화를 일으키고 이러한 변화가 질병을 유발시키게 된다. 스트레스에 대한 저항으로 면역계의 변화가 발생하여 감염에 취약하게 되며 고혈압, 심혈관질환, 위궤양, 갑상선 기능항진증과 같은 질병이 나타날 수 있다. 마지막으로 소진(exhaustion) 단계에서는 신체가 스트레스에 더 이상 저항하지 못하고 그 능력이 없어질 수 있으며 이전 단계에서 매우 높아진 교감신경계를 낮추기 위해 부교감신경계가 비정상적으로 높은 수준까지 활성화된다. 이 단계에서 더 이상 보충되는 신체 자원이 없거나 또 다른 스트레스원이 나타나면 신체의 모든 기능이 바닥나서 질병에 걸리거나 심하면 사망하게 된다고 가정하였다.

3) Lazarus의 이론

자극과 사람이 상호작용하는 관점을 제시한 Lazarus 이론은 일상생활에서 경험하는 사건으로 인해 스트레스를 받는 것이 아니라 그 사건에 대한 평가나 해석에 따라 그 여부가 달라진다고 하였다. 사람들은 사건을 세 가지 단계를 거쳐서 평가하며 일차 평가(primary appraisal), 이차 평가(secondary appraisal), 재평가(reappraisal) 순서로 진행한다(Lazarus & Folkamn, 1984). 일차 평가에서는 어떤 사건이 자신의 행복과 관련하여 긍정적 또는 부정적이거나 관련이 없는지 평가한다. 예를 들어, 직장에서 새로운 업무의 팀장을 맡게 되었다면 이것이 나에게 어떠한 의미인지 일차적으로 해석한다. 긍정적 평가는 사건이 자신에게 바람직한 의미가 있다고 해석하는 것으로, '팀장을 맡아서 회의를 하거나 업무시간을 정할 때 내가 더 효율적으로 일할 수 있는 시간으로 조정할 수 있게 되었다.'라고 생각한다. 반면에 부정적 평가는 세부적으로 사건이 해롭거나 위협적 또는 도전적 의미가 있다고 해석하며 스트레스적 평가라고도 부른다. '해로움'은 과거에 이미 일어난 상황이고(예: 지난번에 팀장을 맡았는데 다른 팀원들의 업무수행이 좋지 않아서 많이 속상했다), '위협'은 미래에 해로움이 예측되는 상황이며(예: 팀장을 맡았지만 업무성과가 좋지 않으면 오히려 맡지 않을 때보다 나에 대한 평가가 나쁘게 될까봐 걱정이다) '도전'은 위협 이외에 긍정적 결과도 있다고 판단하는 상황이다(예: 팀장을 맡아서 다른 부서에 있는 사람들과 더 많이 교류하고 전체적인 업무과정을 파악할 수 있는 기회를 갖게 되었다). 이와 같이 상황에 따라 다른 정서를 경험하게 되는데, 해로움으로 해석하면 슬픔, 분노, 실망이 나타나고, 위협으로 해석하면 불안, 걱정, 두려움이 발생하며 도전으로 해석하면 흥분이나 기대를 하게 된다.

이차 평가는 일차 평가 이후에 그 상황을 적절하게 대처할 수 있는지 이차적으로 진행하는 단계이다. 이 단계에서는 '사용할 수 있는 대처 자원은 어떤 것인가?' '대처 자원을 성공적으로 적용할 가능성은 얼마인가?' '이러한 과정이 스트레스를 감소시킬 수 있는가?' 등의 대처 가능성을 평가하기 위한 질문을 하게 된다. 일차 평가에서 비록 스트레스라고 평가했던 사건이었지만 대처할 수 있다고 평가하면 해석이 달라질 수 있다. 예를 들어, 팀장이 되어 업무성과가 좋지 않아 나쁜 평가를 받을 수도 있어서 위협적으로 평가했지만(일차 평가) 같은 팀으로 오는 팀원들이 대부분 업무능력이 좋은 사람들이라면(이차 평가) 팀장을 맡게 된 사건이 위협이 아니라 도전으로 평가되어 스트레스로 해석하지 않게 된다. 마지막 단계인 재평가는 일차와 이차평가에서 몰랐던 정보들을 새롭게 사용하게 되면 이전의 평가가 달라지는 것이다. 예를 들어, 팀원들이 과거에 있던 팀에서 업무능력이 뛰어나지 않아 실적을 제대로 올리지 못할 것 같아서 스트레스를 받았지만(이차 평가) 직접 만나 보니 대부분 성실하고 이 팀에서 실행할 업무에 대한 잠재력을 가지고 있다는 사실을 알게 되어 업무성과에 큰 문제가 없을 것 같다고 판단하면(재평가) 스트레스가 줄어든다. 하지만 재평가 단계에서 새롭게 들어온 정보가 부정적이라면 스트레스가 더 증가할 수 있다. 세 단계의 평가 과정을 살펴보면 대처가 상당히 중요한 역할을 하고 있다. 대처는 개인이 가진 자원에 부담을 주거나 자원을 넘어선다고 평가되는 내적 · 외적 요구를 처리하기 위한 인지적 및 행동적 노력이라고 할 수 있으며 상황에 따라 지속적으로 변화하는데(Lazarus & Folkman, 1984), 일생 동안 스트레스 없이 살아가거나 계속 회피할 수 없기 때문에 스트레스가 있느냐가 아니라 스트레스에 얼마나 잘 대처하느냐가 더 중요하다고 볼 수 있다.

4) Karasek의 이론

지금까지 일반적인 스트레스 이론에 대해 살펴보았으며 이어서 직무 스트레스와 관련된 Karasek의 이론인 요구-통제 모형에 대해서 알아보겠다. Karasek(1979)은 요구와 통제가 상호작용하여 스트레스가 생긴다는 요구-통제 모형(demand-control model)을 제안하였다. 요구는 직무에서 요구되는 업무의 부하량이며 통제는 스스로 결정을 내릴 수 있는 권한과 자율성을 의미한다. 이 모형은 직장에서 받는 요구가 많지만 개인이 충분한 통제력을 가지고 있지 않으면 스트레스 반응이 높아진다고 보았다. [그림 12-2]를 보면 통제력이 높은 경우 요구 수준에 따라 긴장의 정도는 차이가 없으나 통제력이 낮으면 요구 수준이 늘어날수록 긴장이 커진다. 즉, 통제력에 따라 요구 수준이 긴장에 미치는 영향이 서로 다르게 나타난다. 일반적으로 지위가 높은 관리직보다 말단 사원이 스트레스가 더 많고(Wamala, Mittleman, Horsten, Schenck-Gustafsson, & Orth-Gomer, 2000), 정해져 있는 과정에 맞추어 업무를 처리해야 하는 일반 직원이 판단과 결정을 내려야 하는 일이 많은 임원보다 스트레스를 더 높게 경험한다. 이는 말단 사원이나 일반 직원은 요구 수준이 높고 업무에 대한 통제력이 낮아서 직무 스트레스가 더 많으며 관리직이나 임원은 요구 수준이 높더라도 통제 수준도 동시에 높기 때문에 상대적으로 스트레스를 덜 받는다고 할 수 있다. 이 모형은 직장에서 사람들에게 통제력을 많이 부여하면 직무 스트레스를 줄이는 완충효과가 있음을 말해 준다. 요구와 통제의 수준에 따라 직업이나 직무 유형이 다양하게 나타나는데, 생산직 노동자, 간호조무사, 편의점 직원 등은 요구가 높지만 통제력이 낮아서 긴장의 정도가 높다. 반면, 요구는 적으면서 통제력이 높은 건축가나 고위 임원은 상대적으로 더 낮은 직무 긴장을 경험한다.

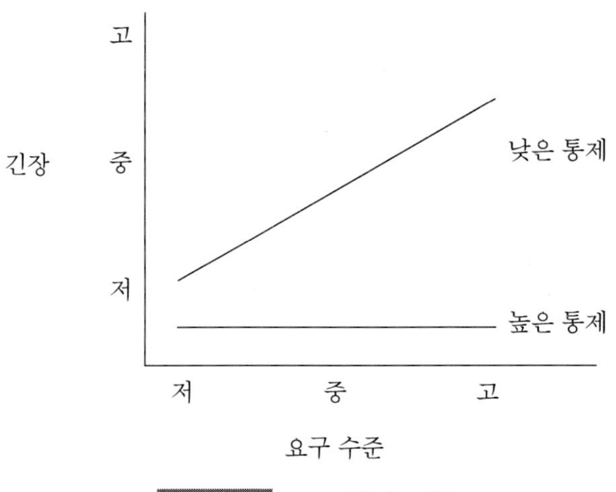

그림 12-2 요구-통제 모형

요구-통제 모형을 검증하기 위해 직무내용 척도(Job Content Questionnaire: JCQ)가 개발되었는데(Karasek & Theorell, 1990), 이 척도는 직무 요구 차원, 직무 통제 차원, 스트레스에 의한 건강문제 차원으로 구성되어 있다. 이 척도를 사용하여 미국과 스웨덴의 직장인 스트레스를 조사한 결과, 스트레스는 심혈관질환에 부정적 영향을 미쳤고, 직무 요구가 높고 직무 통제가 낮은 집단은 우울증 또는 탈진과 같은 심리적 긴장과 함께 생리적 긴장과 직무 불만족이 많았다. 또한 간호사를 대상으로 실시한 종단연구에서 업무에 대한 요구가 많지만 통제가 낮다고 지각한 집단은 질병에 걸리는 빈도가 더 높았고, 건강을 관리하는 비용이 더 많은 것으로 나타났다(Ganster et al., 2001). 이러한 결과를 통해 직무 요구가 높고 직무 통제가 낮으면 개인은 물론 해당 직장에서도 많은 비용을 감당해야 한다는 것을 알 수 있다. 이 모형에서 제안한 가설은 부분적으로 지지되었는데, 각 연구들이 사용한 요구나 통제의 측정 방법이 일관되지 않았기 때문인 것으로 보인다. 예를 들어, 직장인들이 가지고 있는 일반적 통제력을 측정했을 때는 가설이 잘 지지되지 않았지만, 현재 수행하는 직무에 대한 통제력을 측정한 경우에는 모형이 입증되었다(Wall et al., 1996). 한편, 통제 이외에 자기효능감도 마찬가지로 스트레스를 완화하는 것으로 알려졌다. 자기효능감이 높은 군인은 업무 부하량이 많아도 신체적 또는 심리적 반응에 유의미한 영향을 미치지 못했지만 자기효능감이 낮으면 업무 부하량이 많아질수록 스트레스 반응이 높아졌다(Jex & Bliese, 1999). 앞으로, 직무 요구가 스트레스 반응을 일으키는 데 있어서 통제나 자기효능감 이외에 완충효과를 나타내는 다양한 변수들을 탐색하고 검증하는 연구가 필요하다.

3. 스트레스를 일으키는 요인

스트레스를 발생시키는 요인은 스트레스원이라고도 부르며 일상적으로 경험하는 사소한 사건부터 인생을 살아가면서 겪게 되는 생활사건 그리고 심각한 재난에 이르기까지 매우 다양하다. 여기에서는 먼저 일반적인 스트레스를 발생시키는 요인인 재난, 생활사건, 사소한 일상사건에 대해 알아보고, 특정하게 직무 스트레스를 발생시키는 요인을 차례로 살펴보도록 하겠다.

1) 일반적인 스트레스를 발생시키는 요인

재난은 자연재해(예: 지진, 태풍, 홍수)나 인재(예: 전쟁, 폭발, 붕괴, 방사능 오염) 등 많은 사람에게 영향을 주는 스트레스 사건이다. 재난은 의도 여부에 따라 스트레스를 받는 정도가 달라지는데, 테러와 같이 의도성이 높은 경우에는 태풍처럼 의도되지 않은 사고에 비해 스트레스가 더 광범위하고 강하게 나타난다. 이러한 스트레스가 매우 심각해져서 1개월 이상 불안을 포함한 관련 증상이 지속되면 외상 후 스트레스 장애(Posttraumatic Stress Disorder: PTSD)로 발전하게 된다. 한편, 재난이 일어난 곳과 가까운 장소에 있을수록 그리고 재난이 발생한 시점에서 얼마 지나지 않을수록 사람들은 스트레스를 더 많이 경험하는 것으로 나타나 사건의 의도 여부 이외에 재난이 발생한 장소와의 거리, 재난 이후에 경과한 시간도 스트레스 악화에 영향을 미치는 것으로 알려져 있다. 일반적으로 재난은 경고 없이 갑작스럽게 발생하며 생존자뿐만 아니라 희생자의 가족들도 삶이 이전과 확연히 달라지는 고통스러운 경험을 하게 된다.

그림 12-3 외상 후 스트레스 장애를 일으킬 수 있는 재난 사고

생활사건은 인생을 살아가는 과정에서 경험하게 되는 사건들로 긍정적(예: 결혼, 승진) 또는 부정적(예: 이혼, 실직) 사건 등이 모두 포함된다. 재난은 사람들이 평생 동안 경험할 가능성이 적거나 아예 없을 수도 있지만 생활사건은 상대적으로 더 자주 겪게 되는 일이라고 할 수 있다. 생활사건은 재난과 비교할 때 몇 가지 다른 특징을 보이는데 첫째, 생활사건은 광범위하게 영향을 미치는 재난과 다르게 해당되는 사건과 관련된 사람에게만 특정하게 영향을 미친다. 둘째, 생활사건은 대체로 갑작스럽게 일어나는 재난과 달리 비교적 천천히 발생한다. 물론, 사별과 같이 갑자기 경험하는 경우도 있지만 결혼이나 은퇴 같은 사건들은 일정한 과정을 거치면서 진행된다. 셋째, 생활사건은 재난과 같이 부정적인 측면만 있는 것은 아니며 변화와 적응을 필요로 한다. 승진이나 출산은 스트레스로 작용하기도 하지만 도전과 같은 긍정적 측면을 지니고 있다. Rahe와 Holmes의 사회재적응평가척도(Holmes & Rahe, 1967)에서 제시된 항목들이 생활사건에 해당되며 생활사건을 많이 경험할수록 스트레스를 많이 받는 것으로 보고 있다.

재난이나 생활사건과 달리 발생 빈도가 높아 자주 경험하는 사소한 일상사건으로 인해 스트레스를 경험하게 되는 경우가 많다. 사소한 일상사건은 대체로 반복적이고 만성적으로 나타나며 자신의 능력으로 통제하기 어려워서 더 많은 스트레스를 받을 수 있다. 아파트의 층간 소음, 주차공간의 부족, 출퇴근 시 교통체증 등이 그 예다. 이전에는 재난과 생활사건을 중심으로 스트레스에 미치는 영향에 대한 연구가 많았지만 최근에는 골칫거리가 되는 사소한 일상사건이 스트레스를 더 많이 일으킬 수 있다는 가정에서 연구가 활발히 진행되어 왔다. 이러한 사건으로 인해 받게 되는 스트레스는 우리의 주변 어느 곳에서나 쉽게 나타날 수 있으며 물리적 환경과 심리사회적 환경으로 나눌 수 있다.

물리적 환경은 자신이 거주하고 있는 곳의 환경에 따라 스트레스가 더 심해질 수 있으며 대표적으로 밀집, 오염, 소음 등이 있다. 먼저 밀집은 주관적으로 경험하는 불쾌하고 혼잡한 느낌을 의미하며 객관적 측정치인 밀도 자체가 높다고 무조건 스트레스를 받는 것은 아니다. 예컨대, 사람들은 운동 경기를 볼 때 밀도 있게 촘촘히 앉아 있어도 밀집된 상황이라고 느끼지 않지만 캠핑장에서 내 텐트가 옆 텐트와 가깝게 붙어 있으면 매우 밀집되어 있다고 지각한다. 밀집 상황이 되면 공격성과 범죄율이 높아지고 대인관계가 위축되며 직장에서 업무를 수행하는 능력이 낮아진다(Sundstrom, 1978). 밀집은 사망률에도 영향을 미치는데 치료감호소에 있는 재소자들의 증가 또는 감소와 사망률은 상관관계가 있는 것으로 보고되었다(Paulus, McCain, & Cox, 1978). 다음으로 소음은 아동들의 생리적 각성을 만성적으로 높이고 인지과제를 수행할 때 쉽게 포기하게 만들었다(Evans, Hygge, & Bullinger, 1995). 그러나 소음은 소리에 대한 개인적 취향이므로 객관적 크기가 아닌 그에 대한 주관적 태도가 중요하다. 예를 들어, 소리의 크기가 같더라도 옆집에서 아름다운 피아노 곡을 능숙하게 치는 소리보다 서툰 솜씨로 피아노를 연습하는 소리가 훨씬 더 스트레스를 받게 만든다. 도시인들은 객관적 소음 크기에 따라 수면의 변화가 나타나지 않았지만 주관적 소음이 클수록 숙면 정도가 낮아지고 질병 수가 증가하였다(Nivision & Endersen, 1993). 마지막으로 오염은 일차적으로 몸에 부정적 영향을 주지만 심리적으로도 나쁜 영향을 미치는데, 오염된 곳에 사는 경우 그렇지 않은 사람들보다 스트레스 때문에 심리 및 신체 증상을 더 많이 경험하였다(Matthies, Hoeger, & Guski, 2000). 또한 오염에 대한 통제 가능성이 낮다고 지각하면 스트레스를 더 많이 받게 된다. 가령, 실제로 공기가 오염된 수준보다 오염을 통제할 수 있느냐가 스트레스에 더 많은 영향을 주는 것으로 나타났다(Rotton, Yoshikawa, & Kaplan, 1979).

그림 12-4 **일상적이고 반복적으로 발생하여 스트레스를 일으키는 교통체증**

심리사회적 환경은 물리적 환경과 유사하게 사소한 일상사건들을 자주 경험하게 만들어 스트레스를 발생시킨다. 사람들은 인간관계에서 벗어나 생활하거나 업무를 진행하기 힘들기 때문에 심리사회적 환경은 물리적 환경보다 더 자주 스트레스를 일으킬 수 있다. 대표적으로 대인관계나 차별 등이 있다. 대인관계는 사람이 혼자서 지내지 않는 한 모든 상황과 관련이 있다. 일반적으로 대인관계가 활발하지 않은 경우 더 활발하게 관계를 맺는 것보다 건강의 위험성이 더 높아진다(Hodfoll & Vaux, 1993). 하지만 대인관계가 항상 건강에 긍정적 영향을 미치는 것은 아니며 청소년과 대학생들은 스트레스를 경험하는 사건들 가운데 1/3이 대인관계에서 발생하는 것으로 밝혀졌다(김교헌, 전겸구, 1993; 전겸구, 김교헌, 1991). 많은 사람이 가족관계에서도 스트레스를 경험하는데, 가정에서 남성과 여성의 역할과 기대 수준에 대한 차이로 인해 부부갈등이 나타나고 스트레스를 유발시킨다. 특히 여성의 경우 직장인 이외에 아내와 엄마라는 역할이 가중되어 남성보다 가사, 육아에 쏟는 시간과 부담이 증가하여 더 많은 스트레스를 받게 된다. 한편, 차별은 다양한 사람이 모여 있는 조직이나 관계 내에서라면 대부분 존재하게 된다. 미국에 거주하는 다양한 인종 가운데 특히 아프리카계 미국인들은 일상생활을 비롯하여 여러 조직이나 상황에서 경험하는 차별이 지속적으로 스트레스를 발생시킨다(Landrine & Klonoff, 1996). 또한 여성, 노인, 비정규직 등과 관련한 차별도 나타나며 이는 스트레스 이외에 심혈관질환에 대한 위험성을 높이는 것으로 알려졌다(Troxel, Matthews, Bromberger, & Sutton-Tyrrell, 2003).

2) 직무 스트레스를 발생시키는 요인

지금까지 일반적인 스트레스를 유발하는 요인에 대해서 알아보았으며 이제 직무 스트레스를 발생시키는 요인들 가운데 역할과 관련된 문제와 감정노동을 살펴보겠다.

먼저, 개인이 수행하는 직무에서 맡은 역할과 관련된 문제들이 직무 스트레스에 부정적 영향을 미칠 수 있는데(Kahn, Wolfe, Quinn, Snoek, & Rosenthal, 1964), 대표적으로 역할 모호성(role ambiguity), 역할 과부하(role overload), 역할 갈등(role conflict)이 있다. 첫째, 역할 모호성은 직무 범위와 책임이 정해지지 않아서 자신에게 어떤 행동을 기대하는지 명확하게 알지 못할 때 나타나며, 직장에 갓 입사한 신입사원이 대표적인 예다. 역할 모호성은 수행 준거 모호성, 작업 방법 모호성, 작업 계획 모호성의 영향을 받는다. 수행 준거 모호성은 직무수행을 평가할 때 어떠한 기준이 적용되는지 확실하지 않을 때 나타나고, 작업 방법 모호성은 직무수행을 성취하는 데 필요한 방법과 절차가 불확실한 경우에 발생하며, 작업 계획 모호성은 작업을 진행하는 시점이나 순서를 확실하게 알지 못할 때 직무 스트레스가 커지게 된다. 둘째, 역할 과부하는 개인이 책임을 과도하게 느끼는 경우에 발생하는데, 역할에 대해 명료하게 알게 되더라도 역할이 너무 많으면 문제가 될 수 있다. 역할 과부하는 일반적으로 양적 과부하(quantitative overload)와 질적 과부하(qualitative overload)로 나눌 수 있다. 양적 과부하는 제한된 시간 내에 수행해야 하는 업무량의 과부하를 의미한다. 반면, 질적 과부하는 수행해야 하는 업무가 능력에 비해 너무 어려울 때 일어난다. 이로 인해 스트레스를 받으면 더 쉬운 과제를 많이 하려고 하거나 수행하기 어려워도 양이 적은 소수의 과제만을 하려고 한다. 질적 측면의 경우, 역할 과부하 이외에 과소부하도 직무 스트레스에 영향을 미친다. 질적 과소부하(qualitative underload)는 개인의 능력보다 질적으로 과도하게 쉬운 업무를 할 때 나타나는데, 습득한 기술이나 지식을 사용할 수 없거나 잠재적 역량을 개발할 기회가 없을 때 발생한다(Hurrell et al., 1998). 일반적으로 과부하된 역할을 맡으면 직무 스트레스가 높아지고 이는 다시 직무만족을 저하시켜 긴장, 불안, 이직의도를 증가시킨다(Day & Livingstone, 2001). 또한 역할 과부하는 직무에 대해 정서적·신체적으로 소진된 상태인 직무 탈진(job burnout)을 촉진시키는 것으로 보고되었다(Cohen, 1992). 셋째, 역할 갈등은 상충하는 목표나 요구에 직면할 때 나타나는데, 맡은 역할이 과도하지 않고 적정하더라도 직무가 요구하는 것과 자신의 가치나 기대 간의 차이가 클수록 문제가 된다. 평소에 부하 직원들과 돈독한 관계를 중요하게 여기며 의사소통을 자주 하는 팀장이 이번 달에 목표 생산량의 20%를 더 높이라는 지시를 회사에서 받는다면 갈등을 겪게 될 것이다. 급하게 목표치를 달성하려면 관계지향적인 의사소통보다 성취지향적인 권위적 행동이 필요하기 때문이다. 직장 안에서 요구들 간의 모순이 나타나는 역할 내 갈등(intrarole conflict)뿐만 아니라 직장과 직장 이외의 장면에서 요구들 사이의 모순이 발생하는 역할 외 갈등(extrarole conflict)도 존재한다. 직장 상사는 급하게 야근이 필요하다고 지시하지만 저녁에 자녀들과 영화를 보기로 약속한 경우 직원의 역할과 부모의 역할이 상충하여 역할 갈등을 경험하게 된다.

다음으로 직무 스트레스를 발생시키는 또 다른 요인이면서 최근에 사회적으로 관심이 계속 커지고 있는 감정노동(emotional labor)은 직무를 수행하거나 서비스를 제공하는 동안 자신이 느끼는 본래 감정과 다른 감정을 고객에게 의무적으로 표현해야 하는 행동을 의미한다(Muchinsky & Culbertson, 2015). 이러한 명칭은 직원들이 고객에게 긍정적 감정을 지속적으로 표현하기 위해 상당한 노력이 필요하기 때문에 붙여진 것이라고 할 수 있다(Glomb & Tews, 2004). 감정노동은 정서적으로 소진시키고 두통이나 복통 등의 건강 문제를 유발시키는 등(Zapf, 2002) 심리적·신체적 건강에 부정적 영향을 미쳤다. 그리고 감정노동으로 경험하게 되는 불안이나 좌절은 직무만족과 업무수행을 낮추고 이직 의도와 건강이 악화되는 징후를 높였다(Brotheridge & Grandey,

그림 12-5 자신의 내면 정서와 외적으로 표출하는 정서가 불일치하는 감정노동은 직무만족과 업무수행을 낮추며 신체건강에도 부정적 영향을 미친다.

2002). 감정노동의 부정적 영향은 특히 자신이 실제로 느끼는 정서와 업무상 표현해야 하는 정서가 일치하지 않은 경우, 업무 시 자신이 가지고 있는 자율성과 통제력이 부족한 경우, 감정노동으로 얻게 되는 보상이 적은 경우에 더 많이 나타나는 것으로 알려져 있다(Zapf, 2002).

4. 스트레스를 받으면 나타나는 반응

스트레스를 경험할 때 일어나는 반응은 상당히 다양하며 인지, 정서, 행동 영역에서 나타나는 심리적 반응과 신경계나 호르몬의 변화와 관련된 생리적 반응으로 나뉜다. 심리적 반응은 일상생활의 적응과 업무수행을 방해하며 생리적 반응은 건강에 부정적 영향을 미칠 수 있다.

1) 심리적 반응

먼저 심리적 반응 가운데 일반적으로 스트레스를 받았을 때 일차적으로 생각할 수 있는 것이 정서 반응이다. 스트레스를 경험할 때 정서 반응으로 인해 사람들이 일상생활에 적절하게 대처하지 못하고 건강에 부정적 영향을 미치기 때문에 정서 반응은 그만큼 중요하다. 일반적으로 스트레스로 인해 나타나는 정서 반응과 그에 뒤따르는 행동 반응은 다음과 같다. 가장 자주 나타나는 정서 반응인 불안은 자신의 행복이나 안념이 보장되지 않거나 그것을 추구할 만한 자원이 부족하여 위협을 느낄 때 경험하게 되며 스트레스에 맞서 싸우지 않고 회피하려는 행동으로 이어진다. 예를 들어, 사람들은 교통사고를 경험하면 일차적으로 불안이 나타나고 사고와 관련된 장소 등을 피하는 양상을 나타낸다. 다음으로 자신의 목표나 기대에 도달하기 어렵다고 생각하거나 실제로 성취하지 못할 때 좌절을 경험하면서 나타나는 정서는 분노다. 특히 좌절의 이유가 외부에 있거나 부당함이 관련되었다고 생각할 때 분노를 경험하며 이후에 공격적 행동이 나타날 수 있다. 하지만 좌절의 원인이 되는 대상에게 직접적으로 공격성을 드러내기 어려운 경우가 많으며 그 원인이 명확하지 않고 모호할 때도 있다. 만약 공격할 대상이 없거나 원인을 잘 모르는 경우 분노를 표출할 수 있는 다른 대상을 탐색하는데, 특히 분노를 일으킨 대상이 자신보다 능력이나 권위가 높으면 더 약한 사람을 대상으로 공격하게 된다. 가령, 회사원이 상사에게 심한 질책을 받았다면 자신의 부하직원이나 집에 있는 자녀에게 화를 내면서 분노를 표출하는 것이다.

분노나 공격 행동을 표출하는 것과 다르게 위축되고 무기력해지는 등 우울해지며 포기하는 행동이 나타날 수 있다. 학습된 무기력 이론(Seligman, 1975)에 의하면 어떤 상황에서 통제할 가능성이 없다고 생각하여 그 상황을 회피하지 못하면 이전의 경험이 학습되어 새로운 상황에서도 벗어날 수 없다고 생각하여 무기력과 우울한 정서를 보인다. 물론 모든 사람이 무기력이나 우울을 나타내지는 않으며 반대로 도전하는 모습을 나타낼 수 있기 때문에(Wortman & Brehm, 1975) 학습된 무기력 이론이 항상 맞는 것은 아니지만 스트레스를 받는 사람에게 우울과 포기하는 행동이 나타나는 이유를 알려준다. 예를 들어, 백화점에서 일하는 직원들이 고객의 폭언이나 폭행에 맞서지 못하고 계속해서 죄송하다는 말을 반복하며 무기력하게 당하고 있을 때가 많다. 이러한 경우는 자신이 고객에게 잘못을 하지 않았더라도 언쟁을 하는 등 적극적으로 대처하게 되면 상사나 백화점으로부터 오히려 질책을 받고 해고와 같은 더 큰 피해를 입게 된다고 생각하기 때문일 가능성이 높다. 즉, 현재 상황을 통제하기 어렵다고 생각하기 때문에 무기력하고 우울해지며 적극적 대처를 포기하게 된다.

스트레스로 인해 나타나는 인지 반응은 대표적으로 주의집중과 판단력이 저하되는 것이다. 스트레스로 인해 부정적 정서(예: 불안, 분노, 우울 등)를 경험하면 각성 수준이 과도하게 높아지거나 낮아져서 주의집중의 범위가 좁아지므로 정보처리의 어려움이 생긴다. 가령, 다른 부서들과 경쟁하는 상황에서 차별화된 외국 진출 사업에 대해 발표할 때 임원들을 만족시키지 못하면 승진에서 탈락할 수도 있다는 걱정 때문에 과도

하게 불안해져서 발표 자체에 집중을 하지 못하게 되어 말을 더듬거나 두서없이 내용을 전달하는 실수를 하게 된다. 그리고 주의집중이 어려워지면 판단력이 떨어지는데 새로운 문제에 대처하는 상황에서 다양한 해결책을 생각하지 못하고 기존에 사용해왔던 방법만을 고수하기 때문이다. 예를 들어,불안으로 인해 집중력이 낮아진 상태에서 외국에 진출할 사업의 홍보 방안에 대한 질문을 임원에게 받을 때 외국의 정서와 문화를 고려하지 않고 한국에서 적용했던 홍보 방식으로 답변하여 차별성이 부족하다는 평가를 받게 되는 경우다.

2) 생리적 반응

외부 자극으로 인해 스트레스를 받으면 교감신경이 흥분하여 생리적으로 각성되고 위급 상황에 대처하려고 신체 자원들을 모으게 된다. 이는 투쟁-도피 반응이며 위험에 맞서 싸우거나 피할 수 있도록 몸을 준비시킨다. 이러한 과정은 외부 자극이 위협적이라고 판단되면 시상하부에서 처음으로 자극을 받아 시작되어 두 가지 경로를 통해 발생하고 모든 신체에 영향을 미치게 된다.

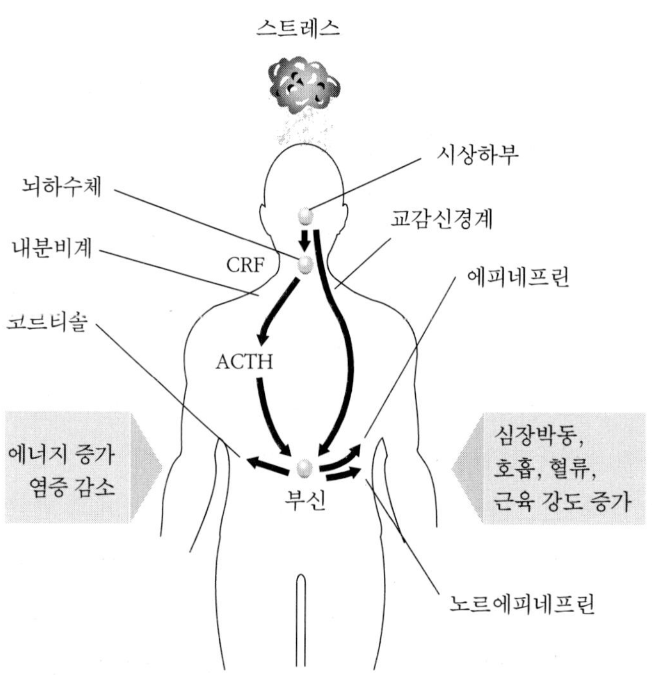

그림 12-6 스트레스에 대한 생리적 반응의 두 가지 경로

'시상하부-교감신경계-부신수질'로 이어지는 과정이 첫 번째 경로이며 신경계의 변화를 통해 나타난다. 이 과정은 시상하부가 교감신경계를 활성화시키면 심장박동이 높아지고 혈압이 상승하며 동공이 커진다. 그리고 교감신경계는 부신의 내부에 있는 부신수질(adrenal medulla)을 자극하여 노르에피네프린(norepinephrine)과 아드레날린(adrenalin)으로도 불리는 에피네프린(epinephrine)을 혈관에 분비하게 한다. 두 가지는 모두 신체를 흥분시키며 식욕 또는 수면욕을 떨어뜨린다. 노르에피네프린은 간에 저장된 포도당을 혈액에 분비시켜 위협에 빠르게 대처하도록 에너지를 공급하는 역할을 하고, 에피네프린은 근육과 내장의 각성 상태를 지속시키며 혈액이나 소변에서 측정할 수 있고 스트레스에 대한 생리적 지표로 활용된다. 두 번째 경로는 '시상하부-뇌하수체-부신피질' 축을 통해 이루어진다. 시상하부(hypothalamus)가 자극을 받으면 뇌하수체(pituitary gland)를 다시 자극하여 스트레스에 대항하는 부신피질자극호르몬(Adrenocorticotropic Hormone: ACTH)을 분비하게 만든다. 이 호르몬은 부신의 겉에 있는 부신피질(adrenal cortex)을 자극하여 코르티솔(cortisol)을 비롯하여 다양한 호르몬을 방출시킨다. 코르티솔은 스트레스 수준을 파악할 수 있는 호르몬으로 침이나 소변을 통해 측정할 수 있으며 혈당 수치를 높여 에너지 자원을 동원하고 항염증성 효과가 있어서 신체를 방어하는 역할을 한다.

스트레스로 인해 두 가지 축으로 나타나는 생리적 반응은 건강에 부정적 영향을 미칠 수 있기 때문에 문제가 된다. 교감신경계의 활성화로 부신수질을 자극하여 노르에피네프린과 에피네프린이 분비되는 경로는 심혈관계, 소화기계, 호흡기계에 영향을 미쳐서 질병이 발생할 가능성을 높일 수 있다. 그리고 뇌하수체가 자극을 받아 부신피질을 다시 자극하여 코르티솔이 분비되는 경로는 신체의 면역 기능과 관련된 면역반응, 식균작용, 대식세포의 활동을 억제하는 경향이 있어서 결국 질병에 대한 방어 체계를 약화시켜 건강을 위협하는 결과를 초래할지도 모른다. 즉, 직장에서 업무수행과 관련하여 지속적인 스트레스를 받고서 만성적인 생리적 반응이 나타난다면 면역 기능을 비롯하여 신체의 여러 영역이 질병에 취약하게 될 수 있다.

5. 스트레스 조절요인

부정적 사건과 같은 스트레스 경험이 심리적 또는 생리적 반응을 항상 유발시키는 것은 아니며 스트레스 유발 요인과 스트레스 반응 간의 관계를 완충하는 조절변수는 다양하게 검증되어 왔다. 예를 들어, 직장에서 스트레스를 받았지만 친구나 가족에게 위로를 받게 되면 이것이 완충 역할을 하여 정서적으로 편안해지고 스트레스 호르몬이 줄어들게 된다. 여기서 위로받는 것은 사회적 지지라고 할 수 있으며 스트레스원과 스트레스 반응 사이에서 조절변수 역할을 한다. 조절변수는 크게 두 가지로 나뉘는데 상황적 요인인 사회적 지지를 먼저 알아보고 개인차 요인인 통제 소재, 자존감, 강인성, A유형 행동양식을 살펴보겠다.

1) 상황적 요인

스트레스 유발 요인과 스트레스 반응 사이를 조절하는 대표적인 상황적 요인인 사회적 지지(social support)는 개인이 타인을 포함하여 가족이나 사적 모임과 같은 집단, 회사나 단체와 같은 조직에서 공식적 또는 비공식적으로 접촉하여 도움, 위로, 정보, 편안함 등을 얻는 것이다. 사회적 지지는 보호받고 있다는 경험을 통해 스트레스의 부정적 효과를 완화시키며(Cohen & Wills, 1985) 정서적, 정보적, 평가적, 도구적 지지로 구분된다(House, 1981). 정서적 지지는 개인이 겪는 어려움이나 고통에 대한 관심, 이해, 공감을 하는 것으로 주로 담당하는 사람들은 가족, 친구, 심리상담사 등이다. 정보적 지지는 문제를 해결할 수 있는 방법이나 전략을 알려 주는 것으로 주로 인터넷이나 전문가 등이 유용한 지지자다. 평가적 지지는 문제가 핵심을 명확하게 밝혀 주고 자존감을 향상시킬 수 있도록 개인의 능력에 대한 피드백을 주는 것으로 가족, 친구, 심리상담사를 포함하여 회사 동료가 이러한 역할을 하게 된다. 도구적 지지는 필요한 자원 등을 제공하여 물질적 도움을 주는 것으로 가족이 대표적인 지지자다. 사회적 지지는 신체 건강에도 긍정적 영향을 미치는데, 심장발작을 경험한 사람들 가운데 사회적 지지를 많이 받는 사람은 그렇지 못한 사람보다 심장발작의 재발 가능성이 더 낮은 것으로 나타났다. 현대사회는 가족구성원의 수가 계속 줄어들고 있으며 1인 가구가 전체의 1/4을 넘어가고 있으므로 전통적인 사회적 지지자였던 가족 이외에 다양한 방식의 지지를 받을 수 있는 통로가 필요하다.

그림 12-7 사회적 지지는 스트레스 완화와 건강에 영향을 미친다.

2) 개인차 요인

개인차 요인은 다음과 같은 네 가지 요인이 있다.

첫째, 어떠한 일이나 사건이 발생한 것에 대해 자신이 통제할 수 있는지 아니면 통제할 수 없는지에 대한 신념을 통제 소재(locus of control)라고 한다(Rotter, 1966). 내적 통제는 성공이나 성과가 자신의 노력이나 능력에 의해 결정되었다는 믿음이고, 외적 통제는 성공이나 성과가 타인이나 외부의 요인에 의해 결정되었다는 믿음이다. 자신의 성공을 외적 요인으로 귀인시키는 외적 통제보다 자신의 성공을 능력이나 노력으로 내부 귀인시키는 내적 통제가 스트레스에 대한 내성이 강하고, 낮은 수준의 긴장을 경험하게 된다. 동일한 스트레스 상황에서도 외적 통제보다 내적 통제를 하게 되면 자신의 성공이나 목적을 성취하기 위해서는 스트레스 상황도 통제할 수 있다고 믿기 때문에 스트레스로 인한 긴장을 덜 경험한다. 즉, 통제 소재는 스트레스원과 스트레스 반응 간의 관계를 조절할 수 있는 변수이며 특히 내적 통제가 스트레스를 완화시키는 역할을 하는 것으로 알려져 있다(Horner, 1996; Kahn & Byosiere, 1992).

둘째, 자존감(self-esteem)은 긍정적으로 자신을 정의하거나 긍정적 가치를 지닌 것으로 믿는 정도를 의미한다. 동일한 스트레스 상황에 직면한 경우 자존감이 높은 사람은 낮은 사람에 비해 더 효율적으로 대처 전략을 사용하기 때문에 스트레스로 인한 긴장이나 부정적 결과를 덜 경험한다(Ganster & Schaubroek, 1995). 자존감은 스트레스를 감소시키지만 과도하게 높으면 직장에서 과시적이거나 공격적 행동을 일으킬 수 있으므로 긍정적 효과만 나타나는 것은 아니다(Baumeister et al., 1996). 그러나 일반적으로 스트레스 상황에서 자존감은 스트레스원이 스트레스 반응에 미치는 영향을 조절하는 것으로 알려져 있다(Cooper & Cartwright, 2001).

셋째, 스트레스에 저항할 수 있는 성격 특성을 강인성(hardiness)이라고 하며 강인한 성격은 자신의 삶에 대해 통제할 수 있다고 생각하며 일의 목적, 가치, 가족에 몰입할 수 있다. 그리고 예측하지 못하게 나타나는 변화를 도전으로 보려는 특성을 가지고 있어서(Kobasa, 1979), 스트레스를 능동적으로 대처한다. Quick 등의 연구(1997)에 따르면 중요하지만 스트레스가 많은 시험을 앞둔 상황에서 강인한 성격의 대학생은 시험을 자신의 지식과 역량이 드러날 수 있는 좋은 기회라고 생각하여 사전에 미리 시험을 준비하는 공부 습관을 만들어 스트레스 상황을 적극적으로 통제하는 전략을 사용한다. 또한 강인한 성격을 가진 사람은 스트레스에 대한 생리적 반응이 적고, 안녕 수준이 높으며 질병 가능성도 낮다. 그리고 스트레스가 많은 직업을 가진 사람들 가운데 강인한 성격을 지닌 사람은 긴장 수준이 더 낮고(Maddi & Kobasa, 1984), 문제중심적으로 대처하고 지지를 추구하는 전략을 활용한다(Cohen & Edward, 1989; Kobasa et al., 1982).

마지막으로 A유형 행동양식(Type A Behavior Pattern: TABP)은 스트레스원과 스트레스 반응 간의 관계를 조절하는 변수 중 가장 많은 관심을 받았던 변수다(Friedman & Rosenman, 1959). 이 행동양식은 되도록 빠른 시간 안에 한정된 자원을 얻으려고 지속적으로 투쟁하는 성격으로 알려져 있으며 심장병과 심장마비에 취약하기 때문에 심장질환 유발 성격이라고도 한다. A유형 행동양식의 경향이 높으면 야망이 크고, 조급하고, 적대감을 쉽게 드러내고, 시간에 쫓기고, 시간을 덜 들이면서 많은 것을 성취하려는 특성을 보인다. 예를 들어, 면도 시간을 단축하기 위해 두 개의 전기면도기를 사용하는 등 시간을 절약하기 위해 집착하며 이러한 노력으로 직업적으로 성공하기도 한다(Bluedorn, 2002). 또한, 상황을 통제하거나 혼자 일하는 것을 좋아하고 책임감도 강하기 때문에 일처리가 정확하고, 일을 빠르게 진행시키며 전문영역에서 성취를 이루기도 한다. 반대로, B유형 행동양식을 가진 사람은 인내심이 많아서 서두르지 않고 느긋하며 여유롭다. 또한 스트레스에 대한 저항력이 강하고 스트레스를 조절하는 능력을 어느 정도 가지고 있다. 한편, A유형 행동양식을 보이는 사람들은 B유형에 비해 스트레스에 대한 생리적 각성 수준이 높아서 심장질환에 더 쉽게 걸린다(Boyle, Michalek, & Suarez, 2006).

6. 스트레스와 건강

스트레스를 받으면 심리적 또는 생리적 반응만이 나타나는 것이 아니라 건강과 질병에도 영향을 주게 된다. 스트레스가 건강에 영향을 미치는 방식은 두 가지이며 직접적 영향과 간접적 영향으로 나뉜다. 직접적 영향은 스트레스가 면역계나 신경계, 내분비계 등에 영향을 미쳐서 질병을 일으키는 것이며 간접적 영향은 스트레스로 인해 술을 마시거나 담배를 피우고 잠을 못 자는 등 건강과 관련된 행동을 변화시켜 질병의 위험을 증가시키는 것이다. 여기서는 직접적 영향에 대해서 알아보고 간접적 영향 가운데 대표적인 음주와 흡연에 대해서는 13장에서 자세히 살펴보겠다.

스트레스는 생리적 변화를 일으켜 면역계, 신경계, 내분비계에 직접적으로 영향을 미치므로 질병에 취약해질 수 있다. 스트레스와 관련된 질병은 두통, 감염성 질병, 심혈관질환, 만성질환 등 다양하며 여기서는 두통과 심혈관질환에 대해서 알아보겠다.

두통(headache)은 거의 모든 사람들이 경험하며 종류가 100여 가지가 넘는 다양한 증상을 가지고 있다. 사람들이 가장 많이 경험하는 긴장성 두통(tension headache)은 목이나 머리의 근육이 긴장될 때 나타난다. 사소한 일상사건은 생활사건보다 더 두통과 관련이 있는 스트레스원인 것으로 밝혀졌는데, 만성적 두통이 있는 사람은 두통이 덜한 사람보다 사소한 일상사건들을 더 많이 경험하였다(Bottos & Dewey, 2004). 그리고 일반적으로 두통이 시작되기 전에 스트레스 유발 요인이 나타나며 두통을 경험할 때 발생하면 두통의 강도가 더 커지게 된다.

다음으로 스트레스와 심혈관질환(Cardiovascular Disease: CVD) 간의 관계에서 스트레스가 심혈관질환보다 더 먼저 발생할 수도 있지만 이 질환이 있는 사람에게 스트레스는 심장발작이나 뇌졸중을 더 촉진시킨다고 볼 수 있다. 스트레스로 인해 우울이나 불안을 경험하면 심장발작의 위험을 높이고, CVD가 있는 사람의 심장발작을 비롯하여 가슴 통증의 가능성을 증가시킨다(Krantz, Sheps, Carney, & Natelson, 2000). 그리고 심장발작과 관련 있는 스트레스원을 탐색한 연구에서 직장 및 가정 스트레스, 지난 1년 동안의 중요한 생활사건, 우울, 외적 통제 소재, 경제적 문제가 상관이 있는 것으로 나타났다(Yusuf et al., 2004). 직업 장면에서 보면 작업요구가 높지만 직무결정권이 낮아서 통제력이 적으면 그렇지 않은 경우보다 작업할 때 혈압이 더 높았다(Fauvel, 2001). 가정에서도 혈압을 측정했는데, 집에서는 다른 사람과 혈압 차이가 유의미하게 나지 않은 것을 보면 스트레스가 혈압과 심혈관계에 영향을 준다고 할 수 있다.

7. 스트레스에 대한 대처와 관리

스트레스 유발 요인으로 인해 나타나는 심리적, 생리적 반응을 감소시키기 위한 여러 가지 대처와 관리 방법들이 개발되어 왔다. 직장에서 스트레스에 대처하는 방식은 개인마다 다르며 그 방식이 자신에게는 가장 편하게 느껴지겠지만 언제나 긍정적 효과만 나타나는 것은 아니다. 그러므로 자신의 대처 방식이 긍정적이고 적응적인지 살펴볼 필요가 있다. 한편 스트레스를 관리하는 방법들은 많은 연구들에서 긍정적 효과를 나타냈다. 만약 자신의 대처 방식이 긍정적 효과가 나타나지 않고 일상생활에 부적응적이면 그 방식에서 벗어나 스트레스를 관리하는 방법을 파악하여 적용하는 것이 필요하다.

1) 스트레스 대처하기

대처(coping)는 개인이 가지고 있는 자원을 넘어선다고 평가되는 내적 및 외적 요구를 처리하기 위한 인지적 및 행동적 노력을 의미한다(Lazarus & Folkman, 1984). 스트레스를 경험하면 누구나 이를 잘 처리하여 편안하게 지내기를 원한다. 하지만 대처 방식은 각자 다르게 나타나는데 개인의 성격이나 스트레스를 일으키는 사건의 특성이 중요하게 작용한다. 스트레스를 받지 않으려는 목적은 같지만 내향적 성격은 소극적으로, 외향적 성격은 적극적으로 대처한다. 그리고 스트레스원의 특성을 볼 때 통제할 수 있다고 생각하면 문제중심적으로 대처하고, 통제하기 어렵다고 생각하면 정서중심적으로 대처하는 경향이 있다(Forsythe & Compas, 1987).

다양한 스트레스 대처 방식 가운데 널리 알려진 것은 문제중심 대처(problem-focused coping)와 정서중심 대처(emotion-focused coping)이다(Folkman & Lazarus, 1980). 문제중심 대처는 스트레스원을 변화시켜 문제를 해결하는 것을 목표로 한다. 이 방식은 스트레스원에 직면하여 문제 상황을 바꾸려는 전략을 사용하며 문제해결을 위한 계획 수립, 정보 획득, 새로운 기술 습득, 행동 실행 등이 포함된다. 이 과정에서 문제점을 먼저 확인한 후 여러 대안을 탐색하고 자신이 처해 있는 상황에서 가장 효과적인 대안을 선택하여 변화를 시도한다. 예를 들어, 일주일 후에 있을 취업 면접이 스트레스원이라면 면접관이 무엇을 질문할지 예상하고, 질문할 내용에 대한 정보를 찾아서 정확하게 표현할 수 있도록 연습하는 것이다. 이 대처 방식은 당뇨병 환자가 자신의 혈압이나 혈당을 직접 측정해야 하거나 비만 또는 과체중인 사람이 체중 감소를 위해 식이요법과 운동을 할 때 도움이 된다(이현수, 1997). 반면, 스트레스원으로 인해 나타나는 정서 문제의 감소를 목표로 하는 정서중심 대처가 있다. 부정, 회피, 주의분산 등의 방법이 대표적인데 이 방식은 스트레스원 자체를 변화시키기보다 정서를 조절하기 위해 스트레스원과 멀어지려 한다. 가령, 이틀 후에 있을 면접 때문에 긴장되고 불안해지면 면접에 필요한 준비에 초점을 맞추는 것이 아니라 불안을 감소시키기 위해 친구와 만나서 얘기를 나누거나 영화를 보는 행동을 한다. 이 방식은 단기적으로 불안한 정서를 없앨 수 있지만 스트레스원에 대한 변화가 일어나지 않았으므로 시간이 지나면 다시 정서 문제가 나타날 수 있다.

그림 12-8 정서중심 대처는 스트레스원 자체를 변화시키기보다 영화를 보거나 술을 마시는 등의 행동을 통해 정서를 조절하는 것이 목적이다.

더 긍정적 효과가 나타나고 적응적인 것으로 알려져 있는 것은 정서중심 대처가 아닌 문제중심 대처이며(Endler & Parker, 1990) 문제중심 대처는 건강과 정적 관계가 있지만 정서중심 대처는 부적 관계를 보이는 경향이 있다. 하지만 상황에 따라 어떠한 방식이 더 적응적인지가 바뀌므로 더 효과적인 방식을 찾아서 적용해야 한다. 예를 들면, 직장에서 상사에게 스트레스를 받아서 화가 났을 때 친구를 만나서 겪었던 일을 얘기하거나 운동을 통해 공격적인 에너지를 분출시키는 것은 곧바로 상사를 직접 찾아가 시비를 가려서 갈등을 해결하려는 문제중심 대처보다 더 효과적일 수 있다. 그리고 천재지변과 같은 재난이나 그 밖의 통제할 수 없는 사건에 대해서는 정서중심 대처가 더 적응적이며(Folkman, 1984) 외상을 경험한 초기 상황이나 그 외상으로 인해 심리적으로 매우 위축된 경우에도 정서중심 대처가 스트레스를 더 감소시키고 문제중심 대처를 사용하기 전까지 심리적으로 보호해주는 역할을 한다(Roth & Cohen, 1986).

대처 방식은 앞에서 살펴본 것처럼 어떤 상황인지에 따라 결과가 달라지기 때문에 절대적 기준을 세우기는 어렵다. 그리고 스트레스를 경험할 때 사람들은 특정한 대처 방식만 사용하지 않고 두 가지 방식을 동시에 사용하기도 한다(최해연, 2013). 즉, 문제해결과 정서적 안정을 취하려는 시도가 상호작용하면서 시기와 상황에 따라 달리 적용된다고 할 수 있다. 두 가지 대처 방식 이외에 스트레스 경험이 고통만이 아니라 자신의 인생에서 의미하는 바가 무엇인지 찾는 의미중심 대처(meaning-focused coping), 사람들에게 위로나 지지를 받고 스트레스를 감소시키는 사회적 대처(social coping) 등이 있다(Folkman & Moskowitz, 2004).

2) 스트레스 관리하기

스트레스로 인한 부정적 영향을 감소시키기 위한 문제중심 대처 또는 정서중심 대처는 언제나 만족할만한 효과가 나타나지 않는다. 스트레스원과 관련된 상황과 시기에 따라 심리적, 생리적 반응에 역효과를 일으킬 수도 있다. 하지만 사람들은 이러한 상황과 시기를 구분하지 않고 자신이 대처해왔던 방식을 고수할 때가 많으며 결과적으로 부적응적 양상이 나타날 수 있다. 이러한 경우에는 자신만의 방식에서 벗어나 긍정적인 것으로 검증된 스트레스 관리 방법을 사용하는 것이 필요하다. 여기서는 스트레스를 관리하는 다양한 방법 가운데 인지적 기법과 행동적 기법을 살펴보겠다.

인지적 기법은 스트레스원을 찾고 그것을 극복하는 방법을 훈련하는 것이다. 예를 들어, 직장에서 자주 긴장되고 불안해지는 경우 그 사람에게 긴장과 불안한 상태가 나타나는 시기, 반응 유형, 반응 강도를 스스로 관찰하여 기록하도록 하며 그 당시의 생각, 정서, 행동 등을 최대한 구체적으로 쓰게 하는 것이 중요하다. 이러한 기록들을 통해 공통적인 스트레스원(예: 상사에게 결재 받는 상황), 생각(예: '내가 작성한 보고서의 문제점을 상사가 지적하면 어쩌지?'), 정서(예: 불안, 초조), 행동(시선을 잘 맞추지 못하고 말을 제대로 하지 못함) 등을 찾을 수 있다. 다음으로 정서나 행동이 어떠한 인지적 과정 때문에 나타나는지 탐색한다. 평소에 '모든 사람들에게 인정과 사랑을 받아야만 한다.'라는 비합리적 신념을 가지고 있기 때문에 자신이 쓴 보고서에 조그만 실수라도 있으면 안 된다고 생각하여 상사에게 결재 받을 때 초조하고 불안해지며 시선을 마주치지 못하고 아무 말도 하지 못하는 모습이 나타날 가능성이 있다. 이렇게 각 단계의 과정들을 파악한 후 스트레스원에 대한 부정적 또는 역기능적 생각을 수정하여 정서와 행동을 변화시키는 것이다. 즉, 모두에게 인정받으려는 생각을 바꾸는 인지적 기법을 통해 결재 받는 상황에서 작은 실수에 집착하지 않도록 하여 정서적으로 편안하고 적절하게 답변하는 행동이 나타나도록 하는 것이다.

다음으로 행동적 기법은 스트레스로 인한 생리적 또는 신체적 반응을 감소시키기 위해 사용되며 이완훈련(relaxation training)과 바이오피드백(biofeedback)에 대해서 알아보겠다. 이완훈련은 근육을 이완시켜서 긴장과 불안을 감소시키며 복식호흡으로 근육을 이완시키는 방법을 배운다. 몸의 근육은 스트레스를 받으면 수축되고 긴장되며 어깨, 등, 목의 근육이 경직되어 만성적 근육긴장과 통증을 발생시키므로 적절한 이완은 스트레스를 감소시키는 것과 유사한 효과가 있다. 이완훈련은 긴장과 이완을 반복하여 실시하는데, 복식호흡을 통해 들숨에서 근육을 긴장시키고 날숨에서 이완시키면서 자신의 몸이 긴장 또는 이완 상태인지 기억하게 한다. 이후에 만약 자신이 긴장된 상태라고 느끼면 이완 상태로 바꿀 수 있게 하는 것이다. 근육의 긴장과 이완 순서는 일반적으로 발부터 시작해서 발목, 종아리, 허벅지, 배, 가슴, 등, 어깨, 목, 얼굴에 이르기까지 아래에서 위로 올라가는 방법을 많이 사용한다.

바이오피드백(biofeedback)은 컴퓨터의 신호를 통해 자신의 생리적, 신체적 반응을 확인받고서 자신의 상태를 조절하는 행동적 기법이다. 머리에 전극을 붙이고 미세한 근육의 움직임을 찾아내는데, 근육의 움직임이 있으면 소리나 빛으로 신호를 보내어 피드백을 준다. 근육이 이완되면 신호는 작아지면 반대로 수축되어 긴장되면 신호가 커지게 된다. 이와 같은 피드백을 통해 신호의 크기를 스스로 조절하는 방법을 배워서 근육을 이완시킬 수 있게 된다. 근육의 긴장 이외에 혈압, 심장박동, 피부 온도 등을 측정하여 동일한 방식으로 스스로 조절하게 하는 다양한 바이오피드백 방법들이 있다.

최근에 개발되어 많은 관심을 받고 있는 행동적 기법인 마음챙김 명상(mindfulness meditation; Kabat-Zinn, 1993)은 마음챙김에 기반하여 스트레스를 감소하는 훈련으로 스트레스 이외에 불안과 통증을 줄이고자 할 때 사용할 수 있다. 마음챙김 명상은 스트레스 때문에 주의분산되지 않고 부정적인 감각이나 생각을 의도적으로 회피하지 않

그림 12-9 바이오피드백 시연 장면

으며 현재를 인식하는 것에 초점을 맞춘다. 그래서 이 순간에 머릿속에 떠오르는 생각이나 몸으로 느끼는 감각에 집중하고, 수용하도록 노력하는 것이 중요하다. 이 기법이 궁극적으로 지향하는 것은 스트레스에 자동적으로 반응하여 흥분하는 것이 아니라 스트레스를 일으키는 요인을 주의 깊게 살피고 차분하게 접근할 수 있도록 하는 것이다(Bishop, 2002). 즉, 세상을 바라보는 방식과 자신을 움직이게 하는 것이 무엇인지 통찰하는 과정에서 스트레스가 줄어들고 이완되는 것이다. 경험적 연구에 따르면 마음챙김 훈련은 스트레스 감소(Carmody & Baer, 2008)를 비롯하여 우울(Teasdale et al., 2000)과 만성 통증(Grossman et al., 2004)의 완화에 효과가 있으며 면역 기능을 높이고 만성 질환의 위험을 낮추는 등(Hofmann et al., 2010) 신체 건강의 향상과도 관련 있는 것으로 알려져 있다.

제13장

직장 건강심리

건강은 현대인에게 무엇과도 바꿀 수 없는 소중한 가치다. 사람마다 건강에 대해 가지고 있는 생각은 다르겠지만 세계보건기구(WHO)는 이미 1946년에 건강은 단지 질병이 없는 것이 아닌 신체적, 심리적, 사회적 안녕 상태라고 정의하였다. 즉, 건강은 몸과 관련된 문제만이 아니라 마음과 대인관계도 마찬가지로 중요한 역할을 한다는 것을 의미한다.

심리상태가 건강에 관여하는 하나의 축이므로 심리적 변인들이 신체건강에 미치는 영향에 대해 심리학자들은 오랫동안 연구해 왔다. 예를 들어, 사람들이 어떠한 심리상태에서 건강에 도움이 되거나 질병에서 벗어나는 행동을 하는지 알아보았으며 암이나 심혈관질환을 일으키는 문제행동들이 무엇인지 파악하려고 노력하였다. 이렇듯 심리학과 건강은 매우 밀접한 관계에 있다고 할 수 있으며 건강심리학에서 연구된 여러 결과들을 여기에 소개하려고 한다.

한편, 인생의 많은 시간을 직장에서 보내는 사람들의 건강은 이제 개인의 책임만이 아니라 근무환경을 제공하는 회사에도 책임이 있다고 할 수 있다. 그러므로 기업, 산업체, 군대, 공공기관 등에서는 건강에 대한 관심을 더욱 증폭시키고 적극적으로 개입할 필요가 있다. 이 장에서는 건강 또는 질병과 관련된 여러 행동들을 심리학적 관점으로 살펴보고 건강에 해로운 대표적인 문제행동들의 원인과 그에 대한 치료방법을 알아보겠다.

1. 건강행동을 설명하는 심리학 이론

건강행동은 건강을 보호하거나 추구하려는 행동을 의미하며 건강보호 또는 건강추구 행동으로도 불린다. 사람들은 자신이 건강하기를 바라지만 모두가 신체를 최대한 건강하게 만들면서 질병을 최소화시키는 행동을 하는 것은 아니다. 건강과 관련하여 사람들이 현명한 행동을 하지 않는 이유는 무엇인가? 자신의 행동은 건강에 위험하지 않다고 여기고 비슷한 행동을 다른 사람이 하면 위험하다고 생각하는 것은 왜일까? 이와 같이 사람들이 건강을 추구하려는 행동을 할 것인지에 대한 질문에 대해 설명하고 예측하기 위해 많은 모형과 이론들이 제안되었다. 여기서는 대표적인 건강신념모형, 계획된 행동이론, 예방채택과정모형에 대해서 알아보겠다.

1) 건강신념 모형

건강신념 모형(Health Belief Model: HBM)은 건강을 추구하는 행동을 할 때 신념(믿음)이 중요한 역할을 한다고 가정한다(Becker & Rosenstock, 1984; Hochbaum, 1958). 이 모형은 사람들이 건강을 보호하려는 행동을 할 것인지 예측하기 위해 네 가지 신념인 지각된 취약성, 지각된 심각성, 지각된 이점, 지각된 장애물을 제안한다(Becker & Rosenstock, 1984). 즉, 자신이 질병이나 장애에 취약하다는 신념, 질병이나 장애가 심각하다는 신념, 건강을 추구하려는 행동을 통해 이득을 얻는다는 신념, 건강을 추구하려는 행동을 방해하는 장애물을 제거할 수 있다는 신념이 클수록 건강을 보호하려는 행동을 더 많이 할 것이라고 예측한다.

만약 직장인 A씨가 지난 토요일에 열렸던 회사 체육대회에서 발야구를 하다가 넘어져 다리를 다쳤다고 가정해 보자. 일요일 아침에 일어나니 발목이 부어오르고 계속 쑤시는 통증이 있었다. 조금 절룩거리기는 하지만 걸을 수 있으니 인대가 약간 늘어났다고 여기고 이 정도는 크게 다친 것도 아니고 본인이 원래 발목이 유연하니 곧 괜찮아질 것이라고 생각하였다. 그래서 가족들의 만류에도 불구하고 친구들과 약속했던 저녁식사를 하러 나갔다. 월요일 아침에도 발목이 아직 부어 있었고 통증이 가라앉지 않았지만 병원에 가도 오래 기다려야 하고 화요일에 있을 회의 자료를 만들어야 해서 회사에 출근했다. 다음 날에도 발목의 통증은 계속되었고 걸어 다니기 불편할 정도여서 계단을 오르내리거나 복사를 하러 가는 것도 힘들어 하루 종일 의자에만 앉아 있었다. 이 모습을 본 상사와 동료가 병원에 가 보라고 했지만 치료를 받는다고 곧바로 좋아지는 것도 아니고 시간이 지나면 나아질 것이라고 말하였다. 수요일 아침에 눈을 뜨자 A씨는 침대에서 일어나기 힘들 정도로 발목이 아파서 출근을 포기하고 회사에 휴가를 신청하고 병원에 가서 진료를 받았다. 검사 결과 발목 부분이 골절된 것으로 진단을 받았다.

A씨가 발목을 다쳤던 초기에 건강행동이 나타나지 않았던 이유를 건강신념 모형으로 설명해 보면 다음과 같다. 먼저, 자신의 발목은 유연하기 때문에 이 정도로 다친 것은 별 문제가 되지 않는다고 생각하여 지각된 취약성이 낮았다. 그리고 발목 쪽의 인대가 늘어난 정도로 생각하고 골절까지 생각하지 못하여 지각된 심각성이 낮았다. 다음으로, 치료를 받아도 통증이 바로 없어지지 않고 시간이 지나면 좋아진다고 생각하여 병원에 가는 것에 대한 지각된 이점이 없었다. 마지막으로, 화요일에 있을 회의 자료를 만들어야 하고 병원에 가서 많이 기다려야 한다는 생각들이 지각된 장애물로 작용한 것으로 보인다. 이렇게 A씨가 가지고 있는 신념에 따라 병원에 가서 진료나 치료를 받는 건강행동을 추구하지 않았던 이유를 건강신념 모형을 통해 설명할 수 있으며 A씨와 유사한 다른 사례에서 네 가지 신념에 근거하여 건강행동의 여부를 예측할 수 있다.

2) 계획된 행동이론

계획된 행동이론(Theory of Planned Behavior: TPB)은 합리적 행위이론(Theory of Reasoned Action)에 지각된 행동 통제력이라는 변수를 추가하여 확장시킨 이론이다(Ajzen, 1991). 합리적 행위이론은 어떤 행동을 하기 전에 관련 정보를 합리적으로 사용하며(Ajzen & Fishbein, 1980; Fishbein & Ajzen, 1975) 행동에 따른 결과를 고려하여 최종적으로 행동을 결정한다고 가정한다(Ajzen, 1985). [그림 13-1]에 제시된 것처럼 행동

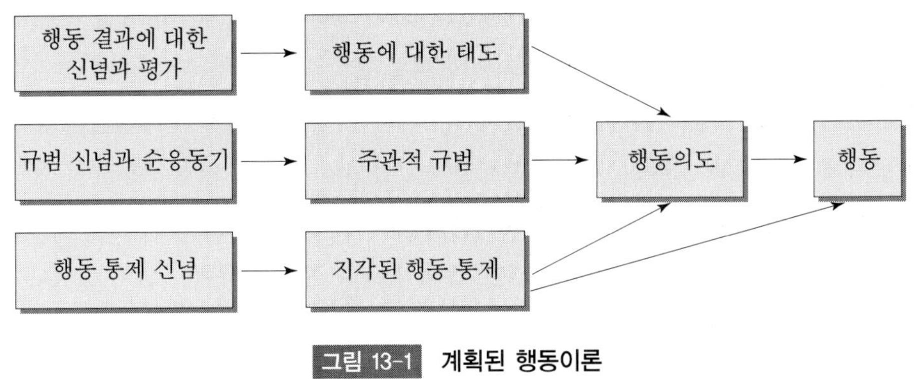

그림 13-1 계획된 행동이론

을 하려는 '의도'는 '행동'을 결정하는 역할을 하며 이러한 의도에 영향을 미치는 변수는 합리적 행위이론에서 가정한 '행동에 대한 태도'와 '주관적 규범'과 함께 '지각된 행동 통제력'이 더해진 세 가지로 이루어져 있다. 이 가운데 지각된 행동 통제력은 의도를 거치지 않고 곧바로 행동에 직접적 영향을 미칠 수 있다.

행동에 대한 태도는 행동으로 인해 나타날 수 있는 긍정적 또는 부정적 결과에 대한 개인적 평가와 그 결과가 나타날 가능성에 따라 결정된다. 주관적 규범은 행동에 대해 자신이 중요하게 여기는 타인들의 태도와 그것에 순응하려는 동기에 따라 결정된다. 앞의 사례에서 A씨는 발목이 금방 괜찮아질 것이라고 생각하여 진찰을 받는 것에 대해서 부정적이었고(행동에 대한 태도), 가족과 직장 동료들은 A씨에게 꼭 진찰을 받아봐야 한다며 병원에 가라고 권유하였다(주관적 규범). 이런 상황에서는 행동에 대한 태도와 주관적 규범이 갈등 상황에 있기 때문에 행동 의도에 영향을 미치지 않았고 건강행동을 할 것인지 명확히 예측하기 어렵다. 하지만 발목의 통증이 지속되고 걸어 다니기 힘들게 되어 일상생활을 하거나 직장에서 근무하기가 어려워지자 A씨는 병원에 가는 것에 대한 태도가 변하게 되어 병원에 가려는 의도가 생기고 결국 진찰을 받는 행동을 하게 되는 것이다. 즉, 건강을 보호하려는 행동을 예측하려면 행동에 대한 태도가 긍정적이고 주관적 규범이 강하게 작용하는지를 살펴봐야 한다.

다음으로 지각된 행동 통제력은 행동했을 때 나타나는 결과를 성취하는 것이 얼마나 쉬우냐 어려우냐에 대한 신념으로 과거에 행동을 했던 경험과 장애물을 극복할 수 있는 능력에 대한 지각을 의미한다. 이 이론은 행동을 쉽게 통제할 수 있다고 믿는 사람들이 그렇지 않은 사람들보다 행동 의도가 높다고 가정한다. 예를 들어, 운전할 때 과속을 하는 이유는 속도를 잘 통제할 수 있고 사고가 나지 않을 것이라고 믿기 때문에 과속하려는 의도가 생기고 결국 과속 운전을 하게 되는 것이다. A씨의 경우 진찰 받는 것을 쉽게 할 수 있다고 생각하면 병원에 가려는 의도가 높아지지만 회의 자료를 만들어야 하고 병원에 가도 대기하는 시간이 많기 때문에 직장에서 근무시간을 조정하기 어렵다고 생각하여 병원에 가려는 의도가 낮았을 가능성이 있다. 즉, 행동에 대한 태도와 주관적 규범 이외에 지각된 행동 통제력의 정도를 파악하는 것이 건강행동에 대한 예측력을 높인다고 할 수 있다.

3) 예방채택과정 모형

예방채택과정 모형(Precaution Adoption Process Model: PAPM)은 건강신념 모형에서 제안된 취약성 신념이 모든 사람에게 동일하다고 가정하는 것은 문제가 있으며 개인마다 단계적으로 차이가 있음을 고려해야 한다는 것에 초점을 맞춘다(Weinstein, 2000). 이 모형은 건강을 위한 예방행동을 할 때 취약성에 관한 신념이 7단계로 나뉜다고 가정한다(Weinstein, 1988; Weinstein & Sandman, 1992).

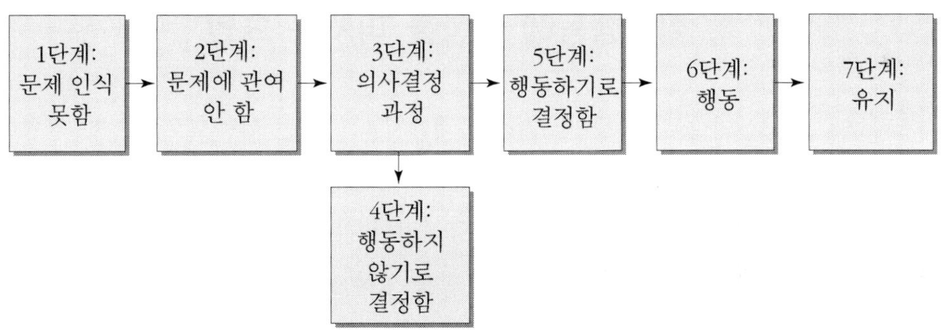

그림 13-2 예방채택과정 모형(Weinstein & Sandman, 1992)

가령, 고지방 음식을 많이 먹어서 혈중 콜레스테롤 수치가 높은 B씨의 경우를 예로 들어보면 다음과 같다. 1단계는 '문제 인식 못함' 단계로 B씨는 자신의 콜레스테롤 수치가 높아서 건강에 해롭다는 것을 아직 인식하지 못한 상태다. 2단계는 '문제에 관여 안 함' 단계로 자신의 콜레스테롤 수치의 위험성과 높은 수치가 심장질환과 관련 있다는 것을 인식하고 있지만 특별히 이 문제에 대해 무엇을 하려고 하지 않는 상태다. 3단계는 '의사결정 과정' 단계로 심장질환에 취약할 수 있으므로 고지방 음식을 먹는 행동을 계속할지 아니면 바꿀지 아직 결정하지 못했지만 곧 의사결정하려는 과정에 있는 상태다. 4단계는 '행동하지 않기로 결정함' 단계로 높은 콜레스테롤 수준이 심장질환의 위험을 높일 수 있지만 고지방 음식을 먹는 행동을 바꾸지 않고 식습관을 이전처럼 그대로 하겠다고 결정하는 상태다. 5단계는 '행동하기로 결정함' 단계로 식습관을 변화시키기로 마음을 먹고 냉장고에 있는 고지방 음식을 모두 꺼내어 몸에 좋은 음식으로 채워 넣고 준비하는 행동을 하는 상태다. 6단계는 '행동' 단계로 식습관을 바꿔서 저지방 음식을 먹기 시작하는 상태다. 즉, 심장질환의 위험을 감소시키기 위한 예방행동을 선택하는 것이다. 7단계는 '유지' 단계로 고지방 음식을 먹지 않고 저지방 음식을 지속적으로 먹는 상태다.

한편, 이러한 단계는 반드시 순서대로 이동하는 것은 아니며 어떤 경우에는 단계를 바꾸어 역행하기도 한다. 예를 들어, 저지방 음식을 먹는 5단계를 실행하다가 4단계로 내려가서 이전처럼 자신이 좋아하던 고지방 음식을 먹은 후, 어떤 음식을 먹을지 결정하는 3단계로 다시 돌아갈 수 있다.

2. 질병행동에 영향을 미치는 요인

건강행동은 자신의 건강을 증진하려는 목적에서 나타나는 행동으로 특정한 질병이나 증상이 있는 상태를 가정하지 않고 있는 반면, 질병행동 또는 질병 증상 행동(illness behavior)은 증상을 경험하고 있지만 아직 공식적인 진단을 받지 않은 상태에서 나타나는 활동을 의미하며 스스로 적절한 치료법을 찾아내려는 것을 지향한다. 이와 다르게 진단을 받은 후에 질병에서 회복하는 것을 지향하는 환자 역할 행동(sick role behavior)이 있다. 예를 들어, 병원에 입원하거나 외래를 통해 수술 또는 약물처방을 받거나 직장을 잠시 쉬는 등의 행동들이다. 두 가지 행동 가운데 우리가 직장이나 학교를 다닐 때 자주 대면하게 되는 것은 질병행동이며 이미 진단을 받은 환자 역할 행동은 대부분 치료과정에 따라 정해져 있기 때문에 우리가 더 이상 예측할 필요가 없게 된다. 즉, 사람들이 증상을 경험할 때 보건소나 병원과 같은 의료적 도움을 찾게 하는 질병행동을 결정하는 다양한 요인들에 대해 파악하는 것이 훨씬 중요하다. 여기서는 질병행동을 예측할 수 있는 여러 요인들 가운데 증상의 특징, 인구통계학적 특징, 개인적 특징, 질병의 특징에 대해 살펴보겠다.

1) 증상의 특징

증상의 특징은 의학적 도움을 찾으려는 시기와 방법에 영향을 미치며 증상에 어떻게 반응할지 결정하는 특징들은 다음과 같다(Mechanic, 1978). 첫째, 증상이 얼마나 잘 두드러지게 나타나는가 하는 증상의 '가시성'이다. 이러한 가시성이 높을수록 질병에 대한 예방 조치를 더 많이 수용하게 된다. 둘째, 심각하다고 지각된 증상은 곧바로 병원에 가게 할 가능성을 높이며 이를 증상의 '지각된 심각성'이라고 한다. 환자와 의사는 증상의 심각성을 다르게 지각하는 경향이 있으며(Peay & Peay, 1998), 지각된 심각성이 클수록 증상에 더 많은 관심을 갖게 하고 즉각적인 치료가 필요하다고 생각하게 만들어서 진료를 받을지 결정할 때 증상의 가시성보다 더 중요하게 된다. 셋째, 증상이 일상생활을 얼마나 힘들게 하는지를 의미하는 '방해 정도'이다. 사람들은 병원에 가지 않으려 하다가도 이것이 심해지면 더 이상 버티지 못하고 진료를 받으러 갈 확률이 높아진다. 넷째, 증상의 '빈도와 지속성'이 높을수록 사람들은 의료적 도움을 빨리 찾게 된다. 어쩌다 한 번씩 나타나는 증상은 참을 수 있지만 증상이 자주 발생하고 계속되면 증상의 정도가 크지 않더라도 의사를 찾아가려는 동기가 높아진다.

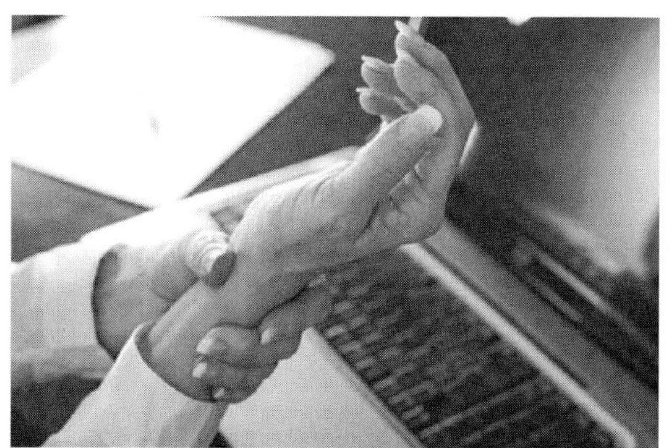

그림 13-3 손목의 통증으로 인해 컴퓨터 작업이나 집안 청소 등 일상생활을 방해하는 정도가 커지면 의료적 도움을 받을 가능성이 많아진다.

2) 인구통계학적 특징

인구통계학적 특징 가운데 대표적인 연령, 성별, 사회경제적 상태에 대해서 알아보겠다. 먼저 연령에 대해 살펴보면 성인들은 건강하다고 생각하기 때문에 진료를 잘 받지 않으려 한다. 하지만 연령이 높아지면 노화로 인한 자연스러운 증상과 질병으로 인한 증상의 차이를 구별하기가 어렵다. 일반적으로 갑자기 나타나고 심각한 증상이 있으면 질병이 있다고 생각하지만 천천히 나타나고 경미한 증상인 경우에는 노화 때문이라고 생각한다. 예를 들어, 가슴이 답답하고 숨이 차는 증상에 대해 노화라고 생각하지만 심근경색 같은 질병이 나타날 수 있으므로 증상을 해석할 때 주의할 필요가 있다. 특히 노인 환자들은 보다 심각하고 오래가는 증상을 경험하면서도 자신의 증상을 연령이나 다른 장애의 탓으로 여기는 경향이 있어서 병원에 가는 것을 미루고 그로 인해 증상의 악화를 초래할 수 있다(Ryan & Zerwic, 2003). 다음으로 성별에 있어서 여성이 남성보다 신체증상을 더 많이 보고하고(Koopmans & Lamers, 2007) 병원 방문이나 진료를 받는 빈도가 더 많지만(Galdas, Cheater, & Marshall, 2005) 남성은 여성에 비해 사소한 증상을 더 중요한 문제로 귀인하는 경향을 보인다(Martin et al., 2004). 그리고, 남성은 생명에 위협을 주는 심장병과 같은 증상을 위주로 보고하지만(Benyamini, Leventhal, & Leventhal, 2000) 여성은 심각한 증상과 함께 사소한 증상도 보고하는 경향이 있다. 이러한 차이는 성역할의 차이로 인해 나타날 가능성이 있는데, 비슷한 증상을 경험하더라도 여성은 병원이나 의사를 방문하는 것이 더 허용되는 반면 남성의 경우 강한 것처럼 보이고 통증을 있다는 것을 쉽게 드러내면 안 된다는 사회적 분위기가 영향을 미쳤을 수 있다. 한편, 사회경제적 상태가 높으면 증상을 적게 경험하고 건강수준이 높으며 증상이 있을 때 병원이나 의사를 찾을 가능성이 더 높았다(Grzywacz et al., 2004). 반면, 사회경제적 상태가 낮으면 의료기관에서 상대적으로 더 먼 곳에 거주하므로 쉽게 병원을 찾거나 진료를 받기 어렵고 의료적 도움을 받기 위해 오래 기다릴 가능성이 높아서 심각한 질병에 걸릴 가능성이 커질 수 있다.

3) 개인적 특징

다양한 개인적 특징 가운데 여기서는 성격과 스트레스에 대해서 알아보겠다. 먼저 성격에 따라 신체증상을 호소하는 양상이 다른지 알아보려고 참가자에게 감기 바이러스 주사를 놓았다. 그 결과 정서적 반응이 강한 성격을 가진 사람은 감기에 걸린 정도와 관계없이 증상을 더 많이 보고하였으며 이는 신경증적 성격의 경우 질병에 대한 불만이 더 많다는 것을 의미할 수 있다(Feldman, Cohen, Gwaltney, Doyle, & Skoner, 1999). 즉, 신경증이 증상을 보고하거나 의료적 도움을 받도록 준비하는 역할을 한다고 볼 수 있다. 다음으로 스트레스가 높으면 낮은 경우에 비해 비슷한 증상을 경험하더라도 병원을 더 많이 찾게 되며 증상이 모호할 때도 의료적 도움을 더 받으려 한다(Cameron, Leventhal, & Leventhal, 1995; Martin & Brantley, 2004). 하지만 스트레스를 많이 받고 있는 것처럼 보이거나 스스로 스트레스가 많다고 호소하면 사람들은 실제로 그들에게 질병이 없다고 판단하는 편인데, 이는 스트레스에 따라 증상이 변하면 그 증상은 질병으로 인한 것이 아니라고 여기기 때문인 것 같다.

4) 질병의 특징

마지막으로 질병의 특징에 대해 살펴보면 사람들이 질병을 바라보는 방식이 다양하며 다음과 같이 분류할 수 있다(Martin & Leventhal, 2004). 첫째, 질병에 대한 명칭으로 자신이 경험하는 증상이 어떤 명칭인지에 따라 진료를 받으러 가기 위한 동기가 달라질 수 있다. 즉, 배가 아플 때 자신의 증상을 위출혈이라고 명칭하는 사람과 체한 것으로 명칭하는 사람의 반응은 상당히 다를 것이다. 자신이 경험하는 증상의 명칭을 더 심각할수록 그 증상을 간과하지 않고 의료적 도움을 받으려고 할 것이다. 둘째, 시간의 경과로서 만성질환의 경우 자신의 질병을 급성적이고 단기간만 지속된다고 생각하면 증상이 심각하다고 보지 않으며 병원에 가려는 행동이 감소될 것이다. 셋째, 원인에 대한 결정으로서 이는 대부분의 경우 진단 후에 일어나기 때문에 질병행동이라기보다 환자의 역할로 볼 수 있지만 증상의 원인에 대한 귀인은 질병행동의 중요한 요인이다. 발목이 붓고 통증이 있는 것에 대한 원인을 단순한 타박상이라고 생각하는 것보다 골절 때문이라고 생각하면 의료적 도움을 더 받으려 할 것이다. 원인을 찾는 것은 흔히 오류를 범하기 쉬운데, 관상성 동맥질환이 있는 환자의 경우 나이가 더 많은 집단이 질병의 원인을 흡연이나 콜레스테롤보다 나이 때문이라고 생각하는 경향이 나타났다(Gump et al., 2001). 넷째, 질병의 결과로서 그 결과를 정확하지 않게 이해(예: 암 진단을 곧 죽음이라고 생각하여 절망하고 치료를 받지 않으려 하는 것)함으로써 질병행동에 많은 영향을 미친다. 마지막으로 질병의 통제 가능성은 질병을 통제하여 증상의 경험이 통제될 수 있다고 생각하는 것이다. 하지만 치료를 통해 질병의 경과가 좋아지지 않는다고 생각하여 통제 가능성을 낮게 생각하면 의사를 만나지 않으려 할 것이다.

3. 건강에 영향을 미치는 문제행동

직장인들은 스트레스를 받으면 이를 해소하기 위해 다양한 행동들을 하게 된다. 영화를 보거나 음악듣기, 산책, 운동 등을 통해 스트레스에 대처하기도 하지만 많은 사람들이 과식 또는 술을 마시거나 담배를 피우는 행동을 한다. 이러한 행동들은 단기적으로 스트레스 해소에 도움을 주기도 하지만 결국 건강에 나쁜 영향을 미치는 것으로 알려져 있다. 여기에서는 대표적으로 부적절한 행동인 음주와 흡연이 건강에 미치는 부정적 영향을 비롯하여 각각의 원인과 치료방법에 대해서 알아보겠다(박준호, 2014 재인용).

1) 음주행동

적절한 수준의 음주는 사망률의 감소나 질병의 발생 가능성을 낮추는 등 건강에 이득이 된다는 결과가 있다. 하지만 음주가 건강에 미치는 영향은 부정적인 측면이 대부분이다. 구체적으로 보면 음주로 인해 신체에 영향을 미치는 직접적 손실과 함께 심리 또는 행동에 영향을 미치는 간접적 손실이 있으며 먼저 음주행동과 건강 간의 관계에서 긍정적 · 부정적 측면을 살펴보겠다.

(1) 음주행동과 건강

음주행동이 건강에 미치는 긍정적 측면을 보면 가벼운 음주(하루 1잔)나 중간 정도의 음주(하루 5잔)는 사망률이나 질병의 발생 가능성을 낮추는 등 건강에 도움을 줄 수 있다는 일관된 결과가 발표되었다(Standridge et al., 2004). 음주로 인한 이득은 음주 수준에 따라 다르게 나타나며 과도한 음주는 건강에 이득이 되지 않는다.

적당한 음주가 심장질환으로 인한 사망률을 감소시키는 것은 전 세계적으로 발견되는 현상인데, 하루에 2잔 정도의 음주는 심장발작의 위험을 25% 줄였으며(Rimm et al., 1999) 1주일에 3~7번 술을 마시는 사람은 1주일에 1번 미만으로 마시는 사람보다 심장발작의 위험이 30% 더 낮았다(Mukamal et al., 2003). 이러한 현상은 술의 종류—맥주, 포도주, 증류주—에 관계없이 비슷하였다. 하지만 1주일에 1번이라도 8잔 이상을 폭음하면 심장질환의 위험이 증가하였으며(Murray et al., 2002) 과도한 음주는 가벼운 음주에 비해 사망률이 2배 더 높았다. 즉, 폭음이 아니라면 적당한 음주는 심장질환으로 인한 사망률을 낮추는 것이 분명해 보인다. 적절한 음주가 심혈관질환에 이득이 되는 이유는 콜레스테롤 수치를 변화시키거나 혈액 응고를 방지하여 심장발작을 억제시키기 때문이라는 해석도 제기되었다.

한편, 하루에 1~2잔 정도 술을 마시면 전혀 마시지 않을 때보다 제2형 당뇨병의 위험이 더 낮았으며(Ajani et al., 2000; Standridge et al., 2004) 특히 여성에게 더 두드러지게 나타났다(Ashley et al., 2000). 또한 담석이 만들어지는 것을 감소시키는 담즙 형성을 증가시키며(Ashley et al., 2000) 적당한 음주는 그렇지 않은 음주에 비해 담석이 생길 확률을 50% 정도 낮춘다. 그리고 중간 정도의 음주(1달에 17~45잔)가 전반적인 건강에 긍정적인 영향을 끼쳤다. 술을 전혀 마시지 않는 것은 건강 수준과 반비례하였고, 과도한 음주자(특히 여성의 경우)의 건강 점수는 평균보다 더 낮았기 때문에 적절한 양의 음주는 건강에 긍정적 영향을 미친다고 할 수 있다(Klatsky, 2003).

그림 13-4 음주행동이 건강에 미치는 긍정적 영향은 적절한 양이 전제되었을 때만 나타난다.

다음으로 음주행동이 건강에 미치는 부정적 영향들에 대해 알아보겠다. 부정적 영향은 직접적 · 간접적 손실로 나눌 수 있는데, 간, 심장혈관계, 암, 뇌신경, 임신과 태아 발달과 관련된 내용은 직접적 손실에 해당되며 의사결정의 문제, 공격성 및 범죄, 상해 및 자살시도에 대한 부분은 간접적 손실에 해당된다.

먼저 직접적 손실에 대해 알아보면 다음과 같다. 술(알코올)이 모든 신체기관에 영향을 미치지만 장기적으로 보면 간에 심각한 손상을 주게 된다. 심각한 음주(1일 5~6잔 이상)는 간에 지방이 쌓이게 하고 부어오르게 만든다. 지속적인 음주는 간을 통과하는 혈액의 흐름을 방해하고 이로 인해 간세포가 죽으면서 간염이 생기는 간경변으로 발전하기도 한다. 간경변은 치명적이고 알코올 중독자가 사망하는 주된 원인이다(Tuma

& Casey, 2003). 모든 알코올 중독자가 간경변을 일으키는 것은 아니며 알코올 남용의 과거력이 없는 사람들도 간경변이 생길 수 있지만 간경변이 심각한 음주와 상관이 있다는 것은 분명하다.

술이 심장혈관계에 항상 부정적인 영향을 미치는 것은 아니지만 과도하고 만성적인 음주는 직접적이고 해로운 영향을 준다. 많은 양의 알코올은 심장근육에서 지방산(심장의 에너지 생산구조를 손상시키는 작용을 함)이 산화되는 것을 약화시키고, 심장근육의 수축력을 억제하여 심장의 조절 기능을 저하시키기 때문에 특히 수축기 혈압의 증가를 유발시키는 경향이 있다(Curtis et al., 1997).

술을 마시는 것이 암의 발생에 영향을 미치는지에 대해서는 분명하지 않은데, 과도한 음주자들은 흡연도 병행하는 경향이 많기 때문이다. 하지만 200여 개의 연구 결과들을 종합적으로 분석한 바에 의하면 장기적인 음주는 간암, 식도암, 비인강암, 후두암과 관련이 있었으며(Bagnardi et al., 2001) 음주 정도가 심할수록 증상의 심각성도 증가하였다. 또한 술을 마시면서 담배를 함께 피우면 폐와 식도에서 암이 발생할 가능성이 커진다. 한편 술은 여성이 유방암에 걸릴 위험요인이 될 수 있는데(Bagnardi et al., 2001), 위험성의 크기는 미약한 수준이지만 그 관계성이 일관되게 나타나며 술을 마시는 정도에 따라 위험 수준도 함께 증가하였다(Singletary & Gapstur, 2001; Smith-Warner et al., 1998).

만성적으로 심각한 음주를 하는 사람은 코르사코프 증후군(Korsakoff Syndrome 또는 Wernicke-Korsakoff Syndrome)이라고 부르는 신경학적 기능 이상이 나타나는 경우도 있다. 이 증후군은 알코올성 치매라고도 하는데 최근에 경험한 사건이나 새롭게 학습한 정보들에 대한 기억력이 저하되고 시간 · 장소 · 사람에 대한 인식 능력이 떨어지는 것이 특징이다. 하지만 적절한 정도의 음주는 이러한 문제를 일으키지 않으며 아직까지는 일부 연구이긴 하지만 성인 여성의 경우 하루에 적정한 정도의 음주(1~5잔 정도)는 치매로 인한 다양한 증상들을 개선시킬 수 있다는 결과가 발표되었다(Ruitenberg et al., 2002).

과도한 음주는 출생률을 감소시키고 만성적인 여성 음주자는 불임의 가능성이 높다(Eggert et al., 2004). 구체적으로 보면 과도한 음주는 호르몬을 조절하는 뇌하수체나 시상하부에 직접 영향을 끼쳐 월경 주기가 중단되고 비타민, 특히 티아민(thiamin)을 결핍시켜 불임을 야기한다. 그리고 임신했을 때 과도한 음주를 하면 태아 알코올 증후군(Fetal Alcohol Syndrome: FAS)의 위험이 높아진다. 이 증후군에는 얼굴 기형, 성장 결핍, 중추신경계 장애, 지적장애 등이 나타난다. 과도한 음주 이외에 과도한 흡연, 스트레스, 영양 결핍도 간접적으로 영향을 미치는 것으로 알려져 있다. 가벼운 또는 중간 정도의 음주는 태아 알코올 증후군을 일으키지 않을 수 있지만 약한 수준의 음주라도 태아 발달에 영향을 줄 수 있다. 하루에 평균 2잔 이상 술을 마신 어머니에게서 태어난 아이는 저체중을 비롯하여 다양한 문제가 생길 수 있고, 임신 초기에는 약한 수준이라도 술을 마시게 되면 태아의 발달에 직접적 영향을 줄 수 있다(Goldsmith, 2004). 그리고 폭음한 과거력이 있는 어머니의 자녀는 인지기능이 낮고(Bailey et al., 2004), 임신 전에 알코올 남용의 병력이 있는 아버지의 자녀도 아동기에 인지적, 행동적 문제가 발생할 가능성이 있다(Abel, 2004).

다음으로 간접적 손실에 대해 살펴보자. 음주는 의사결정에 영향을 미치는데(Sayette et al., 2004) 문제성 음주자뿐만 아니라 일반적인 음주자들도 술을 마시면 성행위를 할 때 콘돔을 사용하지 않는 등 안전한 성행동과 관련된 절차를 덜 하는 경향이 있었으며 음주 경험이 있는 고등학생들도 그렇지 않은 학생들에 비해 성행위 시 콘돔을 덜 사용하였다(MacDonald et al., 2000).

음주는 모두는 아니지만 일부의 경우 더 공격적인 행동을 유발시킨다. 중간 정도 이상의 음주를 한 성인의 약 30%가 공격성이 높아졌고(Taylor & Leonard, 1983), 평소에 분노를 표출하는 경향이 있었으며(Parrot & Zeichner, 2002) 공격을 촉발시키는 사람(또는 상황)에게 더 공격적으로 행동하였다. 한편, 대부분의 범죄자들이 알코올에 의존적이지 않고 확률적으로 많은 음주자 가운데 극히 일부만이 범죄를 저지르기 때문에 음주와 범죄의 인과관계를 단정하기는 어렵지만 어떤 경우에는 범죄를 유발시킬 수 있다. 살인 사건의 2/3 정도에서 희생자나 가해자 중 한 사람 또는 둘 모두 음주 상태였다고 확인되었으며(Martin, 2001) 남성의 경우 음주는 강압적인 성행동(성폭행 등)과 관련이 있었다(Testa et al., 2004).

음주를 할 때 1회당 소비한 잔이 많을수록 불의의 상해로 인한 사망률은 증가한다. 미국의 경우, 음주는 사망 원인의 다섯 번째이며 45세 이하에서는 첫 번째에 해당된다(Rehm et al., 2003). 음주는 교통사고로 인한 사망에도 영향을 미치는데 미국에서 자동차 사고로 인한 상해 가운데 약 30%가 음주운전으로 인해 사망하고(Yi et al., 2004), 한국에서는 2012년의 교통사고 사망자 가운데 15.1%가 음주운전 때문이었다(경찰청, 2013). 한편, 음주 후 자살이나 자살시도가 나타나는 경우가 많으며 술은 다른 약물보다 특히 자살시도와 관련이 높은 것으로 알려져 있다(Rossow et al., 2005).

그림 13-5 음주행동은 신체에 직접적 손실을 미치지만 교통사고와 같은 상해로 인한 사망, 자살, 공격적 행동 등 간접적 손실도 상당하다.

(2) 음주행동의 원인

사람들의 음주행동을 설명하려는 몇 가지 모형이 제안되었으며 여기서는 질병 모형, 긴장감소 가설, 알코올성 근시 모형, 학습모형을 다룰 예정이다. 이 모형들은 세 가지 문제를 설명할 수 있어야 한다. 첫째, 사람들은 왜 술을 마시기 시작하는가? 둘째, 대부분의 사람들은 왜 과도한 음주를 하지 않고 적절한 음주행동을 유지하는가? 셋째, 몇몇 사람들은 왜 심각한 문제를 일으킬 정도로 술을 많이 마시는가?

첫째, 질병 모형은 문제성 음주를 신체적 증상으로 보았던 의학 모형의 일종으로 문제성 음주를 하는 사람들은 알코올중독(alcoholism)과 같은 신체질병을 가지고 있다고 가정한다. 질병 모형에서 음주행동은 두 가지 유형으로 나뉘는데, 평소에는 잘 참다가도 일단 마시기 시작하면 통제력을 상실해서 폭음하는 '감마' 유형과 평소에 술을 참지 못하며 많은 양은 아니지만 거의 날마다 계속 마시는 '델타' 유형이 있다(Jellinek, 1960). 하지만 이 모형은 다양한 음주행동을 이렇게 두 가지 유형으로 나누는 것이 너무 단순하며 술의 생리적 속성만을 지나치게 강조하고 환경적, 인지적 및 정서적 요인을 적절하게 고려하지 못한다고 비판하였다(Peele, 2002; Quinn et al., 2004). 이 모형의 영향력은 나라에 따라 다른데, 미국과 같이 정신과적 또는 의학적으로 지향된 치료 프로그램을 실시하는 나라에서는 영향력이 크지만 유럽이나 호주 등과 같이 심리학적으로 지향된 프로그램을 주로 사용하는 나라에서는 이 모형의 영향력이 상대적으로 크지 않다(Quinn, Bodenhamner-Davis, & Koch, 2004).

둘째, 긴장감소 가설(tension reduction hypothesis)은 술이 생리학적으로 긴장을 감소시키고 이완시켜 주기 때문에 사람들이 술을 마신다고 가정한다(Conger, 1956). 술을 많이 마신 사람은 스트레스에 대한 반응의 강도가 낮아진다는 결과가 보고되었으며(Sher & Levenson, 1982) 이를 스트레스-반응 완충(stress response dampening) 효과라고 한다. 하지만 이 가설과 다른 결과들이 많이 보고되었는데, 술을 중간 정도의 수준으로 마신 사람은 심장박동이 더 빨라지기도 하고 어떤 근육에는 전혀 영향을 미치지 않는 등 생리적 반응이 여러 양상으로 나타났으며, 한 집단의 참가자들은 긴장감소를 경험하지만 다른 집단의 참가자들은 그러한 경험을 하지 않았다(Kambouropoulos, 2003). 특히 긴장감소가 될 것이라고 기대한 사람들에게 긴장감소 효과가 더 잘 나타나는 경향이 있어서 긴장감소는 생리학적 과정 이외에 '기대'라는 심리학적 요인이 함께 영향을 미친다는 것을 알 수 있다.

셋째, 알코올성 근시(alcohol myopia) 모형은 술이 스트레스나 사회적 불안에 관한 생각을 단순하고 협소하게 만들어서 걱정을 덜어 주기 때문에 사람들이 술을 마신다고 가정한다(Steele & Josephs, 1990). 즉, 술을 마시면 통찰력 있는 생각이 차단되어 현실적으로 바라볼 수 있는 인지적 능력이 떨어진다고 보았다. 알코올성 근시가 있는 사람들은 여러 가지 양상을 나타내는데 그 하나는 자기팽창(self-inflation)이다. 자기팽창은 술을 마시면 자기평가가 더 긍정적으로 변하는 것을 의미하는데, 술에 취한 사람은 취하기 전보다 자신에 대해 낮게 평가했던 문항들을 더 중요하고 긍정적으로 평가하였다(Banaji & Steele, 1989). 다시 말하면, 음주는 자신을 비현실적으로 과장하여 더 긍정적인 관점에서 스스로를 보게 한다. 또 다른 양상은 취한 안심(drunken relief)인데, 술을 마시면 걱정이 줄어들고 걱정에 대해서 신경을 덜 쓰게 되는 것이다. 많은 양이 아니더라도 술을 마시게 되면 주의가 분산되어 자신이 가지고 있던 걱정거리에서 벗어나 스트레스가 감소된다(Steele & Josephs, 1990). 이 모형은 음주 후에 나타나는 성 행동을 설명할 수 있는데, 술이 취한 남자 대학생은 취하지 않은 학생에 비해 콘돔을 사용하지 않으려는 경향이 더 많다. 그러므로 술에 취하면 정보를 처리하는 능력이 제한되고 자신의 행동으로 인해 나타날 결과를 과도하게 낙관적으로 판단하게 된다.

넷째, 학습모형(learning model)은 음주가 학습된 행동이라고 가정한다. 사람들은 다음과 같은 이유로 술을 마시게 되는데 첫째, 술을 마신 후 기분이 좋아지고 더 자신감 있게 행동하며 사람들과 상호작용이 활발해지는 등 긍정적 결과가 나타나는 것을 학습하기 때문이다(정적 강화). 둘째, 술을 마시게 되면 우울하거나 불안한 정서가 줄어들고 스트레스가 감소하는 등 부정적 결과가 사라지는 것을 학습하기 때문이다(부적 강화). 셋째, 다른 사람들이 술을 마시는 것을 보고 배워서 사회적으로 학습하기 때문이다(사회적 학습/모델링). 특히 대학생들은 술자리에서 주위 사람들의 음주행동을 보고 사회적 압력을 느껴서 자신도 따라서 술을 마시게 된다(Orford et al., 2004). 사회적 학습은 술을 과도하게 마시는 이유에 대해서도 설명하는데, 술을 많이 마시는 사람을 관찰하게 되면 술을 약간 마시거나 아예 마시지 않는 사람을 관찰할 때보다 술을 더 많이 마시게 된다(Thomas, Randall, & Carrigan, 2003). 즉, 다른 사람들이 마시는 술의 양에 따라서 자신이 마시는 양을 맞추려고 한다.

(3) 음주행동의 치료

음주행동을 치료하는 방법은 문화권에 따라 다르게 적용될 수 있다. 대표적인 치료방법은 단주치료와 절주치료다.

첫째, 단주치료에서 많은 치료 프로그램들은 술을 전혀 마시지 않는 단주를 목표로 하며 주로 북미 지역에서 적용되는 방법이다. 단주치료는 화학치료를 포함하여 알코올 중독자 모임과 심리치료 방법이 있다. 먼저 화학치료를 살펴보도록 하자. 이 치료는 술과 함께 마시면 부작용이 발생하는 약물을 투여한다. 이러한 약물 중에 흔히 사용되는 것이 단주제(disulfiram/antabuse)인데, 술과 함께 복용하면 심장이 두근거리고, 속이 메스꺼워 구토가 유발되고, 열이 나고, 두통이 있고, 어지럽고, 얼굴이 붉어지고, 호흡이 곤란해지는 등의 부작용이 나타난다. 이 약물의 문제점은 2주 이상 복용해야 하기 때문에 치료기간이 길어질수록 사람들이 견디지 못하고 포기하게 되며 술을 마실 때 이 약을 아예 복용하지 않아 버리는 것이다. 이 치료가 극적인 효과는 있지만 다른 치료보다 더 효과가 있다는 근거는 충분하지 않다는 보고도 있다(Mann, 2004). 이러한 한계점으로 인해 대안적 치료로 제시된 날트렉손(naltrexon)이라는 약물이 있다. 이 약물은 술을 마실 때 얻게 되는 긍정적 결과들을 감소시켜서 정적 강화가 일어나지 않도록 한다. 최근에는 아캄프로세이트(acamprosate)라는 약물도 음주문제에 치료효과가 있는 것으로 나타났다(Carmen, Angeles, Ana, & Maria, 2004).

가장 대중적인 치료 프로그램인 알코올 중독자 모임(Alcoholics Anonymous: AA)은 질병 모형에 근거하여 음주행동을 일종의 신체적 문제로 간주한다. 이 모임에서는 음주행동에 문제가 있는 사람은 스스로 술을 끊을 수 있는 능력이 없다고 보며 완전히 치료되지 못하고 항상 치료과정에 있기 때문에 고혈압이나 당뇨병처럼 평생에 걸쳐 관리를 해야 한다는 철학을 가지고 있다. 음주 문제가 있는 미국 성인 가운데 남성 60%와 여성 80%가 AA 모임에 참가한다고 보고되었다(Weisner, Greenfield, & Room, 1995).

그림 13-6 익명의 알코올 중독자 모임(AA)은 가장 대중적인 치료 프로그램이며 음주행동을 만성질환처럼 평생 동안 관리해야 한다는 철학을 가지고 있다.

심리치료는 집단치료와 개인치료로 나뉘는데 집단치료는 음주행동이 있는 사람들이 함께 모여 프로그램에 참여한다. 집단치료 동안 자신이 술을 끊고 단주하는 행동에 대해 구성원들이 칭찬함으로써 정적 강화가 되어 단주와 관련된 행동이 더 늘어나게 된다. 그리고 집단 안에서 단주에 성공하는 사람을 관찰하면 그 사람을 모델로 삼고 사회적 학습이 일어나 그와 비슷한 행동을 하게 되고 스스로 단주에 성공할 수 있다고 기대하게 된다. 또한 자신이 했던 단주행동을 다른 구성원들에게 알려 주어 도움을 주는 기회를 경험하면 자신도 타인에게 가치 있는 사람임을 배우게 된다. 하지만 집단치료는 개인의 음주행동을 유발시킬 가능성이 있는 특정한 문제(예: 아동기 학대 경험이나 가정문제)를 집단 안에서 개별적으로 해결하기 어렵다는 어려움이 있다. 그러한 경우에는 개인치료를 먼저 진행하거나 병행할 필요가 있다.

둘째, 절주치료는 단주치료와 달리 술을 단 한 잔이라도 마시게 되면 치료가 실패했다고 여기는 것이 아니라 음주행동을 조절하는 것을 강조하며 영국과 유럽 지역에서 적용하고 있다. 1960년대까지 음주문제에 대한 치료목표는 대부분 단주였는데 영국의 치료자인 Davis(1962)의 연구에서 발견한 결과를 근거로 하여 완전한 단주가 아니라 절제된 음주에 대한 관심이 높아졌다. 그의 연구를 살펴보면 자신이 치료했던 문제음주자 93명 중에 7명이 최소한 7년 동안 술을 조절하여(하루에 맥주 3잔 또는 이와 동일한 술의 양을 소비함) 마시고 있다는 사실을 발견했다. 이렇게 적절한 음주자가 된 비율이 약 7.5% 정도로 많지는 않았지만 문제가 있던 사람도 문제 없는 음주자가 될 가능성을 발견한 것이다. 미국에서 진행된 연구에 의하면 단주치료를 받은 사람 가운데 적게는 3%에서 많게는 20% 정도가 절제된 음주행동을 보였다(Armor, Polich, & Stambul,

1976; Polich, Armor, & Braiker, 1980). 이러한 연구는 음주문제에 대해 단주치료를 전통적으로 지지하는 사람들에게 비판을 받았지만 이후에 진행된 다른 연구에서도 비슷한 결과가 반복적으로 확인되면서 절주치료에 대한 관심이 높아졌다.

절주치료의 내용을 살펴보면, 자신의 음주행동(음주 양과 빈도 등)을 스스로 관찰하고, 음주를 어느 정도 할 것인지에 대한 목표를 1주 단위로 설정하며 술에 무알코올성 음료를 섞어서 음주효과를 상쇄시키는 방법을 알려 준다(Saladin, 2004). 절주치료의 효과는 음주문제가 있는 사람들에게 모두 나타나지 않지만 음주 문제의 기간이 길지 않고 음주로 인한 신체적, 생리적 손상이 없는 사람에게 적절한 것으로 알려져 있다. 그리고 절주치료에서도 최소한 1개월 동안 술로 인한 독성효과를 줄이기 위해 단주를 실시한다. 절주치료는 효과가 있지만 미국 내 대부분의 치료센터에서는 거부감을 가지고 있다. 하지만 영국 대부분의 치료센터에서는 절주치료를 수용한다(Quinn et al., 2004). 최근에 미국 내 일부 치료자들과 치료센터에서도 절주치료가 잘 적용되는 음주자들의 특징에 대한 관심이 늘어나고 있다(Rosenberg & Melville, 2005).

단주나 절주 치료가 끝난 이후에도 재발의 문제는 항상 나타난다. 재발은 치료를 마친 후 3개월 이내에 대부분 나타나며 1년 후에는 35%만 단주를 한다. 한편, 음주 이외에 흡연이나 아편제 남용 치료를 마친 사람들도 재발률이 비슷하다고 알려져 있다. 이러한 양상으로 볼 때 습관성 약물을 사용할 때 뇌에 작용하는 반응기제가 약물의 종류에 상관없이 비슷하다고 볼 수 있다(Camí & Farré, 2003). 이렇게 재발률이 높기 때문에 최근에는 치료과정에 재발예방 프로그램이 포함되어 있는 경우가 많다. 재발예방 프로그램은 술을 한 모금이라도 마신다고 해서 재발하는 것은 아니며 술을 마셔도 일상적인 문제가 나타나지 않는 것이 중요하다는 점에 초점을 맞춘다.

2) 흡연행동

흡연이 건강에 미치는 부정적 효과는 매우 많으며 대표적으로 심혈관질환, 암, 폐쇄성 폐질환 이외에 정신건강에도 영향을 미친다. 간접흡연도 직접흡연과 마찬가지로 건강에 해로운 영향을 미치며 특히 아동의 건강과 밀접한 관련이 있다. 흡연의 원인은 담배를 피우기 시작하는 원인과 흡연을 유지하는 원인으로 나뉘며 흡연을 시작하는 이유는 사회적 압력, 광고, 체중조절 때문이다. 흡연을 유지하는 이유는 니코틴 중독, 학습, 낙관적 편향, 체중증가에 대한 두려움 등이 있다.

(1) 흡연과 건강

흡연의 형태는 궐련, 파이프 담배, 시가, 무연 담배(예: 씹는 담배) 등 여러 가지가 있지만 그 가운데 가장 흔한 궐련(일반 담배)이 건강에 더 유해한 것으로 알려져 있으며 최근에는 간접흡연에 대한 문제가 대두되고 있으므로 이에 대해서 알아보겠다.

만성 폐쇄성 폐질환은 폐에 염증이 생기면서 기능이 저하되고 기도가 좁아지면서 숨쉬기가 어려워지는 병이며 만성기관지염과 폐기종이 이에 속한다. 하루 종일 거친 숨소리와 기침에 시달리며 악화되면 스스로 숨쉬기조차 힘들어진다. 발걸음을 옮기는 것조차 어려워 외출은 물론 혼자 씻거나 식사가 어려울 정도다. 세계보건기구에 따르면 전 세계에서 10초에 한 명씩 사망하는 병으로 세계 사망원인 4위이고, 2020년이면 3위로 오를 것이라 예상하고 있으며 한국에서도 사망원인(통계청, 2013) 7위에 해당한다. 이 질환은 비흡연자에게 비교적 드물게 나타나는데, 남성 비흡연자의 4%, 여성 비흡연자의 5%만이 걸리며 이 중에는 흡연자의 배우자나 가족 등 간접흡연에 노출된 경우가 포함된다.

흡연은 수많은 암을 발생시키는데 그 가운데에서도 폐암의 주된 원인이며 구강암, 후두암, 식도암, 췌장암, 기관지암, 신장암, 방광암 등과도 관련되어 있다(CDC, 1993). 담배를 피우는 남녀 모두 암으로 인한 사망 위험에 크게 노출되는데, 특히 남성 흡연자는 비흡연자보다 암에 걸릴 상대적 위험이 23.3배 더 높다(USDHHS, 2004). 미국의 경우 담배 소비가 급격히 증가한 후 20~25년이 지난 1950년부터 1989년까지 폐암으로 인한 사망도 함께 증가하였고, 1960년대 중반부터 담배 소비가 급격히 감소하였기 때문에 그 후 20~25년이 지나 남성의 폐암 사망이 감소하였다. 이러한 추세는 한국에서도 비슷하게 나타나고 있는데, 흡연이 폐암을 일으키는 중요한 원인이라는 증거다.

흡연자는 비흡연자에 비해 심혈관질환에 걸릴 수 있는 상대적 위험이 2배 더 많은 것으로 알려져 있다(CDC, 1993). 일반적으로 남성이 여성보다 약간 더 위험하지만 심장마비나 심장발작이 발생할 가능성은 남녀 모두 높아진다. 담배를 3년 동안 피우면 동맥 안에 죽상반(plaque)이라는 찌꺼기를 만드는 속도를 높여서 동맥경화증의 진행을 약 50% 정도 증가시킨다(Howard et al., 1998). 그리고 담배 안에 있는 물질인 니코틴은 심장박동, 혈압 등을 높이고 혈관을 수축시키는데, 수축된 혈관과 빨라진 심장박동으로 인해 심장혈관계에 부담을 주어 심장질환의 위험이 높아진다.

흡연자는 정신과 질환과 물질남용으로 진단받을 가능성이 2~4배 높다(Kalman et al., 2005), 그리고 흡연자들이 비흡연자보다 더 우울한 경향이 있고 우울한 사람 중에 담배를 피우는 사람이 더 많으며(Windle & Windle, 2001) 자살할 가능성도 더 많은 것으로 알려져 있다(Miller et al., 2000).

흡연이 건강에 미치는 영향은 직접적 흡연 이외에 간접 흡연도 포함된다. 최근에 간접흡연에 대한 관심이 늘어나면서 식당이나 PC방 등이 금연지역에 포함되었다. 간접흡연은 단순히 타인의 담배 연기가 불쾌감을 일으키는 것만이 아니라 건강에 위험할 수 있다는 증거들이 1980년대부터 축적되었다.

직장에서 간접흡연에 노출된 사람은 폐암에 의한 사망률이 높다. 간접흡연에 노출될 수 있는 직업을 보면 미국의 경우 '5B'라고 하여 술집(bar), 볼링장(bowling alleys), 당구장(billiard halls), 도박장(betting establishments), 빙고 게임장(bingo parlors)이 있다. 이러한 직장에서 종사하는 사람들은 다른 직장의 종사자들에 비해 혈중 니코틴 농도가 약 18배 더 높으며 인과관계가 확실히 증명된 것은 아니지만 폐암 사망률도 더 높았다(Siegel & Skeer, 2003).

부모의 흡연은 아동이 기관지염이나 폐렴과 같은 호흡기 질환에 걸리게 할 수 있고(Larson et al., 2001), 출생 시 저체중을 유발하며(Ahluwalia et al., 1997) 아동기 암을 유발시킬 수 있다(John et al., 1991). 일반적으로 간접흡연의 부정적 결과는 생후 2년이 지나면 감소하지만(Wu, 1990) 취학 후 간접흡연에 노출되어도 폐기능이 저하될 가능성이 증가한다(Mannino et al., 2001).

그림 13-7 직장 내 비흡연자의 간접흡연 노출률은 기술직, 서비스 · 판매직, 사무직, 단순노무직, 관리 · 전문직 순이었다.

(2) 흡연의 원인

흡연의 원인은 두 가지로 나누어 생각해 볼 수 있다. 첫째, 사람들은 왜 담배를 피우기 시작하는가? 둘째, 왜 담배를 계속 피울까?

첫째, 흡연을 시작하는 이유를 살펴보면 다음과 같다. 10대 청소년들은 담배를 권하는 친구에 의해 흡연을 시작하여 지속되는 경우가 많다. 담배를 피우는 부모나 형제, 자매도 청소년이 흡연을 시작하는 데 영향을 준다(Slomkowski et al., 2005). 영화도 사회적 압력 가운데 하나인데, 청소년들에게 좋아하는 영화배우의 이름을 쓰게 한 다음에 그 배우들이 영화에서 얼마나 많이 담배를 피우는지 조사하였다. 그 결과를 보면 인기 영화배우가 영화에서 흡연하는 것이 청소년의 흡연 시작에 큰 영향을 미치며 특히 남자보다 여자 청소년에게 더 크게 작용하였다(Pierce, 2005).

한국에서는 담배광고가 금지되어 있지만 외국 담배회사들이 만든 광고를 대상으로 연구한 결과에 따르면 광고는 청소년이 흡연에 관심을 갖도록 하는 것으로 밝혀졌다. 12~15세 비흡연 청소년을 대상으로 담배를 피우지 않겠다고 결심한 집단과 흡연에 관심을 가진 집단으로 나누어 담배 광고에 민감하게 영향을 받는지 연구한 결과, 흡연에 관심이 없던 집단은 광고에 주의를 기울이지 않고 실제로 흡연할 가능성이 적었지만 호기심을 가진 집단은 반대로 호기심을 유발하는 담배광고의 영향을 많이 받았다(Pierce et al., 2005). 담배회사들은 광고가 성인들이 특정한 담배로 바꾸려 하는 것을 목표로 하는 것이며 청소년이 흡연을 시작하게 하는 것을 목표로 하지 않는다고 주장하였는데, 비흡연 청소년을 대상으로 연구할 결과를 보면 동일한 대상을 4년 후에 면접했더니 담배회사에서 특정 담배 제품을 광고하는 홍보물(예: 잡지)을 접했던 청소년이 그렇지 않은 청소년보다 흡연하는 비율이 3배 더 많은 것으로 나타났다(Biener & Siegel, 2000).

많은 여자 청소년들은 흡연이 체중조절에 도움이 될 수 있을 것이라고 믿기 때문에 담배를 피우기 시작한다. 광범위한 표본은 아니지만 유럽계 미국인이며 부모가 중산층 이상의 중학생을 조사한 결과, 특히 여학생들의 경우 체중에 대한 염려가 흡연 시작과 관련이 있었다(French et al., 1994). 여학생들이 만약 섭식장애 증상, 체중 감소를 위한 시도 경험, 체중 증가에 대한 두려움이나 날씬함에 대한 강한 욕구 가운데 두 가지 이상이 있다면 흡연을 시작할 가능성이 매우 높아진다. 그리고 체중에 만족하지 않는 남학생들은 운동으로 체중을 조절하는 경향이 있지만 체중에 만족하지 않는 여학생들은 체중조절 수단으로 하제 사용이나 다이어트를 하고 흡연을 하는 경향을 보였다.

둘째, 흡연을 계속하는 이유를 살펴보자. 담배를 피우기 시작하면 그 습관은 떨쳐 버리기 어렵고 쉽게 의존하게 된다. 미국에서 10~22세 흡연자를 대상으로 연구한 결과, 담배를 지금까지 100개비(5갑) 이상 피웠던 사람 가운데 2/3 정도가 담배를 끊기 너무 힘들다고 했지만 100개비 이하를 피웠던 사람은 소수만이 그렇다고 보고하였다. 특히 하루에 15개비 이상 피우는 사람들은 대부분 매우 끊기 어려워 하였다(CDC, 1994). 즉, 100개비 이상 또는 하루 15개비 이상 피운 사람들은 흡연에 의존하여 그 습관을 버리기가 매우 어렵다는 것을 알 수 있다. 골초인 사람은 니코틴 함량이 낮은 저니코틴 담배를 피우면 니코틴 양의 부족을 보상받기 위해 더 많은 개수의 담배를 피우게 된다(Schachter, 1980). 장기간 흡연한 골초를 대상으로 고니코틴 담배와 저니코틴 담배를 번갈아 주면서 두 담배가 모두 동일하게 보이도록 하여 자신이 어떤 종류의 담배를 피우는지 모르게 하였더니 고니코틴 담배보다 저니코틴 담배를 25% 더 많이 피웠으며 저니코틴 담배를 더 많이 들이마셨다. 결국 담배를 피운 개수와 관계없이 중독된 흡연자는 니코틴 양을 스스로 조절하고 있음을 알 수 있다. 중독된 흡연자들은 특별한 상황에서도 니코틴을 섭취하려는 노력을 기울이는데, 담배를 식초에 넣은 후 말려서 담배 맛을 떨어뜨렸더니 중독되지 않은 흡연자는 맛이 없는 담배에 관심이 없었지만 중독된 흡연자는 일반 담배와 비슷한 개수를 피웠다(Leventhal & Avis, 1976). 한편, 니코틴 중독은 담배를 많이 피우지 않는 사람이나 골초 중에서도 특정한 사람들의 흡연을 설명하기 어렵다. 흡연의 유일한 이유가 니코틴이라면 다른 방식으로 니코틴을 대체하면 담배를 피우지 않아야 된다. 하지만 다른 방식의 니코틴 섭취가 흡연을 완전히 대체할 수 없다는 것이 증명되었다. 다시 말해서, 흡연을 유지하는 것은 니코틴 이외에 다른 요인이 관련되어 있음을 알 수 있다.

흡연을 계속하는 또 다른 이유는 사람들이 학습되기 때문인데 정적 강화와 부적 강화가 대표적이다. 담배를 피운 후에 유쾌하고 즐거운 긍정적인 경험을 하게 되면 정적 강화를 받게 되는데, 그 경험은 이완된 느낌, 담배 맛(자신이 피울 때 나는 좋은 담배 냄새), 손이 심심하지 않은 만족감 등이 있다. 그리고 담배를 피우고 불쾌하고 괴로운 부정적인 경험이 사라지게 되면 부적 강화를 받는데, 흡연하지 않으면 긴장, 불안, 우울과 같은 금단 증상이 있다가 담배를 피우면 이러한 불쾌한 증상이 사라지게 된다.

또한 흡연자들은 자신이 담배를 피워도 질병에 걸리거나 사망할 위험에 노출될 가능성이 더 적다고 생각하는 낙관적 편향 때문에 흡연을 지속하게 된다. 비흡연자(과거부터 비흡연자+현재 비흡연자)와 소량의 흡연자는 75세까지 살 수 있는 확률을 실제와 거의 비슷하게 추정하였지만 골초들은 자신이 그때까지 살 수 있는 가능성을 상당히 과대 추정하였다(Schoenbaum, 1997). 또한 흡연자가 자신의 건강에 대한 취약성을 어떻게 지각하는지 알아보았는데 많은 흡연자가 자신은 덜 취약하다는 낙관적 편향을 가지고 있으며(Weinstein, 2001), 시가를 피우는 사람은 비흡연자에 비해 자신은 시가 흡연으로 인한 해로움에서 예외일 것이라고 생각한다는 결과가 나왔다(Baker et al., 2001).

청소년뿐만 아니라 성인들도 체중 증가에 대해 두려워하기 때문에 흡연을 지속적으로 유지한다. 그리고 체중조절과 흡연 간의 관계는 성인의 나이에 따라 차이가 있는데, 초기 성인기 사람들은 중년들보다 흡연을 체중 조절 수단으로 더 많이 사용한다. 체중조절에 신경을 쓰는 30세 이하 성인들은 신경을 쓰지 않는 성인들보다 더 많이 흡연하는 경향이 있었다. 하지만 30세 이상 성인들은 체중에 신경을 쓰는 사람과 쓰지 않는 사람 간의 흡연 차이가 나타나지 않았다(Wee et al., 2001). 이는 금연에 따른 체중 증가의 두려움은 연령대에 따라 다르다는 것을 시사한다.

(3) 금연치료

금연치료는 크게 두 가지로 흡연을 시작하기 전에 미리 막는 방법과 흡연을 하고 있는 사람들을 끊게 하는 방법으로 나눌 수 있다. 그리고 치료를 위한 구체적인 접근방법으로 심리적 개입과 재발방지 프로그램이 자주 사용된다.

금연치료의 방법 가운데 담배를 피우기 시작하는 것을 막는 방법을 먼저 살펴보겠다. 대부분의 10대들은 흡연이 건강에 해롭다는 것을 알고 있지만 미국 고등학생의 15%(Grunbaum et al., 2004), 한국 중·고등학생의 12.1%(한국금연운동협의회, 2012)가 흡연하고 있다. 청소년들에게 단순히 흡연의 문제점에 대한 정보를 제공하는 것만으로 행동의 변화가 잘 일어나지 않으며 14세 이후부터는 흡연이 건강에 위험하다는 경고에 더 이상 주의를 기울이지 않아 교육효과가 떨어지는 것으로 보고되어(Siegel & Biener, 2000) 교육 시기가 빠를수록 그 효과가 클 것으로 보인다.

효과적인 프로그램을 보면 흡연에 대해 청소년들이 경험하는 사회적 압력을 완화시키는 데 목표를 둔 흡연 예방접종 프로그램이 있는데 이는 흡연 예방교육 프로그램보다 더 효과적이었다. 이 프로그램은 스트레스 예방접종 프로그램과 동일한 심리학적 개념에 근거하는데, 청소년에게 흡연을 권하는 사회적 압력에 노출시키면서 그러한 압력에 저항하게 한다. 구체적으로 보면 흡연을 유혹하는 담배 광고와 같은 대중매체 또는 흡연행동의 모델이 되는 부모, 형제, 친구로부터 오는 사회적 압력에 미리 저항하게 하여 흡연에 대한 예방접종을 시키는 것이다.

한편, 이 프로그램만을 단독으로 사용하면 일반적인 보건교육 프로그램에 비해 청소년 흡연율을 낮추는 효과가 분명하게 차이가 나지 않지만(Flay et al., 1989), 집중적인 금연 캠페인과 결합하여 사용하면 긍정적 효과가 장기적으로 나타났다. 구체적으로 보면 대중매체를 통한 금연 캠페인을 실시하고 흡연에 대한 사회적 압력에 저항할 수 있는 프로그램이 포함된 심리적 개입을 실시한 중학교 1학년 집단과 그러한 개입이 없고 캠페인도 없었던 집단을 비교했는데 15년 후 전자가 후자보다 유의하게 흡연율이 낮았다(Vartiainen et al., 1998). 즉, 청소년들에게 되도록 이른 나이에 흡연 예방접종 프로그램을 실시하고 이와 함께 사회적으로 금연 캠페인을 지속적으로 실시하는 것이 흡연을 시작하지 않도록 하는 적절한 방법이라고 할 수 있다.

둘째, 흡연자들이 담배를 끊게 하는 방법을 살펴보면 니코틴 대체치료가 있다. 이 치료법은 소량의 니코틴을 신체에 지속적으로 투여하여 흡연자가 니코틴 의존증이 없어질 때까지 점차 투여량을 줄이는 방법을 사용한다. 니코틴을 대체할 수 있는 방법은 다양한데 니코틴 껌, 니코틴 흡입기, 니코틴 사탕, 니코틴 스프레이 등이 있다. 니코틴 대체치료의 효과를 분석한 연구를 보면 니코틴 대체치료를 받은 집단, 위약(placebo) 집단, 다른 다양한 치료를 받은 집단, 통제 집단을 비교했더니 니코틴 대체치료 집단이 위약 집단과 통제 집단보다 금연율이 더 높았으며 니코틴 껌을 제외한 대체방법들은 모두 2배 정도의 금연효과가 있었다(Silagy et al., 2005). 각각의 대체치료 방법에는 잠재적으로 부작용이 있는데, 예를 들어, 메스꺼움, 두통, 불면증 등이 나타날 수 있다. 니코틴 대체치료의 부작용으로 인한 위험보다 금연으로 얻는 이득의 중요성이 확실하지 않다면 임신부나 최근에 심근경색으로 진단받은 환자에게 사용하지 않아야 한다.

니코틴 대체치료는 사람의 신체에 니코틴이 들어왔다가 그 양이 감소해서 나타나게 되는 니코틴 금단이 우울한 기분이나 우울증을 일으킬 수 있다는 가정에 기초한 방법인데, 만약 이 치료법이 어떤 사람의 우울한 기분을 줄여 주거나 사라지게 할 수 있다면 그 사람은 금연에 성공할 가능성이 높아질 수 있다.

다음으로 치료를 위한 구체적인 접근방법 가운데 심리적 개입을 먼저 살펴보자. 심리적 지지(support)는 금연효과를 높이는 개입 방법으로 알려져 있는데, 금연 치료자의 강력한 심리적 지지가 포함된 프로그램은 15%의 금연율을 보였지만 그러한 지지가 없었던 프로그램은 9%만이 금연에 성공하였다(Fiore et al., 1996). 치료자의 지지는 금연에 필요한 행동을 실행할 수 있다는 흡연자의 믿음인 자기효능감(self-efficacy)을 증진시키는데, 언어적 설득이 그 중간에서 중요한 역할을 한다. 치료자는 흡연자에게 많은 사람들이 담배를 성공적으로 끊었다고 설득하면서 흡연자도 금연의 성공에 필요한 행동을 할 수 있다고 격려한다. 금연을 준비하는 데 도움을 주는 책이나 TV 프로그램도 자기효능감을 높이고 그것이 금연을 더 잘 준비할 수 있게 한다.

그림 13-8 금연치료 시 흡연자에게 이전에 금연을 성공적으로 수행했던 짧은 경험이라도 있다면 이를 칭찬해 주는 것이 필요하다.

하지만 언어적 설득만을 통해서 자기효능감을 증진시키는 데 한계가 있는 것으로 나타났는데, 이보다 더 중요한 요인은 이전의 성공적 수행이다. 즉, 치료자는 흡연자가 짧은 기간이라도 금연했다면 금연의 초기 성공을 칭찬해 주는 것이 필요하다. 흡연자가 금연을 한 번이라도 했다면 이후에 또 금연할 수도 있기 때문이다. 흡연자가 이전에 실패했던 금연이 다음에 또 실패할 수 있다는 것에 초점을 맞추게 하면 안 된다. 한편, 사회적 지지의 범위를 넓히는 것도 중요한 요인인데, 흡연자가 자신의 금연 의지를 가족이나 친구들에게 알려서 금연 행동을 할 때 되도록 많은 지지를 얻게 하면 담배를 끊을 가능성이 높아지기 때문이다.

주위 환경을 변화시키면 흡연 단서를 줄일 수 있기 때문에 금연에 도움이 된다. 환경의 변화는 주변에 있는 담배를 치우고, 다른 사람들이 흡연하는 장소나 상황을 피하며 술이나 커피, 콜라, 기타 흡연과 연관된 음료를 덜 마시는 것이다. 또한 타인과 말다툼을 하거나 부정적인 정서를 경험하는 등 스트레스를 받는 것도 담배를 피우려는 바람과 연결되어 있다는 것을 알고 있어야 하며 되도록 이를 피해야 한다. 스트레스 상황을 완전히 피할 수 없지만 흡연 단서에서 벗어나 다른 것에 몰두하는 등 주의를 전환시키거나 이완기법을 사용하는 것도 좋은 방법이다. 스트레스를 대처하는 방법을 훈련받은 흡연자는 그렇지 않은 흡연자보다 금연할 가능성이 더 높다고 보고되었다(Burling et al., 2001).

금연치료에 있어서 개인상담과 집단상담은 모두 도움이 되며 내담자와 치료자가 서로 만나는 횟수가 많을수록 효과가 커진다. 하지만 약 7회기 이후부터는 효과의 증가가 상담 비용의 증가만큼 높아지지 않는 것으로 알려져 있다. 가장 효과적인 프로그램은 상담과 니코틴 대체치료를 결합하는 것인데 둘이 모두 포함된 프로그램이 금연율을 가장 높인다(Carpenter et al., 2005).

또 다른 방법은 재발방지 프로그램이다. 흡연자의 재발률은 술이나 마약(헤로인) 중독 치료에서 나타나는 것과 비슷하다. 금연을 성공적으로 실천한 사람들은 담배를 단 한 개비라도 피우고 나면 금연에 완전히 실패했다는 생각에 다시 담배를 피우는 경우가 많다. 이런 현상을 절제위반 효과(abstinence violation effect)라고 하는데, 절제(금연)를 유지하려는 의도를 위반했을 때 절망감이 생기더라도 이에 대처할 수 있는 재발방지 전략을 금연 치료에 포함시킨다(Marlatt & Gordon, 1980). 즉, 한 번의 실수가 곧바로 실패를 뜻하는 것이 아니라고 알려주고 재발을 방지하려는 시도를 하는 것이다.

금연하다가 담배를 피우게 되는 실수는 금연에 성공한 사람들에게도 일반적으로 흔히 일어난다. 혼자서 금연에 성공한 사람들의 약 25% 정도가 한 번 이상 실수한 경험이 있기 때문에(Hughes et al., 1992) 한 번의 실수로 금연 노력이 쉽게 좌절되어 다시 담배를 피우기 시작하는 것을 방지해야 한다. 한편, 스스로 금연하려고 시도하면 높은 재발률을 보이는데, 혼자 금연하려는 흡연자들의 2/3가 2일 안에 다시 담배를 피우고 92%가 6개월 안에 금연에 실패한다(Hughes et al., 1992). 이렇듯 금연은 매우 어렵고 재발률이 높기 때문에 구조화된 금연 프로그램에는 재발방지를 위한 내용을 포함시킨다.

금연 치료자는 흡연자가 재발하는 이유-체중 증가의 두려움, 불쾌한 금단증상, 우울이나 불안과 같은 부정적 정서, 금연에 대한 사회적 지지의 부족-를 잘 파악하고 있어야 한다. 흡연자에게 재발 이유가 발견되면 치료자는 그것을 감소 또는 제거해야 한다. 체중 증가가 두려운 흡연자에게는 금연을 통해 얻을 수 있는 건강의 이득이 체중 증가에 따른 건강의 문제보다 훨씬 더 크다는 사실을 알려 주고, 우울한 흡연자에게는 상담을 통해 우울한 기분을 치료하고, 금단증상이 지속되는 흡연자에게는 니코틴 대체치료를 하고, 사회적 지지가 부족한 흡연자에게는 추후에 전화로 통화하거나 가족과 친구에게 협력을 얻어 내는 것이 바람직하다. 재발방지를 위한 인쇄물을 우편으로 받으면 금연에 도움이 되는데, 우편을 받은 집단은 1년 후에 재발률이 12%였지만 받지 않은 집단은 35%가 담배를 다시 피웠다(Brando et al., 2000). 어떠한 개입방법도 흡연자들이 완전히 금연하도록 성공시키지 못하기 때문에 재발방지는 금연 프로그램에서 반드시 고려해야 한다.

제14장

산업상담의 이론과 실제

사회나 직장에서 스트레스가 증가함에 따라 개인은 심리적 어려움을 많이 경험하게 되는데, 이는 개인적 어려움 이외에 작업 수행의 저하나 직장 문화의 침체 등과 밀접한 관련이 있다. 또한 고객은 단지 물건을 사는 구매자이기 이전에 한 명의 사람이다. 그러므로 구매하는 행동유형을 파악하는 것도 중요하지만 고객을 한 인간으로서 이해하고 접근하는 것이 필요하다. 만약 어떤 고객이 상품에 대한 불만을 제기할 때 수많은 고객 중에 하나라고 생각해서 접근하기보다는 한 사람으로서 진지하게 이해하고 응대한다면 매우 다른 양상이 나타나게 된다. 그러므로 산업심리학적 관점에서, 인간을 이해할 수 있는 틀에 해당하는 이론과 심리적 문제를 해결하는 기법이 실제로 어떻게 적용되는지 아는 것은 매우 필요하다.

이 장에서는 먼저 산업상담에 대한 개괄적 설명을 하고, 산업상담을 수행하기 위해 기초적으로 필요한 일반적인 상담 이론과 기법에 대해서 알아보겠다.

1. 산업상담

현대사회는 앞으로 4차 산업혁명으로 인해 여러 직업이 새로 생겨났다가 사라지며 같은 직업이더라도 그 성격과 직무 내용이 변화하는 속도가 빨라지고 있다. 그러므로 개인이 혼자서 자신의 적성이나 능력, 가치관 등에 적절한 직업을 탐색하고 선택한다는 것은 결코 쉬운 일이 아니다. 따라서 이러한 조건을 충족시킬 수 있는 합리적인 탐색 과정을 통해 현명한 계획을 수립하려고 할 경우에는 적절한 상담이 요구된다. 또한 직업을 갖게 된 후에도 자신이 선택한 직업 분야에서의 경력 개발을 계획하고, 직장생활에서 직면하는 다양한 갈등이나 문제를 해결하며, 변화하는 직업 환경에 적응하기 위해서도 상담이 절실히 필요하다. 산업상담은 좁은 의미로 봤을 때 직장 내에서 일어나는 문제에 대한 상담에 중점을 두는데, 여기서는 더 넓은 의미에서 대학생을 포함하여 취업을 준비하는 사람들이 자신의 직업을 찾기 위한 직업상담에 초점을 맞추어 설명하고자 한다.

먼저 직업상담의 정의에 대해 살펴보면 직업 심리검사의 실시와 해석, 그리고 직업 탐색 및 의사결정 과정에 내담자의 적극적인 참여를 요구하는 상담자와 내담자 사이의 관계라고 할 수 있다(Crites, 1981). 미국경력개발협회(1991)에서는 직업상담을 내담자가 가장 적절한 진로나 직업을 결정할 수 있도록 자신과 환경에 대한 이해를 종합하고 응용하도록 돕기 위한 상담자와 내담자 사이의 관계라고 정의하고 있다. 이러한 정의를 종합해 볼 때, 일반적인 의미로서의 직업상담이란 진로나 직업과 관련된 문제를 상담의 기본 원리나 기법을 적용하여 해결하기 위한 상담자와 내담자 사이의 대면적 상호 작용 과정이라고 할 수 있다. 여기서 중요한 점은 직업상담이란 단순히 학과 선택이나 직업 선택을 위한 일회적 활동이 아니라 내담자의 진로 계획 및 준비, 직업의 선택, 선택한 직업에의 적응 등을 단계적으로 도와주는 계속적인 과정이라는 것이다. 그리고 직업상담 과정에서 상담자와 내담자 간의 단순한 대화 이상의 목적 있는 대면적 만남을 통한 심리적 상호작용이 중요하다.

다음으로 직업상담의 목적에 대해서 알아보도록 하겠다. 직업상담의 목적은 객관적이고 합리적인 과정을 통하여 내담자가 자신의 진로나 직업을 명확하게 인식하도록 도와주는 것이라고 할 수 있다(김병숙, 2006). 또한 직업상담은 상담을 통해 내담자가 자신을 정확히 이해하고 주위 여건을 충분히 고려하여 자신에게 적합한 직업을 계획

그림 14-1 산업상담(직업상담)은 현대사회에서 점점 더 중요한 역할을 맡고 있다.

하고 선택하고 개척해 나감으로써, 자기 자신과 사회의 발전에 공헌할 수 있는 기틀을 마련해 주는 것이라고 할 수 있다(이정근, 1988). 직업상담의 목적이 무엇인가에 따라 직업상담에서 다룰 내용 및 기법이 달라진다. 직업상담의 목적을 보다 구체적으로 살펴보면 다음과 같다(이정근, 1980).

첫째, 직업상담은 내담자가 이미 결정한 직업 계획과 직업 선택을 확인하는 과정이다. 따라서 내담자가 잠정적으로 결정한 직업이 자신에게 정말로 적합한지를 각종 심리검사 자료와 다양한 정보를 활용하여 평가해 주는 것이 필요하다. 둘째, 개인의 직업적 목표를 분명하게 해 주는 과정이다. 일반적으로 내담자는 직업 선정에 대해 나름대로의 목표를 가지고 있지만, 그 목표가 비현실적이거나 불충분한 자료에 근거하여 이루어진 그릇된 판단일 경우도 많이 있다. 이런 경우 내담자의 막연한 직업적 목표를 명확하게 해 주고, 잘못된 판단이나 결정이 있을 때 교정해 주는 것이 직업상담의 중요한 목표가 된다. 셋째, 내담자로 하여금 직업세계에 대한 구체적인 이해와 새로운 사실을 발견하도록 촉진하는 과정이다. 즉, 직업에 필요한 요구 조건, 훈련 기회, 고용 기회, 보수관계, 작업 조건, 장래의 전망 등 직업세계 전반에 대한 이해를 도와주는 것이다. 넷째, 내담자에게 진로 관련 의사결정 능력을 길러 주는 과정이다. 즉, 내담자가 진로 결정 상황에 직면하였을 때 현명하게 선택하고 적응해 나갈 수 있는 기술과 능력을 가르쳐줄 수 있어야 한다. 다섯째, 직업 선택과 직업생활에서의 능동적인 태도를 함양하는 과정이다. 따라서 직업상담을 통해 내담자가 주위의 환경에 너무 얽매이지 않고 자기를 성장시킬 수 있는 능력을 기를 수 있도록 도와주어야 한다.

이러한 직업상담의 목적을 이루기 위해 다음의 원리에 기초하여 실시하는 것이 필요하다(청소년대화의 광장, 1996). 먼저 직업상담은 내담자 개인의 특성을 객관적으로 파악한 후에 실시해야 한다. 여기서 내담자 개인의 특성이란 적성, 재능, 성격, 학업 성취, 신체 조건 등의 내적인 요인과 가정의 사회경제적 지위, 내담자 개인이나 부모의 교육 정도 등 가정적 요인을 의미한다. 그리고 직업상담에서 가장 핵심적인 요소는 개인의 진로 또는 직업 결정이므로 이 의사결정에 대한 상담과정이 포함되어야 한다. 직업 의사결정에 대한 상담과정은 다음의 8단계로 구성된다(Gelatt, 1967). 1단계에서는 진로나 직업 결정의 목표의식을 확립하고, 2단계는 관련 정보를 수집하며, 3단계는 가능한 대안의 목록을 작성한다. 4단계는 각 대안을 선택하였을 때 예상되는 결과를 예측하고, 5단계는 각 결과의 달성 가능성을 예언하며 6단계는 각 결과에 대한 가치를 평가한다. 7단계는 대안을 선택하고 마지막 8단계는 결정에 대한 평가를 내린다.

한편, 직업상담은 변화하는 직업세계에 대한 이해를 토대로 이루어져야 한다. 따라서 상담자는 사회 구조의 변화, 직업의 종류와 특성, 정보화 시대의 유망 직종, 직업 정보, 교육 및 훈련 정보 등에 대해 잘 알고 있어야 한다. 그리고 각종 심리검사를 활용하여 그 결과를 토대로 합리적인 결과를 이끌어 낼 수 있어야 한다(김병숙, 2006). 직업상담에 사용되는 심리검사에는 지능검사, 직업적성검사, 직업성숙도검사, 흥미검사, 성격검사, 창의성검사 등이 있다. 직업상담자는 이러한 심리검사를 잘 활용할 수 있는 능력이 있어야 한다. 또한 직업상담은 상담윤리에 따라 전개되어야 한다. 따라서 직업상담자는 상담자로서의 윤리를 준수하고 윤리적인 범위 내에서 상담을 전개해 나가야 한다.

이러한 직업상담은 결국 직업상담자의 자질이 상담의 성공과 실패를 좌우하는 중요한 역할을 한다. 미국경력개발협회(1991)에서는 직업상담자가 갖추어야 할 자질을 다음과 같이 제시하고 있다. 첫째, 직업상담자는 개인 및 집단 상담에 대한 일반적 기술이 있어야 한다. 즉, 직업상담자는 내담자들과의 촉진적 관계를 형성·유지할 수 있어야 하며, 내담자들의 목표, 심리적 상태, 발달 과제, 목표 달성 수준 등에 따라 직절한 상담기법을 계획, 실행, 평가할 수 있는 능력이 있어야 한다. 둘째, 직업상담자는 개인 및 집단에 대한 측정기술이 있어야 한다. 직업상담은 일반적으로 다양한 심리검사를 활용하여 이루어지게 되므로, 직업상담자는 적성, 성격, 흥미, 가치관과 같은 내담자의 개인적 특성, 직업 성숙도, 직업 결정성 등의 발달적 성숙도, 과업 특성, 규범, 물리적 환경과 같은 작업 조건 등을 측정하는 도구와 기법에 대해 잘 알고 있어야 한다. 그리고 직업상담자는 측정 결과를 해석하고 설명하여 내담자가 측정 도구를 통해 얻은 자료를 이해할 수 있도록 지원해야 한다. 셋째, 직업상담자는 직업상담 이론에 대한 지식이 있어야 한다. 즉, 상담에 대한 기초적인 이론 및 기법, 진로 및 직업 발달에 관한 이론과 모델, 직업상담의 이론적 모델 및 기법 등을 잘 알고 있어야 한다. 넷째, 직업상담자는 다양한 정보 및 자원에 대한 지식이 있어야 한다. 정보 및 자원에 관한 지식은 직업상담자에게 특히 중요하게 강조되는 부분이다. 따라서 직업상담자는 내담자가 이용할 수 있는 채용 정보와 교육 및 훈련 등의 추세에 대한 풍부한 지식, 그리고 노동시장 및 직무에 대한 정보를 가지고 있어야 한다. 마지막으로, 직업상담자는 특수집단에 대한 직업상담 기술이 있어야 한다. 즉, 직업상담자는 특수집단(장애인, 고령자, 타문화권자 등)의 직업상담 과정에 영향을 미치는 요인에 대한 지식이 있어야 하며, 이를 효율적으로 해결하기 위한 기술과 능력이 있어야 한다. 특히, 특수집단의 내담자와 직업상담 시에는 더 많은 주의와 노력이 요구된다.

2. 상담에 대한 전반적 이해

산업상담을 성공적으로 수행하기 위해서는 일반적인 상담에 대한 이해가 필요하다. 즉, 산업상담은 상담의 다양한 유형 가운데 산업장면에서 이루어지는 것이므로 상담에 대한 전반적 이해가 없으면 제대로 진행되기 어렵다. 이에 일반 상담에 대한 의미와 상담자의 자질 그리고 상담의 단계에 대해 살펴보겠다.

상담은 서로 말을 주고받으면서 의사소통을 한다는 의미를 가진다. 하지만 정보를 교환하거나 논의하는 대화나 토론을 상담이라고 하기 어렵다. 상담이란 도움이 필요한 내담자가 전문적 훈련을 쌓은 상담자와 상호작용하면서 정보와 조언을 통해 도움을 받아 일상적 문제를 해결해 나가는 것이며, 더 나아가 사고, 감정, 행동의 세 가지 측면에서 인간적인 성장을 하기 위해 노력하는 일련의 학습 과정이다. 이러한 상담의 개념은 어떠한 상담이든 일방적이 아닌 상호작용을 통해 이루어지고, 상담의 결과로 과거의 생각, 느낌, 행동 등에서 새로운 변화가 나타나며, 궁극적으로 문제의 해결과 인간적 성장을 목표로 한다는 것을 의미한다.

상담은 내담자에게 도움을 주는 행위이므로 그 주체인 상담자의 자질이 상담의 성과에 많은 영향을 미치게 된다. 상담자의 자질은 인간적 자질과 전문적 자질로 나눌 수 있는데, 인간적 자질은 원만한 성품과 소신이 있고 인간 문제에 대해 예민한 관심을 갖는 것이다. 이러한 자질은 상담자만이 아니라 모든 사람에게도 바람직한 특성이라고 할 수 있다. 그러나 이것은 상담자로서의 필요조건이 될 수 있지만 충분조건은 아니다. 원숙한 상담자가 되기 위해서는 인간을 이해하는 능력, 의사소통 능력, 그리고 각 상담 분야에 필요한 전문적 지식과 정보를 갖춘 전문적 자질이 있어야 한다. 상담자가 갖추어야 할 자질은 다음과 같다. 첫째, 내담자가 어떠한 문제를 가졌더라도 한 사람으로서 존중하는 마음의 자세를 갖추어야 한다. 둘째, 타인의 감정과 생각을 예민하게 알아차리고 이해하여 효율적으로 의사소통할 수 있어야 한다. 셋째, 상담자 자신의 가치, 욕망, 동기, 대인관계 속성 등을 이해하여 상담자로서 판단 능력을 발전시키고 인간적 성숙을 위해 노력해야 한다. 넷째, 모든 사람의 인생 경험, 행동방식, 가치관, 태도 등이 다르며 다양하다는 것을 수용할 수 있어야 한다. 다섯째, 내담자의 개인적·사회적 정보, 상담기술, 각 직무에 필요한 전문적인 정보, 직업 구조나 취업 경향 등을 갖추고 있어야 한다.

마지막으로 상담을 진행하는 단계에 대해서 알아보겠다. 상담은 내담자와 상담자가 만나서 상담이 끝날 때까지 여러 번의 면담을 거치는 일련의 과정이다. 상담이 한 번의 면담으로 끝나든 여러 번 진행되든, 그 과정은 단계적으로 구별된다. 상담을 단계적으로 구별하는 것은 상담 과정의 이해와 효과적인 상담 진행에 도움이 되며 상담기술을 훈련할 때 지침이 될 수 있다. 상담 과정은 일반적으로 다섯 단계로 진행되며, 이를 구체적으로 살펴보면 다음과 같다.

첫째, '동기 조성 및 구조화' 단계에서는 내담자에게 찾아온 이유, 즉 자신의 걱정거리나 문제 등을 말하도록 한다. 이때 상담자는 내담자의 진술에 주의하면서 그의 비언어적 행동을 관찰하고 문제가 무엇인지를 파악한다. 또한 상담에 대한 내담자의 기대를 명료화하여 내담자가 상담 과정에 적극적으로 참여하도록 이끌어 주며, 상담 과정의 방향과 체계를 분명히 해야 한다. 더불어 상담자는 구조화를 통해서 내담자로 하여금 상담에 대한 인식을 갖게 하여 상담의 진행 과정에 대한 두려움이나 궁금증을 줄여 준다. 구조화란 상담의 효과를 최대한으로 높이기 위해 상담의 기본 성격, 상담자 및 내담자의 역할 한계, 바람직한 태도 등을 설명하고 인식시켜 주는 작업으로 일종의 내담자 교육이라고 할 수 있다. 구조화에 포함되는 사항은 상담의 성질, 상담자의 역할과 책임, 내담자의 역할과 책임, 상담의 목표, 시간적·공간적 제한 등이다.

둘째, '촉진적 관계의 형성' 단계에서는 상담자와 내담자가 솔직하고 신뢰할 수 있는 관계를 형성하게 된다. 내담자가 상담자에게서 느끼는 신뢰성, 매력, 전문성 등은 내담자로 하여금 상담에 대해 긍정적인 기대를 갖게 한다. 상담의 촉진적 관계를 형성하기 위해서는 상담자의 내담자에 대한 공감적 이해, 수용적 존중, 성실한 자세 등이 필요하다.

셋째, '목표 설정' 단계에서는 문제에 대한 내담자의 감정 표현을 촉진시키고 제시된 문제를 구체적으로 정의한다. 이 과정에서 현재의 '문제행동'과 바람직한 '목표행동'에 대한 내담자의 자각과 문제해결 과정에서의 실제적인 노력을 촉진하는 것이 필요하다. 이를 위해 문제 및 상담 목표에 관련된 내담자의 생각 및 감정을 탐색하고 정리하는 것이 필요하다. 이러한 탐색을 통해 내담자는 자신의 주요 경험 및 사건을 이전보다 명확한 관점에서 재인식하게 된다. 이와 같이 내담자 자신에 대한 이러한 자각이 이루어져야 상담 목표에 도달하기 위한 실제적 노력이 이루어질 수 있다.

넷째, '실천 행동의 계획' 단계에서는 내담자의 구체적인 행동 절차를 협의하고 세부적인 행동 계획을 작성한다. 내담자의 자각과 합리적인 사고만으로 상담이 끝나는 것은 아니다. 상담을 하는 도중에는 앞으로 모든 문제가 잘 해결될 것 같지만 실제 생활에 부딪혔을 때는 당황하는 경우가 많다. 따라서 내담자의 새로운 인식이 실생활에서 실현되도록 내담자의 행동 계획을 도와줄 필요가 있다.

마지막은 '실천 결과의 평가와 종결' 단계로 먼저 종결에 앞서 그동안 이룩한 것들을 목표에 비추어 평가해야 한다. 이때 내담자로 하여금 상담의 전체 과정을 요약하게 할 수도 있다. 또한 문제가 생기면 다시 상담자를 찾아올 수 있다는 추후 상담의 가능성도 제시한다. 종결은 보통 내담자와 상담자의 합의에 의해 이루어진다. 내담자가 상담의 종결을 희망하더라도 아직 불충분하다는 판단이 설 경우에는 상담을 당분간 계속하도록 권유하는 것이 바람직하다. 그리고 상담의 종결을 상담자가 자기를 배척하는 것으로 생각하는 내담자도 있으므로, 상담자는 내담자가 이러한 문제에 갑자기 직면하지 않도록 상담을 서서히 종결한다.

지금까지 상담의 개념, 상담자의 자질, 상담 과정을 통해 상담에 대한 전반적 내용을 살펴보았다. 상담이 잘 이루어지기 위해서는 앞의 내용 이외에 상담에 사용되는 심리학 이론들을 알아야 한다. 내담자의 문제를 해결하기 위해서는 일차적으로 인간의 심리와 행동에 대한 이해를 바탕에 두고 내담자에게 일어난 문제의 원인을 먼저 파악하는 것이 중요하기 때문이다. 다음에서는 상담에 필요한 주요 심리학 이론과 함께 실제로 적용할 수 있는 상담기법을 알아보기로 한다.

3. 정신분석 상담

정신분석 상담은 Freud의 정신분석이론에 근거를 두고 성격이 형성되는 원리 또는 이상심리가 나타나는 이유를 결정론적 측면에서 바라본다. 결정론적이란 인간의 행동이 성적 혹은 공격적 충동과 같은 무의식적 동기나 이에 대한 갈등, 초기 유아기의 경험 등으로 결정된다고 가정하는 것이다. 이처럼 인간의 행동은 무의식 때문에 결정되므로 상담은 과거의 경험에 원인을 두고 있는 내적 갈등을 분석하여 알아내는 과정이라고 본다. 따라서 상담자가 내담자의 억압된 무의식적 갈등을 깨닫도록 의식화하면 내담자는 갈등에서 자유롭게 된다.

이 상담은 증상을 없애는 것이 아니라 무의식적 충동이나 갈등을 의식화하여 현실적이고 자유로운 선택을 할 수 있는 능력을 키우는 것을 목적으로 한다. 즉, 무의식에 잠재되어 있는 심리적 갈등을 의식으로 끌어올려 드러난 문제를 내담자가 직접 부딪히면 문제를 해결할 수 있다는 것이다. 그러므로 정신분석 상담은 내담자가 이전보다 더 성숙한 방식으로 자신의 갈등을 이해하고 다루어 내적 갈등을 해결할 수 있게 도와주는 것이다. 무의식적 갈등을 의식화하는 방법은 대표적으로 꿈의 해석과 자유연상이 있으며 내담자의 저항이나 전이를 분석하여 통찰시킨 후 훈습을 통해 성격구조를 변화시킨다. 이러한 과정을 순서대로 살펴보도록 하겠다.

먼저, 꿈의 해석(interpretation of dreams)은 무의식을 파악하는 수단으로 매우 중요하며 Freud는 이를 무의식에 이르는 왕도라고 하였다. 수면 동안에는 의식 상태가 아니어서 방어가 낮아지고 갈등이나 욕망, 충동에 더 쉽게 접근이 가능하여 억압된 무의식이 잘 드러나고 감정이 표면화되기 때문이다. 하지만 잠자는 동안 자아의 활동이 완전히 멈추지 않으므로 상징적이고 무의식적인 동기, 소망 등으로 구성되어 있는 잠재몽(latent dream)은 성적, 공격적 충동을 포함하고 있어서 위협적이다. 그래서 우리가 실제로 꾸는 꿈은 더 받아들이기 쉽게 왜곡되어 나타나게 된다. 꿈의 잠재 내용이 덜 위협적인 현재 내용으로 바꾸는 과정이 꿈 작업(dream work)이며 꿈을 해석하는 것은 위장된 잠재몽을 이해하는 것이 포함된다. 즉, 꿈의 내용은 상징적이거나 왜곡되어 있지만 일반적으로 내담자의 문제를 잘 알려 주므로 내담자에게 꿈을 잘 기억하도록 하여 상담에 활용한다.

자유연상(free association)은 내담자가 가장 먼저 떠오르는 생각을 말하게 하는 기법이다. 내담자는 긴 소파에 편안하게 눕고, 상담자는 내담자가 보이지 않는 곳에 앉는다. 어떠한 걱정이나 두려움을 갖지 않은 상태에서 자신의 생각을 검열하거나 여과하지 않고 자연스럽게 흘러가도록 하면서 생각나는 대로 말하게 한다. 이때 사소하거나 유치하거나 불필요할 것 같다는 의식적인 검열 과정을 최대한 줄이는 것이 중요하다. 이 과정에서 내담자 자신도 몰랐던 잠재된 사건이나 갈등의 원인이 나타나게 된다. 상담자는 내담자의 연상의 흐름을 방해하지 않아야 하며 그 과정에서 말하기를 주저하거나 말이 갑자기 막히는 등 기본 규칙에서 이탈하는지 관찰해야 한다. 그러한 양상이 나타나는 것은 내담자가 억압했다는 신호일 가능성이 크기 때문에 관련된 내용을 해석해 주면 된다. 그리고 내담자가 연상을 통해 말하는 다양한 사건들 간의 의미를 연결시켜 근원적 역동을 통찰하게 만들어 준다.

그림 14-2 정신분석 상담의 자유연상은 자신의 생각을 검열하지 않고 가장 먼저 떠오르는 생각을 말하게 하는 기법이다.

저항(resistance)은 상담하는 동안 내담자가 변화하지 못하게 막는 생각이나 정서, 행동을 의미하며 상담의 진행을 방해하고 내담자가 무의식적 자료를 생각하지 못하게 만든다. 내담자가 특히 자신의 아버지에 대해서 침묵한다면 상담자는 아버지와 관련된 문제를 중요하게 생각해야 한다. 즉, 저항은 무의식에서 의식으로 넘어가는 사이에 있는 장벽이라고 할 수 있다. 이러한 저항을 다루려면 내담자가 저항하는 이유를 잘 파악해야 하는데, 앞에서 언급된 바와 같이 특정 주제에 대한 저항이 클수록 핵심적 문제일 가능성이 많다. 저항은 변화에 대한 불안과 두려움에서 내담자를 보호하려고 만들어졌기 때문에 모두 극복될 필요는 없다. 상담자는 내담자의 저항을 존중하고 방어를 가지고 상담에 임하도록 하며 저항을 적절히 다룰 수 있으면 내담자를 이해하기 위한 좋은 수단이 된다.

전이(transference)는 내담자가 중요하게 생각하는 사람에게 가졌던 감정을 상담자에게도 비슷하게 재경험하게 만든다. 전이는 긍정적 또는 부정적 측면을 가지는데, 내담자는 상담자에게 강한 애착이나 분노를 느끼기도 한다. 상담자는 이러한 전이를 분석하여 내담자가 과거 시점에 얽매여 현재를 잘못 지각하고 해석하고 반응하는지 이해하게 해 준다. 즉, 과거에 중요한 타인에 대한 관계 형태가 현재 상담자와의 관계에서 동일한 방식으로 반복되고 있음을 알려 준다. 전이를 분석하는 것은 내담자의 문제가 무엇인지 파악하고 갈등을 해결하는 데 도움을 준다. 그리고 이 과정이 통찰을 증가시키고 성격 변화를 일으키기 때문에 상담과정의 핵심이라고 본다.

다음으로 해석(interpretation)은 내담자의 말이나 감정, 행동에 잠재하는 무의식을 파악할 수 있도록 상담자가 알려 주는 것으로, 무의식적이고 억압된 내용을 전의식적 내용과 의식으로 변형시킨다. 가령, 내담자가 특별한 이유도 없이 직장상사에게 적대감을 느끼고 자주 갈등을 일으키는 것은 실제로 아버지에 대해 잠재된 분노감 때문이라고 해석해 주는 것이다. 해석할 때 유의할 점은 해석한 내용의 정확성과 더불어 내담자가 그 내용을 충분히 수용할 수 있는 마음의 준비가 되어 있는지의 여부다. 만약 내담자와 상담자가 서로 신뢰할 만한 관계가 충분히 형성되지 않았다면 저항에 부딪힐 수 있다.

마지막으로 통찰(insight)은 전이 분석을 통해 갈등의 핵심이 무엇인지 깨닫게 되는 것이며 전이를 분석하는 기간에 진행된다. 갈등의 원인에 대해 한두 차례 통찰이 일어나더라도 내담자의 변화를 쉽게 이끌어 내지 못한다. 내담자는 이전의 방식으로 돌아가려는 관성 때문에 통찰을 여러 번 그리고 여러 가지 다른 방식으로 계속해서 반복하는 훈습(working through)을 통해 자신의 문제를 정교화하고 확대시킨다. 이 과정은 현실 회피나 부인 등의 방어를 하지 않고 갈등을 직면하도록 만들며 내담자의 무의식을 심층적으로 파악하여 성격의 변화가 나타나게 한다.

4. 행동주의 상담

행동주의 상담은 학습의 원리를 적용하여 문제가 되는 행동을 변화시킨다. 모든 사람들이 유아기나 아동기에 심각한 내적 갈등을 경험하여 자유연상이나 꿈의 해석을 통해 무의식을 의식화시키는 과정이 필요한 것은 아니다. 과거보다 현재 시점에서 문제가 되는 행동의 원인을 찾아 변화시키는 방법이다. 행동주의 상담에서 초점을 두는 것은 기본적으로 행동이지만 단순히 몸을 움직이는 행동만이 아니라 우리가 경험하는 불안이나 두려움 등의 정서에 대해서도 관심을 갖는다. 또한 내담자의 문제행동이 내면적 갈등 때문에 나타나는 외현적 증상이라고 보지 않고 행동 그 자체가 문제이며 잘못된 학습의 결과로 생겨난 것이라고 보았다. 따라서 공포증, 불안, 강박행동 등의 문제들을 잘못 학습된 것으로 보고 학습을 통해 획득된 것은 학습원리를 적용하면 고칠 수 있다고 가정하였다. 행동주의 상담은 근거한 이론에 따라 고전적 조건형성, 조작적 조건형성, 사회학습이론으로 나뉘며 각 이론을 적용한 기법들을 순서대로 살펴보도록 하겠다.

먼저 고전적 조건형성 이론을 적용한 상담기법을 살펴보자. 체계적 둔감화(systematic desensitization)는 편안하게 이완된 상태와 긴장되어 있는 불안한 상태가 동시에 나타날 수 없다는 가정에서 특정 대상에 대한 공포나 불안을 감소시키는 기법이다. 이 기법은 공포나 불안을 일으키는 대상과 관련된 자극이나 상황을 1단계부터 10단계까지 불안 위계를 설정한 후 단계적으로 높은 불안까지 극복하는 방법을 사용한다. 만약 상사에게 결재 받는 상황에 대해 불안을 느끼는 직원이 있다고 할 때 어떠한 상황에서 불안을 나타나는지 불안 위계를 설정하게 한다. 결재 서류를 쳐다보는 것이 가장 낮은 1단계이며 상사에게 결재 서류를 건네는 것이 가장 높은 10단계에 해당하는 것으로 위계를 설정하는 것이다. 이 과정에서 내담자는 처음에 심리적, 신체적 긴장을 풀고 호흡법과 함께 근육을 이완시키는 방법을 배운다. 근육의 수축과 이완을 반복하면서 긴장된 상태와 이완된 상태의 차이를 경험하게 한다. 이완훈련이 익숙해지면 본격적으로 이완과 불안의 위계를 짝짓는 과정을 진행한다. 눈을 감고 이완된 상태에서 불안 위계 1단계를 상상한다. 내담자가 불안을 느낀다면 잠시 중단하고 불안을 느끼지 않으면 2단계로 넘어간다. 이렇게 중단과 상승하는 과정이 계속해서 반복되며 마지막 10단계까지 이완된 상태를 유지할 수 있으면 이 기법은 끝이 나고, 이후에 일상생활에서 불안한 상황에 직면해도 버틸 수 있게 된다.

혐오치료(aversive therapy)는 문제행동과 혐오를 일으키는 자극을 함께 짝지어서 문제행동을 감소시키는 방법이다. 이 치료에서는 혐오자극으로 전기충격이나 구토를 일으키는 약물 등을 일반적으로 사용한다. 만약 변화시키고 싶은 문제행동이 있는 경우 그 행동을 할 때 전기충격을 주게 되면 해당 행동에 대해 혐오하는 반응이 나타나 감소하게 된다. 혐오반응은 원래 전기충격으로 인한 반응이지만 문제행동이 전기충격과 연결되어 이후에 전기충격이 없더라도 문제행동에 대해 혐오스럽게 생각하는 것이다. 예를 들어, 술을 마시게 하면서 구토를 유발하는 약물을 함께 주면 음주행동과 구토가 조건형성이 된다. 그러면 이후에 술을 마시면 구토라는 불쾌한 경험이 연결되므로 음주와 관련된 생각이나 행동을 회피하게 되어 음주행동이 줄어들게 된다. 이 방법은 음주나 흡연 행동을 줄이는 데 있어서 단기적 효과가 있는 것으로 알려져 있으며 최근에는 성도착증에 대한 치료에도 사용되고 있다.

그림 14-3 과도한 음주행동을 변화시키기 위해 혐오치료를 사용하기도 한다.

다음으로 조작적 조건형성 이론을 적용한 상담기법을 살펴보도록 하겠다. 토큰경제(token economy)는 정적강화의 원리를 이용한 방법으로 내담자와 상담자가 바람직한 행동의 목록을 합의하여 작성한 후 그런 행동이 나타나면 토큰이라는 보상을 주어 강화하는 방법이다. 토큰은 사탕과 같이 직접적으로 보상이 되는 강화물이 아니라 나중에 강화물과 교환할 수 있는 간접적 방식의 강화물이다. 연령이나 선호도에 따라 강화물에 대한 개인차가 있기 때문에 사람들에게 동일한 보상을 주기 위해서 중립적인 토큰을 이용한다. 정해진 목록에 근거하여 토큰을 모으면 자신이 원하는 것을 할 수 있는데, 가령 직장인의 경우 토큰 10개는 1일 휴가, 20개는 해외여행권 등으로 사용할 수 있다. 토큰경제의 장점은 바람직한 행동을 할 때 직접적 보상은 바로 주기 어려운 측면이 있는 것에 비해 보상을 지연시키지 않고 곧바로 강화시킬 수 있다는 것이며 이러한 즉각적 강화는 긍정적 행동을 증가시키는 정도가 높아지게 된다. 유의할 점은 바람직한 행동에 대한 정의를 구체적이고 명확하게 정해놓아야 하고 이와 함께 그러한 행동으로 토큰을 받을 수 있는 양이 얼마인지 그리고 토큰을 몇 개 모으면 자신이 원하는 행동을 할 수 있는지가 세부적으로 정해져 있어야 효과가 제대로 나타난다는 것이다.

자기주장훈련(assertiveness training)은 자신의 감정이나 생각을 잘 표현하지 못하는 사람에게 적절하게 자기를 주장하는 기술을 가르치는 방법으로 과거에는 주로 부정적 내용이 포함되었지만 긍정적 생각과 감정의 표현까지 범위가 넓어졌다. 이 방법은 자신이 표현하고 싶은 감정이나 생각을 언어로 의사소통하기 어렵고, 자신의 행동 이후에 발생할 일에 대해 걱정하고 타인의 반응에 민감할 때 적용할 수 있다. 이 기법은 먼저 자신이 어려워하는 직장 상사에게 적절한 행동이 어떤 것인지를 정의하는 작업이 이루어져야 한다. 그리고, 역할연기(role playing)나 행동시연(behavior rehearsal)을 진행한다. 예를 들어, 상담자는 내담자가 대하기 힘들어하는 상사의 역할을 맡고 내담자가 상사에게 하고 싶었던 말을 표현하게 하여 자연스러운 표현기술을 배우게 한다. 여기서 언어적 측면 이외에 시선, 얼굴 표정, 목소리의 높낮이와 억양, 몸짓 등의 비언어적 측면에도 초점을 맞춘다. 이 훈련은 대인관계에서 대화에 참여하기 어려운 사람이나 타인의 부탁을 거절하지 못하는 사람들에게도 효과적인 것으로 알려져 있다.

사회학습이론을 적용한 모델링(modeling)은 특정 행동의 역할 모델을 상담자가 제공하고 내담자가 모델의 행동을 관찰하여 적절한 행동을 학습하는 것이다. 고전적 조건형성이나 조작적 조건형성과 같이 자극과 반응 또는 행동과 보상 간의 직접적 연합을 통한 학습이 아니라 관찰을 통해 간접적으로 학습하는 방법이다. 가령, 상사에게 결재를 받을 때 불안해하는 사람에게 동일한 상황에 직면한 다른 사람이 두려움 없이 행동하는 모습을 보여 주고 따라하게 한다. 이를 통해 그러한 상황에서 두려워할 필요가 없다는 것을 깨닫게 하는 것이 중요하다.

5. 인간중심 상담

인간중심 상담은 인본주의 상담에 속하는 이론이자 기법이라고 할 수 있다. 인본주의 상담은 정신분석 상담에서 가정하는 바와 다르게 인간은 자기를 실현하려는 잠재적 경향을 지니며 평생 동안 이를 추구하는 경향이 있는 것으로 보았다. 상담자는 내담자의 문제가 무엇인지 파악하고 해결하는 것이 아니라 내담자가 자신의 문제를 스스로 깨닫고 잠재되어 있는 자기실현 경향성을 펼치도록 도와주는 안내자 역할이 중요하다고 전제한다. 인본주의 상담은 정신분석 상담처럼 아동기에 경험했던 과거의 문제나 갈등을 찾아내어 그 원인을 파악하지 않고 지금-여기(here and now)에 초점을 둔다. 그리고 행동주의 상담처럼 외적 자극과 관찰 가능한 객관적 측면이 아니라 내적 요인과 주관적 지각에 초점을 둔다. 인본주의 상담에는 인간중심 상담, 게슈탈트 상담, 실존주의 상담 등이 포함되며 여기서는 인간중심 상담에 대해서 살펴보겠다.

Carl Rogers가 발전시킨 인간중심 상담은 정신분석 상담이나 행동주의 상담과 달리 인간은 본질적으로 건설적이고 합리적인 존재라고 가정하면서 인간의 본성에 대해 긍정적 입장을 취한다. 그는 인간의 본성을 두 가지로 가정한다. 첫째, 사람들은 자신의 가능성을 실현시키려는 자기실현 경향성이 있다는 것이다. 인간은 스스로 자신을 개발하고 성장시킬 수 있는 잠재력을 가지며 가장 중요한 삶의 동기는 유전적 특성의 허용 범위 안에서 최선의 자기가 되려고 한다. 이러한 경향성은 심리적으로 적응하고 있거나 그렇지 못하고 있는 사람들 모두의 내면에 존재한다. 둘째, 사람은 각자 독특한 현상학적 장이 있다고 가정하면서 자신이 어떤 사람인지 생각하는 주관적 경험의 세계를 가지고 있다고 본다. 그러므로 개인이 행동하는 방식은 자신이 세계를 지각하고 해석하는 방식에 따르며 개인의 행동은 개인이 세계를 지각하고 해석한 결과라고 할 수 있다. 즉, 어떤 개인을 잘 이해하려면 객관적 측면보다 그 사람이 세상을 어떻게 바라보고 해석하는지에 대한 내적 준거틀인 자기(self)를 이해할 필요가 있다.

자기는 세상을 지각하고 해석하는 준거틀이며 이의 형성과 발달은 부모나 가족 등 자신이 중요하다고 생각하는 사람들과 상호작용하면서 이루어진다. 식물의 성장에 물이나 햇빛과 같은 적절한 환경이 필요한 것처럼 자기가 건강하게 성장하기 위해서도 필요한 환경조건이 있으며 대표적으로 공감적 이해, 무조건적인 긍정적 존중, 진솔성(일치성)이다. 공감적 이해는 자신이 느끼고 경험한 것을 상대방이 자신의 입장에서 느끼고 이해하며 자신을 있는 그대로 수용해 주는 것이며 무조건적인 긍정적 존중은 자신을 다른 특별한 조건 없이 항상 긍정적으로 귀중하게 대해 주는 것을 의미하는데, 이러한 두 가지 환경에서 자기를 충분하고 원만하게 발달시킬 수 있다. 또한 두 가지 환경이 잘 충족되면 자신이 내면적으로 느낀 감정이나 생각을 외면적으로 일치시켜 있는 그대로 진실하고 솔직하게 표현할 수 있다.

한편, 사람들은 자신에게 중요한 사람에게 기본적으로 인정과 사랑을 받고자 하는 욕구를 가지고 있는데, 아이들이 어렸을 때 어른들은 그 존재 자체에 대해 무조건적으로 가치를 부여하지만 아이들이 점점 커갈수록 '만약 ~한다면'이라는 가치의 조건을 제시하여 그러한 기대와 일치할 때만 칭찬과 인정을 해 주는 조건부 가치를 부여한다. 예를 들어, '만약 네가 부모님 말을 잘 듣는다면'이나 '만약 네가 성적이 좋다면' 등과 같이 조건에 맞는 행동을 하면 인정을 해주게 된다. 따라서 아이가 긍정적으로 대우 받고 싶은 욕구를 충족시키기 위해 자신이 실제로 느낀 생각이나 감정을 억누르고 타인의 기대나 가치에 따라 행동하면 결과적으로 그러한 행동의 좋고 나쁨에 대해서 자신이 아닌 타인의 생각과 가치에 따라 지각하고 판단하게 된다. 이러한 과정은 자신의 유기체적 경험과 일치하지 않는 부적절한 자기개념을 형성하게 하여 건전한 성격의 발달을 방해한다.

지금까지 인간중심 상담의 이론적 측면을 알아보았고 다음으로 상담기법에 대해 살펴보겠다. 자기가 성장할 수 있는 세 가지 조건인 공감적 이해, 무조건적인 긍정적 존중, 진솔성은 상담자와 내담자 사이의 촉진적 관계를 형성하기 위한 핵심 원리이기도 하다. 즉, 내담자는 평소에 그러한 환경에서 성장하지 못했기 때문에 상담자에게 세 조건을 충분히 경험하게 되면 관계가 촉진되면서 변화가 나타나게 된다. 예를 들어, 상담에서 가장 중요한 일은 상담자가 도움을 요청하기 위해 찾아 온 내담자를 정확하게 이해하는 것이다. 내담자가 표현한 말을 왜곡 없이 이해하며 표현하지 않은 내담자의 내면까지 이해하면 좋은 관계를 통해 문제를 풀어갈 수 있다(공감적 이해). 그리고 모든 사람은 존중 받으려 하고 자기를 존중해 주는 사람을 믿게 된다. 상담자가 내담자를 조건적으로 평가하지 않고 존재 그대로 수용하여 존중한다면 내담자는 상담자를 더욱 신뢰하여 자신의 내면에 숨겨져 있던 이야기를 털어놓을 수 있게 된다(무조건적인 긍정적 존중). 이와 함께 의사소통 과정에서 자신이 느낀 생각이나 감정을 왜곡하지 않고 있는 그대로 표현한다. 불안, 분노, 좌절, 의심 등 부정적 감정의 이면에 깔려 있는 긍정적 동기를 솔직하게 표현하면 진심이 전달되어 진정한 의사소통이 이루어진다(진솔성). 인간중심 이론에 근거한 상담기법의 세 가지 원리에 대해 간략하게 알아보았으며 더 구체적으로 각 기법의 세부 수준과 적용에 대해 살펴보겠다(남승규, 이재창, 우석봉, 박준호, 2015).

첫 번째 핵심 원리인 공감적 이해는 상담자가 상대방의 입장에서 그의 주관적인 세계를 이해하는 것을 말한다. 이것은 상담자가 제3의 귀를 가지고 상대방의 가슴에 있는 '소리 없는 소리' 또는 '마음의 소리'를 듣는 것이다. 마치 우리가 상대방의 안경을 쓰고 사물을 보는 것과 같이 상대방이 지니고 있는 생각과 느낌의 틀, 즉 상대방의 내적 준거틀을 이용하여 그 사람의 생각과 감정을 이해하는 것이다. 상담자가 상대방의 감정에 공감하고 있음을 보이면, 상대방은 그 자신이 이해 받고 있다는 느낌을 갖게 되며, 상담자를 보다 신뢰하게 되어 자신을 더욱 깊이 드러내 보이게 된다. 따라서 이러한 과정 속에서 촉진적인 의사소통 관계가 이루어진다. 공감적 이해의 수준은 관습적 수준, 기본적 수준, 심층적 수준의 세 가지 수준으로 구분할 수 있다. 상담의 궁극적인 목적이 인간관계에서 발생하는 갈등과 문제를 해결해서 상호 간의 이해와 사랑을 증진하고 개인의 발달과 성숙을 도모하는 데 있다고 볼 때, 관습적 수준은 여기에 아무런 공헌을 하지 못하는 수준이다. 그리고 기본적 수준은 초보적이고 기초적인 수준에서 공헌하며 심층적 수준은 보다 깊은 수준에서 공헌한다.

공감적 이해의 세 가지 수준은 다음과 같다. 첫째, 관습적 수준은 상대방이 표현하는 감정이나 사고를 정확히 지각하지 못하거나 또는 상대방의 표면적 감정이나 사고만을 지각하여 반응을 보인다고 할지라도 자신의 개념틀에 의존하기 때문에 상대방의 감정, 생각과 일치된 의사소통을 하지 못한다(예: "제가 이번 승진에서 누락된 이유가 무엇입니까?" → "자네 이번에도 승진하지 못했나?"). 둘째, 기본적 수준은 상대방의 언어적 · 비언어적 표현에 주의를 기울임으로써 표면에 나타난 상대방의 감정, 사고와 일치된 의사소통을 한다. 하지만 상대방의 내면적 감정, 생각에는 반응을 보이지 않는다(예: → "이번 인사 조치에 대해 자네가 몹시 서운한 것 같아 보여."). 셋째, 심층적 수준은 언어적으로 명백히 표현되지 않은 상대방의 내면적 감정, 생각까지도 지각하여 왜곡 없이 충분히 표현하며, 상대방의 적극적인 성장 동기를 이해하여 표현하는 경우다(예: → "자네가 승진할 자격이 충분히 있는데도 그렇지 못해 몹시 서운했을 거야.").

또한 공감적 이해는 다음의 두 가지 차원에서 이루어진다. 첫째, 감수성 차원으로 상담자가 내담자의 말, 얼굴 표정, 몸짓 속에 숨겨져 있는 중요한 감정, 태도, 신념, 생각 등을 민감하게 포착하는 것이다. 감정이나 생각은 겉으로 표출되는 것도 있고 심층에 숨겨져 있을 수도 있는데 가능한 한 이 모두를 민감하게 파악해야 한다. 둘째, 의사소통 차원으로 상담자가 파악한 내담자의 감정이나 생각을 내담자에게 적절하게 전달해 주는 과정이다. 상담자가 아무리 정확하게 내담자의 내면세계를 이해하였다 할지라도 그 내용을 내담자에게 전달해 주지 않으면 내담자는 자신이 이해 받고 있다는 것을 느끼지 못할 것이다. 사람 중에는 유난히 남의 얘기를 잘 들어 주고 공감해 주는 사람이 있다. 이러한 능력은 다른 사람에게 관심을 기울이려는 마음가짐과 끊임없는 노력과 훈련에 의해 습득된다. 공감적 이해를 할 수 있는 대표적인 방법은 반영적 경청이다. 반영적 경청이란 상대방의 이야기를 듣거나 상대방의 표정이나 행동을 보고 그 사람의 심정이 어떠한지를 파악한 후 상대방에게 그것을 확인해 보는 과정을 말한다.

두 번째 핵심 원리인 무조건적인 긍정적 존중은 상대방을 한 인간으로서 존중하며, 그의 감정, 사고, 행동을 평가하거나 비판하지 않고 있는 그대로 받아들이는 것을 말한다. 이것은 상대방이 어떤 문제를 지니고 있건 어떤 죄악과 과오를 범하였건 상관없이 무조건적으로 그를 귀중한 존재로서 소중하게 여기는 것이다. 상담자가 이러한 태도를 마음과 행동으로 보여 줄 때 상대방은 자신이 존중 받고 있다는 느낌을 갖게 되어 자유롭게 자신의 체험과 감정을 표현할 수 있게 된다. 이러한 과정이 진행됨에 따라 심층적인 의사소통 관계가 이루어진다.

무조건적인 긍정적 존중의 세 가지 수준은 다음과 같다. 첫째, 관습적 수준은 상대방을 전적으로 무시하고 그의 성취, 경험, 잠재 능력에 대해 부정적인 평가를 하며, 상대방을 거의 존중하지 않는다(예: "이번 일은 고의로 그런 게 아닌데 이와 같은 처벌은 너무 한 것 같습니다." → "무슨 변명이 그리 많아? 잘못하면 처벌받는 게 당연하지."). 둘째, 기본적 수준은 상대방의 성취, 경험, 잠재 능력을 있는 그대로 수용한다(예: → "어쩌다 실수한 일에 대해 이런 처벌을 받는 건 너무 한다는 생각이 들 수 있지."). 셋째, 심층적 수준은 상대방의 성취, 경험, 잠재 능력에 대하여 깊은 존중과 긍정적인 관심을 표현하며, 드러나지 않은 상대방의 가치와 가능성을 배려하여 표현한다(예: → "열심히 하는데도 오히려 일이 잘못될 수 있지. 평소에 했던 것으로 보면 일부러 그랬다고는 생각하지 않고 있네.").

세 번째 핵심 원리인 일치성(진솔성)은 상담자가 내담자와의 관계 속에서 경험한 감정, 사고, 태도 등을 솔직하고 정확하게 인식하여 표현하는 것을 말한다. 다시 말하면, 이는 상담자가 느끼는 내면적인 경험과 그러한 경험을 표현하는 것이 모두 일치하는 것을 말한다. 상대방과의 관계에서 갖게 되는 감정, 사고, 태도는 긍정적일 수도 있고 부정적일 수도 있다. 상담자가 자신이 느낀 긍정적 또는 부정적인 감정과 사고를 솔직하게 표현할 뿐만 아니라 내담자가 표현하는 부정적인 감정을 받아들일 수 있을 때, 솔직한 의사소통과 감정의 교류가 가능하게 된다.

진솔성의 세 가지 수준은 다음과 같다. 첫째, 관습적 수준은 상대방에 대해 부정적인 표현을 하거나 자신의 감정, 사고를 진실하게 표현하기보다는 의례적으로 표현한다(예: "오늘 늦게 도착해서 죄송합니다."→ "늦을 수도 있지. 괜찮아."). 둘째, 기본적 수준은 표면적인 자신의 감정, 사고를 표현하나 자신의 내면에 있는 진심이 아직 표현되지는 않은 경우다(예: → "그래, 오늘 또 늦었구만. 일찍 다닐 수 없겠나?"). 셋째, 심층적 수준은 자신의 감정과 사고를 솔직하게 표현하여 자신의 내면에 있는 긍정적 동기를 아주 솔직하게 표현하고 상대방에게 관심을 충분히 전달한다(예: → "요즘 자주 늦는구만. 혹시 업무에 흥미가 떨어져서 그런 건 아닌가?").

6. 인지적 상담

인지적 상담은 무의식적 동기와 갈등에 초점을 둔 정신분석 상담과 외부 자극와 반응 간의 잘못된 학습을 중요하게 보았던 행동주의 상담의 한계를 극복하기 위해 1950년대 이후 인지혁명을 배경으로 발전한 상담기법이다. 이 기법은 심리장애의 원인을 무의식이나 학습이 아니라 의식적 수준의 사고나 신념, 즉 인지에 의해 매개된다고 가정하면서 내담자의 인지를 변화시켜서 정서와 행동의 문제를 고칠 수 있다고 제안하였다. 인지적 상담은 구체적으로 다음과 같은 가정에 근거하여 진행된다. 첫째, 사고나 신념과 같은 인지적 요인이 정서와 행동에 영향을 미친다. 둘째, 심리장애는 인지적 요인이 매개하여 나타난다. 셋째, 인지를 변화시킬 수 있으며 이를 통해 정서와 행동이 변화된다. 인지적 상담은 심리장애의 치료에서 인지적 요인을 중요시하는 여러 기법을 포괄적으로 지칭하며 행동적 요인이 함께 적용되어 최근에는 인지행동치료라고 하는 경우가 많다. 대표적으로 Ellis의 합리적 정서행동치료와 Beck의 인지치료가 있으며 구체적인 내용은 다음과 같다.

A(유발사건) - B(비합리적 신념) - C(결과) - D(논박) - E(효과)

그림 14-4 합리적 정서행동치료의 과정

합리적 정서행동치료(Rational Emotive Behavior Therapy: REBT)는 믿음이나 신념과 같은 생각이 심리장애를 유발하며 잘못된 생각을 바꾸면 이상심리를 고칠 수 있다고 보았다. 이 치료의 과정은 ABCDE 공식을 통해 설명할 수 있다([그림 14-2] 참조). A(activating events)는 유발사건, B(beliefs)는 유발사건에 대한 의미를 해석하는 인지적 과정, C(consequences)는 사건을 해석한 결과로서 나타나는 정서적 또는 행동적 문제를 의미한다. 이 과정은 치료 과정이 아닌 심리장애가 나타나는 원리를 확인하는 과정이라고 할 수 있다. 이 가운데 B가 가장 핵심적 역할을 하며 비합리적 신념이 심리장애를 유발하는 것으로 간주하는데, 이러한 비합리적 신념을 수정하는 것이 상담의 중요한 요소라고 보았다. 대표적인 비합리적 신념으로는 '나는 모든 사람들에게 사랑이나 인정을 받아야 한다고 생각한다.'가 있으며 [그림 14-3]에 다른 신념들에 대한 내용이 제시되어 있다.

1. 모든 사람에게 사랑이나 인정을 받아야 한다고 생각한다.
2. 완벽히 유능하고 합리적이며 소중하고 성공적인 사람이 되어야 한다.
3. 어떤 사람들은 나쁘고 악하고 잔인하므로 비난과 처벌을 받아야 한다.
4. 원하는 대로 되지 않는 것은 인생의 파멸을 의미한다.
5. 불행은 통제할 수 없는 상황에서 발생한다.
6. 위험하거나 두려운 사건이 일어날 것 같아 항상 걱정이 된다.
7. 어려움이나 책임에 직면하기보다 피하는 편이 더 낫다.
8. 사람은 다른 사람에게 의존해야 하고, 주위에 내가 의존할 사람이 있어야 한다.
9. 과거 경험과 사건이 현재 행동을 결정하며 과거의 영향은 없어지지 않는다.
10. 다른 사람들의 문제나 곤란에 대해 나도 힘들어 해야 한다.
11. 모든 문제는 완벽한 해결책이 있지만 그것을 찾지 못하면 끔찍한 문제가 생긴다.

그림 14-5 비합리적 신념의 11가지 내용들(Ellis, 1989)

이러한 과정 이후에 상담자는 내담자의 비합리적 신념에 대해 논박하는데(dispute: D), 잘못된 신념이 합리적인지 질문을 통해 논리적으로 반박한다. 예를 들어, '그러한 신념을 가지고 있는 것이 당신에게 어떤 도움을 주는가?'와 같이 실용적, 기능적 측면에서 접근하거나 '당신의 신념을 지지하는 증거는 어디에 있는가?'와 같이 논리적 근거에 대해 접근하는 질문들을 통해 논박한다. 이후에 내담자는 이전의 비합리적 신념을 버리고 더 합리적인 신념 체계를 갖게 되어 삶을 효과적으로 살아가는 철학에 도달하게 된다(effect: E).

다음으로 Beck이 제안한 인지치료(cognitive therapy)에서는 우울증 내담자를 치료하는 과정에서 그들이 부정적 사고를 많이 한다는 점을 관찰하였다. 이러한 부정적 사고 가운데 잘 의식되지 않고 환경적 자극으로 인해 자동적으로 촉발되는 경향이 있는 것을 자동적 사고(automatic thoughts)라고 부른다. 심리장애가 있는 사람은 일상적 환경에서 자동적 사고를 자주 경험하는데, 특히 인지적 오류를 통해 사건을 왜곡한다. 인지적 오류의 예로는 흑백논리적 사고, 임의적 추론, 선택적 여과, 과잉일반화, 개인화 등이 있다. 인지치료는 심리장애를 지닌 사람들의 부적응적 인지를 변화시키는 작업이라고 볼 수 있다. 즉, 심리적 장애를 가진 사람의 내면에 존재하는 부정적인 자동적 사고나 역기능적 신념을 자각하도록 도와주고, 부적응적 사고와 관련된 인지적 오류를 현실성과 논리성의 측면에서 상담자와 함께 논의하고, 마지막으로 보다 적응적인 현실적 사고와 신념으로 대체하도록 도와준다.

인지치료는 내담자로 하여금 역기능적인 사고와 신념을 자각하고 변하게 한다는 점에서는 합리적 정서행동치료와 근본적으로 유사하다. 그러나 합리적 정서행동치료는 지시적인 특징이 강하지만 인지치료는 내담자가 자신의 잘못된 신념을 대화를 통해서 발견할 수 있도록 도와준다. 또한 비합리적 신념과 같이 인지치료에서 가장 중요한 것은 핵심 신념으로 이것이 중간 믿음과 자동적 사고를 연쇄적으로 일으키고 결국 정서와 행동에 영향을 미친다. 즉, 핵심 신념이 무엇인지 파악하여 변화시키는 것이 인지치료의 궁극적 목표라고 할 수 있다.

행동주의 상담과 인지적 상담이 합쳐진 방식을 인지행동치료(cognitive-behavioral therapy)라고 하는데, 인지치료도 인지행동치료의 범주에 속한다고 할 수 있다. 행동주의 상담의 입장에서 볼 때 인간의 행동을 더 효과적으로 설명하고 변화시키기 위해 인지적 입장을 도입하였고, 인지적 상담 입장에서 보면 인지 변화와 함께 행동 변화를 일으키는 것이 치료의 효과를 더 높이기 때문에 두 가지 방식은 자연스럽게 통합되어 인지행동치료라는 더 큰 범주가 만들어졌다고 볼 수 있다.

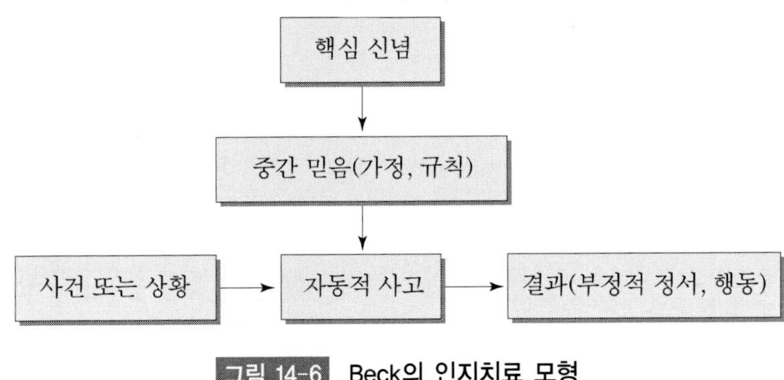

그림 14-6 **Beck의 인지치료 모형**

7. 집단상담

집단상담은 상담자와 내담자가 일대일로 만나는 개인상담과 달리 한 명의 상담자와 여러 명의 내담자가 함께 문제를 해결해 나간다. 일반적으로 비슷한 문제를 가진 내담자들로 구성되는 것이 좋으며 집단의 특성에 따라서 다르지만 6~10명 정도가 적절하다. 집단상담에서 내담자들은 서로의 행동을 관찰하고 조언해 주며 자신의 경험을 교환하면서 자신과 다른 집단구성원들의 문제에 대해서 이야기한다. 집단상담자는 각 구성원들과 대화를 나누는 동시에 구성원들 간의 대화를 동기화시키면서 집단을 주도적으로 이끌지만 상황에 따라서는 앞에 나서기보다 뒤로 물러나 있으면서 회기의 진행을 보조적으로 도와주는 역할을 하기도 한다. 집단상담은 교육을 목적으로 단 1회기만 실시하는 경우부터 몇 개월에서 몇 년 동안 지속될 때도 있다. 공황장애나 알코올의존과 같이 특정한 문제를 가지고 있는 사람들이 모인 집단은 심리교육이나 구체적 상담방법 등을 다룬다. 상대적으로 특정한 문제는 없지만 학교나 직장에서 대인관계를 적절하게 형성하는 방법을 배우고자 하는 사람들은 타인의 감정을 알아차리거나 적절한 감정표현에 대해서 집단을 통해 도움을 받을 수 있다. 이와 같이 집단상담은 반드시 심리장애를 가진 사람들을 대상으로 하는 것은 아니며 다양한 사람들이 다양한 목적을 위해 참여한다(남승규 외, 2015).

집단상담은 개인상담과 비교해 볼 때 몇 가지 장점이 있다. 첫째, 자신의 문제가 자신만이 가지고 있는 특수한 것이 아니며 다른 집단구성원들도 보편적으로 가지고 있는 문제임을 알 수 있다. 둘째, 집단상담이 진행되면서 다른 구성원들이 상담효과가 나타나는 것을 관찰하게 되면 자신도 좋아질 수 있겠다는 희망이 생기게 된다. 셋째, 상호작용을 통해서 집단을 이루고 있는 구성원에게서 자신의 생각, 감정, 행동 등에 대한 피드백을 받을 수 있고, 구성원 간의 역동이 활발히 일어나기 때문에 일상생활에서 자신의 대인관계가 어떠했는지를 확인해 볼 수 있다. 넷째, 다른 구성원에게 도움을 줌으로써 자신의 가치를 확인하고 자존감을 높일 수 있다. 마지막으로, 다른 구성원에 대한 모델링을 통해 자신의 문제를 고치고 새로운 행동을 습득하는 기회가 될 수 있다.

반면, 집단상담이 항상 효과적인 것은 아니다. 먼저 내담자가 다른 사람과 함께 상호작용하는 것이 어려울 때다. 내담자의 문제를 고치기 위해 비슷한 문제를 가진 사람들과 함께 만나서 자신의 경험을 나누고 새로운 행동을 배우는 것도 좋지만 내담자가 사회적 상황에서 과도하게 불안해지거나 공격적이 되면 오히려 집단상담은 모두에게 부정적 영향을 미칠 수 있다. 그러므로 내담자가 사회적 상황에서 어느 정도 상호작용을 할 수 있는 준비가 될 때까지 기다려 줄 필요가 있다. 다음으로 집단상담은 구성원들의 공통적인 문제에 관심을 두고 해결하는 것이 주된 목표이기 때문에 어느 한 명의 집단구성원의 심층적인 문제에 집중하기 어렵다. 그렇기 때문에 개인의 문제가 대외적으로 밝히기 어려운 비밀과 관련이 있거나 내담자의 독특한 성격으로 인한 것이라면 집단상담보다 개인상담을 통해 우선적으로 접근하는 것이 효과적이다.

집단이 가지고 있는 문제의 심각도나 집단 자체의 특성에 따라서 집단상담은 다양한 방식의 프로그램으로 진행되며 여기에는 심리극이나 감수성 훈련 또는 참만남 집단 등이 있다. 심리극은 감정을 표출하거나 타인의 감정에 어떻게 반응하는지를 중요시 여긴다. 집단구성원은 연극하는 배우와 같이 연기하기도 하고 관객이 되어 연극을 보는 것처럼 그 상황을 객관적으로 관찰한다. 감수성 훈련 또는 참만남 집단은 개인의 문제를 다루기보다는 현재 그 자리에서 일어나는 감정을 중심으로 표현하는 훈련이다. 사실 우리의 일상적인 의사소통의 특징을 살펴보면 솔직하지 못하고 애매하여 듣는 사람으로 하여금 많은 오해와 왜곡을 불러일으키는 것이 보통이다. 따라서 감수성 훈련은 지금-여기에 충실하여 최대한으로 솔직하며, 자신의 감정과 그 감정이 들게 된 배경을 명확하게 표현하고 전달하는 것을 훈련함으로써 자신과 타인의 감정을 보다 정확하게 지각하고 보다 효율적으로 의사소통할 수 있도록 하는 데 도움을 준다.

그림 14-7 집단상담은 다른 구성원에 대한 모델링을 통해 새로운 행동을 습득하는 기회가 될 수 있다.

8. 약물치료

심리적 문제가 있을 때 상담이 언제나 최고의 효과를 나타내는 것은 아니다. 왜냐하면 심리적 문제는 심리학적 원인 이외에 생물학적 원인 때문에 나타날 수 있기 때문이다. 생물학적 접근법은 심리적 문제가 신체질병과 같이 뇌의 생화학적 또는 생리학적 기능의 문제로 인해서 나타난다고 가정한다. 조현병을 비롯하여 주요우울장애나 양극성장애, 불안장애에서 나타나는 증상을 호전시키기 위해서는 상담만으로 충분하지 않다. 특히 문제가 되는 심리적 증상이 갑자기 악화되거나 자신 또는 타인에게 위험이 되는 상황에서는 생물학적 치료가 효과적이다. 생물학적 치료는 크게 약물치료와 전기경련치료로 나뉘는데, 가장 많이 사용하고는 방법은 약물치료다. 약물치료는 정신약물학 이론에 기초하는데, 정신약물학은 뇌 안에 있는 신경전달물질의 양에 따라 사람의 생각, 정서, 행동이 달라진다고 가정한다. 심리장애를 치료하기 위한 약물은 항우울제, 항불안제, 항정신병 약물 등으로 분류하며 각 약물들의 특징을 알아보도록 하겠다(남승규 등, 2015).

항우울제(antidepressant drugs)는 신경전달물질을 조절하여 우울한 사람의 기분을 향상시키는 약물이다. 가장 오래된 약물은 MAO 억제제(monoamine oxidase inhibitors)로 노르에피네프린(norepinephrine)과 세로토닌(serotonin)을 분해하는 MAO라는 효소를 차단하여 뇌에 신경전달물질의 농도를 높여 준다. 이후에 나온 삼환계 항우울제(tricyclic antidepressants)는 노르에피네프린과 세로토닌이 흡수되는 것을 방해하여 신경전달물질이 활동하는 시간을 증가시킨다. 두 약물은 우울증에 효과가 있는 것으로 검증되었지만 부작용도 발견되었는데, 어지럽고, 성욕이 감소되고, 입이 마르고, 변비 등이 나타나는 문제가 있다.

최근에 가장 많이 사용하고 있는 약물은 선택적 세로토닌 재흡수 억제제(Selective Serotonin Reuptake Inhibitors: SSRIs)로 세로토닌만 선택적으로 재흡수되는 것을 방해하여 세로토닌의 수준을 증가시키는 작용을 한다. 대표적으로 프로작(Prozac)이라는 상품명으로 알려져 있는 플루옥세틴(fluoxetine)을 비롯하여 파록세틴(paroxetine), 시탈로프람(citalopram) 등이 있다. 이후에 개발된 벤라팍신(venlafaxine) 같은 세로토닌-노르에피네프린 재흡수 억제제(Serotonin-Norepinephrine Reuptake Inhibitors: SNRIs)는 세로토닌과 노르에피네프린 두 개가 재흡수되는 것을 방해하여 뇌에서 활성화시키는 역할을 한다. 이와 같은 약물들은 사용 후 메스꺼움, 설사, 어지러움 등이 나타나지만 이전에 사용해 왔던 항우울제에 비해 상대적으로 부작용이 덜하고 더 효과적이며 우울증 이외에 공황장애나 강박장애와 같은 불안장애의 치료에도 효과가 있는 것으로 보고되었다.

항우울제는 조증이나 경조증 없이 우울증이 나타나는 단극성 우울증을 치료할 때는 효과적이지만 양극성장애가 있는 사람의 우울증을 치료할 때는 조증 상태를 유발할 수 있다. 이러한 경우에는 리튬(lithium)이나 발프로에이트(valproate)와 같은 기분안정제를 많이 사용하는데, 조증과 우울증의 극단적인 기분을 가라앉히고 기복을 줄여서 정상 상태로 되돌리는 역할을 한다. 리튬은 복통, 메스꺼움, 설사 등의 부작용이 있으며 과다하게 복용하면 신장이나 갑상선에 심각한 문제를 일으킬 수 있다. 그러므로 적절한 용량을 복용해야 하며 이를 위해 혈중 약물 농도를 정기적으로 검사해야 한다.

항불안제(antianxiety drugs)는 공포나 불안을 감소시키는 데 도움을 주는 약물이다. 가장 많이 사용하는 약물은 벤조디아제핀(benzodiazepine) 계열에 속하는 것으로, 이는 뉴런을 억제하여 진정시키는 작용을 하는 신경전달물질인 GABA(Gamma-AminoButyric Acid)의 효과를 향상시킨다. 술을 마시면 GABA의 활동이 증가하여 단기적으로 불안이 억제되는 효과가 나타나는데, 항불안제를 술과 함께 복용하면 중추신경계를 과도하게 억제하여 치명적인 결과를 나타낼 수 있으므로 조심해야 한다. 이 약물은 내성이 생길 가능성이 있으며 사용을 중단하면 긴장과 불안, 불면, 심장박동 증가 등의 금단 증상이 나타날 수 있으므로 장기간 복용한 경우에는 갑자기 약을 끊기보다 점차 줄이는 것이 더 바람직하다.

항정신병 약물(antipsychotic drugs)은 1950년대에 개발되어 조현병 환자들에게 주로 처방되었으며 이 약물로 인해 환자들의 퇴원 기간이 짧아졌고 이후 사회복귀도 많아졌다. 대표적으로 클로르프로마진(chlorpromazine), 할로페리돌(haloperidol), 클로자핀(clozapine), 올란자핀(olanzapine)과 같은 약물들이 있다. 항정신병 약물은 망상이나 환각을 일으키는 신경전달물질인 도파민(dopamine)을 받아들이는 수용기를 차단한다. 이로 인해 도파민이 잘 전달되지 않기 때문에 양성증상인 망상과 환각이 감소하게 된다. 하지만 조현병의 음성증상에 해당하는 정서표현의 감소나 무욕증, 사회적 위축 등의 문제에는 큰 영향을 미치지 않는다.

이 약물은 조현병 자체를 완전하게 치료하지는 못하지만 환자가 일상생활에 잘 적응할 수 있도록 도와주고 재발을 예방하는 효과가 있다. 연구에 의하면 항정신병 약물을 지속적으로 사용하면 약 1/3 정도가 재발하지만 도중에 중단한 사람은 1년 이내에 재발하는 확률이 2/3가 넘고 2년 이내에는 확률이 더 높아졌다(Gitlin et al., 2001; Sampath et al., 1992). 반면, 조현병 환자 가운데 약 1/4은 약물의 효과가 나타나지 않는다. 그리고 눈이 침침해지거나 입이 마르는 부작용이 있으며 장기간 사용하면 얼굴이나 입, 턱 등이 의도하지 않게 움직이는(예: 입맛을 다시거나 혀를 내미는 행동) 지연성 운동장애(tardive dyskinesia)가 나타나기 때문에 환자들은 약물 사용을 꺼려 하는 경우가 있다. 최근에는 이러한 부작용이 적으면서 조현병 증상을 완화시키는 비정형 항정신병 약물(atypical antipsychotics)이 개발되어 치료에 많이 쓰이고 있다.

심리적 문제를 해결하는 데 있어서 사람들은 약물치료에 대해 과도하게 신뢰하거나 아니면 지나치게 거부적인 경우가 있다. 약물치료는 심리적 문제의 원인을 제거하거나 증상을 영구적으로 완치시키지 않지만 상황에 따라 상담보다 효과가 더 빠르고 강력하게 나타나므로 필요한 경우에는 반드시 사용하는 것이 좋다. 특히 심리장애로 인해 자신이나 타인에게 피해를 줄 수 있는 상황이나 증상이 급성적으로 악화되어 상담이 어려운 상황, 일상적 기능이 빨리 회복되어 학교나 직장에 복귀해야 하는 상황 등이 해당된다. 반면에 약물치료의 효과가 없는 사람들의 비율도 높고, 복용 이후에 나타나는 부작용이 약물에 따라 다양하게 나타나며 장기 복용에 의한 위험성이 검증되지 않은 약물들도 있기 때문에 무조건적으로 약물을 신뢰하는 것도 위험하다고 할 수 있다.

최근에는 심리적 문제에 접근할 때 상담과 약물치료를 통합하는 쪽으로 변화하고 있다. 모든 문제에서 그런 것은 아니지만 한 가지 방법만을 사용할 때보다 두 가지를 함께 사용할 때 더 많은 효과를 나타내기 때문이다. 그러므로 심리 문제를 다루는 데 있어서 과도한 맹신이나 거부가 아니라 전문가들의 조언과 각각의 특수한 상황에 근거하여 현명하게 접근하는 것이 바람직하다.

산업상담이나 직업상담은 직장 내에서 발생하는 문제나 직업적 선택에 대한 도움을 주는 것이 주된 초점이지만 직장인들은 직장이나 직업과 관련된 스트레스만을 받는 것은 아니며 다양한 원인으로 인해 심리적 문제를 경험하게 된다. 그러므로 직장에서는 산업상담과 일반상담을 모두 실시할 수 있는 여건을 마련하여 직원들의 심리적 안정을 통한 업무능률 향상과 고객에 대한 응대와 서비스 향상, 안정적인 조직문화 등을 이루기 위한 토대를 만들어 나가는 것이 바람직할 것이다.

참고문헌

곽수일(1996). 경영정책론. 서울: 법문사.

김동기(1984). 현대 마케팅원론. 서울: 박영사.

김병숙(2006). 직업상담심리학. 서울: 시그마프레스.

김병숙(2007). 직업심리학. 서울: 시그마프레스.

김원형(1993). 조직 동일시, 조직 몰입, 조직 내재화 변인들간의 탐색적 요인분석 및 확인적 요인분석에 대한 연구. 한국심리학회지: 산업 및 조직, 6(1), 12-35.

김원형(1995). 조직몰입 세 성분 모형의 개념화. 한국심리학회지: 산업 및 조직, 8(1), 51-74.

김원형(1998). 직업 동일시 모형. 한국심리학회지: 산업 및 조직, 11(1), 77-96.

김원형(1999). 조직 시민 행동의 탐색적 요인 분석 및 확인적 요인 분석 모형. 사회과학 논문집: 대전대학교, 18(1), 61-97.

김원형(1999a). 한국기업의 국제인적자원 관리, 사회과학 포럼. 대전대학교 사회과학연구소, 74-94.

김원형(1999b). IMF 이후 국제 인적자원 개발의 문제점과 대처 방안. 1999년 한국산업 및 조직심리학회 춘계 심포지엄. 한국산업 및 조직심리학회, 67-103.

김원형(2000). 국제인적자원 관리 전략. 서울: 학지사.

김원형(2002). 조직 동일시와 조직 몰입의 선행 변수와 결과 변수 간의 인과 관계. 한국심리학회지: 산업 및 조직, 15(2), 83-121.

김적교(1983). 중소기업의 기술력 개발 및 기술집약형 중소 기업 육성 대책. 중소기업학회.

김주섭, 이병희, 박성재(2004). 직업능력개발사업 효율성 평가분석. 한국노동연구원.

김형만(1999). 근로자 숙련형성을 위한 기업의 훈련 선택. 직업능력개발연구, 2.

남승규(1999). 소비자 심리학. 서울: 학지사.

남승규(2009). 소비자분석. 서울: 학지사.

남승규(2014). 행복심리학. 서울: 양서원.

남승규, 이재창, 우석봉, 박준호(2015). 심리학: 원리와 적용. 서울: 학지사.

노동부 국립중앙직업안정소(1995). 한국직업사전(제2판).

류장수(1995). 한국기업의 교육훈련투자 결정요인과 효과분석. 한국노동교육원.

박광량(1995). 조직혁신. 서울: 경문사.

박준호(2014). 음주 행동/흡연/금연. 네이버 지식백과 심리학용어사전.

성균관대학교산업심리학과(2001). 산업 및 조직 심리학. 서울: 박영사.

손유미(2002). 기업내 교육훈련이 근로자의 노동생활의 질(QWL)에 미치는 효과: 교육훈련 유형별 전개과정을 중심으로. 직업능력개발연구, 4(2).

양현봉, 주현, 조영삼(1998). 한국벤처기업의 특성 분석과 육성 방안. 벤처경영연구, 1, 1, 129-153.

오영훈 외(2000). 기업내 인력개발 활성화 방안. 한국직업능력개발원.

우석봉(2014). IMC 광고기획의 원리와 응용. 서울: 학지사.

우석봉(2015). 실전 광고기획 에센스(2판). 서울: 학지사.

우석봉(2016). 브랜드 심리학(3판). 서울: 학지사.

유규창(2001). 기업복지의 실태 및 발전방향: 카페테리아식 복지제도 도입방안을 중심으로. 근로복지정책토론회-근로복지사업 방향과 과제. 한국노동연구원.

유영만(1997). 기로에 선 한국의 기업교육. 서울: 엘테크.

이광현(1995). 핵심역량 경영기법이 필요하다. 월간 경영계. 3월호. 12-16.

이남철(1998). 직무훈련과 생산성 관계의 이론적 고찰. 직업능력개발연구, 창간호.

이병희, 김동배(2004). 기업훈련지원제도의 특성과 효과에 관한 연구. 한국노동연구원.

이영현 외(2000). 기업내 인적 자원개발 체제 지원방안 중간보고서. 한국직업능력개발원.

이유재(1994). 서비스마케팅. 서울: 학현사.

이정근(1980). 진로지도와 진로상담. 서울: 중앙적성출판사.

이정근(1988). 진로지도의 실제. 서울: 성원사.

이진규, 이상훈(2001). 성과평가의 절차적 공정성에 대한 영향요인: 상황적 요인 및 평가시스템 특성을 중심으로. 인사·조직연구, 9(1), 109-134.

이진주(1998). 벤처경영의 특성과 발전 과제. 벤처경영연구, 1, 1, 213-243.

이창우(1995). 기업 문화. 성균관대학교 산업심리학과 편. 산업 및 조직심리학. 서울: 박영사.

이학종(2003). 경영 혁신과 조직 개발. 서울: 법문사.

이화자(1993). 된광고, 든광고, 난광고. 서울: 나남출판.

장영철 외(2005). 노동인적 자원개발 활성화를 위한 정책방향. 노동부.

정택수(1999). 기업의 직업능력개발훈련 참여 활성화를 위한 토론회. 한국직업능력개발원.

조동성(1995). 경영정책과 장기 전략 계획. 서울: 영지문화사.

조형래(1995). 창업인의 특성, 제품 혁신성과 벤처기업 성과간의 상황적 관계. 한국과학기술원 대학원 박사학위논문.

진영선, 곽호완 공역(1994). 공학 심리학: 시스템 설계와 인간 수행. 서울: 성원사.

청소년 대화의 광장(편) (1996). 청소년 진로상담. 서울: 청소년 대화의 광장.

한국직업능력개발원(1999). 근로자직업훈련촉진법해설.

한국직업능력개발원(2001). 국가 인적 자원개발의 전략과 비전. 원내토론회 자료.

한덕웅(1985). 조직 행동의 동기 이론. 서울: 법문사.

한민희, 장대련(1994). 광고경영론. 서울: 학현사.

Adams, J. S. (1965). Inequity in social exchange. In L. Berkowitz (Ed.), *Advance in Experimental Social Psychology, Vol. 2*. New York: Academic Press.

Ajzen, I., & Fishbein, M. (1980). *Understanding attitudes and predicting behavior*. Englewood Cliffs, N. J. Prentice-Hall.

Aldefer, C. P. (1972). *Existence, relatedness, growth: Human needs in organizational setting*. Free Press.

Allen, N. J., & Meyer, J. P. (1990). The measurement and antecedents of affective, continuance, and normative commitment to the organi zation. *Journal of occupation Psychology, 63*, 1-18.

Allen, N. J., & Meyer, J. P. (1996). Affective, continuance, and normative commitment to the organization. An examination of construct validity. *Journal of Vocational Behavior, 49*, 252-276.

Allen, T. J., & Rush, M. C. (1998). The effect of Organizational Citizenship Behavior on performance judgment: A field study and a laboratory experiment. *Journal of Applied Psychology, 83*, 2, 247-260.

Anderson, D. R. (1974). Leadership effectives education as related to congruence between human behavior types and leadership style. *Dissertation Abstracts International, 34*, 688.

Ansoff, H. I. (1965). *Corporate Strategy*. McGraw Hill.

Argyle, M., Gardner, G., & Ciofi, F. (1958). Supervisory methods related to productively, absenteeism, and labor turnover. *Human Relations, 11*, 23-40.

Argyris, C. (1957). *Personality and Organization*. New York: Harper.

Argyris, C. (1962). *Interpersonal competence and organizational effectiveness*. Homewood, I11.: Irwin.

Argyris, C. (1970). *Intervention theory and methods*. Reading, Mass.: Addison-wesley.

Argyris, C. (1971). *Management and organizational development:* The path from Xa to Yb. New York: McGraw-Hill.

Argyris, C. (1976). Theories of Action That Inhibit Individual Learning. *American Psychologist, 31*(9): 638-654.

Arthur, J. B. (1994). Effects of human resource systems on manufacturing performance and turnover. *Academy of Management Journal, 37*, 670-87.

Ashenfelter, Orley, & Robert LaLonde. (1997). The Economics of Training. In David Lewin, Daniel J. B. Mitchell, & Mahmood A. Zaidi (Eds.), *The Human Resource Management Handbook Part* Ⅲ. London: JAI Press, pp. 53-78.

Aslaug, A., & Kjell, G. (1999). Measuring organizational learning climate: A cross national replication and instrument validation study among public sector employees. *Review of Public Personnel Administration, 19*(4), 31-44.

Assael, H.(1995). *Consumer behavior and marketing action. 5th*. Cincinnati, Ohio, South Western College Publishing.

Baldwin, T. T., & Ford, J. K. (1988). Transfer of training: A review and directions for future research. *Personnel Psychology, 41*, 63-105.

Bandura, A. (1986). *Social Foundation of Thought and Action: A Social Cognitive Theory*. Prentice Hall.

Bardford, L. P. (1964). Membership and the learning process. In L. P. Bradford, J. R. Gibb, & K. D. Benne (Eds.), *T-Group theory and laboratory method: Innovation in re-education*. New York: Wiley.

Barrett, R. S. (1966). Influence of supervisor's requirements on ratings. *Personnel Psychology, 19*, 375-387.

Bass, B. (1998). *Transformational leadership*. Mahwah, NJ: Erlbaum.

Bass, B. M. (1960). *Leadership, Psychology, and organizational behavior*. New York: Haper.

Bass, B. M. (1963). Amount of participation, coalescence, and probability of decision making discussions. *Journal and social Psychology, 67*, 92-94.

Bass, B. M. (1967). Some effects on a group of Whether when the head reveals his opinion. *Organizational Behavior and Human Performance, 2*, 375-382.

Bass, B. M. (1985). *The multifactor leadership questionnaire form*. Binghamton: State University of New York.

Bass, B. M. (1990). *Bass & Stogdill's handbook of leadership: Theory, reasearch,& managerial application*. Free Press.

Bass, B. M. (1998). *Transformational leadership:*

Industry, Military, and Educational impact. Mahwah, NJ: Erlbaum.

Bass, B. M., & Avolio, B. J. (1989). Manual: *The Multifactor Leadership Questionnaire*. Palo Alto, CA: consulting Psychologist Press.

Bass, B. M., & Valenzi, E. R. (1974). Contingent aspects of effective management styles. In J. G. Hunt & L. L. Larson (Eds.), *Contingency approaches to leadership*. Carbondale: Southern Illinois University Press.

Bass, F. M., & Talarzyk, W. W. (1972). An attitude model for study of brnad preference. *Journal of Marketing Research, 9*, 93-96.

Bateman, T. S., & Organ, D. W. (1983). Job Satisfaction and the Good Soldier: The Relationship Between Affect and Employee CitizenShip. *Academy of Management Journal, 26*, 587-595.

Becker, H. S. (1960). Note on the concept of commitment. *American Journal of Psychology, 66*, 32-42.

Beckhard, R. (1961). *The Leader Looks at the Consultative Process*. Washington, DC: Leadership Resources, Inc.

Beckhard, R. (1969). *Organization development-Strategies and models*. Reading, Mass.: Addison-wesley. 9.

Beer, M., Pieters, G. R., Marcus, S. H., & Hundert, A. T. (1971). Improving integration between functional groups: A case in organization change and implications for theory and practice. Symposium presented at American Psychological Association Convention, Washington, DC.

Begley, T. M., & Boyd, D. P. (1987). Psychological characteristics associated with performance in entrepreneurial firms and smaller businesses. *Journal of Business Venturing, Vol. 2*, 79-93.

Belk, R. W. (1985). Materialism: Trait aspects of living in the material world. *Journal of Consumer Research, 12*, 265-280.

Bellow, D. C., & Etzel, M. J. (1985). The role of novelty in the pleasure travel experience. *Journal of Travel Research, Summer*, 20-26.

Benne, K., Bradford, L. P., & Lippitt, R. (1964). *T-Group Theory and Laboratory Method*. New York: Wiley, p. 33.

Bennett, J. B., Lehman, W. K., & Forst, J. K. (1999). Change, transfer climate, and customer orientation: A contextual model and analysis of change-driven training. *Group and Organization Management, 24*, 2, 188-216.

Bennis, W. G. (1965). "Theory and Method in Applying Behavioral Science to Planned Organizational Change." *Journal of Applied Behavioral Science*, 337-359.

Bennis, W. G. (1966a). *Changing Organizations*. New York: McGraw-Hill.

Bennis, W. G. (1966b). "Organizational Revitaliz-ation." *California Management Review*, 51-59.

Bennis, W. G. (1969). Organization development: Its nature, origins, and perspectives. Reading, Mass.: Addison-wesley. 9.

Bennis, W. G., & Slater, P. (1968). *The Temporary Society*. New York: Harper and Row.

Bertolino, M., & Steiner, D. D. (2007). Faimess reactions to selection methods: An Italian study. *International Journal of Selection and Assessment, 15*, 197-205.

Bhave, M. P. (1994). A process Model of Entrepreneurial Venture Creation. *Journal of Business Venturing, Vol. 9*, 223-242.

Bies, R., & Moage, J. (1986). Interactional justice: Communication criteria of fairness. In R. J. Lewicki, B. Sheppard, & M. H. Bazerman

(Eds.), *Research on negotiation in organization*. Greenwitch, JAI Press.

Bishop, S. R. (2002). What do we really know about mindfulness-based stress reduction. *Psychosomatic Medicine 64*, 71-84.

Blake, R. R., & Mounton, J. S. (1964). *The managerial grid*. Houston: Gulf Publishing Co.

Blake, R. R., & Mounton, J. S. (1969). *Building a Dynamic Corporation through Grid Organization Development*. Reading, Mass.: Addison-Wesley.

Blake, R. R., & Mounton, J. S. (1985c). *The managerial grid Ill*. Houston, TX: Gulf.

Blake, R. R., Shepard, H. A., & Mounton, J. S. (1964). *Managing intergroup conflict in industry*. Houston, tex.: Gulf.

Blau, P. M., & Scott, W. R. (1962). *Formal organizations*. San Francisco: Chandler.

Blum, M. L., & Naylor, J. C. (1968). *Industrial psychology: Its theoretical and social foundations*. New York: Harper & Row.

Bollinger, L., Hope, K., & Utterback, J. M. (1983). A Review of Literature and Hypotheses on New Technology-Based Firms. *Research Policy, Vol. 12*, 1-14.

Bolon, D. S., & Crain, C. R. (1985). Decision sequence: A recurring theme in comparing American and Japanese management. Proceedings, *Academy of Management*. San-Fransisco.

Bower, D. G., & Seashore, S. E. (1966). Predicting organizational effectiveness with a four-factor theory of leadership. *Administrative Science Quarterly, 11*, 238-263.

Bowling, N. A., & Hammond, G. D. (2008). A meta-analytic examination of the construct validity of the Michigan Organizational Assessment Questionnaire job satisfaction Subscale. *Journal of Vocational Behavior, 23*, 63-77.

Bracken, D. W., Dalton, M. A., Jako, R. A., McCauley, C. D., & Pollman, V. A. (1997). *Should 360-degree feedback be used only for development purposes?* Greenboro, NC: Center for Creative Leadership.

Bradford, L. P., Gibb, J. R., & Benne, K. D. (1964). *T-Group Theory and Laboratory Method*. New York: Wiley.

Breaugh, J. A. (1984). Relationship between recruiting sources and employee performance, absenteeism, and work attitude, *Academy of Management Journal, 24*(1).

Brief, A. P., & Motowidlo, S. J. (1986). Prosocial Organization Behaviors. *Academy of Management Review, 10*, 710-725.

Briscoe, D. R. (1995). *International human resource management*. Prentice Hall.

Brockhaus. (1980). Risk-Taking Propensity of Entrepreneurs. *Academy of Management Journal*, 509-520.

Brockhaus, R. H. (1982). *The psychology of the entrepreneur*. In C. A. Kent, D. L. Sexton, and K. H. Vesper (Eds.), *Encyclopedia of Entrepreneurship*. Englewood Cliffs, NJ: Prentice-Hall, 39-56.

Brotheridge, F. C., & Grandey, A. A. (2002). Emotional labor and burnout: Comparing two perspectives of "people work". *Journal of Vocational Behavior, 60*, 17-39.

Brown, S. P. (1996). A meta analysis and review of organizational research in job involvement. *Psychological Bulletin, 120*, 235-255.

Buchanan, B. (1974). Building organizaional commitment: The socialization of manager in work organizations. *Administrative Science Quartely*, 533-546.

Buchanan, P. C. (1971). Crucial issues in OD.

In *Social intervention: A behvioral science approach*. New York: Free Press. 386-400.

Buchele. (1967). *Business Policy in Growing Firms*. Scrantion, Pa.8: Chandler Publishing Company.

Bullis, C., & Bach, B. W. (1989a). Are mentor relationships helping organizations? An exploration of developing mentee-mentor organizational identifications using turning point analysis. *Communication Quarterly, 37*, 199-213.

Bullis, C., & Bach, B. W. (1989b). Socialization turning points: An examination of change in organizational identification. *The Western Journal of Speech, 53*, 273-293.

Burns, J. M. (1978). *Leadership*. New York: Harper & Row.

Burke, L. A. (1997). Improving positive transfer: A test of relapse prevention training on transfer outcomes. *Human Resource Development Quarterly, 8*, 2, 115-128.

Burke, P. J. (1966). Authority relations and disruptive behavior in the small group. *Dissertation Abstracts, 26*, 4850.

Bycio, P., Hackett, R., & Allen, J. (1995). Further assessments of Bass's (1985) conceptualization of transactional and transformational leadership. *Journal of Applied Psychology, 73*, 139-145.

Campbell, J. P. (1971). Personnel training and development. *Annual Review of Psychology, 22*, 565-602.

Caplan, R. D., Cobb, S., French, J. R. P., Jr., Harrison, V., & Pinneau, S. R., Jr. (1975). *Job demands and workers'health*. Washington, DC: U. S. Government Printing Office.

Carland, J. W., Hoy, F., Boulton, W. R., & Carland, J. C. (1984). Differentiating Entrepreneurs from Small Business Owners: A Conceptualization. *Academy of Management Review, 9*, 354-359.

Carmody, J., & Baer, R. A. (2008). Relationships between mindfulness practice and levels of mindfulness, medical and psychological symptoms and well-being in a mindfulness-based stress reduction program. *Journal of Behavioral Medicine, 31*, 23-33.

Cartwrigft, D., & Zander, A. (1960). *Group dynamics-research and theory*. Evanston, IL: Row, Peterson.

Chandler, A. D. (1962). *Strategy and Structure*. MIT Press.

Chen, Z., & Francisco, A. (2003). The relationship between the three components of commitment and employee performance in China. *Journal of Vocational Behavior, 62*, 3, 490-510.

Chen, Z., & Stockdale, M. (2003). The validity of the three components of organizational commitment in a China context. *Journal of Vocational Behavior, 62*, 3, 465-489.

Clapp-Smith, R., Vegolgesang, G. R. & Avey, J. B. (2009), Authentic Leadership and Positive Psychological Capital: The Mediating Role of Trust at the Group Level of Anaysis. *Journal of Leadership and Organizational Studies, 15*, 227-240.

Cohen, A. (1993). On the discriminant validity of Meyer and Allen (1984) measure of organizational commitment. In N. S. Bunings, Proceedings of Annual Meeting of Administrative Science Association of Canada. *Organizational Behavior, 14*, 82-91.

Cohen, J. B. (1967). An interpersonal orientation to the study of consumer behavior. *Journal of Marketing Research, 4*, 270-278.

Cohen, S. (1992). A power primer. *Psychological Bulletin, 112*, 155-159.

Cohen-Charash, Y., & Spector, P. (2001). The role of justice in organizations: A meta analysis. *Organizational Behavior and Human Decision Processes, 72*, 558-566.

Cole. (1959). *Business Enterprise in Social Setting*. Cambridge, MA.

Collins, O. F., & Moore, D. G. (1964). *The Enterprising Man* (MSU Business Studies, 1964: Bureau of Business and Economic Research: Graduate School of Business Administration: Michigan State University). East Lansing, Mich.: Michigan State University.

Comery, A. L., Pfiffner, J. M., & Been, H. P. (1952). Factor influencing organizational effectiveness. I. The U.S. Forest Survey. *Personnel Psychology, 5*, 307-328.

Conger, J. A., & Kanungo, R. N. (1987). Toward a behavioral theory of charismatic leadership in organizational setting. *Academy of Management, 12*, 637-647.

Cook, J., Hepworth, S., Wall, T., & Warr, P. (1981). *The Experience of Work: A compendium and review of 249 measures and their use*. Academic Press, Sanfransisco.

Cooper-Hakim, A., & Viswesvaran, C. (2005). The construct of work commitment: Testing an integrative framework. *Psychological Bulletin, 131*, 241-259.

Cooper, A. C. (1971). *The Founding of Technology-based Firms*. Milwaukee, Wis.: The Center for Venture Management. Diego, CA, 88-92.

Coppard, L. C. (1976). Gaming simulation and the training process. In R. L. Craig (Ed.), *Training and development handbook: A guide to human resource development*. New York: McGraw-Hill.

Crego, E. T., Jr., & Schiffrin, P. D. (1995). *Customer-centered reengineering: Remapping for total customer value*. Irwin, Burr Ridge, IL.

Crites, J. O. (1981). *Career counseling: Models, methods and materials*. New York: McGraw-Hill.

Cronbach, L. (1951). Coefficient alpha and internal structure of test. *Psychometrika, 16*, 297-334.

Cropanzano, R., & Prehar, C. (1999). Using social exchange theory to distinguish procedural from interactional justice, Paper presented at annual meeting of the Society for Industrial and Organizational Psychology, Atlanta, GA.

Crowler, A. E., & Hoyer, W. D. (1994). An integrative framework for understanding two sided persuasion. *Journal of Consumer Research, 20*, 561-574.

Daniel, T. (1985). Managerial behaviors: Their relationship to perceived organizational climate in a high-technology company. *Group & Organization Studies, 10*, 413-428.

Daugherty, M., & Funke, B. (1998). University faculty and student perceptions of web-based instruction. *Journal of Distance Education, 13*(1).

Davis, S. A. (1967). An organic problem-solving method of organizational change. *Journal of Applied Behavioral Science*, 3-21.

Day, D. V., & Livingstone, H. A. (2001). Chronic and acute stressors among military personnel: Do coping styles buffer their negative impact on health? *Journal of Occupational Health Psychology, 6*, 348-360.

Day, R. C., & Hamblin, R. L. (1964). Some effects of close and punitive styles of supervision. *American Journal of Sociology, 69*, 499-510.

Deluga, R. J. (1995a). The relationship between

attributional charismatic leadership and Organization Citizenship Behavior. *Journal of Applied Social Psychology, 28*, 18, 1652-1669.

Deluga, R. J. (1995b). The relationship between trust in the supervisor and subordinate Organization Citizenship Behavior. *Military Psychology, 7*, 1, 1-16.

Deluga, R. J. (1998). Leader-member exchange quality and effectiveness ratings, *Group and Organizational Management, 23*, 2, 189-216.

Dessler, G. (1999). How to earn your employee's commitment. *Academy of Management Executive, 13*, 56-67.

Dichter, E. (1964). *Handbook of consumer motivation*. NY: McGraw-Hill.

Dollinger, M. J. (1995). *Entrepreneurship*. Irwin Press.

Douglass, M. E. (1976). Relating education to Entrepreneurial success. *Business Horizons, 19*, 410-444.

Dublinsky, A., & Levy, M. (1989). Influence of organizational fairness on work outcomes of retail salespeople. *Journal of Retailing, 65*, 221-252.

Duchesneau, D. A., & Gartner, W. B. (1990). A profile of new venture success and failure in an emerging industry. *Journal of Business Venturing, 5*, 297-312.

Dutton, J., Dukerich. J., & Harquail, C. (1994). Organizational image and member identification. *Administrative Science Quarterly, 39*, 293-263.

Eagly, A. H., & Chaiken, S. (1993). *Psychology of attitude*. Orlando, FL, US: Harcourt Brace Jovanovich College Publishers.

Eagly, A. H., & Chaiken, S. (1998). Attitude structure and function. In D. T. Gilbert, S. T. Fiske, & G. Lindzey (Eds.), *The handbook of social psychology* (4th ed., pp. 269-322). The McGraw-Hill Companies, Inc.

Eby, L., Freeman, D., Rush, M., & Lance, C. (1999). Motivational bases of affective organizational commitment: A partial test of an integrative theoretical model. *Journal of Occupational and Organizational Psychology, 72*, 463-468.

Edwards, A. (1971). *Edward Personal Preference Schedule*. New York: The Psychological Corporation.

Efraty, D., & Sirgy, M. (1990). The effect of quality of working life(QWL) on employee behavioral responses. *Social Indicators Research, 22*, 31-47.

Efraty, D., Sirgy, M., & Claiborne, C. B. (1991). The effects of personal alienation on organizational identification: A quality-of-work-life model. *Journal of Business and psychology*, 57-77.

Eisenberger, R., Huntington.R, Hutchichison, S., & Sowa, D. (1986). Perceived organizational suppot. *Journal of Applied Psychology, 71*, 500-507.

Ellis, A. (1989). Rational emotive therapy. In R. J. Corsini & D. Wedding (Eds.), *Current psychotherapies* (4th ed.). Itasca, IL: Peacock.

Faley, R. H., & Sundstrom, E. (1985). Content representativeness: An empirical method of evaluation. *Journal of Applied Psychology, 70*, 567-571.

Farr, J. I. (1973). Response requirements and primacy-recency effects in a simulated selection interview. *Journal of Applied Psychology, 58*, 228-233.

Fayol, H. (1916). *Admistration Industrielle et Generale*, Paris.

Feather, N. J. (1990). Bridging the gap between

values and action: Recent applications of the expectancy-value model. In E. T. Hoggins & R. M. Sorrentino (Ed.), *Handbook of motivation and cognition: Foundations of social psychology, 2*, 151-192.

Fiedler, F. E. (1967). *A theory of leadership effectiveness*. New York: McGraw-Hill.

Fiedler, F. E., & Garcia, J. E. (1988). *New approaches to effective leadership: Cognitive resources and organizational performance*. New York: Wiley.

Fishbein, M., & Ajzen. (1974). Attitude toward object as predictive of single and multiple behavioral criteria. *Psychological Reviview, 81*, 59-74.

Flanagan, J. C. (1954). The critical incident technique. *Psychological Bulletin, 51*, 327-358.

Flanagan, J. C., & Burns, R. K. (1955). The employee performance record: A new appraisal and development tool. *Harvard Business Review, 33*, 95-102.

Fleishman, E. A. (1957). A leader behavior description for industry. In R. M. Stogdill & A. E. Coons(Eds.), *Leader behavior: Its description and measurement*. Columbus: Ohio State University, Bureau of Business Research.

Flower, M. L. (1976). Laboratory study of implications of Janis group-think hypothesis. *Dissertation Abstracts International, 36*, 4197.

Folger, R. (1977). Distributive and procedural justice: Combined impact of "voice" and improvement on experienced equality. *Journal of Personality and Social Psychology, 35*, 108-119.

Folger, R., & Konovsky, M. A. (1989). Effects of procedural and distributive justice of reactions to pay raise decisions. *Academy of Management Journal, 32*, 115-130.

French, J. R. Jr. (1957). An experimental study of resistance to influence. In *Annual Report*. Ann Arbor: University of Michigan, Research Center Group.

French, J. R. P., & Raven, B. (1960). The basis of social power. In D. Cartwright & A. F. Zander (Eds.), *Group dynamics* (2nd ed.). Evanston, IL: Row & Peterson.

French, W. L. (1969). Organization Development: Objectives, Assumptions, and Strat-egies. *California Management Review*, 23-34.

French, W. L., & Bell, C. H. Jr. (1973). *Organization Development: Behavioral Science Interventions for Organization Improvement*. Englewood Cliffs, N.J.: Prentice-Hall, 15.

French, W. L., & Bell, C. H. Jr. (1973). *Organization Development: Behavioral Sciencenterventions for Organization Improvement*. Englewood Cliffs, N.J.: Prentice-Hall, 15.

Friedlander, F., & Brown, L. D. (1974). Organization development. *Annual Review of Psychology, 25*. Palo Alto, Calif.: Annual Review.

Gaertner, K., & Nollen, S. (1989). Career experiences, perceptions of employment practices, and psychological commitment to organization. *Human Relations, 42*, 975-991.

Ganster, D. C., Fox, M. L., & Dwyer, D. J. (2001). Explaining employees' health care costs: A prospective examination of stressful job demands, personal control, and physiological reactivity. *Journal of Applied Psychology, 86*, 954-964.

Gamble, P. R., Tapp, A., Marsella, A., & Stone,

M. (2005). *The marketing revolution: The radical new way to transform the business, the brand and the bottom line*. Kogan Page Limited.

Gammon, P. (1986). Living and dying with the woe sox, *Sport Illustrated*: 22-23.

Gardner, J. W. (1966). Self renewal. McGraw-Hill Inc.

Gardner, J. W. (1985). A conceptual framework for describing the phenomenon of new venture creation. *Academy of Management Review, 10*, 696-706.

Gardner, W. L., Avoilo, B. J., Luthans, F., May, D. R., & Walumbwa, F. (2005), "Can you see the real me?" A self-based model of authentic leader and follower development. *The Leadership Quarterly, 16*(3), 343-372.

Gardner, W. L., Cogliser, C. C., Davis, K. M. & Dickens, M. P. (2011), Authentic leadership: A review of the literature and research agenda. *The Leadership Quarterly, 22*, 1120-1145.

Gasse, Y. (1982). *Commentary Elaboration: Elaborations on the Psychology of the entrepreneur*. In C. A. Kent, D. L. Sexton, & K. H. Vesper (Eds.), *Encyclopedia of Entrepreneurship*. Englewood Cliffs, NJ: PrenticeHall. 58-71.

Gelatt, H. B. (1967). *Information and decision theories applied to college choice and planning*. In preparing school counselors in educational guidance (Pamphlet). New York: College Entrance Examination Board.

Gerstner, C., & Day, D. V. (1997). Meta-analytic review of leader-member exchange theory: Correlates and construct issues. *Journal of Applied Psychology, 82*, 827-844.

Giallonardo, L. M., Wong, C. A., & Iwasiw, C. L. (2010), Authentic leadership of preceptors: Predictor of new graduate nurses' work engagement and job satisfaction. *Journal of Nursing Management, 18*, 993-1003.

Gibb, A. A. (1986, 1987). Educational for Enterprise: Traing for Small Business initiation- Some Contrast. *Journal of Small Business and Enterprise, 4*(3), 42-48.

Gilbreth, F. (1908). *Concrete System*. NY: The Engineering News Publishing Co.

Gitlin, M., Nuechterlein, K., Subotnik, K. L., Ventura, J., Mintz, J., Fogelson, D. L., Bartzokis, G., & Aravagiri, M. (2001). Clinical outcome following neuroleptic discontinuation in patients with remitted recent-onset schizophrenia. *American Journal of Psychiatry, 158*, 1835–1842.

Glomb, T. M., & Tews, M. J. (2004). Emotional labor: A conceptualization and scale development. *Journal of Vocational Behavior, 64*, 1-23.

Golden, L. L., & Alpert, M. I. (1987). Comparative analyses of the relative effectiveness of one sided and two sided communications for contrasting products. *Journal of Advertising, 16*, 18-28.

Goldstein, I. L. (1980). Training in work organization. In M. R. Rosenzweig & L. W. Porter(Eds.), *Annual review of psychology, 31*, 229-273, Palo Alto, CA: Annual Reviews.

Goldstein, I. L. (1986). *Training in organizations: Need assessment, development, and evaluation*. Monterey, CA: Brooks/Cole.

Golembiewski, R. T. (1957). *Renewing organizations: The laboratory approach to planned Change*. Ithaca, Ill.: F. E. Peacock.

Golembiewski, R. T. (1972). *Renewing organizations*: The laboratory approach to planned change. Ithaca, Ill.: Peacock.

Gorlin, H. (1982). An overview of corporate

personnel practices, *Personnel Journal, 61*, 125-130.

Gorman, C., & Rentsch, J. R. (2009). Evaluating frame-of-reference rater training effectiveness using performance schema accuracy. *Journal of Applied Psychology, 94*, 1336-1344.

Gotlieb, J. B., & Sarel, D. (1991). Comparative advertising effectiveness: The role of involvement and source credibility. *Journal of Advertising, 20*, 38-45.

Gould, S. B. (1975). Organizational identification and commitment in two environments, Unpublished doctoral dissertation, Michigan State University, Lansing.

Graham Sewell (1998). The discipline of Teams: The Control of Team-based Industrial Work through Electronic and Peer Surveillance. *Administrative Science Quarterly, 43*, 397-428.

Graham, J. (1991). An essay on Organization Citizenship Behavior. *Employee Responsibilities and Right Journal, 4*(4), 249-270.

Graham, J. W. (1991). An essay on Organizational Citizenship Behavior. *Employee Responsibilities and Right Journal, 4*(4), 249-270.

Greenberg, J. (1986). Determinants of perceived fairness of performance evaluation. *Journal of Applied Psychology, 71*, 340-342.

Greene, C. N. (1976). Role making process within complex organization, In M. D. Dunnette (Ed.), *Handbook of industrial and organizational psychology* (pp. 1201-1245). Chicago: Rand McNally.

Greene, C. N. (1979a). Questions of causation in the path-goal theory of leadership. *Academy of Management Journal, 22*, 22-41.

Grossman, P., Niemann, L., Schmidt, S., & Walach, H. (2004). Mindfulness-based stress reduction and health benefits: A meta-analysis. *Journal of Psychosomatic Research, 57*, 35-43.

Gudykunst, W., & Hammer, R. (1983). Basic training design: Approach to intercultural training. D. Landis and R. Brislin(Eds.), *Handbook of inter-cultural training*. NY: Pergamon Press.

Guion, R. M. (1965). Industrial psychology as an academic discipline. *American Psychologist, 20*, 815-821.

Gupta & Govindarajan. (1984). Business Unit Strategy Managerial Characteristics, and Business Unit Effectiveness at Strategy Implementation. Academy of Management *Journal, 27, 1*, 24-41.

Gutman, J. (1982). A means-end chain model based on consumer categorization processes. *Journal of Marketing, 46*, 60-72.

Hackett, R. D., & Bycio, P., & Hausdorf (1994). Further Assessments of Meyer and Allen's (1991). Three-Component Model of Organizational Commitment. *Journal of Applied Psychology, 79*, 15-23.

Hackett, R., Lapierre, L., & Hausdorf, P. (2001). Understanding the links between work commitment construct. *Journal of Vocational Behavior, 59*, 392-413.

Hackman, J. R., & Oldham, G. R. (1976). Motivation through the design of work: Test of a theory. *Organizational Behavior and Human Performance, 16*, 250-279.

Hackman, J., & Oldham, G. (1980). Work Redesign. Reding, MA: Addison Wesley.

Haire, M., Ghiselli, E. E., & Porter, L. W. (1963). Cultural patterns in the role of the manager. *Industrial Relations, 2*, 95-117.

Harkins, S. G., & Petty, R. E. (1981). The

multiple source effect in persuasion: The effects of distraction. *Personality and Social Psychology Bulletin, 7*, 627-635.

Harris, M. M., & Schaubroeck, J. (1988). A meta-analysis of self-supervisor, self-peer, and peer-supervisor ratings. *Personnel Psychology, 41*, 43-62.

Harris, P. R., & Moran, R. T. (1991). *Managing cultural differences*. Gulf Publishing.

Harrison, R. (1972). When power conflicts triggers team sprit, European Business.

Harvey, D. F., & Brown, D. R. (1985). *An experimental approach to organization development*. Prentice-Hall.

Hawkins, D. I., Best, R. J., & Coney, K. A. (1998). *Consumer Behavior: Building Marketing Strategy* (7th ed.). The McGraw-Hill Companies, Inc.

Hawkins, D. I., Coney, K. A., & Best, R. J. (1980). *Consumer behavior*. Dallas: Business Publications, Inc.,

Hedge, J. W., & Kavanagh, M. J (1988). Improving the accuracy of performance evaluations: Comparison of three methods of performance appraiser training. *Journal of Applied Psychology, 73*, 68-73.

Heller, F. A. (1969). *Managerial decision making*. London: Human Resources Center, Tavistock Institute of Human Relations.

Hemphill, J. K., Seigel, A., & Westie, C. W. (1951). *An exploratory study of relations between perceptions of leader behavior, group characteristics, and expectations concerning the behavior of ideal leaders*. Columbus: Ohio State University, Personnel Research Board.

Hersey, P., & Blanchard, K. H. (1969). Life cycle theory of leadership. *Training & Development Journal, 23*, 26-34.

Hersey, P., & Blanchard, K. H. (1982). Leadership style: Attitudes and behaviors. *Training & Development Journal, 36* (5), 50-52.

Herzberg, F. (1966). *Work and The Nature of man*. World Publishing Company.

Herzberg, F. (1968). One more time: How do you motivate employee? *Harvard Business Review, 46* (1), 53-62.

High, W. S., Wilson, R. C., & Comrey, A. L. (1955). Factors influencing organizational effectiveness. Ⅷ. A survey of aircaft foremen. *Personnel Psychology, 8*, 355-368.

Hiltz, S. R. (1994). *The virtual classroom: learning without limits via computer networks*. Norwood, NJ: Ablex Publishing Corporation.

Hoad, William M., & Rosko, P. (1964). *Management Factors Contributing to the Success and Failure of New Small Manufacturers*. Ann Arbor, Mich.: Bureau of Business Research, University of Michigan.

Hodgetts, R. M., & Kurato, D. F. (1998). *Effective Small Business*. The Dryden Press.

Hofstede, G. (1980). Culture's Consequences: International Differences in Work-Related Values. *Beverly Hills*. CA, and London: Sage.

Hofstede, G. (1983). The Cultural Relativity of Organizational Theories. *Journal of International Business Studies, 14* (2), 75-90.

Hofstede, G. (1984). The Cultural Relativity of the Quality of Life Concept. *Academy of Management Review, 9* (3), 389-398.

Hofstede, G. (1991). *Cultures and Organizations:* Software of the Mind. London: McGraw-Hill.

Holland, J. L. (1994). *Self-Directed Search Form R* (4th ed.). Lutz, FL: Psychological Assessment Resources.

Hollman, R. W. (1973). *A study of relationships*

between organizational climate and managerial assessment of management by objectives. Doctoral dissertation, University of Washington, Seattle.

Holman, R. (1981). Product as communication: A fresh appraisal of a venerable topic. In B. Enis & K. Roering (Eds.), *Review of marketing* (pp. 106-119). Chicago: American Marketing Association.

Hopkins, C. C. (1923). *Scientific Advertising*. 김동완 역(1992). 과학적 광고. 서울: 소담출판사.

Hornaday, J. A., & Aboud, J. (1971). Characteristics of Successful Entrepreneurs. *Personnel Psychology, Vol. 24*, Summer.

House, R. J. (1971). A path-goal theory of leader effectiveness. *Administrative Science Quarterly, 16*, 312-339.

House, R. J. (1977). A 1976 theory of charismatic leadership. In J. G. Hunt & L. L. Larson (Eds.), *Leadership: The cutting edge*. Carbondale: southern Illinois University Press.

Howard, J. A. (1989). *Consumer behavior in marketing strategy*. Prentice-Hall, Inc.

Hurrel, J. J., Nelson, D. L., & Simmons, B. L. (1998). Measuring job stressors and strains: Where we have been, Where we are, and where we need to go. *Journal of Occupational Health Psychology, 3*, 368-389.

Hurtz, G. M., & Donovan, J. J. (2000), Personality and job performance: The big five revisited. *Journal of Applied Psychology, 85*, 868-879.

Iverson, R., & Roy, P. (1994). A causal model of behavioral commitment: Evidence from a study of Australian blue collar employees. *Journal of Management, 20* (1), 15-41.

Jackson, D. (1977). Reliability of Jackson Personality Inventory. *Psychological Report, 40*, 613-614.

Jacoby, J., Hoyer, W., & Brief, A. (1992). Consumer psychology. In M.D. Dunnette & L.M. Hough(Eds.), *Handbook of Industrial & Organizational Psychology* (2nd ed.), 3, 377-441.

Jensen, S. M., & Luthans, F. (2006), Entrepreneurs as authentic leaders: Impact on employees' attitudes. *Leadership and Organization Development Journal, 27*, 646-666.

Jex, S. M., & Bliese, P. E. (1999). Efficacy beliefs as a moderator of the impact of work-related stressors: A multilevel study. *Journal of Applied Psychology, 84*, 349-361.

Joe, L., & Haris, I. (1961). The joharis window. *Human Relation Training News, 5*, 6-7.

Johnston, W. B., & Packer, A. H. (1987). Workforce 2000: Work and Workers for the 21st Century. Indianapolis: Hudson Institute.

Judge, T. A., Thoresen, C. J., Bono, J. E., & Patton, G. K. (2001). The job satisfaction-job performance relationship: A qualitative and quantitative review. *Psychological Bulletin, 127*, 376-407.

Kahn, R. L. (1958). Human relations on the shop floor. In E. M. HughJones(Ed.), *Human relations and modern management*. Amsterdam: North-Holland Publishing.

Kahn, R. L., Wolfe, D. M., Quinn, R. P., Snoek, J. D., & Rosenthal, R. A. (1964). *Organizational stress studies in role conflict and ambiguity*. New York: John Wiley.

Kanungo, R. (1982). *Work alienation: An integrative approach*. New York, NY: Praeger.

Kao, Raymond W. Y. (1995). *Entrepreneurship*. Simmons & Schuster Ltd.

Kaplan, A. (1964). *The conduct of inquiry*. New York: Harper & Row.

Katz, D. (1960). The functional approach to the

study of attitudes. *Public Opinion Quarterly*, 24, 163-204.

Karasek, R. A. (1979). Job demands, job decision latitude, and mental strain: Implications for job redesign. *Administrative Sciences Quarterly, 24*, 285-308.

Karasek, R. A., & Theorell, T. (1990). *Healthy work*. New York: Basic Books.

Katz, D., & Kahn, R. L. (1978). *The Social Psychology of Organization* (2nd ed.), Wiley, New York.

Katz, D., Maccoby, N., & Morse, N. C. (1950). Productivity, supervision, and morale in an office situation. Ann Arbor: University of Michigan, Institute for Social Research.

Katz, D., Sarnoff, D., & McClintock, C. (1956). Ego-defense and attitude change. *Human Relations, 9*, 27-45.

Kazanjian, R. (1988). Relation of dominant problem to stage of growth in technology based new venture. *Academy of Management Journal, 31*, 2, 257-279.

Kealey, D. J. (1989). A study of cross cultural effectiveness: Theoretical issues, practical application. *International Journal of Intercultural Relations, vol.13.l* .

Keeley, R. H., & Roure, J. B. (1990). Management, strategy, and industry structure as influences on the success of new firms: A structural model. *Management Science, 36*(10), 1256-1267.

Keller, K. L. (1993). Conceptualizing, measuring, and managing customer based brand equity. *Journal of Marketing, 57*(January), 1-22.

Keller, R. T., & Szilagyi, A. D. (1976). Employee reactions to leader reward behavior. *Academy of Management Journal, 19*, 619-627.

Kelley, C., & Meyers, J. (1995). The cross-cultural adaptability inventory manual. National Computer System.

Kelman, H. C. (1958). Compliance, identification, and internalization three process of attitude change. *Journal of Conflict Resolution, 2*, 51-60.

Kelman, H. C. (1961). Process of opinion change. *Public opinion Quarterly, 25*, 57-78.

Kirby, S., & Richard, O. (2000). Impact of marketing work place diversity on employee job involvement and organizational commitment. *Journal of Social Psychology, 140*, 367-377.

Kirkpatrick, D. L. (1959). Techniques for evaluating training programs. *Journal of the American Society of Training Directors, 13*, 21-26.

Klauss, R., & Bass, B. M. (1974). Group influence of individual behavior across cultures. *Journal of Cross-cultural Psychology, 5*, 236-246.

Knight, F. H. (1921). *Risk, Uncertainty and Profit*. Boston, Houghton Mifflin.

Kohler, S. S., & Mathieu, J. E. (1993). Individual characteristics, work perception, and affective reaction influences on differentiated absence criteria. *Journal of Organizational Behavior, 14*, 515-530.

Komives, J. L. (1972). *A study of the Personal values of High Technical Entrepreneurship:* A Symposium. Milwaukee: Center for Venture Management.

Konovsky, M. A., & Pugh, S. D. (1990). Citizenship behavior and social exchange. *Academy of Management Journal, 37*, 656-669.

Koopmans, G. T., & Lamers, L. M. (2007). Gender and health care utilization: The role of mental distress and help-seeking propensity. *Social*

Science and Medicine, 64, 1216-1230.

Kotler, P. (1986) *Principles of marketing* (3rd). Prentice-Hall International.

Kotler, P., & Keller, K. L. (2006). *Marketing management*. Pearson Prentice Hall.

Kujawski, C. J., & Young, D. M. (1979). Appraisals of people resources. In D. Yoder & H. G. Heneman, Jr.(Eds.), *ASPA handbook of personnel and industrial relations*. Washington, DC: Bureau of National Affairs.

Kunin, T. (1955). The construction of a new type of attitude measure. *Personnel Psychology, 8*, 65-78.

Lacho, K. J., Stearns, G. K., & Villere, M. R. (1979). A study of employee appraisal systems of major cities in the United States. *Public Personnel Management, 8*, 111-125.

Lamont, Lawrence M. (1972). What Entrepreneurs Learn from Experience. *Journal of Small Business Management, 10*, 36-41.

Landy, F. J., & Trumbo, D. A. (1980). *Psychology of work behavior* (rev. ed.). Chicago, IL: Dorsey Press.

Landy, F. L. (1989). *Psychology of work behavior* (4th ed.). Brooks/Cole Publishing Co.

Landy, F., & Trumbo, D. A. (1976). *Psychology of work behavior*. Homewood, IL: Dorsey.

Lawler, E. E., Ⅲ. (1986). *High-involvement management: Participative strategies for improving organizational performance*. San Francisco: Jossey-Bass.

Lazer, R. L., & Wikstrom, W. S. (1977). *Appraisal managerial performance: Current practices and future directions*. New York: Conference Board.

Leventhal, G. S., Karuza, J., & Fry, W. R. (1980). Beyond fairness: A theory of allocation preference. In G. Mikula (Ed.), *Justice and social interaction*. New York: Springer-Verlag.

Levinson, H. (1970). A psychologist diagnoses merger failures. *Harvard Business Review, 48* (2), 139-147.

Lewin, K. (1946). Action Research and Minority Problems. *Journal of Social Issues, 2* (4), 34-47.

Lewin, K. (1947). Group decision and social change. In T. M. Newcomb & E. L. Hartlrey, (Eds.), *Reading in Social Psychology*. New York: Holt. pp. 340-344; and Lippitt. R., Watson. J. and Westley. B. (1958). *The Dynamics of Planned Change*. New York: Harcourt Brace Jovanovich, Especially. 129-143.

Lewin, K. (1947). Frontiers in group dynamics. *Human Relations*.

Lewin, K. (1951). *Field Theory in Social Science*. New York: Harper and Row.

Lewin, K. (1958). Group decision and social Change. In T. M. Newcomb & E. L. Hartley (Eds.), *Readings in Social Psychology* (3rd ed., pp. 340-344). New York: Holt.

Lewin, K., Lippitt, R., & White, R. (1939). Patterns of aggressive behavior in experimentally created "social climates". *Journal of Social Psychology, 10*, 271-299.

Lewin, K., & Lippitt, R. (1938). An experimental approach to study of autocracy and democracy. *Sociometry, 1*, 292-300.

Likert, R. (1963). Trends toward a world-wide theory of management. *Proceedings, International Management Congress, 2*, 110-114.

Likert, R. (1967). Management styles and the human component. *Management Review, 66*, 23-28, 43-45.

Likert, R. (1967). *The human organization*. New York: McGraw-Hill.

Likert, R. (1967a). Management styles and the human component. *Management Review, 66*, 23-28, 43-45.

Likert, R. (1961). An emerging theory of organizations, leadership and management. In L. Petrullo & B. M. Bass (Eds.), *Leadership and interpersonal behavior*. New York: Holt, Rinehart & Winston.

Likert, R. (1961b). An emerging theory of organizations, leadership and management. In L. Petrullo & B. M. Bass (Eds.), *Leadership and interpersonal behavior*. New York: Holt, Rinehart & Winston.

Lind, E. (1995). Justice and Authority in organization. In R. Cropanzano & M. Kacmar (Eds.), *Organizational politics, justice and support: Managing social climate of work place* (pp. 83-96). Westport, CT: Quorum.

Lind, E., Greenberg, J., Scott, K., & Welchans, T. (2000). The winding road from employee to complaint: Situational and psychology determinants of wrongful termination claims. Administrative Science Quarterly.

Lind, E., & Tyler, T. (1988). *The social psychological of procedural justice*. New York: Plenum.

Linderman, E. C. (1929). *The meaning of adult education*. New York: New Republic.

Lippitt, R. (1951). *Training in Community Relations*. New York: Harper and Row.

Lippitt, R., Watson, J., & Westley, B. (1958). *The Dynamics of planned Change*. New York: Harcourt Brace Jovanovich.

Little, J. D. C. (1979). Aggregate advertising models: The state the art. *Operations Research,* 629-667.

Litvak, & Maule (1973). Some characteristics of successful technical entrepreneur in carach. *Transaction on Engineering Management, 20*(3), 62-88.

Locke, E. A. (1968). Toward a theory of task motivation and incentives. *Organizatioal Behavior and Human Performance*, 157-189.

Locke, E. A. (1976). The nature and cause of job satisfaction. *Handbook of industrial and organizational Psychology*. Rand.

Locke, E. A.(1968). Toward a theory of task motivation and incentives. *Organizatioal Behavior and Human Performance*, 157-189.

Locke, E. A. (2000). Motivation, cognition, and action: An analysis of studies of task goals and Knowledge. *Applied Psychology: An International Review, 49,* 408-429.

Lord, J. S. (1989). External and internal recruitment. In W. F. Cascio(Eds.), *Human resource planning, employment, and placement*. Washington, DC: Bureau of National Affairs.

Luthans, F., & Avolio, B. J. (2003), Authentic leadership: A positive developmental approach. In K. S. Cameron, J. E. Dutton, & R. E. Quinn (Eds.), *Positive organizational scholarship* (pp. 241-261), San Francisco7 Barrett-Koehler.

Luthans, F., & Kreitner, R. (1975). *Organizational behavior modification*. Glenview, Scott Foresman.

MacDougall, P. P. (1987). *An analysis of strategy, entry barriers, and origins as factors explaining new venture performance*. Columbia SC: Doctoral Dissertation, University of South Carolina.

MacKenzie, S. B., Podsakoff, P. M., & Fetter, R. (1991). Organizational Citizenship Behavior and Objective Productivity as Determinants of Managerial Evaluation of Salespersons'

Performance. *Organizational Behavior and Human Design Processes, 91*, 50, 123-150.

MacKenzie, S. B., Podsakoff, P. M., & Fetter, R. (1993). The Impact of Organizational Citizenship Behavior on Evaluation of Salesperson Performance. *Journal of Marketing, 93*, 57, 70-80.

MacMillan, I. C., Siegel, R., & Narashima, P. N. Subba. (1985). *Criteria used by venture capitalists to evaluate new venture proposals*. Frontiers of Entrepreneurship Research. Wellesley, MA: Babson College.

MacMillan, I. C., Zemann, L., & Subba Narasimha, P. N. (1985). Criteria distinguishing successful and unsuccessful ventures in the venture screening process. *Journal of Business Venturing, 2*, 123-137.

Mael, F. (1988). *Organizational identification: Construct redefinition and a field application with organizational alumni*. Unpublished doctoral dissertation, Wayne State University, Detroit.

Mael, F., & Ashforth, B. E. (1988). A reconceptualization of organizational identification. In T. L. Keon and A. C. Bluedorn (Eds.), proceedings of the midwest *Academy of Management* (pp. 127-129). Toledo, Ohoi.

Mael, F., & Ashforth, B. E. (1992). Alumni and their alma mater: A partial test of the reformulated model of organizatinal identification. *Journal of Organization Behavior, 13*, 103-123.

Mann, F. C. (1965). Toward an understanding of the leadership role in formal organization. In R. Dubin(Ed.), *Leadership and productivity*. San Francisco: Chandler.

Martin, C. L., & Bennet, N. (1996). The role of justice judgment in explaining the relationship between job satisfaction and organizational commitment. *Group and Organization Management, 21*, 84-104.

Maslow, A. H. (1965). *Eupsychian management: A journal*. Homewood, IL: Dorsey.

Masterson, S., Lewis, K., Goldman, B., & Taylor M. (2000). Integrating justice and social exchange: The differing effect of fair procedures and treatment on work relationship. *Academy of Management Journal, 43*(4), 738-748.

Mathieu, J., & Zajac, D. (1990). A review and meta analysis of antecedents, correlates, consequences of organizational commitment. *Psychological Bulletin, 108*, 171-194.

McClelland, D. C. (1961). *A achieving Society*. New York: John Wiley.

McClelland, D. C. (1961). *The achieving society*. Princeton, NJ: Van Nostrand.

McClelland, D. C., Atkinson, J. W., Clark, R. A., & Lowell, E. L. (1953). *The achievement motive*. N.Y.: Appleton-Century-Crofts, Inc.

McClelland, D. C. (1965). N Achievement and Entrepreneurship: A Longitudinal Study. *Journal of Personality and Social Psychology, Vol.1*, 389-392.

McCormick, E. J. (1979). *Job analysis: Methods and applications*. Amacom.

McCormick, E. J., Jeanneret, P. R., & Mecham, R. C. (1972). A study of job characteristics job dimensions as based on the Position Analysis Questionnaire(PAQ). *Journal of Applied Psychology, 56*, 347-368.

McGehee, W., & Thayer, P. W. (1961). *Training in business and industry*. New York: Wiley.

McGregor, D. (1960). *The human side of enterprise*. New York: McGraw-Hill.

Meyer, J. P. (1997). Organizational commitment. In C. L., Cooper & I. T. Robertson (Eds.), *International review of industrial and organizational psychology* (Vol. 12, pp. 175-228). Chichester, England: Wiley.

Meyer, J. P., & Allen, N. J. (1984). Testing the "side-bet theory" of organizational commitment: Some methodological considerations. *Journal of Applied Psychology, 69*, 372-378.

Meyer, J. P., & Allen, N. J. (1991). A three-component conceptualization of organizational commitment. *Human resource management Review, 1*, 61-89.

Meyer, J. P., Allen, N. J., & Gellatly, I. R. (1990). Affective and continuance commitment to the organization: Evaluation of measures and analysis of concurrent and time-lagged relations. *Journal of Applied Psychology, 75*, 710-720.

Miles, M. B. (1964). On temporary systems. In M. B. Miles (Ed.), *Innovation in education*. New York: Columbia University, 437-492.

Miller, D., & Fresen, P. H. (1982). Innovation in conservative and entrepreneurial firms: Two models of strategic momentum. *Strategic Management Journal, Vol. 3*, 1-25.

Miller, D., & Frisen (1984). A longitudinal study of the corporate life cycle. *Management Science, 30*, 1161-1183.

Miller, V., & Jablin, F. M. (1991). Information seeking during organizational of entry: Influences, tactics, and model of the process. *Academy of Management Review, 16*, 92-120.

Misumi, J. (1985). *The behavioral science of leadership. An interdisciplinary Japanese research program*. Ann Arbor. University of Michigan Press.

Misumi, M. J. (1974). *Action research on the development of leadership, decision-making processes and organizational performance in a Japanese shipyard*. Paper, International Congress of Applied Psychology, Liege, Belgium.

Moore, M. G., & Thompson, M. M. (1997). The effects of distance learning: revised edition. *ACSDE Research Monograph 15*. Penn State University.

Morris, J. H., & Sherman, J. D. (1981). Generalizability of and organizational commitment model. *Academy of Management Journal, 24*, 512-526.

Morrison, E. W. (1994). Role Definitions and Organizational Citizenship Behavior: The Importance of the Employee's Perspective. *Academy of Management Journal, 37*, 1543-1567.

Morrison, K. (1997). How franchise job satisfaction and personality affect performance, organizational commitment, franchiser relations, and intention to remain. *Journal of Small Business Management, 35*, 36-67.

Morrow, P. C. (1983). Concept redundancy in organizational research: The case of work commitment. *Academy of Management Review, 8*, 486-500.

Mount, M. K. (1984). Psychometric properties of subordinate ratings of managerial performance. *Personnel Psychology, 37*, 687-702.

Mowday, R. T., Steers, R. M., & Porter, L. W. (1979). The measurement of organizational commitment. *Journal of Vocational Behavior, 4*, 224-247.

Mowday, R., Steers, R., & Porter, L. (1979). The measurement of organizational commitment. *Journal of Vocational Behavior, 14*, 224-247.

Muchinsky, P. M. (1993). *Psychology applied to*

work (4th ed.). Brooks/Cole Publishing Co.

Munson, M. (1985). Personal values: Considerations on their measurement and apllication to five areas of research inquiry, In R. E. PittS & A. G. Woodside (Ed.), *Personal values and consumer psychology* (pp. 13-34). Lexinton Books, Toronto.

Munsterberg, H. (1913). *Psychology and industrial efficiency*. Boston: Houghton Mifflin.

Murphy, K. R., Martin, C., & Garcia, M. (1982). Do behavioral observation scales measure observation? *Journal of Applied Psychology, 67*, 562-567.

Meyer, J. P., & Allen, N. J. (1991). Development of organizational commitment during the first year of employment: A longitudinal study of pre- and post- entry influences. *Journal of Management, Vol. 17*, 717-733.

Meyer, J. P., & Allen, N. J. (1996). Affective, continuance and normative commitment to organization: An examination of construct validity. *Journal of Vocational Behavior, 49*, 252-276.

Meyer, J. P., & Allen, N. J. (1997). Commitment to in the work place: Theory, research, and application. Thousand Oaks, CA.: Sage.

Meyer, J. P., & Paunonen, S., Gellaty, I., Goffin, R., & Jackson, D. (1993). Organizational commitment and job performance: Its nature of the commitment that counts. *Journal of Applied Psychology, 74*, 152-156.

Meyer, J. P., & Smith, C. (2000). HRM practice and organizational commitment: Test of mediation model, *Canadian Journal of Administrative Science, Vol. 17*, 319-331.

Meyer, J. P., Stanley, D., Herscovitch., & Topolnytsky. (2001). Affective, continuance and normative commitment to organization: A meta analysis of antecedents, correlates, and consequences. *Journal of Vocational Behavior, 10*, 1006-1039.

Muchinsky, P. M., & Culbertson, S. S. (2015). *Psychology applied to work* (11th ed.). Summerfield, NC: Hypergraphic Press. 유태용 역(2016). 산업 및 조직심리학(제11판). 서울: 시그마프레스.

Nadler, D. A., & Lawler, E. E. (1977). *Motivation: A dignostic approach. Perspectives on behavior in organization*. Mcgraw Hill.

Nadler, D. A., & Lawler, E. E., (1977). Motivation: A diagnostic approach. In J. R. Hackman, E. E. Lawler, & L. W. Porter, (Eds.), *Perspectives on behavior in organizations* (pp. 26-36). N.Y.: McGraw-Hil.

Nelson, C. W. (1949). *The development and evaluation of a leadership attitude scale for foremen*. Doctoral dissertation. University of Chicago, Chicago.

Niehoff, B. P., & Moorman, R. H. (1993). Justice as Mediator of the Relationship Between Monitoring and Organizational Citizenship Behavior. *Academy of Management Journal, 36*, 527-556.

Noe, R. A., & Ford, J. K. (1992). Emerging issues and new directions for training research. In G. R. Ferris & K. M. Rowland (Eds.), *Research in Personnel and Human Resource Management, 10*, 345-384. Greenwich, CTL JAI Press.

Noerager, J. P. (1979). An assessment of CAD: A personality instrument developed specifically for marketing research. *Journal of Marketing Research, 16*, 53-59.

Nunnally, J. C. (1978). *Psychometric theory* (2nd ed.). New York: McGrawhill.

O'Reilly, C., & Chatman, J. (1986). Organizational commitment and psychological attachment:

The effects of compliance, identification, internalization on prosocial behavior. *Journal of Applied Psychology, 71*, 492-499.

OAW (1994). Road to High-Performance Workplace.

Ones, D. S., Dilchert, S., Viswesvaran, C., & salgado, J. F. (2010). Cognitive abilities In J. L. Farr & N. Tippins (Eds.), *Handbook of employee selection*(pp. 255-275). New York, NY: Routledge.

Onkvisit, S., & Shaw, J. (1987). Self-concept and image congruence: Some research and managerial issues. *Journal of Consumer Marketing, 4*, 13-23.

Organ, D. W. (1988). *Organizational Citizenship Behavior*. Lexington, MA: Lexington.

Organizational commitment: The Utility of an Integrated Definition: by R. B. Dunham, J. A. Grube, & M. B. Castaneda(1994). *Journal of Applied Psychology, 79*, 370-380.

Ouchi, W. (1981). *Theory Z: How American Business Can Meet the Japanese Challenge*. Addison-Wesley, Reading, Mass.

Parker, T. C. (1976). Statistical methods for measuring training results. In R. L. Craig(Ed.), *Training and development handbook* (2nd ed.). New York: McGraw-Hill.

Pascale, R. T., & Athos, A. G. (1985). *The art of Japanese Management*. New York: Simmons & Schuster.

Patchen, M. (1962). Supervisory methods and group performance norms. *Administrative Science Quarterly, 7*, 275-294.

Pechmann, C., & Stewart, D. W. (1990). The effects of comparative advertising on attention, memory, and purchase intentions. *Journal of Consumer Research, 17*, 180-191.

Peppers, D., & Rogers, M. (2004). *Managing customer relationships: A strategic framework*. Hoboken, NJ: John Wiley & Sons.

Peter, J. P,. & Olson, J. C. (1993) *Consumer Behavior and Marketing Strategy* (3rd.), Richard D. Irwin, INC.

Peters, T. J., & Waterman, R. H. (1982). *In Search of Excellence*. New York: Harper & Row.

Petty, R., & Cacioppo, J. (1981). *Attitudes and persuasion: Classical and contemporary approaches*. Dubuque, Iowa: W.C. Brown.

Philipsen, H. (1965a). Het meten van lederschap. *Mens en Onderneming, 19*, 153-171.

Philipsen, H. (1965b). Medezeggenschap un de vorm van werkoverleg. In C. J. Lammers (Ed.), *Medezeggenschap en over/eg in bedriif*. Utecht: Het Spectrum.

Pill, F. K., & MacDuffie, J. P. (1996). The Adoption of High-Involvement Work Practices. *Industrial Relations, 35*(3), 423-455.

Pitts, R. E., Jr., & Woodside, A. G. (1983). Personal value influences on consumer product class and brand preferences. *Journal of Social Psychology, 119*, 37-53.

Pleitner, H. J. (1986). Entrepreneurs and New Venture Creation: Some refrection of Conceptual Nature. *Journal of Small Business and Enterprise, 4*, 1, 34-43.

Porter, L. W., & Lawler, E. E. (1968). *Managerial attitude and performance*. Homewood, Dorsey Press.

Porter, L. W., Steer, R. M., Mowday, R. T., & Boulian, P. V. (1974). Organizational commitment, job satisfaction and turnover among psychiatric technicians. *Journal of Applied Psychology, 19*, 475-479.

Porter, M. E. (1985). Competitive Advantage: Creating and Sustaining Superior Performance. New York: Free Press.

Poter, M. E. (1990). *The Competitive Advantage*

of Nations. New York: Free Press.

Price, J. L., & Mueller, C. W. (1986). *Handbook of organizational measurement*. Marshfield, M. A. Pittman.

puffer, S. M. (1987). Prosocial behavior, noncompliant behavior, and work performance among commission salespeople. *Journal of Applied Psychology, 72*, 615-621

Ramsay, H., Scholarios, D., & Harley, B. (2000). Employees and High-Performance Work Systems: Testing inside the Black Box. *British Journal of Industrial Relations, 38*, 4, 501-531.

Randall, D., Fedor, D., & Longenecker, C. (1990). The behavioral expression of organizational commitment. *Journal of Vocational Behavior, 36*, 210-224.

Reilly, N. P., & Orsak, C. L. (1981). A Career Stage Analysis of Career and Organizational commitment in Nursing. *Journal of Vocational Behavior, 3*, 311-330.

Reilly, N., & Charles, L. (1991). A career stage analysis of career and organizational commitment in nursing. *Journal of Vocational Behavior, 39*, 311-330.

Richins, M. L., & Dawson, S. (1992). A consumer values orientation for materialism and its measurement: Scale development and validation. *Journal of Consumer Research, 19*, 303-316.

Rizzo, J. R., House, R. J., & Lirtzman, S. I. (1970). Role conflict and ambiguity in complex organizations. *Administrative Science Quarterly, 15*, 150-163.

Robbinson, T., Summers, T., Miller, J., & Hendrix, W. (2000). Using the group value model to explain the role of non instrumental justice in distinguishing the effect of distributive and procedural justice. *Journal of Occupational and Organizational Psychology, 73*, 511-518.

Robert, E. B., & Wainer, H. A. (1971). Some characteristic of technical Entrepreneur. *Transaction on Engineering Management, Vol. 9*, No.3.

Roberts, E. B. (1968). A basic study of innovators; How to keep and capitalize on their talents. *Research Management, 11* (July), 249-266.

Roberts, J., Coulson, K., & Chonko, L. (1999). Salesperson perceptions of equity and justice and their impact on organizational commitment and intent to turnover. *Journal of Marketing Theory and Practice, 7*, 1-16.

Roethlisberger, F. J., & Dickson, W. J. (1939). *Management and the worker*.(1st ed.). Cambridge: Harvard University Press.

Rokeach, M. (1973). *The nature of human values*. New York: Free Press.

Rotter, J. (1966). General expectancies for internal versus external control of reinforcement. *Psychological Monograph: General and Applied, 80*, No.609.

Roure, J. B., & Keeley, R. H. (1990). Predictors of success in new technology based ventures. *Journal of Business Venturing, Vol. 5*, 201-220.

Roure, J. B., & Maidique, M. A. (1986). Linking prefunding factors and high technology venture success. *Journal of Business Venturing, Vol. 3*, 295-306.

Rousseau, D. M., & Schalk, R. (2000). Learning from cross-national perspectives on psychology contracts. In D. M. Rousseau & R. Schalk (Eds.), *Psychological contracts in employment: Cross-national perspective* (pp. 284-204). Thousand Oaks, CA: Sage.

Russell, J. T., & Lane, W. R. (1990). *Kleppner's advertising procedure*, 11th, Prentice-Hall,

Inc.

Saks, A., & Ashforth, B. (2000). The role of disposition, entry stressors, and behavioral plasticity theory in predicting newcomer adjustment to work. *Journal of Organizational Behavior, 21*, 43-62.

Salancik, G. R. (1977). Commitment and control of organizational behavior and belief. In B. M. Staw & G. R. Salancik (Eds.), *New directions in Organizational Behavior*. Chicago: St. Clair Press.

Sampath, G., Shah, A., Krska, J., & Soni, S. D. (1992). Neuroleptic discontinuation in the very stable schizophrenic patient: Relapse rates and serum neuroleptic levels. *Human Psychopharmacology: Clinical and Experimental, 7*, 255–264.

Sanchez, J. I., & Levine, E. L. (2001). The analysis of work in the 20th and 21st centuries. In N. Anderson, D. S. Ones, H. K. Sinangil, & C. Viswesvaran (Eds.), *Handbook of industrial, work, and organizational psychology* (Vol. 1, pp. 71-89). London: Sage.

Sandberg., & Hofer. (1987). Improving new venture performance: the role of strategy, industry structure, and the entrepreneur. *Journal of Business Venturing, Vol. 2*, No.1, 5-28.

Sandberg, W. R. (1986). *New Venture Performance*. Toronto, Mass.: Lexington Books.

Schanz, H. (1979). *Betriebliches ausbildungswesen*. Wiesbaden, Gabler.

Schein, E. H. (1969). *Process consultation: Its role in organization development*. Reading, Mass.: Addison-wesley.

Schein, E. H. (1985). *Organizational Culture and Leadership*. Jossey-Bass.

Schein, E. H., & Bennis, W. G. (1965). *Personal and organizational change through group methods: The laboratory approach*. New York: Wiley.

Schell, M. S., & Stoltz-Loike, M. (1994). Importance of cultural preparation to international business success. *Journal of International compensation & benefits*, 47-52.

Schiffman, L. G., & Kanuk, L. L. (1997). *Consumer Behavior*, 6th. Prentice Hall, New Jersey, 565.

Schmitt, N. (1976). Social and situational determinants of interview decisions: Implications for the employment interview. *Personnel Psychology, 29*, 79-101.

Schmuck, R. A., & Miles, M. B. (1971). *Organization development in schools*. Palo Alto, Cal.: National Press Books.

Schnake, M. (1991). Organizational Citizenship: A Review Proposed Model and Research Agenda. *Human Relations, 44*, 735-759.

Schrage, H. (1965). The R & D Entrepreneur: Profile of Success. *Harvard Business Review, 43*, 56-69.

Schriesch, C. A., Powers, K. J., Scandura, T. A., Gardiner, C. C., & Lankau, M. E. (1993). Improving construct measurement in management research: Comments and a quantitative approach for assessing the theoretical content adequacy of paper-and-pencil survey-type instrument. *Journal of Management, 19*, 385-417.

Schultz, D. P., & Schultz, S. E. (1986). *Psychology and industry today* (4th ed.). New York: Macmillan Publishing Co.

Schultz, D. E., Tannenbaum, S. I., & Lauterborn, R. F. (1993). *Integrated marketing communications: Putting it together & making it work*. NTC business books.

Scott, W. D. (1903). *The theory of advertising*. Boston: Small, Maynard.

Scott, W. D. (1908). *The psychology of advertising*. New York: Arno Press.

Shapero, A. (1980). The displaced, uncomfortable entrepreneur. *Psychology Today*, 83-89.

Shaw, E. P. (1965). The socal distant factor and management. Personnel Administration, 28, 29-31.

Shaw, M. E. (1967). Role playing. In R. L. Craig & L. R. Bittel(Eds.), *Training and development handbook*. New York: McGraw-Hill.

Shepard, H. A. (1960). "An Action Research Program for Organization Improvement." Ann Arbor, Mich.: Foundation for Research on Human Behavior. University of Michigan.

Shepard, H. (1960). *An Action Research Program for Organization Improvement*. Ann Arbor, Mich.: The Foundation for Research on Human Behavior; and Davis. S. A. (1967). "An Organic Problem-solving Method of Organizational Change." *Journal of Applied Behavioral Science*, 3-25.

Simon, H. (1976). *Administrative behavior* (3rd ed.). MacMillan.

Sims, H. P., & Lorenzi, P. (1992). *The new leadership paradigm: Social learning and cognition in organization*. Sage Publication.

Sisson, D. E. (1948). Forced choice, the new Army rating. *Personnel Psychology, 1*, 365-381.

Smith, C. A., Organ, D. W., & Near, J. P. (1983). Organization Citizenship Behavior: Its Nature and Antecedent. *Journal of Applied Psychology, 68*, 653-663.

Smith, M. B. (1947). The personal setting of public opinions: A study of attitudes toward Russia. *Public Opinion Quarterly, 11*, 507-523.

Smith, M. B., Bruner, J. S., & White, R. W. (1956). *Opinions and personality*. New York: Wiley.

Smith, P. C., Kendall, L. M., & Hulin, C. (1969). The measurement of satisfaction in work and retirement. Randy.

Smith, P. C., Kendall, L. M., & Hulin, C. (1975). *The measurement of satisfaction in work and retirement*. Bowling Green: OH. Bowling.

Somers, M. (1995). Organizational commitment turnover and absenteeism: An examination of direct and interaction effect. *Journal of Organizational Behavior, 16*, 4958.

Stagner, R. (1969). Corporate decision making: An empirical study. *Journal of Applied Psychology, 53*, 1- 13.

Statt, D. A. (1997) *Understanding the consumer: A psychological approach*. Macmillan Press.

Stephen, J. (1995). An assessment of three component model of organizational commitment and turnover intentions. *Academy management Journal*, 317-324.

Stevenson, H., Roberts, M., & Grousbeck, H. (1989). *New Business Venture and The Entrepreneur.* Homeward, Irwin.

Stogdill, R. M. (1948). Personal factors associated with leadership: A survey of the literature. *Journal of Psychology, 25*, 35-71.

Stogdill, R. M. (1974). *Handbook of leadership* (1st ed). New York: Free Press.

Stuart, R., & Abetti, P. A. (1987). Start-up ventures: Towards the prediction of initial success. *Journal of Business Venturing, 2*(3), 215-230.

Sulsky, L. M., & Day, D. V. (1992). Frame-of-reference training and cognitive categorization: An empirical investigation of rater memory issues. *Journal of Applied Psychology, 77*, 501-510.

Summers, T., & Hendrix, W. (1978). Modeling the role of pay equity perception: A field study. *Journal of Occupational Psychology, 64*, 145-157.

Sundvik, L., & Lindeman, M. (1998). Performance rating accuracy: Convergence between supervisor assessment and sales productivity. *International Journal of Selection and Assessment, 6*, 9-15.

Sweeney, P., & McFarlin, D. (1993). Workers evaluation of ends and means: An examination of four models of distributive and procedural justice. *Organizational Behavior and Human Decision Processes, 55*, 2340.

Swinyard, W. R. (1981). The interaction between comparative advertising and copy claim variation. *Journal of Marketing Research, 18*, 175-186.

Tajfel, H. (1981). Social stereotypes and social group, In J. C. Turner & H. Giles (Eds.), *Intergroup behavior*. Oxford: Blackwell.

Tajfel, H. (1982). Social psychology of intergroup relations. *Annual Review of Psychology, 33,* 1-39.

Tajfel, H., & Turner, J. C. (1986). The social identity theory ofintergroup behavior, In S. Worchel & W. G. Austin (Eds.), *Psychology of intergroup relations*. Chicago, IL: Nelson Hall.

Tang, T., & Sarsfield-Baldwin, L. (1996). Distributive and procedural justice as related to satisfaction and commitment. *S.A.M. Advanced Managent Journal, 61*, 25-34.

Tannenbaum, R., & Davis, S. A. (1969). Values, Man, and Organizations. *Industrial Management Review*, 67-83.

Tannenbaum, S. I., & Yukl, G. (1992). Training and development in work organizations. *Annual Review of Psychology, 43*, 399-441.

Tansky, J., & Cohen, J. (2001). The relationship between organizational support, employee development, organizational commitment: An empirical study. *Human Resource Development Quarterly, 12*, 285-300.

Taylor, F. W. (1911). *The principles of scientific management*. New York: Harper.

Teasdale, J. D., Segal, Z. V., Williams, J. M., Ridgeway, V. A., Soulsby, J. M., & Lau, M. A. (2000). Prevention of relapse/recurrence in major depression by mindfulness-based cognitive therapy. *Journal of Consulting and Clinical Psychology, 68*, 615-623.

Tett, R., & Meyer, J. (1993). Job satisfaction, organizational commitment, turnover intention, and turnover: Path analysis based on meta analytic findings. *Personnel psychology, 46*, 259-290.

Tett, R. P., Steele, J. R., & Beauregard, R. S. (2003). Broad and narrow measures on both sides of the personality-job performance relationship. *Journal of Organization Behavior, 24*, 335-356.

Thompson, D. E., & Thompson, T. A. (1982). Court standards for job analysis in test validation. *Personnel Psychology, 35,* 865-874.

Thompson, M. (1996). Distance delivery of graduate-level teacher education: beyond parity claims. *Journal of Continuing Higher Education, 44*(3).

Timmons, J. (1994). *New Venture Creation*. Irwin, Burr Ridge.

Tolman, E. C. (1943). Identification and post-war world: *Journal of Abnormal and Social Psychology, 38*, 141-148.

Tough, A. (1979). *The adult's learning projects* (2nd ed.), Toronto: Ontario Institute for Education.

Tremblay, M., Sire, B., & Pelchat, A. (1998). A study of the determinants and of the impact of flexibility on employee benefit satisfaction. *Human Relations, 51*(5), 667-688..

Triandis, H. (1982). Incongruence between intention and behavior: A Review. Paper presented at APA Convention.

Tucker, M. F., Cline, V. B., & Sohsitt, J. R. (1967). Prediction of creativing and other performance measures from bio-graphical information among pharmaceutical scientist, *Journal of Applied Psychology, 51*, 131-138.

Turner, J. C. (1982). Towards a cognitive redefinition of the social group. In H. Tajfel (Ed.), *Social identity and intergroup relations*. Cambridge: Cambridge University Press.

Tyebjee, T. T., & Bruno, A. V. (1984). Venture capital: Investor and investee perspectives. *Tech-innovation, Vol. 2*, 185-208.

Tyler, T. R. (1994). Psychological models of the justice motive: Antecedents of distributive and procedural justice. *Journal of Personality and Social Psychology, 67*(5), 850-863.

Van de Ven, A. H., Hudson, R., & Schroeder, D. M. (1984). Designing new business start-ups: Entrepreneurial, organizational, and ecological considerations. *Journal of Management, Vol. 10*, No.1.

Van Knippenberg, D., & Van Shie, E. (2000). Foci and correlates of organizational identification. *Journal of Occupational and Organizational Psychology, 73*, 137-147.

Van Velsor, E., Ruderman, M. N., & Young, D. P. (1991). *Enhancing self objectivity and performance on the job: The role of upward feedback*. Paper presented at the 6th annual conference of the Society of I/O Psychology, St. Louis.

Vecchio, R. P., & Gobdel, B. C. (1984). The vertical dyad linkage model of leadership: Problems and prospects. *Organizational Behavior and Human Performance, 34*, 5-20.

Vesper, K. H. (1980). *New venture strategies*. Englewood Cliffs, N.J.: Prentice Hall.

Vinson, D. E., Scott, J. E., & Lamont, L. M. (1977). The role of personal values in marketing and consumer behavior. *Journal of Marketing, 41*, 44-50.

Viteles, M. S. (1932). *Industrial psychology*. New York: W. W. Norton.

Vroom, V. H. (1964). *Work motivation*. Wieley & Sons.

Vroom, V. H., & Jago, A. G. (1988). *The new leadership: Managing participation in organization*. Englewood Cliffs, NJ: Prentice-Hall.

Vroom, V. H., & Yetton, P. W. (1973). *Leadership and decision-making*. Pittsburgh: PA: University of Pittsburgh Press.

Vroom, V. H., & Yetton, P. W. (1974). *Leadership and decision-making*. Pittsburgh: University of Pittsburgh Press. & New York: Wiley.

Wall, T. D., Jackson, P., Mullarkey, S., & Parker, S. (1996). The demand control model of job strain: A more specific test. *Journal of Occupational and Organizational Psychology, 69*, 153-166.

Walster, E., Berscheid, E., & Walster, G. (1973). New directions in equity esearch. *Journal of Personality and social Psychology, 25*, 151-176.

Walster, E., Berscheid, E., & Walster, G. W. (1976). New directions in equity research. In L. Berkowitz, & E. Walster, (Ed.), *Advances in Experimental Social Psychology, Vol. 9*. N.Y.: Academic Press, 1-42.

Walton, R. (1969). *Interpersonal peacemaking: Confrontation and third party consultation*. Addison Wesley Publishing.

Walton, R. E. (1973). Quality of Working Life: What is it?. *Sloan Management Review, Vol. 15*, No.1.

Walumbwa, F. O., Avolio, B. J., Gardner, W. L., Wernsing, T. S., & Peterson, S. J. (2008), Authentic leadership: Development and validation of a theory-based measure. *Journal of Management, 34*, 89-126.

Walumbwa, F. O., Wang, P., Wang, H., Schaubroeck, J., & Avolio, B. J. (2010), Psychological processes linking authentic leadership to follower behaviors. *The Leadership Quarterly, 21*, 901-914.

Wanous, J. (1976). Organizational entry: From naive expectation to realistic belief. *Journal of Applied Psychology, 61*, 22-29.

Watson, D., & Baumol, E. (1967). Effects of Locus of Control and Expectation of Future Control upon Present Performance. *Journal of Personality and Social Psychology, Vol. 6*.

Weber, M. (1947). *The theory of social and economic organization*. Free Press.

Weiner, B. (1972). *Theories of motivation: From mechanism to cognition*. Chicago: Markham.

Weiner, B. (1980). *Human motivation*. N.Y.: Holt, Rinehart & Winston.

Weinstein, N. D., & Sandman, P. M. (1992). A Model of the Precaution Adoption Process: Evidence from Home Radon Testing. *Health Psychology, 11*, 170-180.

Welsh, H. P., & Lavan, H. (1981). Inter-relationships between organizational commitment and job characteristics, job satisfaction, professional behavior, and organizational climate. *Human Relations, 12*, 1079-1089.

Weiner, Y. (1982). Commitment in organizations: A normative view. *Academy of Management Review, 7, 3*, 418-428.

Wexley, K. N., & Latham, G. P. (1991). *Developing and training human resource in organizations* (2nd ed.). New York: Harper Collins Publishers, Inc.

Whitener, E., & Walz, P. (1993). Exchange theory determinants of affective and continuance commitment and turnover. *Journal of Vocational Behavior, 42*, 265-282.

Wiesenfeld, B., Raghuram, S., & Garud, G. (2001). Organizational identification among virtual workers: The role of need for affiliation and perceived work based social support. *Journal of Management, 27*, 2, 213-228.

Wilkie, W. L. (1990). *Consumer behavior* (2nd). John Wiley & Sons, Inc.

Williams, L. J., Podsakoff, P. M., & Huber, V. (1986). Determinants of organizational citizenship behaviors: A structure equation analysis with cross-validation. Paper presented at the Forty-sixth Annual Meeting of Academy Management, Chicago.

William, P. Sommers & Aydin Koc. (1987). Why Most New Ventures Fail (and How Others Don't). *Management Review*, 35-39.

Wlodkowski, R. J. (1985). *Enhancing adult motivation to learn*. Sanfrancisco: Jossey-Bass.

Wofford, J. C. (1970). Factor analysis of Managerial behavior variables. *Journal of Applied Psychology, 54*, 169-173.

Wong, C. A., & Cummings, G. G. (2009b), The influence of authentic leadership behaviors on trust and work outcomes of health care staff. *Journal of Leadership Studies, 3*(2), 6-23.

Wong, C. A., Laschinger H. K. S., Cummings G.

G. (2010). Authentic leadership and nurses' voice behaviour and perceptions of care quality. *Journal of Nursing Management, 18*, 889-900.

Woodside, A. G., & Andress, R. (1975). CAD eight years later. *Journal of the Academy of Marketing Science, 3*, 309-313.

Yokochi, N. (1989). Leadership styles of Japanese business executives and managers: Transformational and transactional. Doctoral dessertation. United States International University, San Diego, CA.

Yukl, G. A. (1971). Toward a behavioral theory of leadership. *Organizational Behavior and Human Performance, 6*, 414-440.

Zaleznik, A. (1974). Charismatic and Consensus leaders: A psychological comparison. *Bulletin of the Menninger Clinic, 38*, 222-238.

Zammuto, R. F., London, M., & Rowland, K. M. (1982). Organization and rater differences in performance appraisals. *Personnel Psychology, 35*, 643-658.

Zapf, D. (2002). Emotion work and psychological well-being: A review of the literature and some conceptual considerations. *Human Resource Management Review, 12*, 237-268.

Zedeck, S., & Cascio, W. F. (1982). Performance appraisal decisions as a function of rater training and purpose of the appraisal. *Journal of Applied Psychology, 67*, 752-758.

찾아보기

〈인명〉

〈내용〉

| 저자 소개 |

남승규(Nam, Seungkyu/1, 8, 9장)
성균관대학교 대학원 심리학 박사(산업심리 전공)
전 한국소비자광고심리학회 회장
현 대전대학교 경영대학 산업광고심리학과 교수

이재창(Lee, Jaechang/2~7장)
연세대학교 대학원 심리학 박사(인사 · 조직심리 전공)
전 한국심리학회 홍보이사, 산업 및 조직심리학회 자격 및 수련위원장
현 대전대학교 경영대학 산업광고심리학과 교수

우석봉(Woo, Seokbong/10, 11장)
고려대학교 대학원 심리학 박사(광고심리 전공)
전 대홍기획, DDB Korea 등 광고회사 20년 근무
현 대전대학교 경영대학 산업광고심리학과 교수

박준호(Park, Joonho/12~14장)
성균관대학교 대학원 심리학 박사(임상심리 전공)
전 대전대학교 산업광고심리학과 조교수
현 경상대학교 사회과학대학 심리학과 조교수

산업심리학
Industrial Psychology

2018년 9월 15일 1판 1쇄 발행
2022년 10월 25일 1판 2쇄 발행

지은이 • 남승규 · 이재창 · 우석봉 · 박준호
펴낸이 • 김 진 환
펴낸곳 • (주) 학지사
04031 서울특별시 마포구 양화로 15길 20 마인드월드빌딩 5층
대표전화 • 02) 330-5114 팩스 • 02) 324-2345
등록번호 • 제313-2006-000265호
홈페이지 • http://www.hakjisa.co.kr
페이스북 • https://www.facebook.com/hakjisabook

ISBN 978-89-997-1083-4 93180

정가 **21,000원**